张 铠 ◎ 著

西班牙的
汉学研究

（1552-2016）

中国社会科学出版社

图书在版编目（CIP）数据

西班牙的汉学研究（1552—2016）/张铠著 . —北京：
中国社会科学出版社，2017.9
　ISBN 978 - 7 - 5203 - 0187 - 9

　Ⅰ.①西…　Ⅱ.①张…　Ⅲ.①汉学—研究—西班牙
Ⅳ.①K207.8

中国版本图书馆 CIP 数据核字（2017）第 081076 号

出 版 人	赵剑英
责任编辑	张　林
特约编辑	席建海
责任校对	冯英爽
责任印制	戴　宽

出　　　版	中国社会科学出版社
社　　　址	北京鼓楼西大街甲 158 号
邮　　　编	100720
网　　　址	http://www.csspw.cn
发 行 部	010 - 84083685
门 市 部	010 - 84029450
经　　　销	新华书店及其他书店

印　　　刷	北京明恒达印务有限公司
装　　　订	廊坊市广阳区广增装订厂
版　　　次	2017 年 9 月第 1 版
印　　　次	2017 年 9 月第 1 次印刷

开　　　本	710×1000　1/16
印　　　张	37.75
插　　　页	2
字　　　数	529 千字
定　　　价	168.00 元

广东上川岛沙勿略纪念陵园 ▶

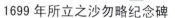

1699 年所立之沙勿略纪念碑

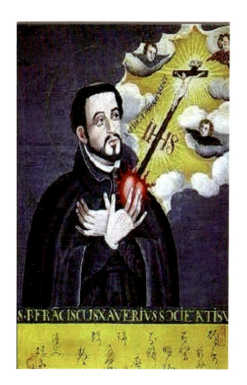

◀ 西班牙汉学创始人方济各·沙勿略

纪念西班牙伟大作家塞万提斯辞世 400 周年
暨塞万提斯学院成立 25 周年和北京塞万提斯学院成立十周年

西班牙伟大作家米盖尔·德·塞万提斯
（1547—1616）

　　最急着等堂吉诃德去的是中国的大皇帝。他一月前特派专人送来一封中文信，要求我——或者竟可说是恳求我把堂吉诃德送到中国去，他要建立一所西班牙语文学院，打算用堂吉诃德的故事做课本；还说要请我去做院长。我问那钦差，中国皇帝陛下有没有托他送我盘费。他说压根儿没想到这层。

　　我说：“那么，老哥，你还是一天走一二十哩瓦，或者还照你奉使前来的行程回你的中国去吧。我身体不好，没力气走这么迢迢长路。况且我不但是病人，还是个穷人。他做他的帝王，我自有伟大的雷莫斯伯爵在拿坡黎斯，他老人家不用给我区区学院头衔或院长职位，也在赡养我，庇护我，给我以始愿不及的恩赐。”

　　我这样打发了他，现在也就向您告辞。

——塞万提斯写在《堂吉诃德》下卷的《献辞》

纪念西班牙多明我会中国籍主教罗文藻
〔Exc.mo Sr.D.Fray Gregorio Lopez,O.P.〕诞生 400 周年

西班牙多明我会中国籍主教罗文藻
〔Exc.mo Sr.D.Fray Gregorio Lopez,O.P.〕

　　我研究了我修会（即多明我会）传教士们，在许多地方以字义曲解中国哲智的含义，改变原来的意思，空空地挑拨自己和他人，使自己陷于疑虑的深渊中。但同样有许多点，我不同意耶稣会的见解。我费心研究务使两个修会双方神甫的意见能协调起来，而建立起明朗的共鸣。使在主的羊群中除去不断发生的恶表，渐渐大家臻于一心一意之道。在教外人前表现出像天主的使臣，和天主各项圣宠神恩的施与者来。

——罗文藻（1617—1691）

平衡生态协
和万邦

张锴先生

周谷城

书赠

周谷城（1898—1996）赠本书作者题词

2003 年西班牙索菲娅王后向本书作者颁发"天主教伊莎贝尔女王十字勋章"及由国王洛斯一世签署的"证书"

2000 年西班牙首相何塞·玛利亚·阿斯纳尔访华期间接见中国西班牙学学者

1997年为纪念西班牙耶稣会士庞迪我来华400周年，西班牙驻华大使胡安·莱尼亚在官邸为《庞迪我与中国》一书举行首发式

2001年西班牙驻华公使曼努埃尔·皮内罗到我国上川岛拜谒中西文化交流先驱者沙勿略的陵园

En torno al renacimiento de China

Eugenio Bregolat

Joan Julià-Muné
Imma Creus

西班牙外交家欧亨尼奥·布雷戈拉特先后三次出任驻华大使（1987—1991；1999—2003；2011—2013），图为他的新著《中国的复兴》之书影

Prólogo

Confluye bajo el paraguas de la sinología un vasto universo que engloba historia, cultura, filosofía, religión, etnología, arte, literatura, sociología, derecho, economía..., y cualquier otra disciplina que, situada en relación con China, pueda acudir a la mente del lector. Un todo, en definitiva, inmenso, casi podríamos decir que infinito e inasible, que desde *El libro de las maravillas* de Marco Polo ha fascinado a los ilustrados europeos y al que sólo se puede acceder a través de una lengua particularmente compleja y con raíz propia que, desde su atalaya de más de cuatro mil años de historia, ha configurado un mundo chino de marcada idiosincrasia e influencia.

Si bien la sinología moderna surge en España, en comparación con otros países de nuestro entorno, en un momento relativamente tardío, la relación bilateral hispano-china contó en sus primeros años con destacados pioneros que, con una decidida vocación académica, pretendieron acercarse a este universo y darlo a conocer entre sus coetáneos. La influencia en la cultura europea de algunos clásicos chi-

nos emblemáticos, como el *I Ching*, trasladados por aquellos prime-
ros sinólogos, fue notoria (Hegel, Schopenhauer...).

Comercio y religión constituyeron los dos motores de aquella
sinología en ciernes forjada en el s. XVI y a la que España contribuyó
notablemente. Las nuevas rutas comerciales que se originaron tras el
descubrimiento de América y, más concretamente, la llegada de los
españoles a Filipinas, culminaronen una verdadera globalización que,
a través del Galeón de Manila, conectó Europa con Nueva España —
hoy México—, el archipiélago filipino y, en última instancia, Chi-
na. En este contexto innovador llegó a la isla cantonesa de Shang-
chuan, en 1552, el jesuita Francisco Javier, propugnando una
política de adaptación basada en el aprendizaje de la lengua y el cono-
cimiento de la cultura confuciana para predicar el Evangelio en lengua
vernácula. Tras él llegarían Martín de Rada, considerado el primer
sinólogo de Europa; Juan Cobo, primer traductor a una lengua euro-
pea de un libro chino y autor del primer catecismo en chino
(adelantándose a Matteo Ricci); y Diego de Pantoja, colaborador de
Ricci que, a través de sus escritos en forma epistolar, dio cuenta de-
tallada al Arzobispo de Toledo de la geografía, costumbres y vida
política del imperio Ming, de las que fue testigo privilegiado. Muy a
pesar de las importantes aportaciones a la sinología occidental de estos
y otros precursores, sus nombres y sus obras han quedado relegados a
un pie de página en la historia de la relación bilateral hispano-china,
habiéndoseles privado a menudo de un reconocimiento más amplio que

sin duda merecen.

Herederos directos son los sinólogos españoles que en las últimas décadas han venido a suplir el lamentable ostracismo al que China había quedado desterrada en el mundo académico de nuestro país. La pertinaz labor de investigación y traducción que, sobre todo en el seno nuestras universidades (Autónoma de Madrid, Autónoma de Barcelona, Granada, Pompeu Fabra, Sevilla, etc.), realizan estos investigadores es fundamental, hoy más que nunca, para vislumbrar, y en el mejor de los casos profundizar, en la China fue, es y será, y que constituye un todo fascinante en permanente mutación.

Deseo agradecer al profesor Zhang Kai su activo y prolífico trabajo en torno a la sinología española y, en especial, este nuevo título: Sinología en España (1552—2016), que-junto a sus anteriores obras, Diego de Pantoja y China e Historia de las relaciones sino-españolas-ofrece una panorámica completa de la observación que desde Espanña se ha hecho del Imperio del Centro.

Manuel Valencia

Embajador de España

Septiembre de 2016

LA SINOLOGÍA EN ESPAÑA
(1552—2016), por Zhang Kai

Entre los siglos XVI y XIX España mantuvo una relación continuada con China a través de Filipinas, y de la ruta del Galeón de Manila, conocida también como "la Nao de China". Los españoles Martín de Rada, Juan Cobo, Bernardino de Escalante, Diego de Pantoja, Domingo Fernández de Navarrete — por citar solo a algunos de ellos —, dejaron un destacado testimonio de escritos sobre China. De hecho, fue el dominico español Juan Cobo el autor de la primera traducción europea directa de un texto chino, ya en 1591. Y otro español, Juan González de Mendoza, aun sin llegar nunca a pisar China, publicó en 1585 una *Historia de las cosas más notables, ritos y costumbres del gran Reino de la China*, gran éxito de ventas reeditado en unas sesenta ocasiones en menos de un siglo y traducido a casi todas las lenguas occidentales. Verdaderamente, aunque fuimos pioneros en acceder a un conocimiento de primera mano de la cultura y de la sociedad china, aparte del ocasional interés o curiosidad por parte de algunos de nuestros escritores e intelectuales y del vívido debate en torno al personaje del Quijote en la China de los años 30 del siglo pasado, durante los últimos doscientos años permanecimos aislados mutuamente y nuestro conocimiento del Otro se nutrió de estereotipos y de clichés. La precursora labor de los españoles como eruditos expertos, traductores e investigadores sobre China—nuestros primeros sinólogos—, quedó interrumpida y, con alguna rara excepción, apenas hubo circulación de viajeros entre los dos países. Los estudios de Asia Oriental en España no se formalizaron como especialidad universitaria hasta ya entrado el año 2003, de la misma manera que los estudios de español no alcanzaron la popularidad en China que tenían otras lenguas extranjeras como el francés, el alemán, el inglés o el ruso. Sin embargo, España y China tienen un importante lazo común, y es el hecho de que utilicemos dos de las lenguas más habladas en el planeta. Recordemos que hablando chino y español, una persona se puede comunicar con una tercera parte de la población mundial. Cada día se hace más patente que China tiene puesta su mirada en el mundo en español. Y nosotros, desde hace poco tiempo, la tenemos puesta en el universo chino. ¿Cuántos niños están ya aprendiendo este idioma en nuestro país? Efectivamente, en los últimos años se ha ido significando por ambas partes la conciencia de lo que suponen nuestras lenguas como un activo económico útil para hacer frente a un cada vez más complejo y competitivo mercado laboral, vinculado al dinamismo de las relaciones entre China, España y la América de habla hispana, a la importancia que tiene para China tiene en estos momentos el comercio o la cooperación con el mundo hispanohablante y la consecuente necesidad de formación de interlocutores bilingües, de personas que conozcan con profundidad las dos realidades.

Ciertamente, todavía nos queda un largo camino por recorrer. Por eso este trabajo del profesor Zhang Kai, "La sinología en España (1552—2016)", resulta una aportación imprescindible, como ya lo fueron sus anteriores libros sobre Diego de Pantoja en China, y su "Historia de las relaciones bilaterales", publicados con el apoyo de la AECID en 1997 y en 2003. Mucho ha llovido desde la aparición del *El espejo rico de un claro corazón*, aquella traducción de Juan Cobo, y realmente ha llegado el momento de reivindicar que, después de ese tan largo paréntesis en el que por diversa razones otros países capitalizaban el rigor de las traducciones directas entre el chino y el español y, en general, los estudios sinológicos, la sinología en español ocupe de nuevo un lugar relevante. El libro del profesor Zhang supone, por tanto, un homenaje hacia la generación de los profesionales expertos que tomó el primer relevo a finales del pasado siglo XX, y con certeza supondrá un estímulo, también, para las nuevas generaciones, que afortunadamente pisan con fuerza.

Desde el Instituto Cervantes queremos, ante todo, felicitar al profesor Zhang Kai por asumir este nuevo reto, y por ofrecernos el honor de presentarlo en nuestra institución. El libro llega en un año importante, salpicado de conmemoraciones: por una parte, el IV centenario del fallecimiento de Miguel de Cervantes, quien habría leído a Juan González de Mendoza, lectura que bien pudiera haber inspirado esa premonitoria mención al "colegio español" que reclamaba con urgencia "el grande emperador de la China" en la dedicatoria al Conde de Lemos, que prologa la segunda parte del Quijote. También celebramos en 2016 el XXV aniversario de la creación del Instituto Cervantes, así como el décimo cumpleaños de su presencia en China. Efectivamente, el Instituto Cervantes cumplió finalmente con el conocido compromiso al que hacía mención Don Miguel, y en 2006 ese "colegio español" abría sus puertas en Pekín con vocación de servicio en una y otra dirección, como un viaje de ida y vuelta, de la mano de representantes destacados de la cultura, con el objetivo de contribuir al acercamiento entre China y España, entre China y el mundo en español.

Inma González Puy

Directora

Instituto Cervantes de Pekín

序言一

汉学好似一把撑开的大伞，历史、文化、哲学、宗教、人种学、艺术、文学、社会学、法学、经济学……乃至一切读者能够想到的，与中国有关的学科都在这里交融汇聚。自《马可·波罗行纪》出现之日起，欧洲学者就已对中国心驰神往。然而，若想了解这个幅员辽阔，甚至可以称得上无边无际让人难以捉摸的国家，却又只能通过它极为复杂、在四千年的历史长河当中孕育而来的独特语言。正是汉语造就了一个极具民族特性且颇具影响力的中国。

虽说与其他欧洲国家相比，西班牙现代汉学萌芽较晚，然而在中西两国交往初期就出现了一批杰出的开拓者，他们怀着坚定的学术热忱，努力接近中国并将它介绍给同侪学者。中国一些代表性的经典著作，譬如经由这些早期汉学家传播到欧洲的《易经》等，对于欧洲文化的影响极为深远（像对黑格尔、叔本华等）。

贸易与宗教为16世纪萌芽初期的汉学发展提供了主要动力，其中西班牙功不可没。美洲大发现之后应运而生的新航路使得真正的全球化达到高潮，准确说来，西班牙人到达菲律宾，通过马尼拉大帆船将欧洲与新西班牙（即今日墨西哥）、菲律宾群岛乃至中国连接起来。利用新机遇，1552年耶稣会士沙勿略到达广东上川岛，他倡导适应政策，即学习汉语，掌握中国儒家文化，用本土语言传播福音。随后而来的还有：马丁·德拉达，他被誉为欧洲第一位汉学家；高母羡，将中文书籍翻译为欧洲语言且用中文介绍教义要理的第一人（先于利玛窦）；庞迪我作为利玛窦的伙伴，利用身处中国的优势，通过书信向托莱多大主教翔实地叙述了大明王朝的地理、习俗与政治生活。尽管他们与其他先驱一道，为西方汉学的发展做出了卓越的贡献，然而长久以来，他们的名字与作品都被弃置在中西关系史无人问津的角落，并未得到应有的认可。

近几十年来，西班牙汉学家继承前辈的事业，逐步填补了中国在西班牙学术界的空白。这些研究人员坚持不懈，尤其在各所高等院校中（诸如马德里自治大学、巴塞罗那自治大学、格拉纳达大学、庞佩乌·法布拉大学及塞维利亚大学等）完成的研究、翻译工作是至关重要的，至少我们能够揭开中国的面纱，或者说如果进展顺利，可以深入了解中国这一迷人而多变的国家的往昔、今日甚至未来。

在此，向张铠老师及其以西班牙汉学为主题的多部佳作致以诚挚的感谢。本部新作《西班牙的汉学研究（1552—2016）》与前作《庞迪我与中国》《中国与西班牙关系史》一道，共同呈现了西班牙汉学研究的完整图景。

曼努埃尔·瓦伦西亚

西班牙驻华大使

2016 年 9 月

（中文译者：北京第二外国语学院　郭旭）

序言二　张铠著《西班牙的汉学研究（1552—2016）》

　　在 16—19 世纪，以菲律宾为纽带，中国与西班牙始终保持着交往。也因此，来往穿梭的马尼拉大帆船又被称作"中国之船"。数不胜数的西班牙传教士——马丁·德·拉达、高母羡、博纳尔蒂诺·德·埃斯卡兰特、庞迪我、闵明我等——亦写下有关中国的一部部著作。早在 1591 年，出生于西班牙的多明我会修士高母羡就将中文作品译成欧洲语言，他也是首位翻译中文作品的西班牙人；另一位从未踏足中国土地的西班牙人——胡安·冈萨雷斯·门多萨，于 1585 年出版了《中国最著名的事情、仪式及习俗》（《中华大帝国史》），该书在不到一个世纪的时间里再版 60 余次，并被译为欧洲几乎所有国家的语言。

　　虽说我们首先获得了有关中国文化与社会的第一手材料，但实际上，除了个别作家或知识分子对中国产生的偶发兴趣、好奇心及 20 世纪 30 年代在中国掀起的有关堂吉诃德的激烈讨论之外，近两百年来，中西两国相互隔绝，对彼此的了解来自刻板印象与陈词滥调。西班牙的首批汉学家——专家学者、译者、中国研究人员的开创性工作后继无人，除了极个别情况外，两国人员并无往来。直到 2003 年，东亚研究才正式成为西班牙大学里的一门专业，而在中国，西语研究亦不似法语、德语、英语与俄语研究一般普遍。但是，中西之间存在一种十分重要的联系——两国的语言都是世界上使用人口最多的语言。掌握汉语与西语，你就可以与地球上三分之一的人口交流。中国对于西语世界的关注日益加强，西班牙亦复如此。西班牙有多少孩子在学汉语呢？实际上，随着中国与西班牙及拉丁美洲之间交往的日益密切，中国越来越重视与西语国家的贸易与合作，对培养双语会话人才，以及深切了解中西两国国情的学者的需求也应运而生，也因此，两国越来越真切地意识到各自的语言作为实用经济资产在应对愈加复杂、竞争激烈的就业市场中的重要作用。

路漫漫其修远兮。正如张铠老师在西班牙国际合作署的资助下于1997年出版的《庞迪我与中国》及2003年出版的《中国与西班牙关系史》一般，《西班牙的汉学研究（1552—2016）》是一部不可或缺的著作。高母羡译《明心宝鉴》已然是经年往事，在长久的空白期之后，打破其他国家对于中西直译作品和汉学研究的垄断，让西班牙语汉学研究重现辉煌的时机已然到来。本书既是向20世纪末叶接过接力棒的一代专家学者致敬，亦是对站在巨人肩膀上的研究新锐的激励。

我谨代表塞万提斯学院，祝贺张铠老师新作问世，感谢他给我们机会在塞万提斯学院推出这本书。本书出版适逢诸多重大庆典：2016年是塞万提斯逝世400周年纪念，也许是在胡安·冈萨雷斯·门多萨的大作中得到灵感，他才会在《堂吉诃德》第二部致雷莫斯公爵的献词中提到"中国大皇帝"迫切要求设立"西班牙语文学院"的预言；2016年亦是塞万提斯学院创建25周年、北京塞万提斯学院建立10周年纪念。塞万提斯学院最终兑现了塞万提斯许下的诺言，2006 年，这所"西班牙语文学院"在北京成立，学院热忱为两国交流服务，以杰出文化学者为依托，致力于拉近中国与西班牙的距离，拉近中国与西班牙语世界的距离。

易玛·孔萨雷斯·布依

北京塞万提斯学院院长

（中文译者：北京第二外国语学院　郭旭）

前　言

我很欣慰，在"落日"之前，终于可以将《西班牙的汉学研究(1552—2016)》一书奉献给从事东西方文化交流史研究的同人，尤其是那些年轻的新锐。

就在此时此刻，我又回想起写作该书时的心路历程。

（一）我的初衷

那是 1988 年，在中国改革开放的大潮中，我有幸加入中国社会科学院社科基金项目"16－18 世纪中国与西方文化交流史"课题组，并承担"中国与西班牙关系史"的研究任务。

那正是全球范围内涌起"文化热"的年代。在这一大的背景下，已有越来越多的学者把目光转向由地理大发现而开始出现的规模空前的东西方文化交流的时代，并希冀从这种异质文化交流与融汇的大潮中，总结出人类文化发展的规律。因此有关西方传教士在促进东西方文化交流中的历史地位和作用的研究已经引起学术界的热切的关注。像利玛窦、卫匡国、汤若望、南怀仁，以及"法国国王数学家"等东西方文化交流中的巨擘，正成为国际学术界研究的热点。他们有关中国的著述、日记、书信和札记等文献不断被发现，有关他们生平和业绩的专著相继问世，以他们的历史作用和影响为主题的国际学术会议更是频频召开。

在此情形下，为落实我在"16－18世纪中国与西方文化交流史"课题组中所承担的有关中国与西班牙关系史的研究任务，便很自然地想到，应把西班牙来华传教士作为中国与西班牙关系史的核心内容来研究。

然而浏览国内外各大图书馆的馆藏书目后发现很难找到全面、系统综述西班牙来华传教士的专著。与上述其他西方国家来华传教士的研究热潮相对照，西班牙来华传教士几乎处于被遗忘的角落。

也就是说，如果要研究西班牙来华传教士的历史，则只能筚路蓝缕，一切从头做起。这对我自然是个极为严峻的挑战。

我曾竭尽全力"收罗"与阅读在北京能借阅到的有关西班牙早期汉学研究的著述，尽管这类资料稀缺而又零散，但阅后却可推知，如今这片荒芜之地，原来却也曾是姹紫嫣红的百花园。

从海外汉学的发展历程来看，西班牙来华传教士在汉学研究中开先河的作用却是一段不容忽视的历史。

西班牙耶稣会士沙勿略为了实现使中华帝国基督教化的理想，于1552年踏上我国上川岛，从而继唐与元之后，揭开了天主教第三次传入中国的序幕。他所倡导的以文化调和主义为核心内容的"适应"策略，渐次发展成为天主教东方传教运动中的主导性方针，其影响广泛而深远。

在沙勿略开拓精神的激励下，在从16世纪中叶直至18世纪以前的这一个历史时期，像马丁·德拉达、门多萨、高母羡、庞迪我和闵明我等西班牙来华传教士更成为东西方文化交流的先驱者，他们开创了西方汉学研究中的一个又一个"第一次"，这些成就标志着整个西方海外汉学研究的早期成就。尤其是西班牙来华传教士的"中国观"更成为西方世界认识中国的新起点。因此可以说上述历史时期是西班牙汉学研究的"黄金时代"，并使西班牙成为那一时代西方汉学的研究中心之一。

　　然而在历史上，西班牙来华传教士又并非都认同沙勿略所倡导的"适应"策略，像黎玉范和利安当等西班牙托钵传教士就对中国礼仪的内涵做出了与利玛窦一派迥异的"另类"解释，并公开向利玛窦一派发起挑战，由此正式揭开了长达150余年的"礼仪之争"的序幕。不仅如此，他们还将围绕中国历史文化为主题的争论扩大到西方世界，进而促成一场研究中国历史文化的热潮——"中国热"。而这一"中国热"又直接影响到西方的启蒙运动！其意义自然非同小可。

　　"礼仪之争"缘起于对中国历史与文化本质特征的认识，而这又是天主教制定其在华传教策略的基础和前提。因此由西班牙来华传教士引发的"礼仪之争"曾激起欧洲宗教界乃至政界的最高决策层对这场争论的严重关切。其间，竟有九位教皇、两位皇帝、三位国王及罗马和西班牙的"宗教裁判所"、教廷的传信部、圣职部、巴黎大学神学院，以及欧洲一些最杰出的文化名流都曾涉足"礼仪之争"。可以说，在地理大发现以后所出现的东西方文化交流的历史大潮中，很少有哪个"浪头"能比"礼仪之争"的影响范围更加广泛，持续时间更为长久。

　　因此可以说，那些在汉学早期研究中贡献卓著的西班牙来华传教士不仅应当成为中国与西班牙关系史研究中的重中之重，而且他们在整个西方汉学的研究中还曾起到过先行者和奠基者的双重作用。因此通过对西班牙来华传教士的系统研究，廓清西班牙的汉学研究对海外汉学整体研究的全局性影响，这既是研究东西方文化交流史的一个重要环节，也是对东西方文化交流史的规律性进行探讨的焦点之一。正因为西班牙早期汉学研究是海外汉学研究这一有机整体当中不可或缺的重要组成部分，因此西班牙汉学研究在当代的这种滞后状态必然要影响甚至制约海外汉学的整体研究。所以那时我觉得，既然在"16—18世纪中国与西方文化交流史"课题组中我承担了有关中国与西班牙关系史的研究任务，那么就应当把从事西班牙来华传教士的研究重责担起来，并通过开拓性的研究工作，改变西班牙早期汉学研究在海外汉学整体研究中所处的边缘化状态，并使其回归海外汉学整体研究中的领先方阵。

据此，我为自己拟定了一个研究方向：通过对 16 世纪中叶至 18 世纪之前这一历史时期——西班牙汉学研究的"黄金时代"——西班牙来华传教士典型性人物的研究带动中国与西班牙关系史的总体研究。再在逐步廓清的中国与西班牙关系发展史的大背景下，加深对西班牙来华传教士历史作用的认识。

但人到晚年的我难以预料自己的耕耘是否一定会有收获。于是我主动退出了"16－18 世纪中国与西方文化交流史"课题组，以免由于我个人的原因而贻误整个课题组的研究进度。自此，我走上了独自研究中国与西班牙关系史的拓荒之路。

（二）我的研究工作的开展

我感到十分庆幸的是，我的研究工作得到了中国社会科学院历史研究所和西班牙驻华使馆双方的全力支持。

与此同时，更有多位国内外的学者给我以宝贵的帮助。

台湾"清华大学"的黄一农为我提供了西班牙来华耶稣会士庞迪我的理论之作《具揭》；同为"清华大学"的李毓中将三大卷的《台湾与西班牙关系史料汇编》供我参考之用。中国科学院自然科学史研究所的韩琦将他刚从欧洲收集到的有关庞迪我的档案资料让我先行阅读和利用。北京外国语大学张西平在梵蒂冈档案馆访学期间，曾将西班牙多明我会修士黎玉范长达 8 页的《圣教孝亲解》手稿逐字抄录，并从万里之外遥寄给我。格拉纳达大学的雷林克将《辩证教真传实录》和《华语官话语法》的复印件赠送于我，使我迈入研究高母羡与万济国的殿堂。澳门理工学院崔维孝赠我《明清之际西班牙方济（各）会在华传教研究（1579—1732）》一书，这是对方济各会的历史和传教策略演进过程的精深研究，对我有极大的帮助。澳门大学的汤开建将《明清天主教史论稿》三卷馈赠于我，使我阅读到很多珍贵的档案资料。澳门基金会的金国平是位博学多才的"杂家"，对我研究工作中遇到的疑难问题总是有问必答。北京第二外国语学院孙家堃曾帮助我及时获知国外的学术动态。我特别要感谢旁佩乌·法布拉大学的欧阳平，他曾在一个多月的时间内安排我在该校图书馆中研读西班牙的汉学经典文献，并协助我将关键资料予以复印。正是在这种充满友谊的学术氛围下，我的研究工作才不断取得进展。

1997 年，为纪念西班牙耶稣会士庞迪我来华 400 周年，我完成了40 万字的《庞迪我与中国》一书的写作，并在西班牙外交部国际合作署的赞助下由北京图书馆出版社用中文与西班牙文同时出版，致使庞迪我这个长期被埋没的中西文化交流的先驱者的形象得以再现，他的历史贡献如今已受到学术界的高度评价。

出于学术研究的需要，《庞迪我与中国》一书的中文版于 2009 年由大象出版社再版。

2003 年为中国与西班牙建交 30 周年。为了加强中西之间的友谊，笔者的另一 30 万字的专著《中国与西班牙关系史》在西班牙外交部国际合作署的赞助下由大象出版社用中文与西班牙文同时出版。

《中国与西班牙关系史》一书出版后，笔者曾荣获西班牙"天主教伊莎贝尔女王十字勋章"（La Cruzde Oficial de la Orden de Isabel la Catolica）；其后又获"第六届中国社会科学院历史研究所优秀科研成果奖""第三届郭沫若历史学三等奖"和"第二届中国社会科学院离退休人员优秀科研成果奖（三等奖）"。

自从中国与西班牙建交进入第四个十年，双边关系已实现了质的飞跃。因此就中西双边关系所取得的丰硕成果以史志之，显然十分必要。为此，笔者又将《中国与西班牙关系史》一书进行了增订，该"增订版"于 2013 年由中国五洲传播出版社用中文与西班牙文同时出版。

由于《中国与西班牙关系史》（增订版）对促进中西人民之间友谊的积极作用，该书于 2014 年由西班牙大众出版社译成西班牙文出版，并已进入发行的主渠道。

除上述专著外，笔者还曾围绕西班牙汉学研究的"黄金时代"，以及这一历史时期的主要来华传教士的生平和社会影响，撰写了多篇学术论文。

从 1988 年以来的近 30 年间，我所撰写的专著和学术论文终于使西班牙汉学研究"黄金时代"的诸多学术成果和长达 2000 年的中国与西班牙关系史中的光辉篇章得以彰显，从而极大地改变了西班牙早期汉学研究在海外汉学整体研究中的边缘化的状态，并最终使其回归海外汉学研究的领先方阵之中。这正是我的初衷。

（三）写作《西班牙的汉学研究（1552—2016）》一书的立意

尽管从 1988 年至今，笔者已经基本上完成了对西班牙早期汉学的系统研究，但遗憾的是，这些研究成果大都发表在不同时期和不同的刊物上。这种研究成果的极度分散状况，造成了同业研究者尤其是年轻的新锐利用上述资料的实际困难。所以我想把业已发表的论文集成《西班牙早期汉学研究论集（16—18 世纪）》出版。

我的上述设想得到中国社会科学院离退休干部工作局的理解和支持，并决定对出版《西班牙早期汉学研究论集（16—18 世纪）》一书的中国社会科学出版社给予资助。对此我深为感谢。

但在我开始编辑《西班牙早期汉学研究论集（16—18 世纪）》的过程中，却不时有种不安和愧疚的感觉在心中涌动。

我以前的研究工作主要集中在 16 世纪中叶至 18 世纪以前的西班牙汉学研究的"黄金时代"，对于 18—19 世纪西班牙的汉学研究尚很少涉及，而这 200 年无论从世界发展的趋势来看，还是从西班牙的汉学研究的发展历程来看，都是极具特殊意义的年代。

　　从世界范围来看，自 17 世纪中叶以降，人类社会的发展进入了急剧转型的时期。往日不可一世的殖民帝国葡萄牙和西班牙已开始陷入漫长的衰退过程。而此时，大西洋沿岸的法国、荷兰和英国则跨入国势上升的阶段，即西方世界的经济发展重心已经从地中海区域转移到大西洋区间。

　　罗马教廷则亟欲利用葡萄牙与西班牙衰落的机遇，重新收回旁落到葡、西两国王权手中的"保教权"，以重振罗马教廷往昔的威望。为此罗马教廷通过"宗座代牧"体制的设置，急于把以法国外方传教会为主体的直属于罗马教廷传信部的传教士派往当时最为繁荣富强的中华大帝国，以伺机扩大在中国的影响力，并为建立全球性的基督教世界而做准备。

　　但殊不知中华帝国却是建立在完全不同的文明体系之上的，走的是另一种发展道路。康熙亲政后，对内，铲除了鳌拜集团这一异己势力；随后又平定了"三藩之乱"，收复了台湾，由此完成了统一大业；继而摧垮了噶尔丹分裂势力，保障了西部边陲的稳定。对外，康熙帝又重开"海禁"，使中国商品大量进入世界市场，一时间，中华帝国成为那一时代推动全球一体化进程的重要力量。

　　康熙皇帝出于对文明多样性的认识，对不同国家的来使和不同教派的代表性人物都持欢迎的态度，北京遂成为东西方文化交流的中心。即使是对天主教的在华传教势力，康熙帝的态度也变得更加开放和自信。通过对宫廷中来华传教士效忠态度的体察，以及在"南巡"过程中对各地传教士的传教活动的巡视，康熙帝感到天主教对中国社会已不足为患。即使是在意识形态上，在"历狱"之后，在华传教士也已承认了儒家思想体系的价值，在敬天、参拜孔子及祭祖等礼仪问题上也已有向利玛窦一派趋同的表现。即在传教的过程中，来华传教士大多都已遵从利玛窦的在华传教方针。所以，康熙皇帝于 1692 年颁布了"宽容诏书"，并解除了对天主教的"禁令"。

事实上，中华帝国已成为那一时代世界上最强大的国家，并朝着建立理性、和谐世界的方向迈出了坚定的步伐。

在世界地缘政治的变换之中，东西方上述几股最为强劲的政治势力一时间齐聚中华大地，并在"礼仪之争"中展开了规模空前的博弈。

进入 18 世纪，随着国力日衰，西班牙来华托钵传教士在"历狱"反教风潮的严重冲击之下，开始对其在中国的传教策略进行了反思与调试，并逐步仿照利玛窦一派，以"适应"策略为传教的基本方针。其结果，一方面缓和了西班牙托钵修会和其他来华各修会之间的矛盾；另一方面，也改变了西班牙托钵传教士强行禁止中国教民参与敬孔与祭祖等中国传统礼仪的做法，甚至一些托钵修会的"道长"本人，竟也参与中国传统的祭孔仪式。这种对中国传统文化的尊重态度在极大程度上缓解了来华传教士与中国民众之间的对抗情绪。

在这种较为和谐的社会氛围下，西班牙在华方济各会的托钵传教士遂得以在山东、福建和广东一带建立起自己的"教区"，而多明我会的托钵传教士则在福建扩大了传教的范围。在上述过程中，西班牙的托钵传教士逐步融入中国的社会之中，使他们对中国文化和民俗的认识也更加宽泛和深入。由此得知，中国不同社会阶层的人群和大江南北不同的地域的民众，在对中国礼仪的认知和遵从的程度上，实际上都存在着多样性和差异性。

这种对中国文化固有的多样性和差异性的认识，使西班牙来华托钵传教士开始打消以前那种以"圣教唯一"为出发点看待中国礼仪的傲慢态度，由此也缓解了中国民间对天主教的抵触情绪，这就为1692年康熙皇帝颁布"宽容诏书"奠定了民意基础，并进而解除了对天主教传教的"禁令"，以致康熙皇帝在"南巡"的过程中，也曾多次给予西班牙来华托钵传教士觐见的殊荣。

然而就在来华各托钵修会调整传教策略的关键节点上，罗马教廷利用康熙皇帝解除天主教"禁令"的时机，由传信部直接派出以法国外方传教会为核心的那些利玛窦反对派传教士前来中国。

罗马教廷钦命的"宗座代牧（主教）"闫当来华后，为掌控在华各修会，强制在华传教士均要"发誓"服从他的绝对领导，因此遭到西班牙托钵传教士的抵制。闫当更颁布了严厉禁止中国礼仪的《牧函》，于是激起中国教民的强烈抗争。西班牙托钵修会的"掌门人"对闫当的极端传教策略进行了有力的批驳和抵制。特别是多明我会中国籍主教罗文藻更是以中国传统文化为基点勇敢地站在"礼仪之争"的高端，与闫当展开了面对面的交锋。"历狱"后，已渐趋平息的"礼仪之争"的烽火再度被闫当之流点燃。

罗马教廷肆意干涉中国内部事务的挑衅行为遭到康熙皇帝的严厉拒斥，并再度禁止了天主教的在华传教活动。唯一的例外是只有那些遵从"利玛窦的规矩"、领取由"圣上"亲自颁发的"印票"的传教士，才能合法地留在中国。

就在康熙皇帝与罗马教廷博弈的紧要关头，有 13 名西班牙方济各会托钵传教士明确表示遵从"利玛窦的规矩"，并从"圣上"处领取"印票"，从而取得了在华合法传教的恩准。

然而由罗马教廷传信部直接派到中国并坚持反对中国礼仪的那些传教士却拒绝遵从"利玛窦的规矩"及领取"印票"，因此他们只能藏匿在福建的偏远乡村或山区，在民间继续进行非法的传教活动。他们蛊惑性的宣教活动造成社会上的动乱。因而在雍正和乾隆两朝先后对潜藏在民间进行非法传教的西方传教士进行了严厉的镇压，以致这部分传教势力几乎在社会上销声匿迹。

然而在这种形势下，即使是那些遵从"利玛窦的规矩"并领取"印票"的西班牙托钵传教士也受到牵连，他们只好转移到福建的山区从事传教活动。由于他们远离中国的主流社会和最有教养的士大夫群体，因此失去了深入研究汉学的环境。但由于他们渐次融入福建的民间社会之中，因而逐步熟悉了当地的各种方言，继而写出多种研究福建方言语音学和方言语法的著作。可以说在 18—19 世纪的西班牙的汉学研究中，对汉语方言语音学的研究是西班牙托钵传教士的一大突出成就。

在以往有关 18—19 世纪的西班牙汉学的研究中，很可能只是根据在罗马教廷重新挑起"礼仪之争"之后，西班牙在华的托钵传教士在汉学的研究上再也没有达到 16 世纪中叶至 18 世纪以前"黄金时代"的汉学大师所达到的水平，因此常将 18—19 世纪定性为西班牙汉学研究的衰退与停滞的时期。通过上述历史回顾，我们可以看到在 18—19 世纪，正是世界发展趋势的重大变化使西班牙的托钵传教士通过对中国社会的重新认识，从而完成了从反对与批判利玛窦一派的文化调和主义观点到逐步转化为遵从"利玛窦的规矩"的蜕变。这可以说是在长达 150 余年的"礼仪之争"的发生、发展长河中非常重要的历史转捩点。而罗马教廷试图用基督教的仪轨取代中国的传统礼仪，以达到动摇中国国本的目的，其结果只能以失败而告终。这两点正说明了文化的多样性和国家与民族发展道路的独特性是人类社会发展规律的集中体现，而这是不容颠覆的真理。

因此研究西班牙汉学发展的历史进程不但要研究 16 世纪中叶至 18 世纪以前西班牙汉学研究的"黄金时代"的"中国观"的形成过程，而且同时要研究 18—19 世纪的"礼仪之争"时期西班牙托钵传教士对文化多样性及国家发展道路的独特性的认识过程，这样才能廓清西班牙汉学研究的整体面貌，尤其是内中蕴含着具有当代意义的一些启示。

（四）西班牙汉学研究中所蕴含的具有当代意义的启示

如果说在我们开始研究西班牙来华传教士和中国与西班牙关系史的时期，我们课题组设置的宗旨尚且主要是了解外部世界的发展与变化的大势，并试图从中汲取建设现代化国家的经验。那么，历经 30

余年的奋斗，我们国家的面貌已经发生了翻天覆地的变化，我国国民生产总值已然跃居世界第二位，中国已成为主导世界发展潮流的重要力量。

中国的崛起已然引起世界范围内的强烈震动和严重关切。为了解开中国崛起之"谜"，一时间，研究中国崛起的原因已成为当代的重大世界性课题。

然而也就在此时，唱衰中国的声音却此起彼伏，各种"中国社会崩溃论"频频发声，不一而足！

那么中国终究是个什么样的国家？什么是中国的真实国家形象？这是我们民族必须向外部世界做出严正回答的问题！

中华民族五千年的灿烂文明是一条绵延的长河。因此，对世界上大多数人来说，只有了解了历史上的中国的国家形象，才能更准确地认同当代中国的国家形象，并由此进一步认识到当代中国的崛起实则是中国历史发展的必然趋势。

在近代历史上，中国的国家形象，从普遍的共识来说，首先是由西班牙来华传教士马丁·德拉达、门多萨、庞迪我和闵明我等汉学研究的先驱者介绍到西方的。通过他们的笔端，展现出在儒家文明基础上所建构的中华帝国的高大的国家形象：壮丽的山河、悠久的历史、昌盛的文明、繁荣的经济与充满和谐氛围的社会，以及中国知识界精英的文化素养、道德情操和他们亟欲回归"三代"的政治理想与抱负……从而表明，直至 18 世纪以前，雄踞东方的中华帝国与西方国家仍处于平行与平衡的发展阶段，而且在生产力发展领域的诸多方面仍领先于西方国家。

西班牙传教士对中国社会的上述认识，在西班牙以外的西方国家有着广泛的影响，他们的汉学研究也多是循着西班牙的"中国观"的轨迹一路走来。也就是说，西班牙早期汉学研究的历史基因深深根植于整个西方汉学研究的体系当中，并成为西方汉学家认识中国的新起点。

中华帝国伟大的国家形象立即在欧洲引起极大的反响，以至欧洲的启蒙学者曾对孔子怀有一种顶礼膜拜的崇敬心理，并把中国视为欧洲理应效法的榜样，由此在欧洲掀起了一股"中国热"。这就是历史上欧洲人对中国国家形象的最初感知！！

于是，德国伟大的哲学家莱布尼兹才富有远见地提出了在中国与欧洲之间建立和谐与理性世界的畅想，并曾高屋建瓴地指出："人类最伟大的文明与最高雅的文化今天终于汇集在了我们大陆的两端，即欧洲和位于地球另一端的——如同'东方欧洲'的'Tschina'（'中国'两字的读音）。我认为这是命运之神独一无二的决定。也许天意注定如此安排，其目的就是当这两个文明程度最高和相隔最远的民族携起手来的时候，也会把它们两者之间所有民族都带入一种更合乎理性的生活。"

也就是说，西方人首先是通过西班牙来华传教士的"中国观"对伟大的中国有了最初的认识！

然而人类社会进入 18 世纪以后，一旦东西方社会平行与平衡发展的总体格局被打破，"西方文明优越论"遂盛极一时。西方的"智者"所散布的"中国社会停滞论"严重地歪曲和玷污了中国的国家形象和华夏文明的本质特征。

德国哲学家黑格尔更断定，中国还处于世界历史的局外，"因为它客观的存在和主观运动之间仍然缺少一种对峙，所以无从发生任何变化，一种终古如此的固定的东西代替了一种真正的历史的东西"。

上述这类对中国文明本质的"定性"，严重地扭曲了中国的国家形象！而且这种被歪曲了的中国国家形象，至今仍根植在相当一部分西方人的意识形态的深处。

事实上，在当今的西方世界，真正了解中国国情的人可以说是少之又少。他们不知道历史上几千年来曾经有一个繁荣而强大的中国一直屹立于东方，并长期在世界上处于遥遥领先的方阵之中。同样，他们更不知道当代的中国正是历史上的中国的复兴和新的发展。所以对于当今处于崛起之中的高大的中国国家形象，这部分西方人既感到不可思议，也更难以理解和接受。

要使广大的西方人能真切地体认当代中国的国家形象，我们就要花大力气使当代的中国国家形象与历史上的中国国家形象重新连接起来。对大多数西方人来说，只有认清历史上的中国国家形象，才能理解为什么今天中国又重新站在了当代世界的高处。

因此，把历史上中国的国家形象全面地介绍给外部世界，我们认为这应当是我们民族实施中华文化"走出去"战略的当务之急。在这种情势下，西班牙汉学研究"黄金时代"的"中国观"，在再现中国历史上的国家形象方面会起到独特的作用。因为当年向西方世界讲述中华帝国"故事"的，恰恰是西方文明的代表性人物——西班牙的来华传教士。因此，这些西班牙传教士的"中国观"很可能更容易为当代西方人所接受，而不至于认为这种"中国故事"仅仅是中国人自己的杜撰，从而本能地予以回避或拒绝。

此外，当代的西方"智者"除了对中国的国情做出妄断以外，对中国的发展道路和发展方向更是进行了无端的臆断，其"主旋律"即是渲染由于历史上中国是个所谓的"停滞"的社会，因此中国缺乏发展成现代国家的内生动力和方向性。中国在改革开放大潮中所取得的现代化的成就，不过是对西方现代化模式"克隆"或"复制"的结果。由于中国社会内部不存在内生的发展动力和方向性，因而中国不可能自主创生现代型国家。在未来，中国若要寻求进一步的发展，只有全盘承袭西方现代化的发展模式和经验，并以西方的"普世价值观"为指导思想，否则中国社会必然处于"停滞"的境地，甚至陷于"崩溃"的状态。

然而中国未来的发展道路是否只能是对西方发展模式的亦步亦趋，或者说，中华民族是否能成功地走出一条独具特色的发展道路？

事实上，有关中国的发展道路和发展方向的问题，同样已然成为当今世界范围内的一个重大的时代课题。

但我们想，只要回顾 18—19 世纪这一历史时期，西班牙来华托钵传教士从批判利玛窦一派文化调和主义的观点，到反转为遵从"利玛窦的规矩"这一蜕变过程，就会得出具有当代意义的一些启示：对不同国家或不同民族来说，文化的多样性和发展道路的独特性是人类社会发展普遍真理的体现，这也是任何社会都不可触碰的"红线"。这一点早已为西班牙来华托钵传教士的在华社会实践活动所证实。

如果说西班牙汉学研究"黄金时代"的"中国观"为认识当代中国的崛起原因找到了历史的根据，那么西班牙托钵传教士在"礼仪之争"中对中国文化多样性和中国发展道路独特性的认识及其传教策略的调整，则说明中国历史文化的基因从其源头就决定了中国历史发展的长期趋势和中国社会发展的独特性。也即，在历史上中国就走着一条与西方基督教世界迥异的道路，罗马教廷试图改变中国的发展道路和发展方向的叵测居心也只能以失败而告终。

事实上，通过西班牙来华传教士的研究加强西方世界对中国历史文化特点及中国发展道路的认识，这也是当代西班牙年轻一代"中国学"学者的研究方向。

正如西班牙的学术动态所示，当代西班牙的"中国学"研究显然是建立在大学的汉语教学、研究机构和学术论坛的设置及互联网引擎的开发和利用这三大柱石之上，并逐步形成了一个确保"中国学"的研究能不断发展、壮大的稳固的学术体系。

当代的西班牙的"中国学"学者不仅加强着本国的"中国学"研究，而且把目光投向世界范围内的"中国学"研究。当他们认识到西方媒体对中国的介绍愈加"肤浅化"时，他们立志要在"中国学"的研究中，担负起加深西方理解中国的重任。据我们的理解，在某种程度上，这实际上就是要把西班牙历史上来华传教士对中国的研究与现代学者对当代中国的研究连接起来，从而让世界看到一个鲜明的、完整的中国的国家形象。果真如此，那么中国学者和西班牙学者之间将拥有广阔的合作天地。

当代的西班牙年轻的"中国学"学者是历史上那些在研究中国问题上成就卓著的来华传教士汉学家的传人，他们更代表着西班牙"中国学"未来的研究方向，即他们承担着西班牙汉学·中国学研究承上启下的重任。因此，在我们这部《西班牙的汉学研究（1552—2016）》一书中不能不记述西班牙这一代年轻新锐的研究方向和奋斗精神。

因此笔者立意把西班牙从16世纪中叶至18世纪以前西班牙汉学研究"黄金时代"来华传教士的"中国观"；18—19世纪"礼仪之争"中，西班牙托钵传教士对中国文化多样性及中国发展道路的独特性的认识；当代西班牙"中国学"研究体系的建立及他们的创新精神和抱负这三部分内容，当作一个整体来研究，并最终写出《西班牙的汉学研究（1552—2016）》一书。

令我感动的是，我们历史研究所和我院离退休干部工作局对于我将《西班牙早期汉学研究论集（16—18世纪）》改变为写一部学术专著《西班牙的汉学研究（1552—2016）》的立意的理解和支持。

中国社会科学出版社对于我改变原来出版计划的设想同样表示了理解和支持。

历时两年的努力，《西班牙的汉学研究（1552—2016）》一书即将出版。考虑到这部《西班牙的汉学研究（1552—2016）》主要是献给年轻的朋友的，所以在正文之前，首先写了这篇"前言"，用以回顾我这个已经垂垂老矣的拓荒者撰写《西班牙的汉学研究（1552—2016）》一书时的心路历程。年轻的新锐自会从中领会到笔者对于后来人超越我们的急切期盼。我深信，在年轻新锐的耕耘之下，西班牙汉学—中国学研究这片沃土，一定会变成姹紫嫣红的百花园。

凡　　例

1. 在本书中，凡提及当代之国人，无论师辈、同辈或新锐，一律用最朴素、最真挚的形式直称姓名。

2. 在本书中，凡是外国的人名、书名和部分重要地名，在书中首次出现时，均在其后尽量加注相应国别的文字。

3. 关于外国人姓名译成中文时，本著作遵照下列"凡例"：

（1）在翻译一般外国人姓名时，主要以辛华编辑的《英语姓名译名手册》和《西班牙姓名译名手册》等"译名手册"作为重要参考资料；涉及宗教术语则主要以〔美〕苏尔、诺尔等编，沈保义、顾卫民、朱静等翻译的《中国礼仪之争西文文献一百篇（1645—1941）》一书为主要参考。

（2）涉及约定俗成的外国历史人物，如沙勿略、利玛窦等，译名不再创新。

（3）从晚明至今，许多经常见诸文献的外国人名、专有术语等称谓，一词常有多种译法。但在本著作中，凡流传较广的一些外国人名，则力求在体例上保持一致，其"凡例"如下：

① Father 或 Padre，有神甫、神父、司铎和铎德等多种译法。本书行文中，一律用"神甫"，如引文中用其他称谓则照录。

② Pentifex 或 Papa，有教宗、宗座、圣座和教皇等多种译法。本书行文中，一律用"教宗"，如引文中用其他称谓则照录。

③ Mlitarbeit von Charles Maigrot，有闫当、阎当、阎珰、严珰等多种译法。本书行文中，一律用"闫当"，如引文中用其他称谓则照录。

④ Carles Tommas Maillard de Toumon，有多罗、铎罗等多种译法。本书行文中，一律用"多罗"，如引文中用其他称谓则照录。

⑤ Clemente XI，有克莱孟十一世、克莱蒙十一世、克莱芒十一世、克莱门十一世等多种译法，本书行文中，一律用"克莱孟十一世"，如引文中用其他称谓则照录。

（4）西班牙文为标注重音的文字。但有个别字词重音不固定，此时遵照惯例，该字所有字母均用大写表示。

（5）为了尽量使本书的叙事具备现时感和形象感，笔者提供了多幅与史实相关的插图。笔者已分别向与插图有关的友人表示了谢意，故在插图之后不再注明插图的出处或所有者。

目　　录

导论 西班牙汉学研究的发展历程

我的近著《西班牙的汉学研究（1552—2016）》系统地回顾了450年来西班牙汉学研究的发展历程以及西班牙汉学研究在海外汉学整体研究中的历史地位和影响。

在历史上，西班牙的汉学研究既是长达2000年的中国与西班牙历史文化联系的延续，也是西班牙内在的天主教传统的显现。在地理大发现以后所出现的全球一体化的进程中，上述两个因素的叠加，就是西班牙汉学研究发生、发展的历史背景。

为了更好地了解西班牙的汉学研究的发展历程，首先让我们对中国与西班牙关系的总体发展做一历史的回顾。

第一节 中国与西班牙历史文化联系2000年

远在公元1世纪前后的丝绸之路时代，西班牙在罗马化与城市化的进程中业已出现了对中国丝绸的崇尚与追求。此外，正是中国丝绸和主要用西班牙贵金属铸造的罗马金币，共同为丝绸之路贸易的发展奠定了重要的物质基础。尤其是在奥古斯都（Augustus，公元前63—公元前14）统治罗马帝国的时代，由于奥古斯都把西班牙毗邻地中海的塔拉克（今塔拉戈纳）作为罗马帝国的统治中心，因此，丝绸之路不仅延伸至西班牙，而且恰恰是长安—塔拉克这一轴心促成了丝绸之路贸易最为繁盛的发展，并使东西方文化交流开始进入第一个高峰期。

至公元5世纪，日耳曼蛮族曾席卷包括西班牙在内的欧洲西南部的广大地区，并造成西罗马帝国的覆灭；在同一历史时期，随着北方游牧民族向汉族王朝农耕地区的大举迁移，中国社会内部也陷入分裂之中。

同时出现在亚欧大陆东西两端的民族大迁移与随之而来的政治动乱和经济衰退，使横贯太平洋和大西洋之间的古代丝绸之路贸易体制终致解体，东西方文化交流的第一个高峰也随之衰微。

从7世纪起，随着阿拉伯帝国的迅速崛起，东西方的文化交流开始进入第二个高峰期，即海上丝绸之路时代。

在阿拉伯帝国军事扩张的极盛时期，西班牙大片国土为阿拉伯人所占领，并建立了以科尔多瓦为中心的"西班牙伊斯兰世界"。阿拉伯人一方面将他们从人类古文明发祥地（波斯、埃及和新月地区）所带来的集中体现了希腊化的阿拉马文化和伊朗文化精髓的伊斯兰文化传播到西班牙；另一方面，他们又将华夏文明的精华，像中国人率先发明的造纸术、火药以及养蚕、种稻与河渠闸门等技术和柠檬、柑橘等物种，甚至连炼丹术也带到了西班牙，进而传播到欧洲，从而使"西班牙伊斯兰世界"成为欧洲的文化中心。

在西班牙被阿拉伯人入侵的年代，信仰基督教的西班牙人为了从阿拉伯人手中收复失地，他们建立起许多小的基督教王国，并在与阿拉伯人的斗争中不断发展、壮大，并形成与"西班牙伊斯兰世界"相对峙的"西班牙基督教世界"，双方陷入长达7个世纪的生死博弈之中。

其间，在加泰罗尼亚—阿拉贡基督教王国王室的支持下，西班牙的海上势力继涉足西地中海及大西洋贸易之后，又向东地中海扩展，并在亚历山大等城市和列万特地区建立了贸易中心，即"商站"。

西班牙在地中海区域的上述商业扩张不仅成为推动11—14世纪"地中海商业革命"的重要因素之一，且由此介入与"东方世界"的贸易往还之中，自此"东方世界"开始进入西班牙人的视野。

因为，当"地中海商业革命"蓬勃发展之际，在东方，正是宋元时代中国海外贸易进入高涨的时期，并促成西太平洋与印度洋区间贸易的繁荣发展之势。

一时间，以亚历山大等城市和列万特地区为中介，西太平洋—印度洋区间贸易和地中海区域市场之间逐渐相互渗透与影响，并继而促成东西方文化交流的新高涨。除上述由阿拉伯人引进西班牙的华夏文明因素以外，其后从中国传入欧洲的马蹄铁、高效马具和航海及造船等先进技术更是极大地促进了欧洲经济和航海事业的突飞猛进，因而上述新技术被认为是东方世界给予天主教欧洲的厚礼，以致打开了商业革命的道路。

在上述时代，诸如马可·波罗等西方商人、旅行家、传教士和外交官等相继踏上中华大地，通过他们的回忆录、游记、随笔和书信，欧洲人开始获知在遥远的东方还屹立着一个比欧洲有着更高文明水平、拥有更繁荣的经济的国家——中国。因此，对中国的向往已成为那一时代欧洲人的普遍心理。

在上述大的历史背景下，西班牙人也开始了自己的中国之行。像犹太商人拉比·本哈明·德图德拉（Rabbi Benjamin de Tudela）、方济各会修士帕斯夸尔·德维克托里亚（Fray Pascual de Victoria）和迪萨尔沃·德特朗斯都尔纳（Gundisalvo de Transturna）等都曾历经万难，前往东方去寻找他们所向往的"契丹"（Cathay，即"中国"），并写有多部游记。

到 15 世纪，中国已进一步成为西班牙王室制定外交政策的一个重要因素，即西班牙试图与东方的中国联手，从东西两个方向对奥斯曼帝国进行合围。为了了解东方的地缘政治形势，西班牙外交官克拉维约（Ruy Gonzalez de Clavijo，？—1417）曾奉西班牙国王亨利三世（Enirque Ⅲ）之命前往撒马尔罕并觐见了帖木儿大帝（Tamerlan 或 Timur，1336—1405），同时在那里幸会了明王朝的使节。克拉维约返回西班牙之后，写有《克拉维约东使记》（*La Embajada al Tamer-*

lan，1403—1406）一书。其中关于东西方地缘政治格局的分析以及对中国国情的记述，对于西班牙王室制定支持哥伦布以前往中国为主要目的的远航计划曾起到积极的启示作用。可以说，在历史上，中华帝国始终为西班牙所向往，后者急欲打开通向中国的新航路，正是西班牙王室的这一宏大的战略构想最终导致了美洲的发现。

而且在美洲发现以后，中华大帝国与西班牙日不落帝国是当时世界上最为强大的两个国家。意大利耶稣会士艾儒略（Jules Aleni，1582—1649）在《职方外纪》一书中曾这样概括中西两大帝国的特征："世称天下万国，相连一处者，中国为冠；若分散地域者以西把尼亚（西班牙）为冠。"①

然而，西班牙在与阿拉伯人的博弈中，一旦"十字架"战胜了"新月"，西班牙人建立"世界天主教王国"的热望就迅速膨胀起来，因而把中华帝国纳入他们梦想的"世界天主教王国"的范围之内，就成为那一时代西班牙人孜孜以求的目标。为了实现这一理想，西班牙的传教士起了先导的作用。此点与西班牙的天主教传统密不可分。

第二节 西班牙的天主教传统及"西班牙主义"的衍生

西班牙是一个有着悠久和深厚的基督教传统的国家。

至于基督教何时传入西班牙，至今尚无定论。这一方面因为在基督教初兴的两三个世纪，它一般处于秘密或半秘密的传播状态，所以缺少相关资料来说明基督教早期在西班牙活动的概况。另一方面，早期的基督教信徒大多数是下层社会的芸芸众生，他们的文化程度较低，有关基督教传播运动的记载自然非常有限。根据一些历史传说来推断，基督教传入西班牙是在耶稣蒙难后的几十年间。基督教传入西

---

① ［意］艾儒略：《职方外纪》第2卷。

班牙的路线首先是海路，经西班牙毗邻地中海的诸海港，逐渐向内地扩展。其次是在罗马人征服西班牙的过程中，沿着罗马人开辟的"大道"，基督教作为一种新的思潮，随着商队渐渐地传向西班牙的内地。至 3 世纪末或 4 世纪初，西班牙相当部分地区都有了基督教社团因而留下一些宗教建筑物的遗迹。4 世纪留存下来的文献表明，基督教在西班牙已显示出越来越强的生命力。

在 5 世纪蛮族向"罗马世界"大举进犯的年代，自 409 年起，作为蛮族人的一支，西哥特人开始入侵西班牙。在其后的两个世纪中，西哥特人以托莱多为中心建立了他们比较松散的统治体制。在西哥特人与西班牙原土著居民的融合过程中，西哥特人也接受了基督教信仰，所以西哥特人的入侵并没有造成西班牙基督教化的中断。

至 711 年，业已建立起地跨亚欧非三大洲的伊斯兰帝国的阿拉伯人，越过直布罗陀海峡入侵西班牙。不久，除毗邻法国的一小块西班牙国土外，几乎整个伊比利亚半岛都被阿拉伯人占领，从而形成了强大一时的"西班牙伊斯兰世界"。

但信仰基督教的西班牙人并没有屈服于阿拉伯人的统治。他们在未被阿拉伯人征服的地区相继建立起一些小的信仰基督教的王国，并在反抗阿拉伯人统治的斗争中不断地融合，从而形成了"西班牙基督教世界"。

为了收复失地，西班牙人和入侵的阿拉伯人进行了长达 7 个世纪的艰苦斗争。在这一过程中，民族斗争上升到"圣战"的高度，即"十字架"与"新月"之战。由此，基督教在西班牙人的精神领域居于至高无上的统治地位。但要把十字架插遍阿拉伯人占领的地域就要有王权的支持并且用骑士的宝剑来开路。也就是说，要想在西班牙建立基督教的精神王国，就必须以世俗的王国为基础。于是在收复失地的过程中，西班牙形成了信奉基督教的僧侣、国王及贵族骑士三位一体的神权、王权以及宗法特权相结合的政治结构。

1492 年，在被尊称为"天主教国王"的西班牙伊莎贝尔（Isabel I，1451—1504）女王和费尔南德（Fernand II，1452—1516）国王这对伉俪的领导下，西班牙人民终于将阿拉伯人驱逐出伊比利亚半岛，完成了收复失地的斗争。

但西班牙王室立即感觉到，如果没有新的征服目标，那么充满宗教狂热的教会势力以及富于冒险精神、掠夺成性的骑士集团将对王权构成巨大的威胁，同时也将成为西班牙国内动乱的重大因素。把"祸水"引向东方，遂成为西班牙王室的重要国策。西班牙王室试图再度燃起西班牙人的宗教狂热，组成新的"十字军"，发动"新的圣战"，从横亘在欧亚大陆之间的信仰伊斯兰教的奥斯曼帝国的手中，夺回基督教的"圣地"耶路撒冷，进而攻占君士坦丁堡，重新打开通往拥有无穷财富的东方帝国——中国的商路。如果能实现这一目标，不仅会使西班牙国王成为全世界的君主，而且东方的财富更会源源不断地流进西班牙。西班牙王室之所以支持哥伦布的远航，而且将西班牙国王致中国"可汗"的"国书"交由哥伦布来转达，其目的就是寻找直达中国的新航路，通过与中国等东方国家的贸易，为组织新的"十字军"筹集军费。

1492 年，哥伦布寻找中国的远航意外地发现了美洲。

在西班牙征服美洲的过程中，十字架与宝剑相辅相成，而且教会始终把征服事业置于王权的名义之下。教会势力深知，意欲建立一个笃信基督教的精神王国必须以世俗王国为依托，任何一个传教士不仅应信奉上帝，同时也应效忠于西班牙国王。他们的历史使命就在于，"除向没有受到福音之光感召的人们传播上帝的崇高与光荣之外，也在于寻求西班牙的威严和强大。上帝也在利用西班牙的威严和强大来实现其伟大的事业"①。这种把精神王国与世俗王国相结合的理想，就是建立"世界天主教王国"，这也就是所谓的"西班牙主义"。对每个西班牙传教士来说，他们都应深沉而自觉地为实现这一目标而奋斗。

1492 年哥伦布到达美洲之后，西班牙迅即进入了海外扩张的极

---

① ［西］胡安·贡萨雷斯·德门多萨：《中华大帝国史》（J. G. De Mendoza, *Historia de las Cosas mas Notables, Ritos y Costumbres del Gran Reino de la China*），马德里波利菲莫出版社 1944 年版，第 19 页。

盛时期。为了与葡萄牙争夺东方的香料资源，1564 年 11 月，西班牙王室委派米格尔·洛佩斯·德莱古斯比（在中国文献中又称"黎牙实比"，Miguel Lopez de Legazpi）从墨西哥的纳维达德港率船队西航，希冀在太平洋上找到通向"香料之岛"——摩鹿加群岛的新航道。

1565 年 2 月，莱古斯比率船队驶抵宿务岛，开始了对菲律宾群岛的征服活动。

在莱古斯比率部下驶抵菲律宾之时，那里还是一块有待开发的沃土。由于该地既不像墨西哥和秘鲁那样富有贵金属矿藏，而且除肉桂之外并不盛产丁香、豆蔻等具有商业价值的贵重香料。在这种情况下，西班牙殖民者遂把菲岛的发展前途寄托在中菲之间的贸易上。

历史上，中国与菲律宾（我国典籍称其为"吕宋"）有着久远的联系。在 1600 多年以前，那时中国人业已掌握了季风的规律，并开辟出从中国东南沿海途经（中国）台湾前往菲律宾的航路。

至晚明，中国商品经济进入繁荣发展时期。隆庆（1567—1572）改元重开"海禁"之后，海外贸易随之得到空前的发展，每年均有大量的丝绸、瓷器和其他手工艺品出口到海外。

进入 16 世纪，中国与菲岛一些独立小国之间的贸易关系得到进一步的加强。

莱古斯比入侵菲岛后，立即注意到中国与菲岛人民之间存在着的传统的贸易关系，并把开展对华贸易当作其开发菲岛经济这一长期战略的出发点。为此，莱古斯比于 1571 年把马尼拉确定为菲岛的统治中心，并向那些被他从土著人手中救赎出来的中国商人表示，欢迎他们日后再到菲岛来经商。

1572 年，那些遇救的中国商人和其他一些中国商人带着相当数量的中国商品又重返菲岛。对此，西班牙当局欣欣鼓舞，并对华商表现出亲善的态度，此后来菲岛经商的华人很是踊跃。一时间，运抵菲岛的中国商品不仅满足了菲岛西班牙征服者和当地人民日常生活的需求，而且部分多余商品还被转运到西属美洲殖民地。

1573 年 7 月 1 日，两艘满载中国商品的大帆船驶离马尼拉前往美洲，并于同年 11 月 15 日和 11 月 24 日先后驶达墨西哥濒临太平洋的阿卡普尔科港。这两批运抵墨西哥的中国商品又有部分被来往于大西洋两岸的"双船队"①转运到西班牙。以此为开端，中菲之间的贸易进一步发展成为中国—菲律宾—墨西哥—西班牙之间的多边贸易。这一多边贸易航线就此也成为联系中国与西班牙的一条通途，那些信奉"西班牙主义"的传教士就是借助这一贸易航线途经墨西哥来到马尼拉，再经马尼拉来到中国的。历史上，西班牙的汉学研究就是由这类西班牙传教士开启和推动的。

因此可以说，在历史上，西班牙的汉学研究既是长达 2000 年的中国与西班牙历史文化联系的延续，也是西班牙内在的天主教传统的显现。

---

① 地理大发现以后，西班牙王室为了加强对西班牙与美洲殖民地之间贸易的管理，遂专门设置了西印度事务院以实施监督，同时指定塞维利亚（有段时期改为加的斯）为唯一的通向美洲殖民地的出海口。为了防止前往美洲的船只遭到其他西方国家海盗的劫掠，西班牙王室规定所有前往美洲的船只都要"结队"而行，并由王室派武装舰只护航。

其中，每年第一批前往美洲的船队（Flota）于该年的 5 月出航，集结商船 20—50 艘，由 2—6 艘战舰护航。船队行至加勒比海后，穿越于加丹海峡，在维拉克鲁斯靠岸。由阿卡普尔科运抵维拉克鲁斯的中国商品这时便可装上这些来船，以待返航时回归西班牙。

第二批船队（Galeon）一般于同年的 8 月起航，船队规模与第一批船队不相上下。这支船队主要开赴南美洲，在波特贝略停靠后，再驶抵卡塔黑纳。经中美洲转销到上述两地的中国商品，也有部分从这里装上回航的船只运往西班牙。

由于这两支从西班牙出发的船队主要装运一些粮食、酒类和呢绒等粗重物品到美洲，而且殖民地社会对这类物品有着经常性的需要，因此船队分两批出发。从美洲返回西班牙的船只则主要是运载金银等贵金属以及部分中国珍稀商品。上述物品十分贵重，正是海盗劫掠的主要目标，因此返航船只不论是第一批还是第二批船队，均要求于第二年先在佛罗里达海峡汇齐，然后再一起驶回塞维利亚。由于两个船队同时回航，护航船只众多，安全保障系数会更大。这就是历史上的"双船队"贸易体制。

第三节　西班牙汉学研究的"黄金时代"
（16 世纪中叶至 17 世纪）

西班牙传教士来到中国后，为了在中国传播"福音"，首先要学习中国的语言和文字，进而需要了解中国的国情，由此则开始了西班牙的汉学研究历程。历史上，西班牙来华传教士是西班牙汉学研究的先驱。

一般来说，由于西班牙传教士来华的时间较其他大多数西方国家为早，因此西班牙的汉学研究对后继的其他西方国家的汉学研究，曾起过奠定基础的先导作用。下文是对西班牙汉学研究的发展历程及其"外溢"影响的总体回顾。

一　群星荟萃：西班牙汉学研究"黄金时代"的汉学家

西班牙的汉学研究是由耶稣会士沙勿略（San Francisco Javier，1506—1552）开启的。

1541 年，沙勿略受罗马教廷的派遣前往东方传教。在其后十余年的东方传教活动中，由于不断加深对东方文明，特别是对华夏文明的认知，沙勿略终于总结出以文化调和主义为核心的"适应"策略。为了借助"适应"策略实现中华帝国的基督教化，沙勿略于 1552 年踏上我国的上川岛，由此拉开了基督教继唐与元之后，第三次传入中国的序幕。

为了向中国民众宣传"福音"，沙勿略开始学习中文，编写《教义问答》，并为进入中国内地传教做着积极的准备。可以说沙勿略开启了西班牙的汉学研究。

1552 年 12 月 3 日，沙勿略因患重病在上川岛去世。然而他所提出的意欲使整个中华帝国基督教化的理想却成为一代又一代西方传教士为之奋斗的目标。沙勿略提出的"适应"策略更成为天主教东方传教运动的主导方针，影响广泛而深远。

在沙勿略榜样力量的鼓舞下，前来东方的西班牙传教士为了把中国纳入"东方天主教王国"的范围，年复一年地苦斗。他们像沙勿略一样刻苦学习中文，亲身体察中国的国情，因此在汉学研究上，他们不断取得进展，并在西方的汉学研究中创造了一个又一个的"第一次"。

奥古斯丁会修士马丁·德拉达（Martin de Rada，1535—1578）于1565年来菲岛后，喜获中国明末刊刻的《古今形胜之图》，由此使西方人第一次通过中国的地理图像来认知中国。其后，在旅菲华人的帮助下，拉达将该地图上5000余字的中文说明文字译成了西班牙文。然后他又将这些资料上呈给西班牙国王菲利浦二世（Felipe Ⅱ，1527—1598）作为其制定对华政策的依据。拉达对《古今形胜之图》的研究可以视为西班牙汉学研究的正式起步。

其后，马丁·德拉达在学习中国语言文字的过程中，又写出《汉语语法与词汇》（*Arte y Vocabulario de la Lengua China*）一书，这是欧洲人研究汉语的第一部语言学著作。

1574年，拉达曾前往福建考察，并购回许多中国典籍。回菲岛后，他利用中国典籍，写出一部《菲律宾群岛奥古斯丁会神甫马丁·德拉达与其同伴赫罗尼莫·马林以及与他们随行的士兵在中国观察与体验到的事物》（*Las cosas que los padres Fr. Martm de Rada，provincial Orden de S. Agustin en las islas Feiiipnas，su companeros Fr. Jeronimo Marin y otros soldados que fueron con ellos vieron y entendieron en aquel reino*）（下文简称《中国纪行》）。

拉达由此成为将中国悠久的历史和现实社会概貌较为真实地展示给欧洲的第一位西方人。他的这部《中国纪行》也成为其后西方人认识中国国情的一个起点。马丁·德拉达可以当之无愧地被称作"西方第一位汉学家"。

1581年，当西班牙王室决定向中国派出使团时，胡安·冈萨雷斯·德门多萨（Juan González de Mendoza，1545—1618）被委任为该外交使团的团长，并由他率团来到通往中国的中转站——墨西哥。但由于至今未明的原因，他的中国之行受阻。然而，门多萨却利用在墨西哥期间收集到的有关中国的宝贵资料写出了他的旷世杰作《中华大帝国史》（*Historia de las Cosas mas Notables，Ritos y Costumbres del Gran Reyno de la China*）。

1585年，《中华大帝国史》首版一经在罗马问世，便立刻在欧洲引起了轰动。仅在16世纪余下的区区十多年间，该书即先后被译成拉丁文、意大利文、英文、法文、德文、葡萄牙文以及荷兰文等多种文字，共发行46版，堪称盛况空前。事实上，该书是16世纪有关中国地缘环境、政治、经济、历史、文化、风俗、礼仪、宗教信仰等情况最全面、最详尽的一部专论中国的百科全书，该书体现了16世纪欧洲人的"中国观"，《中华大帝国史》一书也代表着16世纪西班牙汉学研究的最高成就。赫德森（G. F. Hudson）曾指出："门多萨的著作触及古老中国的生活本质，它的发表可以看作是一个分界线，从此为欧洲知识界提供了有关中国及其制度的丰富知识。"[1]美国学者拉克（D. F. Lach）认为："门多萨著作的权威性是如此之高，它可以作为18世纪以前所有有关中国著作可供比较的起点和基础。"[2]法国专事研究基督教史的裴化行（Henri Bernard）指出，甚至《利玛窦中国札记》"在研究中国内情及其学术的团体中，都不能和它争胜"[3]。

西班牙多明我会修士高母羡（Juan Cobo，1546—1592）于1588年抵达菲律宾，并在旅菲华人聚居的"涧内"（Parian）一地传教。为了更好地完成自己的职责，高母羡开始努力学习中文，据说他进步神速并在当地华人的帮助下，于1590年将中文启蒙读物《明心宝鉴》

---

[1]　［英］赫德森：《欧洲与中国》（C. F. Hudson，*Europe and China*），伦敦爱德华·阿诺德出版公司1931年版，第148页。

[2]　［美］拉克：《亚洲对欧洲发展的促进》（D. F. Lach，*Asia in the Making of Europe*），芝加哥大学出版社1965年版，第1卷，第2册，第744页。

[3]　［法］裴化行：《天主教十六世纪在华传教志》，上海商务印书馆1936年版，第148页。

译成了西班牙文，这是第一部从中文翻译成西方文字的著述。

高母羡为了使中国人了解基督教教义的基本精神，他用中文写出《天主教教义》一书，这是继罗明坚于 1584 年用中文写出《圣教实录》之后的第二部由西方人写出的中文著作，同时也是在中国境外第一部用中文刊刻的宣教之作。

高母羡认为，基督教文明的优越性主要体现在西方的科学技术上，并深信如果中国人了解了这一点，那么他们就会向基督教靠拢。为此，高母羡又用中文写出一部《辨正教真传实录》（又作《无极天主教真传实录》）。该书在论述天主的本性以及基督教教义的同时，又用相当篇幅介绍了西方在科学技术方面的成果，该书由此又成为世界上第一部用中文写作的介绍西方科学与技术知识的著作。

在晚明来华的西班牙传教士当中，真正融入了中国社会并被中国知识界以"西儒"相待的，只有耶稣会会士庞迪我（Diego de Pantoja，1571—1618）一人。

庞迪我于 1597 年来华，1601 年与利玛窦历经万难始抵北京，并向万历皇帝呈献西方珍稀礼品，从而获得在京居留权。此举在西方引起极大的震动。

来华后，庞迪我始终坚持沙勿略倡导的由利玛窦身体力行的"适应"策略，并在中国知识界上层做着"合儒""补儒"的工作，以期达到"超儒"的目的。

1602 年庞迪我寄往欧洲的长信《关于几位耶稣会神父进入中国后在该国所见所闻纪要》（*Relacion de la Entrada de Algunos Padres de la Compania de Jesus en la China，y Particulares Succesores que Tuvieron，y dc Cosas Notables quevieron en el Mismo Reino*）对中国国情做了相当真实的介绍，并受到西方各界的欢迎，该文献迅即被译成法文、德文、拉丁文和英文并多次再版。

庞迪我用中文写成的《庞子遗诠》《七克》《天主实义续篇》和《具揭》等著作曾为中国士大夫所喜读，一时庞迪我也被称作"庞子""庞公"。

庞迪我曾向中国知识界介绍西方天文学、数学和舆地学知识，并投身中国历法的修改和对《几何原本》的增订。庞迪我还与孙元化合写了一部《日晷图法》，该书为修改中国历法铺了路。尤其是在世界地理学的研究中，庞迪我是第一个用星盘测出北京的实际纬度，从而证实欧洲人所谓的"契丹"（Cathay）即"中国"。此外，他还写出一部世界地理概述，后经艾儒略（Jules Aleni，1582—1649）整理刊刻，这就是著名的《职方外纪》。该书为我国知识界打开了认识外部世界的窗口。综上所述，可以说庞迪我在中国与西方的文化交流中曾扮演着先驱者的角色。

然而西班牙的来华传教士对沙勿略所倡导的"适应"策略并非都认同。对于中国历史文化的特点，他们还有另类解读，特别是在中国敬天、祭祖和参拜孔子等礼仪问题上，各修会之间，乃至同一修会的成员之间，都分歧严重，由此引发了长达150余年的"礼仪之争"。

在西班牙来华传教士中，多明我会的黎玉范（Juan Bautista de Morales，1597—1664）和方济各会的利安当（Antonio Caballero de Santa Maria，1602—1669）实为"礼仪之争"的代表性人物，并且正是他们拉开了"礼仪之争"的序幕。

黎玉范曾于1645年前往罗马申诉他们一派在"礼仪之争"中的观点，并获教宗英诺森十世（Innocent X）的支持，为此还特别颁布了一道"圣谕"。可以说，黎玉范是一位名声显赫、立场坚定而执着的传教士。但同时他也是一位多产的汉学家。在他的著述中，一部分是具有论战性质的专著，诸如《中国传教史》（*Historia Evengeliga de China*）以及与他人合作写成的《中国礼仪研究》（*Estudios sobre los Ritos Chinos*）等。他用中文写的《圣教孝亲解》手稿8页，现藏梵蒂冈档案馆中。黎玉范的其他著作，则是他潜心研究汉语的成果。他曾编写过一部《西班牙—汉语官话语法》（*Gramatica Española-mandalina*）和几种汉语—西班牙语双解合璧字典。其中，他的362页的《汉西字典》的手稿，现藏梵蒂冈档案馆中。据说他还编写过一部福安方言字典。在中国方言的研究方面，黎玉范是一位先行者。

利安当曾潜心投入有关"礼仪之争"的理论研究之中。《天儒印》是他的代表作。在该书中，他从《四书》中摘出一些儒家先贤的名言、名句，然后与所谓"天学"中的类似名言、名句相对照，再从中找出两者相似之处。他实际上是在暗示：在整个的儒家学说中，暗含着基督教的天启真理，即在中国的《四书》中，潜存着对"天主"这一至尊至圣的"造物主"的认识，不过中国先人尚没有形成明确的概念。从这一角度来看，我们可得出这样的结论：利安当应当说是在西方汉学研究中广有影响的"索隐派"的先驱。

"礼仪之争"引起中国社会与来华托钵传教士之间的冲突。其间最大的一次反教风潮由于矛头直指参与历法修订并得到"圣宠"的德籍耶稣会士汤若望（Jean Adam Schall von Bell，1591—1666），因此这一反教风潮常被称为"历狱"。在这一过程中利安当也被押解到北京受审，后被驱逐到广州。利安当在广州病重期间曾奋笔写下《论在华传教的几个重要之点》（*Traites sur quelques points importants de la mission de Chine*）一文，这是"礼仪之争"中托钵传教士极为重要的理论文献之一。

在上述文献中，利安当引用了大量中国典籍中的章句来说明自己在"礼仪之争"中的观点和原则性立场。由于当时中国的儒家典籍尚未被完整地、系统地译成欧洲文字，所以很多西方的哲学家如德国的莱布尼茨等，都曾借助利安当的《论在华传教的几个重要之点》一文，来认识中国的哲学特征。可以说，在把"礼仪之争"从中国扩展到欧洲的过程中，利安当也曾扮演过重要的角色。

如果说利安当在汉学的整体研究上有了较大的超越，那么西班牙来华多明我会修士万济国（Francisco Varo，1627—1687）则在汉语语言学的具体研究上取得了新的进展，并编写了一部《华语官话语法》（*Arte de la Lengua mandarina*）。这是西方第一部系统研究中国语法结构和规律的专著，在西方影响十分深远，至今不衰。

除《华语官话语法》外，万济国还编写了《汉语官话辞典》

(*Vocabulario de lingua mandarina*)、《西班牙语与汉语官话双解语法》(*Gramatica Española mandarina*) 和《通俗汉语官话辞典》(*Vocablario de la lengua madarina con el estilo y vocablos con que se habla sin elegancia*)。后者可能是为了便于传教士在民间宣教而编著。

万济国是个传教士,所以他曾热心地投入"礼仪之争"的辩论当中,并写出大量的论辩性文章和专著。除了与黎玉范等合作写成《中国礼仪研究》一书外,他还用中文写下了四卷本的《主教明证》(*Chu-kiao ming ching*),当然影响最大的则是《辩祭》一文,在"礼仪之争"中,该文曾被中国文人当作批判的焦点。

我们还想强调指出,在西班牙来华传教士中,对中国国情的综合研究方面,最杰出的代表人物是闵明我 (Domingo Fernandez Navarrete,1618—1686)。

闵明我为多明我会修士,而且是黎玉范的忠实追随者。黎玉范病故后,闵明我被任命为多明我会中国传教团会长。

在"历狱"之后,为了进一步阐明"礼仪之争"的实质,闵明我开始撰写《大中华传教团古代以及当代之争论》(*Controversias Antiguas y Modernas de la Mission de la Gran China*) 一书。

1674 年闵明我返回阔别已久的故国。当看到西班牙正一步步走向衰落时,他心情沉重。于是萌发了把社会安定、经济繁荣发展的中国国情介绍给西班牙的愿望,并希望西班牙能以中国为借鉴,实现民族的振兴。于是闵明我决定先写一部《中华帝国历史、政治、伦理及宗教论集》(*Tratados historicos、politicos, eficos y religiosos de la monarchia de China*),以便对中国国情做出全面的介绍。该"论集"在西班牙的汉学研究上意义重大。

其一,该"论集"对中国的认识,无论在深度还是在广度上,都是先前那些西班牙传教士有关中国的著作所无法企及的。马丁·德拉达仅在福建盘桓两个多月;门多萨从未到过中国;庞迪我虽然在中国度过 21 个春秋,但其间他主要是在北京传教。上述诸人都不曾像闵明我那样在中国的省城中长期生活和从事宣教活动,从而能对中国社会了解得更深切、更全面。此外，马丁·德拉达、门多萨和庞迪我等论述的多是晚明时代的中国概况。唯独在闵明我的笔下，详述了满族入主中原后的清帝国的早期概貌。因此《中华帝国历史、政治、伦理及宗教论集》为西方国家提供了一幅更为完整、叙事年代更长的中华帝国的历史画卷。

其二，闵明我所著《中华帝国历史、政治、伦理及宗教论集》发表后，引起欧洲知识界对"礼仪之争"极大程度的关注。该"论集"也很快被译成英、法、德、意等多种西方文字出版。

在闵明我及其他西方来华传教士相关著作的激发下，在欧洲，尤其是在法国、英国和德国，出现了一场规模空前的研究中国哲学、历史和文化的热潮，即"中国热"。闵明我这部《中华帝国历史、政治、伦理及宗教论集》在最终把"礼仪之争"的争论范围从中国扩展到欧洲，从教会内部扩大到整个西方社会，从宗教问题的探讨变成对中国文明的整体研究的这一过程中，居于不容忽视的历史地位。以致宗教史学者耶稣会士裴化行曾慨叹："若不是多亏了闵明我，欧洲几乎不可能了解东亚的这场礼仪之争。"①

其三，闵明我写《中华帝国历史、政治、伦理与宗教论集》一书的主要目的之一，就是试图把中华帝国当作西班牙的一个榜样，以促进西班牙的政治革新。由于当时西班牙国内封建势力十分强大，具有启蒙思想的知识分子和政治家难以形成推动社会改革的力量，因此闵明我的上述良苦用心并没有在西班牙产生他所预期的效果。相反，当法国、德国和英国的启蒙思想家高举理性批判的旗帜向封建主义发起攻势时，闵明我的《中华帝国历史、政治、伦理及宗教论集》则给他们以有益的启示。像狄德罗、卢梭、伏尔泰、孟德斯鸠、魁斯奈、布里索、洛克和莱布尼茨等人都曾读过闵明我的上述著作。闵明我在"论集"中，对中华帝国繁荣昌盛景象的描述加深了这些启蒙大师对

① 陈渊泉：《在中西文化碰撞中未曾受到赞誉的先驱之作》（Matthew Y Chen，Unsung Trailblazers of China‐West Cultural Encouter），《交流》（ExChange）2003 年第 8 期，第 9 页。

中国和东方文明的向往，他们又进一步将中国理想化，再以中国为典范，在理性的高度上对现实欧洲的专制统治制度进行了无情的批判，从而推动了欧洲启蒙运动的兴起和发展。所以闵明我的《中华帝国历史、政治、伦理及宗教论集》不仅作为体现中西文化交流成果的一部杰出著作理应得到高度评价，而且该书对一代启蒙大师的影响同样不应被低估。①

实际上，可以说闵明我是 17 世纪西班牙汉学研究的一代宗师，或者说，闵明我达到了 18 世纪以前西班牙汉学研究的顶峰。

地理大发现以后所出现的东西方文化交流的大潮不仅波及欧亚大陆，同时也波及新大陆。在这一历史时期，汉学的研究热也在新大陆油然而生，而且主要萌生在新西班牙（墨西哥）。

西班牙殖民者征服墨西哥以后，将这里设置为"新西班牙总督辖区"，并委派"副王"（Virrey）代表西班牙国王在这里实行殖民统治。由此，新西班牙（墨西哥）正式成为西班牙殖民帝国的重要行政区域。因此，新西班牙（墨西哥）的汉学研究一般来说也应视为西班牙汉学研究的有机组成部分。而且拉丁美洲的早期汉学家基本上都出生在西班牙，并在这里完成早期的教育，而后才奉派来到拉丁美洲，或任行政职务，或进行传教活动。当他们完成在美洲的使命后，一般都要回归故国，此后或任更高的职位，或因病终老在西班牙。所以我们将把新西班牙（墨西哥）的汉学研究放在西班牙的汉学总体研究中来概述。

在拉丁美洲殖民时期享有盛誉的早期汉学家，一位是历史学家、"利马学院"院长、耶稣会士何塞·德阿科斯塔（Jose de Acosta，1540—1599），另一位则是新西班牙（墨西哥）普埃布拉教区的大主教，一度任该地"副王"的多明我会修士胡安·德帕拉福克斯-门多萨（Juan de Palafox y Mendoza，1600—1659，后文简称其为帕拉福

---

① 关于闵明我的生平和著述请参阅［英］卡明斯《礼仪问题：多明我会修士闵明我与在华耶稣会士》（J. S. Cummins，*A Question of Rites*：*Friar Domingo Navarrete and Jesuits in China*），伦敦大学出版社 1993 年版。

克斯）。

阿科斯塔曾在葡萄牙科因布拉大学进修，并深受该校人文主义传统的影响。后来到秘鲁，从事神学教学活动。阿科斯塔从秘鲁印第安人的苦难处境中，认识到"印第安人保护者"拉斯·卡萨斯（Bartolome de las Casas，1476—1566）人道主义精神的伟大。后来，阿科斯塔奉王室委派来到墨西哥。在这里，阿科斯塔通过对东方文明的研究以及和迁居这里的中国人的接触，开始对华夏文明产生敬慕的心理。在他的名著《西印度地区的自然与道德史》（*Historia Natural y Moral de las lndias*）一书中，他对建立在稻作基础上的华夏文明、建立在小麦种植基础上的欧洲文明及在玉米种植基础上形成的美洲印第安人文明进行了比较研究，从而指出人类文明本是多元性与多样性的。这一结论对当时盛行的种族主义理论和"欧洲中心论"是一种严厉的批判和挑战。

特别是在和西班牙耶稣会士阿隆索·桑切斯（Alonso Sanches）的接触中，阿科斯塔对于后者极力鼓吹用武力征服中国，进而使中国基督教化的主张，表示了坚决的反对。后来阿科斯塔又把他用和平方式传教的观点写给当时正在中国传教的意大利耶稣会士利玛窦（Matteo Ricci，1551—1610）。这封阿科斯塔写于1587年3月15日的书信保存至今，并成为研究耶稣会传教策略演变过程的重要历史文献。

综上所述，阿科斯塔可以说是新大陆研究汉学的一位先驱。

多明我会修士帕拉福克斯为西班牙贵族出身。他被委派到新西班牙（墨西哥）之后，由于他恪尽职守而又博学多才，1639年被任命为普埃布拉教区大主教，并也曾兼任"副王"这一高职。

帕拉福克斯深受被称作"印第安人保护者"的拉斯·卡萨斯人文主义思想的影响，所以在他的传教区内，他对印第安人的不幸遭遇表示了极大的同情并尽其可能地改善他们的生存境遇。但是在宗教信仰上，帕拉福克斯又是一位竭力维护基督教教义"纯正性"的卫道士。这两者的对立，使他在心理上常常处于矛盾之中。所以他十分关注发生在中国的"礼仪之争"，并希望从中能吸取一些解决异质文明之间矛盾的经验和教训。

1645 年，当黎玉范和闵明我前来中国，途经新西班牙（墨西哥）时，帕拉福克斯曾与他们二人就中国"礼仪之争"问题深度交换过看法，由此帕拉福克斯以更大的热情投入"礼仪之争"的研究之中，并写出许多阐释他对"礼仪之争"的观点的文章，其后这些文章集中成上下两册的"论文集"出版。由于他的努力，新西班牙（墨西哥）发展成为继欧洲和中国以外的"礼仪之争"的"第三个论坛"。

帕拉福克斯在新西班牙任"副王"期间，深刻认识到中华帝国的经济繁荣发展为菲岛和新西班牙之间跨越太平洋的"海上丝绸之路"奠定了基础，并带给新西班牙（墨西哥）社会以新的文明因素。因此他更希望西班牙也能像中国一样国势强盛。但大洋彼岸的中国却被鞑靼人所征服。这一历史性的巨变引起帕拉福克斯的震惊和深思。所以他非常关注中国时局的新变化，并请求已经回到中国的他的友人如黎玉范等在华的传教士不断地给他传来有关中国最新时局变化的信息，而其后帕拉福克斯则主要根据黎玉范等人提供的资料写成了《鞑靼征服中国史（1600—1650）》（*Historia de la Conquista de China por los Tartaros，1600－1650*）一书。在书中，他盛赞崇尚儒家学说的明王朝曾经是个皇帝治国有方、官员具有高尚品德的繁荣昌盛的强国。但在社会弊端日益滋长的时候，明统治者却没能防微杜渐，以致社会机体渐渐失去了活力，最后为鞑靼人所征服。帕拉福克斯对明王朝覆灭的原因做了如下的总结：帝国不是死于不治之症，而是有了病症而未能及时根治。

帕拉福克斯撰写这部《鞑靼征服中国史（1600—1650）》，其目的也是以中国为前车之鉴，用以唤醒西班牙人，不要重蹈明王朝覆灭的覆辙。他更希望，在西班牙国势日衰的危难时刻，西班牙人能发奋图强，振奋精神。那么西班牙如何才能自救？帕拉福克斯在对明王朝鼎盛时期政治体制进行分析时，事实上已把他自己的政治理想倾注在其中了——只要西班牙国王推行如他所描述的明王朝所实施过的那种开明的政治体制，西班牙就能重振往日的光辉。从这一角度来看，帕拉福克斯可以说是与 18 世纪欧洲那些启蒙学者具有同样的时代精神并一起融入东西方文明交汇的大潮之中。也正因为如此，帕拉福克斯的这部《鞑靼征服中国史（1600—1650）》才在欧洲引起关注，进而由戈德必德（W. Godbid）和皮特（M. Pitt）译成英文并在伦敦出版。可见帕拉福克斯的这部《鞑靼征服中国史（1600—1650）》的时代影响力。

基于帕拉福克斯在学术上的成就，1762 年他的 15 卷本的《帕拉福克斯著作全集》在马德里面世。至于帕拉福克斯作为一个在新西班牙历史上有所建树的宗教界和政界的精英，以及广有影响的汉学家，即使是在当代，对其生平和业绩做出新的历史评价的也不乏其人。前任教宗本笃十六世便决定于 2010 年为帕拉福克斯举行"宣抚礼"。

我们深信，帕拉福克斯汉学研究中的成就以及他在"礼仪之争"中的历史地位和作用，必将得到学术界进一步的研究和评价。

西班牙汉学研究"黄金时代"的最后一颗明星是方济各会修士石铎琭（Pedro de Piñuela，1650—1704），他是唯一一名成长在墨西哥而又亲身到过中国传教并能用中文写作宣教著述的传教士。石铎琭对汉语语法有着精深的研究，他曾对万济国的《华语官话语法》手稿详加增订并最终使之刊刻问世。由此，《华语官话语法》遂成为西方第一部系统论述汉语语法的著作。石铎琭所著《本草补》一书，向"中邦"介绍了"域外"的诸种药物和药方，由此受到那一时代中国药学家的欢迎，并使石铎琭成为促进东西方医学交流的先行者之一。

二　西班牙汉学研究"黄金时代"的"外溢"影响

综上所述，可以说从 16 世纪中叶直至 17 世纪，是西班牙汉学研究的"黄金时代"。这一历史时期西班牙的汉学研究对海外汉学的整体研究又有着诸多的"外溢"影响。

首先，沙勿略倡导的"适应"策略已逐步发展成为泛东方传教运动中的主导性方针，并对东方传教运动曾起到重要的推动作用。

其次，从马丁·德拉达直至石铎琭，可以说一时间西班牙的汉学家群星荟萃，交相辉映，并在汉学的研究中开创了一个又一个的"第一次"，这也代表着整个西方海外汉学研究的早期成就。

1. 西班牙汉学研究"黄金时代"的"外溢"影响

在西班牙汉学研究的"黄金时代"，西班牙来华传教士有关中华帝国社会结构、政治体制、经济发展状况、历史与文化、哲学与宗教、社会习俗、伦理道德等的诸多方面的认识，形成了西班牙早期的"中国观"的传统。

从海外汉学研究的发展历程来看，西班牙不仅开启了西方汉学研究的先河，而且西班牙以外的西方国家的汉学研究在一定程度上莫不是循着西班牙早期"中国观"的传统一路走来的。也即是说，西班牙的早期汉学研究的历史基因深深根植于整个西方汉学研究体系当中，并成为西方汉学家认识中国的起点。

即使是在当代的"中国学"的研究中，为了能对"中国的崛起"的原因得出正确的结论，"中国学"的研究者也必然要把马丁·德拉达和贡萨雷斯·德门多萨时代的中国与当代的中国有机地链接在一起，通过对中国社会长期发展趋势的透视，才有望就中国崛起这一问题得出科学的结论。从这一角度来说，在世界范围的"中国学"的研究中，通过西班牙"黄金时代"的汉学研究来认识当代的中国，这也是一条必经之途。

2. 西班牙来华传教士拉开"礼仪之争"的序幕

自从黎玉范和利安当正式揭开"礼仪之争"序幕之后，西班牙的托钵传教士始终站在反对利玛窦一派的"前卫"的位置上。而且西班牙的汉学研究始终与"礼仪之争"的深入开展紧密相关。事实上，正是在西班牙托钵传教士的带动下，其他主要西方国家的汉学研究亦莫不与"礼仪之争"紧密相关！

"礼仪之争"缘起于对中国历史与文化的本质特征的认识，而这又是制定基督教在华传教策略的基础和前提。因此"礼仪之争"引起了欧洲宗教界乃至政界高层对其非同一般的重视。在长达150年的

"礼仪之争"中，曾涉足其间的竟有九位教皇、两位皇帝、三位国王以及罗马和西班牙的"宗教裁判所"、教廷的传信部、圣职部、巴黎大学神学院以及欧洲一些最杰出的人物。① 可以说，在地理大发现以后所出现的东西方文化交流的历史大潮中，很少有哪个"浪头"能比"礼仪之争"影响范围更加广泛，并更能引起研究者的持久的兴趣。

然而，在当前的有关"礼仪之争"的研究中，学术界的注意力仍主要集中在"礼仪之争"中耶稣会利玛窦一派所表述的观点上，而对于持反对观点的那些西班牙的托钵传教士的研究尚顾及有限。香港城市大学语言学家陈渊泉曾不无遗憾地将托钵传教士的汉学研究著作称为"在中西文化碰撞中未曾受到赞誉的先驱之作"②。此语应当引起学术界的严肃思考。

3. 在墨西哥成为东西方文化交流的"第三极"的过程中，西班牙传教士曾起到重要的促进与带动作用

在西班牙汉学研究的"黄金时代"，西班牙官吏或是传教士欲前往中国必须途经新西班牙（墨西哥），而后再前往东方；当上述人员返回西班牙时，同样要在墨西哥停留。这期间，他们不仅带来了有关中国的信息，而且还将他们随身带来的部分有关中国的图书资料留在了墨西哥。久而久之，这里就发展成为研究中国问题的资料和信息中心。像门多萨就是利用这里的资料完成了他的《大中华帝国史》的写作。

此外，那些前往中国的西班牙传教士在墨西哥停留期间，直接接触到印第安人的历史和文化，并亲身感受到印第安人的现实苦难，因此更容易受到"印第安人保护者"拉斯·卡萨斯人文主义思想的影响。一旦他们来到中国，在对待中国文化和中国人的态度上，明显地可以看出拉斯·卡萨斯人文主义思想的印记，这在闵明我的身上表现得格外突出。

---

① 陈渊泉：《在中西文化碰撞中未曾受到赞誉的先驱之作》（Matthew Y Chen, Unsung Trailblazers of China-West Cultural Encouter），《交流》（Ex/Change）2003 年第 8 期，第 9 页。
② 同上书，第 4 页。

再则，当那些从中国返回西班牙的传教士再度来到墨西哥时，他们也会把对华夏文明的理解与对中国人的印象在墨西哥加以报道，使华夏文明的因素潜移默化地融入当地的文化之中，由此使墨西哥更具文明多样性的色彩。发生在中国的"礼仪之争"更成为墨西哥那些为印第安人偶像崇拜回潮现象所困扰的政界、宗教界人士的关注要点。

所以在 16 世纪中叶至 17 世纪，伊比利亚文明、印第安人文明和华夏文明都在这里相互碰撞、交织，相互借鉴并相互交融。这种多元文明的相互"适应"成为拉丁美洲的文明的重要特点。这种文明多元性与多样性的特点的形成又是与西班牙传教士的跨文化传教行为分不开的。由此可以说，地理大发现以后所出现的东西方文化交流的大潮不仅冲击了亚欧大陆，同时也波及拉丁美洲。历史上，拉丁美洲完全可以视作东西方文化交流的"第三极"。

4. 西班牙汉学研究"黄金时代"的先驱在促进欧洲启蒙运动的发展和"中国热"的形成过程中曾起到不容忽视的作用

在西班牙"黄金时代"的汉学家中，像闵明我、帕拉福克斯等在他们撰写论述中国国情的著述时，其主要目的之一就是试图把中华帝国当作西班牙的一个榜样，以促进西班牙的政治革新。尽管闵明我等的良苦用心并没有在西班牙产生他们所预期的效果，但当法国、德国和英国的启蒙思想家高举理性批判的旗帜向封建主义发起攻势时，闵明我等的著述给他们以有益的启示。像狄德罗、卢梭、伏尔泰、孟德斯鸠、魁斯奈、布里索、洛克和莱布尼茨等人都曾读过闵明我的上述著作，并从中受到启发，从而推动了欧洲启蒙运动的兴起和发展。所以闵明我等西班牙传教士对西方一代启蒙大师的影响，同样不应被低估。①

① 关于闵明我的生平和著述请参阅 [英] 卡明斯《礼仪问题：多明我会修士闵明我与在华耶稣会士》(J. S. Cummins, *A Question of Rites：Frian Domingo Navarrete and Jesuits in China*)，伦敦大学出版社 1993 年版。

第四节　18—19世纪：西班牙汉学研究的
停滞与衰退时期

一　西班牙托钵传教士与"礼仪之争"

自"历狱"平反后，在华各修会开始进入传教策略的调适时期，并出现了向利玛窦一派趋同的新现象。

也就在此时，西班牙方济各会修士郭纳璧（Bernardusab Incarnatione，或 Bemardode la Encamcion，1630—1719）、利安宁（Emmanuel de la Baneza，1656—1711）、柯若瑟（字亦临，Joseph de Osca，1659—1735）、南怀德（Michael Fernandez Oliver，1665—1726）、卞述济（Francisco Nieto—Diaz de la Concepcion，1662/1663—1739）和巴琏仁（Franciscode San Jose Palencia，1666—1733）等相继来到山东传教。在天主教中国传教团传教方针的调整时期，不但方济各会内部各"小兄弟"之间皆能和睦相处，即使是在耶稣会与方济各会之间，也在传教过程中友好相待、相互扶持，所以山东教区出现了复苏之势。

特别是康熙皇帝在"南巡"的途中，于1689年曾召见了柯若瑟和利安宁；1702年又给予南怀德觐见圣上的荣幸。这些觐见不仅给予西班牙传教士莫大的荣誉，而且直接影响到当地官员对方济各会修士的态度，即对这些西班牙人更加宽容和亲善，于是使方济各会山东教区得到较为顺利的发展。

西班牙多明我会的传教方针也在变化之中。像对中国礼仪持极端反对态度的万济国也曾对中国先贤的牌位顶礼叩拜；多明我会中国传教团的会长闵明我在和耶稣会中国传教团的副会长何大化（Antonio de Gouvea，1592—1677）的通信中，也在探讨这两个修会在"礼仪之争"中应如何协调双方的立场。

在华各修会之间围绕中国礼仪问题的争论在逐步平息，这使中国社会与来华传教士之间的对抗情绪也有所舒缓。这就为康熙皇帝取消对天主教的"禁令"创造了条件。1692 年康熙帝终于颁布了允许天主教在华传教的"宽容诏书"。

但罗马教廷并没有真正理解康熙皇帝对天主教在华传教活动的"宽容"，有一条不可逾越的"红线"，那就是必须遵从"利玛窦的规矩"，也即必须以尊重文化的多样性为前提。

罗马教廷非但没有理性地回应康熙皇帝的"宽容"，却借机欲扩大罗马教廷在中国社会中的影响。这就是"宗座代牧体制"的设置。

众所周知，地理大发现以后，葡萄牙和西班牙这两个殖民帝国的国势如日中天。罗马教廷却在宗教改革运动的冲击下权威不再。所以它被迫将管理教务的基本权力即所谓的"保教权"，忍痛让渡给了葡萄牙和西班牙两国。

到 17—18 世纪之交，葡萄牙和西班牙殖民帝国国势日衰，罗马教廷则急于趁机从两国手中收回"保教权"。为此教宗设置了"宗座代牧体制"，即由教廷直接任命"代牧主教"来管理代牧教区的宗教事务，其目的就是将葡萄牙和西班牙在教务的管理中边缘化。

1680 年，为了实施宗座代牧这个新体制，罗马教廷委派巴黎外方传教会的创始人陆方济（又作"方济各"，Frangois Pallu，1616—1684）前往中国，并被任命为拥有总理中国各个修会的全权的福建省的宗座代牧主教。陆方济一来到中国，立即要求所有在华传教士都要向他这个宗座代牧主教"宣誓"效忠，并严厉禁止教民祭祖和敬孔。对于那些拒绝"宣誓"的传教士将予以严厉的惩罚。

1684 年 10 月 29 日，陆方济突然病逝。与陆方济一起来华的巴黎外方传教会成员——闫当（Carolus Maigrot，1652—1730）试图以陆方济继承人的名义，来掌控整个中国教区的管辖大权。但遭到教会内部一部分人的质疑和挑战。在反对者之中，就包括中国籍多明我会修士罗文藻（Gregoria Lopez，1616—1692）。

二 罗文藻与闫当在"礼仪之争"中的交锋

罗文藻自幼家境贫困，出于对"天国"的向往，他加入了西班牙多明我会，并热心救世功业，因而受到贫苦教民的爱戴。在多明我会禁止教民祭祖和敬孔等激进方针的触发下，中国出现了多起反教风潮。罗文藻总是出面来化解这类矛盾。因此他在教会内部颇受尊敬。

但罗文藻有强烈的民族自尊心。为了在教会中取得与西方传教士平等的地位，他刻苦攻读西班牙文、拉丁文、哲学和神学等专业，并由此晋升为神甫。

1664 年，"历狱"爆发后，来华传教士或被捕或隐藏于民间。罗文藻是唯一一位能在中国各传教区之间进行联络的神职人员，教友都尊称他为"甘霖"、慈父、导师和明灯。教会也承认，如果没有罗文藻这根柱石的支撑，天主教在华的信德将毁于一旦。

"历狱"平反后，为了恢复备受打击的基督教在华传教事业，罗马教宗克莱孟十世（Clementus X）根据罗文藻的奉献，任命他为"巴希利衔"（Basilianensis）主教。

由于"宗座代牧体制"在中国设置后，以闫当为首的巴黎外方传教会执意禁止中国教民祭祖和敬孔，因而引起了中国社会的反教情绪，"礼仪之争"的烽火随之重燃。罗文藻坚定地站在"礼仪之争"的高端，以中国传统文化为基点，对于闫当仅凭对中国经典的一知半解而妄下结论的轻率态度和不实学风，予以鞭挞和讥讽。在罗文藻这种强大的气势的威逼下，闫当始终不敢公开他对"礼仪之争"的全部观点。直到 1691 年 2 月 27 日罗文藻病逝后，闫当才于 1693 年 3 月 26 日公开发布了他那著名的《福建省宗座代牧，现为科农（衔）主教的最著名和可尊敬的闫当先生的临时布告和训令》（在下文中，循通常说法，简称其为"牧函"）。

在"牧函"中，闫当严厉禁止在教堂中悬挂写有"敬天"字样的匾额以及祭祖和敬孔，更不得以"上帝"或"天"等来称呼"天主"。

康熙皇帝于 1692 年刚刚颁发《宽容诏书》，允诺天主教在中国传教，但时隔仅一年，闫当便针锋相对地发布了他反对中国礼仪的"牧函"。甚至张狂到把他的"牧函"张贴到中国的城镇之中。这表明闫当已试图用天主教的礼仪取代中国的传统礼仪，进而意欲动摇中国的国本。这种明目张胆的挑衅行为不能不激起中国社会的愤怒和激烈的回击。即使是在西班牙方济各修会的内部，像利安定（Augustinus a Paschale，1637—1697）和南怀德等也曾深入研究儒家学说，并引经据典与闫当展开论辩。可以说在"礼仪之争"中，方济各会的传教士在汉学的研究中又有所进展，只是在那个动荡的年代，他们没有写出具有一定深度的研究著作。反倒是罗文藻在写给教廷或西班牙国王的信函中阐释了他对"礼仪之争"的系统观点，成为上述时代西班牙汉学研究仅存的理论著述。

三 康熙王朝与罗马教廷的上层对决

教宗克莱孟十一世（Clementus XI）考虑到闫当颁发的"牧函"在中国各修会乃至社会中所造成的混乱，于 1702 年 7 月 2 日委任多罗（Msgr. Carlo Tomma-soMaillard de Tourmon，1668—1710）为教廷出使中国的"巡阅使"。

该使团 1702 年 7 月 4 日从罗马出发，至 1705 年 4 月 5 日抵达广州，并请朝廷确定觐见的日期。

教宗克莱孟十一世像

1705 年 12 月 31 日，康熙皇帝第一次召见多罗，并率先表明了朝廷要给"西洋所来者""立规矩"。不久后人们终于明白了，那就是所谓的"利玛窦的规矩"！

多罗对于中国礼仪问题的无知，使他面对康熙皇帝的深度发问，感到十分尴尬。有鉴于闫当已被罗马教廷任命为福建宗座代牧主教，而且在罗马教廷中闫当又被尊奉为中国礼仪问题的"权威"，所以多罗向清廷表露出希望能召闫当来京之意。依此，康熙帝遂将闫当从福建召到北京，并在热河行宫与闫当进行了具有历史意义的对话。

由于闫当不会说"官话"，只能讲一些闽南方言，"对话"遂由耶稣会士来翻译。对此，康熙已心有不悦。

当圣上问闫当是否读过《四书》时，闫当回答说读过。康熙又问他记得哪些名言。闫当回答说他不记得，因为西方不主张背诵。

康熙对闫当的回答深为不满。于是康熙帝问闫当是否认识御座后匾额上"敬天法祖"四字。闫当说他只认得一个"天"字。

皇帝又出示一本中国典籍，问闫当如何解释经书上的文句。然而闫当竟然不认识书中的文字……

次日，康熙帝下谕曰："阎当既不识字，又不善中国语言，对话须用翻译。这等人敢谈中国经书之道，像站在门外从未进屋的人，讨论屋中之事，说话没有一点根据。"[①] 其后，康熙帝把闫当认定为一个"制造麻烦的人"，并要将其驱逐出境。[②]

多罗已经认识到，他的使命已无完成的可能，遂请求离京。康熙立即照准。

12 月 17 日多罗抵达南京。在此地，他将教宗克莱孟十一世于 1704 年 11 月 20 日颁布的全面禁止中国礼仪的"谕旨"予以颁发。

康熙皇帝对于多罗颁发"谕旨"的行径十分愤怒，于是多罗被驱赶至澳门，从而显示出康熙皇帝拒绝异类文明试图取代华夏文明的严正立场。

其后，闫当也遭到驱逐，从澳门返回欧洲。

至此，多罗这次出使中国的使命以失败而告终。

四　西班牙方济各会修士领获康熙帝颁发的"印票"

在与罗马教廷的博弈中，康熙皇帝再度颁发了对天主教的"禁

---

① 罗光：《教廷与中国使节史》下册，传记文学出版社 1983 年版，第 126 页。
② 同上书，第 116—117 页。

令"。但那些承认并遵从"利玛窦的规矩"的传教士，可从皇帝处领取"印票"，进而获得在华传教的合法性。

当时在华的西班牙方济各会修士卞述济、郭纳璧、景明亮（Martin Aleman）、南怀德和巴琏仁等于1702年6月12日集中在临清，由皇长子胤禔（1672—1734）对这几位申明将遵从"利玛窦的规矩"的西班牙传教士进行审核，核准他们可以继续留在中国并进行合法的传教。

在他们获得"印票"的鼓舞下，当时在广州传教的西班牙方济各会修士林养默（Jaime Tarin）、恩若瑟（Jose Navarro）、利安宁、罗铭恩（Miguel Roca）、孟国老（Nicolas de S. Jose）和安多尼（Antonio de la Concepcion）等6人也皆申明将遵从"利玛窦的规矩"，于是1709年5月2日，他们得以觐见康熙皇帝，并领到"印票"。另两位西班牙方济各会修士王雄善（Juan Fernandez Serrano）和华夏宁（Diego de Santa Rosa）也前往北京并领到了"印票"。

至此，总共有13名西班牙方济各会修士领到了"印票"，这对西班牙方济各修会中国传教团是一件了不起的大事。

但罗马教廷向康熙王朝提出的挑战严重破坏了"宽容诏书"颁布后所形成的较为宽松的传教氛围，各地反教风潮不断，中国教民纷纷退出教会。

法国传教士白晋（Joachim Bouvet，1657—1730）曾写道："整个教会都处在极度的绝望之中，多（铎）罗主教喜欢这样做，他要求一切传教士遵守某些规则，这为教会带来了毁灭。"[①]

天主教在华传教的困境使罗马教廷不得不决定再次派使前往中国，以便找到一种两全的出路。于是教宗克莱孟十一世在1719年9月18日又派嘉乐（Carlo Mezzabarba，1682—1741）为出使中国的特使。但嘉乐并没有放弃干涉中国内政的立场，因而他的这次中国之行

---

① ［德］柯兰霓：《耶稣会士白晋的生平与著作》，李岩译，大象出版社2009年版，第60—61页。

同样是无功而返。

自此，罗马教廷与清廷的正式接触遂告中断。

1742 年 7 月 5 日教宗本笃十四世（Benedict XIV）发布了著名的《自上主圣意》（*Ex quo Singulari*）宪章，重申禁止祭祖和敬孔的一切活动，并严格禁止教内人士再讨论中国礼仪问题。旷日持久的"礼仪之争"终于告一段落。

在康熙皇帝禁教的大环境下，各地不断爆发反教风潮。尽管西班牙有 13 位方济各会修士领到了"印票"，但地方官吏一旦看到圣上已不再高看"洋人"，因此对传教士不断进行打压。为了躲避迫害，西班牙方济各会修士被迫转移到偏僻的乡村去传教。

多明我会在华传教团没有任何一个修士领取到"印票"，所以他们只能隐蔽在教民的家中，或藏于夹壁墙内，或隐居于地洞，而更多的多明我会修士则躲进福建的偏远山区，在极端危险的境遇下，在贫困民众中宣传福音。

西班牙托钵传教士的传教形势处于不断萎缩之中，这不能不影响到西班牙的汉学研究。

五　18—19 世纪：西班牙汉学研究处于停滞与衰退时期

在 18—19 世纪这一历史时期，无论是方济各会修士还是多明我会修士，他们都远离了中国的主流社会，因此也失去了研究汉学的土壤。

但在 18—19 世纪这 200 年间，由于西班牙来华的托钵传教士往往深入民间传教，因此他们用中文写下了相当一部分宣教著作，比较有影响的如《圣体要理》《圣经直解》《圣母行实》《圣母行实目录》《默想神功》《圣教明征》《形神实义》《人类道安》《圣教切要》《天主教入门问答》《罗洒（刹）行实》等。由于这类中文著作都是以在民间宣教为目的，所以文字平实，口语化较强，易于为普通民众所接受，并为地区性的方言研究奠定了一定的基础，即在汉语语言学的研究方面，西班牙的托钵传教士成绩较为显著。像方济各会修士曼努埃尔·德尔萨克拉门托（Manuel del Sacramento）曾于 1781 年在广州刊刻过一部《汉语语法》（*Arte de lengua China*）。

如前所述，西班牙多明我会修士大都是在福建一带的乡村或山区传教，因此他们比较熟悉当地的方言。像圣托·米格尔·卡尔德隆（Santo Miguel Carderon）、克里斯托瓦尔·普拉（Cristobal Pla）、胡安·克罗木（Juan Colom）、多明格·巴劳（Domingo Palau）和圣地亚哥·加西亚（Santiago Garcia）等都曾编撰过福建方言字典。[①]

从整体上看，18—19 世纪，是西班牙汉学研究的停滞和衰退时期。

第五节 20 世纪西班牙汉学研究的复苏和 "中国学" 研究的兴起

一 20 世纪之初西班牙汉学研究的复苏

20 世纪初，在汉语研究上，西班牙的汉学家们首先是逐步完成了从 "文言文" 到 "白话文" 的适应和转换过程，并写出一些新的汉语语言学的研究著作，像拉蒙·克搂美尔（Ramon Colomer）的《汉西注音辞典》（*Diccionario tonico Sinico-espanol*）和路易斯·玛利亚·尼埃托（Luis Maria Nieto）按 "国语拼音字母" 的排序编写的《中西实用辞典》（*Diccionario Manual Chino Castellano*）等著作，均在 20 世纪初问世。

20 世纪上半叶，一些西班牙传教士主要集中在福建一带传教，所以他们格外重视对当地的方言研究。如孟塞诺尔·特奥多罗·拉布拉

---

① ［西］沈起元：《中国与西班牙辞典编撰史札记》（Fernando Mateos, *Apuntes para la Historia de Lexicografia Chino－España*），《第一届西班牙语言史国际会议论文集》，西班牙卡塞雷斯出版社 1987 年版，第 937、938 页。

多尔（Monseñor Teodoro Labrador）与拉伊蒙多·吉哈诺（Raimun-do Quijano）出版了一部《西中福州方言辞典》（*Diccionario español-chino del dialecto de Fuchou*）；皮裊尔-安德来武（Piñol y Andreu）于 1937 年发表了他的名著《华班辞典》，即《中西厦门方言辞典》（*Diccionario chino-español del Dialecto de Amoy*）。此外他还编写了一部有关厦门方言语法的实用手册。另一部颇有影响的研究福建方言的名著，是布拉斯·克尔内霍（Blas Cornejo）编写的《西中福安方言辞典》（*Diccionario español-chino，dialecto Fogan*）。该辞典于 1941—1943 年在上海出版。①

　　西班牙历来有研究汉学的传统。虽然在 18—19 世纪这 200 年间西班牙的汉学研究一度有所消沉，但进入 20 世纪，西班牙的汉学研究又出现了复苏的迹象。在中国典籍研究与翻译方面，西班牙汉学家又开始有了新的进步。其中尤以卡梅洛·埃洛杜伊（Carmelo Erolduy）的汉学研究成就最受人们推崇。他 1926 年来华，曾在芜湖等地传教。在华期间，他逐渐熟悉了汉语和中国的典籍，于是他开始致力于汉学研究，其中对中国古代思想史的研究尤为精深。1961 年他完成了《道德经》的翻译工作；1967 年他发表了《庄子：道家的文学家、哲学家和神秘主义者》（*Chuang tzu：Literato，filosofo y mistico taoista*）；1968 年又出版了《东方政治中的人道主义》（*Humannismo politico oriental*）一书；1972 年他的《道家思想中的六十四个概念》（*Sesenta y cuatro conceptos de la ideologia taoista*）付梓；1974 年他的译著《中国浪漫诗歌中颂歌选萃》（*Odas selectas romancero chino*）问世，这是中国《诗经》的选译本。特别是埃洛杜伊对《易经》和《墨子》这两部中国博大精深的典籍进行了多年的研究。1983 年和 1987 年他先后将《变化之书》（*El libro de los cambios*）和《墨翟：具有普遍之爱的政治家》（*Mo Zi：Politica del Amor Universal*）

————————

　　①　［西］沈起元：《中国与西班牙辞典编撰史札记》（Fernando Mateos，*Apuntes para la Historia de Lexicografia Chino－España*），《第一届西班牙语言史国际会议论文集》，西班牙卡塞雷斯出版社 1987 年版，第 938、939 页。

两本专著奉献给社会，这是他对上述两本中国典籍的翻译、注释和评述。埃洛杜伊由于在汉学研究方面成绩卓著，所以被誉为当代西班牙第一流的汉学家。①

另一位颇有声望的西班牙汉学家安东尼奥·多明格斯（Antonio Dominguez）也是作为一名传教士来华的，后致力于汉学研究。他最主要的贡献是将西班牙汉学研究先驱高母羡 1593 年用中文撰写的《辩正教真传实录》译成了西班牙文，并于 1953 年出版（1986 年再版）。由于该书是第一部由西方人向中国人介绍西方科学知识的著作，所以该书译成西班牙文以后引起西方学术界的注意。②

由于西班牙来华传教士在中西文化交流史上曾起到重要的中介作用，事实上，西班牙的汉学研究就是由他们开启和推进的。因此当代西班牙人对西班牙来华传教士的研究也越来越重视，并有新的建树。像何塞·玛利亚·贡萨雷斯（Jose Maria Gonsalez）曾著《首位中国主教罗文藻》（*El Primero obispo Chino；Padre Lo*）一书，并于 1966 年在马德里出版。他的另一多卷本巨著《在中国之多明我修会》（*Misiones Dominicanas en China*，1700—1750）已陆续在马德里出版。

二　中西建交后西班牙汉学研究的新发展

1973 年中国与西班牙正式建立了外交关系。在这种新形势下，西班牙的汉学研究又日趋活跃，而且完成了从传教士汉学家到世俗汉学家的根本性转变。

当代的西班牙汉学家一般来说是为中国古代文明和中国当代社会的巨变所吸引，由此才走上研究汉学（中国学）的道路。他们当前的成就主要表现在对中国典籍和古典文学的翻译上，比如《西游记》《红楼梦》《儒林外史》《金瓶梅》（西班牙节译本改书名为《金莲》）

---

① ［西］鲍晓鸥：《西班牙与中国（1927—1967）》（José Eugenio Borao Mateo，*España y China*，1927—1967），台北中央图书出版社 1994 年版，第 207—210 页。

② 同上。

《聊斋》《四书》《汉书》和《孙子兵法》以及部分中国古典诗词等均已译成了西班牙文。

其中，劳雷亚诺·拉米莱斯（Laurenao Ramirez）所翻译《儒林外史》的西班牙文译本曾荣获西班牙国家翻译奖。此外，刘勰的《文心雕龙》已由格拉纳达大学中国语言与文学系教授阿利西亚·雷林克（Alicia Relinque Eleta）译成西班牙文并加以注释。她对该书的杰出翻译与研究标志着西班牙新一代汉学家的汉语造诣及汉学研究水平已达到了一个新的高度。2002 年阿利西亚·雷林克又翻译出版了《中国戏曲三种》（Tres Dramas Chinos），即《窦娥冤》《赵氏孤儿》和《西厢记》。

长期在台湾从事西语教学并致力于中国思想史研究的雷孟笃（Jose Ramon Alvarez）其代表性译作有《道德经》（1985）和《老子》（1988）。雷孟笃近年又发表了《西班牙汉学研究的现况与展望》一文，对西班牙汉学研究的发展历程进行了整体的回顾，这是一篇极具学术价值的论文。

此外，从事中国诗词翻译的西班牙汉学家主要有艾莲（Anne Helene Suarez），其代表性译著有《李白——五十首诗选》（1988）、《苏东坡——赤壁怀古及其他诗作》（1992）、《王维 99 首绝句及同时期风格相仿的诗人》（2000）、《白居易 111 首绝句》（2003）等多部。还有卡洛斯·德尔散兹-欧罗斯克（Carlosdel Sanz－Orozco）的《唐朝诗人》（1983）、戈麦兹·吉尔（A. Gomez Gil）和陈光孚合译的《中国诗的第一个黄金时期——唐朝诗选》（1999），等等。

近年来，西班牙汉学界还扩大了对中国近现代文学的研究和介绍。像马德里自治大学东方研究中心的塔西亚娜·菲撒克（Taciana Fisac）曾将巴金的《家》（1985）、铁凝的《没有纽扣的红衬衫》（1989）和钱钟书的《围城》（1992）等相继译成了西班牙文。

在 20 世纪的汉学家中，还有一位偏重跨文化研究和翻译的女性，即具有中国血统的黄玛赛（Marcela de Juan，1905—1981）。她致力于把中国文化的精华介绍到西班牙，并成为加强中西文化交流的一位使者。她主要的作品有：《中国古代的传统故事》（Cuentos chinos de *tradicion antigua*)、《东方幽默故事》（*Cuentos humoristicos orien-tales*）、《中国说书人选集》（*Antologia de cuentistas chinos*）和《昨日经历的中国与今日依稀看见的中国》（*La China que ayer vivi y la China que hoy entrevi*）。后者实际上是她的一部"自传"。1975 年黄玛赛回到她阔别多年的故国。对幼年时代北京生活的回忆，以及对巨变后的中国的感慨，这些因素使这部作品带有淡淡的乡愁。此外，黄玛赛还出版了三部中国古典诗词的译作，而且是西班牙最早出版的中国诗集。

在西班牙，另一位跨文化学者是易玛（Inma Gonzalez Puy），现为北京塞万提斯学院院长和中国西班牙文化中心主任。易玛是中西建交后最早来华的留学生，曾积极投身中国正在兴起的"前卫文化"运动。并写有论文《中国的前卫文化运动》（*La Cultura China de vanguardia*）。其后，易玛在西班牙使馆任文化专员期间曾创办过"学术论坛"性质的期刊——《西班牙》（*España*）。易玛还曾将在中国广为人知的《红灯记》译成西班牙文。

三　西班牙当代"中国学"研究的萌生与发展

自从中国与西班牙建交进入第四个十年，双边全面战略伙伴关系不断得到充实与加强，目前正处于"历史上最好的时期"。中西两国人民相互尊重，都在充满热情地关注着对方的发展。

在中国一方，自改革开放以来，中国社会发生了历史性的巨变，仅从 GDP 总量来看，中国目前已跃居世界第二位。在这种新形势下，西班牙已有越来越多的学者关注着中国的崛起与现实的发展状况，"中国学"也由此得到长足的发展。

为了展望未来，则必须回顾历史。因此在涉及中国与西班牙关系史的专题研究上，近年已涌现出许多佼佼者。像旁佩乌—法布拉大学的欧阳平写出了《想象中国》（*La invencion de China*，2000）和《中国事业：从无敌舰队到马尼拉大帆船》（*LA Empresa de China：De la Armada Invencible al Galeon de Manila*，2002）；胡安·吉尔（Juan Gil）著有《马尼拉华人（16—17 世纪）》（*Los Chinos en Ma-*

nila，*Siglos* 16—17，2011）；科尔多瓦大学的安东尼奥·加西亚-阿巴索罗（Antonio Garcia-Abasolo）著有《砖石城墙与丝绸大炮：在西班牙帝国的中国人（16—18世纪）》（*Murallas de piedra y Canones de Seda：Chinos en el lmperio español，siglos xvi - xviii*，2012）。上述四部著作回顾的几乎都是中西之间的早期关系，从而表达了加强与发展当代中西友好关系的热望。

现在在台湾大学任教的鲍晓鸥（Z. E. Borao）曾于1994年写出《西班牙与中国（1927—1967）》（*España y China*，1927—1967）一书，可以说该书为系统研究中国与西班牙关系史奠定了基础。目前鲍晓鸥正致力于西班牙占领台湾时期史的研究，尤其是台湾早期原住民的历史，这无疑是非常有价值的课题。

萨拉戈萨大学的何塞·安东尼奥·塞维拉（Jose Antonio Cervera）曾对高母羡的《辩正教真传实录》进行过深入的研究，并于2001年完成了《东方的传教士科学》（*Ciencia Misionera en Oriente*）一书的写作。从中可以看到在大航海时代西方传教士对于促进东西方文化交流的贡献。

西班牙著名耶稣会士庞迪我（Diego de Pantoja，1571—1618）是世界级的历史文化名人，然而长期被埋没在历史的尘埃之中。1997年为纪念庞迪我来华400周年，中国社会科学院历史研究所张铠写出《庞迪我与中国：耶稣会"适应"策略研究》（*Diego de Pantoja and China—A study on the Society of Jesus policy of adaptation*）一书，并在西班牙外交部国际合作署（AECI）的赞助下由北京图书馆出版社用中文与西班牙文同时出版。自此，庞迪我作为东西方文化交流先驱者的历史地位得到学术界的高度评价。目前在中国以庞迪我为主题发表的学术论文已多达50余篇。在西班牙国内，学术界对庞迪我的研究也渐入佳境。由马德里南部历史研究所（Instituto de Estudios Historicos del Sur de Maderid）贝亚特里斯·蒙科（Beatriz Monco）整理的庞迪我致托雷多大主教古斯曼（Luysde Guzman）的长信《关于几位耶稣会神父进入中国后在该国所见所闻纪要》（*Relación de la entrada de algunos padres de la compañía de Jesús en la China y particulares sucesos que tuvieron y de cosas muy notables que vieron en el mismo reino*）已经于 2011 年出版。有关庞迪我的专题研究也有新进展，加泰罗尼亚欧佩塔大学（Universitat Oberta de Catalunya）的萨尔瓦多·梅迪纳·拜纳（Salvador Medina Baena）所著《十七世纪的文化融合与有关中国的记述——以庞迪我为例》（*Hibridacion cultural y discurso sobre China en el siglo XVII: A case de Diego de Pantoja*），是一篇通过对 16 世纪和 17 世纪东西方文化交流史的回顾来评述庞迪我在上述历史进程中的地位和影响的长篇论文。该文必将对西班牙有关庞迪我的研究起到带动作用。

　　2018 年是庞迪我辞世 400 周年。中国学者正在筹划纪念活动，由暨南大学港澳历史文化研究中心叶农点校的《耶稣会士庞迪我文集》（内中包括《庞子遗诠》《七克》《天主实义续编》《辩揭》和《日晷图法》等五本中文著作）近期将由广东人民出版社出版。这些著作既是庞迪我个人有关天主教在华宣教的理论成果，也是他为推行"适应"策略而提出的具有指导性的传教方针。此外，马德里康普顿斯大学（Universidad Complutense de Madrid）的罗慧玲和伦敦大学英国皇家学院的蒋薇已将《关于几位耶稣会神父进入中国后在该国所见所闻纪要》这封致古斯曼主教的长信全部译成了中文，经金国平审校后已收入《耶稣会士庞迪我文集》之中。这样，当前已经发现的庞迪我的中文和西班牙文著作几乎都囊括在该文集之中了，并由此为深入研究庞迪我这位世界历史文化名人奠定了坚实的资料基础。

　　在围绕中国经济发展这一重大课题的研究方面，恩利克·范胡尔·马丁与约兰达·菲尔南德斯·罗敏（Enrique Fanjul Martin y Yolanda Fernandez Lommen）于 1997 年合写的《中国经济改革中的西班牙》（*España en la Reforma Economica China*）是一部研究中国当代经济改革趋势与中西经贸关系发展前景的专著。当前在实现"一带一路"这一宏伟目标的新形势下，对于如何在中西两国之间建立起命运共同体，该书也是具有参考价值的。

在有关中国历史文化的综合性研究方面，极具代表性的著作当属胡安·卡洛斯国王大学（Universidad Rey Juan Carlos）的劳尔·拉米雷斯·鲁伊斯（Raúl Ramírez Ruiz）与路易斯·帕拉西奥斯（Luis Palacios）合写的《中国：历史、思想、艺术与文化》（China：Historia，Pensamiento，Arte y Cultura，Córdoba，2011）一书。该著作的宗旨在于向西班牙语世界介绍中国4000多年来不曾间断的、恢宏的历史和文明，以及儒家文化对华夏民族长远的影响。这一著作实际上也是认识当代中国崛起原因的一个阶梯。

毫无疑问，在当代西班牙"中国学"的研究中，最有影响力的著作是西班牙前驻华大使欧亨尼奥·布雷戈拉特（Eugenio Bregolat i Obiols）所著《中国的第二次革命》（La Segunda Revolucion China）。

在布雷戈拉特出任驻华大使期间，中西关系进入了历史上最好的时期。因此可以说布雷戈拉特为加强中西之间的友好关系做出了贡献。

由于他目睹了中国的改革开放大业给国家带来的历史性的巨变，所以他在多个国际场合，皆阐释了这样的观点，即中国是一个在25年内造就了其他国家须用一个世纪才能取得的业绩的巨人。

由于《中国的第二次革命》一书详尽地记述和分析了中国改革开放30年来所取得的伟大成绩，并深刻阐释了中国所以取得如此辉煌的成就的原因，因而该书引起了国际上亟欲解读中国崛起之"谜"的政治家和学术界的广泛关注。《中国的第二次革命》一书不但已经再版，而且布雷戈拉特在世界各地围绕中国第二次革命这一课题所做的报告已不下百余场，可见布雷戈拉特的"中国观"影响之广泛。

2012年是中国改革开放总设计师邓小平1992年第二次"南行"20周年。布雷戈拉特为此于2012年4月16日又写了《20年之后：回顾"南行"》（Una Reflexion Sobre el Nanxun，Veinet Años Despues）一文。

在该文中，布雷戈拉特写到在中国改革开放的历史上，邓小平

"南行"的重要意义，怎么估计都不为过，并评论说，邓小平很可能是 20 世纪最伟大的政治家之一。2014 年布雷戈拉特又出版了论文集《中国的复兴》，对中国的发展前景充满了信心。

在我们期待有如布雷戈拉特《中国的第二次革命》这样的"中国学"研究著作不断问世的同时，我们欣喜地看到，西班牙当代的汉学研究业已紧随世界潮流的变化，像其他西方国家一样，逐步完成了从传统意义上的汉学研究向当代"中国学"研究的方向转变。

出于加强对中国了解的需要，西班牙的汉语教学也在快速发展之中。目前，西班牙约有 14 所大学开设了汉语专业，它们是阿利坎特大学（Universidad de Alicante）、巴塞罗那自治大学（Universidad Autónoma de Barcelona）、巴塞罗那大学（Vniversidad de Barcelona）马德里自治大学（Universidad Autónoma de Madrid）、格拉纳达大学（Universidad de Granada）、马拉加大学（Universidad de Málaga）、塞维利亚大学（Universidad de Sevilla）、庞培乌·法布拉大学（Universidadde Pompeu Fabra）、加泰罗尼亚欧佩塔大学（Universitat Oberta de Catalunya）、布尔戈斯大学（Universidad de Burgos）、马德里康普顿斯大学（Universidad Complutense de Madrid）、巴亚多利德大学（Universidad de Valladolid）、胡安·卡洛斯国王大学（Universidad Rey Juan Carlos）和拉里奥哈大学（Universidad de la Rioja）。

自从 2007 年 11 月 26 日设在马德里的西班牙第一所孔子学院成立后，瓦伦西亚大学孔子学院、格拉纳达孔子学院、巴塞罗那孔子学院、拉斯帕尔马斯孔子学院以及莱昂大学孔子学院等相继建成。上述孔子学院一般都是与西班牙的大学合办。建立孔子学院的西班牙大学一般都开设过汉语专业，并涌现出许多杰出的汉学家；而参与孔子学院合建的中国大学，又拥有一批优秀的"西班牙学学者"。可以说，西班牙孔子学院的建立对于西班牙的汉语教学已经起到一定的推动作用。

21 世纪伊始，西班牙政府为了促进与亚太国家的联系，会址设在巴塞罗那的"亚洲之家"（La Casa Asia）应运而生，并对中国的研究起到了积极的推动作用。西班牙另一个从事太平洋问题研究的学术机构是西班牙太平洋研究会（Asociacion Española de Estudios del Pacifico）。此外，如西班牙科学研究中心（CSIC）下属的历史研究所、西班牙人文社会科学研究中心（CHSS）、巴塞罗那国际事务研究中心（CIDOB）基金会和西班牙高等研究院（IAS）等，也在推动"中国学"的研究。

为了加强"中国学"学者之间的互动与交流，格拉纳达大学发起成立的"西班牙亚太研究论坛"（Spanish Forum of Asia Pacific Research）在协同整个西班牙语和葡萄牙语地区的研究工作方面起到了非常积极的作用。

随着信息时代的到来，2007年，拉丁美洲东亚研究网络中心（REDIAO）成立，目前已经有30余所来自西班牙、葡萄牙和拉丁美洲国家的研究机构与之合作。

由拉里奥哈大学（Universidad de la Rioja）开发的网络统计引擎Dialnet是当今世界最强大的书目门户网站之一。

西班牙在网络化与数字化方面的进步，为"中国学"的研究注入了新的动力，"大数据"的应用，又使学者在相对较短的时间内能对一些极为复杂的历史长期发展趋势得出关键性的结论。

在利用Dialnet所提供的书目信息从事"中国学"的研究方面，胡安·卡洛斯国王大学的劳尔·拉米雷斯·路易斯（Raúl Ramírez Ruiz）是业已取得丰硕成果的新锐之一。

劳尔利用网络技术的研究成果集中体现在他所著《2010至2015年西班牙"中国学"研究现状与趋势》（*Chinese Studies in Spain 2010—2015：Status and Trends*）一文中，该文已由北京对外经济贸易大学魏京翔译成中文，发表在《国际汉学》2016年第6期。

总之，西班牙当代的"中国学"研究是建立在大学的汉语教学、研究机构和学术论坛的设置，以及互联网引擎的开发和利用这三根柱石之上，并在此基础上逐步形成了一个确保"中国学"的研究能不断发展、壮大的稳固的学术体系。

而且在这一学术体系的支撑下，西班牙的"中国学"学者不仅致力于加强本国的"中国学"的研究，而且把目光投向世界范围内的"中国学"研究。当他们认识到西方媒体对中国的介绍已经愈加肤浅化时，他们还立志要在"中国学"研究中担负起加深西方理解中国的重任。①

　　我们钦佩西班牙"中国学"学者的这种抱负，这也是我们所期待的。

---

　　①　参见［西］劳尔·拉米雷斯·路易斯：《2010 至 2015 年西班牙"中国学"研究现状与趋势》（Raúl Ramírez Ruiz，Chinese Studies in Spain 2010－2015：Status and Trends），该文已由北京对外经济贸易大学魏京翔译成中文，并发表在《国际汉学》2016 年第 6 期。

第一章 从拉斯·卡萨斯到沙勿略：
"适应"策略的萌生与发展

印第安人保护者、西班牙多明我会修士
巴托洛梅·德拉斯·卡萨斯之书影

西班牙传教士在拉丁美洲大陆的传教活动中，多明我会修士巴托洛梅·德拉斯·卡萨斯（Bartolome de las Casas，1474—1566）为维护印第安人的基本人权而进行的坚决斗争，以及他对西方传教士在美洲大陆推行的军事传教策略的严厉批判，不仅影响到他之后的西班牙传教士在美洲的传教方针和策略，同样也影响到西班牙传教士在东方，特别是在中国的传教方针和策略。从某种程度上来说，沙勿略在东方传教运动中所倡导的"适应"策略的形成与发展，也是和拉斯·卡萨斯坚持尊重土著居民的基本人权以及认同文明的多样性原则的立场密不可分的。因此我们认为，即使是为了了解西班牙传教士在中国所推行的传教方针、策略及其演变进程，那么也都应当以追溯拉斯·卡萨斯的生平和业绩为开端。

第一节　拉斯·卡萨斯："印第安人的保护者"

　　美洲大陆是印第安人的故土。印第安人在和大自然的搏斗中曾创造出独具特色的文明，和世界其他地区的人种在相应的历史发展阶段所取得的成就相比较，毫无逊色之处。这既充分显示出印第安人的智慧和才能，也更加证明了人类文明的多样性。

　　在哥伦布到达美洲之前，不同地区的印第安人与他们的社会发展程度相适应，业已形成各自的宗教信仰、生活习俗以及价值观念。然而印第安人的独立发展道路却被西班牙殖民主义者的入侵所打断，并酿成一场人类历史上的空前悲剧。

　　在西班牙殖民者的屠刀下，无数印第安人惨遭杀害，甚至许多印第安人部落被整体剿灭。西班牙神甫拉斯·卡萨斯曾参加过哥伦布组织的第 3 次前往美洲的远征，其后他又曾 14 次往返于新旧大陆之间，其足迹更是遍及西印度群岛和拉丁美洲中部、北部的广大地区。他目睹了西班牙殖民者屠杀印第安人的种种罪行，这引起他无比的愤怒。拉斯·卡萨斯站在人道主义的立场上，在他成书于 1542 年的不朽名著《西印度毁灭述略》（*Brevisima Relaciondela Destruccion de Las Indias*）中，他愤怒地指出：自征服以来的 40 年间，基督徒所犯下的地狱般的恐怖的罪行，"使不下 1200 万印第安人和妇孺死于非命。如果不想自欺欺人的话，事实上，死者绝不少于 1500 万人"[①]。

　　西班牙殖民者杀戮印第安人的目的之一就是掠夺他们的财富。然而财富必须先由劳动创造出来才能被掠夺。于是西班牙殖民者开始把印第安人贬低为奴隶，强制他们在大庄园、矿山和珍珠采集场中从事

---

　　① 〔西〕拉斯·卡萨斯：《西印度毁灭述略》（B. De las Casas, *Brevísima Relación de la Destrucción de Las Indias*），巴塞罗那丰塔马拉出版社 1979 年版，第 35—36 页。

非人的劳动。据拉斯·卡萨斯的估算,在新西班牙(墨西哥)、中美洲和委内瑞拉一带被当作奴隶役用的印第安人不下 300 万人。①

拉斯·卡萨斯之名著《西印度毁灭述略》封面

沉重的劳动、残酷的压榨使大量印第安人死于非命。在新西班牙,1519 年至 1607 年间,印第安人人口锐减 95%;在秘鲁,1523 年

———————

① 〔西〕拉斯·卡萨斯:《布道文集》(B. De las Casas, *Doctrinas*),墨西哥 1951 年版(原书未注明出版社),第 93 页。

至 1570 年，印第安人的数量已从 3200 万人锐减至 273.8 万人。[①]

对于印第安人种族灭绝性的死亡，罗马教廷和西班牙各天主教修会负有不可推卸的罪责。因为美洲的征服活动实质上也是天主教借助军事力量扩展基督教信仰的一次规模空前的实践。西班牙传教士在整个征服活动中始终起着组织者与鼓动者的作用，他们不承认印第安人的基本人权，怀着极端的种族歧视心理，诬蔑印第安人“天生的是野蛮的奴隶，没有文明，不讲人道。……他们应服从更为完美的人类，用暴力和战争让印第安人降服是完全正义的，如同物质从属于形式，身体依附于灵魂，兴趣源于理智，恶服从于善”[②]。殖民主义者为了给他们屠杀印第安人的暴行涂上“圣战”的油彩，他们高喊：“上帝让他们（印第安人）灭亡并不是没有原因的，根据他们的大量罪恶，上帝定会加速他们的灭亡!”[③] 这些手持十字架的传教士以传播基督福音为名义，每当闯入一个印第安人村落，便强迫印第安人接受基督教信仰，否则他们就要遭到“正义”战争的惩罚。

在这种军事暴力的强制下，很多印第安人不得不违心地接受西方传教士的“洗礼”而成为基督徒。而且西方传教士往往是采用“集体入教”的方式强制印第安人来改变自己的信仰。这种集体入教的规模从十几个人到几十个人，甚至有时竟成百上千地为印第安人施洗。马丁·德巴伦西亚在 1532 年 11 月 17 日致西班牙国王卡洛斯一世（Carlos I）的信中呈报说，他在 1524 年至 1532 年间共为 20 万印第安人施洗。[④] 托尔维奥·德贝纳特·莫托利尼亚神甫一个人在 1524 年至

① ［墨］科湟茨克：《拉丁美洲：殖民时代》（Konetzke, *América Latina：La época colonial*），墨西哥 21 世纪出版社 1974 年版，第 94—95 页。［美］多宾斯、道蒂：《秘鲁文化史》（H. E. Dobyns and P. L. Dought, *Peru—A Cultural History*），纽约牛津大学出版社 1976 年版，第 298 页。

② ［古］斯特里阿诺斯：《古巴印第安人起义史（1520—1550）》（J. Castellanos, *Crónica de la Rebelión de los Indios de Cuba*），哈瓦那 1959 年版，第 15 页。

③ ［西］拉斯·卡萨斯：《西印度史》（B. De las Casas, *Historia de las Indias*），墨西哥 1965 年版（原书未注明出版社），第 3 卷，第 332—333 页。

④ ［西］巴尔托洛梅·德拉斯·卡萨斯：《西印度毁灭述略》，孙家堃译，商务印书馆 1988 年版，第 107 页。

1536年间竟归化了500万个印第安人。佩德罗·德亨特在1529年6月27日的信中说，他每天施洗的印第安人平均在1.4万人。1529年正是西班牙殖民者用军事手段强制印第安人集体改宗基督教的高潮年代。[①]

在大规模强制印第安人基督教化的同时，为了彻底铲除印第安人文化传统和宗教信仰的影响力，西方传教士又展开了一场破坏印第安人文明的运动。在西方殖民者入侵墨西哥和秘鲁之后，这两个美洲最大的印第安人文明中心最具代表性的建筑群遭到彻底的摧毁；记载印第安人历史和文明的用象形文字写成的"书卷"被付之一炬；1531年，在胡安·德马拉加神甫的教区内，已有500所印第安人的庙宇和两万尊印第安人崇奉的神像被毁坏殆尽。[②]

西班牙殖民者在对美洲原住民进行精神征服的过程中，同样以种族歧视为出发点，实施消灭印第安人文明的策略。即，西方传教士企图以欧洲文明及其价值观念为唯一准绳，来彻底同化印第安人，以实现印第安人文化上的"西班牙化"（Hispanizacion）。具体来说，不仅强制印第安人彻底摒弃原来的信仰并转而接受基督教教义，同时还强迫印第安人穿戴西班牙式的服装，遵从西班牙人的礼仪，甚至迫使印第安人改用西班牙人的姓名并把西班牙人自己的节庆日当作印第安人的节日……这与葡萄牙殖民者在入侵澳门之初所推行的"葡萄牙化"（Portugalizing）如出一辙。

历史上，西班牙人的殖民统治和奴役曾激起印第安人愤怒的反抗。到1536年，在秘鲁终于爆发了以曼科·卡帕克领导的印第安人大起义，参加起义的印第安人多达10万之众。印第安人的反抗使西班牙王室终于认识到，印第安人是决不会屈从于奴隶地位的。在这种情况下，西班牙王室被迫颁布了一系列改善印第安人境遇的法令，并最终废除了印第安人奴隶制。

[①] ［美］罗伯特·里卡德：《墨西哥的精神征服》（R. Ricard, *The Spiritual Conquest of Mexico*），加利福尼亚大学出版社1974年版，第37—38页。

[②] 同上。

正如西班牙用暴力手段奴役印第安人的策略走向失败一样，天主教会所推行的印第安人"西班牙化"的文化同化政策，同样遭到印第安人顽强的抵制和反抗。成千上万被迫加入基督教的印第安人实际上并没有真正放弃自己原来的信仰。尽管西班牙神甫们掀起了一场夷平印第安人庙宇、捣毁印第安人宗教神像的运动，但一些印第安人还是把他们自己崇拜的神像藏匿到人迹罕至的山谷里或家中，到夜间再行膜拜，或在天主教教堂里私藏印第安人的神像，有的印第安人甚至用天主教的圣母像和十字架把本民族的神像伪装或遮掩起来……上述这一切都表明，尽管相当一部分印第安人在表面上接受了基督教，但他们从未放弃过自己的生活方式、文化传统和信仰。印第安人的偶像崇拜现象的大范围回潮，引起西班牙殖民者的震惊。那位曾为500万个印第安人施洗的莫托利尼亚神甫最终也不得不承认，西班牙人无法使印第安人皈依基督教。[①]

为什么印第安人要如此执着地去保持和维护自己的文化传统以及信仰呢？这里涉及对印第安人基本人权和文明的评价问题。

在拉丁美洲的历史上，围绕印第安人是否为具有基本人权的"人"，以及如何对待印第安人文明这两个根本性问题，在西班牙征服者之间展开了持久而激烈的辩论。而拉斯·卡萨斯就是维护印第安人基本人权的一个勇敢而坚定的辩护人和保护者。

拉斯·卡萨斯为了维护印第安人的基本人权和改善印第安人奴隶般的悲惨境遇，他曾多次上书西班牙国王，为印第安人请命，并由此在西班牙和拉丁美洲殖民社会中引发了极大的反响。到1516年，拉斯·卡萨斯终于从西班牙大主教那里得到了"印第安人保护者"这一职务的委任，并于1524年加入了多明我会。

---

① ［美］罗伯特·里卡德：《墨西哥的精神征服》（R. Ricard, *The Spiritual Conquest of Mexico*），加利福尼亚大学出版社1974年版，第275页。

第二节　拉斯·卡萨斯为维护印第安人
基本人权而展开的论战

　　基于印第安人也是"自由人"这一理念，拉斯·卡萨斯曾制定了一项"大陆计划"，试图用耶稣当年劝诫芸芸众生信仰基督教的方法，向印第安人传播福音，并要求王室赐给他方圆 1000 里格（Legua，为西班牙里程单位，约合 5572 米）的土地，意欲在多明我会的支持下，成立一个"福音政府"，使管辖区内的印第安人享有自由与平等的生活。他认为，这样便会激发印第安人劳动的积极性。在此基础上，那些皈依了基督教的印第安人将会为西班牙王室奉献一笔可观的贡赋。拉斯·卡萨斯坚信，此举一定会受到印第安人土著居民的欢迎。① 然而，在当时的历史条件下，拉斯·卡萨斯维护印第安人基本人权的理想是不可能实现的。而且他维护印第安人权益的立场更遭到殖民主义者越来越猛烈的攻击，其焦点便集中在印第安人是否是具有基本人权的"人"，以及如何看待印第安人文明这两个问题上。

　　西方殖民者之所以野蛮地屠杀印第安人，其根本的"理论"就是不承认印第安人是具有灵魂的"人"。亚里士多德在其《政治学》一书中曾主张，自由人应当统治非自由人，即奴隶。西班牙殖民者即是以此"理论"为依据，判定印第安人属于低等人种，他们行为粗野，习俗丑陋，没有文化，只有最低的本能。因此他们断然否认印第安人具有理智。他们认为印第安人既然是低等人种，就一定要从属于高等人种，要为高等人种效劳。他们还认为，权威和财产是有理智的人的特征，而缺乏理智的人不应拥有任何财产，因此强占印第安人的土

---

　　① ［西］巴托洛梅·德拉斯·卡萨斯：《西印度毁灭述略》，孙家堃译，商务印书馆 1988 年版，第 107 页。

地，将他们变成奴隶都是合理合法的。①

1536 年，多明我会修道院院长贝尔纳迪诺·德米纳亚在向教宗保罗三世陈辞时，即曾如此表述："印第安人智力不足，仍属于动物一类，因此无法接受基督精神，只能把他们当作奴隶去干与动物相同的劳动。"② 而西班牙殖民主义的辩护士、宫廷神甫、国王传记的撰写人、法学家胡安·吉湟斯·塞普尔维达（Juan Gines de Sepulveda）有一句经典的表述，那就是："与其说印第安人接近于人，还不如说他们更接近于猴子。"③

拉斯·卡萨斯站在他们的对立面，围绕印第安人的基本人权问题，与塞普尔维达之流展开了历史上著名的一场大论战。拉斯·卡萨斯无畏地指出："任何一个今天能存在于世界上的民族，无论他的风俗如何野蛮、残暴或败坏（主要指部分印第安人在祭祀神灵时以人为祭品——引者）都可以诱导他们成为具有一切政治美德的民族，具有文明人——过着家庭生活和政治生活并富有理性的人——的一切人性的民族，否则他也不能存在。"④

关于印第安人的文明，拉斯·卡萨斯雄辩地指出，印第安人的文明像旧大陆的文明一样辉煌，尤卡坦（地处今日之墨西哥）玛雅人的金字塔与埃及金字塔相比较是同样地令人赞叹不已。而拉斯·卡萨斯当年的论断现在已为 20 世纪的考古学家的研究成果所证明。⑤

拉斯·卡萨斯在和塞普尔维达之流的论战中，他始终以自然法则为自己立论的依据，并坚定地站在维护印第安人尊严的立场上，充分肯定印第安人作为人的本性及其应享有的法律地位并对殖民者进行了

---

①　［西］巴托洛梅·德拉斯·卡萨斯：《西印度毁灭述略》，孙家堃译，商务印书馆 1988 年版，第 7—8 页。

②　同上。

③　［特立尼达和多巴哥］埃里克·威廉斯：《特立尼达和多巴哥人民史》，吉林人民出版社 1975 年版，第 37—38 页。

④　［特立尼达和多巴哥］埃里克·威廉斯：《加勒比地区史（1492—1969）》，辽宁人民出版社 1976 年版，第 45 页。

⑤　［西］巴托洛梅·德拉斯·卡萨斯：《西印度毁灭述略》，孙家堃译，商务印书馆 1988 年版，第 2 页。

无情的批判，从而表现出他的人道主义思想和博爱精神。

拉斯·卡萨斯与塞普尔维达之间历时 8 年的大辩论震动了整个西班牙世界，以致西班牙王室也难以置身事外。1550 年，西班牙国王卡洛斯一世召集卷入这场大辩论的各方的主教、神学家和法学家到巴亚多利德出席御前会议，并要求持对立观点的双方围绕印第安人的本性及其法律地位等问题进行面对面的辩论。

塞普尔维达在一篇名为《开战的原因》的辩护词中，依然坚持他的贬低印第安人基本人权的观点，在维护王室利益的虚假名义下，他为殖民主义者奴役与压迫印第安人的罪行进行辩护。他指出，西班牙国王与王后有充足的理由向印第安人开战，迫使他们屈服；西班牙国王与王后有权力用武力夺取他们的土地，然后再向他们传播福音，宣传天主教教义，为他们施洗；国王还有权强迫印第安人遵守秩序和法律，防止他们（从被强迫劳动的场所）逃跑或叛教。①

拉斯·卡萨斯则在国王面前，对西班牙殖民者的罪恶行径进行了无情的谴责，他尖锐地指出："积 50 余年之经验，对他们的所作所为耳闻目睹，为良心所驱使，我不得不向殿下禀报彼等最为突出的'丰功伟绩'。……彼等行径恶劣，凶残成性，为天地所不容，人神所共诛。对无数生灵惨遭涂炭保持缄默不啻犯罪。"②

那么在被征服的地区，西班牙人如何才能将印第安人吸引到皈依天主的道路上来呢？拉斯·卡萨斯在他的《答辩书》中指出："要想在安全可靠的情况下进入西印度各地传播福音，唯一的办法就是只允许传教士进入传教地区，用我们的信仰培养印第安人的良好习惯，友善地对待他们。如果发现某些地区（西班牙人）有可能受到威胁，则应在其周围地区修建城堡，在城堡内与印第安人交往，以扩大宗教的影响，建立起和平秩序，培养友好感情，树立良好榜样。这是亚历杭德罗教宗圣谕的宗旨，也是保罗教宗的旨意。在此基础上基督徒才能

---

① ［西］巴托洛梅·德拉斯·卡萨斯：《西印度毁灭述略》，孙家堃译，商务印书馆 1988 年版，第 130 页。

② 同上书，第 15 页。

执行陛下的命令,No quanto ad dominium rerum particularius(不能用非常手段得到权力),也不能把印第安人变成奴隶,没收他们的土地。而只能按法律合理地征收赋税,用以维持传播宗教、管理西印度,作为培养印第安人良好习惯等方面的花费。"①

由于参加辩论的对立双方各执一词,因而并没有在御前会议中达成统一的意见。然而拉斯·卡萨斯所阐释的那些善待印第安人的基本原则,即在被西班牙人殖民的地区,只能允许传教士而不是征服者进入;不能把印第安人变成奴隶,并没收他们的土地;只能用和平的方式友善地对待他们,用基督教的信仰培养印第安人良好习惯,以扩大宗教影响等项原则,在这场大辩论之后却广为流传,影响深远。

实质上,拉斯·卡萨斯的上述观点为天主教在拉丁美洲的传播指明了一个新的方向。

1566年,拉斯·卡萨斯病故,终年92岁。

尽管拉斯·卡萨斯的主张在一个时期内受到那些极端的殖民主义者的反对,甚至遭到围攻和谴责,但他的主张却在越来越大的范围内引起了宗教界乃至世俗界的关注,尤其是为越来越多的有良知的传教士所认同。在天主教的东方的传教运动中,西班牙耶稣会士沙勿略所倡导的"适应"策略可以说就是对拉斯·卡萨斯的传教策略思想的一种回应和进一步的发展。事实上,沙勿略就是在上述天主教传教策略进入大辩论和大调整的时期,来到东方的。

---

① 〔西〕巴托洛梅·德拉斯·卡萨斯:《西印度毁灭述略》,孙家堃译,商务印书馆1988年版,第132页。

第二章　西班牙来华传教士与"适应"策略

地理大发现开启了全球一体化的进程。随着新航路的开辟，远隔重洋的不同国家或民族相继被卷入世界贸易的旋涡之中，就此出现了五大洲物质与商品规模空前的交换。

西方殖民者的征服与扩张活动又使东西方文明以空前的规模处于相互碰撞与交汇之中，就此，出现了各异质文明之间的大交流。

这期间，西班牙来华传教士为了实现建立"世界天主教王国"的理想也来到了东方，其中西班牙耶稣会士沙勿略于 1552 年踏上我国的上川岛，就此继唐、元之后，揭开了基督教第三次传入中国的序幕。

第一节　沙勿略与"适应"策略的奠基

沙勿略是明清之际中国典籍中对西班牙来华耶稣会士圣弗朗西斯科·哈维尔（San Francisco Javier，1506—1552）约定俗成的称谓。

1506 年沙勿略出生在西班牙纳瓦拉省哈维尔城堡的一个贵族家庭。他的父亲胡安·德哈索是国王的私人顾问；母亲玛丽亚·阿斯皮奎塔·哈维尔出身名门，并且是她父母双方唯一的继承人。按照当地的习俗，一个新生儿既可以承继父姓也可择取母姓。沙勿略则依从了母亲的姓氏。

沙勿略自幼受过良好的教育，18 岁进入巴黎的圣巴尔贝学院深造。由于他的学业优异，22 岁时已被任命为博韦学院亚里士多德哲学讲师，并被视为一名学者。

1528 年，恰值西班牙极富创造性和热情奔放的传教士罗耀拉（Ignacio de Loyola，1491—1556）来到巴黎，并与沙勿略相识。沙勿略被罗耀拉大无畏的形象所吸引并成为他的追随者。

那时罗耀拉正准备创立一个以光耀天主教事业为己任的新的精神十字军组织——耶稣会。于是，沙勿略在罗耀拉的倡议下，参与了耶稣会的创建，并成为耶稣会十个创始人之一。

耶稣会创始人伊格纳西奥·德罗耀拉（1491—1556）头像

1540 年耶稣会的创立获得教宗的正式批准，罗耀拉被指定为耶稣会会长。当他得知葡萄牙国王约翰三世（John Ⅲ）正在向教宗提出派遣传教士前往东方传教的请求之时，罗耀拉认为这是耶稣会大展宏图的绝佳机会，于是在征得教宗同意后，决定委派沙勿略前往东方传教。

  1540 年 3 月 15 日，罗耀拉向沙勿略下达"训令"："现在我以教宗的名义向你宣布派你前往印度传教。请接受我口述的神圣教宗陛下对你的任命，就如同基督耶稣亲自在部署此事。去吧，兄弟！上帝的声音在召唤你，让你内心的神圣火焰燃烧起来吧。"① 于是沙勿略立即到教宗处请求祝福，并于次日离开罗马，返回家乡。至 1541 年 4 月 7 日，沙勿略乘船前往果阿。临行前，沙勿略被罗马教廷任命为"教宗特使"（Apostolic Nuncio）。据此，他拥有处理东方基督教事务的全权。

  历经 8 个月的艰难航行，1541 年 12 月，沙勿略抵达果阿。在其后的十余年间，沙勿略的足迹遍及印度、斯里兰卡、马来西亚、新加坡、印度尼西亚和日本等地，并于 1552 年踏上我国的上川岛。

  东方多姿多彩的文明给沙勿略留下了深刻的印象，并由此使他在思想上产生了两个重大的飞跃。

  其一，"发现"了中国文明。

  沙勿略在东方各地，尤其是在日本的 27 个月的传教生涯，使他获知，在遥远的东方还存在着与欧洲处于平行和平等发展阶段的另一种文明，即华夏文明。在他的初步认知中："中国幅员辽阔，境内安居乐业，绝无大小战乱。……中国为正义之邦，一切均讲正义，故以正义卓越著称，为信仰基督的任何地区所不及。就我在日本所目睹，中国人智慧极高，远胜日本人，且擅于思考，重视学术。中国物产丰富，且极名贵。人口繁盛，大城林立，楼台亭阁，建筑精美，部分采

---

  ① ［英］阿伦：《京廷之耶稣会士》（C. W. Allan, *Jesuits at the Court of Peking*），上海晨卫出版社（Kelly and Walsh CO LTD）1935 年版，第 14 页。

用石料。人人皆说中国盛产绸缎。"因此沙勿略萌生了到中国传播基督福音的想法。而且他还认为其他东方国家的文明大多受到中国文明的影响，此点在日本尤为突出。沙勿略坚信，只要中国信奉了基督教，那么其他东方国家将会效仿中国，就会相继接受对天主的信仰，即"如谋发展吾主耶稣基督的真教，中国是最有效的基地。一旦中国人信奉真教，必能使日本唾弃现行各教学说和派别"[①]。

沙勿略在他寄往欧洲的大量书信中，把他对中国的印象做了详尽的介绍，从而引起西方人对中国的向往。从此，使中国基督教化成为西方传教士一代又一代人为之奋斗终生的目标。

其二，为"适应"策略的形成奠定了理论基础并为实施这一策略确立了一些基本原则。

沙勿略在东方传教的过程中逐步认识到，像西方征服者在拉丁美洲那样，用暴力手段，强制土著居民集体加入基督教的做法，在东方国家是根本行不通的。他认为，西方传教士只有用和平的方式，在两种异质文明之间进行平等的对话，并在相互竞争中显示出西方文明的优越性，这样才能将东方人逐步吸引到信仰天主的道路上来。沙勿略认为，西方文明的优越性主要体现在科学方面。因此，他力主西方传教士要在东方国家中传播欧洲的科学知识，并认为这是取得救世功业成功的重要手段。为了达到上述目的，在东方传播基督福音的传教士们应当是具有天文学、数学和舆地学等学科知识的所谓"读书修士"。来到东方国家之后，他们应当首先学会当地的语言，遵从那里的风俗和习惯，并用西方珍贵的礼品敲开当地权贵的家门，进而争取接近最高统治者并劝说他信奉基督教，而且只有这位最高统治者皈依了基督教，那么整个这个国家才能基督教化。

由于沙勿略的上述传教策略其核心理念是强调基督教文明要适应当地的文明，因此，沙勿略的这一理念常常被后人称为"适应"策略。

① 方豪：《中国天主教人物传》，中华书局 1988 年版，第 60 页。

沙勿略为了率先实现中国的基督教化并在传教的过程中实施他的上述策略，于1552年9月初来到中国的上川岛并由此揭开了基督教第三次传入中国的序幕。

一　沙勿略在上川岛：揭开天主教第三次传入中国的序幕

上川岛（现属广东省台山市）紧邻广东海岸。在地理大发现以后所形成的东西方物质交流的大潮中，上川岛由于地处葡萄牙殖民者所开辟的从好望角直至日本的贸易航线的中间地带，因此，在明帝国的海上军事力量于1548年荡平了葡萄牙人在浙江近海双屿所营建的走私贸易据点之后，上川岛很快发展成中国与西方之间的商品交换中心。

在上述特定历史时期，每年7—10月，当西南季风刮起之时，葡萄牙船只便驶临上川岛并在三洲港靠岸。而后，葡商则在岸边搭起茅屋，开始和这里的中国商人进行交易。一般来说，经常是葡人用香料、西洋呢绒、天鹅绒和花边等物品换取中国的丝绸及瓷器等商品。当11月中旬季风转向后，满载珍贵中国商品的葡船便借助强劲的东北季风相继离开上川岛，然后驶向马六甲、印度或欧洲。明王朝虽然厉行海禁，但当地的官吏可从上述走私贸易中谋取丰厚的私利，因此对上川岛的这种贸易活动基本上予以默认。所以直至葡萄牙侵占澳门之前的十余年间，上川岛一直是东西方的物质交流中心。

沙勿略则想借助上川岛靠近中国海岸的这种有利的地缘形势，从这里进入中国内陆。他的这一计划其实酝酿已久。

沙勿略在日本的传教过程中，一旦形成中国文明是日本文明之源头，以及只要中国信奉基督教，才能更快地推动日本的基督教化这一认识之后，他便开始积极策划他的中国之行。

沙勿略在日本期间曾总结出一个经验，即西方传教士只能以高贵的官方身份并携带珍稀的西方礼品才能敲开东方贵胄和帝王之家的大门。所以沙勿略在听说日本天皇是中国皇帝的友人之后，便想从日本天皇那里为自己谋得一封致中国皇帝的推举信和由日本天皇亲自签署的护照，然后前往葡萄牙人设在浙江的走私据点双屿，再经宁波直趋北京。

沙勿略还设想，在他向中国皇帝敬献礼品的同时，再恳请中国皇帝下达圣旨，准许西方传教士在中国自由传播基督福音。① 很可能就在此时，他得知葡萄牙人在中国浙江沿海的走私活动业已遭到明廷海军的致命打击，葡人在双屿的据点已不复存在。这时他还听说，上川岛已成为中国与西方之间的贸易中心，而且该地又临近中国的南方门户广州，所以沙勿略又计划日后从上川岛进入中国内地以传播基督教教义。为此，在1551年12月离开日本前往印度的途中，沙勿略特意在上川岛短暂停留，并遥望北方中国大陆起伏的山岚，以坚定自己进入中国的决心。

就在沙勿略这次登上上川岛之时，他与他的老友迭戈·佩雷拉（Diego Pereira）意外在上川岛相逢。佩雷拉是葡萄牙的一位富商，他经常往返于印度和上川岛之间并熟知中国的国情。他告诉沙勿略，早在1548年，有30余名葡萄牙人和一些中国人驾驶两艘满载贵重商品的"中国船"在广东沿海地带被明廷官兵俘获。这些被俘之葡人被视为"海盗"，现仍关押在广州的狱中。佩雷拉还说，他已经买通了狱卒，所以对狱中的情况他已略有所知。最近从广州狱中辗转传来一信，被俘的那些葡人在信中恳请葡萄牙政府能尽快派使团前来中国，朝见中国皇帝，并请求中国皇帝能释放他们这些被俘之人。而且他们认为只有通过葡萄牙使团的斡旋，才能使中葡贸易得到更大的发展并为葡萄牙带来巨大的商业利益。为了使葡萄牙使团这次中国之行能获得成功，狱中在押的葡人建议葡萄牙使团应携带从东印度所能找到的最为珍贵的礼品献给中国皇帝，比如配备鞍鞯的骏马、大象、宝石、各色的天鹅绒以及其他能满足中国皇帝好异心理的各类珍稀物品。这些被俘之人断言，除非使团携带这类礼品，否则出使中国的使团不会

---

① ［西］何塞·玛利亚·雷昆多：《沙勿略：生平与书信》（José Maria Recondo, *San Francisco: Vida y obra*），马德里马太欧·伊努力亚出版社1988年版，第739页。

获得成功。①

　　沙勿略当即意识到，只有由像佩雷拉这样的富商出资采购上述各类礼品并组成使团，才有望进入中国内地，进而前往北京朝见中国皇帝。他本人则可作为"副使"随团而行，到北京后再相机向中国皇帝宣讲基督福音，争取中国皇帝能给予他们在中国传教的自由，同时能使被俘的那些葡萄牙人获释。然而要组成一个正式的出使中国的使团一定要经过印度总督的批准。于是沙勿略和佩雷拉乘后者的"圣十字"号（Santa Cruz）离开上川岛前往印度。

　　抵达果阿后，沙勿略向印度总督阿尔丰索·纳罗尼亚（Alphonso Naronia）和果阿主教吉阿瓦尼·阿尔布魁儿克（Giovanni Alburquerque）提出他们意欲组团出使中国的计划，并得到印度总督的正式批准。

　　为了表示对沙勿略中国之行的充分支持，印度总督为沙勿略准备了一份精美的致中国皇帝的国书；而主教亲自为使团用烫金字写了一份呈给中国皇帝的致敬信。葡商佩雷拉则慷慨解囊，出资 4000—5000 金币，购置了"非常名贵的花边、天鹅绒、绸缎、壁毯、地毯和大型的精美群雕及供小教堂使用的一些设备"②。

　　1552 年 4 月 17 日，沙勿略和佩雷拉乘"圣十字"号离开果阿前往马六甲。当"圣十字"号抵达该港后，沙勿略一行意外受阻。地方官与佩雷拉意见不合，并将后者扣押不放。沙勿略千方百计想说服地方官不要扩大事态，但无济于事。前往中国之行又受季风的制约。在万般无奈的情况下，沙勿略怀着"为了上帝的爱宁愿死在中国"的决心，辞别了佩雷拉，毅然决然地乘"圣十字"号继续他的中国之行。

　　1552 年的 9 月初，沙勿略一行平安抵达上川岛。他所做的第一件事就是动员在当地做买卖的葡萄牙人用竹苇搭起一间简易的小教堂并开始组织宗教活动。他特别关注岛上的六十几个当地人或奴隶的子女

---

　　①　［西］何塞·玛利亚·雷昆多：《沙勿略：生平与书信》（José Maria Recondo, San Francisco：Vida y obra），马德里马太欧·伊努力亚出版社 1988 年版，第 822 页。

　　②　同上书，第 963、964 页。

的信仰问题，并开始向他们宣讲教义，还经常出入一些葡人的茅屋，为病人祈福或听取他们的忏悔。

上川岛当时有许多中国人经商。因此沙勿略准备用中文向他们宣讲基督教教义。当沙勿略在日本传教之时，他已开始学习日语。由于日本文字与中文的历史渊源密切，所以在日本的 27 个月的传教经历，为沙勿略学习汉语提供了极大的便利。

此次，与沙勿略一路同行，并成为沙勿略的中文翻译和随身仆人的，是一位名叫安东尼奥（Antonio）的中国年轻人。他 8 岁时便到了果阿，后皈依了基督教并曾在果阿的圣保罗学院学习。然而到了上川岛之后，沙勿略才发现，安东尼奥对母语已经很生疏，万幸的是与沙勿略同来上川岛的随员彼德罗·洛佩兹（Pedro Lopez）既会汉语又通晓葡萄牙语，于是由他代替安东尼奥来当沙勿略的翻译，并用中文编写出一部《教义问答》。而且沙勿略不仅理解了上述《教义问答》中的汉字的意义，而且学会了用中文来诵读这部《教义问答》。从这一点来看，沙勿略可以说是西班牙人学习汉语的一位先行者。

由于沙勿略初通汉语又有彼德罗·洛佩兹的帮助，他很快和该岛上的中国人建立了友好关系。中国人都喜欢和沙勿略交谈并认为他是一个有学问和有阅历的人。有的中国商人还认为沙勿略带来的写在书中的那些律法要比中国的律法更高明，因此他们都欢迎他去中国"讲道"。然而却没有一个中国人敢于答应帮助他前往中国。这些中国商人告诉沙勿略，中国皇帝禁止外国人私自入境。那些擅自闯入者，均要受到严惩。[①] 直到此时，沙勿略才开始意识到，他想进入中国内陆传教该有多么困难。但沙勿略是个不达目的决不休止的人。为了中国的基督教化，他宁愿冒更大的危险，甚至不惜牺牲自己的生命。他常常默念《圣经》中的这一名言："谁钟爱自己尘世的生命，他将失去

---

① ［西］何塞·玛利亚·雷昆多：《沙勿略：生平与书信》（José María Recondo, *San Francisco：Vida y obra*），马德里马太欧·伊努力亚出版社 1988 年版，第 963、964 页。

它；为了上帝而失去生命的人，他将得到永生。"①

这时，沙勿略结识了一个精明的中国商人。后者曾协助被关押在广州的一个葡萄牙俘虏逃至上川岛。这个商人表示他愿意帮助沙勿略进入中国内地，并提出如下计划：该商人将在事先约定好的夜晚，由他和他的儿子及仆人用船来接沙勿略和他的随从以及他们随身的行李。渡海后，他将把沙勿略一行先藏在他自己的家中。3—4 天后，他再在黎明前将沙勿略一行及他们的礼品和图书等物品送到城门前，而后由沙勿略自己向守城的官兵说明他来中国的意图，看官方对他如何发落。

沙勿略同意了这个商人的计划并按商人的要求预先付给他价值200 金币、重约 20 担的胡椒。这部分胡椒是由跟随在"圣十字"号上的佩雷拉的财务代理人支付的。沙勿略又和那个中国商人最后商定了实施上述计划的具体时间。沙勿略完全知道实施这一计划可能会遇到的危险，在他从上川岛所发出的信中，他写道，他很可能在前往中国大陆的途中，被那个商人杀死；或被抛到一个荒岛上，任其自生自灭；即使到了大陆，他很可能被中国官方施以酷刑或被关押起来。但他一向认为，"手中握着犁而眼睛只向后看的人，绝不是能荣升天国的人"②。所以他仍坚持要实施他进入中国内陆传教的计划。但万一他的这一计划落空，沙勿略还为自己准备了一个替代方案，即那时他将前往暹罗（泰国）并于来年与暹罗来华使团一道重新造访中国。他所以有这一想法，是因为当时与他同在上川岛的他的另一友人迭戈·瓦兹·德阿拉贡（Diego Vaz de Aragon）刚买下一艘船，准备去暹罗做买卖。所以沙勿略才考虑到，假如今年他的计划失败，那么来年他去

---

① ［西］费尔南多·玛利亚·莫雷诺：《沙勿略书信与布道文献集》（Fernando María Moreno, *Cartas y Avisos Espirituales de San Francisco Javier*），墨西哥城经济文化基金出版社 1940 年版，第 439—442 页。

② 同上。

暹罗，正可搭乘阿拉贡的船再次做进入中国内陆的尝试。[①]

转眼便到了 11 月中旬，季风已改变了方向。停泊在上川岛的葡萄牙船只纷纷启程南下。岛上开始荒凉起来。沙勿略焦急地等待那个与他事先有约的中国商人来与他会面，但那个商人始终没有再来上川岛。在避风港中，只有"圣十字"号和阿拉贡刚买来的那艘船仍停泊着。沙勿略身边也只有他的中国仆人安东尼奥和从印度带来的另一土著仆人克利斯多弗（Cristof）陪伴着他。

至 11 月 21 日，沙勿略仍得不到那个中国商人的任何消息。寒风劲吹，岛上又断了食物的来源。既饥寒交迫，又心中焦虑，沙勿略从此病倒。中间虽几经放血治疗，但沙勿略的病情仍不见好转。至 12 月 2 日，沙勿略病情急遽加重。在 2 日与 3 日间，沙勿略病故于上川岛。

二　上川岛的沙勿略陵墓成为西方传教士朝觐的圣地

沙勿略病故于上川岛后，其华仆安东尼奥请求"圣十字"号的船员协助他，为沙勿略按中国的传统方式打制了一具棺木，并在将沙勿略遗体放入棺木时，在其周身撒满石灰以吸食血肉，期待他日能将其遗体完好地运回果阿。

沙勿略的棺木被掩埋在该岛近海的一座山脚下。安东尼奥等人又在沙勿略的墓旁立了一个石柱作为墓地的标志，后又在沙勿略墓前树起一个十字架以示对沙勿略的纪念。

第二年，即 1553 年 2 月 17 日，葡商迭戈·佩雷拉的那艘"圣十字"号在返回印度前，应安东尼奥的请求，该船船员挖开沙勿略的墓穴，打开棺木，见其遗体尚未腐坏。在这种情况下，他们遂将沙勿略的棺木再度钉好后移到船上，并迅即起航。

至 3 月 22 日，该船驶抵马六甲。在那里，人们怀着悲哀和崇敬

---

① ［西］费尔南多·玛利亚·莫雷诺：《沙勿略书信与布道文献集》（Fernando Maria Moreno, *Cartas y Avisos Espirituales de San Francisco Javier*），墨西哥城经济文化基金出版社 1940 年版，第 439—442 页。

的心情为沙勿略举行了盛大而隆重的接灵仪式。该年 12 月，沙勿略
的遗体被运往印度。1554 年 3 月 16 日，当沙勿略的遗体运至果阿
时，有 5000—6000 人参加了接灵仪式。从此，沙勿略的遗体也就
最终安葬在果阿。① 然而上川岛并未因此而失去其纪念沙勿略的历
史意义。

1552 年 12 月 2 日至 3 日沙勿略病故于上川岛

1553 年，即沙勿略去世后的第二年，耶稣会士，沙勿略在日本时
的密友阿尔卡佐瓦（Pierre deAlcazova）从日本返回欧洲。在路过上
川岛时，他曾特意去朝拜沙勿略的墓地。② 也就是从这一年起，上川
岛开始成为西方传教士朝觐沙勿略的圣地，同时也使上川岛演变为多
元文化交汇之地。

明崇祯十二年（1639），澳门的一些耶稣会士怀着对沙勿略的怀
念之情，在上川岛登陆，并在沙勿略原墓地处立起一座石碑以资纪
念。按中国的计量单位，该石碑高六尺、宽四尺、厚四寸。纪念碑的

————————

① ［西］何塞·玛利亚·雷昆多：《沙勿略：生平与书信》（José María Recondo，*San
Francisco：Vida y obra*），马德里马太欧·伊努力亚出版社 1988 年版，第 1008—1012 页。

② 同上书，第 1010 页。

正面上端为中文墓志铭："大明。耶稣会士泰西圣人范济各沙未尔（即沙勿略）于嘉靖三十一年壬子之冬升天真迹。崇祯十二年乙卯众会友立碑。"下方是用葡萄牙文刻写的勒文："东方宗徒耶稣会士圣方济各·沙勿略曾葬于此处。1639 年立。"该碑的反面重复了正面的葡文勒文。[①]

1688 年当意大利耶稣会士卡拉西奥（Philippe Caraccio）到达此岛时，发现原纪念碑已经倾倒，于是他又重新将该碑树立起来，以表敬意。[②]

1698 年，法国船"俺斐特里特"号（Amphitrite）载法国耶稣会士白晋（Joachim Bouvet，1657—1730）、马若瑟（Joseph de Premare，1666—1735）等 11 人前来中国。白晋在此之前，曾于 1687 年首次来华。不久后他以在科学方面的杰出成就，得以进入清朝宫廷，服务于康熙皇帝。由于他精通西方科学知识并能遵从"适应"策略的一些做法，因此受到康熙皇帝的礼遇。为了多招募一些西方传教士来华，1693 年白晋受康熙皇帝的委派，以"钦差"的名义携带康熙皇帝赠给法王路易十四（Louis XIV）的礼品返回欧洲。在完成自己的使命后，1698 年 3 月 7 日，白晋带领他新招募来的 8 名传教士搭乘"俺斐特里特"号前往中国。在途经好望角时，又有其他一些传教士搭乘白晋所乘坐的船。这样，该船共搭载 11 名传教士前往东方。该船在快驶抵中国时遭遇暴风雨，"俺斐特里特"号几近沉没。在万分危机的时刻，他们高呼上帝和沙勿略的名字，祈求保佑。当该船平安驶抵上川岛时，他们无比兴奋，马若瑟将上川岛称作"希望之地"。他们在沙勿略的墓前高唱圣歌并祈祷，同时许愿要为沙勿略建造一座纪念教堂。[③]

进入 18 世纪，由于耶稣会本身的命运正处于风雨飘摇之中，因

---

① ［瑞］龙思泰：《早期澳门史》，吴义雄等译，东方出版社 1997 年版，第 227 页。

② ［法］费赖之：《在华耶稣会士列传及书目》，冯承钧译，中华书局 1995 年版，第 8 页。

③ ［法］杜赫德编：《耶稣会士中国书简集》第 1 卷，郑德弟等译，大象出版社 2001 年版，第 135、131 页。

此西方传教士对上川岛的造访活动在文献中已很少有所记载。

1813 年，澳门主教沙钦（Francisco Chacim）曾到上川岛去拜谒沙勿略的墓地。但发现当年所竖立的纪念碑已无踪迹。于是他请当地的中国人协助他寻找纪念碑的下落。后来，居然在墓地附近重新找到了这座纪念碑。沙钦在重新立碑后，又出资请当地人对这一纪念碑妥为照管。[1]

1862 年，耶稣会士在 1759 年被逐出澳门后，又重新返回这里。在这之后的两年间，在澳门耶稣会会长隆迪纳（Rondina）的引领下，约百名传教士曾相继到上川岛向沙勿略墓地礼拜。从此，到上川岛拜谒沙勿略墓地的人便纷至沓来。[2]

1869 年，法国驻京公使拉勒芒（de Lallemand）应法国广东教监吉尔曼（Guillemin）的请求，向国内请得经费，遂在上川岛修筑了两座教堂。其中之一，建筑在中国居民的村落中，上川岛那时已有部分信奉基督教的中国教民。另一座教堂，便建筑在沙勿略的原墓地之上。该教堂长 20 公尺、宽 10 公尺；钟楼高 23 公尺。在其哥特式的钟楼上，悬挂着一座精致的铜钟，这是法国皇后欧仁妮（Eugenie）所赠。[3]

1884 年，因中法战争，上川岛教堂被毁。

1904 年，上川岛沙勿略纪念教堂被重新修复。

2002 年，是沙勿略在上川岛去世的 450 周年。历经近五个世纪的沧桑，21 世纪的上川岛，已由沙勿略到达此地时的一个荒凉的小岛，发展成拥有近两万人口，经济发达，社会稳定，充满生机与活力的海岛。1993 年上（下）川岛已开辟为旅游开发综合试验区。上川岛在以开放的姿态面向世界的同时，更能以尊重文化多样性的理念为出发点，对沙勿略的陵墓做了妥善的维护。

---

① ［法］杜赫德编：《耶稣会士中国书简集》第 1 卷，郑德弟等译，大象出版社 2001 年版，第 9 页。

② 同上。

③ 同上书，第 9、10 页。

沙勿略头像与上川岛沙勿略纪念陵园

尤为难能可贵的是，上川岛人用心良苦地保存了陵墓周围古朴的自然环境和庄严肃穆的历史氛围。作为促进东西方文明交流的一位先驱者，沙勿略至今仍受到人们的尊重。近年，到上川岛沙勿略陵墓参观的人日益增多。

三　沙勿略所倡导的"适应"策略在东西方文化交流中的历史作用和影响

在天主教东方传教史中，沙勿略拥有崇高的声誉，他常常被尊称为"印度使徒""东方使徒"或"中国传教之父"。为了彰扬他的业绩，1619 年罗马教廷为他行"升天宣福礼"；1622 年教宗格里高里十五世（Gregory XV）将沙勿略封为"圣徒"，他是继耶稣会创始人罗耀拉之后第二位享有这一荣誉的人。那么在当代，沙勿略的历史地位终究如何来评价？我们认为，主要应当从他所倡导的"适应"策略在东西方文化交流中的历史作用和影响方面来界定。

前面我们曾提到，沙勿略积在东方十余年的传教经验，在他的思想中出现了两个重大的飞跃：一是，他认识到中国文明对东方文明有着重要的影响。只有中国实现了基督教化，其他国家才会效法中国而信仰基督教。二是，他认为只有基督教文明与中国文明相适应，才能在中国取得救世功业的成功。沙勿略病故在上川岛，没能实现自己的抱负，但他意欲使中华帝国基督教化的理想却成为西方传教士一代又一代为之奋斗的目标。他在传教过程中总结出来的"适应"策略思想，更成为他的后继者所尊奉的圭臬。而实施沙勿略所倡导的"适应"策略的最积极的结果，则是在一定的程度上促进了东西方之间的文化交流。我们认为，这就是沙勿略的历史地位之所在。

1. 沙勿略对西方传教士前往中国的激励作用

最先认识到沙勿略对后人的榜样力量的，是曾任耶稣会总会长的比利时人艾佛拉尔·迈居瑞安（Edward Mercurian）。1573 年他上任后立即把东方的传教事业放在重要的日程之内，并任命范礼安（Alexandre Valignani，1538—1606）为印度传教团的视察员，与此同时，他又嘱托后者到东方后，要立即撰写一部《沙勿略传》，以便用沙勿略的形象来激励后继者。

1574 年范礼安来到澳门，并在那里滞留了 10 个月。这使范礼安有可能较为全面地研究中国的实际情况，其结果是"再度点燃了沉睡之中的远征中国的热情"①。

范礼安当时已初步认识到，中国"这个帝国幅员辽阔，它的百姓品格高尚，事实上他们已经和平地生活了若干世纪，从这些来判断，可以肯定，他们行政制度的智慧和他们官员那种著名的精明似乎会支持拟议中的这次远征的"②。这里所谓的"远征"，即指西方传教士应当前往中国，并实现中国的基督教化。

此时的范礼安已逐步认识到，对于中国的固有文化和风俗习惯绝不能采取否定一切的态度，相反地，要使宣教活动"适应"中国的民族文化。在范礼安看来，这样做，"不仅有利于了解过去，而且有利

<hr />

① ［意］利玛窦、金尼阁：《利玛窦中国札记》上册，何高济等译，中华书局 1983 年版，第 142 页。
② 同上。

于明智地预见未来"①。

在澳门，范礼安亲眼看到教会当局在中国教民中推行"葡萄牙化"（Portugalizing）所造成的消极影响。所谓的"葡萄牙化"即强制皈依基督教的中国教民要起一个葡萄牙人惯用的名字，还要说葡语、穿葡国衣着、按葡萄牙人的习俗来生活。这种"葡萄牙化"的结果不仅使入教的中国人感到压抑，而且使这部分教民与其他不信教的中国人产生了隔阂。这样做对争取中国人归化基督教十分不利。所以范礼安吁请新任罗马耶稣会总会长克劳迪奥·阿瓜委瓦（Claudio Acquaviva）考虑，在传教过程中，要变"葡萄牙化"为"中国化"（Sinize）。②

事实上，其后在澳门由于在传教过程中实施了"中国化"，此举遂为澳门的文化多样性打下了坚实的基础。

为了在中国的传教实践中能落实沙勿略的"适应"策略思想，范礼安在从澳门去日本之前，先后下令从印度将罗明坚（Michel Rugier，1543—1607）和利玛窦（Matteo Ricci，1552—1610）传召到澳门，并留下手谕，让他们来澳门后要进一步"发现"中国文明，学好中文，多读中国典籍，熟悉中国的礼仪，做好进入中国的准备工作。同时他还特别嘱咐他们要为编撰《沙勿略传》收集资料。

1579 年罗明坚来澳门后，逐一落实了范礼安的指示，他十分注重收集有关沙勿略生平与业绩的资料。当 1582 年利玛窦步罗明坚的后尘也来到澳门时，同样以极大的热忱投入对沙勿略的研究当中，并在罗明坚所收集到的大量资料的基础上，写出了《沙勿略传》中有关中国的三章，后来这三章以《中国的奇迹》为书名单独出版，在欧洲发行后颇有影响。③

---

① ［法］裴化行：《利玛窦评传》上册，管震湖译，商务印书馆 1993 年版，第 70—71 页。

② ［美］邓恩：《一代巨人：明末来华耶稣会士的传奇》（G. H. Dunne, *Generation of Giants：The Story of the Jesuits in China in the Last Decades of the Ming Dynasty*），印第安纳州诺特·戴姆大学出版社 1962 年版，第 19 页。

③ ［法］裴化行：《利玛窦评传》上册，管震湖译，商务印书馆 1993 年版，第 62 页。

在写作《沙勿略传》的过程中，罗明坚和利玛窦加深了对沙勿略传教策略思想的理解，同时他们也开始自觉地追随沙勿略的足迹，完成他未竟的事业。罗明坚在一封信中曾如此表白，他未来的愿望："只是继承我们方济（各）·沙勿略所有的热诚，所有的遗志，能进入中国，归化那里的人民。"① 利玛窦更是沙勿略的忠实的追随者，在他著名的"中国札记"中，他曾用大量篇幅介绍了沙勿略的生平和业绩。他赞誉说："沙勿略是发觉了这个庞大帝国的无数百姓是具有接受福音真理的资质的第一个耶稣会士，他也是第一个抱有希望在他们当中传播信仰的人。"因此利玛窦认为，沙勿略在中国的基督教传教史中"创始者和奠基者的称号是当之无愧的"②。

历史上，很多远在欧洲的青年也是在沙勿略形象的感召下，毅然决然地前往中国，为创建救世功业而奋斗终生。像著名的耶稣会士金尼阁（Nicolas Trigault，1577—1628）便是在沙勿略的影响下决心来华传教的。在他启程前，即 1606 年，他专程到沙勿略的故乡纳瓦拉，去拜谒这位"印度使徒"的出生地：哈维尔城堡。③ 另一位耶稣会士汤尚贤（V. De Tartre，1669—1721）在欧洲时便已熟读沙勿略的传记并从中受到鼓舞。在他 1701 年寄自广州的一封信中，曾这样表述他到达上川岛"这片由于印度圣徒之死而神圣化的土地"时的激动心情："当我辨别出我曾在方济各·沙勿略的传记中读到过的那些具有拗口名字的岛屿和海洋时，我才真切地体会到我已身处于新世界之中了。"与汤尚贤同船来中国的马若瑟也曾表示，他"愿竭力继承其精神及圣徒的盛德"④。

---

① ［意］利玛窦：《利玛窦全集》第 4 卷，罗渔译，台湾光启出版社 1986 年版，第 426 页。

② ［意］利玛窦、金尼阁：《利玛窦中国札记》上册，何高济等译，中华书局 1983 年版，第 127 页。

③ ［西］何塞·玛利亚·雷昆多：《沙勿略：生平与书信》（José María Recondo，San-Francisco：Vida y obra），马德里马太欧·伊努力亚出版社 1988 年版，第 1014 页。

④ ［法］杜赫德编：《耶稣会士中国书简集》第 1 卷，郑德弟等译，大象出版社 2001 年版，第 174、181 页。

那些业已来到中国的西方传教士也把沙勿略当作先贤和先驱者而对其表示了极大的尊重。汤若望（Jean Adam Schal von Bell，1591—1666）在清顺治时受到皇帝极大的宠信并由皇帝敕建北京新教堂，即"无玷始胎圣母堂"。据西班牙来华方济各会士利安当（Antonio Caballero a Santa Maria，1602—1669）的记述，在该教堂的正面墙上刻有四座人物浮雕，其中之一便是沙勿略的雕像。此外，在教堂正门的门楣上还刻有汤若望所写的《建堂碑记》，内中在述及基督教在中国传播的历程时，还写明"圣方济各入中国界传教"一事，并将其当作中国传教史中的一个中间阶段。① 又如，白晋在北京举办"圣体会"时，下分四个班，每班"请"一位"主保"，即保护神。其中专司劝化教外人入教的那一班，其"主保"便是沙勿略。②

此外，即使是一些在"礼仪之争"中与利玛窦等信奉"适应"策略的一派持相反意见的传教士对沙勿略也同样表示出极大的敬意。例如，最早向利玛窦在华传教方略提出挑战的龙华民（Nicolas Longobardi，1595—1654），就把自己视作沙勿略的追随者。他在1598年11月4日致罗马教友的信中便写道："最后我们伟大的宗师方济（各）·沙勿略并非没有眼光，他费尽心神，吃尽万苦，继之以死。其目的何在？就是设法进入中国，克胜这座城堡。"③ 与龙华民一起批评利玛窦传教方略的还有谢务禄（Alvare de Semedo，1585—1658）。1618年因"南京教案"他被驱逐到澳门，后改名为曾德昭，再次潜入中国。他同样十分敬重沙勿略。在他的名著《大中国志》中，他写道，那些否定阳光和花朵之美的人实际上是些诽谤者，而"叙述中国传教，否定沙勿略是那荣光日的花朵，这样的人犯下同样的过失，而且更不能原谅"。作者还指明，使中国基督教化，"这是他（沙勿略）

① ［西］奥托·马斯：《中国书信：17世纪方济各会未发表的文献》（Otto Maas，*Cartas de China：Documentos ineditos sobre misiones franciscanas del siglo XVII*），塞维利亚梯保格拉菲出版社1917年版，第60页。

② 费赖之：《在华耶稣会士列传及书目》，冯承钧译，中华书局1995年版，第436页。

③ ［意］利玛窦：《利玛窦全集》第4卷，罗渔译，台湾光启出版社1986年版，第517页。

的目的，也是他的希望和愿望，他抱着这个目的旅行到中国，当他抵达上川岛，神意已指示他应在那里结束他的生命"。但是沙勿略的精神遗产却被他的追随者所承继，他们"向前进攻，终于进入该地（指中国）至今已有五十年左右"①。而像谢务禄这类的西方传教士正是以沙勿略为榜样，才不顾千难万险而始终奋斗不已。

由于沙勿略对中国所怀抱的友好态度和他所倡导的"适应"策略强调不同文明之间要平等对话，所有这些主张在那些业已归信基督教的中国教民当中，很容易引起共鸣，并得到他们的敬重。像在基督教在华传教史中曾起过重要作用的罗文藻（1616—1691），他是第一位荣任天主教主教一职的中国人。在1683年3月3日致罗马教廷传信部的信函中，他特别指出，各国的国情不同，因而传教的方法也应当有所区分。接着他谈到，即使像沙勿略那样的无畏的人，由于中国国情的特殊性，使他终究未能进入中国内陆。罗文藻不仅熟悉沙勿略的生平和事迹，而且更理解他所倡导的"适应"策略的精神实质之所在。因此，尽管罗文藻加入了多明我会，而且与他共事的那些多明我会士大多是在"礼仪之争"中站在利玛窦一派的对立面，但罗文藻却始终立场鲜明地表示他赞同利玛窦一派的传教策略，虽然由此他受到多明我会内部的歧视和打击，但他一直坚持自己的立场，绝不动摇。②除罗文藻之外，像明末山西绛州人韩霖和福建晋江人张赓，他们合写了一部《圣教信证》，其中附有《道学家传》一文，内中有一段述及他们对沙勿略的初步印象，说他是："纳袜辣国人（系指沙勿略的出生地纳瓦拉）。明嘉靖三十一年（1552）季，甫至广东属地三洲岛（上川岛），即离尘世，其肉躯迄今不朽，尚在小西洋卧亚（果阿）府天主堂中。在世及逝后多有灵异，至今不绝。"③另一中国天主教信徒

① ［葡］曾德昭：《大中国志》，何高济译，李申校，上海古籍出版社1998年版，第206、207页。

② ［西］何塞·玛利亚·贡萨雷斯：《首位中国人主教罗文藻》（José Maria González, *El primer obispo chino：Exc. mo Sr. D. Fray Gregorio Lo，o López，O. P.*），西班牙潘普洛纳OPE出版社1966年版，第145页。

③ 方豪：《中国天主教史人物传》上册，中华书局1988年版，第64页。

张星曜生于崇祯六年（1633），他在《天教明辩》一书的自序中曾写道："西国上德方济各（沙勿略）先生来粤东，欲以正教启迪吾土。未几，天主宠召去世。临陟之时，登小山顶，仰首吁天，愿上帝拯此一方民，使知正响。"① 至清季，北京奉教者英敛之在漫游中国大江南北时，还留下"三洲荒岛迹（上川岛），万国盛名喧"② 的诗句。

　　固然，沙勿略所怀抱的使中国基督教化的理想和他在上川岛所体现出来的为实现他的上述理想而献身的那种精神曾激励了一代又一代的西方传教士奔赴中国且甘愿牺牲，但沙勿略在他的生平中最富有历史意义的成就，则是他为"适应"策略所奠定的理论基础和为实施这一策略所确立的诸多原则。对于由具备什么样条件的传教士来实施这一策略，沙勿略则给予了格外的关注，也正是这一点使相当一部分西方传教士在东西方文化交流中曾起到了先驱者的历史作用。

　　2. 沙勿略为前往东方的传教士所确立的入选标准，为促进东西方文化交流提供了保障

　　首先，沙勿略来到东方后，他很快便从印度的传教事业因某些传教士的道德败坏而蒙受损失一事中总结到，前来东方的传教士必须是德才兼备的人。通过在日本 27 个月的传教活动，他进一步认识到，前来东方的传教士皆应在西方受过严格的教育，他们应能言善辩，在与当地不同教派的论战中，能立于不败之地。这种传教士尤应具备天文学、数学和舆地学等学科的知识，这正是西方文明优势之所在。即沙勿略把派什么样的传教士前往东方当作关系到"适应"策略能否成功的关键因素。

　　事实上，罗马教廷向中国派出的传教士大多是按照沙勿略的上述

---

　　① 徐宗泽编著：《明清间耶稣会士译着提要》，中华书局 1989 年版，第 101、122 页。

　　② 方豪：《中国天主教史人物传》上册，中华书局 1988 年版，第 64 页。

标准来选取的。像法国国王路易十四决定向中国初次派出法籍耶稣会士时，负责招募工作的洪若翰（Jean de Fontaney，1643—1710）便在众多的应召志愿者中，按照沙勿略所确立的标准，加以精挑细选。诸如后来与他同往中国的白晋、张诚（J. F. Gerbillon，1654—1707）、刘应（C. de Visdelou，1655—1737）、李明（L. D. Le Comte，1655—1728）和塔夏尔（C. Tachard）等，都是品德高尚、具有极高学识的人。尤其在自然科学方面，他们的造诣尤为突出。因此很多"圈内"人士认为，派这些法国一流的学者前去东方传教是大材小用。洪若翰则用沙勿略的一句名言回应了他们："当我们向当地人解释这些东西时（指天体运行规律，日月食的成因等——引者注）他们对我们表示钦佩。唯有认为我们是博学者这一点才促使他们在宗教方面相信我们。"①

事实上，在来华传教士中，从利玛窦、庞迪我（Diego de Pantoja，1571—1618）到汤若望（Jean Adam Schall von Bell，1591—1666）、南怀仁（F. Verbiest，1623—1688）以及白晋等法国"王家数学家"和其后的傅圣泽（J. F. Foucquet，1663—1739）、戴进贤（I. Koegler，1680—1746）、宋君荣（A. Gaubil，1689—1739）等，由于他们本人都具有极高的科学素养并给中国带来了在当时较为先进的欧洲的天文学、数学和舆地学等学科的知识，因而赢得了中国一些具有先进思想的知识分子的欢迎，甚至有的中国士大夫还认为"天学"（基督教学说）即"实学"。像徐光启、李之藻和王征等著名的科学家都曾在自己的科学实践中吸收过西方科学的一些成果，而且他们就是通过与传教士们在科学领域的相互探讨而接近了基督教。在明清之际，中国知识分子和西方传教士之间的这种在科学方面的相互沟通与对话，其结果便是产生了一批反映中西文化交流成果的科学著作：在数学方面，徐光启与利玛窦合作将《几何原本》译成中文；康熙年

①　［法］杜赫德编：《耶稣会士中国书简集》第1卷，郑德弟等译，大象出版社2001年版，第253页。

间，集当时西方数学之大成的《数理精蕴》得以刊刻。在天文学方面，诸如《天问略》《日晷图法》等介绍西方天文学知识的著述为中国学者所重视和利用；在徐光启主持中国历法的修订时，曾邀请汤若望、邓玉函（T. J. Schreck，1567—1630）和罗雅谷（Jacques Rho，1593—1638）等西方传教士参与其事，并集中了中西方历法之精华，编撰成著名的《崇祯历书》。入清后，汤若望等与中国学者合作，在《崇祯历书》的基础上又完成了《时宪历》的编撰工作，该历法一直沿用到民国初年。在舆地学方面，利玛窦所绘制的《山海舆地全图》在中国影响广泛，并被一再刊刻；意大利耶稣会士艾儒略（G. Aleni，1582—1649）在庞迪我一部有关世界舆地学手稿的基础上所编撰的《职方外纪》，为中国人打开了瞭望外部世界的窗口；特别是在康熙亲自主持下，由白晋等西方传教士与中国学者通力合作所绘制的《皇舆全览图》，可以说是当时世界上最大规模的一次对国土的实测。在语言学方面，利玛窦的《西字奇迹》和金尼阁的《西儒耳目资》等著作开创了用拉丁文字母拼读汉字的先河。此外，像《泰西水法》《表度说》《简平仪说》《火攻挈要》《神威图说》《坤舆格致》等介绍西方实用科学知识的书籍也受到中国知识界的欢迎。明清之际，随着我国商品经济的空前发展，在客观上对科学技术提出了新的要求。于是在总结和继承我国传统科学技术的基础上，寻求新的发展和突破，已成为我国社会一种内在的趋势。《天工开物》《农政全书》和《本草纲目》等，这类集我国科学之大成的著作的相继问世便是这一内在趋势的具体体现。在这种形势下，西方较为先进的科学知识的引进，对我国正处于始发阶段的科学革命来说，无疑是一种外在的推动力。从一方面来说，这种外来的影响更激发了我国先进知识分子的革新精神，促使他们去寻求迷失已久的"真性。"李之藻曾有言："一翻新解，一翻讨论，一翻异同，一翻凝辩，然后真义理出焉。如石击火出，玉砺而光显，皆籍异己之物，以激发本来之真性。"① 另一方面，在吸收和借鉴

---

① 吴相湘：《天主教东传文献》，台北学生书局 1965 年影印本，第 472 页。

西方科学知识的同时，又使中国知识分子中的先知先觉者产生了赶超西方科学的信心和勇气。徐光启便认为，中国只要"博求道艺之士，虚心扬榷，令彼三千年增修渐进之业，我岁月间拱受其成，以光昭我圣明来远之盛，且传之史册"。所以他主张首先要将西方科学知识翻译成中文，然后加以"会通"，最终在"会通"的基础上实现"超胜"[①]。西方传教士在传播西方科学知识方面对中国社会的影响可见一斑。

　　由于这些来华传教士本身都具有相当高的文化修养，所以来华后他们以其敏锐的观察力也把中国的基本国情和华夏文明的特征向西方做了较为全面的介绍，从而加深了西方对中国的认识，并在欧洲一度掀起了一股"中国热"。

　　像马丁·德拉达（Matin de Rada，1535—1578）所著《菲律宾群岛奥古斯丁会神甫马丁·德拉达与其同伴赫罗尼莫·马林以及与他们随行的士兵在中国观察与体验到的事物》（*Las Cosas que los Padres Fr. Martín de Rada，Provincial de la Orden de S. Agustín en las Islas Filipinas，y su Compañero Fr，Jerónimo Marin y otros Soldados que Fueron con ellos Vieron y Entendieron en quel Rino*）、门多萨撰写的《依据中国典籍以及造访过中国的传教士和其他人士的记述而写成的关于中华大帝国最负盛名的事情、礼仪和习俗的历史》（*Historia de las Cosas más Notables，Ritos y Costumbres del Gran Reyno de la China，Sabidas asi por los Libros delos Mismos Chinas，como por Relacion de Religiosos，y otras Personas，quean estado en el Dicho Reyno*）、金尼阁最终编辑完成的著名的《利玛窦中国札记》、庞迪我（Diego de Pantoja）的《关于几位耶稣会神父进入中国后在该国所见所闻纪要》、谢务禄的《大中国志》、卫匡国（M. Martini）的《鞑靼战记》《中国历史十卷》和《中国新图》、李明的《中国现状新志》、

---

　　① 　王重民辑校：《徐光启集》上册，上海古籍出版社 1984 年版，第 73、74 页；下册，第 374 页。

白晋的《康熙皇帝》以及其他传教士寄回欧洲的日记、札记和大量的书信，都曾对中国的地理方位、气候、动植物的种类、矿产的分布、人口的数量、文明源流、历史脉络、哲学和宗教特点、经济发展状况、科技水平、工艺及园林特色、民风及民俗以及重要的历史人物和当代发生的重大历史变革等，做出了百科全书式的介绍，使西方人对中国从马可·波罗时代的诗情画意般的想象，变成了一种较为真实和客观的认识。尤其是西方传教士开始把孔子和儒家学说介绍到欧洲，此点对西方的影响更不容低估。在这方面开其先河者，首先是利玛窦将《四书》译成了拉丁文；其后，如柏应理（Ph. Couplet）的《中国贤哲孔子》、卫方济（F. Noël）的《中国哲学》、白晋的《易经要旨》以及宋君荣对《书经》《易经》《诗经》和《礼记》的翻译和研究，都在将中国儒家学说向西方传播方面曾起到重要的作用。当时的欧洲正处在启蒙思想家高举理性的大旗向封建制度发起进攻的年代。通过西方来华传教士的笔端，独立于欧洲而发展起来的光辉灿烂的华夏文明，与欧洲行政体制相异的以文官制度为基础而建立起来的中华帝国的中央集权系统，以"仁"为核心的儒家人文主义思想和伦理道德准则，高超的实用技术和工艺水平，所有这些新鲜生动的内容，都曾使欧洲的启蒙学者如莱布尼兹、伏尔泰、魁斯奈和孟德斯鸠等深受震动。他们以平等和开放的心态对华夏文明表示出极大的尊重甚至崇拜。他们更从华夏文明中看到了那些足以用来批判欧洲现行体制弊端的积极因素，而且他们在利用这些积极因素作为批判欧洲封建制度的锐利武器的同时，又在更为广阔的空间内，使华夏文明在欧洲得到更为广泛的传播，这也是那一时代西方"中国热"兴起的极为重要的原因。

综上所述，可以说，如果没有西方传教士的中介和桥梁作用，在那一时代，在东西方之间便不会发生如此广泛而深刻的文化交流，也不会在中国和欧洲双方产生那么大的社会影响。而在上述的东西方的文化交流的过程中，处处可见沙勿略为前来东方的传教士所确立的选取标准所起到的保障作用。

3. 沙勿略所倡导的"适应"策略为西方传教士在中国的立足指明了方向

沙勿略的东方传教理念最核心的内容就是强调在不同的文明之间要相互适应而不是对抗。要适应另一种文明就必须首先要了解这种文明。为此，他要求前来东方的传教士一定要学会当地的语言，了解与遵从那里的风俗与习惯，并注意寻找当地文明与基督教文明之间能够相互认同的地方，在这一基础上，再通过西方科学优越性的展示，逐步将当地人吸引到"天主"的怀抱中来。

最先认识到沙勿略东方传教理念的深刻意义并将其付诸实践，使之逐步成为适合中国国情的系统的传教方式和方法的便是利玛窦。他来中国后，经过刻苦的努力，不仅学会了中国语言，而且谙熟中国典籍，以致一些中国的文人称他为"西儒"。在出入中国社交场合时，他穿戴儒家士大夫的衣着，遵行中国的礼仪，并借助西方珍稀礼品博得了高官贵胄的欢心，从而为他打开了自家府邸的大门。

1601 年，利玛窦与他的合作者西班牙耶稣会士庞迪我历经万难，到达北京。他们通过向万历皇帝敬献"自鸣钟"等西方珍稀礼品以及演奏"古翼琴"，从而博得皇帝的好感，由此给予他们"觐见"的殊荣，从此他们不仅可以出入紫禁城，而且得以按时领取皇家津贴，并长住北京。这一段富有传奇色彩的历史曾震动了整个西方。

利玛窦还专一结交中国的有识之士，通过探讨科学知识，以显示西方国家在天文学、数学和舆地学方面的优势，从而赢得中国知识分子对他的敬重。利玛窦在熟读中国典籍的基础上，在寻找中国文明与西方文明的契合点方面，曾做出过艰苦的努力。他在自己的著作中指出，中国典籍中经常出现的"上帝""帝""天命"和"天"等概念，实际上等同于基督教中的"天主"。这种类比在相当程度上拉近了中国知识分子与西方传教士之间的距离。很多中国知识分子就是因为认为"天学"与儒家学说彼此相近，才愿意与西方传教士交往。尤其是利玛窦认为中国人敬天、祭祖和参拜孔子等礼仪是一种社会政治行为，因而对于中国基督教徒参与上述礼仪活动予以默认。他对中国尊师重道和慎终追远的传统的尊重和包容，也使他本人为中国社会所尊重和包容。利玛窦通过这种"合儒""补儒"的工作，暗暗为达到"超儒"的目的而奋斗。

利玛窦在基督教在华的传教史中的基本贡献，就在于他使沙勿略有关"适应"策略的理念和原则变成了一系列可以在传教过程中实际应用的方式和方法。他这种为达到异质文明之间相互适应的目的而采取的一些调和主义的通融做法，使基督教的在华传教事业在避免中西文化冲突的前提下得以立足，并不断取得稳步的进展。然而，无争的事实是，"适应"策略实践的结果，则是慢慢淡化了基督教在华传教中的宗教色彩，而越来越突出了东西方文化交流的内容，这是出乎利玛窦的原意的。然而他又只能按上述的既定方向来走。即，这是由那一时代中国的国家实力所限定。这也是他个人所无力超越的。

在利玛窦之后，凡是在中国得以立足并使基督教的传教活动取得一定进展的西方传教士，莫不是遵循着利玛窦的传教轨迹来行事。而在"礼仪之争"中向利玛窦一派提出挑战的那些以维护基督教教义"纯正性"为出发点的传教士，由于他们以西方文明为中心，以基督教的启示真理为准绳来批判儒家学说，因而遭到中国社会的抵制，并使天主教被视为一种"邪教"。这部分传教士又以基督教的仪轨为尺度，把中国的敬天、祭祖和参拜孔子等礼仪视为一种偶像崇拜，因而严厉禁止中国教民参与这些礼仪活动。他们的这种过激行为立即引起中国社会的愤怒反对，反对天主教的运动随之而起。特别是这一派的传教士把他们和利玛窦一派围绕中国礼仪等问题的争论，上交到罗马教廷来裁决，由此导致中国最高统治当局与罗马教廷之间的严重冲突。

由于利玛窦一派传教士始终遵循沙勿略所倡导的"适应"策略，因而并未在中国社会中引起中西方之间在意识形态上的公开冲突与对抗，所以中国的统治者对他们也采取了一种比较宽容的政策。康熙三十一年（1692），礼部尚书等议奏："……西洋人并无违法之事，反行禁止，似属不宜。"康熙对这一"奏议"表示了赞同，这等于给予了西方传教士在中国传教的自由。① 在欧洲宗教界，将上述"议奏"和康熙皇帝的"批复"统称为"1692 年宽容诏书"。

但好景不长。由于罗马教廷一味支持反对利玛窦一派的那些传教士的立场并执意插手中国的内部事务，因而引起康熙皇帝的反感。他对罗马教廷派来的使节既不懂中国事务又要指手画脚的做法，讥讽为："此等人今譬如立于大门之前，论人屋内之事，众人何以服之，况且多事。"② 由此康熙皇帝当即对西方传教士在华传教活动采取了区别对待的限制性措施。即只有那些遵从利玛窦一派做法的传教士在领"印票"后才可留在中国，其他传教士则应立即返回欧洲。然而罗马教廷并没有以此为训，并继续派使来干涉中国内政。在这种情况下，康熙皇帝终于下达了"禁教令"："今见来臣告示，竟是和尚道士，异端小道相同。彼此乱言莫过如此。以后不必西洋人在中国行教，禁止可也，免得多事。"③ 可以说，反对利玛窦所奉行的"适应"策略的那部分传教士在中国的基督教传教史中，最终只留下了失败的记录。

康熙皇帝曾将利玛窦所主张的传教方式和方法称为"利玛窦的规矩"。实际上这已为西方传教士在华活动的范围和内容划出了一个不可逾越的范围。即他们只能在中国文化与西方文化的交流方面发挥自己的相应作用。通过前面的历史回顾，我们都知道，所谓的"利玛窦的规矩"，追根溯源，实际上是"沙勿略的规矩"。

在历史上，西方来华传教士贯彻与实施沙勿略所倡导的"适应"策略的积极结果，便是在一定程度上促进了东西方之间的文化交流。因此我们有理由说，沙勿略是促进东西方文化交流的一位先驱。这也就是沙勿略历史功绩之所在。

人类已经迈入 21 世纪。当前，世界上的亿万民众正以焦虑和不

---

① 李刚已辑录：《教务纪略》，上海书店 1986 年影印本，第 2 页。

② 陈垣：《康熙与罗马使节关系文书》（二），台北文海出版有限公司 1974 年（影印本）。

③ 陈垣：《康熙与罗马使节关系文书》（十四），台北文海出版有限公司 1974 年（影印本）。

安的心情在关注和展望着人类文明的未来走向。在此时刻，从沙勿略所倡导的"适应"策略中，我们是否能引申出一些具有当代意义的启示？

第二节　马丁·德拉达：西方第一位汉学家

在沙勿略故去后，他所倡导的"适应"策略并没有立即成为天主教东方传教运动的主流理念。相反地，西班牙征服美洲时代的军事传教路线仍顽固地根植于相当部分传教士的意识形态的深处，此点在征服菲律宾的西班牙殖民者当中表现得尤其突出。

1492 年哥伦布到达美洲之后，西班牙进入了海外扩张的极盛时期。为了与葡萄牙争夺东方的香料资源，1564 年 11 月西班牙王室委派米格尔·洛佩斯·德莱古斯比（在中国文献中又称"黎牙实比"，Miguel Lopez de Legazpi）从墨西哥的纳维达德港率船队西航，希冀在太平洋上找到一条通向"香料之岛"——摩鹿加群岛——的新航道。

1565 年 2 月，莱古斯比率船队驶抵宿务岛，并开始了对菲律宾群岛的征服活动。

历史上，中国与菲律宾（在我国典籍中称"吕宋"）有着久远的商贸联系。至晚明，中国商品经济进入繁荣发展时期。隆庆（1567—1572）改元重开"海禁"之后，海外贸易随之得到空前的扩展，每年均有大量的丝绸、瓷器和其他手工艺品出口到海外诸邦，其中也包括菲岛一些独立小国。

莱古斯比入侵菲岛后，立即注意到中国与菲岛人民之间存在着的这种传统的贸易关系，于是他把开展对华贸易当作其开发菲岛经济这一长期战略的出发点。为此，莱古斯比于 1571 年把菲岛的统治中心设置在便于前往中国的马尼拉港，并向在菲岛的中国商人表示，欢迎他们日后常到菲岛来经商。

在菲岛殖民者"亲善"态度的鼓舞下，来菲岛经商的华人很是踊跃。一时间，运抵菲岛的中国商品不仅满足了菲岛西班牙征服者和当地人民对日常生活用品的需求，而且还有部分余额可以转运到西属美洲殖民地。

1573 年 7 月 1 日，两艘满载中国商品的大帆船驶离马尼拉前往美洲，并于同年 11 月 15 日和 11 月 24 日先后驶达墨西哥濒临太平洋的阿卡普尔科港。这两批运抵墨西哥的中国商品不但满足了美洲殖民地对生活日用品的需要，还有部分中国商品被来往于大西洋两岸的"双船队"转运到西班牙。就此形成了中国—菲律宾—墨西哥—西班牙多边贸易体系，这也是一条以墨西哥为"陆桥"，跨越太平洋与大西洋的新兴的"海上丝绸之路"。

1574 年莱古斯比在菲律宾病故后，由吉多·德·拉维萨雷斯（Guido de Lavezares）继任为菲岛总督。

在西班牙将帝国的边界推进到菲律宾之后，建立一个包括中国在内的"东方天主教王国"已成为菲岛征服者孜孜以求的梦想。为了达到上述目的，那些狂热的西班牙征服者极力主张就像当年征服墨西哥和秘鲁那样，用武力来征服中国。①西班牙奥古斯丁会修士马丁·德拉达就是这一派的代表性人物之一。

马丁·德拉达 1535 年月 7 月 20 日出生于西班牙潘普洛纳。11 岁到巴黎，开始接受完整的教育，其数学、地理学、天文学和语言学均成绩优异。至 1553 年，拉达返回西班牙，在萨拉曼卡大学进修神学并于同年 8 月 20 日加入奥古斯丁修会。1556 年结业后，在托莱多的圣埃斯特万修道院任职。其后的经历众说纷纭，但在 1563 年以前，拉达已到达了墨西哥。因为是年 5 月墨西哥城圣职人员登记簿上，已有他的名字。

---

① ［西］欧阳平：《中国事业：从无敌舰队到马尼拉大帆船》（Manuel Ollé, *La Empresa de China: De la Armada Invencible al Galeón de Manila*），巴塞罗那阿坎梯拉多出版社 2002 年版，第 51 页。

1565 年莱古斯比率船队远征菲岛时，拉达以传教士的身份随船队而行，其后他更参与了征服菲律宾的活动。

奥古斯丁会修士马丁·德拉达肖像

在菲岛被征服后，马丁·德拉达在向土著居民传教之余，一直坚持科学实践：观察天象、测量子午线并写出一些相当出色的学术论文。有人将他称为当时世界上第一流的科学家。然而他内心却萌生出征服中国的迷梦。早在 1569 年，他就曾提出过征服中国的设想，并认为："有了上帝的帮助，只要很少的力量就可轻易地统驭他们（指中国人）。"[1]为此，他急于了解中国的国情，并开始向那些在菲岛经商的中国人学习中文。1572 年 7 月 1 日在他写给墨西哥总督的一封信中曾提到，他把一个叫康克（Canco）的中国人留在他的家中一连数月，向他请教中国语言文字。

---

[1] ［西］欧阳平：《中国事业：从无敌舰队到马尼拉大帆船》（Manel Ollé，*La Empresa de China：De la Armada Invencible al Galeón de Manila*），巴塞罗那阿坎梯拉多出版社 2002 年版，第 41—42 页。

1574 年，拉维萨雷斯总督从在菲岛经商的华人手中，喜获一张中国地图，即明代喻时所绘《古今形胜之图》。

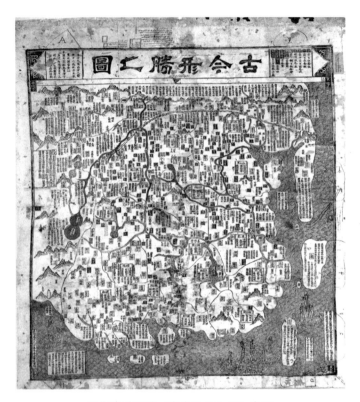

明代喻时所绘《古今形胜之图》书影

　　为了进一步了解这张地图上的内容，拉维萨雷斯命马丁·德拉达与两个粗通西班牙文的中国商人"Sinsay"（林必秀）与"Hernando"（陈辉然）将《古今形胜之图》上的中文说明文字译成了西班牙文。[1]因为那时的马丁·德拉达已粗通中文。

　　其后拉维萨雷斯总督借助《古今形胜之图》以及该图的西班牙文说明，对于中华帝国繁荣富有的国情有了进一步的了解，并更加坚定了他入侵中国的决心。于是他于 1574 年 7 月把《古今形胜之图》和

---

　　[1]　关于"Sinsay"与"Hernando"中文名字的考证，详见清华大学历史研究所李毓中《"建构"中国：西班牙人 1574 年所获大明〈古今形胜之图〉研究》一文。

地图上的西班牙文译文，以及他拟定的征服中国的计划，一并送往西班牙，并期望西班牙国王菲利浦二世能尽快批复他的上述计划。

就在这之后不久，即 1574 年 11 月 29 日，活跃在我国东南沿海一带的林凤武装走私集团迫于明廷大军追剿的压力，遂率船队转移到菲岛，并与先期占领了马尼拉的西班牙殖民者展开了激战。

由于战场周围地势险恶，风向又不利，林凤只好率船队退守背山临河又可通向大海的邦阿西楠一地。但河口却被西班牙殖民者封锁。

不久，追剿林凤集团的明廷把总王望高率大军追至马尼拉，并与围困林凤集团的西班牙殖民当局商定：如西班牙人生俘或杀死林凤，须将其人或尸体移交明政府；王望高则答应带西班牙"使节"马丁·德拉达和赫罗尼莫·马林（Jeronimo Marin）以及两名中国"通事"林必秀与陈辉然和部分士兵一同前往福建，以便进一步商议通商及宣教事宜。

马丁·德拉达一行在来到福建后的两个月中，在两名中国"通事"林必秀与陈辉然的陪同下，拜见了中国的各级地方官吏，并对中国社会进行了实地观察，同时买下了上百种中国图书。但就在这时，由于久久没有从菲岛传来有关林凤的任何消息，中国官方开始怀疑马丁·德拉达一行的来华目的，于是将他们遣送回菲岛。

事实上，此时林凤已率部下巧妙地突破了西班牙殖民者的包围，并驶向辽阔的大海。

当马丁·德拉达一行返回马尼拉时，已由弗朗西斯科·德桑德（Francisco de Sande）继任菲岛总督之职。桑德同样狂热地主张入侵中国。马丁·德拉达带回的有关中国拥有无尽财富的信息更加坚定了桑德征服中国的热望，尤其是马丁·德拉达从中国带回的各类图书经两名中国"通事"林必秀与陈辉然译成西班牙文后，使桑德在制订入侵中国的计划时有了更充分的依据。于是桑德在 1576 年 6 月 7 日给菲利浦二世的信中写到，他已得了中国的地图、航海图以及记载中国国情的各类图书资料，他特别指出，"中国人不好战，不善使武器。

只要有 200 人一伙的海盗就能洗劫一座 3 万人的大城",如果王室能集合 4000—6000 人,再配备一些长矛、火绳枪、船只、火炮和其他军火,那么进攻中国会易如反掌。在论及此次远征对于西班牙国王的重要意义时,桑德指出,中国人口众多,每年仅向皇帝缴纳的赋税即达 3000 万之巨(原文未注明单位)。"难道远征(中国)之事不正是陛下应大力促成并使其完成于朝夕之间吗?"①

但此时的西班牙正处在严重的经济危机之中。在此情况下,西班牙王室要实现桑德所提出的征服中国的计划,实际上已是力不从心了。

此外,通过《古今形胜之图》和该图的西班牙文说明,菲利浦二世显然已经认识到像中国这样的强大国家是难以用武力征服的。相反地,发展以西班牙的贵金属换取中国商品为主要内容的互补性贸易,显然对西班牙更加有利。所以菲利浦二世于 1577 年 4 月 29 日在致桑德的回信中提出他的对华战略构思:"你所议征服中国之事,容当日后考虑。当前不可贸然行事,而应当与中国保持友好关系。尤戒和那些与中国人敌对之海寇为伍,不给中国人以任何仇视我们的口实。"②上述文献反映了西班牙最高统治当局的对华战略:从西班牙的现实利益考虑,应维持并促进对华贸易,用中国的物质财富保障菲律宾和拉丁美洲对生活必需品不断增长的需求。在这种情况下,桑德入侵中国的计划便被西班牙王室搁置起来。

此后,马丁·德拉达仍时刻念及如何将中华帝国纳入基督教世界之中。为此,他继续学习中国语言文字,并最终写出一部《中国的语法与词汇》(*Arte y Vacabulario de la Lengua China*),这是欧洲人研究中国语言文字的第一部著作。

---

① 〔美〕布莱尔与罗伯逊:《菲律宾群岛,1493—1898》(E. H. Blair & J. A. Robertson, *The Philippine Islands*,1493—1898),美国克利夫兰密歇根大学出版社 1903—1909 年版,第 4 卷,第 58—93 页。

② 〔西〕帕斯特尔斯:《塞维利亚西印度档案中现存菲岛文献总汇》(P. Pastells, *Catalogo de los Documentos Relativos en el Archivo de Indias Sevilla*),第 2 卷,第 XIX 页。

尤其重要的是马丁·德拉达就其在福建的所见所闻，写了一部《菲律宾群岛奥古斯丁会神甫马丁·德拉达与其同伴赫罗尼莫·马林以及与他们随行的士兵在中国观察与体验到的事物》（*Las Cosas que los Padres Fr.Martín de Rada，Provincial de la Orden de S.Agustín en las Islas Filipinas，y su Compañero Fr，Jerónimo Marin y otros Soldados que Fueron con ellos Vieron y Entendieron en quel Rino*）。在本书中，为行文方便，我们将把马丁·德拉达的上述著作简称为《中国纪行》。

这部《中国纪行》的学术价值和影响主要体现在该书的第二部分。下面我们对这部分章节的特点和内容做一介绍。

第二部分内容的突出特点有二：首先，福建之行使拉达亲眼观察到中国社会经济最富活力的省份其居民的劳动与生活的图景，并使他有机会接触和目睹了明王朝从封疆大臣直至基层小吏的官场百态。因此，他笔下的中国与那些充斥着道听途说的传闻以及为了满足猎奇者的趣味而写下的夸大、渲染性的"目击记"不能同日而语，他的《中国纪行》具有一定的客观真实性。其次，也是非常重要的一点，拉达从福建返回菲岛时，带回百余种他在中国购置的中文图书典籍。其内容涉及很多领域：行政区划、财政、税务、航运、港口、历史、帝王世系、祭祀、宗教信仰、司法、本草、医学、天文学、邻国地理、圣贤传奇、游戏娱乐、音乐、数学、妇产科、建筑、风水、占星学、相术、尺牍类、养马、算命术、朝政和兵器等，共 28 类。经那两位"通事"林必秀与陈辉然将上述图书典籍或全部或部分地译成了西班牙文后，使拉达对中国文化、社会生活、经济和历史发展进程等诸多方面有了更深层次的了解。他所拥有的对中国国情的知识，是他的前辈人所无法企及的。

《中国纪行》第二部分共分 12 章，下面我们将其概括为五个部分，做一综述。

众所周知，自马可·波罗以来，西方人一直在猜测"契丹"或"震旦"（Cathay）与中国（China）是否为同一个国家。《中国纪行》

则开宗明义地指出："契丹"实际上是"中国"或"中华"的另一个称谓。按朝代，亦作"大明"。这是拉达对世界地理学以及东西方交通史研究方面的重大贡献。由于拉达的《中国纪行》并没有广泛流传，很多人是在读了《利玛窦中国札记》之后才得知"契丹"即"中国"这一结论，所以长期以来许多学者往往把第一个判明"契丹"即"中国"的荣誉归功于利玛窦。如《利玛窦中国札记》的英译者在序言中即指出："也许（利玛窦）日记内最有意义的历史项目是它揭示了契丹就是中国的另一个名字，而不是欧洲在马可·波罗时代所认为的另一个国家。"由此该学者认为，"他解决了中国—契丹的问题，奠定了一个新的地理时代"。该书的中文译者更认为："这一重大的发现可以和亚美利哥·维斯普齐（Americo Vespucci，1451—1512）之证实哥伦布所发现的新大陆并不是印度相媲美，堪称近代初期西方地理学史上最有意义的两大贡献。"①通过《中国纪行》，我们终于知道是拉达首先解决了"契丹"即"中国"这一历史悬案。

其次，在《中国纪行》中拉达不仅阐述了明王朝实行的两京、十三布政使司（简称作十三司，俗称十三省）以及下属府、州、县三级行政区划系统并具体统计出明王朝下设 159 府、235 州以及 1155 县。上述数字表明拉达可能参阅过明代罗洪先（1504—1564）编绘的全国及域外综合地图集《广舆图》（该地图集 1566 年版指明全国共设 159 府、234 州和 1114 县；据《明史·地理志》所载，明代 15 省下置"府百四十，州百九十三，县千一百三十八"，另设"羁縻之府十九，州四十七，县六"）。另外，拉达肯定还曾参考过我们前面提及的那张明代喻时所绘《古今形胜之图》。而据拉达自述，他曾参阅过 7 种不同著者、不同版本和引用不同资料的中文著作（可能是"通志""府志"之类的方志），上述数字是经他综合、比较后得出来的结论。在拉达之前，在葡萄牙传教士加斯帕·达克鲁斯（Gaspar da Cruz）的

---

① ［意］利玛窦、金尼阁：《利玛窦中国札记》上册，何高济等译，中华书局 1983 年版，第 9 页。

《中国志》（*Tractado em que se cotam muito pol estéco as cousus da China*）中，也曾论及明代两京、13 省的设置，但将明朝省以下府、州、县三级行政区划的建制及具体规模系统地介绍给西方的，拉达则是第一人。

在其下的章节里，拉达概括了中国的综合国情：从军队编制、数量、武器装备及其性能、士兵战斗力及士气到各省人口户数目及纳税人口数目；从粮食、矿产种类和产量到社会财富的分配，他一一做了分述。内中指出，15 省共有 9676246 户。这一数字与《广舆图》所载 9356016 户的统计数字极为接近。从马可·波罗时代以来，西方人就知道中国是个人口众多的泱泱大国，但直到拉达，欧洲人才第一次对中国人口总数有了具体的、相当准确的"量"的概念。

《中国纪行》接续是对中国历史以及王朝世系的追溯。从盘古开辟天地的神话传说到尧、舜、禹的禅让；从秦始皇一统天下到朱元璋逐元蒙建立明朝，中国几千年的文明史跃然出现在他的笔下。事实上，拉达成为将中国悠久的历史概貌展示给欧洲的第一位西方人。正如中国人在历史上由于对外部世界缺乏真确的了解而认为中国是寰宇的中心一样，欧洲人在相当长的历史年代对欧洲以外的世界也是知之甚少，从而把地中海及其环地中海的地带当作世界的中心舞台，并视基督教文明为人类唯一的文明教化的体现。及至马丁·德拉达时代，欧洲人终于知道，在遥远的东方，还有一个与欧洲文明迥异但同样闪烁着人类智慧光芒的文明古国的存在，因此引起了欧洲人的惊异。可以说，随着对中国兴趣的增加以及了解和认识中国的愿望的日益迫切，这便开始了华夏文明西传的历史新篇章。

在其下的各章，拉达着重介绍了中国人的习俗、衣着、发式、饮食文化、礼仪以及不同社会阶层的行为举止的特点。其中，他对中国妇女低下的社会地位以及缠足的陋习表示了批评。其后拉达对中国的政府机构、司法职能和科举考试体制以及对外政策一一做了概述。他正确地指出，中国当时中央集权的国家体制与欧洲的封建制度是不同的，中国根本不存在类似欧洲的那种"封建主"阶层。最后，他论述了中国宗教以及一般人对祖先的崇拜……

　　拉达是位语言大师。然而通读《中国纪行》，会使人感到他用语冷镌、刻板，很少流露出个人的感情。至于他对中国的某些方面的偏见，则是十分明显的。比如，对中国科学发展水平的评价，他表现出了贬低的意向。因为一位像拉达那样训练有素的科学家，在阅读了有关天文学及数学等中文著作之后，竟得出除了用草药治病之外，中国人对物质世界很少有什么认识的结论，这无论如何是有失公允的。造成马丁·德拉达这种"错觉"的根本原因，在于他始终没有摆脱他的种族主义的偏见和殖民主义者的立场。

　　在西班牙征服美洲的过程中，十字架与宝剑始终相辅相成。教会势力深知，意欲建立一个笃信天主教的精神王国必须以世俗的王国为依托，任何一个传教士不仅应信奉上帝，同时也应效忠于西班牙国王。他们的历史使命就在于，"除向没有受到福音之光感召的人们传播上帝的崇高与光荣之外，也在于寻求西班牙的威严和强大。上帝也在利用西班牙的威严和强大来实现其伟大的事业"①。这种把精神王国与世俗王国相结合的理想，就是建立"世界天主教王国"。这也就是所谓的"西班牙主义"。对每个传教士来说，他们都应该深沉而自觉地为实现这一目标而奋斗。马丁·德拉达实际上就是这一信念的代表性人物之一。笔者在这里再次提示"西班牙主义"的实质，是因为这是一个不能回避的认识西班牙的国家本质的问题。

　　马丁·德拉达写作《中国纪行》一书的目的，其实就是给西班牙最高统治当局提供用武力征服中国的依据。为了说明征服中国对西班牙的价值，他曾对中国广袤的领土、众多的人口、丰富的物产做出了一些客观的报道。但为了说明用武力使中国基督教化的必要性与可能性，他又刻意地突出中国崇拜偶像的"异端"倾向，并极力贬低中国的科学发展水平。这就是《中国纪行》一书客观的报道和有意制造

---

　　① ［西］门多萨：《中华大帝国史》（Juan González de Mendoza, *Historia de las Cosas mas Notables. Ritos y Costumbres del Gran Reyno de la China*），马德里波利非莫出版社 1944 年版，第 19 页。

"错觉"这两种矛盾的倾向交织在一起的根本原因。

1578 年拉达跟随西班牙舰队参加了对加里曼丹的远征，大约于 6 月中旬他病故于船上。

不论拉达学习中文与报道中国国情的出发点是什么，在东西方接触的最初年代，他能写出《中国语法与艺术》与《中国纪行》这样两部不朽的著作，应该说，称其为"西方第一位汉学家"，马丁·德拉达是当之无愧的。[①]

第三节　16 世纪欧洲人的中国观：门多萨及其《中华大帝国史》

前文我们曾提到，菲利浦二世从全球战略及对华贸易的急迫性出发，将菲岛总督桑德提出的入侵中国的计划搁置起来。事实上，在当时的历史条件下，西班牙王室在对华策略上还有更深层次的考虑，即担心菲岛殖民当局和菲岛教会直接过问和插手中国事务会助长菲岛的分离主义势力。因此，菲利浦二世在桑德提出入侵中国计划之前，早已开始思考向中国直接派出王室"特使"的可能性。即试图绕过菲岛殖民势力，通过西班牙王室"特使"与中国万历皇帝（1573—1620）的直接接触来影响中国的对外国策和宗教信仰。当 1581 年西班牙国王菲利浦二世最终决定向中国派出使团时，胡安·冈萨雷斯·德门多萨（Juan González de Mendoza，1545—1618 年）被委任为该使团的团长。

门多萨 1545 年出生在西班牙的多莱西亚·德加麦罗斯（Torrecilla de Cameros），自幼受过良好的教育。他 17 岁去墨西哥，1564 年加入奥

---

① 有关马丁·德拉达的生平和《中国纪行》的内容主要参考［英］博克塞《十六世纪的华南》，何高济译，中华书局 2002 年版。

古斯丁会。在修道院中，他一面潜心研究神学、语法和艺术，一面在当地热心地传教，因而，他具有在"异域"开拓事业的能力和经验。

他在墨西哥期间，正逢莱古斯比率船队远征并占领菲律宾之际，墨西哥从此成为西班牙派往菲律宾的传教士和各级官吏的中转站，同时也是他们返回西班牙时的必经之地。那时，有关菲律宾和中国的各种传闻和信息逐渐成为墨西哥引人入胜的话题并引起门多萨对东方事物的浓厚兴趣。

上图，左为中国万历皇帝；右为西班牙国王菲利浦二世
下图为西班牙国王菲利浦二世致中国大皇帝万历的国书

1573 年菲律宾主教迭戈·德埃雷拉（Diego de Herrera）从菲岛返回西班牙，想争取菲利浦二世给西班牙在东方的扩张活动以更大的支持。当埃雷拉途经墨西哥时，他看中了门多萨的才华及其对东方问题的学识，于是选择门多萨与他同行，并于 1574 年 8 月 12 日

返抵西班牙。

1574 年 9 月 14 日，菲利浦二世在马德里宫廷接见了埃雷拉和门多萨一行。在听取了埃雷拉有关菲律宾和中西两国关系的详尽汇报后，菲利浦二世当即表示意欲向中国直接派遣使团并决定成立一个专门委员会研究具体方案。

不久，有关马丁·德拉达中国之行的报告——可能即前述的《中国纪行》——转送到西班牙。菲利浦二世阅后，责成印度事务院主席安东尼奥·德巴第亚-麦耐塞斯（Antonio de Padilla y Meneses）正式组建派往中国的使团。麦耐塞斯与门多萨私交甚深，而且知道后者在墨西哥的经历及其对东方问题的兴趣和广博的知识，于是推荐门多萨为出使中国的使团团长并得到最高当局的认可。这样，1581 年门多萨与弗朗西斯科·德奥尔特加（Francisco de Ortega）以及赫罗尼莫·马林带着菲利浦二世致中国皇帝的国书和赠礼离开西班牙并于 6 月 6 日抵达墨西哥。其中曾陪同马丁·德拉达访问过福建的马林刚刚从菲岛返回西班牙，他对中国情况十分熟悉。有马林参加使团，是完成出使中国使命的重要保证。

很可能是因为在对待如何使中国基督教化这一重大问题上统治阶层内部有分歧，所以门多萨一行在墨西哥并没有受到当地政府和宗教界的欢迎，而从菲岛返回墨西哥的官员也不支持王室向中国派出使团这一决策。在孤立无援的情况下，门多萨一行只好于 1582 年悻悻然返回西班牙。

门多萨的中国之行没有获得成功，然而，他利用在墨西哥期间收集到的有关中国的宝贵资料却撰写成了旷世杰作：《中华大帝国史》。

1585 年，门多萨所编撰的《中华大帝国史》一经问世，立刻在欧洲引起了轰动，仅在 16 世纪余下的区区十多年间，即先后被译成拉丁文、意大利文、英文、法文、德文、葡萄牙文以及荷兰文等多种文字，共发行 46 版，堪称盛况空前。事实上，该书是 16 世纪有关中国自然环境、历史、文化、风俗、礼仪、宗教信仰以及政治、经济等情况最全面、最详尽的一部著作。该书体现了 16 世纪欧洲人的中国观，同时也是《利玛窦中国札记》发表以前，在欧洲最有影响的一部专论中国的百科全书。

《欧洲与中国》的作者赫德森（G. F. Hudson）曾指出："门多萨的著作触及古老中国的生活本质，它的发表可以看作是一个分界线，从此为欧洲知识界提供了有关中国及其制度的丰富知识。"[1]美国学者拉克认为："门多萨著作的权威性是如此之高，它可以作为 18 世纪以前所有有关中国著作可供比较的起点和基础。"[2]法国专事研究基督教史的裴化行指出，甚至《利玛窦中国札记》，"在研究中国内情及其学术的团体中，都不能和它争胜"[3]。

如上所述，门多萨并没有踏上过中华大地。他之所以能写出一部影响如此广泛的史著主要是由于他充分利用了他同时代人有关中国的资料和研究成果。

地理大发现以后，很多西方的探险家、传教士甚至一些"骑士"都曾在其信件、日记、札记以及旅行记中对中国有过记载和论述。但对门多萨中国观形成颇具影响的，首先是前面提到的葡萄牙传教士加斯帕·达克鲁斯的《中国志》。

克鲁斯 1548 年从欧洲来到果阿，开始了他的东方传教生涯。1556 年他曾造访中国。虽然在广州一带他只盘桓了月余，但他对中国产生了浓厚的兴趣。他不遗余力地搜集西方殖民者写下的有关中国的资料。例如，葡萄牙人加莱奥特·佩雷拉（Galeote Pereira）于 1539 年至 1547 年曾在中国沿海从事走私贸易，后为明廷拘捕并在狱中关押一年。开释后，他从福州途经桂林、梧州出境。在他的书信里有很多关于中国的资料，克鲁斯对此曾加以利用。但《中国志》最重要的材料却来源于中国的地方志以及其他中文著作的译文，这也正是该著

———————————

① ［英］赫德森：《欧洲与中国》（C. F, Hudson, *Europe and China*），伦敦爱德华·阿诺德出版社 1931 年版，第 148。

② 拉克：《亚洲对欧洲发展的促进》（D. F. Lach, *Asia in the Making of Europe*），芝加哥大学出版社 1965 年版，第 1 卷，第 2 册，第 744 页。

③ 裴化行：《天主教十六世纪在华传教志》，上海商务印书馆 1936 年版，第 148 页。

述价值之所在。

　　克鲁斯这部著作十之八九论及的是中国问题，这和在他之前，诸如费尔纳依奥·洛佩斯·德卡斯坦赫达（Fernao Lopez de Castanheda）、若奥·德巴洛斯（Joao de Barros）等人仅部分地论及中国的著作有着很大的不同。在《中国志》中，他提到中国的长城、茶、用鱼鹰捕鱼、人工孵鸡、印刷术以及妇女缠足陋习等内容，这些内容恰恰是马可·波罗"游记"中所未曾记载的（也正因为如此，学术界不断有人著文，对马可·波罗中国之行的真实性表示怀疑）。仅从这一点来看，《中国志》在内容的广泛性和真实性方面较之马可·波罗"游记"又有所前进。

　　在论及中国科学技术的发展水平时，尤其是在农业和航海方面，克鲁斯认为中国的科技水平超过了欧洲。同时，他对中国人的生活方式也表示了赞许。遗憾的是，当克鲁斯1569年返回葡萄牙之时，正逢瘟疫流行。他所著《中国志》1570年2月出版时，克鲁斯本人已因染病而亡故。人们既处于瘟疫的恐怖侵袭之下，《中国志》又是用葡萄牙文写成，在欧洲懂这种文字的人又不多，因而该书没有在当时的欧洲受到应有的重视。门多萨则充分认识到该书的学术价值，因此他在自己的著述中不仅利用了该书的资料，而且在对待中国文化的评价上也颇受克鲁斯的启发和影响。

　　然而，对门多萨帮助最大的则是我们前已述及的西班牙奥古斯丁会修士马丁·德拉达的名著《中国纪行》。

　　特别要指出的是，拉达出访福建时，曾购买百余种中国图书典籍并将其带回菲岛，交由寓居在当地的华人将这些典籍或整部或部分译成西班牙文。拉达在写作《中国纪行》时曾利用过这些资料。拉达辞世后，上述资料辗转运回墨西哥，又成为门多萨的资料宝库。

　　门多萨对中国的认识还得助于赫罗尼莫·马林与米格尔·奥尔加。他们二人都曾陪同拉达前往福建。1580年菲利浦二世向中国派出使团时，马林作为使团的成员曾与门多萨同船前往墨西哥，并在那里滞留了10个月。他们朝夕相处，使门多萨有机会向马林请教中国问题，因此受益匪浅。奥尔加后来把他的在华见闻写入《信史》（*Verdadera Relación*）一书中，这又给门多萨提供了一些新的资料。

再有，西班牙方济各会修士佩德罗·德阿尔法罗（Pedro de Alfaro）和其他三名同一修会的修士 1579 年在游历广东省之后，曾写有游记。1581 年至 1584 年方济各会修士马丁·伊格纳西奥·罗耀拉（Martin Ignacio Royola）从塞维利亚出发，途经中国，做了一次环球旅行之后，也曾写有札记。此两书中有关中国的记载给门多萨留下了深刻的印象，所以他把这两部旅行札记附录在《中华大帝国史》的第二部分。

综上所述，由于门多萨广泛阅读和接触到 16 世纪西方有关中国的各类记载，因而他的《中华大帝国史》与其他同时代的同类著作相比较，内容更丰富、更充实，也更全面。特别是他利用了一些中国典籍的译文，使他的著作更具有真实性和可靠性，并在相当程度上弥补了他没有亲自造访过中国的遗憾。为了表明这部分中国资料对于他完成《中华大帝国史》撰写的重要意义，门多萨如实地将他的这部著作命名为《依据中国典籍以及造访过中国的传教士和其他人士的记述而写成的关于中华大帝国最负盛名的事情、礼仪和习俗的历史》（*Historia de las Cosas más Notables，Ritos y Costumbres del Gran Reyno de la China，Sabidas asi por los Libros delos Mismos Chinas，como por Relacion de Religiosos，y otras Personas，quean estado en el Dicho Reyno*），《中华大帝国史》不过是原书名的简称。

再有，门多萨其人不仅仅是一个普通的传教士，更是一位学者和政治家。他与西班牙政界上层人士直至国王甚至教宗都有过直接接触。因此，他较之一般的传教士和探险家观察问题时有更高的境界、更开阔的视野和审视能力。此外，他自青年时代起又一直对东方问题深感兴趣，对中国国情更是有着较为深刻的认识，因此他的《中华大帝国史》不仅在资料上具有优势，而且体现出他极强的综合能力。对于中国历史和文明的特点，他做出了许多客观、恰当的分析，而不是从种族主义的偏见出发任意加以曲解，因而使《中华大帝国史》在极大程度上避免了片面性和狭隘性。我们还想指出一点，即门多萨的文学才华使《中华大帝国史》具有极高的可读性，他本人也被誉为第一流的古典作家和驾驭语言的大师。就其文体的优雅和用词的规范程度来看，人们常把《中华大帝国史》与西班牙古典文学中最脍炙人口的名著《祈祷与沉思录》（*Tratado de la Oración y Meditación*）以及《堂吉诃德》相媲美。①

（首版封面）

门多萨所撰《中华大帝国史》1585 年首版之封面

---

① ［西］门多萨：《中华大帝国史》（Juan González de Mendoza, *Historia de las Cosas mas Notables, Ritos y Costumbres del Gran Reyno de la China*），马德里波利菲莫出版社 1944 年版，第 XV 页。

上述所有这些因素都使门多萨的《中华大帝国史》一经发表不仅立即引起轰动，而且具有隽永的魅力。

从《中华大帝国史》的结构和内容来看，该书可分为两大部分。第一部分是对中国国情的综述。该部分共分 3 卷。第 1 卷下列 10 章，重点介绍了中国疆域、地理概貌、气候、土壤分类、省的建制、城镇区划等概观。第 2 卷下列 10 章，主要讲述中国人的宗教信仰以及对超自然力的崇尚。第 3 卷下列 24 章，主要涉及中国历代帝王的世系、宫闱秘闻、贡赋、差役、军队、战争、行政管理、司法、科举以及自然科学等概况。该书第二部分是由三篇旅行记构成的，即 1575 年拉达等的福建之行；1579—1580 年阿尔法罗等的广东之行和 1581 年伊格纳西奥从塞维利亚经中国的环球旅行。

16 世纪末的欧洲人主要是通过《中华大帝国史》的第一部分来认识中国的。在门多萨的笔下：a. 中国是个地域辽阔的文明古国，中国人自称"大明人"。全国划分为 15 个省①，"每省都比我们所熟知的欧洲国家为大"。② b. 中国境内有完好的道路网，使城镇相连。路面平整、宽阔，"官道"可容 15 人骑马并行。路旁商店林立，两侧绿树成荫，如同罗马时代的大道一般。有些城市由水道相连，好似威尼斯，北京是世界上最大的城市。③ c. 中国人富有建筑才能。建筑用材举世无双，一种用"白土"做成的方块④坚硬无比，只有用锄才能将其砸碎。一座座邸宅有如庄园。中国最雄伟的建筑就是长城，长达 500 里格，是为了防御鞑靼人修建的。在筑造长城的过程中，1/3 或 2/5 的

---

① 明朝改行中书省为承宣布政使司，分其境内为南北二直隶，13 承宣布政使司，常称 15 省。

② ［西］门多萨：《中华大帝国史》（Juan González de Mendoza, *Historia de las Cosas mas Notables. Ritos y Costumbres del Gran Reyno de la China*），马德里波利菲莫出版社 1944 年版，第 31 页。

③ 同上书，第 34—36 页。

④ 指砖。

劳工付出了生命。①d. 中国物产丰富。蔬菜种类远较西班牙为多。仅橘子就有三个品种，即甜的、酸的和甜酸适度的。糖的质地很好，非常洁白，价格也低廉。蚕丝色泽艳亮，质量超过西班牙格拉纳达的产品。天鹅绒、丝绸和布匹价格如此之低，提及此点会使那些熟知西班牙和意大利纺织品价格的人大吃一惊。中国人普遍穿着丝绸服装。中国农田管理得很好。没有一块荒弃的土地。一块块耕地错落有致，有如花园。矿产也很丰富。这是世界上最富饶而物价又十分低廉的国家。②e. 中国出产的手工艺品极为精致。1582 年西班牙国王菲利浦二世喜获中国床单，织法之巧妙令其惊叹不止。很多西班牙能工巧匠都来观赏、借鉴。瓷器很便宜，欧洲人原来以为瓷器是用粉碎的贝壳烧制而成。最精致的瓷器是"贡品"，薄如玻璃。③f. 中国商业发达，买卖兴盛。每条大街往往只经营一种行业。看到第一家商店就知道这一条街是卖什么商品的。中国匠人的手艺都是祖辈相传的。中国货币种类繁多，金、银凭重量使用，而没有一定式样的金币或银币。④g. 中国军队有步兵，也有骑兵。中国也有战舰，4 天内可征集 600 艘。中国士兵在数量上多于欧洲，在器械上处于优势地位，"这些士兵如果在胆识和勇气上能和欧洲各国士兵一样，他们就可以征服整个世界"⑤h. 中国皇帝具有统治国家的全权。各级行政官吏有效地行使权力。他们是通过科举产生的。中国有完整的法律。官吏和贵族出门要坐轿，而妇女则常在家中，而从不在家外从事社交活动。中国饮宴豪奢。中国人有自己的乐器。⑥i. 中国历史悠久。有独特的教育体系。

----

① ［西］门多萨：《中华大帝国史》（Juan González de Mendoza，*Historia de las Cosas mas Notables. Ritos y Costumbres del Gran Reyno de la China*），马德里波利菲莫出版社 1944 年版，第 17 页。

② 同上书，第 25—28 页。

③ 同上书，第 40—41 页。

④ 同上书，第 42 页。

⑤ 同上书，第 82—86 页。

⑥ 同上书，第 I、II、VII、VIII、IX 章。

各类图书十分丰富。中国人富于文明和教养。①j. 中国人在科学技术方面有很高的成就。欧洲人一向以印刷术的应用而自豪，"然而，中国人早在德国人谷腾堡（Joan Gutenbergo）发明印刷术 500 年前已经用印刷术出版图书了"。门多萨认为，印刷术是经俄罗斯莫斯科大公国传入德国的。但他也不否认另一种可能性，即中国图书经海路（红海）传到欧洲，从而启发了谷腾堡。②门多萨特别指出，在中国的所有发明中，最令葡萄牙人和其他西方人震惊的是中国人也有火炮，而且在欧洲人之前已经使用火炮了。但对中国人火炮的效能，欧洲人的评价极不相同。拉达认为中国火炮陈旧，制造粗糙。而另一位船长阿尔蒂埃达（Artieda）在致西班牙国王的书信中写道："……中国人使用着与我们同样的武器。他们的大炮十分精良，比我们铸造的更精致，更坚固。"因为门多萨没到过中国，所以他没有对上述分歧做出自己的判断，但他还是引用了阿尔蒂埃达如下的一段文字："中国城墙坚固，外面围以深壕（情况紧急时可放满河水），城墙上架着大炮，中国人认为这是最好的防御工事。城墙上，长官率士兵日夜守卫。如未得到城市最高当局的批准，任何外国人是无法靠近该城的。"③门多萨摘引这一大段有关中国城市设防的论述，绝不是毫无目的的。这实际上表明，他倾向于认为中国火炮是有威力的。此外，门多萨对于中国的造船、造纸以及其他工艺都有所介绍，并一一指出其优于欧洲的方面。

在有关中国古代科学技术发展水平的评价上，16 世纪的西方人持有两种明显的对立观点。克鲁斯在《中国志》中曾盛赞中国的科技成果，而马丁·德拉达则认为除了用中草药医病之外，中国人对物质世界很少有什么认识。门多萨显然倾向于克鲁斯的观点，并进而对中国

---

① ［西］门多萨：《中华大帝国史》（Juan González de Mendoza, *Historia de las Cosas mas Notables. Ritos y Costumbres del Gran Reyno de la China*），马德里波利菲莫出版社 1944 年版，第 3 卷，第Ⅷ，ⅩⅥ 章。

② 同上书，第ⅩⅥ 章。

③ 同上书，第 40—41 页。

科学技术的发展水平做出了更为全面的介绍，其评价也更高。像中国的造船水平，克鲁斯着重介绍了中国船队的庞大规模，甚至比喻说，中国皇帝能够用船在中国与马六甲之间搭起一座桥梁，并对中国船只的类型以及龙骨水车的应用做了说明。而门多萨除上述内容外，还进一步阐述了中国造船的舱缝技术，由于填缝使用的添加剂十分合理，不但可以防水还可以防虫，使中国船只的使用寿命比欧洲船只长两倍。在论及中国印刷术时，克鲁斯只提及中国已经有 900 年使用印刷术的历史。而门多萨，则阐明了中国使用印刷术的来龙去脉，以及印刷术西传的路线。中国在火器的应用方面，门多萨也传达给西方人更多的信息。科学技术水平是衡量一个国家和民族综合国力的重要指示器。门多萨对中国科学技术水平的客观评价无疑对西方人了解、认识中国起到了重要作用。

通过上面对《中华大帝国史》内容的概述，我们可以看到门多萨基本上把 16 世纪中国的形象较为客观、较为真实地介绍给了欧洲。而当时的欧洲国家也是以此为出发点来制定他们的对华政策的。它们面对的是一个具有悠久文明和历史的强大帝国。它丰富的物产、发达的经济、完善的国家体制和强大的国防力量都使西方国家只能把中国当作贸易的伙伴而不是直接的侵略对象。门多萨所得出的中国处于和欧洲国家平等发展阶段，甚至在物质财富生产的某些方面优于欧洲的结论，实际上对西方殖民者入侵中国的企图起到了一定的遏止作用。

当年《马可·波罗游记》发表后，立即在欧洲引起轰动。很多人对马可·波罗所赞誉不迭的东方帝国——"契丹"或"震旦"——是否真如他所描述的那样富饶、昌盛，难免表示怀疑。所以在马可·波罗临终前，有人让他坦白承认"游记"中的内容纯属虚构。马可·波罗痛苦地表示，他有关中国富有程度的叙述，还不到中国实际富有程度的一半。《中华大帝国史》的发表终于使人们相信，《马可·波罗游记》并非该书著者所编造的神话。门多萨在致《中华大帝国史》读者的《前言》中更是明确地表示，他写这部著作的目的也是为了让人们对马可·波罗所写的"游记"不再抱任何怀疑的态度。①

1585 年《中华大帝国史》问世后，虽然引起很大的社会反响，但首版印刷中却错误百出，门多萨对此很不满意。在他亲自监督下，同年又出版了新的西班牙文版本的《中华大帝国史》，其质量有了明显的改进。接着门多萨又接受罗马教廷新的任命，成为罗马教宗下属的"宣道士"（Piedicador apostólico）。由于门多萨曾在墨西哥从事过宣教活动，十分熟悉美洲情况，所以 1586 年他又受命前往拉丁美洲，在卡塔黑纳一带从事布道活动。在其后的 4 年间，他的足迹遍及新西班牙各重要城市。1589 年他再次奉召返回西班牙，在塞尔维亚和托莱多等地负责宣教事宜。1607 年，他再度前往美洲，被任命为波帕扬地区的主教，直至 1618 年在那里逝世。

综上所述，我们可以看到在门多萨完成《中华大帝国史》一书写作后的 33 年间，他始终没有再次获得出使或前往中国的机会从而实现他的东方之梦。但值得他欣慰的是他的不朽名著《中华大帝国史》在欧洲曾激起强烈的反响。我们曾提到，从 1585 年在罗马首版至 16 世纪末短短十余年间竟用欧洲各重要语种出版 46 次。我们试做如下比较，经金尼阁（Nicolas Trigault，1557—1628）编纂的《利玛窦中国札记》，自 1615 年出版至 1625 年，10 年间共再版 11 次；卫匡国（Martino Martini，1614—1661）的《鞑靼战记》（De Bello Tartarico）自 1654 年问世至 1674 年，20 年间再版 21 次。那么门多萨的《中华大帝国史》为什么能在 16 世纪的欧洲造成那么大的轰动效应呢？归根结底是它回答了欧洲所迫切需要了解的问题，即中国是个什么样的国家，同时该书也为那一时代的欧洲国家提供了制定对华策略的依据。也就是说，该书迎合了时代的需要。

从 15 世纪末至 16 世纪初，伴随地理大发现而发生的商业激变，为欧洲工农业生产带来一片生机。但 16 世纪中叶以后，欧洲开始出

---

① ［西］门多萨：《中华大帝国史》（Juan González de Mendoza, *Historia de las Cosas mas Notables. Ritos y Costumbres del Gran Reyno de la China*），马德里波利非莫出版社 1944 年版，第 12 页。

现经济衰退的征兆。从美洲掠夺的贵金属大量流入欧洲，造成银价下跌和物价上涨，各类商品极端匮乏。与欧洲经济衰退的景象相反，在同一历史时期的明代中国，商品经济正处在蓬勃发展之中，当时只有中国才能为世界市场提供物美价廉的商品。于是欧洲国家又掀起一股争夺中国商品的竞争热。中国精美的丝绸、瓷器以及各类工艺品不断涌入欧洲。通过中国商品的传播，华夏文明甚至影响到欧洲人的生活习俗和时尚。所以16世纪末，欧洲国家普遍想了解中国的国情。而欧洲各国的统治者更想通过对中国国情的进一步认识，来制定自己国家的对华策略。正因为如此，1582年门多萨从墨西哥返回西班牙以后，菲利浦二世和当时印度事务院的主席麦耐塞斯都鼓励他写一部有关中国的著作。1583年他出使罗马教廷，在觐见教宗格里高里十三世（Pope Gregory XIII）时，他讲述了奉命出使中国的前后经历。教宗也督促他尽快写出一部中国历史，这就是《中华大帝国史》首版在罗马出版的原因。菲利浦二世为了表彰门多萨撰写这部著作的成就，曾给予他享有这一著作出版特许权20年的恩赐。

在西方国家中，《中华大帝国史》的英文译本1588年由帕克（R. Park）完成，他是在以建立世界海上帝国为终生奋斗目标的哈克吕特（R. Hakluyt）的积极鼓励下完成该书的翻译工作的。《中华大帝国史》荷兰文译本1595年在阿尔科莫尔（Alkmeer）和阿姆斯特丹（Amsterdam）同时发行，这是在负责海外扩张事务的柯奈里斯·科拉埃兹（Cornelis Claesz）直接授命下翻译的。可见《中华大帝国史》的写作、出版与译成欧洲各种文字都有深刻的时代和政治背景。

此外，1585年即《中华大帝国史》出版的那一年，恰逢东方国家第一个使团——日本使团——抵达欧洲。1582年耶稣会东方视察员范礼安（Alexandero Valignano，1538—1606）曾到日本巡查。当他返回欧洲前，他选出4名日本少年作为日本使团的成员与他前往西方。1584年8月10日他们在到达里斯本后，受到西班牙国王菲利浦二世的接见并列席了皇太子的宣誓仪式。1585 年 3 月 22 日日本使团到达罗马,并觐见了教宗格里高里十三世。教宗授予他们以罗马"荣誉市民"的称号。在欧洲,正值因日本使团的到来而掀起一股"东方热"的时候,一部专述东方帝国——中国的历史以及风俗礼仪的著作问世,自然会大受欢迎。

门多萨的这部作品为当时的欧洲人打开了了解和认识中国的窗口,使欧洲人从通过充满神秘色彩的传闻来"想象"中国,跨入通过中国的现实来认识中国的新时代。这也就是《中华大帝国史》一书的历史意义。

事实上,欧洲很多有识之士也正是通过这部著作开始认识中国的。据记载,英国伟大的哲学家弗朗西斯·培根(Francis Bacon,1516—1626)曾阅读过门多萨的《中华大帝国史》,他对中国的认识显然受到该书的影响。例如,培根在《自然史》(1627)一书中写到在整个世界都迷恋于点金术时,中国则对获得白银较获得黄金更感兴趣。《中华大帝国史》英译本第 367 页写明,在中国,金价如同在意大利一样是经常浮动的,而银价一般比较稳定。此外,培根在其著作中还提及中国火炮的使用以及外国人未经朝廷的特许不得随意入境的法律。所有这些内容,在那一时代仅仅在门多萨的著作中有过论述。

再如,对英国伊丽莎白女王对外政策颇有影响的外交家瓦特·雷利(Walter Raleigh)在其《世界史》(1614)中论及中国时,有两处使用了门多萨著作中独有的资料:其一,在谈到印刷术时,雷利写道,德国人谷腾堡有关印刷术的"发明"是受东方世界的启发,而且中国人早已使用了这种技术。其二,当他谈到东方人应当享有的荣誉时,他把率先使用火炮列在其中,并说葡萄牙人曾证实过这点。此外,门多萨曾指出中国人有一个弱点,即自视太高,而认为其他民族都过于愚昧。雷利在论及中国人的性格特点时也写道,他们妄自尊大,把其他民族当作野蛮人。至于在对中国一般国情的认识上,《中华大帝国史》无疑给雷利提供了一幅最为清晰的图画。

荷兰从事东方探险的先驱，对创建荷兰东印度公司立下殊功的林希霍腾（Jan Huighen Van Linschoten）也是《中华大帝国史》的热心读者。他的名著《东印度之行》（德文版 1596 年发行，英文版 1598 年问世）有关中国的概述就是在门多萨这部著作的基础上写出来的。其中像中国人使用火炮和禁止外国人随意入境的法律，在门多萨之前是任何一个西方人所从未曾提及的。仅从这两例就可看到《东印度之行》和《中华大帝国史》之间的渊源。

法国著名文学家蒙田（M. Montaigne）在其《散文集》中曾有几处论及中国。例如，在第 3 卷中写道："我们惊呼为奇迹的火炮和印刷术，世界另一端的中国早在一千年之前就使用了。"蒙田还写道："在社会治理和工艺发展方面，他们拥有某些优于他人之处。中国对此并不了解，更不曾与我们进行过交流，但在这些方面却超过了我们。中国的历史使我懂得，世界远比我们所知的更大、更丰富多彩。我还从中国的历史中获知，君主派往各省巡视的官员如何惩罚不称职的人员，如何慷慨地奖励恪尽职守、有所建树的人员。这些人员的政绩之所以良好，原因在于他们不求无过，而求有功，他们不仅仅为了俸禄，更想永远保住官职。"①上述内容我们都可在《中华大帝国史》中找到其资料的来源。此外，法国著名思想家孟德斯鸠曾潜心研究过中国问题。《中华大帝国史》也列在他的藏书目录之中。②

门多萨的《中华大帝国史》不仅把 16 世纪的中国向西方做了最客观、最全面的介绍，体现了 16 世纪欧洲人的中国观，而且该书还提出了一个十分严肃的问题，即东方人和西方人应当如何审视和对待对方的文化。

随着科学技术的飞速发展，当今的东西方文化以空前的规模和速度在相互碰撞与融合之中，为了探讨异质文化之间相互渗透与影响的规律，地理大发现以后西方传教士在促进东西方文化交流方面所起到

---

① 上述资料系由中国社会科学院世界历史研究所许明龙提供，特此感谢。
② 许明龙：《孟德斯鸠与中国》，国际文化出版公司 1989 年版，第 54、55 页。

的历史作用也越来越引起人们的关注。在这个大的历史氛围之下，门多萨的《中华大帝国史》有重新引起世人重视的趋势。1966 年西班牙文本的《中华大帝国史》继 1944 年版本之后再度印行；1986 年附有精美插图的《中华大帝国史》的节本在西班牙出版；由长南实和矢泽利彦加注的日文本《中华大帝国史》1965 被收入《大航海时代丛书》第 6 卷出版，到 1991 年已重印 4 次。

该版《中华大帝国史》
由孙家堃自西班牙文译出

门多萨的《中华大帝国史》体现了 16 世纪的欧洲人是如何观察、看待中国的，这当然最应引起中国人的兴趣。该书一方面为我们提供了将晚明社会与同一历史时期的欧洲社会进行比较的原始记述，另一方面也有一些有关晚明社会经济史的具体资料可供我们参考。它还为我们研究 16 世纪中国所处的外部环境提供了较多的可能性。在《中华大帝国史》问世 400 年以后，该书已由何高济从英文译成了中文，并于 1998 年由中华书局出版。为了使中国读者更真切地了解门多萨《中华大帝国史》的原意，孙家堃又从西班牙原文将《中华大帝国史》译成中文并于 2009 年由中央编译出版社出版，该著作于 2011 年由凤凰图书媒体集团译林出版社再版。

第四节　阿科斯塔与桑切斯：围绕西班牙军事入侵中国的辩论

在西班牙早期汉学研究中，何塞·德阿科斯塔（Jose de Acosta，1539—1600）占有突出的地位。他所著《西印度自然与道德史》（*Historia Natural y Moral de las Indias*）不仅一般地再现了美洲被征服前的印第安人的历史和文明，而且把欧洲乃至亚洲的历史和文明也纳入与印第安人的历史和文明的比较研究当中，从而雄辩地论证了人类文明多样性的事实存在。在阿科斯塔的时代，这是十分难能可贵的。

由于何塞·德阿科斯塔的《西印度自然与道德史》一书中含有对中国历史和文明的一定程度上的认识，而且他又主要是在秘鲁和墨西哥形成了他的中国观，因此既可以把阿科斯塔视为西班牙的早期汉学家，也可将其视为拉丁美洲早期汉学研究的先行者之一。

阿科斯塔一生深受拉斯·卡萨斯人文主义思想的影响，他坚持不同种族都享有基本人权的立场，并坚决反对为了本民族的私利而发动不义的战争。他还曾旗帜鲜明地批评西班牙殖民者试图入侵中国的计划。在他于 1587 年写给利玛窦的信中，他阐释了反对西方殖民者试图用武力侵犯中国的观点，由此该信函已成为研究天主教东方传教运动策略演变历程的重要文献。

阿科斯塔还受到过沙勿略的影响。沙勿略作为"教廷特使"在东方传教的轨迹不仅为阿科斯塔所熟悉，而且沙勿略所倡导的"适应"策略也为阿科斯塔所遵循。

因此，可以说，阿科斯塔的人生观，尤其是他的中国观，是在天主教西方传教运动中拉斯·卡萨斯的传统和天主教东方传教运动中沙勿略的传统这双重影响下形成的。

下面我们将对阿科斯塔的人生道路以及他如何成为一个西班牙—拉丁美洲早期汉学研究的先行者的历程做一综述。

一 阿科斯塔对文明多样性的认知——兼论阿科斯塔所著《西印度自然与道德史》

尽管拉斯·卡萨斯维护印第安人人权的立场曾在拉丁美洲的天主教传教运动中产生了广泛而深刻的影响，但如何评价印第安人文明这一关键问题，却依然未得到根本性的解决。尽管一些西班牙传教士在印第安人聚居区传教的过程中，对印第安人文明的价值已有一些新的、积极的认识，但由于西班牙天主教会只承认基督教文明是唯一正统的文明，因此对于业已被判定为"邪教"或"邪说"的印第安人文明的任何肯定都是绝对不允许的。宗教裁判所就是最令人畏惧的黑暗势力。因此，在历史上，对印第安人文明的再评价是通过一种曲折的、较为隐晦的形式展开的。一些西班牙传教士提出这样一种见解：治病先要了解病人的病情；要想使印第安人彻底摒弃原有的宗教信仰和他们所崇拜的神灵，那么就必须首先了解和研究印第安人信仰的实质以及他们所崇拜的神灵究竟代表着一种什么样的观念。只有在这个基础上，才能稳步地把印第安人引领到上帝所指引的道路上来。[①] 为此，这类传教士写出了一批记述印第安人历史和文明的著述，其中影响较大的当属贝纳迪诺·德里贝依拉的名著《新西班牙诸事通史》，此外，像马丁·德赫苏斯·德拉科鲁尼亚的《米乔阿堪省印第安人的

---

① ［美］罗伯特·里卡德：《墨西哥的精神征服》，加利福尼亚大学出版社 1974 年版，第 40 页。

礼仪、居民和政府纪实》、托尔维奥·德贝纳文特的《新西班牙印第安人历史》以及何塞·德阿科斯塔的《西印度自然与道德史》等也都属于这类著作。

虽然在当时的历史条件下，这些著述也仅限于较为客观地追述了印第安人的历史和文明，但通过这类著述人们已不难看到，尽管印第安人几乎是在与其他大陆基本上隔绝的状态下独立地创造着自己的历史和文明，但他们无论是在物质文明还是在精神文明方面所取得的成就，若和其他大陆处于同一发展阶段的文明相比较，则同样光辉夺目，而且印第安人的文明在西班牙殖民者入侵前，正处于急速发展的阶段，甚至可以说，正处于急剧向前跨越的前夜。任何不带种族主义偏见的人，只要读了这类著作，他就不得不承认印第安人文明完全具有存在与发展的价值，他就不得不承认仅凭借暴力手段是无法切断印第安人与自己文明传统的天然联系的。这种结论当然是罗马教廷和西班牙王室所不能接受的。他们不仅一再强调要反对印第安人的"异端"信仰和一切非基督教的礼仪和习俗，而且连上述记载印第安人历史和文明的著述也均被列入违禁图书之列，甚至被强制焚毁。

然而这类著作的问世和流传，实质上是使基督教文明"适应"印第安人文明这一思潮的早期反映，这类著述已经体现出"适应"策略的一些特征。

何塞·德阿科斯塔的《西印度自然与道德史》就是这类著述中具有重要影响的一部。

研究印第安人的历史与文明，首先需要破解一个难题，即印第安人的起源。当时欧洲的学者对这一问题正展开激烈的争论：一种观点是说，印第安人就是犹太民族"历史上消失了的那个部落"；另一种流行的看法即，印第安人来自已经沉入大西洋的"阿特兰第斯岛"。阿科斯塔却根据印第安人的体质人类学的特征，大胆地假设印第安人是在远古时代从亚洲移居到拉丁美洲的，即阿科斯塔把印第安人的起源与进化放到整个人类的起源与进化的大背景之下来研究。而阿科斯塔当年所提出的印第安人来自亚洲的"假说"已为当代人类学的研究所证明。[①]

　　在《西印度自然与道德史》一书中，阿科斯塔对秘鲁的印加人文明和墨西哥的阿兹特克人文明进行了重点的综述，用以阐释印第安人文明所曾经达到过的高度。尤其重要的是，该书不仅一般地再现了美洲被征服前印第安人的历史和文明，而且把欧洲乃至亚洲和中国的历史和文明，也纳入与印第安人的历史和文明的比较研究当中，由此进一步论证了人类文明的多样性。

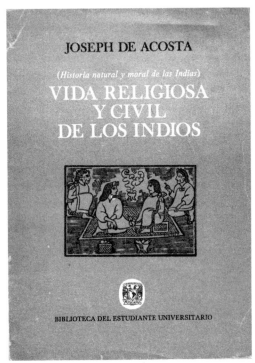

何塞·德阿科斯塔所著
《西印度自然与道德史》一书封面

　　在《西印度自然与道德史》一书中，阿科斯塔对美洲的自然历史，如美洲大陆的山川形势、风向、潮汐规律、湖泊、河流、动植物的种类和分布以及矿物资源等都有详尽的记载，并对与旧大陆相关的

---

　　① ［西］阿科斯塔：《西印度自然与道德史》（José de Acosta, *Historia Natural y Moral de Ias Indias*），墨西哥经济文化基金出版社 1940 年版，第Ⅳ卷、第 3—5 章。

自然条件进行了比较研究。其目的在于说明美洲像其他大陆一样完全具备形成自身文明的客观条件。

阿科斯塔还认为不同地区的文明的差异性与孕育这种文明的物质基础相关。他指出，印第安人的文明建立在玉米文化的基础之上，而中国乃至亚洲的文明则扎根在稻作文化的土壤之中，这无疑是正确的。阿科斯塔的本意在于进一步阐释建立在玉米文化基础之上的印第安人的文明与扎根在稻作文化土壤之中的中国乃至亚洲文明的共性以及本质上的区别。但在阿科斯塔的时代，对于中国历史与文明的认识在拉丁美洲终究处于初始阶段，因此尽管阿科斯塔有将世界几大文明进行比较研究的愿望，然而他的这一目的在那一时代是不可能实现的。但《西印度自然与道德史》一书始终坚持人类文明的多样性，可以说这就是《西印度自然与道德史》一书最富有启发性的学术价值之所在。

二 阿科斯塔的人生轨迹

何塞·德阿科斯塔在论证人类文明的多样性的同时，也表明了在异质文明之间应当互相承认与互相尊重的立场。尤其是阿科斯塔还曾投身有关东方传教运动之策略的辩论当中。他极力反对西班牙殖民者出于文明的差异而对中国发动侵略战争。在这一点上不难看出沙勿略所倡导的"适应"策略的影响。

那么，何塞·德阿科斯塔是如何接触到中国的文明和东方传教策略的辩论的呢？只要回顾阿科斯塔的人生发展历程，便会为我们提供一定的线索。

1539 年（或 1540 年）何塞·德阿科斯塔出生于西班牙卡斯蒂利亚的梅迪纳。11 岁进入耶稣会在该地开办的学校就读；1556 年转入阿尔卡拉·德埃纳莱斯的神学院进修；1557—1558 年，他有幸到葡萄牙的科因布拉大学深造。

科因布拉大学是当时欧洲宗教教育和研究东方问题的最为重要的中心，很多在东方获得盛名的传教士都出自该校，而且有关他们在东方传教的信息更是源源不断地传回科因布拉大学。因此，阿科斯塔在科因布拉大学学习期间，很自然地为东方事物所吸引，并获得了相当多的有关东方的知识。尤其是沙勿略在东方传教的成就在欧洲引起普遍的关注。

1541 年沙勿略到达果阿，到 1545 年他寄自东方的书信便已在欧洲辗转相传。从 1549 年起，沙勿略开始在日本传教，前后共 27 个月。到 1555 年，沙勿略寄自日本的包含他的"适应"策略思想的书信集，已在科因布拉出版，阿科斯塔在科因布拉大学进修时完全有可能读到沙勿略寄自日本的书信。同时，有关沙勿略生平的传记也开始在欧洲不胫而走。由著名意大利耶稣会士东方视察员范礼安组织，由罗明坚和利玛窦具体编撰的《沙勿略传》在欧洲影响颇广。① 因此，阿科斯塔在科因布拉大学进修时，完全有受到沙勿略所倡导的"适应"策略思想影响的可能性。此外，这里也是亚里士多德人文思想的传播重镇，受其学说的熏陶，阿科斯塔具备了人文主义的情怀。以致后来人们在论述阿科斯塔的学术成就的著述中，往往在其名字之前冠以"人文主义者"的尊称。② 特别是拉斯·卡萨斯和塞普尔韦达之间围绕印第安人基本人权的大辩论，在科因布拉大学引起强烈的反响，而且直接影响到阿科斯塔人生道路的确立和未来传教策略的选择。这也就是何塞·德阿科斯塔接触到中国和东方文明以及东方传教策略中的分歧的最初的历史前提。

1569 年，阿科斯塔奉派前往秘鲁总督辖区的首府利马，在刚刚建立的耶稣会学院任神学宣讲师，并在授课中逐步赢得了声望。1571 年他作为耶稣会学院的视察员曾前往印加帝国时代的首都库斯科，指导当地的神学教学活动，历时三年。这期间，使他有机会较为全面地了解了秘鲁印加帝国时代的历史与文明。当他重返利马后，他在耶稣会学院任神学首席讲师，并不时前往秘鲁各地，相继创立起多座耶稣会

① ［美］拉克：《亚洲促进欧洲的形成》（D. F. Lach, *Asia in the Making of Europe*），芝加哥大学出版社 1965 年版，第 1 卷，第 2 册，第 674—675 页。
② 同上书，第 806 页。

学院。1576 年他荣获传教省省长一职。在履行他的职责期间，他走访了秘鲁的广大地区并与当地土著居民多有接触。这更增加了他对印第安人历史与文明的认识。也就在上述历史时期，"中国热"开始影响到秘鲁社会，并引起阿科斯塔对中国的关注。

自从 1573 年中国—菲律宾—墨西哥—西班牙多边贸易开通以来，不断有大量的中国商品途经菲律宾运往新西班牙。由于秘鲁对中国商品急切的需求，西班牙王室遂在新西班牙的阿卡普尔科和秘鲁的卡亚俄之间又开辟出一条贸易支线。于是中国的丝绸、瓷器和手工艺品开始源源不断地进入秘鲁市场。那时不仅秘鲁贵族的家中充斥着中国物品，甚至连宗教界人士也开始用中国丝绸为自己缝制法衣，并热心于收藏中国的瓷器。中国的手工艺人也于此时来到秘鲁首都利马，并现身远近闻名的商业街。每逢节日，利马的夜空都会为中国工匠制作的礼花所照亮。① 一时在秘鲁社会中涌起一股"中国热"。当时从菲律宾开来的大帆船带来很多东方的信息，阿科斯塔也正是通过来自菲律宾的大帆船收到了罗明坚等传教士寄自中国的信，由此，阿科斯塔和中国文化有了意外的接触。②

由于从 1582 年起，阿科斯塔在省议会中一直有着上佳的表现，并得到王室的赏识，于是 1585 年他奉西班牙国王之召返回故国。为此，他前往墨西哥，为返回西班牙做准备。在 1586 年至 1587 年，阿科斯塔遂利用在墨西哥停留的机会，加紧对墨西哥阿兹特克印第安人的历史与文明进行考察与研究。

十分幸运的是，当阿科斯塔在墨西哥停留期间，那里恰恰有着浓郁的研究东方和中国问题的氛围和条件，这正是阿科斯塔所期望的。

首先，墨西哥已经藏有较为丰富的有关中国和东方事物的图书资

---

① ［墨］比利亚尔：《十六至十七世纪西班牙美洲在亚洲的扩张》（E. De la T. Villar, *Expansión hispanoamericana en Asia，siglos* XVI—XIII），墨西哥经济文化基金出版社 1980 年版，第 152 页。

② ［西］费尔敏·德尔·皮诺·迪亚斯：《西班牙传教士何塞·德阿科斯塔与东印度的基督教化》（Fermín del Pino Díaz, *El misionero español José de Acosta，y la evangelización de las Indias orientales*），《西班牙教会》1985 年第 XIII 卷，第 279、282、283 页。

料。像前文我们提到的西班牙著名的奥古斯丁会传教士门多萨就是借助这里的资料完成了他的不朽名著《中华大帝国史》的写作。此时，这些资料又为阿科斯塔所利用。

其次，不断从中国、菲律宾返回西班牙的传教士和官界人士一般都要在墨西哥留住一段时间，以等候开往西班牙的船只。他们带来的有关中国和其他东方国家的最新信息自然会加深阿科斯塔对中国和东方问题的认识。

再次，随着中国—菲律宾—墨西哥—西班牙多边贸易航线的开通，就在中国商品涌入墨西哥市场的同时，中国人也开始踏上墨西哥这片土地。濒临太平洋的贸易港口阿卡普尔科一时间被称为"唐人城"。① 在首都墨西哥城更形成了"唐人街"。这些来到墨西哥的华人多为商人，但他们之中也不乏受过儒家文化熏染的人。阿科斯塔在和这类华人的接触中，自然会得到许多有关中国的知识。据阿科斯塔自己说，他曾就中国文字的特点向这里的中国人请教过。②

最后，尤其是在墨西哥，阿科斯塔与西班牙著名耶稣会士阿隆索·桑切斯（Alonso Sanches）的频繁接触，更增加了阿科斯塔对中国以及对东方传教运动策略演变进程的认知。下文将对此做一概述。

三 桑切斯意欲用武力征服中国的谋略及阿科斯塔对桑切斯的批驳

前面我们曾提及，尽管沙勿略为东方传教运动提出了影响深远的"适应"策略，然而并非所有前来东方的西班牙传教士都认同沙勿略所倡导的上述传教理念。为了实现建立"天主教东方王国"的梦想，那些在征服美洲的前辈传教士的激励之下才前来东方的菲岛的传教士

---

① ［美］斯坦纳：《扶桑——开拓美洲的中国人》（S. Steiner, *Fusan—the Chinese who built America*），纽约哈珀与罗出版社 1979 年版，第 81 页。

② ［秘鲁］埃斯图亚尔多·努涅斯：《十六、十七世纪东方各国对秘鲁文化的影响及其表现形式》，孙家堃译，《中外关系史译丛》，上海译文出版社 1991 年版，第 5 辑，第 297 页。

仍主张用武力征服中国。

在马丁·德拉达与菲岛总督桑德提出的征服中国的计划被菲利浦二世搁置后，菲岛的一些传教士并没有就此放弃通过武力使中国基督教化的妄想。西班牙著名耶稣会士阿隆索·桑切斯更是这种观点的代表性人物。1581年桑切斯奉命来到马尼拉传教。他很快就以他的才华和宗教热忱在教友中赢得了敬重。桑切斯渴望有机会前往中国，进而从中国皇帝那里获得在华的传教权。然而当时要进入中国只有借助澳门葡萄牙当局的协助。因为罗马教廷早已把在华传教的特许权即所谓的"保教权"授予了葡萄牙。据此，凡是来华的传教士都应宣誓效忠葡萄牙国王，并从里斯本乘坐葡萄牙航船前往东方。抵达澳门后，要服从澳门当局的管辖，并等待进入中国内地的机会。幸运的是，这种机会终于在1580年到来了。

1580年，西班牙国王菲利浦二世兼任了葡萄牙国王。至少从表面上看，西班牙和葡萄牙两个王国已经合二为一。然而在澳门，葡萄牙宗教界仍坚持原有"保教权"所规定的一切权利，并随时防范西班牙人可能对澳门的渗透。

西班牙国王菲利浦二世担心在澳门的葡萄牙人会发起叛乱，于是1581年派耶稣会士阿隆索·桑切斯到澳门去安抚那里的葡萄牙人，并保证西班牙人不会侵害葡萄牙人的任何利益。迫于当时的形势，尽管葡萄牙人表面上也承认了菲利浦二世的王权，但他们仍把桑切斯看成来自马尼拉的间谍。

到1582年，罗明坚和利玛窦已经在肇庆建立了耶稣会在中国的第一个会院。桑切斯想通过利玛窦从中国官方获得前往北京的许可，以便觐见中国皇帝，从而获得在全中国公开传播基督教的权利。于是利玛窦为桑切斯前往北京一事向中国有关当局提出了正式申请。

澳门葡萄牙行政当局却认为西班牙人不仅想取得在全中国的传教权，而更重要的是想与中国建立起贸易关系，这样会严重损害葡萄牙人的商业利益。

由于当时澳门是中国商品唯一的出口港，而澳门的出口贸易又为葡商所垄断，因此葡萄牙人正式通知利玛窦："让西班牙获得遣使中国皇帝之荣是不合时宜的。这一荣誉应属于葡萄牙人，当有关与中国贸易的问题被提出来，并需在西班牙国王和葡萄牙国王之间做出选择时，亚历山大六世早就把它判归葡萄牙人了。尽管这两个王国现在是在同一个国王（治理）之下，但天主教国王仍然愿意两国各自进行自己的事，禁止一国干涉另一国的权利和过去的特权。"① 接到这一内容严峻的通知后，利玛窦已不便进一步为桑切斯前往北京之事打通官府了，再加上澳门行政当局私下向中国官方提交了一份不利于西班牙人的报告，所以桑切斯出使中国的计划已无法实现。②

　　为了缓和葡萄牙传教士与西班牙传教士在远东的冲突和对抗，西班牙国王菲利浦二世既已兼任葡萄牙国王，就也只能从他的统治全局出发，为了安抚葡萄牙人遂于 1589 年 8 月 9 日下令禁止菲律宾的西班牙传教士进入中国。葡萄牙人排斥西班牙人的目的基本上达到了。③

　　在这种形势下，桑切斯一行于 1582 年 7 月 6 日或 9 日乘船离开澳门返回菲岛。十余日后，所乘之商船遭遇强风暴，船体受损严重。经水手们修复后，该船重返澳门。这使桑切斯有了进一步了解中国社会的机会。

　　在桑切斯造访澳门之后，他于 1583 年至 1588 年先后写出三篇"中国纪行"。在这些报道中，他一方面承认中国是个地大物博文明昌盛的国家，但另一方面又认为中国人有所谓的同性恋的"癖好"，骄傲自大，不讲诚信，因此应当用基督教文明来归化中国人。④ 然而想

---

　　① ［意］利玛窦、金尼阁：《利玛窦中国札记》上册，何高济等译，中华书局 1983 年版，第 186 页。

　　② 同上书，第 183—186 页。

　　③ ［法］裴化行：《明代闭关政策与西班牙天主教传教士》，《中外关系史译丛》第 4 辑，上海译文出版社 1988 年版，第 267—268 页。

　　④ ［西］欧阳平：《想象中国：十六世纪菲律宾有关中国的概念与策略》（Manel Ollé, *La invención de China-Percepción y estrategias filipinas respecto a China durante el siglo XVI*），德国威斯巴登哈拉索韦兹·韦尔拉噶出版社 2000 年版，第 87 页。

用和平的方式进入中国传教几乎是不可能的，因此他曾明确表示："我以为归化中国，只有一个好办法，那就是借重武力。"①

在上述时期，菲岛殖民当局也力主用武力征服中国，并制订了周密的计划，于是1586年菲岛殖民当局委派桑切斯返回西班牙，向西班牙国王菲利浦二世呈递《论征服中国》这一备忘录。

《论征服中国》的备忘录中有如下的要点。

其一，在中国猝不及防的情况下，发动对中国的进攻，这样胜利的把握会很大。只需调动1万—1.2万名西班牙、意大利或其他欧洲国家的士兵，再加上5000—6000名日本人及与此数目相当的菲岛土著维萨亚人，辅之以火枪、护胸甲、标枪、长矛和滑膛枪等武器，再配置一些火炮和炸药，特别要有由耶稣会总会会长手谕任命的"先行官"来统领，那么取胜是有保障的。

其二，充分发挥耶稣会士的作用，必要时让已经潜入肇庆的耶稣会士（实指罗明坚和利玛窦）作为内应。他们熟知中国语言，可以充当翻译。

《论征服中国》的备忘录中最后写道："这无疑将是西班牙一项史无前例的最宏伟的事业。王上将把世界上最大的一个民族置于自己的权力之下……这项事业将造就一个从上帝创世以来所从未有过的精神发展与现世繁荣。"②

但沙勿略所倡导的"适应"策略已日渐成为东方传教运动中的主流理念。因而阿隆索·桑切斯谋划中的西班牙之行，引起当时在任的耶稣会总会长克劳迪奥·阿瓜委瓦（Claudio Acquaviva）和东方视察员范礼安的忧虑。他们都担心这一征服中国的狂妄计划，会危及正在长崎、澳门和肇庆等地宣教的耶稣会士的安全和他们在传教事业中正在取得的进展。考虑到阿隆索·桑切斯在归途中必然要经过墨西哥，于是范礼安从澳门发出"训令"，让当时正在墨西哥的秘鲁耶稣会士

①　［法］裴化行：《明代闭关政策与西班牙天主教传教士》，《中外关系史译丛》第4辑，上海译文出版社1988年版，第267—268页。

②　同上书，第265—266页。

何塞·德阿科斯塔作为桑切斯的"监护人"，以节制桑切斯在墨西哥的活动。①

因此，在上述历史时期，当桑切斯在墨西哥候船期间，阿科斯塔与桑切斯不仅相识，并有了较多的接触机会。阿科斯塔虽然在这种接触中，从桑切斯那里得到许多有关中国和东方国家的知识，因而受益匪浅，但他却不赞成桑切斯仅仅因为中国的文明不同于西方基督教文明而用武力征服中国的主张。正像当年拉斯·卡萨斯和胡安·吉湟斯·塞普尔维达之间围绕印第安人的基本人权和印第安人文明存在的权力所展开的那场大辩论一样，在阿科斯塔和桑切斯之间也曾围绕是否因为文明的不同就有对中国发动战争的权力这一问题展开过激烈的争论。

当阿科斯塔得知桑切斯正试图鼓动西班牙王室发动入侵中国的战争并把刚刚在中国肇庆立足的利玛窦等传教士也拖进入侵中国的战争时，产生了极度的不安。所以他于1587年3月把他对桑切斯的印象以及如果桑切斯征服中国的计划果真实施将带来的严重后果写入了他致西班牙国王菲利浦二世和耶稣会总会长克劳迪奥·阿瓜委瓦的一份备忘录之中。②

不久之后，为了完成耶稣会总会长克劳迪奥·阿瓜委瓦和东方视察员范礼安所委托的"监护"桑切斯的任务，阿科斯塔遂陪同桑切斯一同返回西班牙。

1587年12月，西班牙国王菲利浦二世接见了桑切斯并听取了他有关征服中国的计划。当时西班牙并没能摆脱经济危机的影响，而且为了和英国争夺欧洲霸权，西班牙又正在装备庞大的"无敌舰队"，因此西班牙根本无力发动对中国的战争。此外，阿科斯塔致西班牙国王的备忘录显然会对西班牙王室的决策起到一定的制衡作用。所以桑

---

① ［西］欧阳平：《想象中国：十六世纪菲律宾有关中国的概念与策略》（Manuel Ollé, *La invención de China Percepción y estrategias filipinas respecto a China durante el siglo XVI*），德国威斯巴登哈拉索韦兹·韦尔拉噶出版社2000年版，第136—141页。

② ［美］拉克：《亚洲促进欧洲的形成》（D. F. Lach, *Asia in the Making of Europe*），芝加哥大学出版社1965年版，第1卷，第2册，第808页。

切斯受菲岛殖民当局委托而提出的入侵中国的计划同样被西班牙国王菲利浦二世束之高阁。

为了避免利玛窦等在华传教士陷入一场入侵中国的不义战争中，就在阿科斯塔于 1587 年 3 月写出致西班牙国王和耶稣会总会长克劳迪奥·阿瓜委瓦的那份备忘录的同时，他又把他用和平方式传教的观点传递给了当时正在中国传教的利玛窦。这封阿科斯塔写于 1587 年 3 月 15 日的致利玛窦的信函保存至今，并已收录在《利玛窦全集》第 4 卷之中，并已成为研究耶稣会传教策略演变进程的重要历史文献。

我们现将阿科斯塔的这封致利玛窦的信函全文摘录如下，它会使我们看到阿科斯塔和拉斯·卡萨斯以及沙勿略之间在传教策略思想上的渊源。

圣奥古斯丁曾说，发动战争即便是合理的，但不消说它的损害极大而多。若是不合正义，就绝不许可，因为这是严重得罪天主的事，而且对无计数的破坏还负有赔偿的责任。因此，应当详加审查，若不知道其合理性与必要性，则战争绝不能开始，更不可建议去行，正如对一个人要进行判决死刑时，其法律的依据与理由的充足必须明显与清楚，而法官也应当以理性去判决。由此可知，决定作战一事该是多么重要，应细心考虑。因为它会给一个国家带来无数的伤亡、浩劫与损害的。

对这种审查与探讨，有两点必须注意：一方面是法律上的：哪一种战争是合理的，哪一种是不合理的；另一方面，在事实上，有哪些理由及在何种情形之下方能从事战争。此外，还有比这两方面更重要的事，必须重视真正的明智之见，仔细地观察事实与法律方面的依据，再衡量其整个事件的环境，表示其特别的意见，而后才能作出决定。神学家多先根据事实，但是，更好而又最安全的方式，是不要立刻就下结论，除非先衡量其关系，并的确研究很清楚后才下判断，因为俗人们由于私人的利益和要求，都想作战，通常只采取神学家或法学家的表面看法，而宣称那是文人们已证实了的事，而贸然采取行动，这是不对的。……

这是我对向中国动武一事的观点，至于可行与否，可让有志之士多加考虑，是否是为帝王合适可行的事。总之，请多指教。

德·阿高（科）斯塔神甫谨书

1587 年 3 月 15 日 撰于墨西哥[①]

阿科斯塔的这封信表明他深受拉斯·卡萨斯的影响，他同样认为战争不仅会给被侵略的一方造成严重的灾难，而且对发动战争的民族同样会带来重大的损失。因此他认为是否发动战争必须慎重考虑。尤其要判断战争的性质，即是否具备正义性。他用圣奥古斯丁的话指出，发动战争若是不合正义，就绝不许可，因为这是严重得罪天主的事，而且对无计数的破坏还负有赔偿的责任。他特别指出："因为俗人们由于私人的利益和要求，都想作战，通常只采取神学家或法学家的表面看法，而宣称那是文人们已证实了的事，而贸然采取行动，这是不对的。"所以他坚定地说："这是我对向中国动武一事的观点。"

阿科斯塔这封信的基本理论与拉斯·卡萨斯维护印第安人人权的观点是一脉相承的，任何人要发动战争都要有充足的理由——正义性。同时，这封信也使我们看到沙勿略所倡导的"适应"策略的影响，即天主教传教运动只有通过和平与对话的方式才能取得传播福音的进展和实效。

四　阿科斯塔的"中国观"

阿科斯塔之所以坚决反对西班牙征服中国的行动，是因为他已经认识到尽管中国的文明和西方的基督教文明不同，但一个国家仅仅以彼此之间的文明差异为由而发动战争，那是完全没有正当根据的，即

---

① 原信载于［意］利玛窦《利玛窦全集》（4），罗渔译，台湾光启出版社 1986 年版，第 496—497 页。

完全不具有正义性。至于阿科斯塔对中国文明的认识就体现在他所著《西印度自然与道德史》一书中。

在阿科斯塔所著《西印度自然与道德史》一书中，他认为文字是文明的载体，文明的多样性就往往体现在文字的差异性上。因此，他把自己对华夏文明的认识首先集中在对中国文字构成特点的分析上。

阿科斯塔指出，很多人认为，中国人使用的文字与欧洲人使用的文字相类似，而事实上远非如此。阿科斯塔对此进行了具体的分析，他说中国人的文字，"可以用它书写言词与语句，只是他们的文字形态与我们的文字不同，它自成一体，既不同于希腊文字与拉丁文字，亦不同于希伯来文字和迦勒底人的文字。……他们没有字母，此外，差异不在于文字的形态，他们所写的主要是绘画与符号，不像我们的文字那样表示言词的一部分，而是表现太阳、火、人、海以及其他物体的不同形态。这么说是有清晰的证据的，因为中国人所说的语（方）言不可计数，其间有极大差别，但他们的书写与书面语言，说任何话（方言）的中国人都能同样地阅读与理解。这就像我们使用的阿拉伯数字，无论法语、西班牙语还是阿拉伯语，都有相同的理解，例如8这个数字，无论在哪里都表示8，即使法国人和西班牙人有各自的发音，它的意思却都一样"[①]。

阿科斯塔在阐释中国文字的特点后进一步指出，正是中国文字的特点影响到中国的文明。正如世间的事物数量是无限的一样，中国人用于表示他们的文字的图形也几乎是无可计数的。因此，像为官的中国文人，"至少知道85000个图形或文字，能够完全阅读它们的人必须认识120000个字"。与此相对照，如果是使用拼音文字的人，则很容易掌握那种文字的读和写的方法。阿科斯塔举例说："一个稍有文化的秘鲁或墨西哥印第安人，比一个聪明过人、掌握全面知识的中国

---

① ［西］阿科斯塔：《西印度自然与道德史》（José de Acosta, *Historia Natural y Moral de las Indias*），墨西哥经济文化基金出版社1940年版，第Ⅵ卷，第5—6章。（本处借用戚印平所著《远东耶稣会史研究》一书中的译文。详见戚印平《远东耶稣会史研究》，中华书局2007年版，第195—196页）

官员所知还多，因为一个会拼音的印第安人只用 24 个字母就能拼写出世界上任何一个词汇，而一个中国官员即使会写 10 万个字恐怕也很难写出一个专有名词……"①当然，阿科斯塔下这样的断言完全是出于他对中国语言的误解。在现代，任何一个人都知道，能用字母拼写出世界上任何一个词汇的人，其实并不等于他已经掌握了用这种文字写出来的知识和道理。实际上，阿科斯塔的意思是说，由于作为一个官吏要花费极大的工夫来掌握中国文字，所以只有极少数人才能站到社会的高端。正因如此，"识字者在中国极受尊敬。这是极难的事，只有这种人才能担任曼达琳（系指中国官吏）、知事、法官和将领等职。为此，父亲让孩子们拼命地练习读写。有许多学校供孩子和年轻人学习它们。白天在学校中由老师指导，夜里在家中由父亲督促学习，结果很多人的眼睛受到损害，被竹鞭打的也不在少数。据说严酷惩罚甚至比责打盗贼还要严酷"②。阿科斯塔甚至从掌握中国文字的艰难程度，推导出这是造成中国社会划分等级的一个重要原因。

阿科斯塔通过对中国语言文字的研究，找到了中国之所以能成为一个统一国家的重要原因，那就是中国的文字。由于"文字所表达的亦在所有的方言中都能被理解。各地方的方言相互不通，但写下来就能理解。总而言之，所有的语言都一样，因为文字，即图形表示同一事物。如上所述，它是表示事物，而不是表示词语，所以读法与发音各不相同。通过上述阿拉伯数字之例，我想是很容易理解的"③。阿科斯塔的意思很明确，即，说不同方言的人都能识别同一文字的含义，这实际上对于说不同方言的人起到一种凝聚的作用。

① ［秘鲁］斯图亚尔多·努湟斯：《十六、十七世纪东方各国对秘鲁文化的影响及其表现形式》，孙家堃译，《中外关系史译丛》第 5 辑，上海译文出版社 1991 年版，第 297 页。

② ［西］阿科斯塔：《西印度自然与道德史》（José de Acosta, *Historia Natural y Moral de las Indias*），墨西哥经济文化基金出版社 1940 年版，第 Ⅵ 卷，第 5—6 章。（本处借用戚印平所著《远东耶稣会史研究》一书中的译文。详见戚印平《远东耶稣会史研究》，中华书局 2007 年版，第 196 页）

③ 同上。

那么，仅凭用符号或图形构成的文字能够确切地表达出抽象的概念或人的心理感受吗？比如，中国文字是否能表达出"太阳是热的，他见到太阳，或者今天有日照"，等等。阿科斯塔本来对此也是抱着怀疑的态度的。他尤其想知道，中国人如何用绘成图像的文字写出"专有名词"，比如他的名字——何塞·德阿科斯塔。

为此，阿科斯塔在墨西哥时，"曾对几个中国人做过实验，要求他们写下'何塞·德阿科斯塔（Jose de Acosta）来自秘鲁'，以及其他类似的句子。这位中国人进行了长时间的思考，最终落笔。此后这个男子与其他中国人确实读出了此句话，但固有名词的发音有很大变化。据他们设想的做法，对待固有名词，在他们的语言中寻找发音相类似的事物，写出它的图形。对于大多数固有名词，在他们的语言中寻找类似事物与发音是困难的，所以这样写名字极为麻烦。关于这一麻烦，桑切斯神父（甫）有过体验。据他所说，在中国旅行时，他曾见过许多曼达琳，并到过许多法庭，为了将他的名字记入他们使用的公文中，花费了许多时间。最后终于找到了相当的文字，但是否与他的名字相对应还很成问题"①。这些对中国文字表达能力的"测试"，至少打消了阿科斯塔对于中文是否能写出专有名词和表达复杂概念所抱的怀疑态度，同时他又把自己的这种认识写入他的《西印度自然与道德史》一书中，这对同时代的西方人了解"神秘"的中国语言和文字起到了一定的启蒙作用。

那么在中国这种文字的基础上会衍生出什么样的"学问"？对此，阿科斯塔自然是十分关注的。非常幸运的是，这时阿科斯塔已经和正在澳门以及中国内地传播福音的耶稣会士诸如罗明坚等人建立了联系。那时罗明坚不仅开始了融入中国社会的进程，而且在实施"适应"策略的过程中，和中国的一些知识界精英已经建立了友好关系，

---

① ［西］阿科斯塔：《西印度自然与道德史》（José de Acosta, *Historia Natural y Moral de las Indias*），墨西哥经济文化基金出版社 1940 年版，第Ⅵ卷，第 5—6 章。（本处借用戚印平所著《远东耶稣会史研究》一书中的译文。详见戚印平《远东耶稣会史研究》，中华书局 2007 年版，第 196 页）

并对中国历史和文明有了初步的了解。① 在这一历史时期，为阿科斯塔提供有关中国信息的主要是罗明坚而不是利玛窦，这很可能与罗明坚先于利玛窦来到中国有关。在罗明坚和其他在澳门的耶稣会士写给阿科斯塔的信中，他们不断传递给阿科斯塔一些有关中国国情的信息，由此使阿科斯塔认识到，"在中国并没有开办教授哲学和其他学问的高级学校和大学，他们的所有学问一言以蔽之，即曼达琳的语言"。此外，"作为研究对象，有些文章涉及包含在该语言中的历史、宗教、民法、教化格言和寓言。有若干不同阶段的关于言语与语法的研究……以上是我们会员（即指耶稣会士）关于中国学问及其训练的概要记述。我们不否定它（指中国学问）显示了出色的资质，但从整体上说缺乏实质性内容。总之，中国人的所有学问都在于读和写，所以他们不能达到更高程度的学问，即使在读写中，由于他们的文字是不表示言词的无数事物的图形，所以不能真的读。因为这需要很大努力、花费极多时间"②。

无疑地，是罗明坚等人把他们对中国文人研究学问方面的不足之处和在获取知识方面的片面性等所谓的"缺点"，传达给了阿科斯塔，而阿科斯塔又把这部分内容写入了他的《西印度自然与道德史》一书中。

正如阿科斯塔在评述印第安人文明时并不遮掩其批评的锋芒一样，阿科斯塔在论述中国的文明之时，同样采取了"客观"的立场。由于阿科斯塔生活的时代整个西方世界对中国的认识都十分有限，因此阿科斯塔不可能对华夏文明做出较为全面的评价。然而阿科斯塔在论述长达 2000 年的中华文明的发展总趋势时，却认识到中华文明的

---

① ［西］费尔敏·德尔·皮诺·迪亚斯：《西班牙传教士何塞·德阿科斯塔与东印度的基督教化》(Fermín del Pino Díaz, *El misionero español José de Acosta, y la evangelización de las Indias orientales*)，《西班牙教会》1985 年第 XII 卷，第 291 页。

② ［西］阿科斯塔：《西印度自然与道德史》(José de Acosta, *Historia Natural y Moral de las Indias*)，墨西哥经济文化基金出版社 1940 年版，第 VI 卷，第 5—6 章。（本处借用戚印平所著《远东耶稣会史研究》一书中的译文。详见戚印平《远东耶稣会史研究》，中华书局 2007 年版，第 197 页）

发展趋势"体现出进化的特征"①。阿科斯塔的这一论断与其后把中国文明界定为"停滞"的文明的西方学者之间真有着天壤之别。事实上对阿科斯塔来说，问题不在于一个文明体系有何等不尽如人意的地方，重要的是尽管如此，这种文明照样有存在与发展的权利，更不能以某一种文明为客观标准，而任意贬低或歧视其他种类的文明，甚至发动不义的战争去消灭另一种文明。

综上所述，何塞·德阿科斯塔的《西印度自然与道德史》一书不仅重现了美洲被征服前印第安人的历史和文明，而且把欧洲的历史和文明纳入与印第安人的历史和文明的比较当中。尤其值得注意的是，他还把亚洲的历史和文明——特别是中国的历史和文明——也置于这种比较研究之中。这便是阿科斯塔这部《西印度自然与道德史》独具特色的地方。

阿科斯塔的这部《西印度自然与道德史》已于 1590 年在塞维利亚出版。由于该书在学术界广获好评，于是阿科斯塔于 1594 年被罗马学院聘任为神学首席讲师，后任萨拉曼卡学院的院长，至 1600 年病故。

第五节　从《明心宝鉴》到《辩正教真传实录》：
高母羡在促进东西方文化交流中的
历史作用

一　高母羡在菲岛传教的开端以及《明心宝鉴》的翻译

高母羡是西班牙多明我会修士胡安·科沃（Juan Cobo，1546—1592）的中文名字，目前仅知他是托莱多地区孔苏埃格拉（Consuegra）

---

① ［西］费尔敏·德尔·皮诺·迪亚斯：《西班牙传教士何塞·德阿科斯塔与东印度的基督教化》（Fermin del Pino Diaz，*E1 misionero español José de Acosta，y la evangelización de las Indias orientales*），《西班牙教会》1985 年第 XII 卷，第 4—10 页。

人，并曾在阿尔卡拉·德埃纳莱斯（Alcala de Henares）神学院接受严格训练。1586 年与 39 名（一说 40 名）教友作为志愿者前往东方传教，1587 年来到墨西哥，1588 年抵达菲律宾。

多明我会修士高母羡肖像

前已有述，随着中国—菲律宾—墨西哥—西班牙多边贸易的开通，不断有华人来到菲岛经商。在高母羡到达菲岛的年代，有万余华人旅居此地，他们一般被称作"常来"（Sangley），但根据我国台湾清华大学李毓钟的研究，实应译为"生理人"①。

菲岛殖民当局为了加强对旅菲华人的管理，特别是为了便于在华人中间宣扬基督福音，在菲岛大主教多明戈·德萨拉萨尔（Domingo de Zalazar）的建议下，陆续使旅菲华人集居在"涧内"（Parian）一地。

追本溯源，最早前往马尼拉贸易的华人一般都聚居在马尼拉城外帕西格河（Pasig）对岸的同多（Tondo）一带。1581 年，出于对华人加强管理的考虑，时任总督的贡撒罗·龙济利罗（Gonzalo Ronquillo）为他们建立了一个四边立有围墙的丝绸市场，称为"涧内"。

---

① 李毓中：《〈印地亚法典〉中的生理人：试论西班牙统治菲律宾初期有关华人的法律规范》，《第八届中国海洋发展史论文集》，台湾中研院中山人文社会科学研究所 2002 年版，第 327—380 页。

后因火灾，华人被迫迁居到马尼拉城东北的沼泽地带。那里的生态环境十分恶劣，但华人奇迹般地将这里变成了一片乐土，因此华人被赞誉为"世界上最能够灵活生存的天才"。在中国人的奋斗下，在这片新区，街道和房屋已变得井然有序，甚至为整个马尼拉城增色不少。这里商贾云集，货品丰富，不仅出售各种从中国舶来的商品，而且出于与西班牙、美洲贸易的需要，这里的手工匠人还能够生产符合上述地区需要的商品，比如宗教圣像、圣器，其细致入微的程度连当地的神甫们都大为惊叹。

高母羡来菲岛后曾参与创办圣多玛斯大学，后被指定到"涧内"传教。1589 年在写给他的危地马拉会友的信中，他描绘了"涧内"的生活情景：

> 早在西班牙人来到菲岛之前，就有中国的商人来到此地，他们还带来一些女人，虽然人数不太多，可能有 20 位。有一些是天主教徒，有一些是异教徒。后者人数日增，长幼不齐。自从西班牙人来到这里，当地生活变得富裕了，于是有更多的中国人前来贸易，通常每年有 20 艘大船前来这里，尽管今年只来了 13 艘。到这里来的中国人人数之众，足有 5000 人，有时候达到 10000 人，住满了他们在马尼拉的这个区域。中国人在马尼拉城帕西格河附近有一个市场叫"涧内"。这是一个不设城门的宽阔区域。在这片区域当中，有一个大湖，湖与河之间有桥，航船、小型舢板和有着 8—10 根桅杆的大帆船沿河而来，足有 50 艘。这里出售丝绸、麻布和日用品。各种手艺人应有尽有，金银匠、裁缝、鞋匠、木匠、漆匠还有制蜡烛的。有饭馆和卖给西班牙人的肉铺。还有中药铺，出售常用的草药，但没有合剂。总之，各行各业无所不包。①

---

① 高母羡 1589 年致危地马拉友人函。原载于《中国书信集》（*Carta de China*）。此译文系英国伦敦大学国王学院蒋薇提供，特此致谢。

　　这就是高母羡来到"涧内"时这里华人的生存环境。为了更好地完成自己在华人中传播福音的职责，高母羡开始刻苦学习中文，而且进步神速并在当地华人的帮助下于 1590 年将中文启蒙读物《明心宝鉴》译成了西班牙文。在海外汉学研究中一直公认《明心宝鉴》是第一部从中文翻译成西方文字的著述。但现在已知马丁·德拉达和两位中国"译员"林必修和陈辉然曾早于《明心宝鉴》，将《古今形胜之图》5000 余字的中文说明文字译成了西班牙文。尽管如此，并不影响高母羡将《明心宝鉴》译成西班牙文的历史意义。

高母羡时代的"涧内"鸟瞰图

　　《明心宝鉴》是一本用于儿童启蒙教育的读物，由范立本于洪武二十六年（1393）辑录而成。《明心宝鉴》分上、下两卷，内中收录了中国圣贤和历代名家以及在民间流传的有利于道德修养的语录 700 余条。

　　由于《明心宝鉴》收集的语录是经过认真筛选的，具有普遍的教育意义，因此受到社会上广泛的欢迎并不断被刻印，流传甚广，而且在其他受汉文化影响较深的国家和地区，如日本、朝鲜和越南等地，《明心宝鉴》也成为那里人们喜爱的读物。随着华人渐次来到菲岛，《明心宝鉴》也开始在"涧内"流传。

　　高母羡学习中文时，很可能以《明心宝鉴》为入门读本。总之，当他接触到该书的内容时，儒家圣贤的哲学、伦理学思想以及"齐家治国平天下"的理念很可能引起高母羡对中国文明的强烈兴趣并认为有将该书介绍给西方人的必要，他这才决定将《明心宝鉴》译成西班牙文。

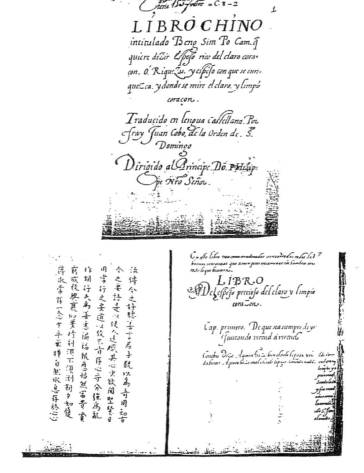

中文与西班牙文合璧的《明心宝鉴》之书影

当高母羡到达菲律宾的时候，正是菲岛殖民当局和宗教界围绕如何使中国基督教化这一重大问题展开激烈辩论的年代。尽管如前所述，1576 年由桑德总督提出的入侵中国的计划以及 1586 年由桑切斯拟订的用武力征服中国的方案均被菲利浦二世搁置起来，但在菲岛殖民当局和宗教界中，试图用武力征服中国进而使中国基督教化的议论仍不绝于耳。然而在菲岛的上层人士当中还有另一种见解，即认为像中国这样有着独特文明和国势强盛的帝国是根本不可能用武力征服的。相反，西方传教士完全可以通过宣扬中国儒家文明和基督教文明的相似之处，利用西方在科学技术上的优势，把中国人吸引到信奉基督教的道路上来。也即应实施沙勿略所倡导的"适应"策略。菲律宾的大主教萨拉萨尔就持上述观点。在1590年他致菲利浦二世的信中便指出，用武力入侵中国的结果不仅达不到原来所预期的目的，反而会损害上帝的事业，等于给中国基督教化这一目标制造困难和障碍。①

《明心宝鉴》(*Beng Sim Po Cam*)

---

① 〔西〕桑斯：《西班牙与亚洲和大洋洲的最初接触》(C. Sanz, *Primitivas relaciones de España en Asia y Oceanía*)，马德里韦克托利阿诺·苏阿莱兹出版社1958年版，第314页。

在如何使中国基督教化这一问题上，高母羡和萨拉萨尔大主教站在同一立场。在"涧内"地区与"常来"们接触的过程中，高母羡已逐步认识到什么是中国人的基本品质。尽管来到菲岛的华人多是一些商人、水手和劳工，但他们都刻苦耐劳，品德高尚。而且他听说在大陆上的中国人，较上述出海谋生的"常来"在素质上要高得多。

高母羡不同意那种认为中国人拒绝接纳外国人进入他们国家的观点。他说那只是西方传教士不懂中国的语言文字，双方难以交流所致。如果传教士学会了中文，那么中国人就会接纳他们。他指出，精通中国语言文字的罗明坚和利玛窦能在中国立足即可证明此点。

高母羡深信榜样的力量。为此他自己就率先苦学中国语言文字，据说他能"认识汉字三千"并能用简化方法将汉字分为四组：普通者、常用者、特殊者及独立不相连贯者，"俾能事半功倍，易于领悟"①。高母羡在加深对汉语内在规律认识的基础上，终于写出《汉语语法》（*Arte de la lengua China*）一书，遗憾的是，这部《汉语语法》已经遗失。

可以说，在不同的文化中寻求由此及彼的桥梁始终是高母羡的努力方向。

二　高母羡为实施"适应"策略而努力

高母羡基于对中国的上述认识，在宣教过程中做出了如下的努力。

首先，他忠实而又自觉地执行萨拉萨尔大主教的指示，在"涧内"的"常来"中间热心传教。为了使中国人能了解基督教教义的内容和基本精神，他用中文写出《天主教教义》（又作《基督要理》，

---

① 潘贝顾：《高母羡〈辩正教真传实录〉初步诠释》，王晓朝、杨熙楠主编《信仰与社会》，广西师范大学出版社 2006 年版，第 153—173 页。

Doctrina Christiana）一书。① 可以这样说，在整个泛东方传教运动中，该书是继罗明坚于 1584 年用中文写出《圣教实录》以后的第二部由西方人写出的中文著作，同时也是在中国境外第一部用中文刊刻的宣教之作。因此，从基督教传教史的角度来看，高母羡的《天主教教义》具有重要意义。

其次，高母羡认为相当部分西方传士并不了解中国的文化特征，所以看不到儒家学说与基督教教义之间也有相近似的地方。他翻译《明心宝鉴》就是为了使欧洲人了解中国，从而确立用和平方法使中国基督教化的信心。萨拉萨尔大主教非常赞赏高母羡翻译《明心宝鉴》的做法，并认为《明心宝鉴》的西班牙文本的出版对于东方传教事业影响深远，所以在 1590 年他决定将西班牙文本的《明心宝鉴》敬献给西班牙国王菲利浦二世，并强调说，该书表明中国人富有理性，尽管他们现时并不信仰基督教，但他们的悟性表明他们是能够接近基督教的。因此使用武力只能造成相反的效果。②

《明心宝鉴》后来由米格尔·德贝纳维德斯（Miguel de Benavides）神甫带回西班牙并于 1595 年 12 月 23 日呈献给菲利浦二世。

中国能否成为皈依基督教的国家，以及如何使中国基督教化，这些问题当时也正是菲利浦二世所关注的焦点。西班牙文版的《明心宝鉴》值此关键时刻送到菲利浦二世案前，无疑对于他制定对华策略会具有一定的参考价值。从这一角度来看，高母羡翻译《明心宝鉴》的主要意义不仅在于这是第一部译成西方文字的中文著述，更重要的一点则是在用什么方法使中国基督教化这一激烈的争论中，他为沙勿略所倡导的"适应"策略提供了理论的根据。

最后，高母羡一方面主张东方人和西方人应加强对对方文化的理解，彼此应当相互尊重。这就是他将《明心宝鉴》译成西班牙文和用

---

① 该书于 1593 年在马尼拉出版时，原著者高母羡已遇海难辞世。

② ［西］桑斯：《西班牙与亚洲和大洋洲的最初接触》（C. Sanz, *Primitivas relaciones de España en Asia y Oceanía*），马德里韦克托利阿诺·苏阿莱兹出版社 1958 年版，第 313—314 页。

中文撰写《天主教教义》的出发点。但另一方面，他又坚持基督教文明的普世性原则和基督教文明的优越性，而这种优越性主要体现在西方的科学技术上。他深信，如果中国人了解了这一点，那么他们就会敬重基督教文明，进而向基督教靠拢，并最终会皈依基督教。为此，高母羡又用中文写了一部《辩正教真传实录》（亦作《无极天主正教真传实录》）。

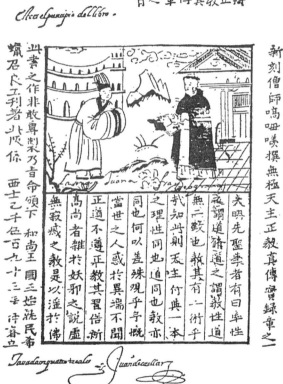

1. 高母羡所著《辩正教真传实录》的内容及其历史意义

《辩正教真传实录》全书共分九章，各章的大意如下。

第一章：阐释天主教为世界万邦所共同尊奉的"真教"。

第二章：论无极为万物之始，并以宇宙万物之程序、因果关系，以及信奉之一般性，来论证天主之存在。

第三章：通过宇宙间无极之善，人类可以认识到天主的存在。

第四章：论述地理学的常识，并附六帧示意图，主要用来矫正中国人"天圆地方"的概念。

第五章：论述地球万物的生存状态。

第六章：论述地球上之植物以及植物与人类之间的依存关系。

第七章：论自然界禽兽的生存状态，并阐释人类为万物之灵。

第八章：论禽兽觅食的方式，以及生物链的事实存在。

第九章：论世间禽兽为了适应环境，甚至能用"药物"来"自愈"，以求生存。人类也曾从动物的求生之道中有所借鉴。

《辩正教真传实录》的前三章主要是以自然理性来阐释基督教教义的根本理论，即作为万物之主的天主的存在。后六章则通过西方当时的天文学、地理学和生物学的知识，以佐证自然律及天主之存在。所以法国学者梅谦立称《辩正教真传实录》是第一本用中文写作的自然神学著作。[①]

《辩正教真传实录》一书最大的特点就是在论述天主的本性的同时，又用相当的篇幅来介绍西方在科学技术方面的成果，因此该书由此又成为世界上第一部用中文写作的介绍西方科学与技术知识的著作。

在该书中，高母羡为了矫正中国人的"天圆地方"说，遂举一例，海上的行船，之所以看不到远处岸边的山峰，就是因为海表面呈现的是弧状，而并非一个"平面"。他进而出示了一示意图，并提出如果大地是"平面"的，那么一个人从百里以外为什么看不到远处山上的火堆？一个人站在高楼之上，为什么同样看不到远处山顶上的火？由此可见大地不是一个"平面"而是呈圆形，即"天方"而"地圆"。（31e——此为该书之页码，下同）

---

① ［意］利玛窦：《天主实义今注》，［法］梅谦立注，谭杰校勘，商务印书馆2014年版，第23—24页。

高母羡手绘"地圆说"示意图

高母羡认为中国人还缺乏世界舆地知识，比如地球的温度与人类居住的关系。所以他通过示意图介绍说，人类居住的地球，根据温度的变化，可划分为"六（五）区"①：南北两极，气温寒冷，不宜人居；南北"温带"，气候适于人类居住，所以"万邦集焉"；地球的中间是为"热带"，天气炎热，人民稠居。高母羡把"大明国"划为跨越"温带"和"热带"的一个大帝国。（31d）

在天文学方面，高母羡特别介绍了"月食"的成因。尽管中国人在历史上曾对人类天文学的研究有过卓越的贡献，但在"月食"的成因方面，一直没有得出科学的结论。所以西方来华传教士一直把向中

---

① 在高母羡时代尚把"五带"称为"六区"。参见潘贝颀《高母羡〈辩正教真传实录〉初步诠释》，王晓朝、杨熙楠主编《信仰与社会》，广西师范大学出版社 2006 年版，第153—173 页。

国知识界介绍"月食"的成因，当作显示西方科学知识的优越性的重要例证。

为此，高母羡也通过一示意图来说明"月食"的成因。为达此目的，在示意图的右上角，高母羡首先画一方形图，通过三组图形说明"光"与"影像"的关系。即"烛光"照射在"圆球"上，则在墙面上出现"球状"影像；当"烛光"照射在"三角形"物体上，则在墙面上出现了"三角形"影像；当烛光照在"正方形"物体上，则在墙面上出现了"正方形"的图像。

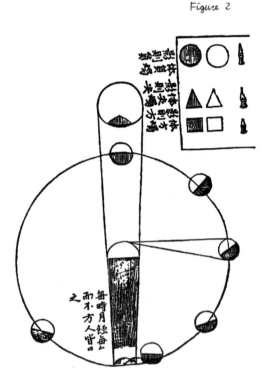

高母羡手绘月食成因示意图

在上述介绍"光"与"影像"相关关系的基础上，高母羡通过太阳光线照到地球上，然后地球的光影则映在月球上，由此解释了"月食"的成因。(31e)

在生物学方面，高母羡介绍了生物的多样性和生物链的事实存在。他的出发点，即是证明"古所云，天地性人为贵。物为贱"（61a）。但在生物链中，即使是高贵的人，为了生存往往也要从"低贱"的动物那里有所借鉴。高母羡举例说，有人见一燕子妈妈为了给患眼疾、双眼不能睁开的雏燕寻找药材，于是它飞出了燕窝。不久，燕子妈妈口中叼一节小草棍飞了回来，然后用这节草棍搽拭小雏燕的双眼，结果小雏燕睁开了双眼。人们由此得知，这种叫作"西理罗仔"（celidonia）的草，是可以医疗眼疾的。（59b）

高母羡阐释说，万物之间有一种均衡的关系。为了达到这种均衡的目的，生物有种自我控制生育的功能。他举例说，老虎一般一年只生一胎，蝎子刚出生就把生母吃掉，由此达到了物种数量的均衡。高母羡实际上是通过物种数量的均衡，来说明"禽兽万般皆天主之化生不穷矣"。（56b）

高母羡为了说明生物群体之间相生相克的关系，于是他举出一系列生动的故事：

> 鲟与蚶都是海生动物。鲟一时感到饥饿，想吃蚶的肉。于是开始寻食。当太阳出来后，蚶一张开嘴，鲟则趁机将一石块儿投入蚶的嘴中，蚶则合不拢嘴，鲟趁机吞下了蚶肉。可见鲟较之蚶更有智慧。
>
> 山上有一狐狸来到海边，欲吃水下的鲟。于是它将尾巴沉入水中。鲟不假思索地咬住狐狸的尾巴，而狐狸迅速将尾巴甩到岸上。鲟无法逃生，遂被狐狸吃掉。可见鲟智力高于蚶，而不若狐狸。
>
> 狐狸被虼蚤叮咬得无法忍耐，于是沉到水下，想摆脱虼蚤的缠身，并口中叼一树枝，这样虼蚤都爬到树枝上，此时狐狸吐掉树枝，于是树枝顺流而下，附在树枝上的虼蚤就都淹死了。

Figure 4

鲟与蚶斗智插图（但图中的鲟画成了蟹）

此为狐狸与鲟斗智插图

山上有一威猛之虎想吃猴子的肉。然而猴子极为灵巧，难以捕捉。于是老虎设一计，倒地诈死。有一猴想试探老虎是否真死。此时老虎一改威猛形象，静静趴在地上，不动声色。它是想诱使更多的猴子来到它的身边。那只猴子以为老虎真的死了，于是群猴都来到老虎的近前，看它的死相。老虎感到猴子已中计，于是原形毕露，用爪将猴子扑倒，用利齿将他们撕咬，猴子全部被猎杀。（53b）

可见在生物界，动物的智巧是良莠不齐的。何以如此？高母羡答道："然非天主之所以植其性牖其里曷致然乎？"（54b）

总之，在《辩正教真传实录》的后六章中，高母羡介绍宇宙万物的生存状态以及相互之间的制约、相生和相克的关系，都在于指出，所有这些现象的"并存"，都是在冥冥之中有一至高无上的天主在发挥作用，即："实则天主运用之机，使之而然也，否则不然矣。何异于持笔写字之贤士。笔不能自持，乃其得心应手者能知也。故天主之操持掌握万物，其持笔之士乎？"至此，高母羡推理，整个宇宙实际上都是由天主"发纵指示"的结果，所以人类应赞美："甚美哉天主之功用，大且至也已。"（52b—53a）

《辩正教真传实录》一书于 1593 年在马尼拉华人聚居区"涧内"刊刻。由于该书出版年代久远，直至 20 世纪 40 年代以后，该书才有三种版本陆续被发现。第一种《辩正教真传实录》版本，是 1593 年用西班牙文和塔加拉（Tagala）文刻印的，现珍藏在美国国会图书馆，于 1942 年被发现。第二种《辩正教真传实录》版本，系用中文在马尼拉刊刻，原书虽没有注明出版年代，但据研究，大概也为 1593 年刊刻。该版本珍藏于梵蒂冈图书馆，1948 年被发现后，于 1951 年由赫苏斯·伽约（Jesus Gayo，O. P.）影印。第三种《辩正教真传实录》，也系用中文刊刻，于 1958 年在马德里国家图书馆被发现。

1986 年恰值多明我会进入菲律宾宣教 400 周年，第三种版本的

《辩正教真传实录》借此机会在菲岛影印发行，并于每段落中文正文之旁侧，附有相应的西班牙文和英文的译文。正文之前有菲德尔·维亚罗埃尔（Fidel Villarroel，O. P. ）所写的长篇导论。① 目前广为阅读和研究的，主要是这个版本的《辩正教真传实录》。② 我国台湾学者潘贝欣认为，该书代表着高母羡一生对基督宗教思想和中国文化融合的努力成果及思想结晶。这是客观的评价。③

此外，高母羡还写有《中国书信》（Carta de China）。这是高母羡写给远在危地马拉的昔日同会的会友的信函，内中介绍了菲律宾和中国的概况。④

2. 未完成的宏愿

综上所述，可以看到，高母羡用中文撰写《天主教教义》，将《明心宝鉴》译成西班牙文，以及最后又用中文写出《辩正教真传实录》一书，这三个步骤完整地体现了沙勿略所倡导的"适应"策略的主导精神。事实上，高母羡已把"涧内"当作他日后在中国大规模开展基督教宣教活动的一个实验基地。

1592 年高母羡奉命出使日本，归途中在我国台湾海域遇难。他在菲岛华人中所进行的宣教实验没能继续在中国本土实施，以创建出更恢宏的救世功业。高母羡的历史功绩则主要体现在促进东西方两种异质文明的交流上。

至此，本节以《辩正教真传实录》卷末高母羡的《短跋》为结束语，从中可以看到他所怀抱的宏愿。

---

① 在本书中所使用的 ［西］菲德尔·维亚罗埃尔编辑的《辩正教真传实录》（Fidel Villarroel，O. P. ed. ，*Apología de la verdadera religión*），系马尼拉 1986 年版的复印件，为格拉纳达大学雷林克所赠送。在此特致感谢。

② ［西］菲德尔·维亚罗埃尔编辑：《辩正教真传实录》（Fidel Villarroel，O. P. ed. ，*Apología de la verdadera religión*），马尼拉圣托马斯大学出版社 1986 年版，第 1 页。

③ 潘贝顾：《高母羡〈辩正教真传实录〉初步诠释》，王晓朝、杨熙楠主编《信仰与社会》，广西师范大学出版社 2006 年版，第 153—173 页。

④ ［西］菲德尔·维亚罗埃尔编辑：《辩正教真传实录》（Fidel Villarroel，O. P. ed. ，*Apología de la verdadera religión*），马尼拉圣托马斯大学出版社 1986 年版，第 12、13 页。

夫天主之说，传之者久，而无能得其旨趋真传者。本庙僧羡遵述古典，辨析唐字，校正数章，梓以广传焉。冀从教者深习此书之旨，率由中正之道，如拨云雾而见青天，剪荆棘而由大路矣。但聊述几篇，余功未完，适奉倭国度之役，候来年再加详尽编撰。窃附为实录全章，姑著此以为首引。(62)

第六节　庞迪我：融入中国社会的"西儒"

在晚明来华的西班牙传教士中，真正融入中国社会并被中国知识界以"西儒"相待的只有耶稣会士庞迪我（Diego de Pantoja，1571—1618）。他始终遵循他的先辈沙勿略所倡导的在东方传教过程中协调不同文明之间的价值取向，以达到传播基督教信仰这一最终目标的策略思想，也即"适应"策略。

1597 年来华后，他身着丝袍方巾的儒服，谙熟汉语，攻读儒家典籍，在中国知识阶层中做着"合儒""补儒"的工作，以期对他们施加影响，最后达到"超儒"的目的。他还通过介绍西方天文学、数学和世界舆地学等方面的知识，来突出自己的学术地位，以博得一些中国知识分子对他的尊重。在这一过程中，他也通过自己的书信和著作向欧洲传达了有关中国的信息，加深了西方世界对中国的认识和了解。也就是说，尽管庞迪我来华实则是出自宗教的目的，但是在实践的过程中却慢慢地淡化了宗教的色彩，而凸显了东西方文化交流的作用，并最终成为东西方文化交流的先驱。

一　为获取在华传教权而奋斗

西班牙耶稣会士庞迪我在我国历史文献中又作庞迪峨或庞迪裁，字顺阳，1571 年 4 月 24 日出生在马德里附近的巴尔德莫罗（Valdemoro）。

东西方文化交流先驱庞迪我故乡
巴尔德莫罗的大教堂

教堂外墙上镶嵌有纪念石牌，上刻铭文：

> 在耶稣会士、汉学家庞迪我神甫诞生 400 周年（1571—
> 1971）之际，巴尔德莫罗人民对他表示纪念。
>
> 巴尔德莫罗
>
> 1971 年 4 月 24 日

受耶稣会运动蓬勃发展的影响，庞迪我于 18 岁前往托莱多加入了耶稣会，并在修道院中受到过严格的教育和训练。1596 年他与意大利耶稣会士龙华民（Nicolas Longobardi，1559—1654）一道被派往东方传教，1597 年抵达澳门。

庞迪我原来被指定前往日本传教。但当时主持东方教务的范礼安神甫考虑到利玛窦在华传教业已取得相当的进展，并准备携带西方珍稀礼品前往北京，以争取万历皇帝允诺西方传教士在华传教的自由，因此正急需助手。于是范礼安神甫决定派庞迪我到中国去传教。

1599 年年底，庞迪我随意大利耶稣会士郭居静（Lazare Catta-neo，1560—1640）神甫潜入中国内陆，并于 1600 年年初在南京与利玛窦相会合。同年 5 月 18 日，庞迪我与利玛窦、钟鸣仁和游文辉等沿运河北上，就此开始了为获取在华传教权而奋斗的历程。

Fotocopia de varias partidas de bautismo entre las que se encuentra la de Diego de Pantoja, fechada el 24 de abril de 1571.

庞迪我出生证明书[①]

1601 年 1 月 24 日，庞迪我一行到达北京。第二天他们将呈献给万历皇帝的礼品运进宫中。

在当时的历史条件下，明廷严格禁止外国人入境。外邦人要想达到进入北京的目的，可供谋划的方略只有两种：一是向明王朝直接派遣使节；二是借助向中国皇帝呈奉西方珍稀礼品的机会进入北京，再图谋获取传教权。事实上，在庞迪我之前西方国家向中国派遣使节的努力已均告失败。因此，在上述历史时期向中国皇帝呈奉礼品以获取传教权成为西方传教士进京的唯一途径。为此，在向中国皇帝敬奉什么样的礼品这一问题上，西方传教士也进行了认真的思考。据庞迪我

---

① 此件系由北京外国语大学客座教授、葡萄牙历史科学院院士金国平提供，特此鸣谢。

1602 年 3 月 9 日致古斯曼（Luis de Gusman，1546—1605）主教的长信中所说，有鉴于中华帝国地大物博，财富无尽，所以选择礼品的标准不在于礼品本身的价值，而在于礼品的新奇性。像呈献给万历皇帝的"三棱镜"被放在一个由日本能工巧匠制作的匣子中，被中国人视为珍宝。然而，这个匣子的价格是"三棱镜"价格的 20 倍。① 而事后证明，利用西方新奇物品博得中国皇帝的好感，是获取在京传教权的重要手段。

在庞迪我一行呈奉给万历皇帝的礼品中，有两座"自鸣钟"。据庞迪我在写给古斯曼主教的长信中记述，其中较大的那座"自鸣钟"放在一个大钟盒内，上面雕刻着金龙，这是由西班牙技师精心制作的。另一座小些的"自鸣钟"，是纯金制作，出自西班牙宫廷最杰出匠人之手。这两座"自鸣钟"上都用汉字标明时间并撰写铭文。万历皇帝对"自鸣钟"颇感兴趣，视为天下奇物。然而 8 天后，自鸣钟停转。皇上惊愕之余即令太监田尔耕向利玛窦问究原因。在利玛窦向他们说明"自鸣钟"停转的原委后，万历皇帝遂派 4 名钦天监的太监向利玛窦与庞迪我学习自鸣钟的调适方法。于是利、庞两位神甫得以进驻钦天监，一连三日三夜，教导 4 名太监给自鸣钟上弦的"秘密"。②

此外，万历皇帝很想知道欧洲宫殿的式样。在庞迪我随身带来的礼品中，恰有一幅以西班牙埃尔埃斯克利阿尔之圣劳伦索宫（San Lorenzo del Escorial）为题材的铜版画。该宫位于马德里西北部，建于 1559—1584 年。这是一个包括希腊十字架式大教堂、陵墓、修道院、神学院、图书馆和宫殿等部分的建筑群。主建筑大教堂最高点达 9.5 米，四周有 16 座大门和 1100 扇窗子，气势雄伟，为那一时代具有代表性的建筑。整个圣劳伦索宫布局呈炉算状。因为劳伦索于公元

---

① ［西］庞迪我：《关于几位耶稣会神父进入中国后在该国所见所闻纪要》（Diego de Pantoja, *Relación de la Entrada de Algunos Padres de la Compañia de Jesús en la China y particulares sucesorses que tuvieron y de cosas notables que vieron en el mismo reino*），塞维利亚阿隆索·罗德里格兹·卡马拉出版社 1605 年版，第 14 页。（下文简称"庞迪我：《书信》"）

② 罗光：《利玛窦传》，（中国）台湾光启出版社 1982 年版，第 119 页。

258 年在罗马被瓦勒瑞安皇帝（253—260 年在位）处死时，就是在炉算上被焚殉教的。除这幅铜版画以外，利玛窦还将一幅威尼斯圣马可广场的版画一并呈献给中国皇帝。①

万历皇帝还想知道西方皇帝的丧葬礼仪。庞迪我当即将刚刚收到的西班牙国王菲利浦二世的殡葬图呈示给太监，并让他们转告万历皇帝，西班牙国王死后要安放在一个铅制的棺中，而不像中国那样选用上等木料做棺木。用铅棺可达到长期保存尸体的目的。西班牙有专门纪念已故国王的教堂，装有国王尸体的铅棺移到教堂后，再封存在石砌的墓穴里。事实上，前面提到的圣劳伦索宫中，就设有专门安葬已故王族的墓室。②

再有，在呈奉给万历皇帝的礼物中，还有一幅怀抱圣婴的圣母像。据利玛窦记叙，圣母"怀抱婴儿耶稣，施洗者约翰虔诚礼拜地跪在他们面前。这幅在西班牙绘成的画像，形象美丽，赏心悦目，因为它熟练地调用本色，人物栩栩如生"。与该画同时呈进给万历皇帝的，还有一幅圣卢卡所绘制的圣母像和基督画像。庞迪我指出，这三幅画都是油画，而且是精品。后来，万历皇帝将怀抱圣婴的圣母画像送给了他的母亲慈圣皇太后。③

在呈献给万历皇帝的礼品中还有一架欧洲的"古翼琴"。万历皇帝很想领略西洋琴的韵味，于是令平日为他奏乐的 4 名太监向利玛窦、庞迪我请教"古翼琴"的弹奏方法。

北上之前，利玛窦已预见到有给中国皇帝演奏"古翼琴"这种可能性。于是在他的建议下，庞迪我已向精于演奏此琴的郭居静神甫学会了奏琴的技法。庞迪我此时恰好有机会利用他这一技之长了。他每天到皇宫教授 4 个太监演奏"古翼琴"的方法。这 4 个太监能否学会这种弹琴的技巧并博得皇上的欢心，将决定他们未来的命运。因此，

① ［西］庞迪我：《书信》，第 35 页。
② 同上书，第 36 页。
③ 同上书，第 13—14 页。

这4个太监对庞迪我表示了极大的尊重，学琴的过程持续了一个多月。①

　　庞迪我深入宫中教授太监弹琴的过程一方面加深了他对中国宫廷生活的了解，另一方面使利玛窦有充足的时间去结交京城的达官贵人，争取他们的同情和支持。更重要的是，当太监们成功地在万历皇帝面前演奏西洋琴的时候，无形中拉近了万历皇帝与传教士之间的距离。再加上其他西方新奇礼物的作用和一些士大夫的说项，万历皇帝终于给予了利玛窦和庞迪我"觐见"的殊荣，尤其是他们从万历皇帝处获得了在北京的居留权以及按月收到官府"津贴"的优惠，这使利玛窦和庞迪我终于有了在京城传教的可能性。

1997 年为庞迪我来华 400 周年，笔者著
《庞迪我与中国》一书以资纪念

---

　　① ［意］利玛窦、金尼阁：《利玛窦中国札记》下册，何高济等译，中华书局 1983 年版，第 408 页。

> 682 　　Relacion de las
>
> o fortalezas de mucha poblacion, mas vnas y otras muradas. Ninguna poblacion està ni de las que no tienen muros, que son mucho mas. Los rios se distinguen bien. Vnas lineas mas gruessas son los terminos de las prouincias: otras delgadas y de pequeño circuyto, son las jurisdiciones de vna ciudad mas principal. Imprimimos acà otro Mapa de todo el mundo a nuestro modo con letras Chinas, el qual por no tener tiempo para declarar las letras, no embio hasta otro año, si nuestro Señor nos da vida. Otros muchos papeles embio, para que vs. Rs. vean como son las letras destos Chinas, y que caracteres andamos metiendo en la cabeça. De Paquin, y de Março nueue, de mil y seyscientos y dos años.
>
> De vs. Rs. sieruo indigno en Christo,
>
> Diego de Pantoja.

此为庞迪我所著《关于几位耶稣会神父进入中
国后在该国所见所闻纪要》一书之末页书影

二　传播西方科学知识的功绩

历史上，我国古代天文学曾取得举世瞩目的辉煌成果，在历法的编制上也有突出的特点。但随着时间的推移，历法总要不断地进行修改。万历年间发生十余次日食，钦天监的预报误差甚大。这种对天文现象的推算失误，说明用更先进的科学方法来观测天象和修订历法迫在眉睫。

利玛窦和庞迪我来华后，立即发现中国在天文观测方面已经落后于西方国家。其根本原因在于中国文人把全部的热情都放在攻读古代的典籍上。庞迪我来华后便发现中国知识界的这一通病。在致古斯曼主教的长信中，庞迪我即指出："他们不知道，也不学习任何科学、数学和哲学，除修辞以外，他们没有任何真正的科学知识。他们学问的内容和他们作为'学者'的身份根本不相符合。"①所以无论利玛窦或者庞迪我都把向中国的知识分子先进一翼传播西方天文学、数学和舆地学知识当作提高他们西方人的社会地位的重要手段，而且他们很快赢得了声望。

在西班牙来华传教士中，庞迪我几乎可以说是唯一的一位具有渊博的科学知识，并在向中国介绍西方科学知识方面卓有贡献的传教士。

万历二十八年（1610）钦天监再次误测日食，并引起皇帝的震怒。在此情形下，促使明廷主管天文历法的官吏如周子愚等萌发了请西方传教士参与改历的想法。当时利玛窦已经故去。在京都最有名望的传教士就是庞迪我。在这种历史背景下，庞迪我成为西方传教士参与中国历法修订的先行者。庞迪我曾对从广州直至北京的各大城市的纬度进行过测量。因此可以说，庞迪我不仅在介绍西方天文、历法知识方面是位先驱者，而且在将欧洲的实勘精神以及测量经纬度的科学方法引进我国方面，他也确实起到了一种开其先河的作用。

利玛窦来华后，经常制作日晷分送给士大夫等友人，并博得他们的好感。庞迪我也长于此道。他曾用象牙精心制作两个日晷敬呈给万历皇帝："象牙时刻晷二具，或看日，或看月、看星，皆可测之时刻。臣等学道余闲，频习历法，二物系臣等制造，谨附进御前，以为皇上宵衣旰食之一助。"②此外，在利玛窦病故后，为了从皇帝处为利玛窦申请一块墓地，庞迪我在士大夫之间展开了频繁的游说活动。其中，赠送日晷成了他的重要交际手段："他制作了好几份雕刻，用一块象牙同时精美地雕上日、月、星辰图。神父们的贫穷使他不能使用更贵重的材料，但是象牙雕刻很新颖，惹人喜爱，并且大臣们都愿意学会看星象图，这使神父们得以进入他们的宅院和书房。这类访问使他们

在大臣中享有很高的威望，而且使他们有机会及时完成他们的事业。"①庞迪我把推广、传播西方天文学方面的成就与扩大他们在中国的社会影响紧密地结合在一起，而且双双取得了成效。

然而日晷并不仅仅是一件可以"报时"的器物，事实上，"日晷"还是天文学观测中的一个重要仪器。由庞迪我口述，由我国明代科学家和军事家孙元化笔授的《日晷图法》一书由于将西方地平式日晷的技术和理论传入我国，从而为中西科学技术的交流做出了贡献。

《日晷图法》一书抄本多年来一直深藏在《经武秘要》这一丛书之中，因此长久以来，该书一直未纳入我国科学技术史的研究视野之中。

直至近年，《日晷图法》的抄本为中国军事博物馆李斌率先从上述丛书中发现，由此《日晷图法》这一抄本才逐渐传播开来，既为庞迪我在推动中西科学交流中的重要贡献提供了新的证据，更使《日晷图法》的研究成为我国天文史研究中的一个新热点。

尤其是我国学者许杰、石云里就庞迪我与孙元化合写的《日晷图法》与明清时期其他一些有关日晷著作之间的渊源关系进行了探讨，并由此得出一些重要的结论，即明清之际陆仲玉《日月星晷式》抄本的第一部分"日晷图法"的主要内容，系摘抄自庞迪我与孙元化合作的《日晷图法》一书；汤若望与朱确布合写的那部《日晷图法》被证明仅是对庞迪我与孙元化合作的《日晷图法》一书的分卷整理；至于徐朝俊的《日晷图法》，其源头也为庞迪我与孙元化合作的《日晷图法》一书。因此可以说，庞迪我与孙元化合作的《日晷图法》一书应当是现存最早的向我国介绍西方制作日晷技术的著作并对西方日晷的制作技术在中国的流传与发展也曾起到相当重要的启示作用。同时，庞迪我与孙元化合作的《日晷图法》一书，对于制作日晷的相关的几何知识和仪器，也都曾做过较为详尽的介绍。

---

① ［意］利玛窦、金尼阁：《利玛窦中国札记》下册，何高济等译，中华书局1983年版，第628页。

庞迪我与孙元化合作的《日晷图法》一书，在其"北极出地度数"一节中，记载了中国当时十五省的"北极出地度数"，这些数据与历法的修订息息相关。而庞迪我测量中国"北极出地度数"的实勘工作是在1612年以前进行的。这也正是我国正在酝酿请庞迪我参与历法修改的重要节点。因此庞迪我与孙元化合作的《日晷图法》的写作应当放到中国修历的大背景下来评价它的历史意义。

偏晷三式作法

此偏晷湾一，即併得四也。试如依京都北极出地四十度，作向南偏东三十度晷，如第一式元圆。若转之，令其左时在右，如左亨圆，则湾向南偏西三十度晷。但向南偏东晷，人面北视之，自午线向表线诸时线，皆午前时线，如已辰等。面南偏西晷午线面表线、诸时线，皆午後时线。若向南偏东三十度晷如元，其其上者转而向下左者，反而在右如视圆，即湾。而北偏西三十度晷，人面南视之，则従子线向表线诸时线，皆子前线也。若向南偏西三十度晷，如亨圆，如其上转作下，左反作右，如贞圆，即得向北偏东三十度晷也。其午线皆改作子，自子向表线诸时线，皆子後线也。若先得向向南偏西，或向北偏东，依此法交转之，亦如前併得四也。

四圆地平线，分属日夜两晷。其地平以下，皆日晷也，以工即夜晷也。其向北偏晷，夏时皆有景也。

東西向上向下晷作法

三卷所作向東西晷，其盘晷之面正向東西而直立與地平作直角，而此之東西而偏上下者，向地平僅俯而與地平成锐角。其上面向天，下面向地，故名曰東西向上向下晷。凡東西向上面偏同，與向西向面偏向下而偏同，與向北向面偏其不同者，特数法耳。

向南北偏東西者，爲左右偏于天顶圆上下晷者，爲上下偏于地平，故向南北偏晷，量其偏于天顶之度而此之量其向地平偏度，若東面向上，如上圆式。東南向下，即東偏晷第一式乍弗丈圆，従弗右向丙，量所偏俯度。若東面向上，西南向下，即如前従東向丁量所偏度也。

220

这一《日晷图法》书影引自暨南大学澳门史地研究
中心叶农点校之《耶稣会士庞迪我文集》

事实上，就在庞迪我与孙元化合作进行《日晷图法》写作的年代，徐光启对于日晷在天文观测中的作用也是十分重视的，并写有《日晷图说》一书。上述历史时期我国学者像徐光启和孙元化等之所以不约而同地重视日晷的研究并与西方传教士合作，是与他们亟欲扩大我国天文学研究范畴这一科学思想直接相关的。在历史上，希腊天文学是几何性质的，与之相关，发展了球面三角术；中国的天文学则是算术和代数性质的，与之配合的是创造了"招差术"这一代数方法。因此黄道和地平坐标系统仪器在中国久久不被重视。事实上，这也和中国在传统上几何学基础较弱是分不开的。对西方地平式日晷的介绍，可以说把西欧重视几何传统的优势带到了中国，弥补了我国天文学中的薄弱环节。①《日晷图法》的撰写既是庞迪我对我国天文学的贡献，也是我国学者如徐光启、孙元化等在科学研究中的明智性和开放性的突出表现。

庞迪我在数学方面同样有很高的造诣。众所周知，利玛窦曾与中国大科学家徐光启合作将《几何原本》译成中文。利玛窦故去后，当1611年徐光启决定增订《几何原本》时，便邀请庞迪我与意大利耶稣会士熊三拔（Sabbathin de Ursis，1575—1620）二人相助。这就说明，在向中国介绍西方数学成果方面，庞迪我也是有建树的。②

庞迪我还曾将西方提炼药物的方法介绍到我国。徐光启在家书中记叙："庞先生教我西国用药法，具不用渣滓。采取诸药鲜者，如作蔷薇露法，收取露，服之神效，此法甚有理，所服者皆药之精英，能透入脏腑肌骨间也。"③

总之，庞迪我在向中国介绍西方科学知识方面做出了一定的贡献。

三　打开加强东西方世界相互了解的窗口

地理大发现既为东西文化交流打通了渠道，也刺激了东西方两个世界相互了解的愿望。庞迪我为此做了不少有益的工作。

首先，庞迪我通过我们多次摘引的致古斯曼主教的长信，向欧洲

---

① 薄树人编：《中国传统科技文化探胜》，科学出版社1992年版，第Ⅰ—Ⅲ页。
② 王重民辑校：《徐光启集》上册，上海古籍出版社1984年版，第79页。
③ 王重民辑校：《徐光启集》下册，上海古籍出版社1984年版，第488页。

较全面地介绍了中国的概况。该长信可分为七个部分。第一部分，主要讲述庞迪我秘密潜入中国，在南京与利玛窦会合后，历尽艰辛终于到达北京的历程。第二部分，记述了庞迪我与利玛窦如何通过向万历皇帝敬献礼品，而最终获得了在北京的居留权。第三部分，描述了中国的地理方位、四邻以及行政区划和城乡的概貌。第四部分，主要介绍中国的币制、服饰、贸易、国民财富、知识界、婚姻和礼仪，即介绍了中国的社会百态。第五部分，论及中国的兵制和武器、士气、社会等级、特权和知识界所享有的荣誉以及中国书刊、绘画等概况。第六部分，概述了中国政府的组成、官职和司法诉讼。第七部分，评论了中国妇女的社会地位并披露了一些宫廷秘闻。

庞迪我这封致古斯曼主教的长信有以下几点特别值得重视。

其一，他指出，当时欧洲通用的地图和地理书籍，都把北京的具体方位定为北纬 50 度。经他用星盘两次实勘，认定北京地处北纬 40 度。

确定北京的正确纬度在那一时代是一个重要的科学成果。① 这是因为在庞迪我在北京的时代，西方学者一直认为，在中国北部还有一个叫作"契丹"或"震旦"（Cathay）的国家。庞迪我经实测则证明，所谓的"契丹"或"震旦"，实际上就是中国的另一称谓；而汗八里（Cambalu）就是北京。

众所周知，自马可·波罗时代以来，西方人一直在猜测"契丹"或"震旦"与"中国"是否是同一个国家。前面我们曾论及西班牙奥古斯丁会修士马丁·德拉达 1575 年访问福建后曾写有《中国纪行》一书。该著作开宗明义即指出，"契丹"或"震旦"实际上是"中国"或"中华"的别名，按朝代，亦称作"大明"。这是马丁·德拉达对世界地理学研究的重大贡献。然而马丁·德拉达并没有对这一结论做出科学的、使人信服的实证。庞迪我则不然，他不仅通过实测证明"契丹"或"震旦"实际上就是"中国"，还从他在北京的一段经历，

---

① ［西］庞迪我：《书信》，第 56 页。

从旁证明了"契丹"或"震旦"即是"中国"。

1601 年庞迪我与利玛窦因中国政界的内部分歧而受到牵连，一时被关押在"会同馆"中。在会同馆里，他们遇到两支来自西方的商队。他们都是按明朝的规定，每 5 年一次从陆路来北京纳贡的。庞迪我和利玛窦借机向这些朝贡者询问一些他们路途上的见闻。当问他们，在他们自己的国家如何称呼这个他们正在向其朝贡的国家时，两支商队的人都回答说，叫"契丹"。而且他们说，除了他们自己的国家以外，所有的莫卧儿王朝统辖的国家、波斯和其他各国都称中国为"契丹"，而没有别的称呼。当庞迪我和利玛窦进一步问这些朝贡的商人，如何称呼他们当时所在的这座都城时，这两支商队的人都回答说"汗八里"。

由此，庞迪我和利玛窦终于确信，所谓的"契丹"就是"中国"；"汗八里"就是"北京"。[①]

事实上，庞迪我在离开印度前往澳门的途中，他已经注意到，各种有关"契丹"的传闻与他以前所获得的有关中国的信息，两者就其内容来看是十分接近的。所以他已然倾向于认定"契丹"与"中国"为同一国家。及至在北京会同馆中，从来自西部的商旅那里进一步得到印证后，他立即写信告诉古斯曼主教这一世界地理学上的新发现。

当庞迪我通过致古斯曼主教的长信向欧洲通报"契丹"即是中国这一重要结论时，利玛窦也及时向在印度宣教的耶稣会士通报了上述信息。当时，在莫卧儿王朝宫廷中传教的耶稣会士并不相信利玛窦和庞迪我的论断。

同一时期，任莫卧儿王朝宫廷耶稣会传教团团长的正是方济各·沙勿略的侄孙哲罗姆·沙勿略（Jerome Xavier，1549—1617）。他在伴随莫卧儿君王在印度各地视察时，不断听说从陆路可以通达马可·波罗笔下所描述的"契丹"和雪域高原西藏。而且据传，上述两地居民多信仰基督教。因此他更坚信"契丹"与"中国"根本就是两

---

① ［西］庞迪我：《书信》，第 58、59 页。

个不同的国家。如果从莫卧儿通过陆路能到达"契丹"和西藏，那么在西方国家海上争霸日甚一日的情况下，等于为西班牙寻找到一条路程短、危险性小、可以与富饶无比的"契丹"相沟通的捷径。如果那里的居民果真信奉基督教，那么又可在西班牙与"契丹"之间建立起以一致信仰为基础的联盟。所以哲罗姆·沙勿略联手视察员皮门塔（Nicbolas Pimenta）于1599年便已向教宗和西班牙国王菲利浦三世（Felipe Ⅲ，1578—1621）做了汇报，表明他们欲派出传教士寻找通往"契丹"和西藏的道路。

菲利浦三世对哲罗姆·沙勿略提出的计划表示了坚定的支持。于是皮门塔不顾利玛窦与庞迪我对于"契丹"即是中国的论证，于1603年仍派葡萄牙籍耶稣会士鄂本笃（Bento de Goes，1562—1607）率队从陆路去探寻通往"契丹"的道路。

在途中，鄂本笃与在北京会同馆中曾与利玛窦和庞迪我相识的商人们不期而遇。这些商人讲述了利玛窦和庞迪我在北京的各种经历，又向鄂本笃出示了他们保留在身边的北京神甫们用葡萄牙文写的字条。由此，鄂本笃既相信这些商人在北京曾和利玛窦、庞迪我相聚过，也更确信，"契丹只不过是中国的另一名字，而撒拉逊人称为汗八里的那个首都就是北京城"。

同年年底，鄂本笃一行到达嘉峪关，见到了长城，并在行抵肃州后暂时休整。在肃州，通过与中国人的接触和交往，鄂本笃最终打消了他对"契丹"和"中国"除了名字之外完全是同一个地方这一点所抱的任何怀疑。①

在北京，利玛窦和庞迪我从印度耶稣会监督的来信中得知，鄂本笃已从拉合尔出发寻找前往"契丹"的道路。1606年11月，利玛窦和庞迪我终于收到鄂本笃托人转来的信，说他已到达肃州，于是利玛窦派钟鸣礼修士到肃州去迎接鄂本笃。

---

① ［意］利玛窦、金尼阁：《利玛窦中国札记》下册，何高济等译，中华书局1983年版，第558页。

钟鸣礼 1606 年 12 月从北京出发,历经 4 个月的旅程抵达肃州。当钟鸣礼见到鄂本笃时,后者已患重病,11 天后病逝。鄂本笃是地理大发现以后第一个通过陆路到达中国的西方传教士。他的这次历险,通过实地考察再次证明"契丹"即是"中国"。

钟鸣礼返回北京后,将鄂本笃全部历险和他所得出的"契丹"即"中国"的结论,一一向利玛窦做了报告,其后由利玛窦写入了《利玛窦中国札记》中。从此,"契丹"即是"中国"这一历史之谜终于解开。

综上所述,我们可以看到在最终确证"契丹"即是"中国"这一世界地理悬念的过程中,首先是马丁·德拉达作出"契丹"即是"中国"这一科学结论;其次是庞迪我提出了"契丹"即是"中国"的有力证据;尤其是在哲罗姆·沙勿略的倡议下,由菲利浦三世给予坚定支持的,由鄂本笃所实施的从陆路到达中国的旅行,最终从实践中证实了"契丹"就是"中国"。所以在证实"契丹"即"中国"的整个过程中,西班牙人起到相当重要的作用。这里顺便再提及如下一段史实。

在西方传教士寻找通达传说中"信奉基督教"的西藏的过程中,1635 年在莫卧儿王朝效力的西班牙耶稣会士努诺·科勒斯玛(Nuno Coresma)曾率领由 7 人组成的探险小分队做寻找通向西藏之路的实地考察。但实践证明,在雪域高原地带并不存在传说中"信奉基督教"的西藏。相反,当这些基督徒进入藏传佛教盛行的地区后,他们遇到了种种困难。结果考察工作无功而返。西藏自古就是中国领土。西班牙传教士在雪域高原地带的探险活动也是中国与西班牙关系史中的一个部分,而且与探寻通往"契丹"之路发生在同一历史时期,所以我们将科勒斯玛的探险活动附在这一章节里,略做介绍,而不再另辟章节独立论述。①

其二,从马可·波罗时代起,中国在西方人的眼中一直是个既具

---

① 伍昆明:《早期传教士进藏活动史》,中国藏学出版社 1992 年版,第 3、4 章。

有无限的财富，又充满神秘色彩的东方帝国。尤其是紫禁城中的帝王生活内幕更成为谜中之谜。由于明朝统治者严厉禁止外国人入境，因此，能有机会踏上中国大地，亲自观察中国社会的西方人可以说为数极少。据庞迪我记载，当他潜入中国内地时，在广袤的华夏大地上，仅有5名西方传教士，分散在（南昌、南京和韶州）3个会院里。直至万历年间，又只有庞迪我和利玛窦二人能够经常出入紫禁城，甚至享有了"觐见"万历皇帝的殊荣。庞迪我在致古斯曼的长信中，用大量篇幅介绍了中国皇宫的总体结构、皇室的生活、太监的社会地位和作用等宫廷内幕。这些欧洲人闻所未闻的报道，无疑地加深了西方人对中国社会的认识。

特别是庞迪我在上述长信中还将许多刚刚发生在中国宫廷中的事件及时向欧洲做了传达——比如围绕"立皇太子"的宫廷内争——使中国与西方国家之间的距离无形中缩小了。

其三，庞迪我这封长信最主要的价值在于它对中国国情做了较为客观的叙述和评价。在地理大发现的时代，随着东西方文化和物质交流范围的不断扩大，欧洲人迫切要求了解东方世界。一批论述中国国情的著述遂应运而生。但这些著者往往并没有亲身到过中国。为了满足猎奇者的趣味，在他们的笔下，充斥着道听途说的传闻，或者把中国描绘为理想的大同世界，或者执其一端而对中国进行过苛的批评，或者把中国说成一尊不堪一击的泥塑巨人，鼓动西方殖民者对中国发起一场新的十字军远征……而庞迪我由于有机会对中国进行直接的观察，因而在他有关中国的报道中，是十分注意分寸的，或褒或贬，都尽量做到以事实为根据。例如，在谈到对中国的总体印象时，他慨叹中国领土的广袤，若不目睹难以相信。中国的城市雄伟壮观，而且从南京到北京，大小城镇相望，有的城市，走上两三个小时竟还走不出城垣。无论是南京还是北京，其人口均远远超过欧洲城市的人口，约为罗马、里斯本人口的四倍。中国物产丰富，庄稼一般一年两熟，有的地方甚至一年三熟。这些物产足可以保障中国人的日常生活之需。但庞迪我在盛赞中国拥有巨大财富的同时，又用卖儿卖女的残忍事实，说明相当一部分中国人仍生活在贫困之中。庞迪我认为中国人是非常勤劳的，很少有懒惰之辈。中国人对父母的尊重和尽其孝道，给庞迪我留下了深刻印象。但他也批评了部分中国人对鬼神的迷信。特别是对妇女缠足的陋习他更持批评态度。庞迪我很赞赏中国知识分子的苦读精神和他们在国家中所享有的荣誉，但他认为中国的文人缺乏科学知识。他很欣赏中国人在交往中注重礼节，但他又认为繁文缛节过于细密，特别是宴请，一般要花费五六个小时，使人不胜负担。中国庞大、复杂的官僚机构，使庞迪我望而生畏，直至他来中国后一年多的时间里，仍弄不清官职的设置和各职能部门之间盘根错节、层层相属的关系。但庞迪我十分欣赏中国部分官吏恪尽职守的精神，以及为了社稷大业宁愿冒死向皇帝慷慨陈词的勇气。然而他又尖锐地指出，这种忠诚对于一个昏君并无价值。他已注意到在这种官僚体制之下所衍生出来的弊端：官官相护十分普遍，行贿成风。至于中国官吏对人民滥施淫威以及对犯人所施加的酷刑，庞迪我则表示了他的愤怒。在涉及中国的对外政策时，他正确地指出，中国是以睦邻为其政策的出发点的，并不企图征服或奴役其他周边国家，尽管这些国家很小，国力也较弱。他向古斯曼主教阐释说，即使一个地处远方的国家愿意臣服于他们（中国人），他们也不想接受。因为他们认为除了他们自己的国家，其他地方都是洪荒一片，特别是官吏和上层人物是这样认为的。

总之，庞迪我致古斯曼长信这一历史文献，对中国国情做了相当客观的报道，因而在欧洲引起重视并受到欢迎。继1604年该历史文献在巴亚多利德出版后，又相继于1605年在塞维利亚、1606年在巴伦西亚用西班牙文出版。1607年在阿拉斯、雷诺和里昂发行了该文献的法文译本。1607年在罗马，该信的意大利文本问世。1608年，在慕尼黑该信德文版献给了读者，同年拉丁文译本开始在市场上出售。可以这样说，庞迪我这封致古斯曼主教的长信是17世纪《利玛窦中国札记》发表之前，第一部由亲历大半个中国并得以进入紫禁城的欧洲人所写下的最有学术价值的有关中国国情的历史文献。

其四，庞迪我曾接受圣旨绘制《万国地海全图》并为《职方外纪》一书做好了资料上的准备工作。上述成果扩大了中国人的地缘视野，促进了中国人全球观念的形成和发展。

在地理大发现以前，无论东方国家还是西方国家都是在相当有限的地理知识的基础上形成了各自的世界地理概念。就中国来说，华夏所居的"九州"被视为整个世界的中心，而周围则是"四夷"的"方外"之地，所谓"中国者，天下之中也"，"居天地之中者曰中国，居天地之偏者曰四夷"。就欧洲人而言，从古希腊时代起已形成了以地中海为中心的世界地理观：欧、亚、非三大洲皆以地中海为中心，而环绕地中海屹立着的罗马帝国又是地中海世界的中心。即无论在东方的中国还是在西方的欧洲都受地理知识的局限，遂形成了两种以自我为中心的地理观：华夏中心观和欧洲中心观。

地理大发现以后，随着西方殖民主义者对东方国家的入侵，欧洲人的地理知识迅速扩大并开始形成全球性的新概念。晚明，中国外部环境的巨大变化业已引起中国知识分子先进一翼对世界大势的关注。利玛窦和庞迪我来华后已敏锐地察觉到中国知识界意欲认识和了解外部世界的迫切心情，所以在和中国知识阶层的交往中他们已把介绍世界地理知识当作赢得中国文人敬重的重要手段。其中尤以利玛窦绘制的《山海舆地全图》在中国士大夫中的影响最大并曾多次刊刻，流传甚广。

1608年万历皇帝在宫内见到以《山海舆地全图》的彩绘图为基础而再版的《坤舆万国全图》之后，对世界地图产生了兴趣。1612年福建税珰将从一艘外国海船上盘查到的一张写有外国文字的地图，即《万国地海全图》进呈朝廷。

万历皇帝降旨，诏令庞迪我与熊三拔将《万国地海全图》上的欧洲文字译成中文。庞迪我立即绘制了一张全新的《万国地海全图》，并将原图上短缺的"中国图"和"西南方国图"予以补齐。后又将原图上的所有外国文字译成中文，同时在地图的下方还对世界各国的历史与地理概况做了介绍。

庞迪我从万历皇帝降旨让他将《万国地海全图》上的外文译成中文一事，感到万历皇帝本人很可能对中国以外的世界产生了兴趣，因此他决定利用绘制世界地图的机会再为皇上献上一部世界地理概述，这既能迎合万历皇帝的心理需要，同时也可突出西方世界在中国皇帝心目中的地位，尤其可以借机渗透一些有关基督教的介绍，以达到暗中影响中国皇帝的信仰的目的。所以在绘完《万国地海全图》之后，庞迪我又在其《奉旨再进新译图说奏疏》中，一方面告诉万历皇帝，他已经译制了一张新的《万国地海全图》，经装饰后，作"四轴"，现敬献御前；另一方面他又提出："如蒙皇上几务之暇，欲得通知万国情形，则有《万国图志》一册，先年原系臣等贡献御前者。其中所说至详全备，又皆臣国人游学经商耳闻目见传信之书，并无凿空驾造之说。臣等仰蒙圣恩，豢养有年，略通经书大义，似可翻译成书。臣今外无副本，倘圣意必须详备，伏乞发下原书，容臣等备细变写，上尘圣览，即四方万国地形之广狭、风俗之善恶，道术之邪正，政治之得失，人类之强弱，物产之怪异，具载无遗，非徒可以广见闻，尔或少裨于圣治，而臣等蒙恩日久，得效丝毫之劳，略解素餐之愧有余荣矣。"①

看来万历皇帝确实想了解一些中国以外的世界，所以他令朝臣将《万国图志》发还庞迪我，庞迪我则将该书的译文以及需要补充的资料细心写在八扇屏上，准备献给万历皇帝。

但 1617 年"南京教案"爆发后，庞迪我已在被驱逐出中国之列。离京前，他将绘制完毕的八扇屏送交通政司，但被拒绝接收。庞迪我又将八扇屏送到紫禁城大明门外，叩头而去。据李之藻记载，在他的时代，这八扇屏"尚庋中城察院"②。

---

① 《熙朝崇正集》卷 2，韩琦、吴旻校注，中华书局 2006 年版，第 27 页。
② 徐宗泽：《明清间耶稣会士译著提要》，中华书局 1989 年版，第 123 页。

庞迪我所翻译和收集到的有关世界地理方面的资料未及成书，这是非常遗憾的。万幸的是，"其底本则京绅有传写者，然皆碎玉遗玑，未成条贯"。艾儒略就是在庞迪我上述遗稿的基础上完成了《职方外纪》的编纂工作。正如艾儒略所自述："儒略不敏，幸则观光，慨慕前旒，诚不忍其久而湮没也。偶从蠹简，得睹所遗旧稿，乃更窃取而来所携手辑方域梗概，以增补以成一编，名曰《职方外纪》。"①

综上所述，可知是庞迪我为艾儒略《职方外纪》一书的编撰准备了充足的资料，从而为扩大中国人的地缘视野，为加深中国人认识中国以外的世界做出了贡献。即，庞迪我在加强东西方两个世界的相互了解方面起到了有益的桥梁作用。

四　庞迪我的汉语研究和主要中文著述

1. 庞迪我的汉语研究

庞迪我踏上中华大地之后，立即开始了汉语学习，并不断取得进展。尤其是 1606 年在徐光启与利玛窦合译《几何原本》之时，徐光启的一位朋友曾参与翻译工作。据利玛窦记载，这位中国友人，"每天给庞迪我神父上课教授中文，而且住在教堂里，以便和神父们密切接触并经常用中文谈话"②。应该说，这一阶段是庞迪我在中文学习方面进展最快的时期。因为在这之后不久，同样据利玛窦的记述，"庞迪我神父学会了说中国话，还会读中国字并极为准确地写中国字"③。庞迪我本人对于学习汉语方面的进步也是十分欣慰，他曾写道："中华语言文字迥不相通。苦心学习，复似童蒙。近稍晓其大略，得接讲论。"④

---

① ［意］艾儒略：《职方外纪·序》，《天学初函》本。
② ［意］利玛窦、金尼阁：《利玛窦中国札记》下册，何高济等译，中华书局 1983 年版，第 317 页。
③ 同上书，第 471 页。
④ ［西］庞迪我：《七克·自序》，京都始胎大堂藏本。

在学习和研究汉语的过程中，庞迪我十分注重研究汉语语音学的规律。众所周知，用拉丁字母为汉字注音始自利玛窦的《西字奇迹》(1605)。1625 年法国神甫金尼阁在利玛窦拉丁字母拼音方案的基础上，经修改、扩充，写出《西儒耳目资》一书。

中国语言学家罗常培曾指出，《西儒耳目资》的重要性首先在于用罗马字母分析汉字的音素，使向来被人看成繁杂的反切，变成简易的东西。其次，用罗马字母标注明季的字音，使现在对于当时的普通音，仍可推知大概。再有，该书给中国音韵学的研究，开出一条新路，使其后的音韵学者受到一定的影响。① 但是金尼阁的成就除借助利玛窦的研究成果之外，他也从庞迪我等的汉语语音学研究中得到启示。金尼阁在《西儒耳目资·自序》中便谈道："敝会（耶稣会）利西泰（玛窦）、郭仰凤（居静）、庞顺阳（迪我）实始之。愚窃比于我老朋而已。"② 这段话说明庞迪我也是西方传教士中研究中国音韵学的一位先行者。此外，据报道，在菲律宾档案馆的现存资料中，保存有 160 页的一部有关"汉字词汇"的手稿。该手稿的汉字都是按照"罗马字母"排序，并用符号标明汉字的"五声"。其中，在大多数汉字之后，都附有西班牙语的释文。从这部"汉字词汇"手稿所使用的西班牙语的正字法和西班牙语手写体的美学观点来看，该手稿应当是 16 世纪末至 17 世纪初的"作品"，其作者应当与西班牙伟大的文学家《堂吉诃德》的作者塞万提斯（Miguel de Cervantes Saavedra，1547—1616）为同时代人。而在西班牙来华传教士中，仅庞迪我为塞万提斯的同时代人。实际上，这部"汉字词汇"手稿很可能就是庞迪我的"遗稿"。③

2. 庞迪我的主要中文著述及其与"适应"策略的实施

庞迪我的中文著述几乎都完成于 1610 年利玛窦故去前后，直至

---

① 罗常培：《耶稣会士在音韵学上的贡献》，《中央研究院历史语言研究所集刊》1930 年版，第一本，第三分册，第 268 页。

② [西]庞迪我：《七克·自序》。

③ [西]沈起元：《中国与西班牙辞典编撰史札记》，《第一届西班牙语言史国际会议论文集》，卡塞雷斯 1987 年版，第 934 页。

1617年"南京教案"始发这一历史时期。而且庞迪我的中文著述都和基督教在华传教运动的形势密切相关。

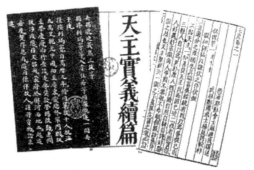

《七克》《天主实义续篇》和《具揭》

庞迪我1602年3月9日致路易斯·德古斯曼主教信,即《关于几位耶稣会神父进入中国后在该国所见所闻纪要》

前已有述,由于龙华民在耶稣会中国传教团内部挑起了"礼仪之争"并在中国教民之中推行与"适应"策略相对立的"激进"策略,其结果是在中国教民之中引起了对基督教认识上的混乱。因此,"正本清源",不仅使"适应"策略得以在新形势下能够继续贯彻与实施,同时也能使利玛窦生前所怀抱的完成《天主圣教实义十二册》的希望变成现实,于是庞迪我责无旁贷地相继写出《庞子遗诠》《七克》《天主实义续篇》和《具揭》等中文著作。

实际上,庞迪我的中文著述与利玛窦的中文著述共同为耶稣会中国传教团实施"适应"策略奠定了理论基础。下面将对上述四部著作撰写的时代背景、内容以及与"适应"策略的实施的关系做一简介。

（1）《庞子遗诠》。

《庞子遗诠》是庞迪我中文著述中鲜为人知的一种。徐宗泽在《明清间耶稣会士译著提要》一书中介绍说："耶稣会士庞迪我著；共四卷，是一部解信经之论道书。信经译为信薄录。后有天神魔鬼论，人类原始论。此书文理奥雅，道理切确，开卷有益也。"[①]方豪对此书也有简介："庞迪我所著又有《庞子遗诠》，四卷，为《宗徒信经》作诠解，多用音译，如宗徒作'亚玻斯多罗'，信经作'信薄录'。末附《天神魔鬼论》及《人类原始论》。"[②]

尽管《庞子遗诠》在对基督教教义的阐释上具有深刻理论含义并反映了"适应"策略的本质要求，但其传播范围并不广，不仅同时代的中国士大夫很少提及庞迪我的这部著作，即使是教内人氏，也很少有接触到这本书的。据费赖之所载，"柏应理（Philippe Couplet，1624—1692）及巴尔托利（Daniello Bartoli，1608—1685）谓迪我曾用华文撰有书说明天主及其特性"。那么这本书就应当是《庞子遗诠》，因为它集中论述的正是"天主及其特性"。然而在"柏应理及巴尔托利"的年代，已经是"此本今未见"。[③]这也是该书传播范围十分有限的一个证明。

那么为什么论述《宗徒信经》的著作反而传播有限，反应程度并不热烈呢？

这首先应当从什么是《宗徒信经》（简称《信经》，Apostolic Creed）说起。

所谓的《宗徒信经》，据传是在12宗徒分手时，共同确定的未来宣教时的标准模式，也即"信仰规则"。然而许多证据均显示，罗马

---

① 徐宗泽：《明清间耶稣会士译著提要》，中华书局1989年版，第83页。
② 方豪：《中国天主教史人物传》，宗教文化出版社2011年版，第107页。
③ ［法］费赖之：《在华耶稣会士列传及书目补编》，冯承钧译，中华书局1995年版，第76页。

教会在 2 世纪末出于教理传授的需要，这才慢慢地形成了公认的《宗徒信经》。圣职人员不仅应承认《宗徒信经》，而且应具有解释它的能力。其后，直至教宗英诺森三世（Innocent Ⅲ，1198—1216）时期，《宗徒信经》才在西方教会中被普遍地承认，即，成为被教会官方认可的正式的"宗徒信经"，并认为它是基督徒信仰的主要条文。现将"宗徒信经"条文抄录如下：

> 我信全能者天主圣父，化成天地。我信其唯一圣子、耶稣基利斯督我等主。我信其因圣神降孕，生于玛利亚之童身。我信其受难，于般雀比拉多居官时，被钉十字架，死而乃瘗。我信其降地狱，第三日自死者中复活。我信其升天，坐于全能者天主圣父之右。我信其日后从彼而来，审判生死者。我信圣神。我信有圣而公教会，诸圣相通功。我信罪之赦。我信肉身之复活。我信常生。阿门。

所以凡是皈依基督教的信徒，都要承认或者说笃信《宗徒信经》的所有"教条"，而不得违反。

庞迪我所著《庞子遗诠》就是对上述《宗徒信经》的详尽阐释。下面是《庞子遗诠》一书的目录：

> 庞子遗诠一卷性薄录
>
> 诠始学贵信
>
> 诠圣号经
>
> 诠亚玻斯多罗
>
> 诠我信
>
> 诠唯一费略耶稣契利斯督我等主
>
> 诠因斯彼利多三多降孕生于玛利亚之童身
>
> 庞子遗诠二卷性薄录，其主要内容即是
>
> 诠受难于般雀比剌多居官时被钉十字架死而乃瘗

诠降地狱第三日自死者中复生

庞子遗诠三卷性薄录

诠升天于全能者罢德肋之右坐

诠日后从彼而来审判生死

诠斯彼利多三多

诠有圣而公厄格勒西亚圣神相通功

诠罪赦

诠肉身复生

诠常生

庞子遗诠四卷

诠天神魔鬼

诠人类原始

若将《庞子遗诠》的目录与《宗徒信经》的条文相对照，显然《庞子遗诠》就是一部阐释天主教《宗徒信经》的著述。其中又包含着基督教发展的全部历史进程。因此一般人会认为，《庞子遗诠》本应在中国基督教传教运动中居于重要的地位，并应在中国的归信者中间广为流传和诵读。但《庞子遗诠》为什么在成书之后，竟处于落寂的状态，以至于连柏应理和巴尔托利这样的教中名人都对《庞子遗诠》感到一书难求？

这首先应当从《庞子遗诠》成书的年代和写这部著作的缘由来寻找答案。

那么《庞子遗诠》成书在何时？在目前国内接触到的有关宗教史的学术著述中，尚没有发现任何相关的记载，反倒是庞迪我在《庞子遗诠》中给予了答案。

在《庞子遗诠·诠人类原始》一节中，庞迪我首先叙述了天主造成人物的历史，即"造成人物，悉由天主圣裁。其欲造莫能遏，不欲造亦莫能强也。既造成矣，亦必须天主时时扶持保护，然后能存。不然，仍消归于本无矣。故天主乃诸物所从出，所能存之根本焉"。然后，庞迪我为了提高世人对天主造成人物一说的相信程度，又用数字指出人类发展至今所经历的年代："……今举其略，通计《（圣）经》中历年，自开辟以迄洪水，凡二千三百四十三载，此谓天地幼时。自洪水至天主降生，计二千九百五十四载，即天地壮时。天主降生至今万历庚戌一千六百一十载，此即天地强时也。"①

"天主降生至今万历庚戌一千六百一十载"，从庞迪我的这段文字中，可知他完成《庞子遗诠》的写作，当在 1610 年。更确切地说，《庞子遗诠》应在 1610 年 5 月 11 日之前已基本完稿。因为 1610 年 5 月 11 日利玛窦辞世后，庞迪我任耶稣会北京传教团代理监督，为了给利玛窦筹办安葬事宜以及为利玛窦向万历皇帝申请一块墓地，庞迪我几乎夜以继日地奔走于各相关衙门和同情基督教的士大夫以及利玛窦生前友人之间，请求各方予以同情的协助。同时他还要接待前来"会院"吊唁的各界人士。此间，正逢主管天文事宜的重臣上报朝廷，欲邀请庞迪我参与日食的测算和历法的修改。这是来华传教士多年盼望的机遇，庞迪我岂能错过？所以庞迪我又要抽身投入对中国各地纬度的确认，以此为修历做准备。及至万历皇帝钦赐利玛窦一块墓地之后，中间又历经了墓地的选址，以及产权转让风波等周折。经历了如此的磨难，才为利玛窦完成了"移灵"这一丧葬环节。最终，待 1612 年 4 月 22 日龙华民以耶稣会中国传教团会长的身份来到北京，才在他的主持下设计和修建了利玛窦陵墓，并最终于同年 11 月 1 日"诸神瞻礼节"那天，为利玛窦举行了庄严的安葬仪式。紧接着龙华民又挑起了"礼仪之争"。可以说，在整个上述期间，庞迪我不可能静下心来从事传教著作的撰写。所以说，庞迪我的《庞子遗诠》一书很可能完成于 1610 年 5 月 11 日利玛窦逝世之前。

---

① ［西］庞迪我：《庞子遗诠》卷 4 "诠人类原始"，［比］钟鸣旦、杜鼎克编《耶稣会罗马档案馆明清天主教文献》第 2 册，中国台北利氏学社 2002 年版，第 224—225 页。

《庞子遗诠》的写作时间即经大致确定，那么现在就应当转向庞迪我终究在何种情形下，肩负起撰写《庞子遗诠》这一重任。下面我们将就此试做一分析。

1600 年庞迪我与利玛窦来京后，他们既紧密协作，又有相应的分工。如果说利玛窦把主要精力放在结交中国的官场名人和儒生雅士以及著书立说上，那么庞迪我则倾心致力于宣教活动，尤其是在京郊，数年间庞迪我竟建立起几所教堂，使之成为耶稣会北方的传教基地。①

由于庞迪我工作勤奋，业绩卓著，1604 年东方视察员范礼安神甫准予庞迪我发"四大圣愿"（服从、安贫、贞洁、效忠教宗），这标志着庞迪我已获得"神甫"的资格。这对他来说既是个极大的荣誉，也是一种激励。

1606 年费奇观来京后，利玛窦在让他苦练中国语言和熟悉教务的同时，"并以庞迪我神甫新在近畿建设之诸教所数处委付之"②。

利玛窦之所以让费奇观接替庞迪我的部分农村宣教工作，他是有着深远的考虑的。

在 1593—1603 年，利玛窦已经完成了属于介绍基督教信仰的"要理本"（Catechismus）《天主实义》的写作，并在中国社会中引起相当大的反响，皈依基督教的中国教民人数也在日增。然而全面阐释基督教历史和"宗徒信经"的"基督宗教的道理本"（Doctrina Christiana）却一直阙如。

那么在宣讲基督教教义的著述中什么是"要理本"与"基督宗教的道理本"？法国学者梅谦立在其《天主实义今注》一书中对"要理本"与"基督宗教的道理本"的性质和特点做了如下分析。

所谓"要理本"主要是针对非基督徒，凭借自然理性谈到信仰的理性基础，如天主的存在、灵魂的永恒、善恶回报等。并且，因为在亚洲的传教士面对不同的人群，他们可以用不同的论证说服民众。

---

① 费赖之：《入华耶稣会士列传》，商务印书馆 1938 年版，第 86 页。
② 同上。

所谓的"基督宗教的道理本"主要是针对基督教徒，教导信教者基督教信仰的重要"教条"，如"信经"（Credo）、"七个圣事"（Sacramenti）、"十诫"（Decalogue），还有重要的祈祷文字（天父经、圣母经等）。这些书在亚洲可以用各种各样的语言文字书写，不过，在内容上，它们应该很严格地依照罗马的官方拉丁版本，不允许有任何改动。①

　　教会内部规定"要理本"主要是针对非基督徒，而"基督宗教的道理本"主要是针对基督教徒，这种区分实际上是出于实施沙勿略所倡导的"适应"策略的需要和范礼安对耶稣会在日本传教经验的总结。

　　历史上，耶稣会中国传教团一直接受东方视察员范礼安的指导，因此范礼安的传教策略对耶稣会中国传教团有深远影响。而范礼安的策略思想主要是出自其在日本传教经验的总结。

　　自"东方使徒"沙勿略在日本传播基督教以来，在他所倡导的"适应"策略的影响下，耶稣会在日本的传教活动已经开始注意到要了解日本的历史和文化的特点，以及如何"适应"日本的历史和文化的这些特点。耶稣会在日本所积累的经验中，就包括在日本传播基督教教义不应该把理性论证与宗教"教条"放在一起来宣讲，相反，传播基督教教义要分两步走：第一步，要为非基督徒写出"要理本"，按照理性论证天主的存在、灵魂的存在和伦理规则。即这些内容属于"自然启示"范畴，这是可以为不同人群所接受的。只有在信教者接受了"要理本"所包括的原理之后，才可开始迈出第二步，即这时可以为他们撰写一部"基督宗教的道理本"方面的著作，告诉信教者关于圣经故事以及耶稣基督的生活、死亡与复活的"奥迹"。这部分内容属于"历史启示"范畴，传授这部分内容可以巩固和增加信教者对基督教的信仰。

---

　　①　［意］利玛窦：《天主实义今注》，［法］梅谦立注、谭杰校勘，商务印书馆2014年版，第4页。

事实上，早在"拉丁教父"奥古斯丁①时代已对"自然启示"及"历史启示"做了区分。第一种启示完全凭人的理性就可理解，因此具有普遍性；第二种启示是在历史中发生的，特别是在以色列民族中发生的，因此在异域国家是否也被认可，是一个根本性的问题。②

从范礼安的策略思想中依稀可以看到奥古斯丁的影响，因为范礼安同样把基督教教义分为哲学与"教条"两部分，并要求传教士在给日本的当地人传教的时候，针对非基督徒，应编写"要理本"；而针对基督徒，则要求给他们编写"基督宗教的道理本"。也即，对那些不熟悉以色列宗教历史的民族，不应立即向他们叙述基督教的历史，也即"宗徒信经"等内容。而在这之前，首先应当通过带有普遍意义的哲学推理，用以论证天主的存在、灵魂的存在和伦理规则。

范礼安的上述策略思想实际上正是沙勿略"适应"策略精神实质的体现。而且范礼安到日本之前曾在澳门停留10个月，根据中国的国情他亲自制定了基督教在华传教的"中国化"方针。到日本后，他仍然对中国的传教活动给予直接的关怀和指导。

1582年耶稣会士罗明坚就是奉范礼安的指示来到澳门，为撰写《沙勿略传记》收集资料，同时开始了解中国的国情。后来利玛窦也是奉范礼安之招，来到中国。在利玛窦与罗明坚会合后，共同开创了肇庆耶稣会"会院"。在此地，他们跟从一位中国学者刻苦学习中文和儒家典籍。艾儒略（Jules Aleni，1582—1649）在《大西西泰利先生行迹》中曾概述了利玛窦学习中文的整个艰苦过程："初时，言语文字未达，苦心学习，按图画、人物，请人指点，渐晓语言，旁通文

---

① ［意］奥古斯丁（Aurelius Augustinus，354—430），古罗马帝国时期天主教思想家，欧洲中世纪基督教神学、教父哲学的重要代表人物。在罗马天主教系统，他被封为"圣人"和"圣师"，并且是奥古斯丁会的发起人。对于新教教会，特别是加尔文主义，他的理论是宗教改革的救赎和恩典思想的源头。奥古斯丁是教父思想的集大成者。他的著作堪称神学百科全书。在这些卷帙浩繁的著作中，《忏悔录》《论三位一体》《上帝之城》为其代表作。

② ［意］利玛窦：《天主实义今注》，［法］梅谦立注、谭杰校勘，商务印书馆2014年版，第10页。

字，至于六经子史等篇，无不尽畅其意。"①

至1584年，罗明坚终于用中文写出了第一部论述基督信仰的著作，即《天主实录》。但罗明坚对于范礼安在传播基督教教义的过程中应分"两步走"的策略思想的理解显然并不深刻。因为他在《天主实录》的前两章中，以哲学方式证明天主存在及其特性；而后面三章则转为历史的陈述，并描述了天主如何创造世界等。由于罗明坚把"要理本"的自然神学内容与"基督宗教的道理本"的启示神学的内容穿插到一起来叙述，这样就使读者在哲学与历史之间感到无所适从。因为，虽然某些士大夫可以接受哲学部分，但是他们很难接纳天主拯救人类的历史部分。尤其是罗明坚在书中断言，凡是不归信基督教的中国人，死后必下地狱。这种论断是中国人无法接受的。因此，尽管其后利玛窦也曾从罗明坚的《天主实录》中有所借鉴，但终因《天主实录》不适合基督教在中国的传教活动的实际需要，因此利玛窦在其后的宣教活动中已不再宣讲《天主实录》，而且将该书的刻板毁掉。②

在上述情形下，1593年，范礼安要求利玛窦针对中国的非基督教徒而写一本新的"要理本"来代替《天主实录》，并要求新书引用中国经典来说服中国的士大夫，即向他们提供哲学论证以作为信仰的预备。

1594年10月，利玛窦在韶州开始撰写新的"要理本"，即《天主实义》。在该书中他采用了"对话"的体式，这既继承了耶稣会学校中的答辩传统，也接续了中国书院里的争论惯例。

到1603年年底或1604年年初，《天主实义》获耶稣会上级的批准后，遂开始刊印。尽管当时仅印出200本，但社会影响却不能低估。

尤其是，利玛窦是按照耶稣会在日本的传教经验来写《天主实

---

① ［意］艾儒略：《大西西泰利先生行迹》，民国八年（1919）铅印本，第1页。
② ［意］利玛窦：《天主实义今注》，［法］梅谦立注、谭杰校勘，商务印书馆2014年版，第27页。

义》的。既然《天主实义》是针对非基督教徒而写的，所以利玛窦删掉了罗明坚《天主实录》原书中所有的"教条"部分，如在 7 天内天主创造世界；天使冒犯天主；亚当从伊甸园被赶走；人类冒犯天主；天主把律法赐给以色列；耶稣在十字架上被钉死；降临地狱；复活和第二次来临；等等。此外，利玛窦也删掉了关于"十诫"的详细介绍，而只是简略地提到了"原罪"。

但随着在华传教事业的进展，特别是《天主实义》在中国社会中影响的不断扩大，有的士大夫对基督信仰表示出一定的兴趣，甚至已经有一些中国人皈依了基督教。在这种情形下，唯有向皈信者进一步讲述《圣经》故事以及耶稣基督的生活、死亡与复活等内容，这样才有利于坚定他们的信仰。因此，利玛窦感到写一本"基督宗教的道理本"变得十分急迫。即他认为，耶稣会中国传教团已经到了应当迈出宣讲基督教教义的第二步的时候了。为此，利玛窦还曾编译过一本属于"基督宗教的道理本"范畴的《天主教要》。这本书将罗明坚《天主实录》中的"教条"部分重新加以吸纳，然后在天主教团体内部，用来引导那些皈依者了解基督教的历史和坚定这些信徒对《宗徒信经》的信念。令利玛窦十分痛惜的是，1605 年以后《天主教要》竟失传。①

然而随着《天主实义》社会影响的扩大，1607 年在李之藻的建议下，利玛窦对该书又进行了修改，然后刻印。由于这一新版本的《天主实义》社会反响较大，这使利玛窦感到写一本新的"基督宗教的道理本"的必要性和紧迫性。1608 年，利玛窦为了总结耶稣会中国传教团在华传教的整个进程及其经验和教训，则开始写他的回忆录。所以写一本新的"基督宗教的道理本"的重任只能另请他人来承担。当时在耶稣会中国传教团内部唯一能承担起这一写作重任的只有庞迪我一人。

---

① ［意］利玛窦：《天主实义今注》，［法］梅谦立注、谭杰校勘，商务印书馆 2014 年版，第 7—11 页。关于《天主教要》的著者和版本的考释，可参见张西平《〈天主教要〉考》，《世界宗教研究》1999 年第 4 期。

首先，庞迪我此时已经发过"四大圣愿"，业已取得"神甫"的资格。此外，在北京的宣教过程中，庞迪我对于如何向中国的慕信者灌输基督教教义已经积累了丰富的经验，而且成绩显著。

其次，庞迪我的汉语水平如前所述，已有极大的提高。此外我们还知道，从利玛窦时代起，所有的传教士在学习中文时，都是以"四书"等儒家经典为教材。可以说，当庞迪我的中文水平达到一定的高度时，那么他对中国典籍也已有相当的学养。

考虑到庞迪我当时所具备的上述条件，所以利玛窦最终选择庞迪我来承担写作一本属于"基督宗教的道理本"范畴的著作，成书后即是现在的《庞子遗诠》。

既然《庞子遗诠》是专为基督教徒而进行的写作，因此《庞子遗诠》成书后必然流传不广，而且社会影响力更非该书追求的效果。

由于《庞子遗诠》是为少数已经信教者写的，这种书只适合传教士与归信者面对面的交流，所以该书像利玛窦的《天主实义》那样，是用"对话"体式写成的。即在这部著作中，先由中国士大夫就基督教教义中不易理解的概念提出问题，而后由传教士来回答。但是作为提问者的，并非真的是中国的士大夫，而是传教士假托中国士大夫的口吻来提问。在这种"对话"中，"问者"（在《庞子遗诠》中用"问"来表示——引者）的题目虽然是由传教士预设的，但可以说相当真实地反映了中国士大夫对基督教教义可能有的某些疑问。而"答者"（在《庞子遗诠》中用"曰"来表示——引者）则用宣教中逐步积累起来集体的智慧和经验来"巧妙"地回答这些提问，以期达到让提问者心服口服的效果。这种预设的"对话"体式，很可能是当年在耶稣会中国"会院"中，用来培养新来华的传教士适应中国传教环境的一种方式。因为按照教会的要求，一个圣职人员不仅自己应当信仰《宗徒信经》，而且必须会解释"信经"。像在中国这样具有五千年历史文化的国家，如何宣讲基督教的《宗徒信经》部分，新来的传教士必须事先有充分的思想准备，以便将来面对中国信教者时，能从容、雄辩地回答他们所提出的诸种问题，并造成"答者"对"问者"一种居高临下的态势。因此，在这种"中方"与"西方"两者的"对话"中，实际上隐藏着一种事实上的意欲"超胜"于对方的居心。

庞迪我名著《庞子遗诠》之封面

但西方传教士通过这种演练，真的能达到他们预期的目的吗？现在让我们转向《庞子遗诠》的内容，且看这种预设的"对话"体式会达到什么样的效果。

让我们从《庞子遗诠》一卷"诠始学贵信"中选取几段"对话"来作为开篇。

例一：

问："十二节（此处指《宗徒信经》——引者）皆天主隐奥之事，世人未睹之，何以望其能信，遂信且坚乎？"

曰："天主及天上之事，多无形迹，非天主自举为训，世人笃信其言，岂肉目所能阅哉？子毋拘于所未睹者，第言出自天主，即当以我神目独信之矣。必俟视之而后足信，则世事之可疑者岂少哉？中华古典，帝王道化烝民，圣贤经训万世，子必信之，是果据目视乎？抑信记载乎？父母之生尔也，是时尔未见也，有谓某人为生尔之父母，尔得疑乎？即人有欺尔者，尔且信之，况欲尔信天主者，固以善尔，非诳尔也，尔言据目视为实信，益不然矣。肉目所视，甚易误人，远望则以大为小，以高为低，画之巧者本平，视之则坳突焉。置直木之半于水中，视之则曲，非彼物之变于前也，目力谬也。……子欲待视待明而后信，则必先坠陷于地狱，不可更脱，然后信有地狱。必先驱黜于天堂，不可复得，然后信有天堂。则是先受不信天主之永殃，而后信有天主也。此时知悔而冀改其不信之罪，晚矣。犹夫迫焦灼而后信火之热也，绝无幸矣。……天主事理最高远，最蕴密，岂神与人区区量度所能探者哉？若其能探，则天主亦有限微物耳。人心之灵虽细草纤虫，及目前切近之物，及己之本性，尽心极思，尚莫能穷识。而欲以是狭弱之量，褊小之思，穷探天主性蕴之奥，天主极乐之事，非极愚必极傲矣。微但不能探彻，且弥测弥昏。譬之物色，光照而后能视之，冥则否。然而仰太阳者，愈视愈昏，非其光之不足视也。其光盛大，非目力所能加，故非特不得视，反得眩焉。"①

例二：

问："天主非孑然一位，得相等似者为之配，理固然矣。但天主纯神，何以得子？"曰："天主之性、之理，迥越凡物之性、之理。若以目前人事度之，岂不谬乎？夫天主罢德肋（圣父）及费略（圣子）虽实有父子之义，然其性情纯粹，神而不属于形，非可以男女鄙事为例，故三位一体之事最为难明。即欲设论相晓，而万物无与似者。无已，则借其略似者，以通其意。人先当知天主纯然一体，凡其能智善美，名目虽异，惟此纯体绝无彼此

---

① ［西］庞迪我：《庞子遗诠》卷1"诠我信"，［比］钟鸣旦、杜鼎克编《耶稣会罗马档案馆明清天主教文献》第2册，中国台北利氏学社2002年版，第17—23页。

二物之殊，非如我能改易，能使先有后无，先忧后乐，先不如此，后如此也。故凡可减可加，可先可后，可去可来之情物，一切无容也。又当知天主至灵，征特澄彻事物之性理而又以其无穷之识见，返悉探其性体之无穷，兹罢德肋生发费略，譬人照鉴，一寓目间，鉴中辄发此人之本像，无毫纤之不同，且不啻相同也，此动亦动，此静亦静，不假造作，不待时刻，辄照辄有。"①

问："罢德肋既实为费略之父，似必为先且大，以造生费略，如父母实为先而造生其子。果如是也，奚以共为一天主耶？"

曰："不当作如是论。盖罢德肋虽实为费略所自出之父，然罢德肋照明其体而生费略。夫罢德肋无时不照明其体，故无时有罢德肋而无费略，是二位俱兼无始，非有毫厘先后之分者也。夫罢德肋虽实为费略之原，然费略之性体，即惟罢德肋之性体而已，故不可为造生费略，亦不可为尊大于费略也。试观海水无原而为江水之原，江海之水非二，而江海实二。人必不指江名海，指海名江者，知江非海，而海非江也。江虽实出于海，海水无时不注于江，故不得谓之海先而江后。海虽实江原，江水即海水，故亦不得谓之江造海也。"②

在"诠斯彼利多三多（灵圣）"一节，庞迪我用下列对话继续阐释"三位一体"的"奥迹"。

例三：

问："何谓斯彼利多三多？"

曰："此天主第三位之名号，译言无形灵圣也。前已陈位三体一之说及略释罢德肋及费略义。今论第三位者。人居尘浊，

---

① ［西］庞迪我：《庞子遗诠》卷1 "诠我信"，［比］钟鸣旦、杜鼎克编《耶稣会罗马档案馆明清天主教文献》第2册，中国台北利氏学社2002年版，第17—23页。

② ［西］庞迪我：《庞子遗诠》卷1 "诠唯一费略耶稣契利斯督我等主"，载［比］钟鸣旦、杜鼎克编《耶稣会罗马档案馆明清天主教文献》第2册，中国台北利氏学社2002年版，第40页。

不能直照性体，今姑设为略似之喻，以形其概。凡人见美好物，辄发此物之爱于其胸中，其为美好弥大则其注爱亦弥深也。爱非虚物，乃出心中实情，名为司爱之重。缘此心垂向所爱之物，如重物垂向下处者。然人具此爱，倏发倏亡，固知其与人体殊而为二矣。罢德肋与费略相视，以其无穷之美好，自相爱慕，故辄共发无穷实爱，与己殊别，此谓斯彼利多三多。第凡人既能爱其所爱，而忽又能不爱，故我所发爱，与我全判为二，悉凭心中倏来倏去之情。若天主则其无穷美好，不能更易，故其互爱，亦复不能自已。其圣性至纯无杂，至一无二，可凡所自发于内，悉与己一，可来可去，可始可终，无容更有相二诸情，是以斯彼利多三多虽为罢德肋、费略爱性所发，然罢德肋及费略，悉以本性能智美好，全付与之，故罢德肋、费略、斯彼利多三多共一性体，共一天主，共一造物者而已矣。然罢德肋及费略共为斯彼利多三多所出之原，故体虽共一，而位不能不与相殊。盖无时有罢德肋及费略而不相爱慕，即无时有罢德肋及费略而无斯彼利多三多。则此三位俱是无始向来，曾无纤毫先后，而此斯彼利多三多之性，即罢德肋，即费略之性，则三位俱兼至尊至大、无量能智美好，亦绝无纤毫小大尊卑。试以水喻，亦可略悟位三性一之旨。犹水出于泉，流于川，汇于湖，自泉而川而湖，泉川湖虽三，顾其水惟一而已。罢德肋为无原之原，则泉也；费略原于罢德肋，则川也；罢德肋及费略共发斯彼利多三多，则泉川共汇之湖也。然而其位虽三，其体则一水也。"①

从上面的三个例子来看，"问者"所提出的问题，都是涉及基督教教义最根本性理论的问题。事实上，这些问题也相当准确地反映出现实生活中的中国士大夫对基督教的深层次的疑问。

---

① ［西］庞迪我：《庞子遗诠》卷 3 "诠斯彼利多三多"，［比］钟鸣旦、杜鼎克编《耶稣会罗马档案馆明清天主教文献》第 2 册，中国台北利氏学社 2002 年版，第 147 页。

中国有五千年的文明发展史，并形成了自己独特的"经典"和思维方式。因此如何富有说服力地、恰如其分地回答这些问题，将决定基督教在华传教策略的成败。所以，传教士在回答中国士大夫提问时都是经过深思熟虑才给出答案。在《庞子遗诠》中，著者主要是先通过哲学的论证和逻辑的推理来证明天主的存在及其特性。

通过在中国长期的传教实践，传教士已然认识到，仅凭这种推理的方式，即经由"自然神学"并不能完全说服中国的归信者，所以在做哲学分析和逻辑推理之后，则往往要用自然法则或自然现象来做"生动"的类比，意在使"问者"一时难以再度提出疑问，即在"问者"似懂非懂的状态下结束这次"对话"。因为传教士的努力并不可能收到预期的效果。事实上，即使是在教的人也认为，涉及基督教教义中的一些"奥秘"，是不能靠理性来领悟的，只能靠信仰来接受。

上面三例中的几段"问"与"答"的"对话"就是例证。

例一中的对话，主要围绕对天主神能的信仰。

从基督教教义来看，它赋予"天主""至高、至美、至能、无所不能。至仁、至义、至隐，无往而不在"的属性，即认为"天主"创造了一切有形的宇宙万物和人类，也创造了无形的精神体。

但在一般中国人来看，"天主"的神能既无法感知，更难以亲眼所见。

为了回答这一问题，传教士照例用人们所能感知的事物或是自然现象来作类比。

首先"答者"慨叹道，世上万物若是只有亲眼所见才信以为真，那么被认可的东西就太少了。比如在中华的远古时期，帝王为民所做的奉献，圣贤治世的成效，这些你必相信吧。但难道这些事情都是你亲眼所见吗？那么有关上述这些记载你怀疑吗？事实上，人的眼睛也会误导人。一件大的东西，从远处看，会觉得它很小。高耸的物体从远处望去，你会觉得它反而很低。一个画家用笔可以在一张纸上给人画出凸凹不平的感觉来。若你把一根木棍的一半插入水中，你会看到木棍已经弯曲了。其实这并非木棍本身弯曲了，仅仅是你的眼睛的错觉罢了。所以你看不到的东西，并非不存在。

最后"答者"总结到，认不清事物，其过错很可能就在你的自身。如果你坚持只有见到的事，你才相信，这很危险。难道你真的等下了地狱，才相信地狱的存在吗？"答者"进而警示说，天主所怀有的神能，绝不是一般人所能洞知的。就如同你仰视太阳，你看得久了，眼睛就会昏花。这不是阳光不足，而是阳光太强劲了，你的眼睛根本承受不了。

例二更触及圣父（罢德肋）和圣子（费略）的相互关系问题。比如天主如何通过基督的道成肉身向世人启示其本性和成全救世的旨意，并着重说明基督具有完全的神性和完全的人性，而且上述两性互不冲突地共存于基督身上。

这种论述中国人是很难理解的。为了说明圣父与圣子只是一种"名义"上的"父子"，而不是生理上的"父子"，在"对话"中，"答者"只能用自然界存在，而又为人们所能感知的事实来举例予以说明。

在下面的对话中，传教士把"圣父"比作"照镜子的人"，而"圣子"则是"镜中的影像"。二者完全相同。人动，镜中影像亦动；人静止下来，镜中影像亦静止下来。不论何时，"照镜子的人"与"镜中影像"都是亦步亦趋的。这个例子在于说明，"圣父"和"圣子"看似"两者"，实为"一体"。

为了进一步阐释"圣父"和"圣子"本是"你中有我，我中有你"的关系，"答者"又试图用"海水"和"江水"的相互汇合来做类比。

海水本无来源，它却是江水的来源。江水和海水并非两种不同的物质，但江是江，海是海，实是两种不同的自然现象。常人当然不会把江说成海，也不会把海当成江。但江的确由海而成，海水又无时不注入于江中。因此不能说先有海后有江，亦不能说先有江而后有海。海既然是江水的来源，所以江水即海水。因此也不能说是江造成了海。

再如，在基督教教义中最难理解的概念当属"三位一体"。即，上帝既是一个神，同时又具有圣父、圣子和圣灵三个位格，并且上帝是通过圣父、圣子、圣灵的行动或表现显示出其本体的。但这三者虽非一位，却不是三个神，而是同具一个本体的独一无二的真神。对这样的理论，中国信教者自然是最难以理解的。所以"答者"仍是先用哲学分析和逻辑推理的手段对其论证，而当"问者"仍感到不甚了了的时候，"答者"则开始用自然法则或自然现象来做生动的类比，用以说明圣父（罢德肋）、圣子（费略）和圣灵（斯彼利多三多）之间的关系，即"位三性一之旨"。

为此，《庞子遗诠》的著者把圣父比之为"泉"，"圣子"为"川"，"圣灵"为"湖"。水出于泉，流于川，汇于湖。自泉而川而湖，泉川湖虽三，但流动在它们之间的却是同样的水。正如《庞子遗诠》的著者所总结的：泉、川和湖，"其位虽三，其体则一水也"。

然而，对于庞迪我来说，最难阐释的宣教内容肯定是基督教的历史部分。

在《庞子遗诠》中，从"诠因斯彼利多三多降孕生于玛利亚之童身"一节起，庞迪我则开始转向基督教的历史演化进程的论述，这部分内容已完全属于"基督宗教的道理本"的范围。也可以说这部分内容是《庞子遗诠》的论述主体。下面我们仍将举例来说明这部分内容及其特点。

庞迪我首先来分析"诠因斯彼利多三多降孕生于玛利亚之童身"一节。如果说在基督教理论中，"三位一体"令中国信教者难于理解，那么"因斯彼利多三多降孕生于玛利亚之童身"则往往会让中国的信教者感到大惑不解。且看下面一段"对话"：

问："何谓生于玛利亚童身？"

曰："此天主降生为人之事，凡人皆由阴阳交媾而孕，绝未有有母而无父者。为母者，亦未有生子，而犹保存其童身者。独耶稣不然，母氏玛利亚未妊之先，固是童身，既生耶稣，不损贞体，此正耶稣之独异耳。"

问："天主之极能奥事，非人间所有，吾何敢傲然蠡测以自多哉？有敬信无疑，庶免罪戾耳。然求更详其说，而又设喻晓之。"

曰："彼时天主欲降世为人，选一盛德女名玛利亚者为母，先遣一天神，其名嘉彼额尔者，现于其前而告之曰：'亚物，玛利亚！满被额辣济亚者，主与尔偕焉，女中尔为殊福，今孕生一子，宣名耶稣。'圣母从少誓存童身，闻言心惧，乃问之曰：'我已誓绝人道，此事何能？'天神对曰：'玛利亚，勿惧也。天主全能，无不能为，此因斯彼利多三多之能功以成，故尔所生子，亦称天主子也。'圣母乃俯命曰：'主役在兹，惟主之命矣！'是时，斯彼利多三多即于圣母清净体腹中，造成一全美肉身，又辄化成一精粹灵神，以结合其人性，盖一息之顷而圣胎成焉。今试以土为喻。夫土生百谷，必先播种，复加灌溉耕耘，乃能成育，此定理也。人之孕生，亦犹是也。顾论初造天地之时，未生百谷，种从何来，必不待播种灌溉，而天主命生百谷，百谷即生焉。则是最初之谷，亦生于童身土中耳。圣母虽无男种，一得天主斯彼利多三多命生耶稣契利斯督，彼时圣体即孕成于其腹，童身宁改于初，自无织毫之损欠焉。耶稣人性既成，而天主费略之性即与之结合，天主与人两性相结，以成一耶稣契利斯督，如灵神与肉身相结，以成一人性也。故耶稣虽非二位，惟天主费略一位而兼包天主及人之二殊性也。所以耶稣实为无始无终天地万物之主，而又实为有始之人，实有天主无量之能识而又实有人生有限之能识，实有天主及人两司明悟、两司爱欲者。夫第为天主费略，则与罢德肋等，而又为人，则非罢德肋等。若为天主费略则有父无母，其体纯神，悉无形声始终，不能受苦，无所祈求；若为人则有母无父，有形声方所，而凡受苦祈求，生死之事，皆得为之。夫天主费略从无始来，特为天主，本亦无始，而从此时吻合人性，乃始并谓有始之人，特此耶稣人性，亲结天主圣性，故此虽分明胎孕之人，而亦并谓天主焉。"

问："圣母孕耶稣而又存其童身，此本全能可以意悟矣，然耶稣实有形体，生时必有其迹，母身必坼，曷可谓生于玛利亚之童身乎？"

曰："耶稣之生，亦大与众人异矣。其先既非从男女之孕，其后岂觉有分娩之劳？出母腹时，神异不可测也，决无遗迹。殆无异复生之时，试思耶稣死后葬之石墓、重石扃固、幽门不通，迫其复生，辄已腾身在外，无劳开辟而无留碍。复生之后，现示其徒，宫门虽阖，辄入其内，绝无迹象。譬之日光透过水晶，水晶躯体原无改易，是以圣母未生耶稣，存其童身，即生时生后童身亦复如故，故称童身母也。"[①]

中国的信教者总会觉得所谓"圣母孕耶稣而又存其童身"的说教不可理喻。所以在上述"对话"中，原书著者特意留给"问者"一个追问的机会，以显示传教士并不回避这一难题，即，"然耶稣实有形体，生时必有其迹，母身必坼，曷可谓生于玛利亚之童身乎？"

对这一问题，"答者"先慨叹一句："神异不可测也！"然后立即借助日光穿透水晶，而水晶体本身并无改易这一类比来解困。显然，"答者"为这一"巧妙"的类比而有几分洋洋自得。但类比必须在同质的前提下进行才有意义。"耶稣实有形体，生时必有其迹，母身必坼"与"日光透过水晶，水晶躯体并无改易"这两者是完全不同的情形，因此没有共同的前提，如何能构成类比！

按照康德的说法，"类比推理"之客观有效性必须始终以推测的普遍性和客观必然性作为前提。经验世界之普遍性、客观必然性与超验世界之普遍性、客观必然性本非同类，类比推理之有效性的普遍性

---

① ［西］庞迪我：《庞子遗诠》卷1"诠因斯彼利多三多降孕生于玛利亚之童身"，［比］钟鸣旦、杜鼎克编《耶稣会罗马档案馆明清天主教文献》第2册，中国台北利氏学社2002年版，第47—52页。

前提实无从保证，故试图从经验世界"榨取"超验世界之普遍必然性，是一个不折不扣的矛盾，此无异于"石中取水"（ex pumice aquam）①。

对于西方传教士惯用的这种"类比推理"的方法，《诠释的圆环》一书的作者刘耘华也曾予以批评：这一由事"理"而天主教义"理"的推证理路又包含了一个根本性的逻辑矛盾，即：他（们）千方百计试图依"理"证成的结论——"天主"以及天主教义理，总是已包含在论证的前提之中了，简言之就是：由事"理"或物"理"而推证"天主"，而事"理"或物"理"却皆由天主所"创生"。无论是《天主实义》，还是《三山论学》，都始终未曾克服这一根本性的逻辑矛盾：循环论证。②

所以，仅读罢"诠因斯彼利多三多降孕生于玛利亚之童身"这一节，无论"答者"做何种推理或是借助何种"精妙"的类比，事实上，都很难让中国的士大夫——哪怕是入教儒士——心悦诚服地接受这一基督教的"奥义"。而且按照教会的要求，任何一个基督教的信奉者对于《宗徒信经》的所有"教条"一定要做到"我信"。事实上要达到这种要求，对于中国的信教者来说难免会有困难。

尽管在《庞子遗诠》中，其作者对上述《宗徒信经》中的每一历史片段均努力地做出了阐释，但这种衍生在以色列民族历史文化土壤中的宗教学说对于在儒家文明熏陶下成长起来的中国士大夫来说，尽管他们可以从中国文化的开放性出发，对基督教文明并不持一种完全拒斥的态度，但对这种异质文化中的"信仰"部分，则实在难以轻易地接受。

利玛窦深知此点，所以在他撰写《天主实义》之时，为了使中国的慕教者能向基督教靠拢，他坚决地将基督教的历史部分几乎完全剔除。及至出于宣教的需要，在他编译《天主教要》时，他又把在《天

---

① ［德］康德：《实践理性批判》，韩水法译，商务印书馆1999年版，第10页。

② 参见刘耘华《诠释的圆环——明末清初传教士对儒家经典的解释及其本土回应》，北京大学出版社2005年版，第76—77页。

主实义》中被他剔除的部分重新纳入这部新书当中，但他要求仅在耶稣会中国传教团的"内部"才能使用《天主教要》。因此，该书传播范围十分有限，其后，当利玛窦尚在世时，《天主教要》竟至"失传"。

《庞子遗诠》所以没有在中国社会中得到广泛的传播，其原因之一，同当年利玛窦编译《天主教要》时的情形一样，《庞子遗诠》按原来的预设，也仅限于在中国传教团的内部使用，因此该书的传播范围自然不可能广泛。更具体地说，这部《庞子遗诠》很可能是为新来华的传教士准备的一本供他们未来宣教时使用的入门教材。因为在培训期间，就是要使那些新来华的传教士知道，中国的信教者对于基督教的教义在理解上存在哪些困惑甚至是疑问。尤其是要让新来的传教士知道，要采用何种"方案"或"理论"来解释这些疑问才更加有效。事实上，《庞子遗诠》采用"对话"体式的目的，也就是由假托的"中国信教者"提出各种对基督教教义的疑惑，再由传教士来一一解答。"问者"的提问实际上反映了中国士大夫信教者的真实想法。这也是庞迪我这一代传教士在和中国士大夫阶层的长期接触中曾经遇到过的"坎儿"。可以说提问者所提出的这些难题，带有一种普遍性。

"答者"的"答案"，也是"老"一代传教士为了解开中国士大夫的种种疑问，在集体地反复商讨与切磋中逐步形成的。也可以说，这种"回答"已经是集传教士集体"智慧"之大成。

费赖之曾指出，"葬后（指为利玛窦安葬——引者注）迪我以余时编纂华文书籍，以为训练新志愿罗洗人之用"[①]。他的这段话准确地反映了庞迪我在那一时期既著书立说，又从事新来华传教士的培训工作的真实情况。

既然《庞子遗诠》就是这样的一本在耶稣会"会院"中使用的"内部"教材，教会自然要限制它在社会上的流传。

其次，《庞子遗诠》作为"基督宗教的道理本"，它也是写给中国

---

① ［法］费赖之：《在华耶稣会士列传及书目》，冯承钧译，中华书局1995年版，第74页。

的基督教皈依者的。在这些皈依者当中很多人属于士大夫阶层。如果他们通过《庞子遗诠》的启示能成为《宗徒信经》的真诚信奉者，这对于基督教在华传播可以起到极为重要的垂范效应。但在《庞子遗诠》最终成书之时，庞迪我的境遇与利玛窦编译《天主教要》之时已大不相同。自龙华民北上，主持北京"会院"工作以后，庞迪我的代理监督一职已被免除。所以一方面使他有时间对《庞子遗诠》进行进一步的修改；但另一方面，这时龙华民在中国传教团内部已然挑起"礼仪之争"。尽管庞迪我在传教的一些策略问题上有自己的观点，但按照耶稣会的会规，在传教的策略问题上，他必须与龙华民保持一致。所以庞迪我也不得不按照龙华民的主张对《庞子遗诠》的内容进行一定的修改。比如，利玛窦在基督教的术语翻译上主张尽量采用"意译"，以避免"音译"给中国士大夫造成理解上的困难。然而龙华民为了保持基督教教义的"纯正性"，力主在基督教的术语翻译上要多用"音译"。所以在《庞子遗诠》中，已有多个术语予以"音译"。现依据该书顺序从卷首起试举数例，比如，《宗徒信经》音译为"性薄录"；"圣事"音译为"撒格辣孟多"；"圣父"音译为"罢德肋"；"圣子"音译为"费略"；"圣灵"音译为"斯彼利多三多"；"使徒"音译为"亚玻斯多罗"……

如果用这种"音译"的宗教术语来宣讲基督教教义，中国人（即使是入教的士大夫）如何能理解《庞子遗诠》中所阐释的天主的"奥迹"？

此外，庞迪我在实施"适应"策略的过程中，像利玛窦一样，始终用"上帝"来译"天主"。但在《庞子遗诠》中，已按照龙华民的旨意，将"天主"音译为"陡斯"。如在"诠圣号经"一节，有如下一段对"天主"特性的表述："……其体纯神，绝无身形、声臭、方所，其尊贵宏大无穷，其智能仁义，全廓无境，微特莫能大焉，且亦莫能等焉，名为陡斯。"①

---

① ［西］庞迪我：《庞子遗诠》卷1，［比］钟鸣旦、杜鼎克编《耶稣会罗马档案馆明清天主教文献》第2册，中国台北利氏学社2002年版，第6页。

中国的信教者能适应基督教教义的基本术语的这种变化吗？

《庞子遗诠》是一部属于"基督宗教的道理本"性质的著作。撰写这类书原本就是为了在基督教徒中间使用。所以那些中国的入教士大夫也应当包括在《庞子遗诠》的读者范围之内。从某种意义上来说，使他们了解基督教的历史也是增进他们对"天主"的信仰的重要途径。但《庞子遗诠》中，将"天主"改为中国信教者完全陌生的"陡斯"，基督教教义中的关键性术语又用"音译"来表述，在如此情形下，恐怕中国业已入教的士大夫对这种"天主"的新称呼以及"音译"的术语都会感到难以适应。更何况《庞子遗诠》讲述的是发生在陌生的以色列的"故事"！这也许就是中国信教的士大夫即使是读过《庞子遗诠》，也很少会对该书加以评论，更不必说为其做"序""引"和"跋"了。

综上所述，从《庞子遗诠》撰写的目的和性质来看，它的传播范围自然不可能广泛。但在西方来华传教士的中文著述中，《庞子遗诠》却仍具有重要的意义。

继利玛窦的《天主实义》之后，庞迪我又写出《庞子遗诠》，这实际上代表着耶稣会中国传教团在范礼安策略思想的指导下，为了适应中国社会的现实情况而做出的持续的努力。即，把在华的宣教活动分为两个步骤来进行：首先利玛窦通过书写"要理本"性质的《天主实义》，尽量将中国的非基督教徒引导到信奉基督教的道路上来。其次，庞迪我通过撰写"基督宗教的道理本"性质的《庞子遗诠》，试图对中国的基督教徒进行"历史启示"教育，以便坚定他们对基督教《宗徒信经》的信仰。可以说从《天主实义》到《庞子遗诠》是来华传教士为了实施沙勿略倡导的"适应"策略而做出的持续的重大努力。

利玛窦的《天主实义》在中国社会中形成了一定的影响，而庞迪我的《庞子遗诠》在中国社会中的影响却极为寥寥。客观上说明，当时的中国社会尚没有做好接受基督教《宗徒信经》的准备。其后，当庞迪我的另一著作《七克》面世时，却受到知识界的欢迎，而这正是庞迪我调适了宣教策略的结果。这也是我们将要讨论的问题。

（2）《七克》。

庞迪我所著《七克》出版于万历四十二年（1614），这是一部论述道德修养的伦理之著。庞迪我在《七克》中指出，人性中常滋生出七种罪恶的意念。这就是：傲、妒、贪、忿、饕、淫和怠。这七种罪恶意念极应克服，这就是《七克》书名的由来。为克其心之罪根，植心之德种，就要以谦伏傲、以仁平妒、以施解贪、以忍息忿、以淡塞饕、以贞防淫、以勤策怠。然而修德克欲，又绝不是一个人仅靠其自身的力量所能达到的。因为"自有生来具有一念提醒，莫非天主上帝赐我者，富贵寿安微暂之福，有一隙之明者，皆知出于上帝。……迫德成欲克，皆认帝赐也"[①]。就是说，一个人要想最终克服上述七种罪恶意念的诱惑，则必须信守基督教教义的精神。实际上，《七克》是一部弘扬基督教宗旨的宣教之著。

恐怕庞迪我接受了《庞子遗诠》一书不宜为中国士大夫接受的教训，为了达到上述目的，为了避免中国的士大夫在阅读《七克》时，对书中所渗透的基督教教义有所质疑或反感，甚至由此引起东西方文化之间的冲突，因此如前所述，庞迪我在《七克》中所使用的宣教语言总是以人类普遍的思想这种假设为前提，尽量模糊基督教教义和儒家学说之间的界限，甚至着意寻找两者之间的契合点。像在《七克》第二卷谈到"爱"时，庞迪我指出，"爱"有四个要义，"其三，人也。爱人者，恕而己。己所不欲，勿施于人（《论语·卫灵公》），即天主所谓爱人如己是也"[②]。在这里庞迪我已把"己所不欲，勿施于人"的儒家的道德标准与基督教的"要爱人如己"（《圣经·旧约》，《利未记》，第19章，第18）的《圣经》训导等同起来。又如《七克》第六卷在论述如何正确对待婚姻问题时，庞迪我解释说，婚姻并不仅仅给人带来欢愉，它也会造成人间的愁苦。他进而把婚姻的不幸归罪

---

① ［西］庞迪我：《七克·自序》，京都始胎大堂藏本。
② ［西］庞迪我：《七克》卷2，第19页。

于妇女的"不贤"上。在接续的行文中，他同样借用了中国"圣人"的说教："人一娶，遂拘挛，不能为自身之主，而为妻子之仆役。贤妇最难遇。近之不逊，远之则怨。中国圣人亦言之矣。"①

　　庞迪我在《七克》一书中实施"适应"策略的另一手段即为借助攻击佛教以达到与儒家学者结盟的目的。鉴于中国知识分子对不同的宗教往往采取一种宽容和折中的态度，甚至有些文人认为儒、释、道三教本为一体。在这种情况下，若想向中国文人灌输基督教教义是唯一的、绝对的真谛，那么在进行"合儒""补儒"工作的同时，必须对佛教展开攻势，以便更加有效地争取到更多的基督教的皈依者。所以庞迪我继承利玛窦在《天主实义》中运用的批判佛教的策略，在《七克》中他也不遗余力地对佛教进行攻讦。而且将矛头直指佛教的"轮回"说及"因果报应"说。而在佛教学说中，"轮回"又往往是"因果报应"的延续，两者密切相关。特别是因为佛教所宣扬的"因果报应"说和基督教阐释的"奖善惩恶"说是格格不入的。因此，只有驳倒"因果报应"的说教，世人才能接受基督教"奖善惩恶"的教义，进而皈依天主，并希求到天堂去享受"永年提福"。

　　为此，庞迪我揭露说，佛教所以主张素食，完全是从"轮回"角度提出的："前后万世之人与诸畜生，转轮变化。前世为鸟兽者今世或为人也。今世为人者，后世未必不为鸟兽也。因信此说，谓杀鸟兽者，其阴祸无殊杀人。"② 所以很多佛教徒恪守"不杀生"的信条。庞迪我进而指出，这些貌似仁慈的人，实则是些虚伪而无情的人："犬鸟兽疑为人类转生，爱不忍杀，斯因矜爱人，故矜爱鸟兽也，则其矜爱人必倍至矣。今不忍杀者皆然乎？甚不然也。怜恤鸟兽，酷虐人民。遇捕获生物，捐赀赎之，养之，放释之。至小民之困苦饥寒者，行乞者，曾个反顾，迹之甚远，乞之甚悲，恬然、漠然，莫捐半菽

---

①　原文为"唯女子与小人为难养也，近之则不逊，远之则怨"。(《论语·阳货》)
②　〔西〕庞迪我：《七克》卷5，第19页。

也。即有施予，岂缘愍其患，正以杜其烦扰耳。"①

在揭示"轮回"说信奉者的虚伪面目的同时，庞迪我又借用儒家先哲的名句进一步暴露"轮回"说的残酷本质，即有的佛教信徒假"轮回"说而戕害自己的子女："凡信轮回之处，贫人生子，或虑养育之难，嫁娶之费，辄杀之。曰：'吾生尔贫尔。愿尔死，早托生贵富家，正尔富也。'痛哉！中土圣贤言：亲亲而仁民（'亲亲而仁民'《孟子·尽心篇》）。我西国论杀至亲之罪，甚于杀人之罪。奈何哉以伪慈之貌，饰残贼之心，借虚诬之言，掩故杀之辜，缘贫吝之情，忘父母之慈。谬孰大乎！则此诸被杀之小儿，非轮回转生之一言为之方斧方刀也哉。语悉爱人慈人，行显憎人害人。此谓外袭羊皮内怀狼心，正邪魔恚人类之酷计也。此则信轮回因果之明效矣！"②

在上段论述中，庞迪我巧妙地将"中土圣贤"和"西国"当作同一信仰的卫护者而共同鞭挞"轮回"说。他的这一策略无疑是经过深思熟虑的，而且是行之有效的。

首先，这一策略有助于争取到部分中国知识分子对基督教的好感。因为至晚明，中国社会已陷入严重的危机当中。在社会动荡日剧的情况下，很多人遁入空门，以寻求解脱，使本来已经为数甚众的僧侣人数更趋膨胀。而且佛教圈内，腐败堕落之事早为世人所深恶痛绝。佛教因果报应说的欺骗性更成为部分先知先觉的文人所揭露和批驳的主要目标。因此，西方传教士对佛教学说的批判往往会得到一些"中士"的同情、支持，甚至是共鸣。在对基督教的实质认识尚不十分明确的情况下，一些忧国忧民的文人竟把基督教学说当作可以改变世风的"良药"，杨廷筠即认为，其教，"可以补儒术之阙，可以正释老之误"③。

其次，通过对佛教"轮回"说的批判，庞迪我有了一个阐释基督

---

① ［西］庞迪我：《七克》卷5，第20页。
② 同上书，第21页。
③ 吴相湘：《天主教东传文献续编》，台北学生书局1965年影印本（一），第37—39页。

教"奖善惩恶"与佛教"善恶报应"之间根本区别的机会。因为佛教的"善恶报应"具有一种"自动"转换的特点，实际上使"上帝"的干预变得毫无用处。承认佛教的"善恶报应"的说教，就等于默认了还存在一种除了"上帝"之外的"善"。而基督教宣扬的"奖善惩恶"的永久性也就不再具有威慑力。因此，庞迪我不遗余力地借助批判佛教学说而宣扬基督教的唯有在天国中才有真谛的说教。

《七克》一书可以说是实施"适应"策略的典型体现。由于庞迪我突出了儒家伦理道德与基督教的伦理道德之间的某种共同点，遂使中国知识分子读到《七克》时，在感情上易于接受。

此外，庞迪我在《七克》一书中，为了阐述刚刚谈到的那七种不良意念所造成的危害，曾列举了一些《伊索寓言》和《圣经》中的故事以及一些欧洲古代"贤哲"的妙语警句来说明他的观点。

众所周知，西方传教士将《伊索寓言》介绍到中国始自利玛窦。在《畸人十篇》中，他曾引用过几则伊索寓言故事。而在《七克》中，庞迪我也仿照利玛窦的先例，曾多次引用伊索寓言的故事。例如，在卷一《伏傲篇》中，在谈到阿谀奉承为人之害时，庞迪我写道："听誉者，美言昵心，过时犹忆，欣欣自喜，实德实行要业俱弛矣。故曰智者倾耳以听誉，则愚。既听而自喜，则狂也。人情变态无常。其誉我，欲毁我也。我爱誉，彼以是毁矣。"为了讽喻世人，庞迪我在这里引用了《伊索寓言》中著名的《狐狸和乌鸦》的故事。并由这一故事导出对世人的忠告："彼面誉尔者，若以尔为智，必知尔不喜誉而弗敢为誉。唯有求于尔不得，且意尔为愚可欺，乃面誉以增尔愚，而得所欲得焉。一己得，且讥尔傲，笑尔愚也。尔奈何倾耳以听虚誉，而取笑讥乎。"①

同样，在该卷《戒好贵》一章谈到人贵有自知之明时，庞迪我做了一个比喻："人无有自信所不能为者，与缝人以尺布欲为衣，与履人以寸皮而欲为舄（鞋）。必决起而力辞。居贵人以治人最难为之事，

---

① ［西］庞迪我：《七克》卷1，第17页。

而无人自识其难也。狭不足以为甚有余。惟真能辞者，乃真能任焉。"①为了引申上述论点，庞迪我又举《树木与橄榄树》这则寓言来做说明。内中讲到众树欲推一王管理众树。盛含食油的橄榄树、能为人类提供果实的葡萄都谦虚地推辞了这一职位。唯独只能当作柴烧的荆棘愿就这一高位并对众树说："信然耶，则当来就我影下。惟我所为，谁敢逆者，逆则我辣末（Ramus，即荆棘）当出火焚之矣。"接着庞迪我评述说："夫有德者，满于膏、丰于实，惧因责任而散也。微特不喜，且畏之；微特不求，且避之。愚者拙者，无美可惧善，不畏不避，则辣末而已。"②

除伊索寓言外，庞迪我在《七克》中还引用了许多《圣经》里的故事。如，在谈到人应自谦时，庞迪我引用《圣经》中如下故事：一个颇有声誉的有才智的人和一个"无赖"同时进入教堂。前者感谢上帝赐给自己才华，使他德行出众；后者诚惶诚恐，在上帝面前自认为罪人。而耶稣最后做出裁决："此人恶（指无赖）愿自悔自下，入时罪人，出时洁矣。彼夸者，以傲以满，自灭前善也。出时愈污。才智者，以德取傲，傲存而德亡。无赖者，以罪取谦，谦至而罪灭。"③

在《七克》一书中，庞迪我还大量引用了西方"贤哲"的名言，仅第一卷中就有 60 余条。其中，大部分是告诫人们要修身养性的格言。如谈到人应当谦虚谨慎时，他引用了百尔纳的如下警句："尔思所从来，甚可愧耻；思今所在，甚可叹哭；思所从往，甚可战栗。人恒存此三思，傲当自减矣。"④ 为了进一步阐述同一观念，庞迪我又引用了圣厄卧略一个精巧的比喻："积德不以谦，如持浮灰而逆飘风。红炉之炭，不以灰蒙之，须臾而灭。盛满之德，不以谦掩之，须臾而亡矣。"⑤在谈到什么是真诚的友谊时，庞迪我举了亚历山大大帝（公

---

① ［西］庞迪我：《七克》卷 1，第 35 页。
② 同上书，第 2 页。
③ 同上书，第 8 页。
④ 同上书，第 8 页。
⑤ 同上书，第 37 页。

元前356—前323年）的故事："亚历山西国大王也。闻一士有盛德大智，结为密友。同居数月，无所劝责。王谓曰：'我人耳。岂无罪过。尔不见，不智。见而不我责，何矣？非我所望也。'遽遣之。"① 庞迪我在论述人应以德报怨时，讲了一个西班牙故事："前敝国以西把尼亚有杀寡妇之子者。吏将收之。寡妇知所在，赐以良马资装，令速避去，是人得脱。其子忽见大宝光，谢其母曰：'死后过失未净，当受多年炼狱之苦。今母以恩报害，以爱报恶，甚感天主心。故赦我罪，免我刑。已升光明天，享大福乐。此恩岂生养我可比哉。'言毕不见。"②类似的故事在《七克》中俯拾即是。

总之，《七克》是一部内容十分庞杂的宣教著作。为了达到宣教的目的，庞迪我深知必须把西方国家描绘为不低于中国文明水准的国度。所以在《七克》中，庞迪我列举了数不胜数的西方"名人"和"贤士"以及他们"齐家治国平天下"的妙论和警句。他还通过大量《伊索寓言》和《圣经》故事来彰显西方社会理想的道德标准和风范。庞迪我笔下一段又一段的历史故事和名人轶事以及风习民俗和社会法治的描绘，竭力宣传以基督教教义为基础建立起来的西方世界是个太平盛世。然而东西方文明之间的巨大差异是无法完全用折中的方式调和的。《七克》中宣扬的基督教教义内容，很快受到一些儒家学者的批评。从东西方文化交流的视角来看，《七克》的真正价值恰恰在于将一些《伊索寓言》和《圣经》故事及一些欧洲古代哲人的思想火花介绍到中国来，从而使我国人民开始接触欧洲文艺和西方哲学的精华。

总之，通过庞迪我的上述社会实践活动完全可以视他为"适应"策略的实践者和中西文化交流的先驱。

（3）《天主实义续篇》。

庞迪我的另一部中文宣教之著就是《天主实义续篇》。从"清漳景

---

① ［西］庞迪我：《七克》卷1，第10页。
② 同上书，第9页。

教堂重梓"本来看，扉页作《天主实义续篇》；目录前作《天主圣教实义十二册》，又作《天主实义十二册之第二》；书口作《天主实义》。

方豪先生认为利玛窦从未在他的著述中写明他有一个组织传教士撰写十二本论述"天主实义"的计划。但从上述诸书名来看，也可能当年利玛窦的确曾有过这类计划，由于庞迪我追随利玛窦多年，所以他知道利玛窦的上述想法，并在利玛窦故去后自己撰写有关"天主实义"的著作来完成利玛窦的未竟事业，并以此来纪念利玛窦。[①] 此外，据法国天主教史研究专家裴化行考证，在他那一时代所能见到的《天主实义续篇》的抄本，"约为一六一七年（万历四十五年）物"[②]。当时龙华民挑起"礼仪之争"，既在耶稣会中国传教团的内部引起思想上的混乱，也直接影响到基督教在华的传教活动，因此也格外需要一部进一步阐释"天主实义"的理论之著。可以说庞迪我的《天主实义续篇》是为了应和耶稣会传教事业的需要而作。

《天主实义》为利玛窦名著，1596年在南昌完稿，1603年在北京付梓并多次重刻。利玛窦的《天主实义》是写给中国那些对基督教感兴趣但又不甚知其真义的士大夫们看的。而且他不是正面阐述基督教教义，而是引用大量中国先哲的名言和西方古代哲学及神学大师的警句来发挥以自然法则和理性为出发点的道德理念，并进一步暗示，宇宙万物的和谐发展全仰赖于创造和治理万物的"上帝"，而上帝将会"奖善罚恶"，故人们应当追求灵魂的不朽。由于利玛窦通篇使用的都是中国士大夫所熟悉而且能够接受的语言，兼之笔调轻快，使人读起来感到趣味盎然，因此《天主实义》刊刻后很受中国知识界的好评。事实上《天主实义》是利玛窦推行"适应"策略的一种具体体现。

庞迪我的《天主实义续篇》则进一步阐述了利玛窦《天主实义》的主题，正如意大利耶稣会士卫匡国（Martin Martini，1614—1661）

---

① 方豪：《影印天主实义续篇序》，吴相湘《天主教东传文献续编》（二），台北学生书局1965年影印本，第11页。

② 同上。

所指出的："证明天主之存在，并充分解释其特性。"①

《天主实义续篇》共分 20 章。该书开宗明义地指出："世界定有一至尊主。初造天地万物，而后恒存育，临莅之。"② 庞迪我告诉读者说，这本书讲的都是天下人所共知的事实，因为"遇吉福如意之事，莫不颙天，敬礼感谢，求申益之。艰难拂意，莫不吁天，祈释解之。为非者，亦莫不怖畏之，疾痛呼号救之。共祷、共谢、共敬、共怖，不约而同。亦以证天地一主之实理矣。西国称为陡斯"③。"陡斯"即葡文"天主"（Deus）之音译。

接着庞迪我充满激情地描述了由于信奉天主而给西方国家在文明教化上所带来的根本性变化：

> 我西域千余国，千六百年前，虽知天地，特一尊主，但未知谁，未闻其性德，未识其诚命敬事之法。善恶之报，尚未详晓。故人各设所喜，各敬所设，各以所设敬为真。万人万心，教法万派，风俗不美。独如德亚（指"犹太"——引者）一国之人自古钦崇一造物大主，多出圣贤。物主以其性德及其教规之详，善恶之报，初造制大地、人物之缘由，亲谕彼国。圣人亦亲载千册，垂训万世，因有流传四方者。四方闻而遵焉。教法、人心，乃始归一。各国至今，多出圣贤，学问彰盛，溃乱自息，俗自美。④

通过这段文字，我们可以看到，庞迪我在《天主实义续篇》中着意把西方社会尽量美化成中国人追求不已的"大同"世界，从而提高在华传教士的社会地位和宣教语言的分量。

为了解除中国人习有的对外国人的怀疑，庞迪我紧接着开始阐明西方传教士来华的目的：

---

① 吴相湘：《天主教东传文献续编》（一），台北学生书局 1965 年影印本，第 11 页。

② ［西］庞迪我：《天主实义续篇》，载吴相湘主编《天主教东传文献续编》（二），台北学生书局 1965 年影印本，第 1 页。

③ 同上。

④ 同上。

大西诸国，千六百年以来，皆遵天主正教之地也。有士儒谢
世富贵、安娱之乐，不辞离亲、背乡、多年航海之苦，学异言异
文，习异俗、异食之劳，讲论译述昼夜劝人之烦，其意诚愿天下
国国人人，皆得识真主，循正路，以积实德，建真功，使今世得
享宁安之乐，而身后亦得跻天界，蒙无量福。①

　　为了说明大千世界有一万物之主，即物不能"自始"的道理，庞
迪我叙述了东西南北各国从无序到有序的发展过程。其中他特别提到
中国，"如中国史书所载，画卦钻火，尝药教稼等，万用万事，无不
有由肇始，不能自始"。由此，庞迪我进一步引出这一推理："与安立
人类之世界，偏无肇始，偶然突而全有哉。夫天地万物既皆有始，有
始则必有造其始。此造始者有始乎。若曰有始，是亦待造，尚不离
物。若曰无始，是即吾所求。始无终无量，为凡物之总原总主
者矣。"②

　　再如，为了迎合中国士大夫学而优则仕的普遍心理，庞迪我在
《天主善好》一章中，把读书人的功名富贵与天主的"善好"联系在
一起："吾欲作官，读书有益，故读书于我，谓善好也。若此而言，
则物主为万人物性德所从出之源。凡灵物之福乐，见物主，始满圆。
故为福乐泉也。我有福乐美好，皆物主致之。故为我福乐美好也。我
有功德富贵，皆物主致之，故为我功德富贵也。凡物所有，尽物主之
恩泽，大有益于物，故于物至善至好焉。"③

　　通过上述例子，我们可看到庞迪我是如何借助中国士大夫所熟知
的历史故事，一步步通过逻辑推理，最终导出天主是无始无终，全能
全善的，是天地万物的总主宰这一结论。

　　然而如与《七克》相比较，《天主实义续篇》在中国社会上的影
响则要小得多。究其原因，其一，《七克》主要谈的是伦理道德问题，

①　[西]庞迪我：《天主实义续篇》第2册，第1页。
②　同上书，第7页。
③　同上书，第48—49页。

因此容易引起中国信奉儒家学说的士大夫的兴趣和认同。而《天主实义续篇》主要论述天主是宇宙万物唯一的创造者，进而又阐释天主的特性。这种有关天主"奥迹"的理念，很少能为中国的士大夫所理解，相反地，甚至会引发他们的疑问。所以利玛窦在世时，在他与士大夫的交往中，他往往会回避这类问题。按利玛窦自己的话来说，他的《天主实义》一书，在论证只有一个"上帝"，他创造和治理着万物，以及在论述人的灵魂不朽和"奖善罚恶"等方面，"谈得很简略，解说得不是很充分的"，"它（即指《天主实义》）只能轻轻地触及人们经常要问神父们的许多问题"①。为什么对基督教神学体系深有研究的利玛窦不利用他的学识向中国的士大夫全面、深刻地阐释基督教教义的"奥义"呢？那是因为他深知在当时的中国，尚不宜谈论天主的"奥迹"。而《天主实义续篇》则是对《天主实义》不宜深谈的问题进行了更为深入和更为透彻的解读。所以，如果单纯从阐释基督教教义的角度来看，《天主实义续篇》较之《天主实义》是个新的进展。但也正因为庞迪我在《天主实义续篇》中突出了在中国尚不宜深谈的有关基督教教义的实质性问题，因此很可能使中国士大夫中那些信仰无神论的人士，或觉得该书中所论述的内容似是而非，或感觉庞迪我的论点难以接受，因此使《天主实义续篇》的流传范围受到很大限制。

其二，尽管《七克》于1614年问世，但这部洋洋近9万字的著述很可能能孕育于利玛窦在世之时。因为《七克》与《天主实义》在论述的内容上很明显是在相互配合。后者着重引经据典论证儒家学说和基督教教义之间存在着某种一致的地方，即主要是从哲学的角度来论证基督教可以起到"合儒""补儒"的作用。而《七克》则有种明显的世俗化的倾向，着重从社会伦理学的角度来阐述东西方道德之间存在着某种一致性。特别是在《天主实义》和《七克》中，都广泛地使用中国典籍中的"上帝"来译基督教中的"天主"，这可起到使中

---

① ［意］利玛窦、金尼阁：《利玛窦中国札记》下册，何高济等译，中华书局1983年版，第486页。

国读者认为中国的"上帝"即西方的"天主"的效果。即这两部书都尽量为拉近两种异质文化之间的距离而做着努力。

其三，尽管《七克》于1614年刊刻问世，但此前该书的手稿已在士大夫中间广为流传，如前所述，其书稿曾经由徐光启润色，并有当时的名士杨廷筠、彭端吾、曹于汴、郑以伟、熊明遇、陈亮采等曾为之撰序，卷后又附有汪汝淳所著的跋。像《七克》这样在社会上广有影响的著述，即使是龙华民也很难向庞迪我提出修改《七克》文本的要求。这也是《七克》较之《天主实义续篇》有着更大影响力的原因。

然而当庞迪我写作《天主实义续篇》之时，他与龙华民之间的分歧已然十分明显。对什么是在华传教的正确策略，庞迪我有自己的看法，所以在与龙华民的内部辩论中，他用明确的语言表示他仍认为利玛窦实施"适应"策略的理论基础是对的。在他回答澳门耶稣会上层领导人彼埃伊拉的相关询问时，庞迪我用书面的形式明确地表述了他的观点。然而在耶稣会内部，对于耶稣会士应如何在社会上发表自己个人的观点是有着严格的纪律约束的。即使耶稣会成员对某些问题有不同的看法，但在行动上必须无条件地服从上级的决议。因此，尽管在"礼仪之争"中，耶稣会中国传教团内部已然形成了对立的观点，但涉及是否可以用"上帝"译"天主"以及是否允许中国教民祀天、祭祖和参拜孔子等原则性问题，尽管当时罗马教廷尚未做出最终裁决，但出于中国传教团整体利益的考虑，庞迪我在一些存有争议的重大问题上还是表现出对龙华民的遵从，即在他的著作《天主实义续篇》中，如同他的《庞子遗诠》一样，已经放弃使用中国典籍中的"上帝"一词来译基督教的"天主"，并告诉中国读者，共祷、共谢、共敬、共怖的那个天地一主应称为"陡斯"。此外，庞迪我开始按照龙华民的主张，用"音译"的方式来处理一些基督教的关键性术语。如在《天主实义续篇》中，在论及基督教"三位一体"（即"天主圣三"）这一天主内在生命的最深奥迹时，庞迪我也采用音译方式："兹惟论天主性体，若其全，于一体固有三位，所谓天主罢德肋、天主费略、天主斯彼利三多，三位一体是也。"①

又由于龙华民极力主张应在中国儒家思想和基督教教义之间做出严格的区分，遂使庞迪我再循利玛窦的足迹，像《天主实义》一书那样，通过复杂的逻辑推理，在中国儒学和基督教学说之间寻找契合点，事实上已经是不可能了。所以庞迪我在《天主实义续篇》中只好把自然法则当作他阐述基督教教义的推理基础；而在思维方式上，则尽量迁就中国人在传统上偏重直觉思维的惯性，即主要在经验的基础上通过类比和类推来认识事物，而不再借助严密的逻辑推理来认识事物。

比如，在论及"物上当有一至灵至尊无始之主"时，庞迪我则逐步类推说："夫天地万物既皆有始，有始则必有造其始，此造始者有始乎。若曰有始，是亦待造，尚不离物。若曰无始，是即吾所求无始、无终、无量为凡物之总原总主者矣。若云目前此物出自彼物，如子出自父母，则父母又从安出。追至元祖，元祖亦弗能自始。推之，无形、有形，凡物尽然，则万数未始之先，岂得不有一无终、无始、无量者为万数之始，岂得不为万物之主哉。"② 这种类比方法在"蠢物证有天主"一节运用得更加典型："复以肉目观睹万物之妙，则物上有一至尊主更昭如也。么末之虫，大抵具备五官、百体无异牛象，无缺无余，无可增减，无可更易。鸟兽本属蠢数，宜无灵觉，而蜂制蜜、蚁积粮、蜘蛛织网。百鸟兽护命养生……万种尽然。夫鸟兽性不灵，而迹多肖灵，若非有一至灵至能之主营制其性情，蠢属焉能若是耶。"③

为了阐明世界是"造物主"按他的创世计划营造的，庞迪我又做出论证，他首先指出，世上万物混然精美绝非偶成。譬如一座宫殿，难道能说"一山崩其土，偶自成砖瓦；树偶自成柱、栋、橡门，又偶契合而成就斯殿也"，由此他开始推理："天地万物之大，云皆偶成，

---

①　[西]庞迪我：《天主实义续篇》第2册，第29页。
②　同上书，第7页。
③　同上书，第11—12页。

不为狂诞乎？……或曰物皆自然而成。曰，何谓自然。若谓物各造其然，孰不欲成造美好，而顾有顽蠢陋劣者。且既能自造其然，必也亦能存护其然，何又渐滋衰弱，至老死灭亡耶。见嘉篇文字，必意高才之士撰述之。或曰自然若是不待文人撰述，谁不以为妄言耶。"①

经过上述类推，庞迪我终于指出，万物的存在并非自然生成，这完全是靠全智、全能、至仁至尊之"造物主"。

上述这种依据自然法则，用类推的方法，由近及远地论证"造物主"的各种性能，虽然从表面上看，似乎给人一种顺理成章的感觉。然而，在人们对宇宙的知识尚属有限的时代，庞迪我的上述各项立论也很难被驳倒。但他的论证方法总给人一种似是而非的印象。像中国这样一个具有无神论传统的国家，说"造物主"创造了世间万物，显然庞迪我所运用的论证方法是难以让人信服的。这也说明在龙华民挑起"礼仪之争"之后，推行"适应"策略已没有更大的回旋余地了，这也就决定了《天主实义续篇》不可能产生较大影响。这就是《天主实义续篇》的最终命运。

《天主实义续篇》的命运和《庞子遗诠》的遭遇岂不是同出一辙吗？所以说，离开沙勿略所倡导的"适应"策略，基督教的在华传教事业是不可能成功的！而对文明多样性的认同则是"适应"策略的基石。

前面我们已提到，据裴化行研究，《天主实义续篇》的抄本可能已于1617年开始流传了。但此时"南京教案"已然波及中国大江南北。1617年庞迪我本人也被驱逐到澳门。在这种反基督教的浪潮下，《天主实义续篇》已失去了传播的土壤，更不用说由著名的士大夫为其撰写序、跋之类。这也是《天主实义续篇》的知名度远不及《七克》的又一原因。

---

① ［西］庞迪我：《天主实义续篇》第2册，第9—10页。

五　庞迪我与"南京教案"——兼论《具揭》

1610 年 5 月 11 日利玛窦在京病逝。这对中国传教团是个十分重大的损失。庞迪我借助与他相熟的中国士大夫的帮助，成功地从万历皇帝那里为利玛窦申请到一块墓地，并为利玛窦举行了隆重的葬礼。在西方传教士的眼中，万历皇帝赐给利玛窦墓地，这无异于中国最高统治者承认了基督教的律法，所以认为"这个成就或许比前三十年漫长而艰难的奋斗所做出的任何事情都更重要"①。

通过为利玛窦申请墓地一事，既提高了庞迪我在京城士大夫中间的知名度，也在一定程度上弥补了由于利玛窦病故而造成的基督教在中国社会影响上的真空状态。

为了使"适应"策略在利玛窦故去后仍能贯彻实施，庞迪我先后用中文写出《庞子遗诠》《七克》和《天主实义续篇》等多种宣教之作。为避免渗透在这些著作中的基督教学说引起中国士大夫的反感，或是引发中国文化与西方文化之间的公然冲突，庞迪我在这些著作中所使用的宣教语言总是以人类普遍的思想这种假设为前提，尽量模糊基督教教义和儒家学说之间的界限，甚至着意寻找两者之间的契合点并使一些中国士大夫在读了《七克》等著作之后，竟致把"天学"当作一种近似于儒家学说的道德说教而接受下来。因此《七克》在中国社会中便颇受欢迎并被一再刊刻。庞迪我也因这些著作一时被一些士大夫尊称为"庞子""庞公"。

利玛窦生前，中国传教团共有 13 名传教士。其中意大利人和葡萄牙人各 6 人，仅庞迪我一人为西班牙人。西葡两国又长期对立。为了避免中国传教团内部出现民族矛盾，利玛窦遂在生前已内定意大利来华耶稣会士龙华民为他的继任人。利玛窦故去后，龙华民继任为耶稣会中国传教团会长。然而龙华民对"适应"策略却持有异议并对利

---

① ［意］利玛窦、金尼阁：《利玛窦中国札记》下册，何高济等译，中华书局 1983 年版，第 648 页。

玛窦的传教方式进行了公开的批评。

利玛窦在世时从"适应"策略的角度出发，认为中国人所遵从的"敬天""祭祖"和"参拜孔子"等礼仪仅仅是一种社会习俗，因此对中国教民参与上述礼仪活动予以默认，而龙华民则认为上述礼仪活动是一种偶像崇拜，因此严厉禁止中国教民"敬天""祭祖"和"参拜孔子"。由此在耶稣会中国传教团内部引发了"礼仪之争"。

龙华民急于创建救世功业，所以他不切实际地意欲直接上疏万历皇帝，请求准予西方传教士在中国自由传教。他的这种空想根本无法实现。他感到在北京的社会条件下很难实现他的理想，于是他开始把宣教重心从北京会院转移到南京会院。这样，在中国出现了两个耶稣会宣教中心，即北京会院和南京会院。

在南京会院，龙华民以地理大发现以后恶性膨胀起来的宗教扩张精神为动力，想在中国建立起一个直接从属于罗马教廷的"传教省"。为了维护基督教的"纯正性"，他又推行了一套与"适应"策略相对立的"激进"策略。由于龙华民认为"敬天""祭祖"和"参拜孔子"诸种礼仪完全是一种偶像崇拜活动，因此，他严厉禁止中国教民敬天、祭祖和参拜孔子。由此不仅在耶稣会中国传教团内部引发了"礼仪之争"，在中国社会上则更激起了士大夫阶层对西方传教士的愤怒。龙华民还一反利玛窦和庞迪我的文化调和主义做法，着力强调基督教教义与儒家学说之间的差异，由此中国士大夫便开始把基督教当作旁门左道而加以攻击。特别是龙华民为了实现他在中国建立"传教省"的抱负亟欲扩大教会的规模，于是开始把宣教的重心从士大夫阶层转向了"闾左小民"。随着群众性宗教活动的日益扩大，开始引起南京官方的警觉。

龙华民这种充满排他性的"激进"策略终于激起南京社会的反教风潮，这就是震惊中外的"南京教案"。

在南京首先引发这场反教风潮的是礼部侍郎沈潅。他于1616年率先向万历皇帝上《参远夷疏》，历数南京传教士的反儒家传统的行为，要求将西方传教士尽数驱逐出中国。这一反教风潮很快波及大江南北，庞迪我和利玛窦苦心开创的在华传教事业面临毁于一旦的危险。

在"南京教案"发生后，庞迪我与熊三拔合写了《具揭》一文，并上疏万历皇帝，试图从"适应"策略的角度再次论证基督教教义与儒家学说的相似性，以此缓解汹涌而来的反教风潮。

由于沈㴶在《参远夷疏》中将西方来华传教士比作潜入中国内部的"邪教"分子，所以在《具揭》中庞迪我与熊三拔首先申明，利玛窦来华直至利玛窦与庞迪我赴京城向万历皇帝呈献方物，他们每到一处，每行一事，都是处在中国官方监督与保护之下，而且得到中国最有权势的官吏们的帮助和支持。像在广东，"蒙总督军门刘（继文），取至肇庆"；待从韶州北上时，"途兵部侍郎余（实为石星——引者注），携历江西省会"；后又遇"南京礼部尚书王（泓海）赴任之便，蒙与偕至，获见户部尚书张（孟男）、礼部侍郎郭（正域）、工部侍郎王（肯堂）、都给事中祝（世禄）、暨诸缙绅，俱一面交定，淹款浃岁，复得受廛白下"。即使是北上入京，也是"蒙诸缙绅给发批引"。后在临清督税内官马堂"悉将贡物奏章，自行上进"。最终，利玛窦和庞迪我"奉旨起取赴京"①。即利玛窦与庞迪我是奉圣召而入京的。

在京城，利玛窦和庞迪我也是多蒙圣恩，皇上曾亲自"阅览方物"，其中就包括"天主圣像并万国地图"。至于"自鸣钟"，"其一见在寿皇殿，其一见在御前，迄今应用"。皇上亦曾"赐以官职，设馔三朝，宴劳阙廷"。只是由于利玛窦和庞迪我终生献给了主的事业，这才"固辞荣爵，受廪大官"②。

《具揭》这段对利玛窦和庞迪我来华以及来华后活动的综述，其用意在于说明，他们并不是私自潜入中国。相反的，他们在中国从地方直到北京，都是或经地方官吏的特许和引见，或是直接奉圣旨的传召。即他们在中国的活动完全是正当与合法的。

---

① ［西］庞迪我、熊三拔等：《具揭》，第1—2页。《具揭》这一珍贵历史文献系由台湾清华大学黄一农提供，由此使笔者终于完成了《庞迪我与中国》一书的写作。在此向一农表示感谢——张铠）

② 同上书，第2页。

沈㴉在上疏中辩称，中国历史上临诸侯者曰天王，君天下者曰天子。明朝稽古定制，每下达诏诰，都称奉天而为。现在西方传教士把他们的推崇者诡称为"天主"，这实际上等于把西方的"天主"置于中国的"天"之上，其险恶的目的就是"使愚民眩惑，何所适从"。

沈㴉指责西方传教士欲把他们信奉的"天主"当作高过中国的"天"的神灵，这是非常具有蛊惑性的攻击。所以《具揭》对此做了详尽的回答。

《具揭》作者首先指出，西方国家所信奉的"天主"，"即中国所奉之天，即中国所祀之昊天、上帝"。中国语言中往往一词多义，像苍苍旋转之"天"与具有主宰意义的"天"完全是两个不同的概念，但在中国语言中都用同一个"天"字来表达。然而西方语言务求准确，所以将中国具有主宰意义的"天"用"天主"一词来表达，其意义与中国具有主宰意义的"天"完全一样，即"天也，上帝也，天主也，一也"。因此绝不能从字面上看，认为"天主"凌驾于"天"之上。那种认为"天主"即为昊天、上帝之主的看法，实为"至愚"之见。因为再无识的人也"当知无物能驾轶于上帝之上者"。《具揭》著者最后论证到，正因为基督教的奥义与"儒家相合"，所以他们才东来，"共向一尊"①。《具揭》在这里着重说明基督教与儒家是相合的，是有着一致性的，因此不应把基督教当作"邪教"来排斥和打击。

沈㴉在《参远夷疏》中，给庞迪我等传教士定了一条重罪，即变乱中国的"纲维统纪"。因为《尧典》一直认为"天"是一个整体，七政在空中运行有迟有速，有顺有逆，正如世间君王有序地统驭天下。其中，"日者众阳之宗，人君之表，是故天无二日，亦像天下之奉一君也"。然而西方传教士则散布"七重天"的荒诞之说，即七政各自为一重"天"，各有各的"行度"。"七政各居一天"，这意味着各不相从，哪里还有什么"天道"和帝王的权威。所以沈㴉谴责西方宣扬"七重天"说，其目的是暗伤王化并将其指斥为

---

① 〔西〕庞迪我、熊三拔等：《具揭》，第5—6页。

"举尧、舜以来中国祖传纲维统纪之最大者，而欲变乱之"。沈漼进而表示令他尤为愤怒的是中国的一些士大夫居然也以这种荒谬的学说为基础来"纷更祖宗钦定、圣贤世守之大统历法"，这真是"诞妄不经"①。

变乱中国的"纲维统纪"是十恶不赦的重罪。所以《具揭》对此不能不做出回答。《具揭》著者仍以"适应"策略为出发点，尽量以自然法则为基础，找出在天体运行规律方面中国与西方两类科学体系之间相一致的概念，以此回应沈漼。

首先，《具揭》的著者指出，在历史上，中国的先人对"天"也曾分作"重"，例如"天有九重"就是中国传统的观点。即"七政"各有一"重"，各有"本等行度"，这与西方"七重天"的说法本无大异。不过中国人在"七重天"之上又加了两"重"天，即"上有列宿一重左旋"，还有"无星天一重"。这两重天同样"各有本等行度"。这就是中国的"九重天"说。

然而中国的"九重天"说传自远古。到屈原时，对"九重天"的具体内容已不甚清楚了。所以屈原在《天问》中曾慨叹，天有九重，"谁则度之"②。《具揭》著者由此得出结论，把"天"分成"重"，并认为各重天各有各的"本等行度"，这并不是西方独有的看法，中国古代也持同一观点，即"中西悬隔，其说不谋而同"。因此西方的"七重天"说"非由意造"。

《具揭》的著者特别指出，认为天有"七重"并不影响对"日"独受尊崇地位的肯定。即"日为世光之原，于七政最尊信然"。"日天"虽然一重，但它居"七政之最中处，月天在于最内，众星在于最外"。至此，《具揭》著者慨叹道："日"作为一重天"岂不适成其尊！"也就是说，尽管西方人认为天有七重，各有行度，但"日天"仍居最中心的位置，各星均环绕其周围。在"七重天"说中，给予"日"如此崇高的地位，怎么能说这一学说是暗伤王化呢！

---

① （明）徐昌治：《圣教破邪集》卷1，香港建道神学院1996年校注本，第5—10页。
② 《天问》为屈原《楚辞》名篇，著者站在哲学高度思考宇宙和社会规律。在《天问》中屈原曾发问："增域九重，其高几里。"

《具揭》又回顾了庞迪我等参与中国历法修改的整个历程。《具揭》强调，"其修历一事，原非本业"，是礼部上疏万历皇帝，援引译修西域历法等书的先例，主动邀请庞迪我等参与历法的修改，而且在写这篇《具揭》之时，庞迪我等仍"见在候旨"①。因此，将庞迪我等参与历法修改一事说成西方传教士为了暗伤王化而施展的计谋，这与事实完全相违。

在《具揭》中，庞迪我等仍"见在候旨"一句，是十分有分量的。这实际上是告诫沈㴞等，发动反对西方传教士的运动也并非不担任何风险。特别在修改历法一事上，现时已有礼部的支持，如果有朝一日万历皇帝正式下旨让庞迪我等参与历法的修改，那么今天攻击西方传教士参与历法修改的仁人君子到那时何以面对圣上和礼部诸大臣？

在"礼仪之争"中，由于龙华民一派认为敬天、祭祖和参拜孔子是一种偶像崇拜行为，因此严厉禁止中国教民参加上述礼仪活动。龙华民的这种激进态度引起中国社会的极大愤怒。所以沈㴞在他的上疏中，指责来华传教士"直劝人不祭祀祖先，是教之不孝也"，这是宣扬率天下可以无君无臣，无父无子。因此这些传教士是儒术之大贼，对他们必须加以诛杀，绝不能让天下人听从他们的谬说。

《具揭》著者充分认识到沈㴞对于西方传教士不允许中国人祭祀祖先的指控是最具有鼓动性的手段。沈㴞之流很可能借此煽动起中国人的普遍反教情绪。因此在批驳沈㴞之流上述指控时，《具揭》开宗明义指出，庞迪我等认为在祭祖活动中，必须认识到"祭义不同"之理。即，传教士不是一般地反对祭祀祖先，而是根据祭祀祖先的具体出发点来加以区别对待。比如，有的人借祭祀之机，向祖宗提出赐福免祸的要求，庞迪我等认为这是不对的。因为赐福免祸只能由天主来决定，把天主的权能转移到祖宗的身上，当然是不对的。庞迪我等着重指出，这种看法不光是西方传教士所坚持的，同时也是中国典制礼

①　［西］庞迪我、熊三拔等：《具揭》，第4页。

文的观点。因为在中国的典制礼文中，从来没有让后人向祖宗祈福免祸的规定。西方传教士还反对按照佛教成规在祭祀祖宗时焚烧纸钱，"以贿嘱阴司，矫诬灭理，长恶沮善"。中国传统"礼文"中也从来没有赞成这种做法的成文。所以说，在上述两方面，西方与中国并没有区别。至于奠祭亡故者时，"事死如生"，这反倒是中国与西方共同的伦理规范。因此西方传教士从来不曾反对过这种祭祀行为。

《具揭》著者进一步阐释说，西方人固然尊事天主，但尊事天主并不等同于不敬重祖先，不讲尽孝。从基督教的律法"十诫"来看，"尊事天主而下，首重君亲。不孝不第，罪恶甚大，地狱之苦甚深"①。在宣讲基督教教义的书中，这些内容都写得明明白白。所以《具揭》认为攻击西方传教士不让教民祭祀祖宗，不讲孝道，这都是"释道二氏妒嫉之言"②。

在关于基督教是否允许教民祭祀祖先与基督教是否主张孝悌的论辩中，《具揭》一方面强调基督教与儒家在伦理道德规范方面的一致性，另一方面又将批评的锋芒直指释道二氏，这种做法正是"适应"策略质的规定性的反映。

所有上述《具揭》作者与沈㴱的辩论，都是围绕东西方文明的根本性问题而展开的。尽管《具揭》作者运用"适应"策略在两种异质文明中指出具有一致性的方面，从而为来华传教士进入中华大地，进而在中国立足找到了"理由"，但沈㴱所发起的反教运动已不仅仅是抓住异质文化之间的不同看法不放，而且涉及国家的主权和"王化"这类立国之本。即龙华民所推行的"激进"策略已使文化上的歧见演变成政治和意识形态上的全面冲突与对抗。

沈㴱在上疏中所以对西方传教士提出了如上的种种具体指控，其最终的目的是"严邪正之禁，一应左道乱正，佯修善事，煽惑人民者，分其首从，或绞或流"。即将基督教判定为"邪教"之后，应对

---

① 在天主教"十戒"中有钦崇一天主在万有之上、毋呼天主圣名以发虚誓、守瞻礼主日、孝敬父母四条。故《具揭》中说西方传教士"尊事天主而下，首重君亲"。

② ［西］庞迪我、熊三拔等：《具揭》，第8页。

其加以沉重的打击，至少也要将西方传教士驱逐出中国，以永靖地方，"国家太平万万年，无复意外之虞矣"①。

《具揭》著者深感沈漼将基督教的在华传教活动比之为"邪教"惑众之打击分量十分沉重。所以在该文献中，庞迪我等用相当大的篇幅来回答基督教是否为"邪教"这一关键性问题。

《具揭》著者首先指出，"小术左道"是与"正术大道"相对而言的。有从事"佯修煽惑"的，也有献身"真修化诲"的。对于信教的人，应视其学说有理无理、所行之事有罪无罪来断其是非。当今儒释道三教并不遭禁。其中"儒言当理"，所以不禁止儒家学说的传播是理所当然的。至于"释道之言，似理非理"，连这二家也"通行不禁"，那么为什么偏偏独禁基督教？是因为基督教的教义无理，或是奉行基督教的人有罪？

接下来，《具揭》著者为了证实基督教并非"邪教"而进行了争辩：自从基督教创立以来，"亿万圣贤因之成圣，生（升）天受福。数十百国，因之致理，久安长治。因此流传万方"。为了使那些尚未信教的人也能了解基督教的奥义，所以来华的传教士才将一些基督教的"经传"翻译成汉字。尽管与基督教教义丰富的内容相比较，已译成中文的尚不及原教义真谛的万分之一，但已足可以此为标准来衡量庞迪我等言行的是非。如果庞迪我等有罪可证，"愿取事证，依律科判"。如果在庞迪我等宣扬的教义中，"有一语一字违犯正理"，庞迪我等表示不仅他们自己要放弃原来的信仰，而且绝不会再向他人宣扬这种荒谬的学说。

至于如何来判断天主教律法的正误，庞迪我等表示愿与释道二氏"深明彼术者，共相辩论，剖析推求，依理据事，直穷到底"。为了客观地判断基督教与释道二氏孰是孰非，庞迪我等又提出，"仍求儒术名贤，为之判定"。如果辩论的结果证明基督教并非白莲教和无为教那样的"邪教"，庞迪我等表示那将不枉皇上"二十年豢养之恩"。接

---

① （明）徐昌治：《圣教破邪集》卷1，香港建道神学院1996年校注本，第5—10页。

着庞迪我等还写下如下一段赞颂中国的文字："中国寰宇名邦，礼教所自出，裔夷所观望，仁声义闻，洋溢四外久矣。"然后笔锋一转，庞迪我开始向沈漼等反问道，像这样一个堂堂帝国难道能允许当世名公不分是非曲直，任意对另一种教派"遽相摧折"①吗？在这里，庞迪我实际上指出，像沈漼这类人毫无根据地攻击基督教，实在是有损大明国威。庞迪我的反击也是十分有力的。

可见，《具揭》在上述论辩中仍是从"适应"策略联儒辟佛的基本立场出发，力争摆脱在中国社会中的孤立状态。

沈漼在给万历皇帝的上疏中第一句话就是"奏为远夷阑入都门，暗伤王化，恳乞圣明申严律令，以正人心，以维风俗事"。他通过基督教实为"邪教"的论断，进而指出，这已经不仅仅是严格区分"邪"与"正"的问题。对于那些宣传"邪教"的夷人，更应从"夷夏之防"的立场上出发，采取断然措施，否则终将酿成大祸。沈漼大声疾呼："有忠君爱国之志者，宁忍不警惕于此。猥云远夷慕义，而引翼之，崇奖之，俾生其羽毛，贻将来莫大之祸乎？"②沈漼这一上疏不仅将西方传教士当作潜入中国的心腹大患而急于驱逐之，而且把那些善待西方传教士的中国士大夫视作养虎遗患的千古罪人。

《具揭》著者在看过沈漼的"上疏"后，已经意识到沈漼提出"夷夏之防"这一问题，实际上是反教势力向西方传教士祭出的"杀手锏"，也是反教势力攻击西方传教士的理论基础和道义力量之所在。庞迪我等已经认识到，要平息这场反教运动，首先要破除"夷夏之防"的立论根据。

庞迪我等指出，中国自古有"四夷"之说是有道理的。因北有"鞑虏侵轶"之患，其他三面虽然都是一些小国，但"亦时为梗"。因此中国对四夷严加防范是完全可以理解的。然而大千世界除了中国以

---

① ［西］庞迪我、熊三拔等：《具揭》，第10—11页。
② （明）徐昌治：《圣教破邪集》卷1，香港建道神学院1996年校注本，第14—17页。

外，其他国家并非都是夷、蛮、戎、狄之辈。庞迪我等表白说，他们的国家同样是礼仪之邦，"比于周礼，殆有过焉"。只是汉之张骞、唐之玄奘、元之都实、明之郑和从来没有到达过西方国家罢了。但现在已有中国人来到西方并受到善待。因此，只有这类中国人返回华夏大地，并亲自讲述他们在西方的所见所闻，那时中国人才会相信把所谓的"戎狄无信""非类异心"之类的偏见强加在西方传教士的身上该是多么的有违于事实。

《具揭》著者进一步指出，当时在中国传教的除了在北京的庞迪我和熊三拔以外，尚有王丰肃、阳玛诺（Emmanuel Diaz，Jr.，1574—1659）、谢文珞（谢务禄）、罗儒望（Jean de Rocha，1598—1623 年在华）、黎宁石（Pierre Ribero，1604—1640 年在华）、史百度（史惟贞）（Von Spiere，又作 Spira，1613—1628 年在华）、龙化民（龙华民）、费奇观（Gaspard Ferreira，1571—1649）、郭居静（Lazare Cattaneo，1560—1640）、毕芳济（毕方济）（Francois Sambiasi，1582—1649）和艾儒略（Jules Aleni，1582—1649）共 13 人。他们都是"三十年如一日""十数辈如一人，一心敬奉天主"。若为天主大事，受诽谤，遭窘难，乃至身死，不但不以为苦，而且以为忠于天主，"正是真福大乐"。这些传教士的来华宗旨都已写入《天主实义》《畸人十篇》和《七克》之中，"略一寓目，便肯谅其苦心"。这些传教士每天诵经作礼，其目的，"一为皇上；二为此方官长；三为父母；四为亲戚；五为众民"，因此绝不该将西方传教士比作煽惑愚民的不法之徒。更不应将他们"侪于魑魅"[①]，严设夏夷之防。

《具揭》一文写于南京反教运动的初始阶段。庞迪我等所以写出长达六千余字的《具揭》，其目的就是：其一，通过对基督教基本教义的阐述，指出基督教教义与儒家学说非但不相互矛盾，而且基督教教义可以对儒家学说起到一种"补合"的作用，因此不能将基督教说成"邪教"；其二，通过对西方传教士来华 30 年的宣教活动的回顾，

---

① ［西］庞迪我、熊三拔等：《具揭》，第 11—13 页。

说明他们既敬奉天主，又效忠于中国皇帝。他们的行为举止既严格遵从基督教教规的约束，又从不违背中国人伦理道德的规范。劝人信奉天主为的是使世人能享有天堂福报，而且在他们的著述中没有一字一语违反正理。所以既不能将他们视作毫无文明教养的"夷狄"，更不能将他们看作煽惑愚民危害社会的"细作"；其三，《具揭》通篇贯穿着"联儒辟佛"的思想，极力与同情西方传教士的士大夫们联手，借助皇上的权威来孤立反教势力，力争平息席卷全中国的反教运动。因此，《具揭》可以看成阐释"适应"策略的理论及其实践活动的一份辩护书。

我们还认为，尽管《具揭》署名为"庞迪莪（我）和熊三拔等"，但真正的作者应当只有庞迪我一人。如此断定的理由：其一，《具揭》借以立论的基本观点，都是庞迪我所一贯坚持的主张，而这部分内容恰恰是熊三拔并非全部认同的；其二，从《具揭》字里行间，也可看出其著者为庞迪我。比如，论及"四夷"时，《具揭》著者说："敝国之南，亦多恶夷。"庞迪我为西班牙人，熊三拔为意大利人。这里没用"西方诸国之南"而用"敝国"字样，业已透露出笔者当为庞迪我一人。在回答"细作"这一责难时，《具揭》写道："入都以来，一十七年，万耳万目，所见所闻，苟有纤毫微迹可证，即宜肢解于市，但驱逐而矣。"当时在中国入都17年的传教士，仅庞迪我一人。因此，可以断定《具揭》是庞迪我写成的。

那么，熊三拔为什么要在《具揭》上署名呢？通过前文关于"礼仪之争"的论述和北京会院参与中国科学实践活动的分析，我们可以看出，凡涉及基督教教义的基本原理和宣教策略问题，熊三拔始终站在龙华民一边，反对利玛窦和庞迪我所推行的"适应"策略。在参加中国科学实践活动时，他面带"怍色"，表现出为难的情绪，此点甚至被徐光启所察觉。但熊三拔又是一个善于根据中国社会的实际情况做出应变的人。参加中国科学实践活动是他所反对的，但为了使北京会院能在中国社会中立足并得到发展，他也曾违心地参与了中国历法的修改工作并与中国学者合作写出《泰西水法》等科学著述。

当南京反教运动爆发后，熊三拔通过沈淮的"上疏"已预感到更大的反教风潮即将席卷中国并有可能使处于开创阶段的宣教事业毁于一旦。《具揭》是以"适应"策略的理论为基础写成的。其中西方的"天主"即是中国的"上帝"或"天"的类比，允许中国教民祭祀祖宗的现实做法等，都是熊三拔所坚决反对的。但他也知道只有通过《具揭》所阐述的内容或许尚能争取到一部分中国士大夫对西方传教士的同情和支持，也只有这些中国士大夫出面，才有望平息这场反教风暴。他在《具揭》上署名，可以给中国有关士大夫留下在华传教士团结一致的印象。更重要的是熊三拔想通过在《具揭》上署名，给在南京的龙华民传达这样一个信息，即这场反教运动来势凶猛，在华的传教士不论对"礼仪之争"和"适应"策略抱什么态度，在目前危急的形势下，都应按《具揭》的口径来统一思想、统一步伐，以渡过眼前的难关。即以基督教在华宣教的长远目的为出发点，应把南京会院的全部活动暂时统一在"适应"策略的原则之下，以此作为韬光养晦之计。我们认为这就是《具揭》以"庞迪莪（我）、熊三拔等"来署名的原因。此外，《具揭》中列出了包括龙华民、王丰肃和谢务禄等在内的 13 名西方传教士的名字。在《具揭》署名中，除庞迪我、熊三拔以外，还加一个"等"字，实际上也包含着庞迪我想将所有的来华传教士当成一个整体给予保护之意。

上述《具揭》的作者与沈淮的辩论，都是围绕东西方文明的根本性问题而展开的。由于龙华民所推行的"激进"策略已使文化上的歧见演变成政治和意识形态上的全面冲突与对抗，因此这种冲突与对抗也就不是凭借带有协调性的"策略"所能平息的。所以尽管庞迪我和熊三拔向万历皇帝呈献了《具揭》一文，仍难免遭遇被驱逐出中国的厄运。1617 年在万历皇帝颁发"禁教令"之后，当时在华传教士庞迪我、熊三拔、王丰肃和谢务禄等都在被驱逐者之列。这样庞迪我不得不离开他居住了 17 年的北京，一步步循着当年北上之路艰难地走向南方。

其后庞迪我、熊三拔、王丰肃和谢务禄等被押解到广州。当地的官员对他们，"防护之以兵，优给之以食，俟有西船到澳回国"①。对此，西方文献只笼统地记载说，上述 4 位传教士在广州拘押了 7 个月之后，被驱逐到澳门。在澳门，庞迪我深感在华的传教事业已难以为继，但他仍寄希望于万一。万历四十六年（1618）四月他上疏万历皇帝：

> 臣与先臣利玛窦等十余人，涉海九万里，观光上国，叨食大官，十有七年。近南北参劾，议行屏斥。窃念臣等焚修学道，尊奉天主，岂有邪谋，敢堕恶业？惟圣明垂怜，候风便还国。若寄居海屿，愈滋猜疑，乞并南都诸处陪臣，一体宽假。②

这里所谓"海屿"实指澳门。

据《万历野获编》载："疏上不报。闻其尚留香山澳中。"③ 在澳门，庞迪我已重病缠身，1618 年 7 月 9 日庞迪我在澳门病故，就此结束了他在华 21 年的传教生涯，终年 47 岁。

庞迪我是在基督教东方传教运动宣教策略的大调整时期来到中国的。通过对中国国情的深入体察，庞迪我终于认识到耶稣会要想在中国求得发展，沙勿略所倡导的"适应"策略是唯一正确的宣教策略。所以他一直像利玛窦一样在宣教活动中坚持这一策略，并根据中国的具体国情和他们在传教中所积累起来的现实经验，使沙勿略为"适应"策略所确立的那些原则变成了能够迎合中国社会需要的一系列行为规范，从而增加了"适应"策略的可行性，这是利玛窦和庞迪我对东方传教运动所做出的重大贡献。这一系列在中国传教的行为规范，后来被康熙皇帝称为"利玛窦的规矩"。

由于庞迪我认识到是否遵从沙勿略为"适应"策略所确立的那些原则是决定耶稣会在华传教事业前途和命运的头等大事，所以在利玛

① （明）徐昌治：《圣教破邪集》卷 1，香港建道神学院 1996 年校注本，第 28—34 页。
② 张维华：《明史的欧洲四国传注释》，上海古籍出版社 1982 年版，第 163—164 页。
③ 同上书，第 164 页。

窦故去后，尽管面对着龙华民一派的强大压力，他仍为贯彻实施"适应"策略而做着不懈的努力。并通过他的系列中文著述《庞子遗诠》《七克》和《天主实义续编》为"适应"策略的形成与发展完成了理论上的建构。因此可以说，在天主教实施"适应"策略的整个历史进程中，庞迪我是个承上启下的中坚人物。因此，在一些天主教史的著述中，把庞迪我与利玛窦和艾儒略这些名声最为显赫的耶稣会士相并列，称其为中国传教团中的一位"巨人"。

庞迪我曾成功地融入中国社会之中，然而最终又被驱逐出中国。这不是他个人命运或机遇的问题，而是贯穿整个天主教东方传教运动始终的内部分歧所致。这种内部分歧集中体现在如何对待中国历史与文化特征这一根本性问题上，延续150余年的"礼仪之争"就是上述根本性的分歧的表象。西班牙来华传教士与"礼仪之争"关系至为密切，这是我们后文的论述重点。

第三章　西班牙来华传教士与"礼仪之争"

第一节　"礼仪之争"的缘起

由沙勿略倡导，经利玛窦和庞迪我不断充实和完善的"适应"策略，使基督教的在华传教事业取得了初步的成功并呈现进一步发展的前景。但随着耶稣会内部"礼仪之争"的爆发和深化，基督教的在华传教事业不断遭到重创，最终几乎造成了不可挽回的失败。

那么什么是"礼仪之争"？西班牙来华传教士与"礼仪之争"有什么关系？这将是我们下面所要回答的中心问题。

由利玛窦和庞迪我在中国实施的"适应"策略有两个基本理论柱石：其一，用中国典籍中大量出现的"上帝"（或"皇天""帝""天"和"天命"等）一词来译基督教的"天主"（葡文 Deus，西文 Dios）；其二，把中国人"敬天""祭祖"和"参拜孔子"看成一种社会政治行为，因而允许皈依基督教的中国教民参加这些礼仪活动。前者表明"适应"策略之信奉者在中国文化与西方文化这两种异质文化之中寻找同一性的努力。用中国典籍中的"上帝"来译基督教的"天主"就是他们找到的沟通中西两种文化的契合点。后者表明部分传教士对中国传统道德和价值观念的理解和尊重，而且这是西方传教士得到中国社会包容的先决条件。

但耶稣会内部对"适应"策略的基本精神和原则却并非全部认同。从中国与日本传教省的上层领导直至中国传教团的基层组织，对"适应"策略抱有怀疑和批评态度的可以说是大有人在。在中国传教团中最具有代表性的人物就是前面已述及的龙华民。利玛窦在世时，龙华民对"适应"策略已有批评性的看法，只是没有公开表达出来。利玛窦去世后，龙华民正式被委任为中国传教团会长。他认为"适应"策略破坏了基督教教义的"纯正性"，尤其是他反对用中国典籍中的"上帝"来译基督教的"天主"，因为龙华民认为中国人并没有把他们的"上帝"视为一尊被人格化的、独一无二的、天地间的造物主和无所不在的神。相反地，中国人仅把他们的"上帝"看作"天道"和"天命"的一种无形力量。至于中国人"敬天""祭祖"和"参拜孔子"，龙华民更认为这些礼仪完全是一种偶像崇拜的具体体现，根本是一种迷信活动。

为了统一耶稣会在华传教中的策略思想，龙华民曾要求中国与日本传教省的视察员巴范济（Francesco Pasio，1554—1612）神甫就上述各种有争议的问题进行全面审议。巴范济认为此种争论事关重大，所以他曾征询中国业已信奉基督教的著名学者徐光启、李之藻和杨廷筠等人的意见。他们回答说，他们的观点与利玛窦的观点是完全一致的。由于巴范济以往的传教工作主要在日本，他虽然倾向于龙华民的主张，但考虑到中国传教事务的特殊复杂性，他把这一争议暂时搁置起来。

尽管巴范济对待中国礼仪问题态度暧昧，但龙华民并不退缩，他仍坚持他的立场并不断阐明他的观点。另一位在澳门传教的耶稣会士卡米略·迪·科斯坦索（Camilio di Castanzo）此时也发表文章抨击那种在传教中使用有争议的术语的做法。1615 年弗朗西斯科·比埃伊拉（Francisco Vieira，1555—1619）接替巴范济任中国与日本传教省的视察员。他赞同科斯坦索的观点，同时他也了解到庞迪我与王丰肃对此是持有异议的，于是他要求他们二人用书面形式表明他们的立场。

庞迪我和王丰肃都做出了书面回答，明确表示他们赞同利玛窦的观点。这样，在中国传教团内部围绕是否能用中国典籍中的"上帝"来译基督教的"天主"以及信奉基督教的中国人是否可以"敬天""祭祖"和"参拜孔子"等问题形成了两种对立的观点。

由于有了耶稣会一些上层领导的支持，龙华民率先在中国传教团内部挑起了围绕中国"礼仪"问题的争论，结果造成中国传教团在传教策略上的分歧。当时在中国传教团当中仍坚持"适应"策略的除庞迪我以外，尚有王丰肃；站在龙华民一边的主要有熊三拔。这种传教策略上的分歧，在中国的北京会院和南京会院造成两种截然不同的结果。

在北京会院，即使是在利玛窦故去后，庞迪我仍然坚持"适应"策略，在中国知识分子当中始终如一地做着"合儒""补儒"的工作并写出《庞子遗诠》《七克》《天主实义续篇》等阐释"适应"策略理念的中文著作，尤其是他积极参与修改历法等介绍西方科学知识的活动。所以在北京，不但巩固了北京会院的社会地位，而且稳步地扩大了他们在中国社会中的影响力。

在南京，龙华民不但推行"激进"的传教策略，在传播福音的过程中又一再强调基督教教义和儒家学说之间的本质差异并禁止中国教民参加"敬天""祭祖"和"参拜孔子"等礼仪活动。因此中国具有反教思想的那部分知识分子和官僚开始把基督教当作一种"邪教"加以攻击并要求万历皇帝将西方传教士驱逐出中国，这就是我们前面已经论述过的"南京教案"的滥觞。结果万历皇帝最终颁布了"禁教令"将庞迪我等驱逐出境，使基督教在华的传教事业蒙受重大损失。

然而，"南京教案"并没有使西方传教士内部有关"礼仪之争"的辩论平息下来。相反，争论更趋激烈。1618年熊三拔被驱逐到澳门后，他立即发表文章表示对龙华民的支持。1621年陆若汉（Juan Ro-drigues）接替比埃伊拉的职务后，在澳门召开了一次耶稣会士的会议，讨论那些耶稣会内部的分歧问题。会上大多数传教士支持利玛窦的传教策略，于是陆若汉发布了一项"通令"，表明他赞成利玛窦在

华传教方略的立场。

对此龙华民采取了绝不妥协的态度，他要求耶稣会上层重新裁决澳门会议的决议，并于 1623 年写成一部拉丁文著述：《孔子及其教理》（*Traite sur quelques points de la religion des chinos*），内中系统地阐述了他对中国礼仪问题的看法。

为了解决耶稣会内部这种分歧，1627 年在华部分耶稣会士于嘉定再次聚会讨论中国的"礼仪"问题。与会的大多数传教士仍坚持利玛窦的在华传教策略而反对龙华民的主张。由于当时在位的天启皇帝（1621—1627 年在位）突然病故，在嘉定开会的传教士们担心外国人此时的这种聚会可能引起中国官方的警觉，于是匆匆通过 11 点决议重申了利玛窦的主张后立即散会。这次会议是在嘉定举行的，在天主教史的著述中往往称这次会议为"嘉定会议"。

"嘉定会议"后，龙华民仍坚持自己反对"适应"策略的立场并于 1633 年再次发表文章阐述他的观点。另一位在华耶稣会士费奇观（Gaspand Ferreira，1571—1649）则立即著文予以反驳。像艾儒略、曾德昭（即谢务禄）等在中国颇有影响的耶稣会士也都表示反对龙华民的立场。

综上所述，可见在"南京教案"之后，耶稣会内部围绕在华传教策略问题仍在争论不休。其中，涉及如何看待中国教民"敬天""祭祖"和"参拜孔子"等"礼仪"问题时，更是各执己见。然而当时这些争论尚局限在耶稣会的内部，而且其争论的内容，也主要是对中国"礼仪"性质的理解。因而从这类争论问题的层面上来看，仍属于中国传统文化的范畴。而且只能说尚是"礼仪之争"的"前奏"。但不久，这种争论就扩大到天主教不同的修会之间，由此引起持续近 150 年的"礼仪之争"。而正式揭开"礼仪之争"序幕的则是西班牙的来华传教士黎玉范和利安当。

第二节　黎玉范和利安当正式揭开
"礼仪之争"的序幕

一　围绕中国礼仪问题的争论，从耶稣会内部扩展到天主教不同修会之间

围绕中国礼仪问题的争论从耶稣会士之间的分歧发展到天主教在华的不同修会（多明我会、方济各会与奥古斯丁会及巴黎外方传教会）之间的争端，有一个相当长的历史过程。

早在范礼安负责日本与中国教务时，他已预感到各修会之间在传教策略上的分歧可能导致整个东方传教事业的毁灭，对此他十分警觉。

历史上，这种分歧主要由下述两个原因造成。

第一，在泛东方传教运动中，不同的修会在不同的地缘区域从事传教活动，面对着的是具有不同社会发展程度和阶段的民族，它们又有着各具特色的文化习俗和宗教信仰。因此，在传教活动中，各修会很自然地形成了彼此不同的传教方略。

第二，在传教活动中，来自不同国家的传教士表现出强烈的民族主义情绪。即，他们不但为传播福音而奋斗，而且不忘自己国家和民族的利益。法国天主教史专家费赖之（Louis Pfister，1833—1891）曾坦承："法国传教团的产生是由于三大因素所致：一、传播福音；二、发展科学；三、扩张我们祖国的势力。"① 关于最后一点，连明清之际曾任中国天主教第一任主教的中国多明我会修士罗文藻也深有感触，他在致罗马教廷的报告中曾直言不讳地指出："我看到了每个国

---

① 方豪：《中国天主教史人物传》（中），中华书局 1988 年版，第 269 页。

家都为自己争利。"①

为了避免不同国家和不同修会之间的矛盾与冲突影响到整个基督教在东方的传教运动，当时负责东方教务的范礼安曾采取"隔离"政策，即尽量由某一个国家的同一个修会的传教士负责某一国家和地区的传教活动。比如在日本，其传教活动主要由葡萄牙籍耶稣会士来承担。

1580 年，日本传教事业的快速发展亟须增加传教士。于是围绕是否允许耶稣会以外的传教士前来日本传教，曾引起各修会之间的激烈争论。范礼安的倾向性很明显，但他不愿直接表态。于是他把分歧意见上报给罗马教廷。1585 年格里高里十三世（Gregorius ⅩⅢ）下达"圣谕"，决定日本的教务只由耶稣会负责。由于这种决定限制了其他修会的传教范围和这些修会的实际利益，因此他们表示了强烈的不满。此外，在东方传教，环境十分复杂，哪一修会在哪一地区传教，用人为的方式也难于限制。不久后，其他修会开始突破除耶稣会以外的修会不得进驻日本和中国的限制。但前往东南亚的非葡萄牙籍的传教士仍需依照"保教权"的规定从里斯本出发，途经果阿，前往东方。

然而急剧变化的国际形势已使上述规定无法实施：西班牙与法国之间的战争使其他国家的传教士难以前往里斯本；西班牙与尼德兰的旷日持久的战争，使西班牙国王治下的葡萄牙船只经常遭到荷兰及其盟国英国舰只的拦劫，搭乘葡萄牙船只前往东方已十分不安全。当时罗马教廷正试图从葡萄牙国王手中收回"保教权"，于是教宗保罗五世（Paul Ⅴ）于 1608 年 1 月 2 日发布"圣谕"，允许托钵传教士可自行选择前往东方的航路；到 1633 年 2 月 22 日，教宗乌尔班七世（Urban Ⅶ）又进一步允许各个教派的传教士都可自行选择航线前往

---

① 方豪：《中国天主教史人物传》（中），中华书局 1988 年版，第 158 页。

东方。①自此，不同教派的传教士可以通过不同的航线前往东方，范礼安所主张的"隔离"政策的藩篱已被打破。然而中国的天主教传教活动又面临新的形势。

在前文中，我们曾集中论述过，在菲律宾的传教士们为了实现"东方天主教王国"的梦想，一直为获取在华的传教权而努力。1608年教宗保罗五世的"圣谕"颁布后，西班牙驻菲总督阿隆索·法哈多—坦沙（Alonso Fajardo y Tenza）利用这一难得的机遇立即派遣多明我会修士巴托洛梅·马丁内斯（Bartolome Martinez）前往福州，欲与中国官方商议通商与宣教事宜。1619年马丁内斯启程赴中国的途中，遭遇大风浪，所乘船只被吹到澳门。返程时，船又遇风浪，被迫在台湾靠岸。这样，尽管此次向中国派使受挫，但西班牙传教士开始与我国台湾有了接触。

事实上，在菲的西班牙殖民者一直想入侵中国台湾并以此地为向中国大陆扩张的前沿。1622年，荷兰占领澎湖并引起西班牙人的震惊。于是菲岛总督费尔南多·德席尔瓦（Fernando de Silva）于1626年命卡雷尼奥·德巴尔德斯（Carrenio de Valdes）率300士兵远征台湾。多明我会修士马丁内斯因为有到过台湾的经历，所以他和其他一些传教士也随军同行。5月5日他们搭乘两艘战舰和12艘小船自菲岛出发，11日抵达台湾东岸，第二天到达基隆。西班牙人则将该城命名为圣特里尼达。不久，西班牙人便在这里修建教堂，开始传教活动，同时向淡水、宜兰等地扩展殖民势力。但他们的目光却始终投向中国大陆。

1631年菲岛总督胡安·德阿尔卡拉索（Juan de Alcarazo）决定再度向福建派使。在台湾传教的多明我会传教士安赫洛·科齐②（Angelo Cocchi，1597—1633）被遴选为出使中国的使者。科齐为意

---

① ［美］邓恩：《一代巨人：明末来华耶稣会士的传奇》（G. H. Dunne，*Generation of Giants：The Story of the Jesuits in China in the Last Decades of the Ming Dynasty*），印第安纳州诺特·戴姆大学出版社1962年版，第234—235页。
② 科齐在我国一些宗教史著作中又被称为"高琦"。

大利人，1597 年生于佛罗伦萨。1610 年加入多明我会并前往西班牙，在撒拉曼卡大学学习神学，后获副主祭称谓。1620 年他和西班牙人黎玉范（Juan Bautista de Morales，1597—1664）离开加的斯前往墨西哥。在这里他们双双被委任为祭司（神甫）。1621 年科齐从阿卡普尔科西航，于 1622 年抵达马尼拉。1627 年他又到台湾的淡水传教并开始学习闽南话。正是由于科齐粗通福建方言，他才被菲岛总督阿尔卡拉索选中为出使中国的使者。

1631 年 12 月底，科齐乘船离开淡水前往福建。中途遭到海盗的洗劫。他侥幸逃生，于 1632 年 1 月 2 日到达泉州。后又被中国教民护送到福州并晋见了当时福建总督熊文灿。由于科齐的委任状在遭到海盗抢劫时已经丢失，熊文灿遂不承认科齐为正式来使，并让科齐立即返回菲岛。

熊文灿为贵州永宁人，万历进士。崇祯初，累官右金都御史。其时正是熊文灿仕途生涯的关键时刻。他为了避免卷入京城的"党争"之中宁愿到福建来平定"海盗"的骚扰。

经过他"抚""剿"结合的打击，像郑芝龙及其下属这样庞大的海上势力都已经被他收编。虽然他在踌躇满志之余极想上告朝廷重开"海禁"和扩大海外贸易，但他觉得哪怕有小股的海上武装集团在沿岸一带游弋，也可能成为他日后的大患。所以他仍想扩大战果，彻底荡平海上的武装走私势力。这才是他让科齐返回菲岛的真实原因。

当时在福建还有一个日本人正想去菲律宾。于是科齐与"他"达成默契：那个日本人假作科齐搭船出海前往菲岛；而科齐则在教民的掩护下在福安潜藏下来。他身着中国服饰，梳成中国发式，一边学习中文，一边开始观察中国社会。①

科齐很快注意到，马尼拉的那些皈依天主教的中国人与福安的教民有很大不同。前者多为物质利益驱动而信教；后者则多为有能力、

---

① ［美］傅路特：《明代人物辞典》（L. C. Goodrich，*Dictionary of Ming Biography*）第 1 卷，哥伦比亚大学出版社 1976 年版，第 409—410 页。

有学识的中国文人。①他的这种初步看法无疑是有根据的。因为在此之前福建地区的传教活动主要是由利玛窦一派的耶稣会士掌握着，他们之中最有影响的就是意大利籍耶稣会士艾儒略（Jules Aleni，1582—1649）。

艾儒略于 1610 年抵达澳门后，致力于中国语言的学习并攻读中国典籍，由此加深了他对华夏文明的了解。1613 年他获准进入中国内地传教后，一直遵循着利玛窦的在华传教方略即"适应"策略，并在中国知识分子中广交朋友，他的足迹也曾遍及北京、上海、杭州、扬州、绛州等地，很快成为一名极有影响的传教士。1620 年应时任首辅的叶向高之邀，艾儒略来到福建。在他与八闽知识界的交往中，艾儒略以他的聪明才智，特别是以他对中国典籍以及儒家学说的谙熟，引起福建学界对他的敬慕，甚至称他为"西来孔子"。

艾儒略如同利玛窦一样注重在中国文人中介绍传播西方科学知识。此点为他赢得了中国文人的几分尊重和赞许。他又利用这种有利的氛围极力扩大基督教教义的宣讲范围，进而在一些地方兴起教堂并刊印一些利玛窦、庞迪我等用中文写成的著述，所以在福建由耶稣会士推动的基督教传教运动取得了不小的进展。由于经他劝导加入基督教的中国人一般都是些知识分子中的有识之士，所以他们给刚刚来华的科齐留下很深的印象。

科齐来到福建后，很快与艾儒略建立了联系并形成了亲密的友谊。但是艾儒略并不鼓励科齐实施在中国为多明我会打开传教之门的计划，相反，他千方百计劝科齐放弃原来的打算。然而科齐在这点上却毫不退让，并试图尽快在福建扩大多明我会的传教范围，因此他亟须从菲律宾得到后援力量。

菲律宾的多明我会上层领导见科齐已经在中国立足，又有进一步发展的前景，于是又派该会的黎玉范去台湾，为前往福建传教做

---

①　［美］邓恩：《一代巨人：明末来华耶稣会士的传奇》（G. H. Dunne，*Generation of Giants：The Story of the Jesuits in China in the Last Decades of the Ming Dynasty*），印第安纳州诺特·戴姆大学出版社 1962 年版，第 237 页。

准备工作。

菲岛的方济各会也想在中国开展传教活动，遂派迪奥斯（Francisco de la Madre de Dios）和利安当（Antonio Caballero a Santa Maria，1602—1669）与黎玉范结伴前往中国。

在上述西班牙传教士中，黎玉范和利安当二人在"礼仪之争"中曾起过突出的作用。正是由于他们二人率先向罗马教廷提出有关"礼仪之争"的系统观点，才引起罗马天主教最高当局对这一问题的空前关注，遂使发生在中国的"礼仪之争"后来演变成基督教内部的一场大论战。下面我们将分别对黎玉范和利安当的生平和社会活动做一概述。

二　黎玉范和利安当正式揭开"礼仪之争"的序幕

黎玉范，1597 年生于西班牙的埃西哈（Ecija），1614 年加入多明我会。1620 年他作为一名副主祭参加了圣玫瑰省传教团，与安赫洛·科齐离开加的斯前往墨西哥。在那里他们从事短暂的传教活动后，又于 1621 年 3 月 25 日前往菲岛。中途历经多方磨难，直至 1622 年年中才转辗来到马尼拉。1623 年黎玉范被任命为代理主教，在"涧内"旅菲华人中间从事布道工作并开始学习闽南方言。

1628 年他由省教区指派前往柬埔寨传教。在与当地王室的接触中，他积累了不少在东方传教的经验。返回马尼拉后，正值他在中国传教的老朋友科齐急需助手，于是他决定前往中国。①

利安当（又作栗安当；李安堂等，字克敦）1602 年 4 月 20 日出生在西班牙帕伦西亚。在家乡完成初等教育后就读于撒拉曼卡大学。1618 年 3 月 24 日他在圣巴勃罗省的卡尔瓦里奥修道院获初级教阶。1619 年 3 月 25 日在发完圣愿后，他自愿加入前往日本的方济各会组织。在等待远行期间，他被派到卡斯特罗维尔德那里传教。

---

① ［美］傅路特：《明代人物辞典》（第 1 卷）（L. C. Goodrich, *Dictionary of Ming Biography*），哥伦比亚大学出版社 1976 年版，第 1074 页。

1628 年他与 29 位教友途经墨西哥前往菲律宾并于 1629 年抵达马尼拉。1630 年 8 月他在当地圣弗朗西斯科修道院执掌艺术与神学两门课程的教习并开始学习日语，为前往日本传教做准备。这时，事态的意外发展使他有机会与黎玉范等人前往中国传教，对此利安当自然是喜不自胜。

　　1632 年黎玉范和利安当等人为到中国传教而准备学习中国官方通用的语言。于是，他们从菲岛出发前往中国台湾。因为那时多明我会已经在台湾开拓出传教区。

　　人们总是简单地把中国台湾比喻为西班牙传教士前来大陆的中介地。但事实上，那些自菲岛来华的传教士都曾在台湾进行过中国语言的学习和在华生活的适应性训练。对于在台湾学习中国语言的艰苦状况，在一些西班牙传教士的回忆录中，曾有生动的记述："在那期间，我们在台湾岛学习一种新的、奇异的语言，没有教程，没有词汇表，从那里我们得不到其他任何帮助，我们的负担较之阁员们还要沉重……直至今日，这里的教士们都一心扑在语言的学习上，编写一些教程，集中词汇……"①

　　因此可以说，台湾在被西班牙占领时期（1626—1642），不仅是西班牙传教士来大陆的中介地，而且也是中国语言文字的研究和培训中心。这是中国与西班牙的文化交流史上极为重要的一页。

　　在初步掌握中国语言后，黎玉范与利安当等人于 1633 年 6 月 23 日离开台湾并于 7 月 2 日抵达福建省的福安，从此开始了他们在中国传播基督福音的艰难历程。

　　当他们到达福建时，围绕中国礼仪问题，在耶稣会内部已经出现了严重的分歧。黎玉范和利安当的到来终于使"礼仪之争"从耶稣会的内部一下扩大到了不同的修会之间。

---

　　① ［西］迭戈·阿杜阿尔特：《菲律宾、日本和中国传教团圣玫瑰省之历史》（Diego de Aduarte, *Historia de la Provincia de Santos Rosario de la Orden de Predicadores en Filipinas, Japan y China*）第 II 卷，马德里富朗西斯克·德安格洛出版社 1963 年版，第 303、360 页。

黎玉范和利安当等人原本是来协助科齐传教的，但科齐在创建了福安和顶头两座教堂之后，由于心力交瘁，遂于 1633 年 11 月 18 日病逝。

黎玉范感到由他一人主持上述两地的教务十分吃力，于是请利安当协助他工作。与此同时，多明我会传教士苏芳积和贝穆德斯（Bermudez）也来到福安。于是多明我会和方济各会双方达成协议：此后，多明我会负责福安的教务；方济各会则负责顶头的教务。

在顶头，利安当第一个洗礼的中国教徒就是罗文藻，后来他成为中国第一位主教。

利安当在顶头时跟随一位叫作塔达埃乌斯·王（王达窦，Thaddaeus Wang）的中国学者学习中文写作。一天当他们研究到"祭"字时，王先生对利安当解释说，这个字是奉献牺牲的意思，就好像基督徒作"弥撒"。在利安当的追问下，王先生又告诉利安当中国信奉基督教的人仍在祭祖、尊孔和敬天。

利安当对王先生的话大为震惊。于是他将上述内容告知黎玉范，希望进一步对此事详加讨论，以得出一致的看法。后来利安当与黎玉范在穆洋的一个叫弗朗西斯·缪（Francis Mieu）的中国教民那里听说，无论是信教的还是没有信教的人家都在祖庙中祭祖。为了进一步了解中国民间祭祖的情形，利安当与黎玉范二人曾到一个教民的家中观察"祭祖"的仪式。事后他们都认为祭祖这种礼仪完全是一种迷信行为，因此便禁止追随他们的信教者从此再参与祭祖活动并不得在家中保留祖宗的牌位。

黎玉范与利安当的"禁令"在中国的基督徒中引起了极大的困惑。弗朗西斯·缪是由艾儒略洗礼的，所以他给艾儒略去信，询问应如何对待黎玉范与利安当的"禁令"。艾儒略在回信中，对于祭祖等中国礼仪仍持一种包容的态度。他的立场引起黎玉范与利安当的不满。

于是他们向与他们有接触的在华耶稣会士就中国礼仪问题提出疑问。对此耶稣会士马托斯（Thomas）做出了回答，他认为中国人尊孔也只是一种政治性行为，因此应当予以默许。祭祖与尊孔的性质相同，所以也应当同意。但如果祭祖时供奉牺牲并向死者有所求，那么这种仪式才是一种迷信活动。另一位耶稣会士卢纳爵（Ignacio Lobo）却表示他对中国礼仪所具有的迷信性质十分关切，在这点上，他赞同黎玉范与利安当的观点。① 这样，耶稣会内部的分歧逐渐暴露在多明我会和方济各会面前。

1610 年利玛窦辞世以后，耶稣会士中间已经展开了争论并形成两种对立的观点。及至 1635 年，随着黎玉范和利安当的到来，涉及中国礼仪问题的分歧意见已渐次扩大到不同的修会之间。为了辨明是非，以及为了能使在华传教士在"礼仪"问题上取得一致的意见，黎玉范和贝穆德斯于 11 月前往福州去拜会耶稣会的负责人傅汛际（Francois Furtado，1587—1653）和卢纳爵，同时提出 13 个双方有歧义的问题，希望双方能达成共识。但这次会谈双方各执己见，不欢而散。

黎玉范和利安当认为不同修会对中国礼仪看法的分歧将会影响整个在华传教事业，不能不严肃对待。为此，他们决定在中国教民中进行调查，以便将涉及礼仪问题的诸多分歧意见提交罗马教廷进行裁决。

为了使他们将来向罗马教廷递交的"陈文"具有"权威性"，黎玉范和利安当等也曾组成"法庭"：从 1635 年 12 月 22 日到 1636 年 1 月 9 日，苏芳积和迪奥斯就敬天、祭祖和尊孔等中国礼仪问题向 11 位中国教民进行质询。后又于 1636 年 1 月 21 日至 2 月 10 日，由 4 位在福建传教的多明我会修士聚会，就他们对中国礼仪问题的理解进行回答。然后，将这些被询问者对中国礼仪的看法一一做了笔录，还让他们签字画押，以示郑重。

但中国礼仪这样经由漫长历史岁月才形成的极为复杂的问题，岂

---

① ［美］傅路特：《明代人物辞典》（第 1 卷）（L. C. Goodrich, *Dictionary of Ming Biography*）哥伦比亚大学出版社 1976 年版，第 25 页。

能凭借对区区 11 名普通教民和 4 位多明我会修士的询问就能得出对中国人"祭祖"性质的判断?!

然而黎玉范和利安当等却在上述"法庭"所做的"笔录"的基础上,最终形成了两个关于中国礼仪问题的文件,并由苏芳积和利安当带往菲岛,以期上述文件送到菲岛后,再由那里的神学家对中国的敬天、祭祖和参拜孔子等"礼仪"是否为迷信活动做出进一步的裁决。

当 1636 年苏芳积和利安当带着上述文件乘船行至台湾时,苏芳积决定留在那里传教,利安当则携带上述文件的"正本"继续南下菲岛。但途中,利安当为荷兰海盗所劫持,历尽磨难,于 8 个月后才重归马尼拉,并向教会上级汇报了中国礼仪之争的实况。

菲岛宗教界认为允许中国教民敬天、祭祖和参拜孔子是关系基督教教义"纯正性"的根本性问题,绝不能采取调和主义态度。所以菲岛宗教界除立即向罗马教廷申诉自己的原则性立场外,还决定委派得力的传教士前往欧洲直接向罗马教廷提出申诉。

恰在此时,曾在福建对中国礼仪性质进行过调查并参与申诉"陈文"起草的多明我会的黎玉范也回到了马尼拉。从而使黎玉范与利安当有机会将他们来华后在传教实践中所经历的种种曲折和磨难进行回顾和总结。终究在华传教实践教活动与"礼仪之争"两者是紧密联系的。

三 从"南京教案"到"福建教案":"辟邪"运动在中国社会中的兴起

1610 年利玛窦故去后,由龙华民出任耶稣会中国传教团会长一职。他认为在北京会院中,由于庞迪我等仍在坚持利玛窦的传教方略,他急于创建救世功业的"宏愿"难以实现,于是他把自己的传教重心从北京会院转移到南京会院。

在南京会院,龙华民为了维护基督教的"纯正性"开始推行与"适应"策略相对立的"激进"策略。特别是中国人敬天、祭祖和参拜孔子等礼仪行为被他视作一种偶像崇拜，进而明令禁止教民参与上述礼仪活动。由此激起了中国士大夫阶层的愤怒。南京礼部侍郎沈灌于1616年率先向万历皇帝上《参远夷疏》，历数南京传教士的反儒家传统的行为，其批判的矛头直接指向了龙华民对中国人"祭祖"仪式的态度上。沈灌指出，南京的传教士"诳惑小民，辄曰祖宗不必祭祀，但尊奉天主，可以升天堂，免地狱"。接着，沈灌责问道："夫天堂地狱之说，释道二士皆有之，然以劝人孝悌，而示罚夫不孝不悌，造恶业者，故亦有助于儒术尔。今彼直劝人不祭祀祖先，是教之不孝也。……是率天下而无父子，何物丑类，造此矫诬，盖儒术之大贼，而圣世所必诛，尚可蚩蚩然驱天下而从其说乎！"①

此外，龙华民还一反利玛窦文化调和主义的做法，着力强调基督教教义与儒家学说之间的根本性差异，由此中国士大夫便开始把基督教当作"旁门左道"而加以攻击。特别是龙华民以地理大发现以后恶性膨胀起来的宗教扩张精神为动力，想在中国建立一个直接从属于罗马教廷的"传教省"。为了扩大教会组织，龙华民开始把宣教的重心从士大夫阶层转向了"闾左小民"。群众性宗教活动的日益扩大很快引起官方的震惊。给事中晏文辉在呈递万历皇帝的上疏中即指出，西方传教士，"私置花园于孝陵卫，广集徒众于洪武冈；大瞻礼、小瞻礼，以房虚星卯日为会约；洒圣水、搭圣油、以剪字贴门户为记号；迫人尽去家堂之神，令人惟悬天主之像；假周济为招揽，入其教者即与以银；记年庚为恐吓，背其盟者，云置之死。对士大夫谈，则言天性；对徒辈论，则言神术。道路为之喧传，士绅为之疑虑。祖宗根本之地，教化自出之区，而可令若辈久居乎？"②南京的官府不但把天主教比为"邪教"，而且对"西洋"传教士的来华目的更提出了质疑。南京礼部郎中徐如珂在《处西人王丰肃议》中指出："且其来自西洋，谁为识其西洋？踪迹诡秘，几于声东而指西。身在白下，未必专心白

---

① （明）徐昌治：《圣朝破邪集》卷1，香港道建神学院1996年校注本，第5—10页。
② 同上。

下。党羽络绎，每见乍南而倏北。若曰观光上国，则贡琛而来，何不航海而去？若曰乐附内地，则慕化而至，何必分教而驰？若曰中无他肠，则阳招阴至，诱我良民者何意？若曰原无足虑，则此呼彼应，捷于谷响者何为？若曰蒙古色目亦皆内属，何不倾心内化，而乃甘处于顽民？若曰倭蛮四夷，各有所馆，何不束恭待命，而乃分布于中外？若曰西人不可以中国之治治也，则中国可以西人之治治乎？"因此在徐如珂看来，"惑世诱民，谓之妖言；煽乱鼓簧，谓之左道"①。龙华民反对利玛窦"适应"策略的结果，就是终于激起南京社会的反教风潮，在南京部分反教官员的强烈要求下，1617年万历皇帝最终颁布了"禁教令"，当时在华传教的庞迪我、熊三拔、王丰肃和谢务禄等都在被驱逐之列。这就是天主教在华传教史中的所谓"南京教案"。龙华民推行的"激进"策略使利玛窦苦心开创的在华传教事业几乎毁于一旦。

然而多明我会和方济各会来华后并没有从"南京教案"中吸取教训，反而为了维护基督教的"纯正性"，使龙华民推行的"激进"策略得到了恶性的发展。就在利安当带着有关中国礼仪的"陈文"返回马尼拉之时，留在福建的多明我会和方济各会的托钵传教士们不待宗教界上层对中国礼仪问题做出裁决，便已怀着他们的前辈在美洲征服活动中所形成的那种宗教狂热和扫荡印第安人偶像崇拜活动的"神勇"，开始了他们的在华传教活动。

1637年春，方济各会会士雅连达（Gaspar Alenda）来到福建，与马方济等会合。当时，他们看到一位福建籍的在京官员写的一本反教的小册子，于是勃然大怒，决定前往北京，在中国皇帝面前为自己的信仰与那位官员进行辩论。对此事还有一种说法，即雅连达与马方济等人是为了劝说中国皇帝信奉基督教而前往北京的。但不管是出于何种动机，雅连达与马方济二人由罗文藻等三名中国年轻人做翻译，陪同他们二人，于同年6月匆匆前往北京。

① （清）潘锡恩辑：《乾坤正气集》求是斋刊本，卷29，第3—4页。

由于当时中国的北方正处在李自成和张献忠等发动的农民起义的猛烈冲击之下，社会陷于急剧的动荡之中。雅连达与马方济遂利用这种混乱的时局，在没有引起官方注意的情况下，于 8 月 14 日潜入北京，并找到了当时在朝廷中备受重用的德国耶稣会士汤若望（Johan Adam von Bell，1591—1666）。

汤若望担心这两位赤着脚、手举十字架、身着"会衣"的托钵传教士一旦被官府发现，必然会引起轩然大波，甚至会使耶稣会北京会院受到牵连，所以他把雅连达与马方济二人安置到利玛窦生前购置的那套宅院里暂住。

即便如此，雅连达与马方济在京的行迹还是被官方发现了，并将他们拘捕。多亏汤若望的多方营救，雅连达与马方济才幸免于过堂刑讯之苦，只是由官府派船把他们押解回福建省，再从那里将他们驱逐回菲律宾。这就是天主教在华传教史中所谓的"北京事变"。

事后，雅连达与马方济把他们在北京的遭遇，描绘成耶稣会为了阻止方济各会在北京扩展自己的势力而精心策划的一个阴谋。此语一出，天主教在华各修会顿时一片哗然。

为了消除雅连达与马方济所造成的舆论上的消极影响，汤若望在他致友人阿列克山大·德奥戴斯（Alexander de Rhodes）的信中对"北京事变"的前因后果进行了详述：

> ……当时有两位神父来到京城，他们像是下决心充当殉难者，以此为中国皇帝和百姓们传教。他们身着神父袍，手执十字架开始讲道。但他们二人没有一个会说汉语。他们在三个中国青年人的陪伴下乘轿而来。我们的副主教派我照顾他们。我在城外接待了他们，很严肃地向他们解释，为什么应该用和平安静的方式办事情。然而收效甚微。他们言语急躁，甚至大发雷霆。
>
> 我把他们安置在利玛窦生前买下的旧宅居内，按照待人应有的态度接待他们，安排住房并送去礼拜的物品等。
>
> 中国有好几千人专靠传递消息赚钱谋生。外国人一旦到达此

地，便有探子报告官府。官府立即派人抓走他们。

　　锦衣卫抓我做替罪羊，我被抓去挨了许多粗言恶语的骂和推打，一整夜不让睡觉。然而，这两位神父根本无意当殉教者，居然毫不抵抗地交出十字架。我竭尽了在意大利学到的全部外交辞令，试图解救他们，乃至去行贿。我说服了官吏免去过堂刑讯，只将他们遣往福建，然后从那里乘船去菲律宾。……无论如何，我成功地解救了神父们，因为官府一旦得知他们散布"西班牙必能用武力征服中国"的言论，他们必死无疑，将被处以凌迟，连我也不会脱离危险。[①]

　　对于"北京事变"，耶稣会和方济各会的当事人竟做出了完全不同的解释，可见双方积怨之深。

　　然而在汤若望上述信件中所披露的方济各会无视中国国情的在华传教策略和具体的传教方式和方法，却是准确无误的。因为雅连达与马方济被驱逐到福建后，他们非但没有从"北京事变"中吸取教训，反而把他们在北京遭遇失败的那套传教策略和方法又在福建重演了一遍，以致使方济各会和多明我会在福建的传教事业遭到了更大的损失。这就是下面将述及的"福建教案"：

　　　　在雅连达与马方济被押解回福州后，照惯例，他们必遭官府的严惩并被驱逐出境。只是在当地耶稣会的积极营救下，他们二人才侥幸获释，并回到顶头与在那里传教的方济各会修士们相会合。

　　　　马方济认为他们遭到了中国官府的不公正待遇，于是在同会的阿脑伯（Onofre Pellega）和多明莪（Domingo Urquiccio）的陪同下来到福州，向当地官府提出抗辩。在这种情势下，这三名方济各会修士被官方逮捕并押送到宁德受审。在其后的三个月

---

　　① ［德］恩斯特·斯托莫：《"通玄教师"汤若望》，达素彬等译，中国人民大学出版社1989年版，第38、39页。

中，他们不断地受到过堂刑讯之苦。只是由于当时在福建主持教务的耶稣会中国传教团会长阳玛诺（Emanuel Diaz，Jr.，1574—1659）的疏通，马方济等三人才被从轻处理，仅判处将他们驱逐到澳门。在判刑之后，阳玛诺还把马方济等迎到自己的家中，给他们治病，并提供了路费和雇用了向导。①

马方济等鲁莽而又带有挑衅性的传教活动引起福建官方的极大愤怒。时任福建巡海道的施邦曜认为，西方传教士不断从海路潜入内地，已经对当地的治安和社会的安定造成了不利的影响，于是在1637年12月16日颁布了《示禁传教》布告，内称："凡有天主教夷人在于地方倡教煽惑者，即速举首驱逐出境，不许潜留。如保甲内有士民私习其教者，令其悔改自新；如再不悛，定处以左道惑众之律，十家连坐并究，绝不轻贷。"② 至12月20日，福建提刑按察使徐世荫和福州知府吴起龙也先后贴出反教的告示，严禁天主教的传教活动，而且还明令通缉在福州上层社会颇有影响的艾儒略和阳玛诺。可见方济各会和多明我会的狂妄传教举动已开始累及耶稣会。

一时，时局显得十分紧张。马方济、阿脑伯和多明莪等人却决定要高举十字架到福州去游行，并要撕下那些张贴在墙上的反教告示。他们果真来到福州并沿街游行，意在使人们都知晓那钉在十字架上的基督耶稣才是真正的天主。他们高声宣扬他们神圣无比的纯洁的法律才是开导并引领灵魂升入天堂的唯一的法律。同时他们还诅咒那些下令张贴这些告示的各级官吏，并威胁如果他们不为他们冒犯了天主而改悔，他们就将被打入地狱。③

---

① ［美］邓恩：《一代巨人：明末来华耶稣会士的传奇》（G. H. Dunne，*Generation of Giants：The Story of the Jesuits in China in the Last Decades of the Ming Dynasty*），印第安纳州诺特·戴姆大学出版社1962年版，第256页。
② （明）徐昌治：《圣朝破邪集》卷2，香港道建神学院校注本1996年版，第130页。
③ ［美］邓恩：《一代巨人：明末来华耶稣会士的传奇》（G. H. Dunne，*Generation of Giants：The Story of the Jesuits in China in the Last Decades of the Ming Dynasty*），印第安纳州诺特·戴姆大学出版社1962年版，第257页。

这批方济各会修士当即被捕。其后，他们有的被驱逐到澳门；有的逃亡到偏僻的山村；有的则被遣返回马尼拉。

对于福州这场政治冲突，方济各会修士艾佳良（Francisco Escalona）非但没有认识到这种突出所谓的"信仰"的传教方式带给整个天主教在华传教事业的危害性，反而狂妄地宣称这场"迫害"，"对我们来说，是种欢悦和快意，使我们有希望把我们生命的最好形式献给耶稣基督，像日本那些殉教者一样"①。

在"福建教案"事发之前，艾儒略以泉州为中心，已在周围 13个县播下了福音的种子，每年给八九百个中国信教者施洗，全省已经建起 90 座教堂。② 然而那些渴望为主的救世功业而"献身"的多明我会和方济各会的传教士们，为了追求"殉教者"的荣誉桂冠使艾儒略等 20 余年的辛苦耕耘几乎毁于一旦。据《天主教传行中国考》所载，在这场"教难"中，"各处教堂十六七座遭封禁，没收入官；教友或受板责或枷号示众或锁押监中，甚有监毙者一名"③。连艾儒略本人也被迫四处逃亡。

就在福建官方对多明我会和方济各会的传教活动进行镇压的同时，当地早已酝酿着的反教思潮也日甚一日地蔓延开来，并最终形成了一场意识形态领域的"辟邪"运动。福建漳州的"去惑居士"黄贞率先发动福建的士大夫写出了一篇篇批判西方传教士谬说的檄文。一时间"辟邪"文章在社会上广为流传，后由浙江盐官徐昌治将此类文章收集整理并以《圣朝破邪集》为书名刊刻，对于当时方兴未艾的"辟邪"运动起到了推波助澜的鼓动作用。

《圣朝破邪集》主要内容可分如下几部分。

其一，在该文集中，有的文章着重指出，天主教的在华影响日益

---

① ［美］邓恩：《一代巨人：明末来华耶稣会士的传奇》（G. H. Dunne, *Generation of Giants：The Story of the Jesuits in China in the Last Decades of the Ming Dynasty*），印第安纳州诺特·戴姆大学出版社 1962 年版，第 258、259 页。

② 同上书，第 260 页。

③ 何锦山：《天主教在福建》，《海交史研究》1979 年第 2 期。

广泛，已到了不得不严加防范的地步："今南北两直隶、浙江、湖广武昌、山东、山西、陕西、广东、河南、福建、福州、兴、泉等处，皆有天主教会堂，独贵州、云南、四川未有耳。呜呼！堂堂中国，鼓惑乎夷邪！处处流毒，行且令万世受殃。"①

其二，在文集中，有的作者惊呼，中国皈依天主教的教民，对"邪说"的信仰竟已坚定不移："是何异教之令人信从，牢不可破如此。夫一人能鼓十人之信从；数十人能鼓百人；自能鼓惑百十人，即能鼓惑千万人。从其教者，人人皆坚信若斯，使之赴汤蹈火，亦所不辞，又何事不可为哉？"②

其三，《圣朝破邪集》的作者们通过西方传教士的中文著作，已然认识到，外国传教士"附儒"的真实目的就在于"用夷变夏"。诸"妖书"，"阳斥二氏之妄邪，阴排儒教之歧途，然其辟儒处，未敢十分启口者，窃欲籍儒冠儒服者，达其教于朝廷，使得以肆其奸毒也"。"此胡妖耳，阳排佛而阴窃其糠秕，伪尊儒而实乱其道脉"。而传教士的来华目的，就是要夺取中国"君师两大权"。"利玛窦辈，相继源源而来中华也。乃举国合谋，欲用夷变夏而括吾中国君师两大权耳。"③

其四，《圣朝破邪集》的作者们更认为，一旦西方传教士羽翼丰满，必将酿成国家的祸患："爪牙备，血力强，一旦相与蹲素王之堂，咆哮灭之矣，予小子诚为此惧。"这些士大夫又把在福建传教的"洋人"和入侵中国周边国家的西方殖民者相等同，"且吞我属国吕宋及咬留巴、三宝颜、窨头郎等处，复据我香山澳、台湾、鸡笼、淡水，以破闽粤之门户，一旦外犯内应，将何以御？"因此他们切盼朝廷能将传教士，"或毙之杖下，或押出口外，疏之朝廷，永永不许再入……又请复悉毁其书，使民间咸知邪说谬书"④。

然而，当时福建官方对多明我会和方济各会的镇压，以及"辟

---

① （明）徐昌治：《圣朝破邪集》卷3，香港道建神学院1996年校注本，第152页。
② （明）徐昌治：《圣朝破邪集》卷2，香港道建神学院1996年校注本，第129页。
③ （明）徐昌治：《圣朝破邪集》卷3，香港道建神学院1996年校注本，第156页。
④ （明）徐昌治：《圣朝破邪集》卷6，香港道建神学院1996年校注本，第228—229页。

邪"运动，都没有给天主教的在华传教运动造成毁灭性的打击。究其原因，一是晚明中国的日食预报屡屡失误，业已引起朝野的震惊。在徐光启、李之藻等人的建议下，明廷已决定启用西方传教士参与修改历法的活动。二是面对明末农民起义和后金的大军压境，积贫积弱的明朝当政者已不得不借助西方传教士的力量来引进"西洋大炮"，并用以镇压农民起义及与后金抗衡。晚明的政治危局加强了西方传教士在中国政治层面上的影响力。因此，福建官方在处置西方传教士的问题上也不得不有所顾忌。此外，多明我会和方济各会在华势力和传教范围尚十分有限，发生在福建的"辟邪"运动，也还没有造成全国性的影响。所以当在明廷中享有很高名望和声誉的意大利耶稣会士毕方济（Francois Sambiasi，1582—1649）出面斡旋时，福建官方就趁势撤销了反教的告示，并允诺艾儒略返回福州。此外，还发还了耶稣会的教产。至 1639 年 7 月 14 日，艾儒略又重新开始举行弥撒大典。①

然而 1637—1638 年的"福建教案"终究给耶稣会的传教事业造成了极大的损失。耶稣会中国传教团副会长傅汎际曾痛心地慨叹，多明我会和方济各会的传教方法："如果不是使我们血流成河，那么至少已使我们付出了更多的汗水、辛苦，并带来更多的麻烦。"② 所以傅汎际曾上书罗马教廷，要求将中国划分为几个教区，分别由不同的修会进行传教活动。其意思很明显，即希望耶稣会的传教事业不致再受到多明我会和方济各会的牵连。然而傅汎际的上述建议却被罗马教廷搁置。

就在"福建教案"期间，黎玉范和苏芳积于 1638 年 4 月被官府驱逐到澳门并在澳门滞留一年有余。③

这期间，黎玉范在澳门较为开放的环境下，围绕中国的礼仪问题

① ［美］邓恩：《一代巨人：明末来华耶稣会士的传奇》（G. H. Dunne, *Generation of Giants：The Story of the Jesuits in China in the Last Decades of the Ming Dynasty*），印第安纳州诺特·戴姆大学出版社 1962 年版，第 261 页。

② 同上书，第 269 页。

③ 同上书，第 256—260 页。

进行了深入的研究，并给马尼拉宗教界上层写信，希望能同意他本人与在澳门的耶稣会会士就"礼仪之争"诸焦点问题进行讨论，以便达成某种程度的一致。

马尼拉方面同意了黎玉范的建议，并委托黎玉范将一封马尼拉宗教界上层的信函转交给时任耶稣会视察员的阳玛诺，希望由阳玛诺出面解决在华的耶稣会和多明我会之间围绕"礼仪之争"的分歧。

黎玉范在向阳玛诺转交上述信函的同时，还附有表述他个人对"礼仪之争"的 12 个观点的一封信。阳玛诺将上述有关文件转交给耶稣会副省会长傅汛际处理；傅汛际又将这一难题转给高一志来作答。

高一志其实就是"南京教案"爆发后被驱逐出中国的那个王丰肃。其后他化名为高一志再次潜入中国，并几经辗转来到陕西省传教。由于从澳门到陕西路途遥远，黎玉范迟迟没有得到高一志的实质性答复。1640 年 4 月，黎玉范带着失望的心情返回了马尼拉。[①]

菲岛宗教界上层对耶稣会的这种拖延态度十分不满。前文已述，那时菲岛宗教界上层正准备向罗马教廷派使就"礼仪之争"问题向教宗提出申辩。由于黎玉范恰在此时返回马尼拉，于是决定委派"礼仪之争"中的直接当事人黎玉范和利安当前往罗马，直接向教宗提出申辩。由此，中国传教团内部不同修会之间围绕中国历史与文化问题的争论开始上升到政治层面。

四　黎玉范与教宗英诺森十世（Innocent X）1645 年"圣谕"的颁布

1. 利安当在澳门的遭遇

1640 年黎玉范和利安当二人在返回欧洲的途中，行至澳门时，利安当决定留在澳门，由黎玉范一人先前往欧洲。至于内中的具体

---

① ［美］邓恩：《一代巨人：明末来华耶稣会士的传奇》（G. H. Dunne, *Generation of Giants: The Story of the Jesuits in China in the Last Decades of the Ming Dynasty*），印第安纳州诺特·戴姆大学出版社 1962 年版，第 298 页。

原因，一般著述中尚无确切的定论。据笔者分析，利安当很可能考虑到自己有关中国和东方国家的知识尚十分有限，这样就限制了他对"礼仪之争"的实质问题的理解。既然澳门是欧洲在东方传教的重要基地，又是东西方文化交汇的中心，留在澳门既有利于开阔他观察国际形势的视野，同时也可加强自己对中国历史与文化的理论修养。尤其是此前黎玉范已经在澳门滞留过一年，有过提高学养的经历。所以利安当也希望留在澳门进修学业，黎玉范对此当然会予以同意。更何况黎玉范又是个充满个人英雄主义情怀的传教士，由他一人代表两个修会前往罗马教廷，恐怕也正中他的下怀。当然，黎玉范和利安当二人的性格和气质的相异，也决定了他们不可能成为"同路人"。这是在下文中将要详述的。此外，在当时的长途航行中，海难频发。他们二人分别前往欧洲，更有安全上的保障。这一因素也必然会在他们的考虑之中。于是利安当暂时留在澳门，而由黎玉范继续他的欧洲之行。

黎玉范前去欧洲后，利安当留在澳门的普尔·克拉雷斯（Poor Clares）方济各修道院中从事哲学和法学专著的写作，并为 6 卷本的神秘主义著作《方济各森林》（*Floresta Franciscana*）作注释。这恐怕和他急于进一步了解方济各会的历史及其神学思想有关。据英国伦敦大学国王学院蒋薇提供的资料可知，那时（1640）新上任的澳门署理主教葡萄牙方济各会修士本托·克里斯托（Fr. Bento Christo）正与澳门圣职部仲裁法庭专员葡萄牙耶稣会士加斯帕尔·德鲁伊斯（Gaspar de Luis）因一桩司法案件发生了争执。同在 1640 年到达澳门的利安当，迅即站在同一修会的本托·克里斯托一方，加入了论战。其后于 1641 年至 1642 年，他又写出三篇论文，阐释有关士林哲学家邓斯·司各脱（Duns Scotus，1265—1308）的学说的真意，并表达了对耶稣会有关中国礼仪观点的批评。蒋薇提供的资料有助于理解那一时期利安当致力于方济各会历史研究的具体原因，同时也说明在东方传教运动中，方济各会与耶稣会几乎无所不在地处于尖锐的对立之中。①

此外，澳门更为利安当观察东方国际形势的变化提供了新的视角。他预感荷兰人很可能入侵台湾，以控制通往日本、菲律宾和中国大陆的交通咽喉地带。所以1642年他致函菲岛总督，表述了他的上述忧虑。事实证明，利安当的判断是准确的，荷兰人继1624年入侵台湾南部后，又于1642年占领了该岛北部原来由西班牙人统治的地区。

但不久噩运再次落到利安当的头上。历史上，1580—1640年葡萄牙曾统一于西班牙帝国王权之下。葡萄牙脱离西班牙的统治之后，遂在东方传教运动中极力彰显其独立性。根据葡萄牙驻果阿副总督1643年5月4日签署的命令，在澳门居留的西班牙人被要求限期离境。于是1644年利安当和西班牙7名修女在罗文藻的陪同下，被迫搭船前往菲律宾。途中遇风浪，船被暴风刮至越南的岘港，受到当地国王的善待。利安当一行1645年4月20日离开越南，几经磨难后才回到马尼拉，并静待黎玉范罗马之行的音信。而此时黎玉范历经三年的苦旅终于返回欧洲。

2. 教宗英诺森十世（Innocent X）颁布的"圣谕"

1645年黎玉范几经波折终于到达罗马，他向教廷陈述了多明我会和方济各会对中国礼仪性质的17条意见，并得到罗马教廷的支持。于是1645年9月12日经新任教宗英诺森十世（Innocent X）的批准，颁布了由罗马教廷"圣职部"神学家对中国礼仪问题所做出的裁定，这就是天主教传教史文献中经常提及的所谓的教宗英诺森十世的1645

---

① 这三篇论文现存于马德里方济各会伊比利亚美洲档案馆 Archivo Franciscano Ibe-ro—americano（AFIO）Mss. 33/27，33/28，33/29。笔者将这三份文件分享在百度云，可供下载（http：//pan. baidu. com/s/1hrIMykG）。关于 Bento Christo 与 Gaspar de Luis 之间的争执，可参见文德泉神父的《澳门与澳门教区史之澳门主教和署理主教》（"Manuel Teix-eira. Macau e a sua diocese：Bispos e governadores do Bispado de Macau". Vol. 2. *Macau*：*Imprensa Nacional*，1940. pp. 131-132. ——蒋薇）。

年"圣谕"①。内中裁定：此后中国教民不得祭祖和参拜孔子。这等于宣布在"礼仪之争"中，多明我会和方济各会的观点得到了罗马教廷的最终认可。

下面，我们将围绕黎玉范上报的"陈文"中所提出的问题和教廷的答复，进行综述和分析。

其一，中国民间经常为了年节的庆典、公众祭祀或邻里的聚会而挨家挨户进行"摊派"（捐款）。那么中国的教民和在华的传教士是否可以参与上述"摊派"活动。如果中国的教民和在华的传教士不参与这种公众的"摊派"活动，他们必遭歧视。

教廷的答复是，凡是具有迷信色彩和偶像崇拜性质的活动，中国的教民和在华的传教士均不得参与。各项娱乐活动也只有在事前宣布为仅仅是为了欢愉民众，在道德上只作出中性的解释，而且不违背基督教的实践活动的前提下，中国的教民和在华的传教士才可以参与"摊派"。

其二，在中国，无论大小城市都设有城隍庙。城隍被视为该城的保护神。在任的官吏每月必须两次到城隍庙，去烧香、点烛、献花、供奉酒和饭食，并向城隍发誓要秉公执法并请求城隍保护城市的安宁。

任城市官吏的信奉基督教的教民，如果他们不参加城隍庙的祭祀活动，他们必被革职。由于现在任城市官吏的教民在信仰上还不坚定，若不允许他们参加城隍庙的祭祀活动，他们便宁肯放弃基督教的信仰也不肯丢官。在这种情况下，这类教民可否在参加上述仪式时暗中随身带一十字架或事先将十字架藏于祭坛的花丛中，在他们向城隍跪拜时，心中却默默为基督祷告。

教廷的答复是，绝对不允许基督徒表面上装作崇拜偶像而暗中崇拜基督。

---

① 参见［美］苏尔、诺尔编《中国礼仪之争》，沈保义等译，上海古籍出版社 2001 年版，第 1—8 页。

其三，在中国，人们将早已过世的孔子视作"至圣先师"。从皇帝、大臣到一般民众都把他当作"圣人"，将他的教导当作行为的规范，而且每个城市不论其大小都设有孔庙。

地方官吏要每年两次到孔庙去参拜，并举行盛大的祭孔仪式。在祭坛上要摆上整猪、整羊，点燃蜡烛、乳香，还要献酒和献花。每月还要两次去参拜孔子，不过不举行有如前述的盛大仪式。中国的读书人更是积极参加祭孔的仪式，在孔子像前跪拜并献上点燃的香烛，感谢孔子给予他们宝贵的教导，并祈求孔子以他的功德赐福给读书人，使他们能更富有聪明和才智。他们尤其热衷于分享献给孔子的供品，认为谁吃了这些供品，便会在学业上有成就，官运也会亨通。

如果信奉基督教的读书人不参加参拜孔子的礼仪，他们就会被社会摒弃，传教士也会遭到驱逐，从此再无人入教。那么，是否允许信教的读书人手中暗拿十字架参加参拜孔子的仪式？

教廷的答复是，不允许这样做。基督徒不能假意参加祭孔活动。

其四，在中国，遵从孔子的理念，每个家庭都有供奉祖先的祠堂。后代都要一年两次去祭祖。在盛大的祭祖仪式上，祖先的画像或雕像都摆在祭坛上。祭坛上要点燃香烛、焚烧乳香和摆上鲜花，同时要给祖先供奉上酒、食物和祭牲的头。除在祠堂里举行上述祭祖仪式外，中国人还在自己的家中或是在祖坟上举行祭祖的仪式，不过规模要小些。

后人要在祭坛前跪拜和祈祷，祈望祖先能为后人降福免灾，保佑他们身体健康、多子多孙、丰衣足食、永保太平。

那么信奉基督教的教民是否可以假意参加这些祭祖的仪式？如果允许他们参加祭祖仪式，是否有一个限度？如果不允许教民参加祭祖活动，他们可能放弃对基督的信仰，或者从外在的行为上看，他们将不再像基督徒了。

教廷的答复是，中国的基督徒绝对不能假意参加祭祖活动。他们不可以参加祈祷或者任何异教的迷信礼仪。

其五，中国人为了纪念祖先，要在自己的家中为列祖列宗设立牌位并坚信先人的灵魂就附着在牌位上。牌位前立有祭坛，上面摆着玫瑰、蜡烛、油灯和乳香。在祭祖时，他们要在牌位前跪拜，祈祷祖先保佑他们。

如果中国的教徒把上述礼仪中的异教的迷信成分撇在一边，而仅仅利用牌位这种形式，是否可以？他们是否可以将祖先的牌位和圣像摆在同一祭坛上，或将圣像放在与供奉祖先牌位的祭坛相并立的另一祭坛上，以此来迎合教外人？

教廷的答复是，他们不能以任何正式方式为先人设祭坛、立牌位，更不可以向先人祈祷、上供，即使是为了给教外人看，也是不可以的。

在回答上述诸种问题后，"圣职部"总结道：

> 应传信部的要求，教宗陛下指令严格要求每一个传教士都要不折不扣地遵守这些答复和决定，并付之于行动，并且注意其他有关人士是否遵守和实践这些答复和决定。教宗这么做是要求统一我们的传道和实践活动。耶稣会及各修会的传教士们，包括已经在中国的，或者准备去中国的，都要遵守教宗此道圣谕。在教宗和教廷作出另外的决定以前，都必须遵守这道圣谕。①

尽管在英诺森十世1645年颁发的这道"圣谕"之后的150余年间，罗马教廷围绕中国的礼仪问题曾颁布过多道"圣谕"，但除教宗亚历山大七世于1656年颁发的那道"圣谕"以外，其他各"圣谕"的内容，基本上与教宗英诺森十世颁发的"圣谕"相一致，即教宗英诺森十世1645年颁发的这道"圣谕"，可以说代表了罗马教廷对发生在中国的"礼仪之争"的基本立场和观点，其影响十分深远。

教宗英诺森十世1645年颁发的这道"圣谕"，基本上是根据黎玉

---

① 参见［美］苏尔、诺尔编《中国礼仪之争》，沈保义等译，上海古籍出版社2001年版，第1—8页。

范和利安当所呈报的有关中国礼仪性质的"陈文"做出的决定。那么黎玉范和利安当等人所呈报的"陈文"是否较为真实、较为全面地反映了中国礼仪问题形成的历史和现状呢?

众所周知,任何一个国家或民族的礼仪,从其外在形式到内中的含义,都要经历一个发生、发展和最终形成的漫长过程。这种礼仪既是一个国家或民族历史与文化的深层次的积淀,也是一个国家或民族历史与文化的外在的表现形式。同时任何一个国家或民族的礼仪既保有自身独有的特征,但也会在与外部世界的文化交往的过程中,融入一些其他国家或民族的某些仪轨的成分。特别是在一个国家或民族的不同地区、不同社会阶层或社会群体之中,对各种礼仪的认同程度或者对某种礼仪的遵从程度,也会各有差异。因此不系统、全面地深入一个国家或民族的历史和文化的传统之中,很难对其礼仪的形成过程和性质做出客观的分析并得出理性的结论。

事实上,中国礼仪之争的始作俑者,如黎玉范、利安当等人,直到向罗马教廷提出有关中国礼仪问题的陈述之时,他们都并未接触到中国礼仪问题的实质。

其一,黎玉范、利安当等人尚缺乏研究中国礼仪问题的必要的语言条件。

以利安当为例,1629年利安当抵达菲律宾后,一度被指派到日本去传教,所以那时他学习的是日语。直到1633年他奉派到中国传教之后,才于同年3月9日和黎玉范等人一道前往台湾,为前往中国传教做语言上的准备。然而当时台湾教会中的汉语教学的实际水平,仍处于草创的阶段,不但没有成型的语法教材,甚至连词汇表也处在搜集的过程中。

而且,利安当等人在台湾学习汉语的时间还不足4个月。

来到福安后,利安当在顶头一地,一边传教,一边跟随一位信教的王达窦先生继续进修汉语。当讲到"祭"字的词义时,王先生告诉利安当,"祭"是种礼仪,相当于天主教的"弥撒",而且"祭祖"这种仪式在中国教民家中普遍举行。王达窦的这种解释引起利安当的警觉，于是，他又邀黎玉范到一位教徒的家中从旁观察了中国人"祭祖"仪式的全过程。由此，他们认定这种"祭祖"仪式完全是一种偶像崇拜活动，于是他们明令禁止当地皈依天主教的中国教民参加"祭祖"①的仪式。这事发生在 1635 年，即利安当来到中国为时才一年多。在刚刚学认"祭"字和观察了一民户的"祭祖"活动之后，他们便对中国的"祭祖"活动的性质得出了结论，显然过于唐突与轻率。

事实上，那时黎玉范、利安当等人所具有的汉语知识根本谈不上对中国礼仪的形成过程和其含义有什么深入的研究，他们更不可能理解像"祭祖"这样的礼仪在中国社会和在中国人心理上的深刻影响。

众所周知，敬天法祖，慎终追远，历来都是儒家伦理道德的核心。在《孝经》中写得十分明确："夫孝，德之本也，教之所由生也。身体发肤受之父母，不敢毁伤，孝之始也；立身行道扬名于后世，以显父母，孝之终也。夫孝，始于事亲，中于事君，终于立身。"在中国这样一个素来以"孝"立国的国度，"孝"是最能拨动中国人心弦的一种感情，同时也是中国社会伦理道德的基本规范。因此如果一个学派或教派，在中国主张弃绝"孝道"，或禁止其追随者不祭祀祖先，在家堂中不供奉祖宗的牌位，这一学派或教派能否为中国社会所包容？所以，多明我会和方济各会来到中国伊始，便向中国的"祭祖"问题提出挑战，这就注定了他们将要走上一条荆棘丛生的传教之路。

其二，黎玉范、利安当等人在他们上报罗马教廷的"陈文"中，留下了过多的匆忙的痕迹。

黎玉范、利安当等人为了使他们的"陈文"具有"权威性"，也曾组成"法庭"，讯问过 11 位中国教民，并将这些被询问者对中国礼

---

① 参见韩承良编著《中国天主教传教历史》，思高圣经学会出版社 1994 年版，第 113 页。

仪的看法一一做了笔录，还让他们签字画押，以示郑重。但由于被讯问者人数过少，因而使这次讯问并不具有普遍性和代表性。尤其是这11位教民都来自顶头和穆洋几个邻近的村镇，他们之间有的有亲属关系，有的竟是问讯者亲自施洗的教民，因而使他们的"答话"带有明显的倾向性。特别是，这些被讯问者的回答中，往往使用"听人家说……"之类的表述形式，因而使这一调查报告的有效性受到极大的怀疑。此外，由于参与"法庭"问讯的传教士本身对中国的礼仪问题就缺乏必要的认识，因此涉及一些与利玛窦一派的分歧意见时，像黎玉范这样在"礼仪之争"中一直持强硬态度的多明我会修士，也竟犹豫起来，以致一度要求删除自己回答问题中的部分内容。因此，在谈到多明我会和方济各会所设立的这个"法庭"和就中国礼仪问题所进行"讯问"的这段历史时，就连当代资深的方济各会韩承良修士在其《中国天主教传教史》一书中，也如是写道："这实在是个充满缺点的法庭，真不能不使人怀疑它的结果是否有效，是否有法律的价值。"[①]

其三，黎玉范和利安当等并不了解在中国社会的祭祖活动中，"祭义不同"的道理。

黎玉范和利安当等来到福建后，并没有就中国人"祭祖"仪式的源流和现状以及在不同的社会阶层或群体，以及不同的地区所举行的"祭祖"活动的差异性进行广泛的考察和研究，而仅仅根据对教民缪姓家族的"祭祖"活动的"观察"，就对整个中国礼仪问题的性质得出了"结论"，然后，竟能以这样一个个别的事例为根据，展开和坚持利玛窦观点的一派传教士的辩论。即他们把一个十分复杂的问题进行了过于简单化的处理。须知，利玛窦是在来华8年之后，才小心翼翼地提出他有关"适应"策略的一些主张，即把中国人的"敬天""祭祖"和"参拜孔子"等礼仪活动定位为一种社会政治行为，对其

① 韩承良编著：《中国天主教传教历史》，思高圣经学会出版社1994年版，第120页。

采取默认的态度；与此同时，利玛窦又提出用中国典籍中的"上帝"来译基督教的"天主"这一概念，以寻求基督教和儒家学说的某种一致性。而且利玛窦将这一传教方略及时上报给耶稣会上层，并最终于1600年为远东地区视察员范礼安神甫所批准。① 那时利玛窦不但早已精通了中国的语言文字并熟读了中国的大量典籍，而且用中文写出了《交友论》等体现"适应"策略思想的名篇，并赢得了部分中国士大夫的敬重。

与利玛窦共事长达十年之久的西班牙耶稣会士庞迪我，也曾对中国的"祭祖"活动进行过深入的考察。他的最重要的结论就是，对中国人"祭祖"活动的性质，不能一概而论，因为"祭义不同"。他指出，有的地方或有的家庭在祭祖活动中的确掺杂了一些佛教的迷信内容。此外，毫无疑问，在民间祭祀活动中，也会有些民众借机向祖先提出赐福免祸的诉求。然而在儒家的典籍中，却从来没有任何鼓励后人向祖先祈福免灾的内容。在祭祖时，只是后人对先人表达一种感怀之情，即追养继孝，"视死如生"。从这一角度来看，中国人的敬天、祭祖和参拜孔子等礼仪完全是一种社会政治行为而根本不是偶像崇拜活动或者说迷信。

利玛窦一派对中国"祭祖"活动的性质的界定是有一定的根据的。从历史上来看，中华民族在意识形态上素来有着无神论的传统。孔子"敬鬼神而远之，可谓知矣"这句名言，正好说明了中国人难以形成宗教热忱的原因。"天道远，人道迩"便是儒学对宗教的态度的表述。中国人的这种入世的生活态度和西方基督教舍弃现实人生而去追求天国的荣光的外在超越的主张，确实是很不相同的。中国人的人生目的在于不懈地追求个体人格的完善。他们深信，通过自我修养便会取得无上的人格力量，而最终达到"天人合一"的境界。正因为中国人乐观而自信，所以中国人也绝不会耽迷于偶像崇拜之中，并把自

---

① ［美］邓恩：《一代巨人：明末来华耶稣会士的传奇》（G. H. Dunne, *Generation of Giants: The Story of the Jesuits in China in the Last Decades of the Ming Dynasty*），印第安纳州诺特·戴姆大学出版社 1962 年版，第 283 页。

己的未来寄托在神明或是祖先的保佑之上。因此，绝不能把某些地区民间"祭祖"活动中的一些迷信形式等同于儒家学说信奉者对"祭祖"活动性质的理解。

很显然，在对中国历史与文化的认知上，来华不久的多明我会、方济各会的修士与耶稣会利玛窦一派相比较，真可说有着相当大的差距。

其四，黎玉范和利安当等上报罗马教廷的"陈文"中缺乏对中国礼仪源流的系统考察。

从黎玉范和利安当等上报罗马教廷的"陈文"的内容来看，他们并没有从历史的角度来阐明中国某种礼仪的形成和演化的过程及其在不同历史时期所蕴含的文化内涵和对中国社会以及对中国人心理和感情上的影响力。相反的，黎玉范、利安当等一般都是首先武断地把某种礼仪形式界定为一种偶像崇拜活动，然后再提出在举行这种仪式时，一个中国教民或一位信教的中国官员，为了不遭到同胞的排斥，是否能表面上假作参加这类活动，而内心却怀着对"天主"的崇敬，或暗带十字架去参加这类迷信活动。对这种带有明显的"诱导性"因素的问题，教廷别无选择，只能做出否定的回答，因而留下了无穷的后患。

比如，在黎玉范、利安当等上报的"陈文"中指出，在任的官吏每月必须两次到城隍庙烧香、点烛、献花、供奉酒和饭食，并向城隍发誓要秉公执法并请求城隍保护城市的安宁。那么这类为官的教民可否在参加上述仪式时暗中随身带一十字架或事先将十字架藏于祭坛的花丛中，在他们向城隍跪拜时，心中却默默为基督祷告？如此的提问，教廷恐怕也只能做出否定的回答。

但在上述提问中，黎玉范、利安当等并没有对城隍庙的源流以及城隍神的职能的演变过程做出系统的阐释。

事实上，在中国，城隍神原来是作为保护城市不受水旱疾疫侵害而衍生的神灵，其存在已有久远的历史。在城隍神职能的历史演化过程中，又被赋予了"鉴察司民"的职能。在唐宋时期，朝廷便已开始对城隍神赐以封号。到洪武二年（1369），朱元璋明令全国祭祀城隍神并将京都城隍神封为"鉴国司民升福明灵王"；开封等城的城隍神被封为"王"；府的城隍神被封为鉴察司民城隍"威灵公"，秩正二品；其下，州、县的城隍神均有封号，赋予城隍神更大的权威性。这实际上体现了朱元璋借助城隍神来维护其新兴政权的意图。但随着明政权的迅速巩固，为了加强和突出"皇权"本身的影响力，于是在洪武三年（1370），朱元璋"诏去封号，止称某府州县城隍之神。又令各庙去他神。定庙制，高广视官署厅堂。造木为主，毁塑像异置水中，取其泥涂壁，绘以云山"①朱元璋开始在全国范围内推行破除城隍神塑像的运动。其目的正如朱元璋自己所言："朕立京于是方，专阳道而治生民也。神灵是方，而察不德。"②只赋予城隍神承担"察不德"的有限职责，使其只对政权起到辅助性的作用。朱元璋深知，借助城隍神的力量来规范各级官吏的执法行为才能最大限度地减少民怨，以确保他的政权的稳定："盖政为之明而神为之幽，人之情每欺明而慑幽，故政常于神之助，此立祠之意也。"③但由于一般生活无助的民众常常寄希望于城隍神为民申雪不平的"公正性"，因此在朱元璋废除城隍神塑像后，时过境迁，有些地方的民众又重新在城隍庙中树起城隍神的塑像。更有甚者，有的地方甚至按照造福于民的"清官"的形象来塑造城隍神。可见在明代，由朱元璋倡导的破除城隍神塑像的运动和某些地区民间的"造神运动"④同时并存。所以黎玉范、利安当等仅仅根据在城隍庙中举行的一些礼仪的外在形式，就将整个祭祀城隍的礼仪断定为一种偶像崇拜活动，显然又是把复杂问题过于简单化了。

再从城隍神职能的演化历史来看，一位官吏的执政形象，在一定程度上已经和他对城隍神的态度是否虔诚牢牢地联系在一起了。要求

---

① （清）张廷玉：《明史》，卷49，中华书局1974年版。
② （明）姚士观等编校：《明太祖文集》，卷17，钦定四库全书本。
③ 万历《会稽县志》，卷3。
④ 参见周祝伟《略论明代浙江的城隍神信仰》，《明史研究》2010年第7辑，第230—240页。

一位信教的官员断绝祭祀城隍神，等于让他自绝政治前程。再考虑到城隍神在民间心理上的需求和影响，一位官员不参加祭祀城隍神的活动，也就失去了在民众中的公信度。涉及祭祀城隍神的礼仪，若不以其演变的历史和实施的现实情况为出发点，罗马教廷这种远离中国国情的"裁决"会有什么样的结果。

3. 黎玉范的《圣教孝亲解》[①]——托钵传教士在"礼仪之争"中的理论基石

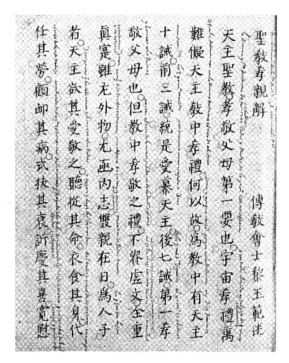

此为黎玉范《圣教孝亲解》一文首页之书影

① 《圣教孝亲解》为西班牙来华多明我会修士黎玉范所撰写的一篇理论文章，代表了托钵传教士在"礼仪之争"中对于"祭祖"问题的基本观点，具有重要的研究价值。该文献手稿共8页，现珍藏于梵蒂冈档案馆。北京外国语大学海外汉学研究中心张西平在该档案馆从事研究工作期间，曾苦心将《圣教孝亲解》一文逐字笔录，并奉献给学术界，这才使我们得以利用这一文献，加深了对"礼仪之争"的认识。张西平素来将"学术"视为"公器"。对他的这种在学术上的开放性和无私的奉献精神我们深表敬意。

黎玉范来华后，通过对中国教民"祭祖"活动的观察，认为向祖先敬献祭品实际上包含着祈福消灾的含义，而且把这种属于天主的"神能"转给了"祖先"。由此，他将中国礼仪中的"祭祖"仪式视为一种偶像崇拜，因而严厉禁止中国教民参加"祭祖"活动。

　　但"孝"文化在中国人的内心和情感世界中占据着极为重要的位置。所以黎玉范一派传教士禁止中国教民参加"祭祖"活动，在中国教民以及中国社会中引起巨大的反弹，有人甚至因此把基督教视作"邪教"。

　　这种反对之声使黎玉范一派托钵传教士在中国社会基层的传教活动中遇到空前的阻力。所以黎玉范一派传教士也逐渐认识到，应当对他们修会涉及中国"孝"文化的基本观点尽快做出具有说服力和权威性的诠释，以平息社会上的反对之声。

　　与此同时，耶稣会在华传教团中信奉"适应"策略的利玛窦一派的传教士更是引用儒家经典中有关"孝"文化的论述向托钵传教士频频发起挑战。

　　为了从罗马教廷那里获得否定中国礼仪的理论支撑，以及为了强势回应利玛窦一派的挑战，黎玉范曾前往罗马，向教廷阐释了他们这一派在"礼仪之争"中的立场，并争取到新任教宗英诺森十世对托钵修会在华传教方针的肯定。在此鼓舞下，黎玉范决定利用这一有利的时机，用中文写一篇全面阐释托钵传教会对于中国"孝"文化观点的理论性文章，使之既能以此彰显他们这一派传教观点的"权威性"，同时在未来的传教活动中，也能以此为指针，为创建救世功业做出更大的贡献。这就是黎玉范撰写《圣教孝亲解》一文的历史背景。

　　可以说，教宗英诺森十世1645年颁发的"圣谕"，以及黎玉范用中文撰写的《圣教孝亲解》共同构筑了托钵传教士在"礼仪之争"中的理论基石。

　　黎玉范在《圣教孝亲解》一文中，曾摘录了教宗英诺森十世1645年颁发的"圣谕"中有关"礼仪之争"的裁决："大明教中人不该祭祖先，不该祭孔子，更不该祭城隍。讲道时节该传吾主耶稣降生受难诸情。该立耶稣苦像于主台。教中人家不该设祖牌，不该放利钱。凡妇女初领圣洗时，铎德（神甫）该代搽圣油，并与尝圣盐。其临终又该代敷圣油。凡教中男女该遵守主日并大瞻礼日，与夫大小斋也。"①

黎玉范对教宗英诺森十世 1645 年颁发的"圣谕"中有关"礼仪之争"的裁决的大段引用，就在于彰显他的这篇《圣教孝亲解》的"权威性"。

在正文中，为了反击中国社会上对于多明我会鼓动教民不孝敬父母的诸种"诽议"，黎玉范开宗明义指出，"天主圣教孝敬父母为第一要也"。继而阐释说，在天主教修会的"教规"中有"十戒"② 的规定，虽然前"三戒"讲的都是人要敬爱天主，但"后七戒第一孝敬父母也"。接着黎玉范又指出，事实上，天主教也一直在督促它的教民，当双亲健在之日，为人子者应当对父母，"爱敬之、听从其命、衣食其身、代任其劳、故恤其病，或扶其衰、诉庆其喜、宽慰其忧、左右前后。为了不敢睨、不敢侮、不敢詈、不敢憾、不狠应对、不敢愿其速逝……此真孝敬之实也"③。

黎玉范认为，作为一个人，要能做到上述各点，那才是真正的孝心的体现。人所以应当如此尽孝，那是因为，"双亲生我、养我、乳我、哺我、鞠我、怀我、衣我、食我、安我、教我以有此今日也"。所以天主教要求自己的教民，厮守在父母身边之时，应当尽其孝道；不能陪伴在父母身边之时，也要常常挂念他们。

对于社会上因为多明我修会禁止教民"祭祖"从而认为他们是些不敬重父母之人的那种论调，黎玉范辩称，事实上，天主教同样主张作为人子，皆要孝敬父母，只是世人并没有真正领会这一点。最根本的误解在于，多明我会并非禁止教民孝敬父母，"第所禁者惟是祭献

---

① 引自西班牙多明我会修士黎玉范：《圣教孝亲解》（手稿），第 2 页。

② 第一戒，钦崇一天主在万有之上。第二戒，不呼天主圣名以发虚誓。第三戒，守瞻礼之日和主日。第四戒，孝敬父母，尊敬师长。第五戒，不杀人不害人。第六戒，不行邪淫。第七戒，不偷盗。第八戒，不妄证、不毁谤人。第九戒，不贪图他人妻子。第十戒，不贪他人财物。

③ 引自西班牙多明我会修士黎玉范：《圣教孝亲解》（手稿），第 8 页。

死人虚事！"①

黎玉范又进一步加以解释，多明我会所以禁止"祭献死人虚事"，这是因为世上万物皆是天主所创生。因此，祭奠的物品只应献给天主。在西方国家亦不敢罔祭祖先，因为祖先并不是世间万物的创始者。

黎玉范的观点实际上已经揭示了多明我会禁止教民"祭祖"的真实原因，即根据天主教教义的规定，既然天主是宇宙万物的创造者，因此作为一个人，只能向天主表达感恩之心。在这里黎玉范已把天主教恪守的"唯一性"原则表达得非常透彻。

既然天主教要禁止"祭献死人虚事"，那么一旦亲人辞世，生者应当如何表示对先人的尽孝之心呢？

在《圣教孝亲解》中，黎玉范回答说，其实天主教也是允许教民隆重举办丧事的："其尸总殓其棺坚，法其坛，高燥披麻示哀，必诚必信，不使稍有后日之悔。兹乃天主命唉"②。

然而事实上，人们在"祭祀"时往往包藏着"私心"：比如，对死者在其生时没能尽孝，现在想借祭祀之机表示其孝心；或家室殷富，借祭祀摆排场以显示富有；有的通过"祭祀"来避免被他人冠以"不孝"之类的恶名；有的祖辈留有"祭田"，后人试图通过"祭祀"名正言顺地承继这份财产；或是想借机大吃大喝，极尽挥霍之能事。

黎玉范正告说，对于一个死者来说，他死后的凶、祸、福，都将由天主来决断，并非由死去的人按自己的愿望来决定。再说，谁知死者之灵魂是在天堂还是在地狱？无论是进天堂还是下地狱，那都是早已经（为天主）注定了的事，根本不会再有任何的变更。死者若已进天堂，则万福满愿，那还需要什么供品？这是由天主早已安排定了的事。（即使是举行"祭祀"活动）也不会再给死者多增加一点福分。

---

① 引自西班牙多明我会修士黎玉范：《圣教孝亲解》（手稿），第8页。

② 同上。

若是死者下了地狱，（即使是举行"祭祀"活动）也不会让他少受一点悲苦，更不会（因为"祭祀"）而得到宽恕。自甘堕落的人，难道还能得到救赎吗？

黎玉范就此进一步解释说，至于在家龛中立祖先牌位，亮灯明烛当作上供，在忆念中想象祖先就在那儿，这完全是中国人的"家礼"，这完全是一种"视死如视生"的想象，也即祖先根本不可能附着在牌位之上。

尤其是对待化生天地的天主，人心更不能同时有两个"向度"：如果一个人在心里装着天主，则不应再把死者放在心上。若仍心中怀念着死者，那么他又把天主置于何处去亲崇？如果心中仍怀念死者，并以为死者的灵魂就留在牌位上，但前已有言，肉身死后，灵魂不是升上天堂，就是沉入地狱。根本不会附在牌位上。因此还不如为天主立一"主台"，在那里既可以为死者祈祷，又可用来崇敬那万物之上的唯一的主。

况且世人品德不一。有积善者，也有怙恶者。然做善事的人少，怀有恶念的人多。假若对其在世时的品德不加以区分，死后一概加以祭祀，这与天主生化万物的宗旨极不相符。天主生化万物是为了生命能够延续，而不是用来祭祀。人一死，只留下腐肉和残骨。哪还知饥饱？给死人上供食品毫无用处。祭祀死人以为能唤起死者的"生机"，那只是幻想。即使是一个蒙昧的人也知道死去的人不再需要食品。既然知道过世者不会再享用吃食，为什么仍要上供？在世之时不认天主，又违反圣教的"十戒"，死后天主必将其灵魂打入冥狱，长抱永苦，没有尽期。因此尽管举行"祭祀"和祈祷，他也绝对得不到任何福分。

黎玉范行文至此，又提出一个重要的论点：祭祀祖先的出发点。你是祭祀死者的肉躯，还是祭祀他的灵魂。如果是祭祀其肉躯，肉躯早已腐烂，难道还能品味不成，这岂不是呓语。若是祭祀灵魂，灵魂即已升华，还需食物，这岂不是胡言乱语。既然不需要祭肉躯，也不需要祭祀灵魂，那为什么还要祭祀？事实上，肉躯和灵魂合二而一，这才成为一个人。但灵魂并非父母所生，是乃天主生成。肉身既为父母所生，故人子该孝敬父母之身，这就是不忘本。或在身边或远游四方，俱应放在心上。然而即今其身已僵死，呼唤已不再回应，这完全是无可奈何的事。在这种情形下，衣衾棺墓应由子女来安排，其灵魂则应听天主之命，而不要轻易地举行祭祀，这样做有何益处？若有人不听从天主的命令，因天主没有对其亲属宽容而对天主不满，认为天主善心不够，这么想有道理吗？或觉得神是从人那里得到饮食，因此除了奉献祭品而不知如何来表示孝心。事实上，真正的孝乃是遵从先人的遗德。若敬奉先人饮食而先人并未享用，回家后自己吃掉，这能说是孝吗？对死者生时不孝敬，死后祭祀又有何益？况且鬼魔并不需要祭品，只欲使人是非颠倒，故欲施展计谋来迷惑人。这就需要用理智来分辨是非。这也就是应当以"礼（理）"来祭祀祖先的原因。难道孔子所说的不对吗？六经是讲道理的书，天主高居于各种道理之上。天主所以派圣子基督来人间示警，那是因为违反世道的事情实在是太多了。所以才派圣子来发人深省。现今天主已派圣子降临人世，并指定了大法。那么何须再祭祀祖先？

太阳既然已经升起，试图让火把来照亮，岂不是做无用之功。天已降下及时雨，如依然用桔槔来灌溉，这不是白费力吗？当下你傲然自定规矩，狂言道，既然孔子没有说过这样的话，那这事就无道理。这难道不是如同用贝壳来测海水多寡，以管来窥天，这岂不是自不量力。

上文是对黎玉范《圣教孝亲解》一文的大意的转述。从中可以看到，事实上，基督教并非不允许教民"祈福免祸"的宗教诉求，但应当向"谁"提出"祈福免祸"的要求，以及由"谁"来决定是否"赐福免祸"，才是问题的关键。从基督教的教义来看，"赐福免祸"只能由"天主"来决定。在中国的民间，皈依基督教的中国教民在祭祀时，如果向祖先提出"赐福免祸"的要求，这等于把"天主"的"神能"转给了教民的"祖先"，这当然要为基督教所禁止。

在基督教神学中，"天堂"和"地狱"以及"灵魂"和"肉体"

的二元对立，是其最基本的理论支柱之一。然而在中国的传统文化
中，既无"天堂"和"地狱"的概念，也无"灵魂不朽"之说。物质
性身体与精神性灵魂的对立以及灵魂的存在和不朽，对中国人来说完
全是陌生的概念。再如，在基督教的神学中，人死后将得到报偿或受
惩罚的正是不死的精神性灵魂。这种说教也很难引起中国人的共鸣。
这也突出地显现了华夏文明与西方文明之间的根本性差异。从基督教
神学的观点来看，人死后肉躯就腐烂了，再祭祀供品，死者已经不再
需要，因此祭祀已无任何意义，所以不必再祭祀死者。肉体死亡后分
离出来的不朽的灵魂是天主所生成，是升到天堂或是被罚到地狱，这
完全由"天主"所掌控。所以应当感恩的不该是祖先，而是"天主"。

　　在基督教神学中，这种人死后将得到报偿或受惩罚的是那不死的
精神性灵魂，因此人只有依靠上帝的"神恩"才能使灵魂获救。然而
中国人并不关切个体的救赎，他们既不怕死后的永苦，也不追求来世
的永福。中国人抱着一种积极而乐观的人生态度，坚信一个人通过自
我修养便会取得无上的人格力量，而最终达到"天人合一"的境界。
可见，外在超越和内在超越之间有着天壤之别。

　　因此，基督教的上述说教事实上也很难引起中国人的共鸣或是
认同。

　　通过教宗英诺森十世 1645 年颁发的那道"圣谕"和黎玉范在
《圣教孝亲解》中对那道"圣谕"精神实质的阐释，我们可以看到，
罗马教廷事实上是把基督教的仪轨当成了世界上所有国家或民族都必
须遵从和必须实行的唯一的礼仪形式，并用"圣谕"的权威性来加以
肯定，从而把其他国家或民族历史上所形成的诸种礼仪形式加以全面
的拒斥。这种把基督教仪轨"神圣化"的做法由于否定了文明多样性
的原则，因此不但在理论上缺乏根据，而且在实践中也只能引起异质
文明之间的冲突与对抗，因而至少在中国，那也是根本行不通的。

　　就在多明我会和方济各会为了他们的在华传教策略争取到罗马教
廷乃至教宗的赞同和支持而欢欣鼓舞之际，在遥远的中国，他们所极
力推行的那套激进的传教策略，却已经不断地遭到重创。前已有述，

继"南京教案"之后，又引发了"福建教案"，接着"辟邪"运动又风起云涌……

在中国社会中所发生的上述一起又一起的反教风潮，就是教宗英诺森十世 1645 年颁发的"圣谕"必然要在中国引发更大的反教风暴的先兆。而黎玉范的《圣教孝亲解》所含有的"指导性"精神，则使"礼仪之争"变得更加复杂化，终于酿成规模空前的"历狱"。

4. 黎玉范重返中国——兼论闵明我的东方之行

然而在历史上，教宗英诺森十世颁发的"圣谕"却给了黎玉范以极大的鼓舞，于是他带着胜利的喜悦心情决定返回故国西班牙并想再多感召和劝募一些志愿者前往东方传教，以便借助英诺森十世的"圣谕"，在中国创建出更大规模的救世功业。

1646 年 6 月 12 日黎玉范率领新招募到的 27 名多明我会修士前往东方，其中就包括后来在"礼仪之争"中发挥了重要作用的闵明我（Domingo Fernandez Navarrete，1618—1686）。

闵明我是多明戈·费尔南德兹·纳瓦雷特的中国名字，他出生在布尔戈斯（Burgos）省卡斯特罗赫里兹（Castrojeriz）小镇。

闵明我曾就读于巴亚多利德神学院，1635 年加入多明我会，1639 年获圣职，不久被遴选为圣格里高利学院相当于讲师一级的"评议员"。在西班牙多明我会的历史上，许多著名的传教士皆出自该校，其中最闻名的当属拉斯·卡萨斯。

在拉斯·卡萨斯故去后，遵从他的遗愿，将他在美洲为保护印第安人而写下的早期文献捐献给了母校，并陈列在他曾经住过的那间居室中。从此，拉斯·卡萨斯"印第安人保护者"的形象一直鼓舞着年轻的多明我会修士走上他曾经走过的道路。闵明我就是拉斯·卡萨斯最坚定的追随者。

此外，闵明我的一位至亲阿隆索·德纳瓦雷特（Alonso de Navarrete）曾在日本传教，并于 1617 年在日本的反教风潮中遇难。闵明我也深为这位至亲的殉教者的精神所感染。这也是他立志前往东方传教的原因之一。

黎玉范的东方传教经历以及他在罗马教廷申辩中所取得的成功，使闵明我对黎玉范十分崇敬。在前往新西班牙（墨西哥）的船上，闵明我和与他同船的年轻传教士们更从黎玉范的教诲和他讲述的在中国传播基督福音的经历中受益匪浅，特别是发生在中国的"礼仪之争"更引起了这些年轻人的兴趣。

1646 年 8 月 13 日，历经两个月的航行，黎玉范和闵明我一行终于来到墨西哥。

由于当年没有前往马尼拉的大帆船开航，所以黎玉范一行只得在墨西哥暂住。

这期间，黎玉范与普埃布拉主教、多明我会著名修士胡安·德帕拉福克斯-门多萨（Juan de Palafox y Mendoza，1600—1659；本书中简称其为"帕拉福克斯"）建立了良好的个人关系。由于双方对"礼仪之争"又持近似观点，所以围绕这一问题展开了详尽的讨论。闵明我从他们的交谈中开始认识到东方传教运动的复杂性，同时也引起了他对"礼仪之争"问题的关注。

尤其是当闵明我初次拜会普埃布拉主教帕拉福克斯之时，后者给他留下了很深的印象。后来闵明我回忆说，当他们参观圣奥古斯丁教堂时，受到帕拉福克斯的祝福。在闵明我的印象中，"他是各方面都很优秀的教长，以致无人能贬损他的伟大。……举止若慈父"[①]。

然而就在这年（1647）的 3 月，即闵明我一行来到此地的 7 个月之后，发生了由当地耶稣会煽动起来的反对帕拉福克斯的动乱。其原因是，在天主教传教史上，历届教宗都曾授予奥古斯丁会、方济各会以及多明我会传布福音和听取信徒忏悔的权力。然而普埃布拉当地的耶稣会却要求帕拉福克斯主教放弃上述权力，而只由耶稣会来单独行使上述这些权力。帕拉福克斯非但没有屈从于他们的要

----

① ［西］闵明我：《上帝许给的土地——闵明我行记和礼仪之争》，何高济、吴翊楣译，大象出版社 2009 年版，第 11 页。

求，反而禁止耶稣会士在他的教区内进行违规的传教活动。因此，帕拉福克斯受到当地耶稣会士的仇视，他们扬言要将帕拉福克斯驱逐出教会。

据闵明我的记载，在耶稣会上层的教唆下，耶稣会的学员们对帕拉福克斯进行了肆无忌惮的诬蔑和侮辱，并假借表演"假面戏"之机，"其中一人把主教（帕拉福克斯）的权杖缚在马尾上；另一人把教冠放在马镫上，主教被丑化为一个头上长着瘤子的人"①。

耶稣会的这种恶作剧引起了闵明我的极度反感。他开始认识到，发生在普埃布拉的这场动乱其实并不是一个孤立的事件，他已听说，在日本和中国，耶稣会神甫过去和现今也仍在要求奥古斯丁会、方济各会以及多明我会，除非得到耶稣会的允许，它们均不得听取信徒的忏悔，甚至也不得向异教徒布道。因此，耶稣会的这种态度在天主教传教运动中引发了耶稣会士和托钵修会传教士之间层出不穷的矛盾。在墨西哥发生这场动乱后，耶稣会企图把肇事者的责任强加给帕拉福克斯主教。所以站在多明我会的立场上，闵明我引用圣伯尔纳（St. Bemard）的名言来表达他内心的愤懑："他自己是丑闻的制造者。谁制造丑闻谁就应受到谴责。"②

这场动乱也使帕拉福克斯更深刻地认识到，在天主教内部不同修会之间的矛盾是难以调和的，同时更使帕拉福克斯认识到发生在中国的"礼仪之争"不仅涉及西方传教士对中国文明的理解，其中更有天主教各修会之间的矛盾在作祟。

在黎玉范一行等待西行船只期间，帕拉福克斯与黎玉范之间有了促膝长谈的机会。那时黎玉范刚结束罗马之行，教宗英诺森十世"圣谕"对多明我会和方济各会在"礼仪之争"中的观点的最终裁定，使黎玉范一时豪情满怀。他向帕拉福克斯详尽地介绍了"礼仪之争"的来龙去脉，从而使帕拉福克斯对"礼仪之争"的实质有了新的、更深

---

① ［西］闵明我：《上帝许给的土地——闵明我行记和礼仪之争》，何高济、吴翊楣译，大象出版社 2009 年版，第 12 页。

② 同上。

层次上的认识。特别是黎玉范在"礼仪之争"中的原则性立场和坚定的态度使帕拉福克斯深受启发。从此，帕拉福克斯自己不但在"礼仪之争"中的立场越来越明确，而且他还要求罗马教廷对"礼仪之争"做出进一步的表态。

在 1649 年帕拉福克斯写给教宗的一封信中，他申诉说，中国的（托钵）教会都在呻吟、抱怨，因为耶稣会士用错误的方式在布道，结果导致容许天主教信徒也同时遵行异端的礼仪。他形象地比喻说："上帝和魔鬼在同一张桌子，同一个祭坛上，行同样的祭礼。"①

在黎玉范与帕拉福克斯的接触中，帕拉福克斯在拉斯·卡萨斯人文主义精神的影响下善待印第安人的传教方式，对即将前往东方传教的黎玉范一行同样富有启迪的意义，特别是对年轻的闵明我更是如此。就是在墨西哥期间，闵明我开始阅读拉斯·卡萨斯的著作，并决心在未来的传教生涯中，以拉斯·卡萨斯的人文主义思想来指导自己在菲岛土著居民中的传教活动。②

1648 年春，黎玉范和闵明我等人搭乘马尼拉大帆船"善良耶稣"号前往菲岛。

在抵达马尼拉以后，黎玉范立即向菲岛宗教界宣读了教宗英诺森十世有关"礼仪之争"的"圣谕"以及罗马教廷任命他为中国与日本各教会大主教（Archbishop）、任命利安当为"宗座代牧主教"（Prefecto apostolico y Prelado）的"通令"。

此前业已返回菲岛的利安当认为教宗颁发的"圣谕"其意义重大，因此他要求将 1645 年的"圣谕"在日本、朝鲜、满族人统治下的中原地区③以及其他相关地区颁发，同时他还认为应当吁请教宗再度重申 1645 年"圣谕"的内容，他认为只有如此才能迫使其他修会

---

① ［西］帕莱福：《鞑靼征服中国史》，何高济、吴翊楣译，中华书局 2008 年版，第 lO 页。（帕莱福，即本书中"帕拉福克斯"的另一译名，在本书正文中一律使用"帕拉福克斯"）

② 参见［西］闵明我《大中华传教团古代以及当代之争论》（Con. troversias Antiguas y Modernas de la Mission de Gran China），马德里 1679 年版（部分印刷），第 426 页。

③ 当时满族军事力量已开始进入中原地区。

的传教士无法曲解这一"圣谕"的精神实质。

罗马教廷关于"礼仪之争"的裁决使菲岛的多明我会修士和方济各会修士感到欢欣鼓舞,他们都渴望尽快前往中国以大展宏图。

在多明我会省教区的要求下,菲岛总督法哈尔多·查孔(Fajardo Chacon)许诺一旦有机会,他将立刻派出多明我会和方济各会的传教士前往中国内陆传教。

为了适应在中国传教的需要,最紧要的是要掌握语言这个工具。特别是考虑到 1645 年"圣谕"颁布后,多明我会将要担负起整个中国教区的传教工作,所以黎玉范不再教他的教友们闽南方言,而是开始教他们"官话"①。

当时在福建传教的施若翰(Juan Garcia de Leon)急需从菲岛派来新的传教士以协助他的工作。于是马尼拉教会当局于 1649 年 7 月 21 日派出一支增援力量,其中包括方济各会的利安当、文度辣(字道济,Buenaventura Ibañez,1610—1691)、何塞·卡萨诺瓦(Jose Casanova)和他的弟弟迭戈·卡萨诺瓦(Diego Casanova)以及一个从顶头来的旅居菲岛的华人。增援者还包括多明我会的黎玉范、弗朗西斯科·瓦洛(万济国,Francisco Varo,1627—1687)、蒂默特奥·博蒂格利(Timoteo Bottigli)和曼努埃尔·罗德里格斯(Manuel Rodriquez)。他们历经两周航行后抵达泉州附近的安海。

这是黎玉范与利安当第二次来到中国传教,并步入了他们在华传教事业的最艰难时期。

当时,罗文藻受施若翰的委托来安海迎接他们的到来,并讲述了清军入侵福建后时局所发生的变化。

黎玉范对清军大举南下持欢迎的态度。按照他的逻辑,战争的祸患使普通人更想在精神上寻找到寄托。因此,这正是扩大基督教皈依者的最好时机。也正如黎玉范自己所说:"当河水变浑,渔人的机会

---

① 〔美〕傅路特:《明代人物辞典》(L. C. Goodrich, *Dictionary of Ming Biography*)第 1 卷,哥伦比亚大学出版社 1976 年版,第 1075 页。

就来了。"①

　　黎玉范更认为，他既经教宗的授命，已成为"中国与日本各教会大主教"，那么他已经握有了掌管中国教区的全权，而且教宗英诺森十世的"圣谕"又可望促使在"礼仪之争"中持不同观点的传教士们在思想上能重新统一起来，因此他乐观地认为，中国的基督教化问题更有希望了。因此他再次来到福建后，便把分散在各地的多明我会修士都召集到福安，并传达了1645年"圣谕"的内容，动员多明我会传教士团结奋战。

　　1655年7月黎玉范又决定在浙江开辟一个新的传教区，于是他率领部分多明我会修士经白石尖来到兰谿，并将此地当作了多明我会在华传教的中心。

　　多明我会的成功给予耶稣会中国传教团利玛窦一派的传教士极大的刺激。为了争取罗马教廷对他们这一派的观点的支持，遂于1650年派出意大利来华耶稣会士卫匡国（Martin Martini，1614—1661）前往罗马，向新任教宗亚历山大七世（Alexander Ⅶ）提出了他们的申诉。令这派耶稣会士备受鼓舞的是，卫匡国历经三年的努力奋斗，他们的观点竟得到了新教宗亚历山大七世的赞同，并于1654年也颁布了一道"圣谕"，以示对耶稣会利玛窦一派的支持态度。

　　这样，两个内容相异的"圣谕"先后颁布，势必在中国的各修会之间引起更大的混乱和冲突，也必将在中国社会中造成极为严重的消极影响。这将是我们在其后章节中予以重点阐述的内容。

---

　　①　［英］卡明斯《礼仪问题：多明我会修士闵明我与在华耶稣会士》（J. S. Cummins, *A Question of Rites：Friar Domingo Navarrete and Jesuits in China*），伦敦大学出版社1993年版，第122页。

第三节　利安当在华岁月及其对中国礼仪问题的理论研究

一　利安当与汤若望

当黎玉范借助英诺森十世"圣谕"的精神大张旗鼓地组织多明我会修士准备大干一场的时候，方济各会的利安当虽然重返福安这一他曾艰苦创业的地方，但他内心却充满了矛盾：

首先，在利安当1636年离开福安前往马尼拉上报有关"礼仪之争"的近况之后，耶稣会士聂石宗（Pietro Canevari，1594—1675）来到这带地区开展传教活动。对于"礼仪"问题，利安当和聂石宗二人各执己见，根本无法在同一教区共事。

其次，利安当虽然在"礼仪之争"中与黎玉范观点相近，但利安当认为黎玉范做事过于张扬，很难与之长期合作。

此前，我们曾论及，1640年黎玉范与利安当受马尼拉宗教上层的委派前往罗马申诉托钵修会在"礼仪之争"中的观点。但当他们来到澳门后，二人却并没有携手前往罗马。在分析其原因时，我们曾把他们之间性格的不同视为原因之一，看来这一推断还是有根据的。

为了独自开辟一个新教区，1650年7月14日利安当在罗文藻的陪同下离开福安前往朝鲜去实行他酝酿已久的一个计划。①

---

① ［西］何塞·玛利雅·贡萨莱兹：《首位中国人主教罗文藻》（José María González，*El primer obispo chino：Excmo. Sr. D. Fray Gregorio Lo，o López，O. P.*），西班牙潘普洛纳 OPE 出版社 1966 年版，第 23 页。

1. 利安当为开拓朝鲜新教区所做的努力

在地理大发现以后所出现的东西方文化交流的大潮中，西方传教士为了在亚洲建立一个"天主教东方王国"，不仅把宗教扩张的触角伸向了中国，而且把朝鲜纳入他们的战略视野之中，并期望借助他们在中国业已开拓的传教基地和总结出来的传教策略，以实现朝鲜的基督教化。而此时的朝鲜正面临日本入侵的现实危机。

万历年间，日本的丰臣秀吉崛起一方，他凭借武力平定了日本的各割据势力，一统了日本天下，自称"关白"（即丞相），并把征服朝鲜，继而侵略中国当作他的基本国策。

1592 年（万历二十年）丰臣秀吉派出 10 万大军在朝鲜的釜山登陆，并继续向北推进，朝鲜国运堪忧。

但由于中国出兵朝鲜，支援朝鲜人民的抗日战争，从而取得了对日军的重大胜利。但 1597 年（万历二十五年）丰臣秀吉再度派 14 万大军入侵朝鲜。

此间，丰臣秀吉为了获取西方火器，遂对西方传教士表示了友善的态度，于是西班牙传教士格莱戈里奥·德塞斯佩德斯（Gregorio de Cespedes）作为随军神甫于 1593 年 12 月 23 日来到朝鲜，跟随日本军队前后历时 18 个月。塞斯佩德斯利用这一机会，把朝鲜的国情向欧洲做了详尽的报道，从此朝鲜进入西方传教士的战略视野之中。①

事实上，当时在中国传教的利玛窦和庞迪我也都十分关注朝鲜的基督教化问题。利玛窦已开始考虑把他用中文写成的传教之作传播到朝鲜的可能性。②而庞迪我则更关注日本侵朝失败后朝鲜的命运。他在致古斯曼主教的长信中曾指出，日本从朝鲜的撤军，标志着它侵吞朝鲜的政策已经破产。而现时明王朝又将"统治权"归还给了朝鲜，这等于朝鲜正处于外来势力的真空状态。庞迪我显然是用一种较为隐晦

---

① 参见［美］拉克《亚洲促进欧洲的发展》（D. F. Lach, *Asia in the manking of Europe*），芝加哥大学出版社 1965 年版，第 2 卷，第 721 页。

② 参见［意］利玛窦、金尼阁《利玛窦中国札记》下集，何高济等译，中华书局 1983 年版，第 482—483 页。

的语言来鼓动西班牙王室和教会势力利用当前这一大好时机来加速实现朝鲜的基督教化进程。①

此外，至17世纪中叶，由于明清政权的更迭，清朝与朝鲜之间已确立了新的"宗藩"关系。清政府对朝鲜实行一种怀柔政策，所以清廷和朝鲜王朝在政治上基本保持了一种较为和谐的状态，经济与文化的交往也相当地频繁。特别是朝鲜前来北京的所谓"燕行使臣"，出于朝鲜国内社会发展的现实需要，表现出对"西学"的浓厚兴趣。这对在华的西方传教士来说，不能不视为实现朝鲜基督教化的一种机遇。而清朝前期，清政府对西方传教士又抱一种较为宽容的态度，于是诱发了在华传教士途经中国前往朝鲜开拓基督教新教区的热望。其中，利安当更把到朝鲜去宣教当成了自己的历史使命，而且那时他对朝鲜已经有了一定程度的了解。在利安当致教友的一封信中，他表示，他准备从安海前往朝鲜，这是因为他已知道朝鲜人都是很温顺的，而且容易被开导。② 但走海路很不安全，而且在福建与朝鲜之间并没有开辟出定期的航线，所以利安当于1650年7月14日在罗文藻的陪同下离开安海北上想从陆路前往朝鲜。

2. 利安当与汤若望：从相识到相知

利安当途经天津时，获悉朝鲜商人每两年一次前往北京经商，当下朝鲜商队又正在北京，所以利安当急忙奔向北京，想与朝鲜商队结伴前往朝鲜。

但当他赶到北京时，朝鲜商队已经回国。利安当遂在一家满人经营的旅店里暂住。

---

① ［西］庞迪我：《关于几位耶稣会神父进入中国后在该国所见所闻纪要》（Diego de Pantoja, *Relación de la Entrada de Algunos Padres de la Compañia de Jesús en la China y particulares sucesorses que tuvieron y de cosas notables que vieron en el mismo reino*），塞维利亚阿隆索·罗德里格兹·卡马拉出版社1605年版，第56、87、88、123、124和127页。（下文简称"庞迪我：《书信》"）

② 参见［西］奥托·玛斯《中国书信：17世纪方济各会未发表的文献》（Otto Maas, *Cartas de China：Documentos ineditos sobre misiones franciscanas del siglo ⅩⅦ*），塞维利亚梯包格拉菲克出版社1917年版，第37页。

店老板见利安当是个未经允许而进京的外国人，怕因此招来麻烦，所以他让利安当立即在北京找一个"担保人"，否则他要到礼部去告发利安当。在这种无奈的情况下，利安当只好前去求助于德国耶稣会士汤若望（Johann Adam Schall von Bell，1592—1666）。①

　　汤若望号道未，早年曾在意大利受过完整的教育，尤精天文学和数学。出于对中国的向往，汤若望决定前来中国传教并于1619年到达澳门，后在中国广东、江西、浙江和陕西等处传教。由于汤若望精通天文学，经我国明代大思想家和科学家徐光启向朝廷做出的郑重推举，汤若望遂奉朝廷之召入京，并曾参与《崇祯历书》的编纂工作。及至清军入关后，汤若望又在清廷中效力，并在徐光启编撰的《崇祯历书》的基础上完成了103卷的《西洋新法历书》的编撰（后该"历书"由和硕亲王多尔衮定名为《时宪历》），并在全国推行，因而被世祖福临授予"通玄教师"的尊号，后又被封为光禄大夫，恩赏其三代先人一品封典。

　　正因为汤若望在清廷有着如此之高的声望，所以利安当在京师遇到实际困难之时便请汤若望给予帮助。

　　但汤若望是个耶稣会士，而利安当则是方济各会修士。这两个修会长期以来一直处于对立之中，但出于基督教在华传教的总体利益考虑，汤若望还是礼貌地接待了利安当，并帮助他解了燃眉之急。

　　其后，在他们的交谈中，双方意外发现，在对中国历史与文化的理解和对天主教的在华传教策略等方面的认识上，彼此竟有很多的共识，而正是这些共识为他们之间的长久的个人友谊奠定了基础。

　　当汤若望得知利安当意欲前往朝鲜开辟新的教区时，对利安当提出忠告，劝他最好到济南去创建方济各会的会院，而不要贸然前往朝鲜。这是因为，汤若望相当了解朝鲜的国情和朝鲜与清廷之间的恩恩怨怨，特别是从"丁卯虏（胡）乱"到"丙子虏乱"这两段历史：

---

　　① 参见［美］傅路特《明代人物辞典》（L. C. Goodrich, *Dictionary of Ming Biography*）第1卷，哥伦比亚大学出版社1976年版，第26—27页。

1627年丁卯（明天启七年，朝鲜仁祖五年，后金天聪元年）正月初八，皇太极以朝鲜协助明朝进犯后金为借口，对朝鲜宣战。由于朝鲜军力不足，屡战屡败，仁祖李倧（1623—1649）遂不得不求和。这次后金的入侵，在朝鲜历史上被称为"丁卯虏（胡）乱"。

"丁卯虏乱"之后不久，后金见朝鲜并没有真正割断与明朝的依存关系。后金出于战略上的考虑，1636年丙子（明崇祯九年，朝鲜仁祖十四年，后金崇德元年），皇太极则统帅10万大军亲征朝鲜。朝鲜兵败，只好求和，被迫去明年号，奉后金的"正朔"，并定期向后金缴纳贡献，甚至被迫送质子二人到后金，以昭信守。对于这次后金的入侵，在朝鲜的历史上称作"丙子虏乱"。

按照上述议和的条件，仁祖被迫将昭显世子李澄作为人质送到沈阳长期留住。清朝入关后，李澄也随清廷来到京城，常驻紫禁城的文渊阁。

由于李澄仰慕汤若望的盛名，于是前去拜访，并在相互交往中渐渐成为挚友。正如黄伯禄在《正教奉褒》中所载："顺治元年（1644年），朝鲜国王李倧之世子，质于京，闻汤若望名，时来天主堂，考问天文等学。若望亦屡诣世子馆舍谈叙。久之，深相契合。若望频讲天主教正道，世子颇喜闻详询。及世子回国，若望赠以所译天文、算学、圣教正道书籍多种，并舆地球一架，天主像一幅。世子敬领，手书致谢。"[1] 应这位朝鲜贵宾的要求，汤若望还允诺，今后将派一位传教士去朝鲜传播基督福音。[2]

尽管汤若望曾答应朝鲜国王的世子李澄将派一位传教士去朝鲜传播基督福音，但当利安当真的表示出意欲到朝鲜开拓新的教区的时

---

① 黄伯禄：《正教奉褒》，上海慈母堂1884年印本，第25页。
② ［法］费赖之：《在华耶稣会士列传及书目》上册，冯承钧译，中华书局1995年版，第174页。

候,汤若望却劝利安当放弃这一打算。究其原因,首先,洞悉清廷与朝鲜之间从"丁卯胡乱"到"丙子虏乱"这段相互为仇的历史的汤若望自然知道,清廷的最高统治者根本不可能发给利安当前往朝鲜的通行证。其次,汤若望与利安当分属耶稣会和方济各会,在东方传教运动中,这两个修会一直处于水火不容的矛盾状态之中。尽管汤若望与利安当二人私交甚笃,但在"礼仪之争"中,终究两个修会是站在对立的立场上,耶稣会如何会把到朝鲜宣教的机会让给利安当,然后任由方济各会去实施一种反对利玛窦一派的传教策略!利安当对此也是心领神会的,所以当汤若望劝他到济南去发展传教事业时,利安当还是听从了汤若望的劝告。尤其是济南教区原来是由耶稣会龙华民开创的,并在此后的 17 年间为这一教区付出了极大的心血。对利安当来说,他十分崇敬龙华民。当他在北京见到龙华民时,这位前辈已年逾九旬,利安当称赞他是位圣洁的教徒,单纯、真诚,像是鸽子,虽年事已高,但对传教事业的热情仍至死不渝。[①] 既然当时济南正急需干练的传教士,而这又是承继龙华民开创的事业,于是利安当听从了汤若望的劝告,于 1650 年 10 月来到济南。

二 利安当在济南开教

1650 年 10 月利安当来到济南后,住在耶稣会士废弃的一间小屋里。

稍作安顿之后,他便携带汤若望的介绍信拜会了济南府地方官刘达并受到友好的接待。

在刘达与另两位官吏回访利安当时,发现他的居室完全破败不堪,于是赞助他 180 两(又一说为 150 两)白银,以建住屋。利安当则用这笔钱另盖了一座教堂,并将其命名为圣弗朗西斯教堂(S. Francis Church)。这是方济各会在中国建立的第一所会院。

---

① 参见［英］卡明斯《礼仪问题:多明我会修士闵明我与在华耶稣会士》(J. S. Cummins, *A Question of Rites: Friar Domingo Navarrete and Jesuits in China*),伦敦大学出版社 1993 年版,第 159 页

利安当在 1652 年的一封信中，曾欣慰地表示，当年利玛窦进入中国 10 年后尚无立脚点，而他再次进入中国才一年，竟像找到诺亚方舟一样有了归宿之地。①

不久文度辣也来到济南。他告诉利安当，菲律宾省教区让利安当从速返回马尼拉并将委以重任。此前不久，当利安当走访泰安时，发现那里有千余名中国教徒已经有 8 年未参加过任何宗教活动了。从山东情况来看，只能加强这里的传教力量，而不能再向外抽调传教士。由于利安当有教宗任命他为"宗座代牧主教"的委任状，他可以不受省教区的节制，因此利安当决定仍继续留在山东传教。

1652 年他再次到泰安传教，并为 500 名中国平民洗礼。但是他看到各地的耶稣会士并不认真执行教宗英诺森十世 1645 年颁发的"圣谕"，为此他极端苦恼。他这次再度进入中国后，已有意地疏远了多明我会传教团，而且为多明我会传教士热衷于战争以及行为猛浪而感到十分忧虑。上述诸因素都促使利安当仍想尽早到朝鲜去开辟新的教区。所以他给菲律宾省教区写信，希望能尽快给他一份到朝鲜开辟新教区的委任状。在等待回音的这段时间，他又给汤若望写信，请求汤若望为他的朝鲜之行提供帮助。汤若望不久回信，说朝鲜王室的确希望有一名西方传教士前去朝鲜传教，但这位传教士应能协助朝鲜人修正历法。汤若望的回信对利安当无异于一个沉重的打击。因为利安当恰恰缺乏天文历法方面的专长，因此利安当从此便放弃了前往朝鲜开辟新教区的夙愿，而专心致力于涉及中国礼仪的诸多理论问题的研究，并相继完成了三部书稿。其一，介绍有关造物主的真义；其二，论证中国古典文献中有关精神崇拜的虚假性含义；其三，阐述信仰、愿望和兄弟之爱的品德。然而由于经费拮据，这些书稿均无法刊印。为此他委派文度辣南下，争取从马尼拉省教区那里获得资助。

当时利安当不仅缺乏刊刻书稿的费用，实际上连日常生活的开销

---

① 参见〔西〕奥托·玛斯《中国书信：十七世纪方济各会未发表的文献》（Otto Maas, *Cartas de China: Documentos inéditos sobre misiones franciscanas del siglo* ⅩⅦ），塞维利亚梯包格拉非克出版社 1917 年版，第 51 页。

也常常难以为继。最困难的时候，只能靠吃马齿苋和一点面包度日。①但文度辣南下后却迟迟未归，因为他获得马尼拉的资助款项再度北上时，不意在杭州病倒。当他康复后返回济南时，随身带来的资助款项几乎用尽。在无奈之时，利安当从汤若望那里得到了宝贵的支持，使他能把传播福音的工作继续下去，而且他在贫苦的百姓中的传教工作获得了一些新进展。在1659年3月利安当写给上级的一份报告中说，在该省一些偏远的城镇他已为一千余人洗礼。但是在知识阶层中的宣教活动可以说是个彻底的失败。尽管许多有才学的中国人拜访过他，甚至围绕一些意识形态问题与他激烈地辩论过，但没有一个"文人"皈依基督教。此点引起利安当的深思和困惑。

此外，在利安当的想象中，教宗英诺森十世有关"礼仪之争"的"圣谕"肯定会使中国的传教形势为之一变，即多明我会和方济各会将会从一种自在的、想当然的传教活动变成一种在罗马教廷统一方针指导下的有组织、有"圣谕"为依据的、自觉的集体传教方式。但出乎利安当意料的是，这一"圣谕"不仅使来华传教士之间围绕"礼仪之争"的辩论变得更加激烈，同时也使天主教的在华传教活动和中国社会的冲突日益加剧。

尤其是利安当很快发现，耶稣会中国传教团的大部分传教士并未按照1645年教宗英诺森十世颁布的"圣谕"的精神行事。因此他认为他负有向中国教民宣讲天主真理的义务，于是他更加勤奋地埋头于中国的礼仪问题的研究。

正当此时，却传来意大利耶稣会士卫匡国已经带着1656年教宗亚历山大七世新颁发的"圣谕"返回中国的消息，而这一新"圣谕"的精神却和1645年教宗英诺森十世颁布的"圣谕"的精神完全相反。此事使利安当大为震惊。他当即意识到，围绕中国礼仪问题的辩论势必加剧。因此利安当更感到刊刻他的有关礼仪之争理论

---

① 参见［美］孟德卫《灵与肉：山东的天主教，1650—1785》，潘琳译，大象出版社2009年版，第15页。

著作的紧迫性。就在此时，他得到通知，马尼拉宗教当局赞助他的大约 500 比索（peso，西班牙币制，每一比索大约合中国白银七两半）的出版津贴，已由负责教会内部书信传递和经费交接的意大利籍的多明我会修士李科罗（又译作"利畸"，Vittorio Ricci）带到了浙江的兰谿。于是利安当决定亲自南下去领取这笔他所急需的出版费用。

此外，利安当发现，与他同在济南传教的法国籍耶稣会士汪儒望（又作汪汝望，Jean Valat，1614—1696）在"礼仪之争"中的观点与他极为相近，后者还将龙华民于 1623 年用拉丁文写的《孔子及其教理》（*Traite sur Quelques Points de la Religion des Chino*）一书在私下送给了利安当。此文献曾被耶稣会上方下令烧毁，所以十分宝贵。

这时，利安当又从汪儒望处获悉，卫匡国已经携带教宗亚历山大七世"圣谕"返回了杭州。于是利安当准备在南下路过杭州时，前去"拜会"卫匡国，并就 1645 年英诺森十世颁发的"圣谕"和 1656 年教宗亚历山大七世颁发的"圣谕"与他进行面对面的辩论。

1659 年 7 月，利安当开始南下。从济南到兰谿要走 400 里格的漫漫长途。当时正值雨季，河流到处泛滥，道路难行，再加上野兽出没和盗匪横行，可以说利安当在前往杭州的路途上历尽了艰辛。[①] 1659 年 9 月利安当终于到达杭州并和卫匡国围绕"礼仪之争"进行了历史性的辩论。

三 利安当与卫匡国围绕"礼仪之争"在杭州展开的论战

1659 年，意大利耶稣会士卫匡国与西班牙方济各会修士利安当在杭州终于相遇，并围绕中国的礼仪问题展开了一场面对面的辩论。由于卫匡国与利安当是"礼仪之争"中观点对立的双方最具代表性的人

---

① 参见［西］奥托·玛斯《中国书信：17 世纪方济各会未发表的文献》（Otto Maas, *Cartas de China：Documentos inéditos sobre misiones franciscanas del siglo* XVII），塞维利亚梯包格拉非克出版社 1917 年版，第 488、489 页。

物，因此他们辩论的内容完全可以看作"礼仪之争"本质特征的典型体现。

为了了解这场论战的来龙去脉，首先要对卫匡国的生平和他在"礼仪之争"中的立场和观点做一概述。

1. 卫匡国的在华经历

卫匡国 1614 年出生在意大利北部的特兰多（Trento）城。在 1636—1637 年，他在罗马神学院从师于著名科学家和东方学学者基歇尔（Athanasius Kircher，1601—1680），从而受到严格的科学训练，这为他日后在华从事科学研究奠定了基础。

1643 年卫匡国来华后，主要在杭州一带传教并遵循利玛窦所倡导的"适应"策略，在中国士大夫中间做着"合儒"和"补儒"的工作。

为了实施"适应"策略，卫匡国曾用中文写了《天主理证》和《灵魂理证》二书，后合辑为《真主灵性理证》并刊刻。但在中国士大夫中最受欢迎的则是由卫匡国口授、由中国文人祝石笔录的《逑友篇》。该书可视为利玛窦成名之作《交友论》的姐妹篇。

兰谿祝石在为该书作序时，记述说："卫济泰先生过于玲岩，时山楼坐雨也。言及《交友论》，先生曰：'不止此。'因日授数百言，或数十言。"而最终成《逑友篇》一卷[①]，后于顺治十八年（1661 年）在杭州付梓。

《逑友篇》可以说是体现了"适应"策略精神实质的一篇杰作。卫匡国遵照利玛窦着力寻求儒家学说与基督教教义之间某种一致性的做法，刻意避开意识形态上的歧义，而在人性的普遍性原则上做文章。在中国儒家倡导的"五伦"道德准则中，"夫五伦之四皆本乎天，独朋友本乎人"。所以卫匡国在《逑友篇》中，尽量绕开"本乎天"的其他"四伦"，而强调"本乎人"的"友道"在"五伦"中的位置

---

① 参见［意］卫匡国《逑友篇·祝石序》，吴相湘主编《天主教东传文献三编》，台湾学生书局 1972 年版，卷 1。

和作用，"友为天地之上，至爱之和"，从而突出了"友道"的重要性。①

卫匡国强调"友道"的重要性这也完全符合明末一般士大夫的心理需求。在晚明社会危机重重、"党争"不断的年代，世人格外感到友情的可贵，正如徐光启之孙徐尔觉在为《述友篇》作序时所说："友居五伦之一，后世存置勿论，自广绝交出，遂视友如寇仇，是五伦失其一也。然党锢典而争杀，门户起而败亡，则友之为害也实甚。凡此皆失其述友之道，故流患遗毒至是。"② 在世人深感世态炎凉的年代，阐释"友道"意义的论著自然会受到世人的欢迎。其次，《述友篇》着重阐释了"友道"在乱世中是济世良方的道理，因为只有人们重友道，和衷共济，才能挽救社会的危亡。卫匡国在中国上层社会做"合儒"和"补儒"的工作收效甚大，终于使他赢得"泰西大儒"的美誉。③

但卫匡国来华后，正值中国明清王朝嬗变之际，社会局势充满了动荡。随着清军的南下并迫近卫匡国传教的浙江一带，卫匡国不得不四处颠沛流离。尽管这种动荡的生活打断了他对中国儒家学说的系统研读，然而却为他了解和认识中国社会和中国的地缘环境创造了条件，一时他的足迹曾遍及北京、山东、南京、浙江、福建、江西和广东7个省市。卫匡国这一时期对中国社会的接触和考察，为他其后有关中国史地的研究奠定了基础。尤其重要的是，卫匡国这一时期对中国社会的深入了解，正是他成长为耶稣会中国传教团利玛窦一派的代表性人物的重要前提。

2. 卫匡国重返欧洲

1649 年，耶稣会中国传教团北京会院内部出现了意大利籍耶稣会士利类思（LouisBuglio，1606—1682）和葡萄牙籍耶稣会士安文思

---

① 参见［意］卫匡国《述友篇·祝石序》，吴相湘主编《天主教东传文献三编》，台湾学生书局 1972 年版，卷 1。

② 同上书，《张安茂序》。

③ 同上。

（Gabriel Magalhaeas，1609—1677）二人与汤若望的不和。

前二人来华后，曾先后入川传教，并一度依附于农民起义军领袖张献忠，还曾为其制作天文仪器等。张献忠兵败后，利类思和安文思二人被清军俘虏，并押送至北京。后经汤若望多方斡旋，利类思和安文思才得以免除清廷对他们的严惩，而留京传教。但利类思和安文思当时对中国社会的认识程度尚十分有限，所以在如何推行与坚持"适应"策略的问题上，他们与汤若望的意见相左，特别是汤若望接受清政府的册封和过继潘尽孝的儿子为"义孙"的这些权宜做法，被利类思和安文思视为违背了耶稣会的教规。他们尤其不能忍受汤若望对他们的骄横态度和对他们行为举止的"监视"，以致他们觉得北京会院已有如一座地狱一般。[①]

当时在京的部分耶稣会士也对汤若望的一些作为持有异议。于是由中国传教团副会长傅汎际起草了一份指控汤若望十一点"过失"的申诉文件，并呈递给了当时在杭州主持教务的耶稣会中国传教团会长阳玛诺。对汤若望抱有不满情绪的安文思和龙华民等也在这份申诉文件上签了字。在此情形下，阳玛诺很可能开始考虑汤若望钦天监监正这一职位的去留问题。

据我们推想，由于阳玛诺和卫匡国都在杭州一带传教，通过日常的接触与观察，卫匡国很可能给阳玛诺留下了相当良好的印象。所以，经过阳玛诺的推荐，利类思和安文思才在傅汎际的同意下，于1649年5月20日将卫匡国传召至北京，意欲让他取代汤若望的钦天监监正的职位。

这时的卫匡国在耶稣会中国传教团中已是一颗冉冉升起的新星。因为耶稣会中国传教团客观上也正需要新生代的代表性人物走上历史舞台。

在利玛窦故去后，尽管耶稣会中国传教团内部围绕"礼仪之争"

---

① 参见［英］卡明斯《礼仪问题：多明我会修士闵明我与在华耶稣会士》（J. S. Cummins，*A question of rites*：*Friar Domingo Navarrete and Jesuits in China*），伦敦大学出版社1993年版，第125页。

问题出现了分歧，但在传教活动中，尤其在"南京教案"之后，基本上还是沿袭了利玛窦倡导的"适应"策略的一些实际做法，因此在耶稣会起主导作用的地区，传教活动在平稳之中还是取得了一定的进展。1627年，中国信奉天主教的人数为1.3万人；1636年，4万人；1640年，6—7万人，11年后，中国信奉天主教的人数已达15万人。[①]

然而到1640年，与利玛窦先后来华的那些耶稣会的"元老"们，像庞迪我等，业已病故；有的已然离开中国；仍健在的，年事都已过高，像王丰肃已经74岁，费奇观78岁，龙华民和郭居静80岁，阳玛诺85岁。[②] 显然，再依靠他们来拓展基督教的在华传教事业已不现实。而卫匡国凭借他个人的素质、才华和学识，尤其是在杭州一带传教中所显现出来的业绩，在"新生代"中，已渐渐脱颖而出。这也就是卫匡国奉召进京的原因。

然而，当时汤若望在朝廷中享有很高的威望和不容动摇的地位，而钦天监监正这个"钦赐"的职位更不会依据部分耶稣会士的好恶而能任意更换。因此利类思和安文思的"倒阁"设想只能不了了之。而且当时耶稣会中国传教团所面临着的外部挑战其严重程度远远超过了耶稣会内部所存在的一些个人恩怨和分歧。

自1645年英诺森十世"圣谕"颁发后，多明我会和方济各会则以此为圭臬，要求中国教民应遵照上述"圣谕"的精神行事，不得再参与敬天、祭祖和参拜孔子等礼仪活动。

在中国这样有着独特文化和儒学传统的国家，凡是鼓吹不敬天、不祭祖、不参拜孔子的这类主张，只能被视为"邪说"和"异端"。如果说在"福建教案"时期，"辟邪"运动的参与者尚局限在福建一带的中小文人阶层或级别较低的官员之中，那么当黎玉范一派传教士

[①] 参见［美］邓恩《一代巨人：明末来华耶稣会士的传奇》（George H. Dunne, *Generation of Giants: The Story of the Jesuits in China in the Last Decades of the Ming Dynasty*），印第安纳州诺特·戴姆大学出版社1962年版，第283页。

[②] 同上书，第306页。

在贯彻实施 1645 年"圣谕"之后，他们在"礼仪之争"中较为系统的观点则逐渐显露，并很快遭到福建以外的其他省份具有反教倾向的中国知识分子和级别更高的官员们的反击和批驳，并逐步有掀起规模更大的"辟邪"运动的可能性。在这种形势下，不仅多明我会和方济各会在中国的传教活动处境空前孤立，而且使那些原本对基督教尚感兴趣的中国知识分子也远离了西方传教士。

耶稣会中国传教团中信奉利玛窦所倡导的"适应"策略的那一派早已敏锐地感觉到，英诺森十世"圣谕"势必会给中国传教事业造成危害。但罗马教廷在颁布 1645 年教宗英诺森十世"圣谕"时，在结尾处有"在教宗和教廷作出另外的决定以前，都必须遵守这道圣谕"①这样一段"附言"。所以在华耶稣会遂以此为据，认为这份"圣谕"并非教廷所做出的最后"裁决"，只要耶稣会能够提供在中国礼仪问题上有利于自己一方的证据，就可以推动教宗撤除上述 1645 年"裁决"，从而继续实施利玛窦所开创的传教路线。所以耶稣会中国传教团上层决定委派熟悉中国历史与文化的耶稣会士前往罗马，向教廷阐明他们这一派在"礼仪之争"中的立场和观点。而这一历史使命最终就落在了卫匡国的肩上。

1650 年，在耶稣会中国传教团会长阳玛诺的委派下，卫匡国经福建到达菲律宾，然后前往罗马。

卫匡国从中国出发后，历经万难，于 1653 年 9 月在挪威的卑尔根登陆。

以卫匡国的政治智慧，他深知，只有欧洲人了解了中国的国情，才会更加深刻地认识到耶稣会中国传教团工作的重要性，也唯有在这样的基础上，欧洲社会乃至罗马教廷才能给予中国传教团更多的支持，特别是对中国传教团中利玛窦一派的支持。所以卫匡国回到欧洲后，并没有急于前往罗马，而是以他不懈的努力终于使他的《鞑靼战

---

① 转引自［美］苏尔《中国礼仪之争》，诺尔编，沈保义等译，上海古籍出版社 2001 年版，第 1—8 页。

记》《中国新地图集》和《中国历史十卷》等诸多学术著作——在欧洲出版。可以说这是卫匡国对东西方文化交流所做出的历史性的贡献，并使他成为名副其实的中西文化交流的先驱。事实上，卫匡国这几部学术著作不仅为他赢得了学术上的声望，也为他最终成功地完成出使罗马教廷的使命创造了条件。

3. 亚历山大七世1656年颁发的"圣谕"

至1654年10月，卫匡国终于到达罗马并向教宗和红衣主教们阐明了利玛窦一派在"礼仪之争"中的观点。

其一，关于中国信奉基督教的儒生在获得学位后，是否可以参加在尊孔堂里举行的接受学位的仪式问题。

他们认为，尊孔堂里并没有主持偶像崇拜的司祭人员，这里没有任何的仪式是为偶像崇拜者安排的，只允许儒生和文人到这里行尊师的礼节。他们所行的礼仪自始至终都是公认为民俗性的和政治性的，仅仅是为了对孔子表达一种民间的、世俗性的尊敬。

当考中了学位的儒生进入尊孔堂时，学官们、翰林们以及考官们已经等候在那里了。他们在孔子牌位前鞠躬行礼，不供奉任何供品。他们所做的，和所有得到荣升的学生们对他们还活着的老师所做的一样。

在行拜师礼后，由学官授予他们学位，然后人们便退出了尊孔堂。严格地说，尊孔堂并不是庙宇。

根据上述解释，圣职部规定：允许中国基督徒参加上述仪式。这种仪式看来纯粹是民俗性的和政治性的。

其二，在中国，人死后，不论他是否为基督徒，都要在家中为他设祭坛，上面摆着遗像或者写有亡故者名字的牌位并要燃香、点蜡烛和放上鲜花。装着死者遗体的棺木就放在祭坛的后面。吊唁的人群要在祭坛前跪拜、叩头，并在遗像和牌位前献上点燃的蜡烛和香柱。

此外，中国人一年要两次到祠堂去祭拜祖先。较富有的亲属会供奉上酒菜、蜡烛和乳香等。

祠堂不是庙，而是有钱和有地位的人为家族建立的纪念堂。中国人一般都把亡故者的遗体安葬在郊外的山上，祠堂里只放最有显赫声名的老祖宗的遗像和其他按辈分依次排列的先人的牌位，上面写明各位祖先的名讳、官职、头衔、性别、年龄和忌日等。

由于穷苦人没有能力建立祠堂，所以他们只在家中一个特定的角落设置祭桌，上面摆着祖先的牌位。有的教徒因为家中地方过于狭小，只好把祖宗的牌位和"圣像"放在同一张祭桌上。

中国人只在祠堂中举行祭祖仪式。由于穷苦人家中没有祠堂，因此也不举行祭祖活动。

由于中国人在死后都是埋葬在离城很远的山上，所以每年五月前后，其家属都要去扫墓，清除墓地上的杂草和垃圾，他们要在墓地前哭泣、哀诉和叩头。他们摆上酒菜供奉先人，在哭泣后，就把这些供品吃掉。

基于上述几种情况，中国的基督教徒是否能参加人们不带任何迷信意义的纪念死者的仪式？基督徒是否能和教外亲戚一起履行被许可的仪式？尤其是基督教徒在公开表明其天主教信仰后，能否参与教外人士进行的迷信活动？如果作为一个有血缘和亲戚关系的成员，他们不能参与或赞成教外人士从事的诸种礼仪，他们必然会引起他人的注意，甚至会引起敌视和仇恨。

中国人并不认为亡灵是鬼神，他们并不希望或要求从亡灵那里得到什么。

根据上述解释，圣职部规定：中国人入教者可以举行纪念他们先人的仪式，甚至可以和教外人士一起纪念，只要他们不做任何迷信的事情。甚至当教外人士做迷信的事情时，中国基督徒为避免引起他人的憎恨和敌意，如果公开表明其信仰及在不产生信仰危机的情况下，也可以在场。

卫匡国在罗马教廷前的陈述，最终使教宗亚历山大七世于 1656 年 3 月 23 日重新颁发了一道有关"礼仪之争"的"圣谕"，内中申明：中国传统中的祭祖和参拜孔子的礼仪都是一种社会行为而不是迷信，因此应容忍中国教民祭祖和参拜孔子。①

上述"圣谕"的基本精神和利玛窦一派对中国礼仪问题的认识基本上是一脉相承的。从利玛窦的观点来看，中国人虽然十分尊崇孔子并断言他远比世界各国过去所有被认为是德高望重的人更为神圣，"然而，他却从未像神那样受到宗教式的崇拜。他们感激地承认他们都受益于他遗留下来的学说……孔子是他们的先师"②。对中国人来说，"他们不相信偶像崇拜。事实上，他们并没有偶像"③。利玛窦介绍说，中国的法律规定每座城市都要在教化中心的地方建有孔庙，祭孔的礼节包括焚香、烧烛和鞠躬跪拜。在孔子诞辰还要向孔子贡献精美肴馔。然而这一切只表明，"他们对他著作中所包含的学说的感激。……他们不向孔子祷告。也不请求他降福或希望他帮助"④。上面的引文也就是利玛窦之所以把"参拜孔子"界定为社会政治行为的根本原因。

对于"祭祖"，利玛窦认为根据中国人的说法，"祭祖"这种仪式"是向已故祖先表示崇敬，正如在祖先生前要受崇敬一样"。至于"上供"，中国人并不真正相信死者确实需要摆在他们墓前的供品，而是因为这是对已故亲人表示自己深情的最好的办法。所以利玛窦认为中国人在祖先坟前上供的做法，"似乎不能指责为渎神，而且也许并不带有迷信的色彩"⑤。

由于利玛窦对中国人"参拜孔子"和"祭祖"活动做出了世俗性的解释，并对中国人参与上述礼仪活动采取了一种默认的态度，这就为一些中国士大夫皈依基督教创造了最重要的前提条件。

---

① 参见［美］苏尔《中国礼仪之争》，诺尔编，沈保义等译，上海古籍出版社 2001 年版，第 8—11 页。

② 参见［意］利玛窦《利玛窦中国札记》上册，金尼阁、何高济等译，中华书局 1983 年版，第 31—32 页。

③ 同上书，第 101 页。

④ ［意］利玛窦：《利玛窦中国札记》上册，金尼阁、何高济等译，中华书局 1983 年版，第 104 页。

⑤ 同上书，第 104 页。

教宗亚历山大七世的这道"圣谕"事实上是以最富权威的形式对利玛窦所推行的"适应"策略表示了赞同和支持。可以说这是"适应"策略继 1600 年为视察员范礼安批准后，所获得的又一重大胜利。这也是卫匡国对"适应"策略能得以继续推行所做出的历史性的贡献。

教宗亚历山大七世的这道"圣谕"不仅使耶稣会中国传教团内部遵循利玛窦传教策略的那一派传教士更加坚定了信心，同时也使那些出身士大夫阶层的中国皈依者，在从利玛窦那一派传教士那里得知教宗亚历山大七世"圣谕"的信息后，备受鼓舞。于是他们不再沉默，其中就有人拿起笔来对多明我会和方济各会所提出的禁止中国教徒参加"祭祖"和"参拜孔子"等礼仪活动的"理论"进行严正的批驳，即中国的基督教的皈依者也加入"礼仪之争"当中来。因此，教宗亚历山大七世的这道"圣谕"事实上也回应了中国那些皈依了基督教的士大夫意欲对多明我会和方济各会的观点进行批判的诉求，并为他们投身"礼仪之争"铺平了道路。

1657 年卫匡国满怀欣喜地返回中国，准备继承利玛窦的遗志，在中国创立更大的救世功业。然而使卫匡国始料不及的却是一场围攻他的风暴滚滚袭来。他的最主要的对手即闵明我。

4. 多明我会对亚历山大七世"圣谕"的回应：闵明我与卫匡国初次交锋

自从闵明我追随黎玉范以来，他深受黎玉范的热情和奋斗精神的激励，所以下定决心要像黎玉范那样成为天主的斗士。[①]

及至 1648 年闵明我跟随黎玉范来到菲律宾以后，他被留在当地，专事在土著居民中的传教工作。这期间，闵明我狂热地阅读拉斯·卡

---

① 参见［英］卡明斯《托钵传教士闵明我的旅程和辩论》（J. S. Cummins, *The travels and Controversias of Friar Domingo Navarrete*, 1618—1686），剑桥哈克鲁伊特社会出版社 1962 年版，第 XXI 页。［西］闵明我《大中华传教团古代以及当代之争论》（*Controversias Antiguas y Modernas de la Misión de la Gran China*），马德里 1679 年版（只部分印刷），第 45 页。

萨斯维护印第安人权益的著作，所以闵明我对被压迫的土著居民充满了同情心。①

17 世纪，在那个西班牙人拒绝承认其他民族也有"美德"的特定年代，闵明我却勇于为被压迫民族辩护，并在其力所能及的范围内，尽量减轻当地土著人的苦难。在他致教宗的信中，闵明我曾愤怒地写道："（土著人）他们唯一的罪过就是他们出生了。"他甚至认为土著人的信教者其品质要远远高过生长在天主教摇篮里的欧洲人。②

闵明我在菲岛期间，正是"礼仪之争"如火如荼开展的年代。因此他十分关注"礼仪之争"的发展进程并逐步形成了他反对利玛窦一派的立场，并坚决维护多明我会在"礼仪之争"中的基本观点，即他要坚定地维护对基督教的纯真信仰。

1657 年 2 月 14 日，即闵明我在菲律宾度过了 9 个春秋之后，他由于仍然难以适应菲岛湿热的气候条件，遂欲途经印度返回欧洲。

但当闵明我乘船行至望加锡，在等待换乘前往欧洲的船只之时，他与恰从欧洲返回中国的卫匡国、南怀仁（Ferdinand Verbiest，1623—1688）和殷铎泽（Prosper Intorcetta，1625—1696）等一行相遇。

当闵明我听说卫匡国从教宗亚历山大七世处争取到一道与英诺森十世颁发的"圣谕"其精神完全相反的新的"圣谕"时，他立即警觉起来。于是闵明我想从卫匡国那里拿到教宗亚历山大七世"圣谕"的文本一读，但遭到后者的拒绝。闵明我预见到亚历山大七世"圣谕"一旦在中国公布，必然要在中国各修会之间引起更加激烈的冲突。为了维护他自己的信仰和他所属的修会的利益，于是他设法获得了教宗亚历山大七世的这个"圣谕"的"副本"，而且尽管该文献上没有

---

① 参见［西］闵明我《大中华传教团古代以及当代之争论》（*Controversias Antiguas y Modernas de la Misión de la Gran China*），马德里 1679 年版（只部分印刷），第 426 页。

② 参见［英］卡明斯《托钵传教士闵明我的旅程和辩论》（J. S. Cummins, *The travels and Controversias of Friar Domingo Navarrete, 1618—1686*），剑桥哈克鲁伊特社会出版社 1962 年版，第 C 页。

"正式文件"的"钤记",但闵明我仍于同日托他人把这一"副本"送往马尼拉。①

这时闵明我已认定自己的未来使命是应当立即前往中国,在那里为基督教的救世功业而献身,何况他的精神导师黎玉范正在中国投身"礼仪之争"的风浪之中。于是他毅然决定改变行程,直接前往中国。②

可能闵明我和卫匡国都已经意识到了他们肯定不会是"同路人",所以尽管他们二人的下一个目的地都是澳门,但闵明我于 6 月 13 日启程前往澳门,而卫匡国则是于 4 天之后才乘船赶往澳门。

来到澳门后,在等待进入中国内陆时,闵明我仍试图得到一份教宗亚历山大七世"圣谕"的"正式副本",以深入研读。于是他请求澳门主教区区长马古斯(Marquez)作为他和卫匡国之间的中介人,向卫匡国提出上述请求,但遭到婉拒。后来,幸亏同为多明我会的多明尼克·科罗纳多(Dominick Coronado)修士的协助,闵明我才如愿以偿地得到一份亚历山大七世"圣谕"的"正式副本"。③ 即在闵明我和卫匡国尚未迈进中国内陆之前,二人已经短兵相接,矛盾不断。

此外,据闵明我说,他意欲进入中国的计划也没有从耶稣会方面得到应有的帮助。有一位耶稣会士曾向他提供了一张从澳门到达"鞑靼人"统治地区的"地图"。事后闵明我讥讽地说,那张地图简略到只勾画出中国 15 个省的大致轮廓,因此这张地图可以说毫无用途,就像一个人要从马德里去德国,而仅指给他加泰罗尼亚、法国和尼德兰这几个地点一样。尤其是那位耶稣会士原来曾答应陪同闵明我一道

① 参见〔西〕闵明我《上帝许给的土地——闵明我行记和礼仪之争》,何高济、吴翊楣译,大象出版社 2009 年版,第 74 页。

② 参见〔英〕卡明斯《礼仪问题:多明我会士闵明我与在华耶稣会士》(J. S. Cummins,*A question of rites:Friar Domingo Navarrete and Jesuits in China*),伦敦大学出版社 1993 年版,第 89 页。

③ 参见〔西〕闵明我《上帝许给的土地——闵明我行记和礼仪之争》,何高济、吴翊楣译,大象出版社 2009 年版,第 74 页;《大中华传教团古代以及当代之争论》(Domingo Fernández Navarrete,*Controversias Antiguas y Modernas de la Misión de la Gran China*)西班牙马德里国家图书馆珍藏手稿,第 328—329 页。

进入中国内地，但到了约定的时间，"那人"却没有露面，而闵明我只好另请一个向导，以便引领他潜入中国内地。

闵明我没有点出那位耶稣会士的名字，但人们都知道，他实际上指的是意大利耶稣会士陆泰然（又作陆安德，Andrea Lubelli）。陆泰然后来辩解说，闵明我对他说，他（闵明我）已经找了自己的中国向导，用不着陆泰然再与他同行。

在多明我会和耶稣会之间，对于同一件事又出现了两种截然相反的解释。似乎这件事更增加了闵明我对耶稣会的不信任感。[①]

而卫匡国，据说他对某些葡萄牙传教士的言行举止颇有微词，而这类批评又让"有心人"听到了，并将卫匡国的这些言谈话语传到了中国内地葡萄牙人的耳中。无形中，葡萄牙传教士对卫匡国又多了一层不满情绪。即在卫匡国刚刚返回中国之初，便已为一种敌意所包围。然而更大的反对卫匡国的风暴，事实上已在孕育之中。

1658 年闵明我途经澳门、广州步行历时 40 余天到达多明我会的传教基地——福建省的福安。当时已有 3 名多明我会修士施若汉、万济国和罗文藻在那里传教并建有一所教堂。

闵明我事实上直至来到福安之后才取"闵明我"这一中国名字，并开始学习闽南话和官话，同时在中国文人（Manuel Chin）的指导下研读中国典籍。据说，闵明我的学业进展神速。然而令他遗憾的是，他没能立即见到他的精神导师黎玉范。

其实当时黎玉范正在为了应对亚历山大七世的"圣谕"而奔波。1659 年 5 月，黎玉范借口解决多明我会中国传教团的经费问题，遂亲自前往马尼拉。而他真实的目的则是意欲从马尼拉再次前往罗马教廷，就中国礼仪问题向教宗提出申诉。终究那时黎玉范已年逾六旬，不宜远航，因此马尼拉宗教界上层婉拒了黎玉范前往罗马的申请。

为了应对亚历山大七世"圣谕"颁布后在华传教事业所出现的新

---

① 参见［英］卡明斯《礼仪问题：多明我会士闵明我与在华耶稣会士》（J. S. Cummins, *A question of Rites：Friar Domingo Navarrete and Jesuits in China*），伦敦大学出版社 1993 年版，第 89 页。

形势，1661 年部分多明我会修士在黎玉范的召集下在兰谿集会，详尽讨论了中国的礼仪问题，并一致认为亚历山大七世颁发的"圣谕"是在中国礼仪实质认识上被耶稣会误导所致，并于 4 月 20 日通过决议，宣称在罗马教廷对"礼仪之争"做出新的、最终裁决之前，在中国的多明我会修士仍将遵照英诺森十世"圣谕"的精神，禁止中国教民敬天、祭祖和参拜孔子。此外，与会者还专门拟定了一份呈交给罗马教廷的辩护文件，内中包含 22 个希望罗马教延予以答复的问题，并委派负责金华教区教务的胡安·波朗科（Juan Polanco）前往罗马申诉他们的观点。

闵明我因故没能出席这次兰谿会议，但他完全同意上述文献的基本精神，所以他也在上述文献上签了字。其后，由于胡安·波朗科已前往罗马，闵明我则被调往金华取代波朗科在那里传教。

由于过度劳累，1661 年 11 月黎玉范突患中风，左半身出现瘫痪症候。1662 年他拖着病体回到气候较为温和的福宁。

当时马尼拉圣玫瑰省省会长费利佩·帕多（Felipe Pardo）来函，责成黎玉范主编一部有关中国礼仪问题的理论性著作。于是黎玉范拖着病体与闵明我、万济国合作撰写了一部三卷集的有关"礼仪之争"的理论著述，即《中国礼仪研究》（*Estudios sobre los Ritos Chinos*）。

1664 年 9 月 17 日黎玉范在福宁病逝。这里正是科齐建立第一个多明我会传教区的地方。

综观黎玉范在华岁月中的业绩，可以说他不仅是一位在"礼仪之争"中立场坚定而执着的传教士，同时也是一位多产的汉学家。在他的著述中，一部分是为了阐述他在"礼仪之争"中的观点而写下的具有论战性质的专著，诸如他用中文写的《圣教孝亲解》，前已有述，不再赘言。此外还写有《中国传教史》（*Historia Evengeliga de China*）以及与闵明我、万济国等合作写成的三卷本的《中国礼仪研究》等。黎玉范的其他著作则是他潜心研究汉语的成果。他曾编写过一部《西班牙—汉语官话语法》（*Gramatica Española-mandalina*）和几种汉语—西班牙语双解合璧字典。其中，他的 362

页的《汉西字典》的手稿,现藏梵蒂冈档案馆中。据说他还编写过一部福安方言字典。[①]

在黎玉范辞世后,由闵明我继任多明我会中国传教团会长一职:一颗星陨落了,而另一颗新星冉冉升起了。

闵明我在继任多明我会中国传教团会长一职之后,主要投身修会的组织工作之中,同时期待着前往罗马教廷申诉的胡安·波朗科能尽快返回金华,以便带回教廷的仲裁意见。

而此时,利安当却与卫匡国在杭州展开了一场具有历史意义的论战。

四 利安当与卫匡国围绕"礼仪之争"而展开的"杭州辩论"

由于1645年英诺森十世颁发的"圣谕"和1656年亚历山大七世颁发的"圣谕"先后在中国颁发,遂在中国不同修会之间引起了混乱和互相的攻讦。而卫匡国返回中国后,立刻陷入争论的旋涡之中并成为被多明我会和方济各会攻击的主要对象。其中,1659年,卫匡国与西班牙方济各会修士利安当的"杭州辩论"以及卫匡国与西班牙多明我会修士闵明我之间的层出不穷的冲突与矛盾,最能反映出持续150余年的"礼仪之争"的本质特征。

因此,我们希望通过这一章节的论述使我们对"礼仪之争"的发生、发展的历程以及"礼仪之争"的丰富内涵和本质特征能从一个新的侧面增进我们的认识程度。

当1658年卫匡国从欧洲返回澳门之时,便听到在杭州主持教务的中国传教团的掌门人阳玛诺神甫病重的消息,于是他匆匆赶回杭州。1659年3月1日阳玛诺神甫在杭州辞世,卫匡国遂为阳玛诺安排了身后的诸种事宜。

此时,获任耶稣会中国传教团会长之职的汤若望在得知卫匡国一

---

① 参见 [西] 何塞·玛利亚·冈萨雷斯《中国多明我会传教团之历史》(José María González, *Historia de las Misiones Dominicanas de China*),马德里拉伊加尔出版社1952年版,第5卷,第14—30页。

行已经返回中国的消息后，他立即将此事上报给顺治皇帝。顺治皇帝则下达圣旨，传召卫匡国等进京觐见。这样，卫匡国遂借此机会再度前往北京，并向耶稣会中国传教团的上层汇报了罗马之行的经过和亚历山大七世"圣谕"的内容。

学术界对于卫匡国从欧洲返回中国后，是否曾经前往北京一事存有争议。我们认为，卫匡国从欧洲完成使命后，到北京向耶稣会中国传教团上层汇报出使情况，似乎更合乎情理，而且从杭州到北京这一行程也并不困难。当然，历史上不合乎逻辑的事，可以说比比皆是。

耶稣会中国传教团当中信奉利玛窦观点的那一派为自己的在华传教策略终于从罗马教宗那里得到了期盼已久的理论上和政治上的支持，而群情振奋，他们想做出一番大的事业，以挽回多明我会和方济各会在中国社会中所造成的消极影响。

1659 年 6 月 11 日 卫匡国重返杭州。为了扩大基督教在当地的声势，由地方奉教者捐资，卫匡国遂在杭州天水桥一带开始建造一座规模宏伟的新教堂。就在此时，即 1659 年 9 月，利安当却意外来访。

前面我们曾述及，利安当是为了获取出版经费而南下的。只是听到卫匡国已从罗马带着教宗亚历山大七世的"圣谕"返回了杭州，于是才决定在途经杭州时，前去拜会卫匡国，其目的已是不言自明的了。

就此，卫匡国和利安当二人作为"礼仪之争"中对立双方最具有代表性的人物，展开了一场面对面的辩论。据说，当时在辩论的现场，还有意大利耶稣会士殷铎泽、比利时耶稣会士鲁日满（Francois Rugimont，1624—1676）和蔡安多（Antoine Fernandez）。

有关卫匡国和利安当的这场辩论，从我们目前接触到的资料来看，主要记录在利安当写于 1668 年的《论在华传教的几个重要之点》（*Traites sur quelques points importans de la mission de la Chine*）一书中，那已是他临终之前。

《论在华传教的几个重要之点》共包括九个部分：第一，文庙中的祭孔礼仪；第二，普通人对孔子的信仰；第三，科举与选官制度；

第四，中国人祭祖的最早机构、祖庙和祭祀；第五，祭祖的隆重礼仪；第六，祭祖的个人礼仪；第七，中国人对"天神"，即"上帝"的崇拜和祭祀；第八，中国人称为鬼神的其他神灵；第九，尊孔和祭祖的首要条件。

《论在华传教的几个重要之点》一书概述了来华传教士对中国礼仪问题的基本分歧之点，并对1645年英诺森十世颁发的"圣谕"和1656年亚历山大七世颁发的"圣谕"进行了比较研究。至于在杭州与卫匡国的那场辩论，利安当也将其纳入上述讨论之中。不过，利安当并非集中论述这场辩论，而是把论辩中的分歧点分散到不同的相关章节里面来进行讨论。下面我们把利安当在该文中有关"杭州辩论"的一些主要内容进行综合性的介绍。

首先，关于"文庙"的含义，利安当和卫匡国二人就有不同的理解。利安当说，他曾翻阅过中国的一部《辞书》（*Examen des Vieus Termes*），据此他认为，"孔庙"中的"庙"字，就其含义来看，它代表着神的住所、寓宅或住宅。（但据《诗·大雅·思齐》："雝雝在宫，肃肃在庙。"又据《说文解字》：庙，"尊先祖貌也。"这里强调的似乎是一种"精神境界"）这个国家的所有的偶像崇拜者都敬奉庙中的神，就像敬拜天主一样。这就是"庙"字的所有的含义。对于全世界来说，名词和语言构成了思想的符号，在中国也不例外。从"文庙"一词的中文意思来看，就是严格地表示这里是孔子的精神和孔子作为雄辩的神的住宅和寓所。因此，中国人才将其称为"文庙"。人们在"文庙"里可以看到孔子的肖像和孔子的名号。

利安当进一步指出，当今所有的传教士时而在对话中，时而在他们的著述中，毫无例外地仍在使用"庙"这个字来表述这个国家最宏伟壮丽的用来崇拜偶像的建筑物。事实上，无论在中国人的词典中或是在他们的经典著作中，一般都是用"庙"这个字来表示崇拜偶像的殿堂。因此，文人崇拜和祈求孔子的地方的确是个"庙"。事实上，在这座庙的正门，人们能够在匾额上看到"文庙"这两个金色的大字。因此，为了保存"文庙"这一中文词汇的真实含义，应当将"文庙"译为"孔子的庙宇"（Temple de Confucius）或"文学的庙宇"（Temple des Lettre），而不应该像卫匡国那样，将"文庙"的"庙"字译成"大厅"（Salle）或是"学院"（College）。①

利安当强调指出，"文庙"的建筑形式与中国所有的其他的最庄严的庙宇的建筑形式毫无二致。仅仅是在"文庙"中摆放有孔子的祭坛和塑像，才把"文庙"和其他庙宇区分开来。

关于在文庙中主持仪式的人的身份，利安当和卫匡国也有着不同的界定。卫匡国认为，在文庙中主持仪式的"司祭"并不能等同于在其他敬拜偶像的庙宇中执祭的那类和尚或道士。利安当承认卫匡国所说的在"文庙"中主持仪式的人并不是和尚或道士。但他认为，主持"文庙"祭拜仪式的人既然被称作"主祀"，这就说明他是一个"司祭"。这位"主祀"还配备两个助手，其中一人被称作"副祀"，另一位被称作"礼僧"。可以说，主持祭孔仪式的实际上是一个"司祭"和两个神职人员。尽管他们不被称作和尚，但他们举行的祭献仪式中的迷信色彩却一点也不少。正如中国皇帝在举行祭天和祭地的仪式时，并不是在庙宇中举行祭拜仪式，也没有和尚参与其中，但这种祭拜仪式依然是一种偶像的崇拜活动。这是因为对利安当来说，中国人所举行的"祭天"仪式，"实际上是祈祷宇宙的物质本原，因而形成了一种明确的和真正的偶像崇拜"②。

至于卫匡国所说的，在人们向孔子表示崇敬的礼仪中，没有掺杂任何已经确立的偶像崇拜的成分这句话，利安当认为对这种论断应当加以具体的分析。如果说通过这些偶像崇拜者，卫匡国了解了这一教

---

① 参见〔西〕利安当《论在华传教的几个重要之点》（P. Antoine de Sainte Marie, *Traité sur quelques points importants de la mission de Chine*），巴黎 L. 盖林出版社 1701 年版，第 53 页。在本文中，有关该历史文献的引语主要采用我友中国社会科学院历史研究所耿昇和世界宗教研究所辛岩二位的译文。对于他们在帮助我解读该古法文文献中所表示出来的热情，我深表感谢。

② 〔西〕利安当：《论在华传教的几个重要之点》（P. Antoine de Sainte Marie, *Traité sur quelques points importants de la mission de Chine*）巴黎 L. 盖林出版社 1701 年版，第 61 页。

派（指儒家的信奉者——引者）的传承过程，那么这可能有一定的道理。因为在祖庙中向祖先敬拜的礼仪和祭献孔子的礼仪施行了几个世纪之后，这个教派和他们的礼仪才最终在中国被确立起来。的确，中国人的伟大哲学曾概述说，孔子的弟子不必向他进行祭献，因为孔子的弟子的资质本身就体现了对孔子应尽的义务。这就是"文庙"中那个"文"字题写在这一哲学家庙堂上的原因。然而卫匡国神甫对罗马教廷说，对孔子的参拜制度纯粹是世俗性质的，看来这并不一定。与此相反，孔子的著作表明，还在他在世之时，中国人已凭借着类似的祭献活动来祈求天神和地只的帮助，其中一些祭献是为祖先而举行的。但是，即使假定这种礼仪制度原来纯粹是世俗的，那么随着这种礼仪制度的堕落和两千年来引入其中的一些习俗，这种礼仪制度实际上也已经蜕化成迷信和偶像崇拜了。

在"文庙"中，在孔子的祭坛前，还摆放着一个较小的祭桌，上面供奉着孔子的牌位，并用金色的字写着"至圣先师神位"几个字。其中"圣"字，用来表示稀有的圣贤、绝顶的智慧、神明、灵巧、君临一切、无比卓越等含义。

此外，在这位"至圣先师"的两侧还各摆两个祭台，上面端坐的是孔子的四个最亲密、最杰出的弟子的塑像（宋以后，附祭于文庙的四人为颜渊、曾叁、子思和孟轲）。在他们前面也都摆放着祭桌，其上立着他们的牌位以及点燃的香烛。在孔子的两侧还呈半圆形地各排列着 25 个较小的祭台，上面竖立着他们弟子的塑像（似指孔子的 70 位弟子和 22 位贤人，他们的画像都被绘在文庙的墙壁上）。这些人也是孔子的弟子，不过他们的功德和名望稍逊于上述四位弟子罢了。据此，人们当真能把"文庙"这种建筑物称为"大厅"或是"学院"吗！[①]

利安当特别提到，在祭祀孔子之后，主持祭礼的人要向孔子敬献三杯酒，然后他要下跪并喝下第四杯酒，而且他还要声称，他喝下去

---

① 参见［西］利安当《论在华传教的几个重要之点》（P. Antoine de Sainte Marie, *Traité sur quelques points importants de la mission de Chine*），巴黎 L. 盖林出版社 1701 年版，第 61 页。

的是"福酒"。然后他还要跪着去领一份"祭肉",即所谓的"福肉",并带回家中与同辈或家人共同分享,以便让大家都能享受到参加这次祭祀活动的幸福。利安当接着发问到,难道不应从中得出这样的结论吗,即无论是在文人学士的思想感情中,抑或是在芸芸众生的思想感情中,孔子都是人们所崇拜的假神或偶像的名字。

利安当还指出,利玛窦一派宣扬说,孔子的学说与耶稣—基督的学说和道德非常相近,并认为孔子的学说在欧洲可以像基督教学说在中国一样地传播。因为孔子学说和基督教学说这两者的立法者和他们的法律,在起着同样的作用或起着非常相似的作用。利安当对这种观点非常不以为然。他当面问卫匡国:"您可由此判断出,这是什么样的一种思想。即现在不但一般中国人举行祭孔的礼仪和祭献,而且新皈依天主教的人在尊敬和礼貌的名义下,也对这种礼仪和祭献恋恋不舍。我亲耳听到过我刚对您说的这些话。如果我们把这种礼仪作为我们对其既不热爱,又没有感激之情的一个简单的象征加以容忍和确认的话,那么在将来会出现什么情况呢?"①

利安当和卫匡国围绕"礼仪之争"进行的辩论的另一个重大问题就是对"祭祖"的看法。

利安当指出,在中国,无论是一般的中国人或是皈依基督教的中国人都要在家中举行"祭祖"的仪式。每个家庭都根据自己的身份和财产状况设有壁龛并按礼仪的规定,遵照尊卑和辈分的顺序来排列已故父亲和祖先的牌位,并在"皇历"指定的适于祭祀的日子,恭恭敬敬地对先祖上供并祈祷。他们同样要在这些日子里,到已故父母的坟前举行同样的仪式。利安当特别强调指出,中国人并不像卫匡国神甫所说的那样,仅仅是对先人哭泣一番和吃掉上供的食物就算完成了祭祖仪式。事实上,中国人不论在家中或是在祖坟前,他们都要向祖先祈祷,在向祖先述说着自己的不幸或可能出现的意外的同时,他们还

---

① 〔西〕利安当:《论在华传教的几个重要之点》(P. Antoine de Sainte Marie, *Traité sur quelques points importants de la mission de Chine*),巴黎 L. 盖林出版社 1701 年版,第 61 页。

寻求祖先的保佑和帮助。

接下来，利安当反问卫匡国，现在从哪一方面能说这个帝国的人们已经不再举行上述祭祖仪式？从哪一方面能说，在卫匡国神甫到罗马之前，那些向罗马教廷陈述中国祭祖问题的人（主要是指黎玉范）提供的都是些虚假的情报，或是他们由于自己愚昧无知而提供了虚假的信息？如果人们考虑到祭祖这一仪式的起源，而执意将这种礼仪视作纯粹的世俗礼仪。就如同在没有证据和把握的情况下，在评定某些人一样。那么，就最初的例行仪式来看，人们也应当把这种祭祖活动视作一种崇拜偶像的礼仪。[①]

在辩论中，利安当还引用了巴尔特勒米·德罗波莱多（Barthelemi de Roboredo）神甫的论文手稿中的如下一段话："在中国传教之初，没有一个传教士能容忍这些我们前述的那种宗教礼仪。但是后来，为了克服延误传教进程的某些困难，他们开始把这些宗教礼仪作为政治事务而加以默许。"接着，利安当评述说，如上的理由增加了他的忧虑，因为如果耶稣会的神甫们从一开始便默认了这些迷信的和不正当的宗教礼仪，那么至少从他们的最初的行事方法来看，也没有任何理由——不论这些理由是何等的严肃、认真——能够在天主和世人的面前证明他们的这一做法的合理性，也不可能使人们相信这些礼仪是纯政治性的礼仪。[②]

此外，卫匡国在罗马的申述中还曾指出，中国人不把任何神圣的权利归于灵魂，他们既不向灵魂祈求什么，又不对灵魂寄予任何希望。

在杭州面对面的辩论中，利安当向卫匡国发问：

是什么把某些神圣的权利归于了死者？

---

① 参见［西］利安当《论在华传教的几个重要之点》（P. Antoine de Sainte Marie, *Traité sur quelques points importants de la mission de Chine*），巴黎 L. 盖林出版社 1701 年版，第 61 页。

② 同上。

卫匡国回答说：

> 是他们向死者的祈求和期待，而他们祈求和期待的东西，只有天主才能给予。

利安当反驳道：

> 中国人在祈求他们的祖先时，所期盼的，难道不恰恰是只有天主才能给予的东西吗？因此，他们是把只是属于天主的权力归于了他们的祖先。[①]

为了证明自己的论断有道理，利安当又请在座人拿过中国文人朱宗元所著《答客问》一书，然后翻到一页，请卫匡国来读。

据利安当说，在朱宗元所著《答客问》中，有如下一段，即作者朱宗元自己首先设问，是否能在最低限度上允许在祖先像前献祭和下跪。然后作者自己回答说，绝不允许向祖先像献祭和下跪。因为所有这些举动，其目的均在于祈求祖先的援助以避免灾难或是获取成功。

卫匡国稍做思考后回答说，就祭祖的最初的惯例而言，这位作者没有做出任何结论，但我们能合法地同意中国人向他们的祖先所表示的全部敬意。

卫匡国在辩论中表述说，只要不忘记中国每种宗教礼仪的政治和民间特点，便可以通过这种美好的意图，而改正一种完全是异教的行为。

对于此类论点，利安当尖锐地批评道："如果允许这样做，那么传教士们就摆脱了他们面对的最艰难的工作和最可怕的进退维谷的局面。这就是使受归化者们放弃公开崇拜他们的偶像的工作。所有的麻烦都会这样消失，这不仅仅是为了崇拜孔夫子和先祖，而且也是崇拜

---

① 〔西〕利安当：《论在华传教的几个重要之点》（P. Antoine de Sainte Marie，*Traité sur quelques points importants de la mission de Chine*），巴黎 L. 盖林出版社 1701 年版，第 61 页。

中国有关偶像的所有内容。任何一种法规和意图都可以拯救一切。"①

利安当曾讥讽地把那种将儒家学说和基督教教义相混淆而形成的一些似是而非的说法，比之为"银身泥足"的那布索多诺索尔（Nubuchodonosor）塑像。他郑重地指出，对于传教士来说，"如果我们不能从事我们能正确理解和适合自己进行的事业，那么我们的行为就如同懦夫一样"②。

通过利安当和卫匡国的这场"杭州辩论"，双方不但分歧如旧，而且心存怨恨，至少从利安当来看是这样的，他明确地表示，他谴责卫匡国的思想意识。

在结束有关卫匡国和利安当这场"杭州辩论"之时，我们想对利安当在这场辩论中，为什么要特别用朱宗元的《答客问》一书中的观点来当作辩论的依据，谈一下我们的浅见。

众所周知，利安当历来对由信奉"适应"策略的那一派传教士所施洗的那些中国文人对基督教教义的忠诚程度深表怀疑。他一向认为，在中国文人中，很少有人真正信奉基督教。他们愿意探讨关于西方"天主"的学说，甚至赞许这一学说，但他们却从不真正接受这一学说，他们更不轻易地放弃自己原有的信仰。利安当曾尖刻地指出，这些信教的中国文人很怕在自己的同胞中承认自己的真实信仰，就像"身披华丽羽毛的孔雀"总想把自己的丑陋的脚藏起来一般。这些文人最爱强调中国典籍中的"天""上帝"等概念就是天主教的"天主"，而回避自己信仰的是一种外来的教义。③

而朱宗元恰恰就属于被利安当视作具有折中思想的中国文人。朱

---

① ［西］利安当：《论在华传教的几个重要之点》（P. Antoine de Sainte Marie，*Traité sur quelques points importants de la mission de Chine*），巴黎 L. 盖林出版社 1701 年版，第 50 页。

② 同上书，第 131 页。

③ ［西］利安当：《论在华传教的几个重要之点》（P. Antoine de Sainte Marie，*Traité sur quelques points importants de la mission de Chine*），巴黎 L. 盖林出版社 1701 年版，第 53 页；［西］奥托·玛斯：《中国书信：17 世纪方济各会未发表的文献》（Otto Maas，*Cartas de China：Documentos ineditos sobre misiones franciscanas del siglo* XVII），塞维利亚梯包格拉非克出版社 1917 年版，第 99 页。

宗元，字维城，浙江鄞县人，"国朝顺治五年（1648）举人，博学善友"①。像他这样在当地颇有影响的文人才子后来竟皈依于天主教，于是引起世人的困惑和不解。所以朱宗元在其后所写的《拯世略说》中，曾谈到他信仰天主教的缘由："三教百家，参悟有年，颇悉梗概，顾终无真实、确当、了彻、完全之义，使此心可泰然自安者。及观圣教著书，始不禁跃然起曰：道在是！向吾意以为然者，而今果然也；向吾求之不得其故者，而今得其故也。"② 为了进一步阐释他对天主教和儒家学说的某种一致性的看法，朱宗元遂在年方二十三岁时便写出《答客问》。该书事实上是一篇"合儒"之作，正像林文英为该书作序时所指出的："朱子之尊天主也至矣！其欲正人心也明矣！读是篇者，不必歧之为西学，最其大经而合之为吾儒当奉之教，教固可行，道可一，而风亦可同也。"③

那么，具有明显文化调和主义倾向的朱宗元所著的《答客问》何以引起利安当的关注？

首先，我们推想，利安当很可能是从浙江嘉善人魏学渠处得到了朱宗元的这部《答客问》。这是因为，在济南时，利安当与魏学渠二人相熟，而且后者还为利安当的名著《天儒印》写过序。魏学渠又是朱宗元的挚友魏学濂的叔伯兄弟。据记载，朱宗元和魏学濂二人志同道合，并曾共同为葡萄牙籍神甫孟儒望（Joannes Monterior）在宁波出版的一部阐释使徒信经的《天学略义》一书做过"较正"④。因此，魏学渠很可能从魏学濂处得到一本朱宗元的《答客问》，然后又将此书转赠给了他的挚友利安当。

其次，在利安当与卫匡国的辩论过程中，前者所以引用朱宗元《答客问》中有关"祭祖"的一段话来批驳卫匡国的观点，是因为利安当在得到《答客问》一书的同时，很可能还从他的友人魏学渠处得

---

① 方豪：《中国天主教人物传》，宗教文化出版社 2007 年版，第 298 页。
② 方豪：《中国天主教史人物传》中册，中华书局 1988 年版，第 94 页。
③ 同上书，第 92 页。
④ 同上书，第 96 页。

知，卫匡国与朱宗元二人过往甚密。据记载，卫匡国曾与一位叫葛斯默（Tchou Cosma）的中国文人共同翻译过苏亚雷斯（Francisco Suarez）的一部著述，历时两年。① 事实上，朱宗元的教名就是葛斯默（Cosma 或 Cosmos）。高珑鏊神甫在《江南传教史》一书中也曾提及，1640 年，宁波已成为基督教兴盛发达的地区，仅新近入教的教民即达560 人，"官绅子弟亦多加入。有朱氏昆仲三人，都出身科第，洗名伯多录、葛斯默、玛弟亚，最受人注目"②。通过《拯世略说》我们已知，朱宗元也是个"适应"策略的身体力行者。所以对于朱宗元在《答客问》中，寻求儒家学说和天主教教理相合的这种努力，曾被利安当在呈给罗马教廷的申述文件中，加以严厉的批评。利安当曾将卫匡国及利玛窦著作中有关中国礼仪的基本论点与朱宗元的《答客问》及《朱文公家训》等著作中的论点相比较，最后利安当得出这样的结论，即 200 年来，中国的礼仪在很多方面已与迷信合流。③

在杭州与卫匡国的辩论中，利安当之所以引用朱宗元《答客问》中绝不允许向祖先像献祭和下跪这句话来攻击卫匡国的主张，他恐怕认为，既然朱宗元与卫匡国在"礼仪之争"中观点相同，那么用朱宗元的观点来批评卫匡国，必将使卫匡国处于无可还手的被动的地位，即与你们同一派的人也是反对祭祖和下跪的。在这里利安当把《答客问》中绝不允许向祖先像献祭和下跪这句话，当作了攻击卫匡国一派的锐利武器。

在现在所能看到的朱宗元《答客问》的各版本中，均见不到利安当的那段"引文"了。据说，由于利安当在和卫匡国的辩论中引用了朱宗元《答客问》中的前段"引文"，从而击中了利玛窦一派的"要害"，因而朱宗元《答客问》中的相关内容，后来已经被利玛窦一派

---

① 参见［法］费赖之《在华耶稣会士列传及书目》，冯承钧译，中华书局 1995 年版，第 266 页。

② 方豪：《中国天主教史人物传》中册，中华书局 1988 年版，第 93—94 页。

③ 参见［美］傅路特《明代名人传》（L. Carrinton Goodrich, *Dictionary of Ming biography*），哥伦比亚大学出版社 1976 年版，第 25 页。

的人给篡改了。①

　　至于卫匡国本人对这场"杭州辩论"乃至于他对利安当的看法或印象，我们至今尚未接触到相关的资料。这很可能与卫匡国过早辞世有关。在"杭州辩论"后不久，卫匡国便积劳成疾，并于1661年6月2日病故于杭州，终年48岁。因此，关于中国传教史中的许多重要问题，尤其关于"礼仪之争"中的诸多问题，卫匡国很可能还没来得及记述并阐释自己的观点。在卫匡国重返欧洲之时，他便有意把利玛窦故去后耶稣会中国传教团的发展经历和所发生的重大事件写成专著，以便传之后世。在出版于1654年的《鞑靼战记》的"对前段历史的补充"中，卫匡国就曾写到，在金尼阁所整理出版的《利玛窦中国札记》一书中，"他把这段历史写到1610年，我有义务把此后发生的可纪念的事件告诉当代的读者"②。显然，由于过早病故，卫匡国不可能实现这一夙愿了。但在其后围绕中国礼仪的争论中，仍可不时地看到卫匡国的影响。

五　利安当关于中国礼仪问题的理论研究："索隐派"的先驱者

　　利安当在从杭州返回济南后，他深感对于"礼仪之争"的诸多理论问题应当进一步深究，为此，如前所述，他将卫匡国及利玛窦著作中有关中国礼仪的基本论点与朱宗元的《答客问》及朱用纯的《朱文公家训》等著作中的论点相比较，最后指出：200年来，中国的礼仪很多方面已与迷信合流。

　　在上述比较研究的基础上，1660年利安当写成由28个篇章组成的一份致罗马教廷的"备忘录"。1661年8月20日，利安当又完成了一份呈给罗马传信部和教宗的内含88个篇章的报告，内中将1645年

---

　　① 参见［西］闵明我《大中华传教团古代以及当代之争论》（*Controversias Antiguas y Modernas de la mission de la Gran China*），马德里1679年版（只部分印刷），第19、164页。

　　② ［意］卫匡国：《鞑靼战记》，戴寅译，载杜文凯编《清代西人见闻录》，中国人民大学出版社1985年版，第68页。

的"圣谕"和 1656 年的"圣谕"做了全面的比较研究并最后提出了他个人对于"礼仪之争"的基本看法。① 其后，他又写成了《中国诸教派的关系》一书，内中包括三部分内容：第一，中国古今哲学家的派别；第二，在民间流行的诸思想流派；第三，耶稣会与其他修会在华传教活动及其信仰。②

为了使罗马教廷能尽快了解他的观点，利安当遂于 1662 年再度委派文度辣带着他的上述"备忘录"和其他研究成果以及致菲岛省教区的信件返回菲岛，然后从马尼拉前往罗马呈递他有关中国礼仪问题的诸种"陈文"，再回归西班牙，以争取王室能给予在济南的方济各会修士宣教经费上的赞助，同时更希望文度辣能感召到一些有志从事传教事业的青年人前来东方。

文度辣离去后，到 1664 年，利安当的经费稍显宽余，于是他将自己的两部中文著述加以刊印。第一部书名为《万物本末约言》，原版书多不为传记家所著录。其后文度辣于 1680 年在广州交杨仁里福音堂将该书再版，第二部就是广为人知的《天儒印》。

其中，《万物本末约言》系利安当用中文写成的一本宣教之作。该书开宗明义指出，"天主圣教使人改邪归正。极美之大道理也。盖此教为天主降生时所亲谕。故可称圣教。其旨昭然不惑，可谓至明。其理无善不备，可谓至诚。岂可置之不论不议哉"③。那么天主"亲谕"的极美之大道理是什么？于是利安当开始讲述基督教的基本教义，即阐释天主的万能、天主的唯一性、天主创造人并使他们幸福的神能、三位一体的含义、天使与魔鬼的属性、人灵魂的永生、人负有尊崇"主"的义务，以及批判佛教轮回说的虚妄性，等等。书中还着重说明"西儒"（西方传教士）来华的目的、他们的学说的真谛，以

① 参见［美］博路特《明代人物辞典》（L. C. Goodrich, *Dictionary of Ming Biography*）第 1 卷，哥伦比亚大学出版社 1976 年版，第 29 页。

② 参见［法］谢和耐《中国和基督教》，耿昇译，上海古籍出版社 1991 年版，第 15 页。

③ ［西］利安当述，文都辣订：《万物本末约言·自序》，钟鸣旦、杜鼎克等编《法国国家图书馆明清天主教文献》第 2 册，中国台北利氏学社 2009 年版、首章。

及那些对天主教感兴趣的中国人如何才能加入天主教，以避免堕入地狱之灾，等等。该书在结尾处对望教的中国人加以劝谕："夫西士原来所译圣教典籍虽止千百之一二。然既译者，亦深足观矣。世亦知之者。然知之者，不如好知者。好知之者，不如乐之者也。"①

在天主教的在华传教史中，耶稣会中国传教团在范礼安策略思想的指导下，为了适应中国社会的现实情况，如前所述，曾把在华的宣教活动分为两个步骤来进行：首先传教士要通过书写属于"自然启示"范畴的"要理本"性质的著作，尽量将中国的非基督教徒引导到信奉基督教的道路上来。其次，通过撰写属于"历史启示"范畴的"基督宗教的道理本"性质的著作，试图对中国的基督教徒进行历史教育，以便坚定他们对基督教《宗徒信经》的信仰。可以说，上述"两步走"的策略是范礼安为了实施沙勿略倡导的"适应"策略而做出的具有创造性的奉献。但从利安当《万物本末约言》一书所阐释的内容来看，他却把"要理本"性质的内容与"基督宗教的道理本"性质的内容叠加在了一起，即把从"自然启示"到"历史启示"这"两步走"的内容融合为"一步走"的内容。然而当时中国的信教者尚没有做好接受包括《宗徒信经》在内的基督教教义的精神准备，因此《万物本末约言》在中国社会中的影响十分有限。相较之下，《天儒印》可以视为利安当专研"礼仪之争"理论的一部代表作，而且其影响十分深远。

《天儒印》实则是利安当攻读儒家典籍时所写下的随笔，其内容多为他从《四书》中摘引的儒家先贤的名言、名句，然后与基督教学说（即所谓的"天学"）相对照，从中找出两者相近似之处，以便拉近中国文人与基督教教义的距离。利安当写作《天儒印》还有更深一层的想法，即他实际上是在暗示，整个的儒家学说中暗含着基督教的天启真理，在中国的《四书》中，已潜存着对"上帝"这一至尊至圣的"造物主"的认识，只不过尚没有形成明确的概念。比如《中庸》

① ［西］利安当述，文都辣订：《万物本末约言·自序》，钟鸣旦、杜鼎克等编《法国国家图书馆明清天主教文献》第 2 册，中国台北利氏学社 2009 年版，第 13 页。

中有如下名言："万物并育而不相害，道并行而不相悖。"这本是在阐释，华夏文明对其他系统的文明一直是抱着兼蓄并容的开放态度。利安当却解释说："并育矣，而不相害。孰使之不相害乎。并行矣，而不相悖。孰使之不相悖乎。必有所以然者也，以宰制之。"利安当在这里已指出，正是冥冥之中有一至高无上的主宰者，才使万物并育而不相害，道并行而不相悖。① 又如在《论语》中有如下名句："己所不欲，勿施于人。"利安当则做这样解释：首先，这正是基督教"爱人如己之大旨也"；其次，这句话正体现出天主对人之爱。② 再如《大学》中有"在止于至善"一语。利安当则解释说："唯天主可云至善，则至善即天主也。"③ 通过整部《天儒印》可以看到利安当实则是在暗示，整个儒家学说体现的正是基督教的真义。因此，从信奉儒家学说到皈依基督教，中间并无不可逾越的障碍。

众所周知，18 世纪在华耶稣会士中，法籍白晋（Joachim Bouvet，1656—1730）和傅圣泽（Jean-Francois Foucquet，1665—1741）等，均认为在中国古代典籍中所表述的思想和对宇宙的认识不仅与基督教教义及《圣经》相吻合，实际上还是基督教基本文献的最早呈现。由于这类传教士试图从大量中国典籍中经过筛选或是逻辑推理找出其中潜藏着的与基督教教义或《圣经》一致的章句或片断，因此他们常常被称作"索隐派"（Figuristes）。如果我们通读利安当的《天儒印》，我们则可做出这样的结论：利安当实际上应当说是"索隐派"的一个先驱者。

六　利安当在华传教的基本策略

由沙勿略倡导，经利玛窦使其不断充实和完善的"适应"策略，使基督教的在华传教事业取得了初步的成功并呈现出进一步发展的前

---

① 参见［西］利安当《天儒印》，吴相湘主编《天主教东传文献续编》（二），台北学生书局 1966—1967 年影印版，第 10 页。

② 同上。

③ ［西］利安当：《天儒印》，吴相湘主编《天主教东传文献续编》，台北学生书局 1966—1967 影印版，（二），第 10 页。

景。但随着耶稣会内部"礼仪之争"的爆发和"礼仪之争"进而扩大到在华传教团的不同修会之间，基督教的在华传教事业不断遭到重创并最终导致其不可挽回的失败。

利安当在华度过了 24 个春秋，通过对中国社会的接触和不断加深对中国社会的认识，遂由此形成了他认为合理和有利的传教策略。尤其是他从长期的传教实践中，逐步对中国不同社会阶层的人群的特点有了较为深入的认识。

第一种人，是中国的文人，统治阶层就是由他们组成的。在这一人群中，很少有人信奉基督教。他们愿意探讨关于"上帝"（即基督教的"天主"）的学说，甚至赞许这一学说，但他们却从不真正接受这一学说，更不轻易地放弃自己原有的信仰。

第二种人，他们主要是些劳动者、士兵和一些"司法"人员。在中国受洗的主要是这些"粗人"。他们一旦入教，往往会受到来自亲友们的歧视或咒骂，处境极为艰难。利安当称他们为"荆棘丛中的玫瑰"。

第三种人，是那些商人、经济人和从事技术性工作的官吏。他们中很少有基督教的信奉者。①

利安当根据他对中国各社会阶层的分析和对中国传教团不同修会传教经验的总结，以及他个人所具备的资质，他为自己确立了如下一套传教方略。

首先，他从利玛窦一派的传教实践中认识到，西方传教士若想在中国立足，则必须赢得中国人的尊重并要与当地的上层官僚保持良好的关系。为此，他也仿效耶稣会士，学说"官话"，穿满人服装，遵从中国的世俗礼节，熟读中国的典籍，为出入上层社会做好准备。此外，他也像利玛窦一派传教士那样，用西方珍稀礼品作为敲开中国官僚和士大夫府邸大门的一种手段：

---

① 参见［西］奥托·玛斯《中国书信：17 世纪方济各会未发表的文献》（Otto Maas, *Cartas dc China：Documentos inéditos sobre misiones franciscanas del siglo* XVII），塞维利亚梯包格拉非克出版社 1917 年版，第 99 页。

利安当一到济南，随即便向地方官刘达送上一合西方的刀叉和夹子，一个琥珀扇坠，四封西班牙纸，还有香纸和十五枚别针。他又向另两位官吏献上墨西哥香皂和两块西洋手帕。这种赠送礼品的结果，一方面为他赢得了地方官的好感，另一方面作为回报，上述官员则捐给利安当180（另一说，为150）两白银用于建造教堂。① 这种与官方人员的交往，使利安当在济南的宣教活动得到了有力的庇护。

其次，在他和汤若望的接触中，他深感西方传教士只有在宫廷中谋得高级职位才能为基督教在中国的传播活动创造条件。所以尽管他自己由于缺乏天文学与数学方面的特长，因而不可能服务在帝王的周围，但他对汤若望的工作却始终抱着支持的态度。当时汤若望正受到顺治皇帝的宠幸，为了博得皇帝母亲孝庄太后的好感，汤若望急需一些西方新奇之物作为赠送皇太后的礼品。利安当在得到汤若望的求助信后，他立即满足了汤若望的要求。另外，在每年的复活节期间，利安当都要不畏长途的艰辛而前往北京，帮助汤若望主持宗教盛典。当利安当发现汤若望的"法衣"已经破旧，他便给菲岛教区写信，请他们给汤若望送来两套精细的白布"法衣"。② 因为利安当明白，只有汤若望在宫廷中的地位巩固了，其他传教士的宣教工作才有保障。正如阳玛诺所说，由于汤若望受到中国皇帝的宠遇，因此"我们只用说一声，我们和他是同志，是兄弟，那么连一个低声说一句反对我们的话的人都没有了"③。事实上，由于有了和汤若望这层紧密的关系，利安当才在济南受到地方当局的格外关照，并使他在山东的传教工作一直未受阻碍。

最后，利安当始终把他在山东的宣教重点放在民间，这既是方济各会的传统，也更符合中国的国情。正如他自己所说，只有中国的"粗

---

① 参见 ［西］ 奥托·玛斯《中国书信：17世纪方济各会未发表的文献》（Otto Maas, *Cartas de China : Documentos inéditos sobre misiones franciscanas del siglo* XVII），塞维利亚梯包格拉非克出版社1917年版，第53页。

② 同上书，第56页。

③ ［德］魏特：《汤若望传》，杨丙辰译，商务印书馆1949年版，第257页。

人"才有信奉基督教的热情。因此，他不辞劳苦地奔波于分散，有时又相距遥远的乡村或山区。在传教的过程中，利安当并不避讳向女教徒宣讲基督福音，但他尽量将男女教徒相互隔离开来，在事先预定好的日子，让他们分别进入教堂，从而避免了社会上出现信教人"男女猥杂"的风言风语。据载，1658 年 8 月在祝圣时，已有一批学会基督教"要理"的妇女受洗了。① 由于利安当的辛勤工作，包括济南在内，从 1650 年利安当来到这里，至 1656 年 6 月，他已发展了 738 名基督徒。②

　　然而，尽管在传教的过程中利安当曾仿效耶稣会信奉"适应"策略那一派的一些灵活做法并取得一些成效，但是对于在耶稣会士中所弥漫着的调和主义的气氛他感到难以接受。

　　为了在有关中国礼仪的辩论中能立于不败之地，利安当曾刻苦攻读中国的典籍。在西方的文献中曾记载说，由于利安当的努力，他的中文水平有了极大的提高，并在 1653 年通过了吏部的考试，获取了可以出任中国官吏的资格。③ 然而事实上利安当对中国文明的认识和对中国哲学及宗教的理解应该说并非十分精深。这一方面是由于他的传教工作主要集中在山东省的广大农村，他长期远离了中国的主流社会，这样就使他难以深入地了解中国文明的本质特征；另一方面，与他交往的士大夫可以说没有哪个人的学问和修养可以与徐光启、李之藻等我国一流的学者相比较。因此也使他不能像利玛窦等经常出入中国上层社会的传教士那样能从中国最杰出的知识分子群体那里直接受益，所以在对中国历史和文化的认识上利安当受到很大的局限。

　　比如，利玛窦在实施"适应"策略的过程中，在论及中国儒家学说时，利玛窦所以要在"古儒"和"近儒"两者之间做出用心良苦的区分，就在于他已经认识到，只有在中国经典文献（四书、五经）中所经

---

　　① 参见［美］郎汝略《山东开教史》，赵庆源译，《恒毅》1974 年第 5 期，第 13 页。

　　② 参见［西］奥托·玛斯《中国书信：17 世纪方济各会未发表的文献》（Otto Maas, *Cartas dc China：Documentos inéditos sobre misiones franciscanas del siglo* ⅩⅦ），塞维利亚梯包格拉非克出版社 1917 年版，第 83 页。

　　③ 同上书，第 10 页。

常提及的"上帝""天"和"道"这些概念中才能找到自然宗教的痕迹，而这部分内容恰恰是他用来与基督教的"上帝"相类比的重要根据。而宋明理学的著述中比比皆是的"理""气"和"太极"等概念和基督教天启神学是很难相容的。利玛窦所以着力突出儒家学说和基督教神学之间的某种一致性，并非他辨认不出两者之间的本质差异，而仅仅是出于在华传教的客观需要才孜孜以求地寻找两者之间的契合点。

然而，利安当出于维护基督教教义"纯正性"的热切愿望，他认真而又幼稚地把利玛窦用以掩饰两种异质文化之间差异的"遮布"又重新揭开，并进而强调在儒家学说与基督教教义之间其原本就存在着的差异性。

利安当的上述观点一旦成为他的传教策略的理论基础，并通过他的著述加以宣示，其结果一方面使信奉"适应"策略的利玛窦一派的传教士在"礼仪之争"中处于相当被动的地位；另一方面他的上述观点被托钵传教士所接受，进而成为托钵传教士在"礼仪之争"的理论支柱，致使整个基督教的在华传教事业受到极大的损害。

通过《天儒印》，利安当试图说明在儒家学说与基督教教义之间潜存着某种一致性，因此在与士大夫的交往中，利安当显示出一种"合儒"的取向，但为了维护基督教教义的"纯正性"，利安当又着力强调在儒家学说与基督教教义之间的差异性，并力主禁止中国教民参与"祭祖"和"尊孔"这些礼仪活动，从而彰显出基督教的"排他性"。这两种相互抵触的观点并存于利安当的意识形态当中，因此使他的传教策略处于一种事实上的矛盾之中。

就在利安当专心致志于"礼仪之争"诸理论问题的研究之时，在中国又爆发了一场新的、规模空前的反对基督教的运动，这就是震惊中外的"历狱"。

七　利安当与"历狱"——利安当所著《在华迫害纪实（1664—1666）》一书简析

在"礼仪之争"中，利安当是反对利玛窦一派诸观点的最具代表性的人物之一，因此利安当在华传教过程中所坚持的方针和他的传教理念都应当成为研究中西文化交流史，尤其是研究"礼仪之争"的历史的重要课题。同时，利安当还是"历狱"的亲历者，他所著《在华迫害纪实（1664—1666）》（*Relacion de la Persecucion en China*，1664—1666）一书便是对这场反教风潮的纪实，因此具有极为重要的研究价值。

下文将通过对《在华迫害纪实（1664—1666）》一书内容的综述和分析，以期加深学术界同人对"历狱"的起因和全过程的认识。尤其是，围绕"历狱"学界尚有一些长期纷争不决的悬疑问题，希望通过对该书的解析，能提供一些较为清晰和客观的旁证。

《在华迫害纪实（1664—1666）》（*Relacion de la Persecucion en China*，*1664—1666*）一书西班牙文版本封面

1. 利安当与《在华迫害纪实（1664—1666）》一书的写作

在"礼仪之争"中，由于反对利玛窦一派传教方略的多明我会和方济各会的传教士们在执行英诺森十世"圣谕"的过程中，始终坚持禁止中国教民敬天、祭祖和参拜孔子等礼仪活动，并强调儒家学说与"天学"之间的差异性，因此他们已经和中国绝大多数信奉儒家学说的知识分子和士大夫对立起来。

那些信奉"适应"策略的传教士如汤若望等，由于在修改历法的过程中卓有贡献，并得到顺治皇帝的信任，因而在不自觉间，他们已卷入了宫廷内部的权利之争当中。同时这部分传教士在历法修改中的成就更引起那些掌管天文历法的中国官僚的嫉恨。只是汤若望那时得到顺治皇帝的厚爱，因而北京的反教势力尚只是处在一种潜伏和孕育的状态。

及至当顺治皇帝开始接近佛教的信奉者，进而对汤若望的态度趋于冷淡之后，这一变化便立刻被反教势力所察觉，并想利用这种新的政治形势达到反对天主教的目的。

于是，那些具有强烈反天主教思想的士大夫杨光先等上疏朝廷，历数西方传教士"潜谋造反""邪说惑众"和"历法荒谬"等三大罪状，并要求朝廷对他们要严惩不贷。

也恰在此时，对西方传教士抱有好感的顺治皇帝驾崩，而那些对西方传教士持排斥态度的权臣，则趁机对在北京参加历法修改并经常出入清廷的西方传教士进行打击。在这种情况下，1664 年 8 月德国耶稣会士汤若望、比利时耶稣会士南怀仁、意大利籍耶稣会士利类思（Louis Buglio，1606—1682）和葡萄牙籍耶稣会士安文思（Gabriel Magalhaeas，1609—1677）等被捕入狱受审。其间，清统治者又下令将分散在各省的西方传教士悉数押送北京受审，然后再经广州驱逐出境。由于这次反对基督教的风潮缘起于杨光先等攻击汤若望等西方传教士在修历过程中多有"谬误"并有"谋反"之心，所以历史上常常称这次反教运动为"历狱"。

在这场反教的风暴中，利安当于 1665 年在济南被捕入狱，1665年 3 月 11 日被押送到北京。利安当和其他在外省传教的神甫一行 25人经审讯后获赦，遂于 1666 年 3 月 25 日被驱逐到广州。

在广州被拘押期间，利安当已自感身体日衰，所以想尽快把他经常思考的一些问题记录下来，其中就包括写下了《在华迫害纪实（1664—1666）》。这是"历狱"亲历者对这场反教风潮的纪实性文献，具有极为重要的研究价值。

目前，我们所阅读到的利安当所著《在华迫害纪实（1664—1666）》一书，系 1915 年由马德里加夫里埃尔·罗佩斯·德尔·欧尔诺出版社出版，共 80 页。该书共分三大部分：

第一部分：主要述及"历狱"这一反教风潮爆发的原因，以及杨光先攻击天主教的主要论点和中国传教团对此类攻击的回应。

第二部分：主要讲述"历狱"爆发后，汤若望等在京传教士以及利安当和其他分散在各省的传教士所遭受到的迫害以及在北京的审判经过，同时记述了北京发生严重地震灾害之后，各种政治和宗教势力的反应。

第三部分：概述了"历狱"期间传教士被押解到广州的过程，以及利安当等在广州的最后岁月。

在《在华迫害纪实（1664—1666）》一书正文之前，还附有相当系统的对利安当的生平和业绩的概述。

当前，在有关东西方文化交流史的研究热潮中，"礼仪之争"无疑为研究重点之一。在"礼仪之争"的研究中，"历狱"又为其重中之重。在我们的印象中，所有被"历狱"波及的传教士或他们的同时代人，虽然在其书信、回忆录乃至札记中都经常提及这场反教风潮的过程，以及他们个人在整个"历狱"过程中的种种遭遇，但在"历狱"风潮亲历者当中，较为系统地、全面地记述"历狱"的全过程的，似乎仅有利安当撰写的《在华迫害纪实（1664—1666）》一书。

因此，我们认为对利安当的《在华迫害纪实（1664—1666）》一书做出较为系统的介绍，并与中国典籍和西方文献中的相关记载相互印证，那么，对"礼仪之争"的进一步研究将会有所助益。

2. 利安当论"历狱"的起因

在《在华迫害纪实（1664—1666）》一书中，利安当显然认为汤若望在中国社会中的影响过大，这是他在"历狱"中遭到反教势力集中打击的重要原因之一。

众所周知，早在晚明，由于汤若望除参与中国历法的修改之外，他还曾协助过明廷试制西洋火炮以抗清，并向崇祯皇帝敬献过日晷、望远镜、天体仪和星高机等精巧"奇物"，所以汤若望善于用"西法"制造奇巧之器的名声已然传开，以致在清初，凡遇有天文观测和工程技术上的难题，朝廷也每每有请汤若望"出山"的情形。比如，据利安当记述，1661年顺治皇帝故去后，8岁的玄烨继位，并由索尼、苏克萨合、遏必隆和鳌拜等四位大臣"辅政"。很可能出于加强幼帝康熙的权威的需要，更可能是这四位辅政大臣为了巩固他们自己在朝廷中的政治地位，所以他们极力想将已经坠落在地多年，重达46吨的"永乐大钟"再重新吊装到塔楼之上，这样可通过永乐大钟的钟声来营造出一种太平盛世的氛围。

为此，这四位辅政大臣责令帝国负责工程的官员将这口大钟重新吊上塔楼，并急调3000名工匠参与施工，同时下拨3000两白银作为施工费用。

但这些官员怀疑自己是否有能力完成此项工程。在这种不得已的情况下，这四位辅政大臣遂将汤若望传召到宫中，问他是否能完成这一工程，如果他愿意承担这项重任，他需要多少工匠和施工费用。

汤若望主持悬挂永乐大钟现场画面

汤若望立即回答说，他愿意完成这一工程，而且只需要 80 名壮工和 300 两白银作为施工费用即可。

但当时人们很怀疑汤若望是否真的能将这口大钟吊装到塔楼之上。到了施工的那天，围观的人群如山如海。只见被挪到塔楼近前的那口大钟，被支架、绞盘、拉链和滑轮等器械链接在一起，然后在汤若望的指挥下，大约只用了一刻钟的时间，大钟便被吊上了塔楼并固定在钟架之上，随即撞击出优美的钟声。[①]

利安当之所以用很长的篇幅来记述汤若望成功地吊装"永乐大钟"这一轶闻，一方面固然在于彰显汤若望和天主教势力在中国社会中的影响，但同时也是在暗指，正是汤若望和天主教势力在中国社会中的影响力不断扩大，以致引起反教势力的警觉和反教势力的集结，并最终酿成了"历狱"这场空前的反教风暴。

至于"历狱"爆发的具体原因，利安当认为这与汤若望和满族礼

---

① 参见［西］利安当《在华迫害纪实（1664－1666）》（Antonio de Santa Maria Caballero，*Relación de la persecución en China*，*1664－1666*），马德里加夫里埃尔·罗佩斯·德尔·欧尔诺出版社 1915 年版，第 11 页。

部尚书恩格德在接待荷兰来使时所产生的矛盾有关。

16世纪前期，在宗教改革运动的推动下，信奉新教的荷兰人为了摆脱信奉天主教的西班牙人的殖民统治，于是展开了反对西班牙人奴役的独立战争，并于1581年宣布建立独立的尼德兰共和国（即荷兰），从此荷兰与西班牙处于势不两立的敌对状态。

在上述历史时期，欧洲国家一般都是中经葡萄牙首都里斯本来开展对东方的贸易，但1580年西班牙兼并葡萄牙之后，西班牙人宣布，禁止自己的宿敌荷兰人再到里斯本来从事贸易活动。在无奈的情况下，荷兰人决定另辟蹊径，独自寻找通向东方的新航路，并于1602年占据了爪哇岛，开始以巴达维亚（今雅加达）为首府，建立起荷属东印度公司，并逐步在亚洲扩张他们的势力范围和开展商务活动，而且最终把目光转向了中国。

前已有述，为了向罗马教廷申述利玛窦一派在"礼仪之争"中的立场和观点，卫匡国曾奉派返回欧洲，但在中途，不幸被荷兰人劫往巴达维亚。由于卫匡国熟知中国的国情，所以驻巴达维亚的荷兰总督从卫匡国那里了解到开展与中国贸易的可能性和必经的途径。

在听取了卫匡国对中国国情的介绍后，荷兰人已胸有成竹，遂于1655年3月派出以彼得·德·高耶（即杯突高咟，Peter de Goyer）和雅可布·德·凯塞尔（即惹诺皆色，Jacob de Keyer）为首的17人组成的使团，携带相应的"表文"和进献给中国皇帝以及各级相关大臣的丰厚的礼品，前往中国。据说，在翻越大庾岭时，仅雇用的转运荷兰人"贡品"的挑夫就达900人。[1] 他们日夜兼程，一路北上，并于1656年7月抵达北京。

汤若望那时深得顺治帝的信任，又精通荷兰语，所以顺治帝着令礼部尚书恩德格和汤若望共同负责荷兰使团的接待工作。

然而，汤若望是个虔诚的天主教徒，他与信奉新教的荷兰来使之

---

[1] 参见［荷］包乐史《〈荷使初访中国记〉研究》，庄国土译，厦门大学出版社1989年版，第57页。

间在宗教信仰上存在着根本性的对立，所以汤若望认为，荷兰人势必把他视为自己的宿敌。事实也是如此。

1619 年，汤若望从欧洲来到澳门。此事说明他已承诺忠于葡萄牙王室并将履行罗马教廷赋予葡萄牙"保教权"的各种规定。所以当1622 年 6 月荷兰为了与葡萄牙争夺东方贸易的垄断权而派出舰队攻打澳门之时，汤若望曾坚定地站在葡萄牙人一边，与入侵澳门的荷兰士兵展开过生死搏斗，并荣立战功。

此外，当卫匡国在巴达维亚被拘押期间，荷兰人曾从他的口中得知耶稣会士汤若望和龙华民正在北京传教。因此荷兰使团来京后，已预感到他们将会遭遇到汤若望所设置的种种障碍。诚如荷兰人所记述的："汤若望在礼部大进谗言，说荷兰人是海盗，生活在小海岛上，所带的礼物都是抢劫来的，力劝礼部拒绝荷兰人前来贸易。因此礼部官员多次查问荷使，是否荷兰人没有陆地，像海盗一样生活在海上？所带来的礼品是否来自荷兰？甚至同样的问题反复问了九次。荷使凯塞尔甚至这样报告公司：'由于这些神甫或耶稣会士的大肆诽谤造谣，我们被描绘得人不像人，鬼不像鬼。'"①

荷兰人已意识到，为了达到与中国通商的目的，他们必须要绕过汤若望这道障碍，而直接与清廷握有权势的大臣相结交。荷兰人可能已逐渐看出，礼部尚书恩格德是一个贪得无厌的腐败官僚，所以荷兰人尽可能地把他们从西方带来的珍稀礼品请恩格德过目，并很可能已向他做出了某种赠礼的暗示。

而荷兰人与恩格德彼此之间的这种频传秋波，自然逃不过汤若望的敏锐观察。所以在一次查阅荷兰人敬献给皇帝的贡品时，汤若望看到恩格德在礼品前长时间驻足不前，便极为鄙视地说了一句："行啦！你真是一个贪心太过的官员！"②

由于汤若望的这句话刺中了恩格德的痛处，所以恩格德心中对汤

---

① ［荷］包乐史：《〈荷使初访中国记〉研究》，庄国土译，厦门大学出版社 1989 年版，第 57 页。

② 同上书，第 7—9 页。

若望愤恨不已。

恩格德还认为，如果"礼部"能按荷兰人的愿望促成他们的在华贸易，那么他个人肯定会收到荷兰人的重礼答谢。所以礼部对荷兰人提出的在华从事贸易活动的要求，向皇帝提出了有利于荷兰人的建议：

> 念荷人从未入贡，今重译来朝，准五年一贡。①

然而汤若望认为，荷兰人在中国的贸易活动势必对他所效忠的葡萄牙和在宗教信仰上与他一致的西班牙造成不利的后果，因此汤若望对顺治皇帝施加了自己的影响，以致在皇帝下达的"上谕"中明示：

> 念其道路险远，着八年一次来朝，以示体恤远人之意。②

即，荷兰人进贡时间由礼部提出的"五年一贡"，改为"八年一贡"。

顺治的决定不仅使荷兰人大失所望，也使礼部尚书恩格德对汤若望更加怀恨在心，他已心存报复之意。

此时，社会上一场反对天主教的风潮正在酝酿之中，而且这次反教风潮与汤若望参与中国天文观测以及编制"民历"直接相关。

利安当来华后便已听说，在汤若望所参与编制的官府"民历"中，掺杂着有关选择婚丧嫁娶日期、确定出行与经商是否合宜，以及何时播种、何时收割等具有占卜性质的内容，因而遭到教内人士的批评。当时汤若望反驳说，在编制"民历"过程中，他只是协助朝廷确定属于天算和星象的部分，而其他属于占卜和预测凶吉的内容则是其他人加入的，与他本人无关。当批评者进一步指出，在"民历"的封面上，印有汤若望的署名和钤记，那么让人如何区分哪些内容与汤若望有关，哪些内容与汤若望无关。对此，汤若望没有回答。显然，对

---

① 《清实录》，卷 102，中华书局 1985 年影印本。
② 同上。

此种情形，他也是十分的无奈。[1]

事实上，汤若望在接受钦天监监正一职时，他是有先决条件的，即除观测天象外，他不参与卜算之类的活动。为了阐明他对卜算中所含迷信成分的看法，他还特别用中文写了一部《民历补注解惑》。[2] 然而事与愿违，就在汤若望任钦天监监正之职后，朝廷已经不顾他个人的意愿，不断把为朝廷选择举行皇室仪轨日期的这一蕴含着无限风险的职责加给了钦天监。汤若望也因此堕入了灾难的深渊。

顺治十一年六月，备受顺治皇帝宠幸的董鄂氏被册封为皇贵妃。十四年十月，董鄂氏生一子，顺治帝对这个"第一子"寄以莫大的厚望。但该子生甫百日却早夭。顺治在痛惜之余，将其追封为"和硕荣亲王"。在古代，给死者选定埋葬地点和时间关系到死者在来世的荣安和死者尚在世的亲人的前程，因此顺治着令钦天监为"和硕荣亲王"选择安葬的"吉期"。

钦天监对此自然极为重视，但礼部郎吕朝允、额勒穆在将钦天监选定的日期译成满文时，却将"辰时"误作了"午时"。为掩盖过失，礼部官员又将钦天监移送的印文、说堂等文件加以改动和粉饰。由于"和硕荣亲王"是按照错误的时间埋葬的，事后汤若望担心"误选时辰"一事一旦败露，其罪责势必会加在他的身上，为防患于未然，在他的授意下，顺治十五年十一月，钦天监五官挈壶正杨宏量将"误选时辰"一事上报朝廷。清廷对此极为震怒，责令礼部尚书恩格德革职解任，礼部侍郎渥赫罚银 70 两，笔帖式贾一麟、员外郎布岱和主事吴拉理俱革职，鞭一百，没籍、为兵不等。两位

————————————

① 参见［西］奥托·玛斯《中国书信：17世纪方济各会未发表的文献》（Otto Maas, *Cartas de China：Documentos inéditos sobre misiones franciscanas del siglo* ⅩⅦ），塞维利亚梯包格拉非克出版社 1917 年版第 37 页。

② 参见［美］邓恩《一代巨人：明末来华耶稣会士的传奇》（George H. Dunne, *Generation of Giants，The Story of the Jesuits in China in the Last Decades of the Ming Dynasty*），印第安纳州诺特·戴姆大学出版社 1962 年版，第 321 页；余三乐《中西文化交流的历史见证》，广东人民出版社 2006 年版，第 173 页。

当事人吕朝允、额勒穆则拟秋后斩决。① 其后，虽经汤若望在朝廷内部几经斡旋，使恩格德等的罪罚有所减轻，但恩德格仍认为是汤若望在暗中作梗才使他遭遇官司。因此对汤若望更加怀恨在心，并寻求报复。[第 8 页。由于本文中多次引用利安当《在华迫害纪实（1664—1666）》一书的内容，故不一一做页下注，而仅在引文之后，标出原书的页码——笔者注]

礼部尚书恩德格与四大"辅臣"中最有权势的鳌拜为至亲。鳌拜那时为了独揽朝纲大权，也正想利用反对天主教的运动来扩大自己的政治影响力，因此对恩德格意欲打击汤若望的图谋也表示了支持。此时中国政治形势的新变化恰好为这一反教风潮提供了机会。（第 9、10、13 页）

3. "历狱"之灾的孕育

利安当虽远在山东传教，但由于他和汤若望自 1650 年在京相识以来，二人一直保持着较为密切的往来。每逢汤若望在北京举行盛大的宗教仪式，利安当则往往不顾千里之遥赶到京城，给汤若望以协助。所以对于北京乃至中国各教区的整体形势，利安当都有着较为全面的认知。山雨欲来风满楼，这就是利安当对当时中国传教形势的预感。

从山东的传教形势来看，利安当来到山东以后，由于借助了汤若望在宫廷中的威望和影响，以及通过他本人向地方官吏赠送了一些西方精巧的礼品，所以他已博得了济南当局对他的格外关照，山东的传教活动有了相当的进展。

此外，尽管在"礼仪之争"中，利安当对利玛窦一派所实施的"适应"策略持批评的态度，但在传教的实践中，利安当也已逐步认识到中国的知识分子一般都坚定地维护自己对儒家学说的信仰，因此他尽力避免与士大夫阶层进行意识形态领域的争论，而把传教的重点转移到广大的农村或是偏远的山区，并获得不小的成就。1662 年，利

---

① 《清世祖实录》，卷 121，华文书局股份有限公司（出版时间不详）。

安当写信给教会上方，要求批准他建立一个可以同时吸收两性教民的"敬爱十字架修会"。也就在同一天，利安当得到消息，说法籍耶稣会士汪儒望来山东开教后，已为自己的教堂修建起一个令人瞩目的正门，顶端还矗立了一个从远处即可看到的十字架，而且没有人出面禁止这项工程。

到 1664 年 6 月，在利安当所在的教堂，也修起了一个正门，其上，一个十字架高高矗立，在其背景上，白色的"阳光"四射。当参观利安当教堂的山东省总督或省官吏从门庭经过时，都对装饰精妙的正门设计赞誉不止。当天，参观教堂的人群简直成百上千。同样是在这个 6 月，在离济南 21 里格的一个小镇上，利安当在那座此前由他创立的小教堂的大厅里，设置了一个圣坛，还悬挂起一幅彩色的圣母像。

此前，即在这一年的 5 月，与利安当同属方济各会的郭多敏（Domingo Coronado）神甫从浙江来到济宁府。当地方官员得知他与汤若望曾在北京共过事，于是对他格外关照，并给了他一些资助，使郭多敏在那里也建立起一座教堂，人们或来参观，或来听讲道。（第21 页）

特别是，尽管利安当、郭多敏二人属方济各会，而汪儒望属耶稣会，但他们相互却能和衷共济，所以使山东省的传教活动颇有成效。

然而在一切看来似乎发展都很顺利之时，利安当已经隐约地感到在中国社会之中，已经有一股反教的暗流开始涌动。据利安当分析：

其一，1657 年郑成功率大军攻打南京并意欲攻占长江下游一带的计划尽管被清军挫败，但在郑氏大军退守台湾和占据福建沿海部分地区以后，清廷认为这对它刚刚建立起来的政权仍是一个严重的威胁，所以清廷加紧推行"海禁"政策。利安当认为这表明清廷已经加强了对外国人的防范。（第 62、63 页）作为一个外国传教士，利安当不能不感到一种压力。

其二，尤其是顺治皇帝开始接近信奉佛教的学者和高僧之后，（第 14、15 页）利安当对于中国政局出现变化的可能性，已经有种预感。其后，利安当又听说，顺治皇帝因患重病而致疯癫，甚至想出家为僧，并做出了最为满族人所不齿的事，即居然将自己的发辫剪掉。利安当比喻说，这等于西方人剃掉自己所蓄的胡须。（第 11 页）及至对西方传教士曾抱有好感的顺治皇帝驾崩，这无疑地为反教势力提供了绝好的机会。不久利安当的这种预感就为严酷的现实所证实。

据利安当回顾，世祖福临去世后，在山东有种传闻，说新登基的皇帝打了汤若望耳光，并将其教堂拆毁。一时信教者心中惶惑不安，甚至一些偏远地区的教民还专程跑到济南想亲眼看一看利安当的教堂是否像北京的教堂一样已经被拆毁。（第 20 页）1663 年在济南或山东其他一些地区，已可看到一种禁止天主教传教活动的"文告"在张贴。这可能是僧侣和异教徒私贿官府所操弄。后来在利安当向山东总督出示要善待神甫和保护教堂的朝廷"上谕"时[①]，总督回答说，他不知道张贴禁止天主教的"文告"一事，他本人也不曾下达过禁止天主教的"文告"。（第 20 页）但在山东省，迫害皈依天主教教民的事件却已时有发生。在离济南 18 里格的泰安，一些教民被官府羁押达数月之久，除非他们向官府缴纳一些银两，否则不会被释放，尽管他们是些极为贫困的人。（第 41 页）就在"历狱"爆发前的两三个月，济南新上任的长官已经在暗中制造一些反教的事端：一些教徒被拘捕；有的女教徒被掌手，除非她们放弃对天主教的信仰……（第 21 页）也就在此时，一部《天学传概》在中国社会中掀起了轩然大波！

4. 从《天学传概》到《不得已》——兼论《天学传概》的著者

当顺治皇帝对汤若望的态度趋于冷淡时，便立刻被反教势力所察觉，并积极想加以利用。这时在社会上业已落魄的读书人杨光先和处于失意状态的回族天文学者吴明炫为了反教这同一目标，二人开始联手。

杨光先是安徽歙县人，在明末曾为新安卫官生，曾因参劾大学士

---

① 我们认为这可能是指"章皇帝颁谕禁止滋扰教堂"的"上谕"。韩琦、吴昊校注《熙朝崇正集　熙朝定案（外三种）》，中华书局 2006 年版，第 278 页。

温体仁、给事中陈启新等，而"妄得敢言名，实市侩之魁也"①。后杨光先流落京城，以期寻找荣升的机遇。

当时吴明炫则为争夺钦天监中的主导地位而与汤若望矛盾重重。这是因为，自宋初以来，穆斯林天文学在中国王朝的天文观测和历法编制中曾占有重要地位，很多穆斯林天文学者包括吴明炫家族在内，都曾在朝廷中身居要职。但自从汤若望用"西法"参与中国历法的修改并得到顺治皇帝的恩宠之后，穆斯林天文学家在钦天监中的地位可以说是江河日下。时任钦天监秋官正的吴明炫自视极高，并准备对钦天监监正汤若望在历法编制中的"谬误"提出系统的批驳。

据利安当说，佛教僧侣为了反对天主教，穆斯林天文学者为了夺回在钦天监中的原有地位，于是他们为杨光先筹集到一大笔钱，让他贿买官府有权势的人，以便得到他们的支持。利安当还记述说，为了窥探天主教组织的内幕，杨光先曾指使一个亲信伪作信教人，打入北京会院的内部，想弄清天主教教义和各种宗教仪轨的含义，以便为他的反教活动提供信息。（第13页）利安当关于杨光先派人打入天主教教会内部探听消息的记载，就其来源来看，很可能出自杨光先所著《不得已》一书。因为杨光先在书中写到，他对于社会上所流传的天主教如何蒙骗无知者入教，"不敢信以为实，乃托血亲汪广假投彼教"②。

有了上述诸种准备，吴明炫率先在天算诸问题上向汤若望提出挑战；继之，杨光先则于1659年写出《辟邪论》三篇，对天主教学说进行全面的批判。据杨光先自己说，该书刻印"已五千余部，朝野多缪许之"③。

---

① （清）王士祯：《池北偶谈》，卷4，齐鲁书社2007年版。
② （清）杨光先：《不得已》（影印足本），中社出版1929年版，第5页。
③ 同上书，第5、14页。

杨光先等撰，陈占山校注之《不得已》书影

　　然而在反教运动已然启动，《辟邪论》广泛流传的这种危难的情势下，如何应对杨光先一派的挑战，应当说在耶稣会中国传教团的内部，在策略思想上并不一致。具体体现在《天学传概》的撰写、刊刻和传布上。

　　利安当记述说，当时在华传教士中间，一般将杨光先所著《辟邪论》译为《反对假先知》。这是一篇对天主教教义进行全面攻击的檄文。如果任该文在社会上广为流传，势必会对天主教在华传教事业造成重创。为了对杨光先的《辟邪论》进行批驳，当时在北京和一些省城流传着一篇大约两千字的维护天主教的著作，即《天学传概》。内附御史许之渐写的序，而在《天学传概》的封面上，赫然印有"燕吴后学李祖白撰"的字样。就是这区区大约两千字的《天学传概》却给天主教传教事业招来了极大的祸端。

　　然而，在天主教史的研究中，对于究竟谁是《天学传概》的著者，却一直存有争议。一种观点认为《天学传概》一书就是"燕吴后学李祖白撰";而另一种观点则认为《天学传概》的著者其实是意大利籍耶稣会士利类思和葡萄牙籍耶稣会士安文思。

为了探究谁是《天学传概》的作者,我们认为最为关键的是应当从该书的宗旨和内容来分析。

首先,《天学传概》的著者显然是要致力于在意识形态领域和《辟邪论》展开辩论。当杨光先高举"华夷之防"的大旗,攻击天主教是"邪教",天主教的主张是"旁门邪说"时,《天学传概》的著者则反驳说,儒家学说与来华传教士所宣传的"天学"非但不是势不两立的两种异质学说,相反的,儒家学说与"天学"二者是一脉相承的。为说明此点,在《天学传概》中,著者通过对大量儒家典籍的摘引,论证说:"凡此诸文,何莫非天学之微言法语乎。……审是,则中国之教,无先天学者。"① 《天学传概》这里得出的结论无疑是说,儒家学说事实上是传承自西方的基督教学说,即《天学传概》所宣扬的,实质上是一种"华夏文明西来说"。

《天学传概》为了突破"华"与"夷"的界限,更断言:"开辟时,初人子孙,聚处如德亚(以色列一带),此外东西南北,并无人居。……其后,生齿日繁,散走遐逖,而大东大西有人之始,其时略同。考之史册,推以历年,在中国为伏羲氏,既非伏羲,亦必先伏羲不远,为中国有人之始矣。唯此中国之初人实如德亚之苗裔。"② 《天学传概》这里所断言的是,中国人是如德亚(犹太人)的后裔,即它宣传的完全是一种"中华人种西来说"。

《天学传概》居然把整个中华民族界定为所谓的"如德亚之苗裔",把儒家学说断言为传承自西方的"天学"!上述两种观点正是典型的"西方中心论"的体现!对于一向对独立发展起来的本体文明抱着无限骄傲与自豪情怀的中国士大夫来说,《天学传概》的上述内容必然激起他们极端的愤怒情绪,而要同仇敌忾地给予天主教之"邪

---

① 《天学传概》,吴相湘主编《天主教东传文献续编》(第二册),台湾学生书局1966年版,第1601页。

② 同上书,第1058页。

说"口诛笔伐!

当时站在批判《天学传概》所宣扬的"华夏文明西来说"和"中华人种西来说"最前列的,正是杨光先!他立即刊刻《不得已》一书,与《天学传概》进行针锋相对的论辩。

对于"考之史册,推以历年,在中国为伏羲氏,既非伏羲,亦必先伏羲不远,为中国有人之始矣。唯此中国之初人实如德亚之苗裔"这一观点,杨光先在《不得已》一书中痛斥说:"伏羲是如德亚之苗裔,则五帝三王,以致今日之圣君、圣师、圣臣皆令其认邪教作祖,置盘古、三皇、亲祖宗于何地?即寸斩祖白,岂足以尽其无君无父之辜?以中夏之人而认西洋之邪教作祖,真杂种也!"[①]

对于中国典籍"凡此诸文,何莫非天学之微言法语乎。……审是,则中国之教,无先天学者"这一观点,杨光先在《不得已》一书中指斥说:"祖白无端倡此妖言,出自何典?……必剖祖白之胸,探其心以视之。……即啖祖白之肉,寝祖白之皮,尤不足以斯言之恨。"[②]

杨光先的上述批判言辞虽然带有明显的情绪化倾向,但他的批判内容却得到社会上信奉儒家学说的广大知识分子和士大夫阶层的普遍同情和支持。甚至御史许之渐在为《天学传概》所写的序中,也认为该书的一些论点有些言过其实。许之渐是个性情中人,他"性耿直,弹劾不避权贵"。所以在序中,他坦诚地写到,传教士在宣教中首先应当阐明"二帝三王之道、日月星辰之行、天地之所以着、鬼神之所以幽、物类之所以蓄、江河之所以流"。如果西方传教士仅仅倾心于宣传自己的教义,会使人以为"天学""超出乎二氏之上,而后知其学何莫非吾之学也"。许之渐在这里明白地表示,在阐释"天学"的教义时,万勿给世人一种轻视儒学的感觉。[③]

---

① (清)杨光先:《不得已》(影印足本),中社出版1929年版,第9页。
② 同上。
③ 转引自黄一农《张宸生平及其与杨光先间的冲突》,《九州岛学刊》1993年第1期,第83页。

那么在《天学传概》中，其著者何以要宣扬"华夏文明西来说"和"中华人种西来说"这些在中国社会中极易引起争议的观点呢？为回答这一问题，下面我们将对"华夏文明西来说"和"中华人种西来说"做一学术史上的简单回顾。

事实上，17世纪中叶以降的"华夏文明西来说"和"中华人种西来说"完全是一种欧洲的学术思潮和来华耶稣会士中"索隐派"观点的早期反映。

前已有述，利安当在"礼仪之争"中，曾埋头于中国典籍的研究。由此他开始思考，从基督教的"唯一性"出发，天主如何在"创造"出中国与西方这两种文明的过程中体现出一种"一致性"。在利安当将四书中儒家先贤的一些名言与基督教学说相对照时，他发现在两者之间的确存有某种相近似之处。利安当由此得到启示：整个的儒家学说中暗含着基督教的天启真理，中国的《四书》中已潜存着对上帝这一至尊至圣的造物主的某种认识，不过尚没有形成最终的明确的概念。整个儒家学说体现的正是与基督教同样的真义，利安当把他的上述认识比较隐晦地写入刊刻于1664年的《天儒印》之中。

前文已有述，18世纪在华耶稣会士中法籍白晋和傅圣泽等均认为在中国古代典籍中所表述的思想和对宇宙的认识，不仅与基督教教义和《圣经》相吻合，实际上还是基督教基本文献最早的记载。由于他们从大量中国典籍中试图经过筛选或是逻辑推理的方法找出其中潜藏着的与基督教教义或《圣经》精神相一致的篇章或片断，因此他们常常被称作"索隐派"（Figuristes）。

"索隐派"作为一种学术思潮，也曾体现在卫匡国的中国观中。1653年，卫匡国历尽艰辛终于回到欧洲，并将他有关中国的著述《鞑靼战记》《中国新地图集》和《中国历史十卷》等相继在欧洲出版。其中，《中国历史十卷》是欧洲人所看到的第一部涉及中国"年代学"的著作。当时欧洲正在围绕《圣经》的纪年问题展开着激烈的辩论。卫匡国通过他的《中国历史十卷》传达给欧洲人一个十分具有震撼性的信息，即远在东方的华夏文明有着和《圣经》同样，甚至是更加久远的起源。《中国历史十卷》中有关中国"大洪水"和中国上古时代的神话故事的记述，更使探讨人类文明起源的那部分欧洲学者开始把中国与西方两种文明之间的相似性做出了文明一元化的解释，即他们认为：中国自伏羲以来两千年的历史是一部信奉上帝的宗教史，华夏文明便是由犹太—基督教文明所派生，中国文明与基督教文明同源，不过中国人自己并没有意识到这一点。至于中国人的远祖，便是诺亚后裔中迁徙到东方的一个分支，他们的领袖便是伏羲。因此，中国人是犹太人的后裔。这便是以西方文明为中心而演绎出来的"华夏文明西来说"和"中华人种西来说"。①

因此，仅凭《天学传概》中所着重阐释的"华夏文明西来说"和"中华人种西来说"这种源自欧洲学术思潮的观点来看，我们完全可以论断，《天学传概》的作者绝不可能是中国的文人李祖白，而只能是来华传教士中的某一位或某几位，比如利类思和安文思之流。

我们之所以论断《天学传概》的著者或许是利类思和安文思，也还因为在《天学传概》中所宣扬的"华夏文明西来说"和"中华人种西来说"完全是一种文明一元化的观点，恰恰与利玛窦一派所坚持的文明多样性原则相背离，从而反映出利类思和安文思与利玛窦一派所实施的"适应"策略在认识上的分歧与对立。

众所周知，自1582年利玛窦来中国后，作为沙勿略衣钵的继承者，他经过近20年的努力，不仅学会了中国的语言，谙熟中国典籍，而且通过对中国社会的观察，对于独立于西方而发展起来的华夏文明终于有了较为深刻的认识："自西来，涉海八万里，修途所经，无虑数百国，若行枳棘中。比至中华，获瞻仁义礼乐声明文物之盛，如复拨云雾见青天焉。"② 在利玛窦和徐光启的交谈中，他也曾有过类似的表述："薄游数十百国，所见中土土地人民，声名礼乐，实海内冠

---

① 参见吴莉苇《当诺亚方舟遭遇伏羲神农》第8章，中国人民大学出版社2005年版，第5页。

② 王重民辑校：《徐光启集》上册，上海古籍出版社1984年版，第87—88页。

冕。"①利玛窦还曾在写往西方的书信中，着重指出华夏文明的独特性，即不仅仅是在哲学和宗教领域中国与西方之间有着明显的差异，而且在文学、医药、物理学、数学、天文学、艺术和机械诸方面，"中国人的成就同样也都是在没有与欧洲交往的情况下所取得的"②。所以，利玛窦对华夏文明产生了一种尊重和倾慕的心理，因而很自然地，对华夏文明，他也是持一种包容的态度，尽管他对华夏文明的某些方面始终有所保留，甚至有所批评。

中国素有"万物并育而不相害，道并行而不相悖"的文化传统，因此受儒家文化熏陶的中国士大夫在对华夏文明充满自信的同时，对于外来文化一般都能持一种开放和包容的态度。所谓的"六合一家，心心相印""东海西海，心同理同"③，这就是中国知识界对外来文化所怀抱的开放心态的一种写照。

华夏文明的这种开放性和包容性深深感染了利玛窦，并鼓舞他为寻找儒家文明与基督教文明之间的"契合点"而努力。正如前文所介绍，由于利玛窦敏锐地觉察到"知天""事天""畏天"和"敬天"乃是中华圣学道统的根本，所以利玛窦在熟读中华典籍的基础上，从中摘选出十余条含有"上帝""皇天""帝""天""天命"等术语的引文，并论证说，中国古籍中的上述概念与基督教中的"天主"（Deus）实为对至尊无上的主宰力量的不同称谓，即"历观古书，而知上帝与天主，特异以名也"④。这种类比，在相当程度上拉近了中国知识分子与西方传教士之间的距离。利玛窦也因此被尊称为"利子"或"利公"。

利玛窦为达到异质文明之间相互"适应"的目的而采取的一些文化调和主义的做法，使基督教的在华传教事业在避免中西文化冲突和

① 王重民辑校：《徐光启集》上册，上海古籍出版社 1984 年版，第 66 页。

② ［意］利玛窦：《利玛窦全集》（3），罗渔译，（台湾）光启出版社 1986 年版，第52—53 页。

③ 程百二：《方舆胜略》，万历三十八年善本，卷一。徐宗泽编《明清间耶稣会士译著提要》，中华书局 1989 年版，第 147 页。

④ 朱维铮主编：《利玛窦中文著译集》，香港城市大学出版社 2001 年版，第 26 页。

对抗的前提下，不断取得稳步的进展。

在利玛窦的垂范下，汤若望等后继的传教士也像利玛窦一样承认文明的多样性原则，并始终坚持在异质文明之间进行平等的对话。他们的这种主张又与华夏文化传统中"和而不同"的理念相近似，这就是利玛窦及其后继者能够融入中国社会的根本原因。

然而对于利玛窦一派所坚持的文化调和主义的传教策略，利类思和安文思二人与利玛窦一派的传人汤若望等在对华夏文明特质的认识上显然分歧相当严重，而且内中又夹杂着一些个人恩怨的成分。

在前文中，我们曾概述过，利类思和安文思二人来华后，曾先后入川传教并一度被迫依附于农民起义军的领袖张献忠。在张献忠兵败后，他们二人被清军俘获，并押送至北京。后经汤若望的多方营救，利类思和安文思才得以留京传教，但他们二人与坚持"适应"策略的汤若望在传教策略上意见相左。按利类思和安文思自己的说法，他们尤其不能忍受汤若望对他们的骄横态度和对他们行为举止的监视，以致他们觉得北京会院已有如一座地狱。① 当时在京的部分耶稣会士也对汤若望的传教策略和他的个性持有异议并向当时在杭州主持教务的耶稣会中国传教团副会长阳玛诺提出过"状告"。

但在耶稣会内部也有人对利类思和安文思等人对汤若望的过火态度表示不满，甚至是厌恶。1653 年，阳玛诺派出潘国光（Francios Brancati，1607—1671）专门赴京，对利类思和安文思等人对汤若望的状告进行了长达两个多月的调查。他的结论是："关于耶稣会士兼北京传教团会长汤若望神甫之声名与令誉之一切攻讦，皆系数位包藏祸心，怀有恶意者所捏造之谎言与轻薄之谣传。"潘国光进而指出，他们之所以中伤汤若望，完全是因为"他们欲借汤若望神甫之帮助，以达到目的之种种特殊图谋，皆未能得以遂愿之故。我现在用眼前这篇报告，指实与证明一切攻讦指责汤若望之言词，实际上皆系此等怀

① 参见［英］卡明斯《礼仪问题：多明我会士闵明我与在华耶稣会士》（J. S. Cummins, A question of Rites: Friar Domingo Navarrete and Jesuits in China），伦敦大学出版社 1993 年版，第 125 页。

有恶意之人等之所妄造。即利类思与安文思两位神甫亦曾向我说，他们并未亲眼瞧见汤若望神甫底这些事情，只不过是耳闻这些愚妄的言辞而已"①。

因此，利类思和安文思等人对汤若望的"状告"只能不了了之。而且，当时耶稣会中国传教团在"礼仪之争"中所面临着的外部挑战的严重性，事实上已超过了耶稣会内部所存在的一些个人的恩怨，因此在北京传教团内部汤若望和利类思与安文思等尚能合作，共同推动传播福音的活动。但在对"适应"策略的理解上，他们却始终各执己见。而上述的潜在分歧在面对杨光先的反教风潮上再度凸显。

当杨光先发起反教运动并把矛头指向汤若望时，利类思和安文思很可能认为由他们肩负起耶稣会中国传教团反制杨光先反教运动的这一重任的时机终于来到了。为此，他们决定写一部有别于利玛窦"适应"策略的全面批判杨光先《辟邪论》的护教著作，以提升他们二人在耶稣会中国传教团中的地位。所以利类思和安文思很可能想利用汤若望自顾不暇的时机，通过批判《辟邪论》，把他们早已想阐明而没有机会表述的"理论"通过《天学传概》一书，酣畅淋漓地公之于世。至于借机夺取北京会院的领导权，很可能也在他们的暗自考虑之中，因为他们曾经有过取代汤若望的打算。

"中国就是中国，和他国不一样。"② 由于利类思和安文思没能深刻理解利玛窦上述结论的真实含义，所以尽管他们想站在反制反教风潮的最前列，但由于他们在《天学传概》中所宣扬的是"西方中心论"，其结果他们非但没有批倒《辟邪论》，反而引火烧身，使西方传教士成为口诛笔伐的对象。《天学传概》更成为"历狱"中，构成汤若望等西方传教士"谋反"和宣扬"邪说"的最主要的罪状。

既然利类思和安文思想站在反制反教风潮的最前列，那么他们为什么在《天学传概》的封面上，不写明他们二人是该书的著者，反而

---

① ［德］魏特：《汤若望传》，杨丙辰译，商务印书馆 1949 年版，第 411 页。
② ［意］利玛窦：《利玛窦全集》(4)，罗渔译，(台湾) 光启出版社 1986 年版，第 57 页。

偏偏要写上"燕吴后学李祖白撰"呢？

我们认为，若和汤若望等知名的耶稣会士相比较，利类思和安文思当时不仅在中国社会中尚处于默默无闻的状况，即使是在北京会院当中，在相当长的一段时间内，他们也并不居于显要的地位。署上利类思和安文思二人的名字，其社会影响力将十分有限。而李祖白则是天主教信徒，汤若望的弟子，时任钦天监夏官正，可以说是一位社会贤达。由李祖白这样一位儒家文人出身的官员署名为《天学传概》的"著者"，可能使该书在中国知识分子中，更富有感召力。利类思和安文思又和李祖白相熟，所以便请李祖白在《天学传概》上署名。而李祖白是个比较内向和守旧的文人，对于在《天学传概》上署名一事，他也会觉得，在华传教士的中文著述由中国士大夫代为润色、校正、写序，甚至代笔的，均都习以为常，因此对借用他来为《天学传概》署名一事，他感到不好意思拒绝，更不会想到会由此引来杀身之祸。

至于利类思和安文思请许之渐为《天学传概》写序，我们认为是基于同样的原因。许之渐，字仪吉，号青屿，江苏武进人，顺治十二年进士，也是一位社会贤达。他在京游学期间，曾与汤若望、利类思和安文思等传教士来往，"亦以其制度精巧，用以姿其好奇之目"①。因此当利类思和安文思请他为《天学传概》写序时，他便慨然许诺，但如前所述，他在序中还是写下了他对传教士"规劝"的言辞。

对于利类思和安文思请中国士大夫"出马"为《天学传概》署名或写序的意图，杨光先自有他的看法。1664 年 4 月 21 日杨光先在《与许青屿侍御书》中，即已尖锐地指出，这实际上是西方传教士对中国知识分子的一种利用："即或者彼邪教人之谋，以先生乃朝廷执法近臣，又有文名。得先生之序，以标斯书。使天下人咸曰：'许侍御有序，则吾中夏人信为天主教之苗裔，勿疑矣。妖言惑众，有鱼腹天书之成效。故托先生之名为之序，既是以摇动天下人之心。'"②

---

① 转引自黄一农《张宸生平及其与杨光先的冲突》，《九州岛学刊》1993 年第 1 期。

② （清）杨光先：《不得已》（影印足本），中社出版 1929 年版，第 13 页。

此外，我们认为利类思和安文思请李祖白为《天学传概》署名，可能还包含这样一层意思，即想躲过耶稣会上方对《天学传概》的审查。众所周知，在耶稣会和其他在华修会的内部，对出版、发行宣教作品一般都要经过严格的审查。除著者外，往往还要在著作上联署审查者的名字。我们试举一例，在《方济行实》一书上即曾标明，著者为"远西圣方济各会士恩若瑟（Jose Navarro）述"，但联署的还有"司教 若翰 订；司教 梅述圣 订；同会景明亮、王雄善、恩罗铭 共订；值会李怀仁准"①。从《天学传概》的内容来看，该书著者对"华夏文明西来说"和"中华人种西来说"这种观点的宣扬，显然和利玛窦以及汤若望等所遵循的"适应"策略的基本精神相背离。利类思和安文思所以请李祖白在《天学传概》上署名，也可能是为了躲过耶稣会中国传教团对《天学传概》的审查。

前文中，我们之所以用较长的篇幅来讨论谁是《天学传概》的著者，首先是出于当代学术研究的需要。这是因为，从该书的内容来看，如果判定它的著者是李祖白，那么我们研究的目的就在于探讨，一个受过儒家学说熏陶的士大夫，为何竟甘愿承认自己是"如德亚苗裔"，并认为儒家学说源自一种外来文化，即学术界研究《天学传概》的重点将放在中国知识分子心态或者说心路蜕变的历程上。

从《天学传概》一书的内容来看，如果判定它的著者是利类思和安文思，那么这将成为我们研究"适应"策略流变和逆转进程的一个重要课题。

从历史的角度来看，在"历狱"的审判过程中，中国官方始终把追究《天学传概》的著者是谁，以及来华传教士是如何传播《天学概传》一书的，放在最重要的打击地位上。可见，辨明《天学传概》的著者也是研究"历狱"历史的一个重要问题。

下面通过利安当所著《在华迫害纪实（1664—1666）》一书中对于汤若望的审判过程的记载，《天学传概》的真正著者是谁，将很快

---

① 韩承良：《中国天主教传教历史》，思高圣经学会出版社1994年版，第181页。

会浮现于我们的眼前。

5."历狱"中，清朝廷对汤若望的审判

当顺治皇帝开始接近佛教高僧时，杨光先一派认为这是清最高统治者疏远汤若望的一个征兆，于是他们开始积极策划反天主教的运动。

顺治十七年，杨光先向朝廷上了一个奏章，内中指出，汤若望不仅妄言要用西洋方法修正中国历法，而且在进呈的历书的"历面"上，写有"依西洋新法"字样，这就是暗窃正朔之权以予西洋，其结果就变成使中国奉西洋的正朔了。杨光先这里实是在参劾汤若望有利用编制历法的时机以达谋反之意图，即"惑众之妖书已明刊印，传播策应之邪党已分布各省咽喉，结交士大夫为羽翼，煽诱小人以为爪牙，收拾我天下之人心从之者，如水之就下"①。但由于汤若望那时在朝廷中的地位虽不如前，但仍受到顺治皇帝一定程度的宠信，因此通政使司将杨光先呈进的"上疏"原本驳回。

及至1661年顺治皇帝驾崩后，杨光先认为反教的时机已经成熟，于是于康熙三年（1664）再度向朝廷上《请诛邪教状》，内中共列举了汤若望等"潜谋造反""邪说惑人"和"历法荒谬"三大罪状。

汤若望的宿敌原礼部尚书恩格德更是借机图谋为自己翻案，所以他上下勾连，终致得到以鳌拜为首的四位辅政大臣的支持，于是吏部和礼部奉旨开始会审汤若望、南怀仁、利类思和安文思等四位在京的传教士。

1664年9月15日，汤若望等四人开始在大堂受审。据利安当说，那时汤若望已年届七旬，身患重病。由于瘫痪，手脚失灵，甚至吃饭已需他人喂食。而且汤若望的舌头已经僵直，难以话语，只有借助他人之口才能表达自己的意思。所幸汤若望的神志尚还清楚，对于一些问题他实在表述不清时，就艰难地用笔写在"诉状"上。

在整个审判的过程中，每日清晨四位神甫都要被督押着到官府去

---

① （清）杨光先：《不得已》（影印足本），中社出版1929年版，第16页。

受审，直到落日才能返回住处，身心备受折磨。按照清朝律令，所有被提审的神甫都是"九链加身"。利安当解释说，这种刑罚就是在犯人的头部、手臂和脚上各加三道锁链，以防止犯人逃逸。汤若望在受审期间，尚是朝廷的命官，所以他暂免"九链加身"之苦。但在提审时，汤若望仍得像其他三名传教士一样，要一直跪在审判官面前，简直痛苦不堪。利安当为了表示对狱中难友汤若望的敬意，遂将他比喻作殉难的犹太人"预言家"扎卡里亚斯（Zacarias）。（第19、24页）

在审问过程中，"潜谋造反"被列为最严重的罪行。据利安当回忆，杨光先指控说：汤若望等在中国各省建教堂27座，在京3座。天主教信徒胸前所佩戴的"圣像"和随身挂着的念珠、"绣袋"以及每户粘贴在门上的"瞻礼单"，都是造反者相互识别的标记。教徒登记簿实是造反者的名单。在澳门一带，还聚集着几万名兵勇，随时准备暴动。一旦造反成功，"他们将拥立当地人（指汉人）为皇帝"。（第23页）

所以在对汤若望等的提审中，主要是围绕着在华传教士是否在策划暴乱而展开。根据利安当记述，提审的问答过程大致如下：

> 审判官问：神甫们的武器和兵勇藏匿在何处。
>
> 神甫回答说：在欧洲。
>
> 审判官问：欧洲离此地多远。
>
> 神甫回答说：大约有9万里格。
>
> 这时审判者哈哈大笑说，要造反需大批人马，路途如此遥远，他们如何来得中国。
>
> 神甫回答说：这些欧洲人大约在一万三千人之数，他们都住在靠近广州的澳门港。从京城到澳门大约700里格的路程。（第24页）

由于西方传教士是否在澳门准备谋反关系重大，所以朝廷特地派遣官员前往澳门查访。

此外，由于杨光先曾状告说，天主教在中国的教堂"每堂每年六十余会，每会收徒二三十人……二十年来，收徒百万，散在天下，意欲何为。种种逆谋非一朝一夕，若不速行剪除，实为养虎遗患"①。

所以在接续的审判中，已将要点转向了教会组织的内部和它的宣教手段上。

> 审判官问：有多少神甫在中国，以及神甫们在华的生活来源。

> 神甫回答说：在华的神甫数目十分有限，有的已经年迈，有的体衰、多病。至于生活来源，主要是他们的支持者通过海上商务活动转给他们一些资助，以及靠他们凭借欧洲的技术做些活计，以获得一些收入，比如像修表、制造望远镜和绘制地图等。当修建教堂时，有的地方官也像对待僧侣修庙时一样，给予他们一定的银两作为施舍。

> 审判官问：神甫们是从何处来到中国的？在何时，以及从何处进入中国？是谁派他们从欧洲来中国的？为什么来中国？

> 神甫回答说：我们是随季风乘商船从澳门入境的。在欧洲没有任何人强迫我们来中国。我们都是自愿来中国传播天主的救世福音和宣扬他是天地唯一的创造者，就像在其他国家和地区一样。这种传教完全是尽义务，从不收费。我们还赈济穷人、盲人、老人和病人，虽然他们不是信徒，我们也不认识他们。（第29页）

在连续过堂之后，朝廷派遣前往澳门查访的官员传来信息说，在澳门并没有发现屯兵造反的迹象。由于"潜谋造反"这一罪名证据尚嫌不足，所以一时难以定案。

关于杨光先"历法荒谬"的指控，正如台湾天文史学者黄一农所

---

① （清）杨光先：《不得已》（影印足本），中社出版1929年版，第5、6页。

指出，由于控告者杨光先与吴明炫，"连传统历理的内涵亦未能充分掌握，且又未能善加举用民间优秀的天文家"，因此想从根本上动摇汤若望等的天文测算结果，自然难以如愿；另外，旧历与天行的误差，远不如西方传教士所渲染的那么大，而且"西法"亦非果真如天主教天文家所宣称的"吻合无差"。因此，朝廷以"历法深微，难以分别"为由，将"历法荒谬"这一指控也暂时加以搁置。①

而最终，把对汤若望等四位传教士的审讯，集中在"邪说惑众"这一罪状上。

审判官严厉地指出，西方传教士未得皇帝的恩准而私自在中国传播"邪说"，这就是"邪说惑众"。

对这一指控，汤若望等回答说，传教士在中国传教已经有 80 年的历史了。第一个来北京传教的是利玛窦，他不但得到皇帝的允许，而且在他故去后，万历皇帝还在京郊亲自赏赐他一块墓地；在本朝，顺治皇帝对汤若望更是宠信有加，还曾多次幸临教堂，赐以匾额，并曾向神甫们索要有关天主教教义的"要略"，所以不曾有私下传授"邪说"情形。（第 25 页）

最终，对"邪说惑众"的指控便完全集中在《天学传概》一书的写作、刊刻和传播上。那么终究谁是《天学传概》的著者，以及又是谁在传播《天学传概》，则成为庭审中的重点。

从官方的意向来看，如果能证明汤若望是《天学传概》的著者，并由北京会院将该书传播给外省各地教堂，以鼓动暴动，那么"邪说惑众"这一罪名就可牢牢地确定下来。所以在接续的审判中，紧紧围绕下述主题展开，即汤若望是不是《天学传概》的作者，并且是由他将该书自北京送往外省各教堂。

关于《天学传概》一书的著者，利类思和安文思在法庭上坦白承认，该书是他们二人所著，根本与汤若望无关。至于李祖白，他仅仅

---

① 参见黄一农《清初天主教与回教天文家间的斗争》，《九州岛学刊》第 19 期，第 47—69 页。

为该书按中国的文体加以润色，他也不是该书的著者。许之渐则只是受神甫之托，才为《天学传概》写了序言，但他本人并不信教。

在这时，许之渐表现出一个儒者的骨气，正如在《天学传概》的"序言"中，他坦诚地批评了西方传教士不应轻视儒家学说一样，面对威严的法庭，他大义凛然地维护着自己的信仰。他说："本人不是基督徒，而是孔夫子忠实的学生。我承认序言及其内容均出自本人笔下，但是在我面前的诸位法官大人们，有什么证据能证明我犯下了罪行或是笔出谬误？（该序言）不恰恰说明了我是在褒扬儒学吗？这一学说当它本身就证明它体现了颠扑不破的真理时，不就表明了它是全世界所有的人应遵从的理论和神圣法则吗？我承认序言是我写的，我绝不否认。"（第27页）

在利安当《在华迫害纪实（1664—1666）》一书中，没有提及李祖白的辩词。李祖白原本是个技术性官僚，很可能缺乏政治上的敏感性和判断力，所以一旦利类思和安文思承认《天学传概》是他们二人所著之后，李祖白很可能认为，这已经还给了他的清白，他自己已无须再做进一步的申诉了，所以采取了沉默的态度。我们认为这也就是为《天学传概》作序的许之渐后来仅被解职，而李祖白却被冤杀的原因之一。①

在接续的审判中，反倒是南怀仁的一句"供词"引来大祸！他供称，《天学传概》刊刻后，凡是有到外省去的教友，北京会院的人也曾托付他们将该书带到其他外省教堂去。

南怀仁的这句"供词"引起朝廷的极大关注，认为这是北京会院和外省各天主教堂相互勾结、串联的绝好证据。由此，"邪说惑众"这一罪名遂被确定，"故拟将汤若望和属下多名钦天监官员凌迟处死

---

① 到了康熙十年十一月二十一日，在刑部议覆题中，有如下一段："臣等议得礼部疏称，李祖白、宋可成等七人家产入官之处，未经议及，但李祖白既以冤枉给还原官，取回子弟，伊等家应给还。……查李祖白等子弟既经复还原职品级，其房屋财物应咨该部衙门，照数取给李祖白等子弟收领。"可见后来清朝廷也确认李祖白当年是蒙冤被杀。这也更加说明，《天学传概》的著者根本就不是李祖白。参见韩琦、吴旻校注《熙朝崇正集 熙朝定案（外三种）》，中华书局2006年版，第328页。

或斩立决"①，并将他们通通转到刑部大狱。

尤其是，由于南怀仁供称，《天学传概》刊刻后，凡是有到外省去的教友，北京会院的人也曾托付他们将该书带到其他外省教堂去，据此，汤若望一案又把在外省的传教士牵连在内。朝廷遂决定对在各省传教的天主教传教士进行彻底的打击，为此颁发了"礼部密咨"，内中写道："据汤若望等供称，在各省教堂之西洋人亦皆布教纳徒等语。据此，密敕各该督抚，将西洋人拿解到京，交付刑部拟罪。"②

遵照"礼部密咨"，分散在各省的传教士相继被地方官派解差督押至北京受审。同时在各省，也开始禁止天主教的传习，教堂被没收或被查封，图书、经像等物俱被焚毁。至此"历狱"的案情逐步由北京扩大到外省。

6. 利安当等身居外省的传教士被解京受审

根据"礼部密咨"，利安当和其他在外省传教的神甫们遂一夜之间都被卷入了"历狱"大案。利安当在其《在华迫害纪实（1664—1666）》中，曾以相当的篇幅记述了从各省城被押解进京的涉案传教士的遭遇：有的地方官吏对解京的传教士抱有同情心，甚至以前曾与这些神甫有过友好的交往，所以给他们以善待，教堂被完好封存，家具许可变卖，并派官差一路护送；有的神甫则横遭侮辱和凌虐，教堂被毁……（第36—41页）利安当特别记述了他和汪儒望二人在山东的遭遇：

> 1664 年 12 月 13 日，利安当和汪儒望在山东的各自的教堂中，分别接到解京受审的"谕令"。当时正值落日时分，而且天空出现了日食现象。被蚀部分，大约占整个太阳面积的三分之二。利安当认为这是一种灾难的象征，他暗叹，这很可能预示着在华传教士有三分之二的弟兄要罹难。（第 35 页）

---

① 《圣祖仁皇帝实录》，卷1，中华书局1985年版。

② 中国第一历史档案馆、澳门基金会与暨南大学古籍研究所联合编辑：《明清时期澳门问题档案文献汇编》第1册，人民出版社1999年版，第46页。

利安当于1665年1月1日在济南开始被提审，1月25日正式被捕入狱。在官方对其住所进行搜查时，利安当的全部中文著述、书信、手稿、文献和所藏欧洲图书全部被付之一炬。利安当的著述流传至今所以寥寥无几，其根本原因就是被毁于那次查抄。

1665年1月20日，利安当和汪儒望一并被提审。按中国的审判程序，他们首先要跪在审判官面前，然后根据讯问再一一做出回答：

　　审判官问：你们宣传的是什么律条和学说？

　　神甫回答：我们宣传的是唯一的造物主，即天主的神圣律条。

　　审判官问：你们是否愿意到北京去？

　　神甫回答：如果有命令让我们去，我们将听命；如果没有这样的命令，我们没有特殊事情要去北京。

　　于是审判官让他们先回各自的教堂候审。（第41页）

在其后的审讯中，在从教堂到衙门或从衙门返回教堂的来往路途中，或是从低等法庭转到更高一等法庭的过程中，在路上，他们受到人群的围观和羞辱。利安当打个比喻，说他们的处境有如当年面临判决时的耶稣。据说，耶稣被捕后，首先被送到犹太法庭去受审，然后又被转送到罗马的统领处，请他来做出判决。此时犹太王正在那撒勒，于是罗马统领遂把耶稣押送到犹太王那里去接受审问。犹太王找不到理由来杀害耶稣，这样又将他送回罗马的统领处来决断。最后，由罗马的统领判处耶稣死刑。利安当觉得这也正是他和汪儒望当时的处境。（第42页）

到1665年1月25日，利安当和汪儒望被勒令在监狱中先行关押。

在狱中，每天他们都可以看到狱卒无情虐待犯人的惨状。幸好，教徒都会从家中给他们送些饭食，但这要教徒拿钱贿赂狱卒，尽管这些信教人本身也是穷苦人。利安当说，监狱中还有七八个 4—8 岁的犯人的孩子，他们非常可怜。他和汪儒望还要把食物分给这些孩子一些。（第 46 页）

3 月 11 日，利安当和汪儒望被押往北京，并于 3 月 18 日到达京城。他们二人是最早被押送到北京的外省传教士。最初，他们被关押在耶稣会会院"东堂"。不久后，原来在山西传教的金弥格（Michel Trigault）和恩理格（Christian Herdtricht）二位神甫也被押送到"东堂"。此后，他们四人一起被移送到一座监牢中羁押。据说北京这类监牢大约有 50 座。（第 48 页）

所谓的"监牢"，实际上是一间狭小、黑暗、阴湿，而且通风不良的牢房。里面挤满了犯人。牢房一面临街，通过插有栏杆的窗子，可以看到街上来往的行人。也有好事的行人，透过窗子，"窥视"里面的囚徒。在犯人中，有的是恶棍，有的是窃贼，有的是赌徒……甚至男女犯人都混杂在一起。尤其是在夜间，在黑暗中，常有男人和女人相互碰撞的情形，所以利安当说，他们几个神甫常常为此感到尴尬。（第 50 页）

牢房里早已人满为患。四位神甫只好挤在一块弹丸之地之内。由于利安当身材矮小，所以他实际上每夜都卷曲着身子，缩在其他神甫的脚下入睡。为了舒张一下僵硬了的身躯，他得使尽全身之力才能拨开那几位神甫的身躯，稍微活动一下自己的腿脚。但利安当是个极为乐观的人，他戏称，他们的牢房像是个"鸟笼"。（第 53 页）

到 4 月 6 日，原在山东济宁传教的郭多敏神甫也被押解到北京，并与利安当等人关在同一牢房里。郭多敏来京前已经病入膏肓，实在无力行走，于是解差在两头驴子之间搭上一令草席，让郭多敏躺在席子上，就这样一路被驮进北京。及至进了牢房，他已消瘦不堪，脸无血色。见到利安当等传教士，他的第一句话，就是："兄弟们，我就要不久人世了！"（第 41 页）

所以利安当等人又赶忙安排郭多敏躺下来，让他能休息。这间斗室本已拥挤不堪，现在原来四位神甫挤在一起的地方，一下子又塞下第五个人，所以利安当比喻说，他们好像是挤压在一起的"沙丁鱼"。
（第 51 页）

囚室里犯人的嚎叫声、哄闹声使神甫们无法安神，他们只好把耳
朵紧紧地捂起来……

每次提审，这五位神甫像羊群一样被绳子拴着，由解差牵着，途
经大街走向法庭。围观的人群窃窃私语，说他们是欧洲的主教、圣
人……（第 53 页）

每次过堂，他们都要跪在审判官的面前。郭多敏由于身体虚弱，
连跪着的力气都没有，实际上，他只是匍匐在地上，痛苦至极。（第
56 页）

在大堂提审中，审判官经常提出的问题和神甫们的回答，大致围
绕如下两个中心。

其一，汤若望是否是他们的"头领"？汤若望何年将他们带入内
地安插，与汤若望如何结伙传布"邪教"？

利安当等人的回答大致一样，即我们不是由汤若望带到内地的，
他不是我们的"头领"；在中国，我们从未拉帮结伙；除利安当承认
曾与汤若望结识外，其他四人皆说根本不认识汤若望。同时，他们都
承认传布过天主教。显然，上述审判的用意在于将他们定罪为以汤若
望为首的互相勾连的谋反团伙，但官方并没能达到这一目的。

其二，追问《天学传概》的著者是否是汤若望，以及《天学传
概》一书是否是经北京会院传递到各省教堂的。

由于南怀仁在被提审的过程中供认，《天学传概》一书是由北京
会院经信教人带到各省教堂的，而且在官方对各省教堂的搜查过程
中，也都发现了《天学传概》的刻本，因此在对利安当 5 人的审讯过
程中，对上述问题紧追不舍，希望通过这几位犯人的供词，能得出汤
若望是《天学传概》的原著者，而且北京会院是传播《天学传概》的
中心的这一结论。这样，就可从北京到各省，把在华整个天主教教会
组织当作一个传播"邪说"的团伙，一网打尽。

为了达到上述目的，在对利安当等 5 人的审讯中，官方采取了

"背对背"的各个提审的方式。后来又拿出由官方提供的事先准备好了的"供词"，让他们画押，迫使他们承认那份官方的"供词"就是他们本人的"供词"。

但利安当人等识破了审讯者的意图，均拒绝承认这些"供词"的真实性。他们5个人都坚持说，《天学传概》并不是像南怀仁所说的那样，是由汤若望自北京送到外省教堂的。只是偶有路过教堂的人说，这本书是京城新刻印的讲天主教之事的书籍，并把书留在了教堂。在押的5位神甫都回答说，他们不曾传播过该书，也不懂该书的内容。

原本官方期盼用利安当等的"供词"，作为判定汤若望是各省传教士的"头领"，而《天学传概》一书系北京会院传至外省各教堂的，但利安当等人的"供词"，却使朝廷借助利安当等人的证词加重汤若望罪行的目的并没能达到。（第56、57页）

那么，《天学传概》的著者究竟是谁？

通过朝廷对在京的汤若望等4位传教士及对外省5位传教士的审讯过程，至此，我们完全可以确证：利类思和安文思就是《天学传概》的著者。这一历史悬案至此可以说破解了！

七　劫后余生

在汤若望被判"革职监后绞"之后，杨光先又上疏朝廷，突然重提钦天监为"和硕荣亲王"误选埋葬日期一事，并引申说，汤若望在为"和硕荣亲王"选择葬期时，不用"正五行"，反而用"洪范五行"，后者即为"灭蛮经"，以致先祸及董贵妃，后又殃及世祖皇帝本人。这一指控举朝震惊。汤若望已经"罪同弑君"。

四位辅政大臣鉴于此案案情重大，不愿独自承担定案的责任，于是命六部九卿会勘，一时间朝臣二百余人，齐聚大堂，共同提审汤若望等重犯，并将最终判决予以公布："拟钦天监监正汤若望、刻漏科杜如预、五官挈壶正杨弘量、历科李祖白、春官正宋可成、秋官正宋发、冬官正朱光显、中官正刘有泰等皆凌迟处死。"① 另有几人判"斩立决"。

那么什么是"凌迟处死"？利安当在《在华迫害纪实（1664—1666）》一书中用极为痛苦的语言描述说，"凌迟处死"就是被判刑的罪人要被强制骑在一匹木马上，并捆绑在插在背后的一个十字形的木架子上，然后由刽子手用利刃从犯人头部开始，一片片削下犯人的肉……其残忍之状，难以用语言描述。（第53页）

不意，对汤若望等"要犯"的判决案刚刚议定，北京遭遇了特大地震。对这次地震和它带来的后续影响，利安当在《在华迫害纪实（1664—1666）》一书中有着详细的记载。

据利安当说，1665年4月16日这天，就在汤若望等由六部九卿会勘之时，利安当等五人也正在被提审。这场过堂，只有一位满人审判官坐在大堂之上。

他意外地让解差给神甫们松绑，并问道：

> 你们是神甫还是主教？
>
> 我们是神甫。神甫们回答。
>
> 你们都是葡萄牙人吗？审判官问。
>
> 我们各有各的国家。神甫们回答。

在简单问讯后，利安当等5人便被押回牢房。

然而就在他们被押解回牢房后不久，据利安当记述说，大地忽然剧烈震颤，发出隆隆巨响，有如那不勒斯火山口在喷发。这次地震大约持续了半个小时左右，北京城霎时房倒屋塌，人们惊恐不已。间隔少许，地震又起，只是强度不如前次那么大。其后大地又多次震动，连北京教堂上的十字架也被震落在地上。（第54页）

不仅地震震撼了北京城，而且此时"彗星"又出现在北京上空。当时天空晴朗，太阳仍在闪着光。利安当说，他们在牢房里仰望天空

---

① 《清圣祖实录》，卷14，新文丰出版公司1978年版。

时，看到"彗星"正自西而东从空中滑过。

据利安当回忆，就在地震的前几天，在紫禁城的上空盘旋着一种叫不出名字的鸟群，它们呱呱地鸣叫着，飞去又飞回来，一天聚散三四次。到了4月16日，在夜间，这种鸟又成群地飞来两次……由于这些灾异现象不断出现，京城的人们内心惶恐不可终日。（第55页）

主持审判汤若望等"要犯"的官员认为，这是"上天示警"，应减轻汤若望等的罪罚，以回天意。

于是朝廷又重下"圣旨"，内称："汤若望系掌印之官，于选择事情，不加详慎，辄而准行，本当依拟处死。但念专司天文，选择非其所习，且效力多年，又复衰老，着免死。"[1]然而据《正教奉褒》所载，则是"辅臣索尼谓汤若望罪案，须奏请太皇太后懿旨定夺，事方允当，庶免追议。于是四辅臣同觐孝庄太皇太后。太皇太后览奏，殊形不悦，掷还原折，并申饬曰：'汤若望向为先帝信任，礼待极隆。尔等岂俱已忘却，而欲置之死耶？'遂饬速行释放"[2]。而与汤若望同时受审的南怀仁、利类思和安文思等三人则当堂被释，允许他们返回"东堂"。

同年5月18日，李祖白、宋可成、宋发、朱光显、刘有泰五人，均被冤杀。其他涉案的，如御史许之渐、臬台许钻曾、抚台佟国器等则遭革职。

而汤若望则被允许返回被查封已久的原住处。（第55页）

就在汤若望等四位神甫接受终审宣判之时，利安当等五人于4月20日在提审时，被宣布获得皇上的赦免，同时给予他们生路。但那时其他外省解京的传教士尚未到达京城，所以在对所有这些传教士做出最后审判前，他们五人可以在监控下在监狱外生活。

4月26日他们五人搬进一座小庙暂住。但第二天，郭多敏突发高

---

① 《清圣祖实录》，卷14，新文丰出版公司1978年版。

② 黄伯禄：《正教奉褒》，韩琦、吴旻校注《熙朝崇正集 熙朝定案（外三种）》，中华书局2006年版，第303页。

烧，病情急剧恶化，以致食水不进，舌头变得又黑又厚，有如牛舌，已经不能说话。请来医生，见状已感束手无策。

利类思和安文思二人闻信后，赶来探望，并意欲把郭多敏接到"东堂"救治。但迟至 5 月 1 日，上述请求才得到官方的准许。郭多敏被抬到"东堂"后，尽管有利类思和安文思的悉心照料，但已无力回天，至 5 月 9 日凌晨，郭多敏病逝。经上报官府并验尸后，准许埋葬在京郊利玛窦的陵园里。

在葬礼上，汤若望坐在椅子上，被教友抬到墓地，以寄托哀思。（第 58—61 页）

5 月 21 日，利安当等四人和南怀仁、利类思和安文思三人共同被官方传召受审。大堂上，审判官宣布，他们七人在其他外省解京的传教士到达京城前，先回"东堂"暂住，但不得宣传天主教教义和从事弥撒等宗教活动。同时朝廷将派士兵对他们进行监控。（第 61 页）

然而在当时的历史形势下，尽管汤若望得以免死，但反教势力并没有罢手。1665 年 5 月 25 日，奉"上谕"之令，清廷派出官兵闯入汤若望居住的"南堂"，将圣像尽皆砸毁，并涂掉一切赞誉上帝的颂词和题字，汤若望卧室之中的类似物品，同样遭到损毁。甚至先帝顺治御赐的匾额之类也被拿下来。利安当慨叹道："那一位皇帝所赐予的，被这一位皇帝给剥夺了。"（第 64 页）

在复杂诡异的宫廷斗争环境下，四位辅政大臣出于各自的利益，在对待传教士的态度上也开始出现了微妙的变化。据利安当记载，四位辅政大臣的第三位（遏必隆）曾亲自到"东堂"与神甫们亲切交谈，并参观了神甫们的住宅和教堂。随后，又请神甫到他的宅邸去做客，请神甫为他和他的夫人宣讲天主教的教义。四位辅政大臣中的第二位（苏克萨哈）也曾请利类思到他的家里为他修理他的那块欧洲表。

6 月 13 日，四位辅政大臣之首索尼的女婿"小王爷"，派人将利类思和安文思请到他的府上，谈话间表达了对汤若望的尊重。他说由于公务在身，他一直没在北京，对于汤若望所受到的不公正的对待，他表示了遗憾。他还说若有机会将去看望汤若望。

"小王爷"的这一表态令利类思和安文思二位神甫极为感动。在这次会面，以及在以后的其他会面时，他们向这位"小王爷"表示的唯一愿望就是希望教堂和传教事业能得到朝廷的善待。利类思和安文思还借机送给这位"小王爷"一块极为珍贵的欧洲表。后来这位"小王爷"向他们索取了一本关于天主教教义的"要略"，并召来一位负责审判神甫案件的礼部官员，让他当着"小王爷"的面，来读这本"要略"。然后"小王爷"问这位官员，书中有没有虚假的内容。这位官员回答说，没有。于是"小王爷"让该官员今后要善待神甫们。

这位"小王爷"以前曾和杨光先过往甚密，但自此之后，他开始疏远杨光先并不再在王府内接待他。（第64—67页）

至于汤若望本人，在蒙赦以后，即返回宣武门内天主堂（即"南堂"）。及至杨光先因反教"有功"升任钦天监监正之后，他把"南堂"改作自己的私宅。汤若望只好搬到"东堂"与南怀仁等同住。

1665年9月13日，利安当说，他看到汤若望已能独自起床，右手已能活动，但仍语言不清。

到第二年，汤若望即因病去世，时年75岁，在中国度过了44个春秋……

八　广州岁月与"广州会议"

至于那些在北京受审的来自各省的传教士，除郭多敏因病亡故外，其余共计25人。根据1665年9月8日《礼部尚书祁彻白等题拟将栗安党（利安当）等25名传教士送回广东安插本》，可知，经审讯后，这些传教士"既遇恩赦，免交刑部"。然而朝廷考虑到，"若将伊等留养于此（指北京）则年久后又将继续传布邪教，亦难逆料。今将伊等西洋人，乃交广东省驿送广东总督，其他西洋人安插于何处，即将伊等西洋人一同安插"[1]。

---

[1]　中国第一历史档案馆、澳门基金会与暨南大学古籍研究所联合编辑：《明清时期澳门问题档案文献汇编》第1册，人民出版社1999年版，第59页。

根据这一"奏本"，1666年3月25日，利安当一行25人由骑兵卫队押送，至离京城不远的一个地方，分乘三艘官船，顺河而下，几经辗转，一直被押解到广州。利安当说，中国的大小河流都相互连接，可通往各省，然后流入大海。（第72页）

来广州后，这一行25人羁押在老城的一座耶稣会教堂和耶稣会士住宅之内。虽可自由行动，但不准传教、不准出城，也不准返回原来的教堂或是去澳门。

在上述25人中，属于耶稣会的传教士共21人；属于多明我会的传教士3名；属于方济各会的传教士仅利安当1人。不同修会传教士聚集在一起，给他们以围绕"礼仪之争"所涉及的理论问题展开辩论提供了极好的机会。于是在耶稣会的郭纳爵（Ignace da Costa）、方济各会的利安当和多明我会的闵明我3人的主持下，三个修会的传教士从1667年12月18日到1668年1月26日进行了长达40天的大辩论。最终在涉及"祭祖"和"参拜孔子"等中国的礼仪问题的内涵时，绝大多数传教士皆同意了耶稣会利玛窦一派的观点，并在一份准备呈交给罗马教廷的"协议"上签了字，其中就包括多明我会的闵明我。当时仅利安当对"协议"中的第六、二十、二十二项和第四十一等项有所保留，所以没有在"协议"上签字，但他表示愿意在今后另作说明。

在广州的羁押期间，在押的传教士在围绕中国礼仪问题进行辩论的同时，他们还对儒家经典著作展开了研究和翻译，以及整理工作。像对罗明坚、利玛窦早前翻译过的"四书"则重新加以翻译；像殷铎泽所著《中国政治道德哲学》及柏应理等编撰的《中国哲学家孔子》等著作皆重新做了修改和补充。尤其是后者，第一次全面系统地向西方世界展示了中国文明的重要组成部分——儒家思想。孟德卫认为，这本书是来华耶稣会士贯彻利玛窦的"合儒"路线的"最高成就"。①

在"历狱"以后，正是在华各修会对传教策略和方针进行反思的

① 参见张西平《欧洲早期汉学史》，中华书局2009年版，第436页。

关键时期。"广州会议"期间各修会的传教士围绕中国礼仪问题的大辩论，以及对儒家经典的翻译和对一些理论专著的整理，上述这两个并行的步骤为来华各修会未来的传教策略与方针的反思和调试奠定了基础。

也就是在广州羁押期间，利安当痛感自己身体已日衰，于是他抓紧时间想把他围绕中国传教问题的所思所想，一一记录于笔端。其中之一就是《在华迫害纪实（1664—1666）》一书。此外，他还完成了《论在华传教的几个重要之点》（*Traites sur quelques points importans de la mission de la Chine*）一文的写作，这是"礼仪之争"中代表方济各会修士观点的理论性著述，其影响十分广泛。

在北京受审期间，利安当与闵明我这两个西班牙人关押在同一监牢中。通过接触，他们发现对于中国礼仪问题彼此的观点十分相近；在品德上，他们相互欣赏。所以利安当将当年汪儒望私下送给他的那份龙华民用拉丁文写成的《孔子及其教理》转交给闵明我，并嘱托他一定要将这篇文章传之后世。其后的事实也证明，闵明我果然没有辜负利安当对他的重托。

1669 年 5 月 13 日，利安当在广州病故。

闵明我为利安当涂了临终圣油，并将利安当的眼镜和玳瑁镜匣留作纪念。

利安当来华后所施洗的第一位中国教徒罗文藻为了感念自己的恩师，遂在利安当的墓前立了一碑石，并刻《墓志铭》以资纪念，其"铭文"如下：

A. R. P. F. ANTONIOAS. MARIA

ORDINIS MINORUM，MINISTRO ET PRAEFECTO VERE APOSTOLICO

AB EXILIO CANTONENSI AD COELESTEMPATRIAMEVOCATO

ANNO M. D. C. L. XIX.

DECIMO TERTIOKALENDAS IUNII

FR. GREGORIUS LOPEZ，EPISCOPUS BASILITANUS

ET VICARIUS APOSTOLICUS NANKINI，

PATRI SUO SPIRITUALI，RESTAURATO SEPULCHRO，

LAPIDEMHUNC

GRATITUDINIS MONUMENTUM EREXIT.

该《墓志铭》的中文译文为：

> 小兄弟会修士 A. R. P. F. 安东尼奥·玛利亚曾任宗座代牧区主教，于 1669 年 5 月 13 日在广东流放地蒙召返回天乡。后由南京宗座代牧巴西利衔主教罗文藻（额我略·罗佩兹）为自己的神修神甫进行埋葬并立此石作为墓碑。

《墓志铭》中所谓的"小兄弟会"，系指在方济各修会内部，其修士彼此之间为了突出友爱之情，故皆以"小兄弟"相称。因此，方济各会又称之为"方济各小兄弟会"。

闵明我参加了利安当葬礼的整个过程。

至 1684 年，罗文藻又为利安当重修墓地。

九　利安当是基督教全世界重新联合主义的信奉者

利安当在"礼仪之争"中的观点和立场虽然始终坚定如一，但他的出发点却既不是民族主义的，也不是为了谋求自己国家和他所属的修会的私利，而仅仅是为了维护基督教教义的"纯正性"，并希望在这一基础上能在中国创建出更为恢宏的救世功业。

为达到上述目的，他一方面极力将他对中国礼仪问题的观点上报给罗马教廷，试图借助教宗所做出的有利于他这一派的最终裁决，进而使中国传教团不同修会之间在传教策略上能步调一致。利安当深信只有统一在华不同修会的传教策略，才能取得实现中国基督教化这一神圣的目的；另一方面，他更认识到，只有在西方传教士之间，以及

在西方传教士和中国人民之间建立起心心相印的情谊，才能为传播基督福音创造最基本的前提条件。综上所述，可以说利安当是个基督教全世界重新联合主义的信奉者。他的这一政治理想恰与中国传统文化中的"和为贵"的理念相契合，这就是尽管他在"礼仪之争"中始终坚持对利玛窦一派的批评态度，但在他的在华传教活动中，却从未激起地方上的反教风潮，即他的政治理想为中国社会对他的包容创造了条件。

首先，利安当在与天主教在华各修会的交往中，尽管彼此之间在传教策略上有分歧，但他从来不曾有意地制造过任何派性摩擦和争端，即使是他遭遇到其他修会对他的不公正的对待，他也能以宽容的胸怀尽弃前嫌。比如，他来华后不久，于1633年在罗文藻的陪同下，他前往南京，想拜会刚刚到达那里传教的耶稣会士毕方济。那时毕方济在中国社会中已颇有影响。他1610年来到澳门，三年后，抵达北京。由于他才华横溢，又精通数理天文诸西方"实学"，并曾上疏崇祯皇帝，大谈立国之策，从而使他受到社会各界普遍赞誉。

鉴于毕方济在中国社会中有很高的地位，因此当时在南京主持教务的葡籍耶稣会士阳玛诺在得知利安当欲来南京拜会毕方济之后，他深感不安，认为西班牙的托钵传教士行为孟浪，很可能在南京引起意外的麻烦。尤其是在"南京教案"之后，南京的官方对西方传教士保持着高度的警惕。于是在阳玛诺的谋划下，部分耶稣会的下属修士将利安当和罗文藻骗到一处山丘，并将他们捆绑起来，抬上一艘小船，然后强制地将他们押回福建。

事过多年后，阳玛诺在任耶稣会中国传教团副会长之时，他曾给利安当写信，表示要在利安当的面前跪倒在地，请求其对当年自己的错误给予原谅。利安当对此，也只是一笑置之，将此事作罢。教内人士都盛赞他的这种遭遇不公平的待遇而不心怀怨恨的人品。①

---

① 参见［美］邓恩《一代巨人：明末来华耶稣会士的传奇》（G. H. Dunne, *Generation of Giants: The Story of the Jesuits in China in the Last Decades of the Ming Dynasty*），印第安纳州诺特·戴姆大学出版社1962年版，第234—235页。

尤其是方济各会的利安当与耶稣会的汪儒望同在济南传教,两人多年来一直都能和睦相处。后来西班牙多明我会的郭多敏(又作科罗拉多)1664 年也来到山东,并在济宁开教。上述三人分属不同的修会,但他们却又能一直相互配合,相得益彰。据史载,"(汪)儒望与多明我会神甫郭多敏和方济各会神甫利安当同管全省教务,和衷共事。如有赴外巡视教区者,必留一人居济南"①。又如,利安当虽然和多明我会的传教士在"礼仪之争"中持相近的观点,但他对他们在传教中对自身行为不多加约束的做法感到不满。所以利安当再次来华后和他们一直保持一定的距离。但当他发现多明我会修士闵明我不仅在"礼仪之争"中和他的观点相近,而且为人谨慎、可靠,因此利安当在临终前,把自己珍藏多年的龙华民的那份有关礼仪之争的拉丁文文献,即《孔子及其教理》托付给闵明我保存。而闵明我则认为利安当,"充满热情、不知疲倦、勤勉努力……他对己严格,待人宽厚,是方济各会士谦逊、慈爱和纯朴的楷模"②。

出于闵明我与利安当二人在"礼仪之争"中观点的近似,以及闵明我对利安当的敬重,他果然不负利安当的重托,终于使《孔子及其教理》这一名篇得以流传后世。再如罗文藻是由利安当施洗的第一位中国教徒,自然他应是一名方济各会的成员。然而后来罗文藻在黎玉范的影响下却又加入了多明我会。利安当并没有因"门户"之见而与罗文藻交恶。相反的,利安当在罗文藻加入多明我会时,还为后者写了证明材料。③ 由于他们能真诚相待,因此他们之间始终保持着亲密的友谊。利安当辞世后,罗文藻还为他树立了纪念碑。

综上所述,可以说,利安当在"礼仪之争"中之所以始终如一地坚持自己的立场和观点,其出发点仅仅是维护基督教教义的"纯正

---

① [美]郎汝略:《山东开教史》,赵庆源译,台湾《恒毅》1974 年第 5 期,第 14 页。

② 转引自赵殿红《西班牙多明我会士闵明我在华活动述论》,李向玉、李长森主编《明清时期的中国与西班牙国际学术研讨会论文集》,澳门理工学院中西文化研究所 2009 年版,第 215 页。

③ 参见郑天祥主编《罗文藻史集》,台湾富进印书有限公司 1973 年版,第 66—67 页。

性"。而在传教的过程中，他总是竭尽全力地争取中国传教团中不同修会之间的团结与合作，以利于天主教的救世功业。这也就是我们说利安当是基督教全世界重新联合主义的信奉者的原因之一。

其次，在"礼仪之争"中，利安当虽然激烈地批评耶稣会信奉"适应"策略一派的调和主义的观点，但在传教的实践过程中，如前所述，他却也借鉴了利玛窦一派的许多灵活的传教方式并表示出对中国的某些世俗礼仪的理解与尊重。此点为他融入中国社会创造了条件。尽管在总体上他对中国文人的基督教信仰抱怀疑的态度，但他仍希望他们之中能有人真正走上信仰基督真义的道路。其中，有的中国文人还成为他的知己。像淮阴人尚祜卿便与利安当相友善，他在为利安当《天儒印》一书所写的《前言》中记述说："不肖从事主教多年，缘作吏山左，宦拙被放，萍踪淹济（南），幸得侍坐于泰西利（安当）汪（儒望）两先生神父之侧，晨夕谋究天学渊微，得聆肯綮，未肯漫云入室，亦或引披升堂，不同门外观矣。"[1] 这段文字说明他们之间共同探讨中西文化异同方面的情谊。魏学渠也曾为利安当的《天儒印》作序。内中称："余发未燥时，窃见先庶尝从诸西方先生游，谈理测数，殚精极微，该其学与孔孟之指相表里，非高域外之论，以惊世骇俗云而也。"[2]

尽管利安当决不放弃在中国文人中进行基督教的归化活动，然而他的传教重心却始终放在广大的农村。他对于那些不顾亲友和邻人的歧视和打击，而仍能坚持基督教信仰的"粗人"充满感情。他不顾劳累，遍走偏僻的山村和农庄，宣讲天主救人的计划和爱人如己的博爱精神，因而受到被压迫者的欢迎。利安当安贫而又乐观的生活态度以及平易近人的作风，使他赢得了中国教民的尊重。每当他离开一个村落，教民常常以泪相送。而在利安当生活最为困难的时候，他也曾得

---

① ［西］利安当：《天儒印·序》。吴相湘主编《天主教东传文献续编》（二），台北学生书局 1966 年影印版，第 984—987 页。

② 同上书，第 989—992 页。

到中国贫苦教民的救济。[①] 由于他锲而不舍的努力，据说，利安当在山东大约为 5000 人施洗。[②] 这在那一时代已是个相当大的数字。在他奔波于贫困山区和农村的过程中，加深了他对中国社会的了解和对中国人民的感情。所以避免在中国社会中引发矛盾和冲突，以及加强和中国人民的联系进而增进双方的了解，也已成为利安当在华传教策略的基本点之一，即利安当从不把种族主义的偏见和歧视带进他的"中国观"和他的传教事业当中。相反地，他极力想用基督福音这一纽带把不同的民族连接起来。我们认为，这也是利安当信奉基督教全世界重新联合主义的一种体现。

最后，利安当在"礼仪之争"中以基督教的启示神学为武器所批判的对象是利玛窦那一派所奉行的调和主义的立场和观点。但终究在这种辩论中要涉及对中国文明本质特征的阐释。然而如前所述，对中国文明中的"祭祖""敬孔"等礼仪的本质特征他是持严厉的批判的态度的，但在传教的过程中他又不可能向中国的信教者吐露出他的真实观点。所以利安当曾苦苦思考如下一个问题，即：从基督教的"唯一性"出发，天主如何在"创造"出中国文明与西方文明这两种异质文明的过程中体现出一种同一性？事实上，在寰宇之内竟还存在着一种不是由"天主"所直接"创造"出来的独立的文明体系，这本身对于利安当来说，就是无法接受的事实。于是他进一步思考除"礼仪之争"中所涉及的那些原则性分歧之外，在儒家学说和基督教教义中，还有哪些相似的内容，以及为什么在两种异质文明中会有这种近似性。

在他做上述思考的同时，他感到他在济南的传教工作事实上已深深陷入一种两难的困境之中：欲取得传教工作的进展，就必须和当地的官僚及士大夫相结交、相周旋。一旦和当地上层社会相接触，必然

---

① 参见［西］奥托·玛斯《中国书信：17 世纪方济各会未发表的文献》（Otto Maas, *Cartas de China：Documentos inéditos sobre misiones franciscanas del siglo* XVII），塞维利亚梯包格拉非克出版社 1917 年版，第 70、71、77 页。

② 参见方豪《中国天主教史人物传》中册，中华书局 1988 年版，第 109 页。

要讨论到儒教和基督教之间的异同。为了得到当地士大夫的容纳，他也只好像利玛窦一派那样阐释儒家学说和基督教教义之间的相似性。这样做的结果便是他本人也难免堕入调和主义的"泥潭"。反之，如果他明白无误地讲出他在"礼仪之争"中所持有的真实观点，那么他就会被中国社会所拒斥，基督教在山东地区也很可能被当作"邪教"而被攻击。在两难之中，为了在中国立足，而同时又不违背基督教教义的"纯正性"，利安当最终找出一条"新路"，即用天启神学的功能作用来解释儒家学说和基督教教义之间的某些相似性。他的这种"新思维"集中体现在利安当的中文名著《天儒印》中。对此前已有述，不再赘言。

通过整部《天儒印》可以看到利安当实则是在暗指，整个儒家学说体现的正是与基督教同样的真义。这种相似性完全是"上帝（天主）"所使然。因此，从信奉儒家学说到皈依基督教，中间并无不可逾越的障碍。如果我们仔细研究利安当的《天儒印》，我们则可做出这样的结论：利安当实际上应当说是在中西文化交流中广有影响的"索隐派"的一个先驱者。由此利安当开启了在东西方文明中寻求一致性的努力。同时这也说明利安当是个基督教全世界重新联合主义的信奉者。

通过上面对利安当在"礼仪之争"中的作用的回顾，可以清晰地感知到，在地理大发现以后所形成的东西方文化交流的大潮中，很少有哪个"浪头"能像"礼仪之争"那样在东西方两个世界之间同时引起那么大的震动，持续的时间又那么长久。而且直至今日，"礼仪之争"仍是东西方学者所研究的一个焦点问题。这是因为通过"礼仪之争"的研究不仅有助于总结出历史上东西方文化交流的一般规律，而且在亿万人正以不安的心情在展望人类文化未来走向的今天，还可以从"礼仪之争"的研究中，引申出具有当代意义的一些有益的启示。

然而在当前有关"礼仪之争"的研究中，却存在着一种十分明显的偏颇现象，即对"礼仪之争"感兴趣的学者往往把其最主要的精力集中在对利玛窦等信奉"适应"策略一派的来华耶稣会士的研究上，而对于在"礼仪之争"中持相反观点的多明我会修士、方济各会修士等的研究，目前却尚顾及有限。事实上，在不久的将来我们便会认识到，上述这种研究中的不均衡状况，将会制约我们对"礼仪之争"的进一步探讨。我们在这部著作中着重论述西班牙"另类"来华传教士在"礼仪之争"中的历史作用，就是借此希望有更多的同人能投身对站在利玛窦等相反立场上的西方传教士的研究，以便使我们对"礼仪之争"的发生、发展的历程，以及"礼仪之争"的丰富内涵和本质特征能有一个更加全面、更加深刻的认识。

十　莱布尼兹与利安当

1. 莱布尼兹时代的欧洲与中国

由沙勿略倡导，利玛窦所继承和全面实施的"适应"策略，并不是偶然地和孤立地产生的。

从欧洲方面来看，事实上，"适应"策略的思想既继承了欧洲文艺复兴以来的人文主义传统，同时也体现了基督教（天主教与新教）全世界重新联合主义的理想。因此，在上述土壤中成长起来的欧洲知识分子先进一翼，一旦认识到华夏文明和欧洲文明处于平行与平等的发展阶段之后，遂使他们在思想意识当中产生了一种跨越，即，他们从以"欧洲中心论"为出发点，单纯地设想如何在全球范围内传播基督教文明，进而演变为开始考虑，如何在东方的华夏文明和西方的基督教文明之间，构筑起一个和谐与理性的世界，从而推动人类的共同进步和文明的发展。而这种新思潮的代表性人物首推德国伟大的科学家、哲学家哥特弗里德·威廉·莱布尼兹（Gottfrido Guilelmo Leibnitio，1646—1716）。

在莱布尼兹时代，有关儒家学说的中文典籍尚没有全面、系统地翻译成欧洲文字并广泛传布于西方。莱布尼兹对中国国情和中国哲学体系的基本特征的认识，主要是借助西方来华传教士有关中国的报道，以及他本人和一些来华传教士之间的通信或直接的面谈。

然而来华传教士在对中国历史与文化的认识上，始终存有分歧，而且他们对中国的报道，更远非全面和客观。但由于莱布尼兹具有深厚的文化积淀和高超的思辨能力，因此在对中国国情和中国哲学整体特征的认识上，他得出了许多令他的同时代人，乃至现代人，都不得不叹服的结论。其中就包括他率先提出了在东西方之间建立和谐与理性世界的理想，并曾高屋建瓴地指出："人类最伟大的文明与最高雅的文化今天终于汇集在了我们大陆的两端，即欧洲和位于地球另一端的——如同'东方欧洲'的'Tschina'（这是'中国'两字的读音）。我认为这是命运之神独一无二的决定。也许天意注定如此安排，其目的就是当这两个文明程度最高和相隔最远的民族携起手来的时候，也会把它们两者之间所有民族都带入一种更合乎理性的生活。"①

　　莱布尼兹不仅提出了在东西方之间建立和谐与理性世界的理想，而且为了使他的这一理想变成现实，他也曾进行了不懈的努力。为了通过俄罗斯在中国和欧洲之间架起一座最为便捷的文化交流的桥梁，莱布尼兹曾多次给俄国沙皇彼得大帝写信，详谈他意欲使东西方联为一体的设想。此外，他还曾利用彼得大帝访问欧洲之机，专门去拜会过这位一代君主。

　　莱布尼兹所以萌生在东西方之间建立和谐与理性世界的理想，也是基于他自己的哲学认知体系。他的哲学思想的核心是"单子论"或"前定和谐论"。莱布尼兹认为，宇宙万物都是由"单子"构成的，但所有的"单子"在质上都是不同的，有着高低等级之分，从无机物到动物的灵魂、人类的心灵直至"上帝"，莫不如此。而"上帝"则是最高"单子"，它全知、全能、全善，并创造了其他一切"单子"。莱布尼兹特别强调，由"单子"构成的事物是相互作用的，并形成一个和谐的整体。这种"和谐"是上帝在创造"单子"时，预先确定的，因而被他称之为"前定和谐"。在莱布尼兹的理论体系中，其"上帝"

_____

　　① ［德］莱布尼兹：《中国近事》，［法］梅谦立、杨保筠译，大象出版社2005年版，第1页。

已不再是"人格神"，而只是世界万物的终极原因和逻辑起点。因此莱布尼兹认为，他的哲学体系与被称之为"自然神论"的中国的哲学体系，两者非但不是对立与冲突的，相反地，在两者之间可以相互协调一致。①

莱布尼兹把他的哲学体系与中国的哲学体系之间的一致性看作对真理的普遍有效性的确认。② 当然，也有的西方学者认为莱布尼兹哲学中的关键概念"前定和谐"是受到比利时来华传教士柏应理（Philippe Couplet，1624—1692）所著《孔子与中国哲学》一书的影响。《中国科学技术史》的作者李约瑟则更认为，莱布尼兹也许从中国智者，特别是宋代理学家的有机的宇宙观中借鉴了"综合法"。③ 不论莱布尼兹的哲学思想和儒家哲学思想的某种一致性的认知是如何产生的，但莱布尼兹在对中国哲学特点的认识上，和利玛窦调和儒家文明及基督教文明的努力是相互契合的。同时莱布尼兹对于东西方两个世界"互补性"的深刻认识，与他受到利玛窦一派所推行的"适应"策略理念的影响和启发也是密不可分的。④

2. 莱布尼兹对中国的认知：对龙华民《孔子及其教理》和利安当《论在华传教的几个重要问题》的研读

在莱布尼兹关注和研究中国问题的年代，原本发生在中国的"礼仪之争"已经从中国蔓延到欧洲；从宗教界内部引发的一场有关神学的争论，已扩大到欧洲的世俗知识界，并日益演变为欧洲学术界对中国历史与文化体系认识上的一场大辩论。在这种情势下，莱布尼兹则以他丰厚的知识积累和他敏锐的思辨能力对"礼仪之争"中的关键问题，提出了他独到的见解，从而为利玛窦一派所坚持的"适应"策

---

① 参见刘立群《最早研究中国文化和中国哲学的德国人——莱布尼兹》，许明龙主编《中西文化交流先驱》，东方出版社1992年版，第190—203页。

② 参见［美］孟德卫《莱布尼兹和儒学》，张学智译，江苏人民出版社1998年版，第16页。

③ 同上书，第13、14页。

④ 参见刘立群《最早研究中国文化和中国哲学的德国人——莱布尼兹》，许明龙主编《中西文化交流先驱》，东方出版社1992年版，第190—203页。

略，提供了更为坚实的理论基础，并成为"适应"策略历史流变过程中极为重要的一个阶段。

前文我们曾指出，利玛窦在推行"适应"策略时，主要有两个理论基石：其一，用中国典籍中大量出现的"上帝"（或"皇天""帝""天"和"天命"等）一词来译基督教的"天主"（Deus 或 Dios）；其二，把中国人"敬天""祭祖"和"参拜孔子"等礼仪活动看成一种社会政治行为，并对皈依基督教的中国教民参加这些礼仪活动予以默许。

前者表明"适应"策略的推动者在中国文化与西方文化之间寻找同一性的努力；后者则表示出这部分传教士对中国传统道德和文化价值观念的理解和尊重。

在"礼仪之争"中，反对利玛窦一派的传教士，如意大利耶稣会士龙华民和西班牙方济各会修士利安当等，也主要集中在上述两个方面来批判利玛窦一派的观点。因此莱布尼兹对龙华民、利安当等人的批判性研究，也很自然地围绕着上述两个问题来展开。

那么，莱布尼兹依据什么具体文献来了解龙华民、利安当等人的观点，并进而对他们的观点进行批判性研究的呢？

应当说龙华民的《孔子及其教理》（*Traite sur quelques points de la religion des chinos*）和利安当的《论在华传教的几个重要问题》（*Traites sur quelqes points importans de la mission de Chine*）给莱布尼兹提供了最大的资料来源，而这些资料又成为莱布尼兹批判龙华民和利安当的基础。

其中，龙华民的《孔子及其教理》一文既反映了龙华民对中国哲学的基本观点，又折射出他在"礼仪之争"中的曲折经历。

在龙华民继任中国传教团会长之后，由于他对利玛窦所推行的"适应"策略进行了公开的批评，由此造成了耶稣会内部的思想混乱。为了统一在华传教中的策略，龙华民曾要求中国与日本传教省的视察员巴范际（Francois Pasio，1551—1612）神甫就中国的礼仪问题进行全面审议并做出最终裁决。由于巴范济以往的传教活动主要是在日本，对中国国情他并不熟悉。因此，他虽然倾向于赞同龙华民的主张，但考虑到中国传教事务的特殊复杂性，他便把有关的争议搁置起来。

1621 年，在耶稣会负责人陆若汉的主持下，在澳门召开了一次耶稣会士的会议，集中讨论了那些耶稣会内部有关"礼仪之争"的分歧问题。会上大多数传教士倾向于支持利玛窦的传教策略，于是陆若汉发布了一项"通令"，表明他赞成利玛窦的在华传教方略。

对此，龙华民采取了一种绝不妥协的态度，他要求重新裁决上述澳门会议的决议，并于 1623 年（亦有 1623—1624 年或 1622—1625 年之说）写成拉丁文著述：《孔子及其教理》，对中国礼仪问题系统地阐述了他的观点。对此前文已有概述。由于该文有可能加剧耶稣会内部的纷争，于是当时主持耶稣会澳门教务的负责人傅汛际则组成"异端裁判法庭"（auto-da-fe），宣布龙华民的《孔子及其教理》为"异端"之著，并决定予以全部销毁。[1] 因此龙华民之《孔子及其教理》一文从此在社会上几乎绝迹。[2]

前已有述，利安当与汪儒望曾同时在济南传教。尽管利安当属于方济各会，汪儒望属于耶稣会，但两人在"礼仪之争"中观点接近，而且在传教中又能相互支持，因而形成亲密无间的友谊。在这种情形下，汪儒望将他秘密保存多年的龙华民所著《孔子及其教理》（残本）一文赠送给了利安当。所以利安当对《孔子及其教理》这一经典著作格外珍惜。

正当此时，在中国又爆发了一场新的反对基督教的运动，即"历狱"。

利安当于 1665 年被捕入狱。在官方对其住所进行搜查时，利安

---

① 参见谢和耐《中国和基督教》，耿昇译，上海古籍出版社 1991 年版，第 13、14 页。参见［英］卡明斯《礼仪问题：多明我会士闵明我与在华耶稣会士》（J. S. Cummins, *A question of Rites: Friar Domingo Navarrete and Jesuits in China*），伦敦大学出版社 1993 年版，第 125 页。
② 详见本书第三章之"礼仪之争"的缘起。

当的全部中文著述、书信、手稿、文献和所收藏的西文图书全部被付之一炬。但利安当却机敏地将龙华民《孔子及其教理》一文完好地保存下来，并带在身边。

利安当于1665年3月18日被押送到京城，并关押在"东堂"。这期间，利安当和另一位同样被关押在此的西班牙多明我会修士闵明我意外相会。不久后他们被驱逐到广州羁押。

利安当通过对闵明我的接触和观察，认为在"礼仪之争"中，闵明我的观点与他最为接近，并深得他的信任。所以利安当在病重期间，又将其保存多年的龙华民拉丁文著述——《孔子及其教理》——托付给了闵明我，并叮嘱闵明我，务必要使龙华民的这一经典著作传之后世。[①]

1669年5月13日利安当在广州病故。闵明我则利用康熙亲政后，所出现的较为宽松的政治环境，悄然离开拘留所，经澳门回到欧洲。

1672年10月初闵明我到达罗马。他向罗马教廷呈递了他关于"礼仪之争"基本观点14款的"陈文"，并附有龙华民所著《孔子及其教理》一文，其目的在于说服教廷取消1656年允许中国教民祭祖和参拜孔子的亚历山大七世的"圣谕"。至此，经汪儒望、利安当和闵明我的精心保存和秘密传递，龙华民所著《孔子及其教理》一文，终于列入罗马教廷有关"礼仪之争"的审议文献之中，并起到了它的独特的作用。这恐怕已超出龙华民写作该文时的原有期望了吧！其后，当闵明我在写作他的名著《中华帝国历史、政治、伦理及宗教论集》(*Tratados historicos、politicos，ethicos y religiosos del Gran Imperio Chino*) 一书时，又将《孔子及其教理》一文收入该书之

———————

① 根据大连理工大学特聘教授、德国技术哲学研究中心主任李文潮提供的资料，可知，在利安当从汪儒望处得到龙华民《孔子及其教理》(残本)一文后，立即将其译成西班牙文并设法送交罗马教廷。对李文潮博士提供这一重要资料线索的雅意，本书作者在此特表谢意。

中。① 这样，当《中华帝国历史、政治、伦理及宗教论集》于1676年在马德里出版后，随着《中华帝国历史、政治、伦理及宗教论集》一书的广泛传播，从而使龙华民所著《孔子及其教理》一文也得以在世俗社会的学术界中流传和发挥它的历史作用，由此可见闵明我的良苦用心。

那么莱布尼兹又是如何接触到龙华民的《孔子及其教理》一文的呢？据孟德卫（D. E. Mungello）的研究，《孔子及其教理》一文"被修道士多明各（Domingo，即闵明我——引者注）译成西班牙文并收入龙华民的《论文集》（马德里，1676—1679），其后该文又被蒙西格纳（Monsignor）译成了法文，由外方布道会（巴黎外方传教会）以《关于中国宗教的几个问题的论文》（巴黎，1701）为题出版，此后多被称为《宗教论文》。1715年以完整形式传到莱布尼兹手里并对他产生了很大影响的，就是这个法文译本"②。

至于利安当所著《在华传教的几个重要之点》一文，前已有述，就在利安当专心从事"礼仪之争"诸理论问题的研究之时，"历狱"不期而然地爆发了，最终，他和其他25名传教士都被押送到广州。

在从北京被押送到广州的途中，利安当用中文写了一篇长文，批驳了杨光先对基督教的攻击。在广州被关押期间，他又写下《在华迫害纪实》一书。这是"历狱"亲历者对这场反教风潮的纪实性文献。1668年12月，利安当在病重期间，又奋笔写下《论在华传教的几个重要之点》一文。这是利安当对"礼仪之争"的理论研究的总结。这也是在长达150年的"礼仪之争"中，反对利玛窦一派观点的那些托钵传教士所写出的最具有代表性的理论文献之一。

利安当在《论在华传教的几个重要之点》这一文献中，引用了大

---

① 参见［西］闵明我《中华帝国历史、政治、伦理及宗教论集》（Domingo Fernández Navarrete，*Tratados Históricos，Políticos，Ethicos y Religiosos de La Monarchia de China*）马德里宫廷印刷厂1676年版，第189—245页。

② ［美］孟德卫：《莱布尼兹和儒学》，张学智译，江苏人民出版社1998年版，第24、25页。

量的中国儒家典籍中的章句,来说明自己在"礼仪之争"中的观点和原则性立场。由于当时中国的儒家典籍尚未被系统地译成欧洲文字,所以一些西方的学者也曾借助利安当《论在华传教的几个重要之点》一文中所摘录的儒家典籍中的"片断",来认识中国的哲学的特征。在借助利安当的《论在华传教的几个重要之点》一文认识中国哲学特征的学者当中,最为成功的当属德国哲学家莱布尼兹!

据孟德卫研究,1709 年莱布尼兹就已经知道利安当写有《论在华传教的几个重要之点》一文,但直到 1715 年莱布尼兹才有机会研读利安当的这篇成名之作。1716 年 1 月,莱布尼兹用法文写了一篇关于高品质的中国古代哲学的论文,内中提到了他准备利用龙华民和利安当提供的中文资料的计划。而这篇论文定稿后,就是在西方广有影响的《论中国人的自然神学》。莱布尼兹所提到的准备利用利安当所提供的中文资料的计划,实际上就是指利用利安当在《论在华传教的几个重要之点》一文中所摘录的儒家典籍中的"原文片断"。①

3. 莱布尼兹对利安当《论在华传教的几个重要之点》一文的批判性研究

利安当写于 1668 年的《论在华传教的几个重要之点》一文,就是试图通过他对"礼仪之争"诸理论问题的阐释,达到对利玛窦所倡导的"适应"策略进行系统的批判,进而为教廷撤销亚历山大七世"圣谕"提供理论支持。

众所周知,"礼仪之争"的实质就在于对中国历史和文化特征的认识。而利玛窦正是根据他对中国历史和文化特征的认识,才坚定不移地推行"适应"策略。其中利玛窦有两个基本的理论柱石在支撑着他的有关"适应"策略的思想体系:其一,用中国典籍中大量出现的"上帝"(或"皇天""帝""天"和"天命"等)一词来译基督教的"天主"(Deus 或 Dios);其二,把中国人"敬天""祭祖"和"参拜

---

① 参见〔美〕孟德卫《莱布尼兹和儒学》,张学智译,江苏人民出版社 1998 年版,第 30 页。

孔子"等礼仪活动看成一种政治社会行为，并对皈依基督教的中国教民参加这些礼仪活动予以默认。

前者表明"适应"策略的推动者在中国文化与西方文化之间寻找同一性的努力；后者则表示出部分传教士对中国传统道德和文化价值观念的理解和尊重。而且上述两者基本上体现了儒家"和而不同"的理念，因而也成为西方传教士能否得到中国社会包容的先决条件。康熙皇帝曾经典性地将"适应"策略的基本内涵称为"利玛窦的规矩"。

所以利安当在《论在华传教的几个重要之点》一文中，也主要集中在上述两个方面来批判利玛窦一派的观点。而莱布尼兹对利安当《论在华传教的几个重要之点》一文的批判性研究，也很自然地围绕着上述两个问题来展开。

具体到中国典籍中的"上帝""天""天命""天道"等概念是否能等同于基督教所崇奉的"上帝（天主）"，利安当认为，从古到今（明清之际）中国哲学中始终贯穿着无神论的倾向。无论中国典籍中的"上帝""天""天命""天道"，乃至凸显在宋明理学名篇当中的"理"和"太极"等概念，根本就不是基督教所崇奉的"上帝（天主）"。因为在上述概念中，没有任何一个具有"造物主"的创世功能。所以利安当对于在华耶稣会士中信奉利玛窦"适应"策略思想的那部分人，"借口利玛窦的观点未受批判而重新使用了'上帝'一词"的这一现象，表示强烈的不满。① 具体到"理"，利安当指出，中国人认为"理"是指导万物的大法，是引导万物的智慧，是万物的本原，"理"是一种久恒相等的动，是推动天的唯一原因，它给地以静，它传授给万物以生殖和与他们相似的后代的能力，这种能力不在万物的安排里，也不依存于万物，而在于"理"，存在于"理"当中。"理"高于一切，在一切之中，以天地的绝对主宰的身份统治一切。② （这可能

---

① 参见［西］利安当：《论在华传教的几个重要之点》（P. Antoine de Sainte Marie, *Traité sur Quelques Points Important de la Mission de la Chine*），巴黎 L. 盖林出版社 1701年版，第 55 页。

② 同上书，第 73 页。

是利安当对《性理大全书》第二十六卷第八页如下一段原文的意译："天之万古常运，地之所以万古常存，人物之所以万古生生不息，不是各自恁地。都是理在其中，为之主宰，便自然如此……未有天地万物，先有是理。然此理不是悬空在那里，才有天地万物之理，便有天地万物之气。才有天地万物之气，则此理便全在天地万物之中。周子所谓太极动而生阳，静而生阴。是有这动之理，便能动而生阳。才动而生阳，则是理便已具于阳动之中。有这静之理，便能静而生阴。才静而生阴，则是理便已具于阴静之中。"）尽管利安当对"理"做了如上的认定，但他仍把"理"界定为"原始物质"。因为中国哲学中的"理"无生命，无意志，无理智。[①]（利安当可能是从朱熹如下引文中引申出上述结论："理无情意，无计度，无造作，只此气凝聚处，理便在其中。"——摘自《朱子语类》）"理"既然不是一种精神实体，因而它根本不能等同于基督教中的"上帝（天主）"。利安当引用《论语·卫灵公》中如下一段，"人能弘道，非道弘人"作为他上述立论的根据。利安当首先把这段引语中的"道"引申为"理"，然后他解释说，这段话的意思是："道（理）不能知人而人能知道（理）。"既然"上帝（天主）"是全能的，它无所不知，无所不晓，而中国典籍中所说的"道（理）"竟不能"知人"，显然中国人所遵奉的"道（理）"不可能是西方的"上帝（天主）"。[②]而上述那段引语的实际意思则是说，人只要理解了"道（理）"的规律并遵照去实行，那么他就能使"道（理）"所内含的力量得到弘扬；反之，人若主观上不做出努力，那么"道（理）"是不会使这个人变得有成就的。两相比较则可看出利安当对中国文化的理解并非方方面面都曾达到一定的高度。

那么中国哲学中"理"是不是"原始物质"，则成为判断中国哲

①　参见［西］利安当：《论在华传教的几个重要之点》（P. Antoine de Sainte Marie，*Traité sur Quelques Points Important de la Mission de la Chine*），巴黎 L. 盖林出版社 1701 年版，第 84—85 页。

②　同上书，第 84—87 页。

学特征的重要根据。对于利安当所谓的"理"是"原始物质"的这个命题，莱布尼兹进行了严厉的批判。他指出：我看不出来中国人怎么可能从我们的哲学家们在经院里所讲授的那样的"原始物质"（即一种纯粹被动的、无规律的、无形式的东西）中产生出来行动、规律和形式。我相信他们不会这样笨拙、荒唐。经院哲学这种"原始物质"除了可受性、被动性能之外，没有超乎存在的什么完满性。它只有能接受各种各样的形状、运动、形式的能力，而不是这些东西的来源。能动的能力和规定这种能力的完满性，在一种有目的的方式来行动上，对它来说不合适，这一点是非常明显的。因此，把中国人的"理"（它是理性和规范）说成"原始物质"，我认为这是十分错误的。[①]

对于利安当来说，对中国人在界定"理"的观念时，所出现的矛盾现象，他显然感到一种困惑和不解。莱布尼兹则非常敏锐地指出，中国人不能给他们认为是无能的、无生命的、无感情的、无知的、无智慧的一个本性加之以如此伟大的东西而不自相矛盾。……但我相信在矛盾明显的时候，很可能把矛盾的言辞归之于不同的派别，而不应归之于同一派别；如果属于同一的派别时，要用一种前后一致的方式来寻求和解。[②]

这是莱布尼兹对利安当所认为的中国哲学中的矛盾概念的非常理智的分析。仅凭莱布尼兹把中国哲学中的所谓"矛盾现象"归之于不同的"派别"这一点来看，可以说莱布尼兹对中国哲学的特征的认识，远远高于利安当一派之上。

在"礼仪之争"中，在华传教士争论最为激烈的莫过于有关中国人"敬天""祭祖"和"参拜孔子"这些礼仪活动的性质的界定。在基督教神学中，天堂和地狱及灵魂和肉体的二元对立是其最基本的理论支柱之一。然而在中国的儒家学说中，既无天堂和地狱的概念，也

[①] 参见［德］莱布尼兹《致德雷蒙先生的信：论中国哲学》，庞景仁译，《中国哲学史研究》1984 年第 4 期，第 26 页。

[②] 同上。

无灵魂不朽之说。对于物质性身体与精神性灵魂的对立，以及灵魂的存在和不朽，对中国人来说完全是陌生的概念。再如，在基督教的神学中，人死后，得到报偿的将是不死的精神性灵魂。这种说教也很难引起中国人的共鸣。这点也凸显了中国文明与西方文明之间的根本差异。从基督教神学的观点来看，由于人的始祖偷吃了禁果，违背了上帝的意志，造成人与上帝的分离，原罪使人性腐坏了，人只有依靠上帝的神恩才能使灵魂获救。而中国人并不关切个体的赎救，他们既不怕死后的永苦，也不追求来世的永福。中国人抱着一种积极而乐观的人生态度，坚信一个人通过自我修养便会取得无上的人格力量，而最终达到天人合一的境界。可见，外在超越和内在超越之间有着天壤之别。

利玛窦来华后便发现在儒家的经典著作中没有基督教神学中的"灵魂"这一概念。中国人如果不认知不朽的灵魂，那么就不会关切个人的救赎，由此也不会信仰天主的无上权威。所以他费尽心血从中国典籍中找出"精魂""人魂"等词，用来比附基督教神学中的"灵魂"这一概念。

然而中国典籍中的"精魂""人魂"，乃至"魂"与"魄"等概念都是另有含义的。像在《礼记》中有如下一段："魂气归于天，形魄归于地。"程颐也有言："魂谓精魂，其死也，魂气归于天，消散之意。""问魂魄何也？曰魂只是阳，魄只是阴。魂气归于天体，魄气归于地是也。"（《二程全书》）可见，"精魂""人魂""魂""魄""魂气"和"魄气"最终都会散尽。因此中国典籍中的"精魂""人魂""魂""魄""魂气"和"魄气"之类的概念，绝不是基督教学说中所说的永存的、不朽的灵魂。

当年，利玛窦为了在中国典籍中所出现的诸如"魂""魄"等概念与基督教神学中的"灵魂"一词之间，架起由此及彼的桥梁，他则用中国人为了慎终追远而举行的"祭祖"仪式，来说明中国人自古就已经知道了"灵魂"这一精神实体。正因为灵魂是不朽的，所以它才能听到后人的"告哀"，才能感受到后代"事死如事生，事亡如事存"

的心意。所以，利玛窦一派传教士把"祭祖"当成一种后人怀念先人的情感的表露，并将其视作社会习俗而予以默认。而利安当则认为利玛窦及其追随者们所介绍给中国人的"灵魂"概念根本不是什么精神实体，而是物质性的。利安当引用《诗经·大雅》中的如下一节："文王在上，于昭于天。周虽旧邦，其命维新。有周不显，帝命不时。文王陟降，在帝左右。"利安当认为，这说明中国人相信他们的祖先在死后仍化作混沌之气对后人施加影响。而中国人所说的"气"，本身就具有物质性。因此中国人"祭祖"不是对精神实体所表达的追思之情，而是祈望先人对今人给予赐福和庇护。所以利安当认为，中国人的"祭祖"活动等同于偶像崇拜。[①]

利安当的上述论断显然对中国的祭祀活动缺乏历史性的分析。的确，中国古人也曾有过宗教情结，在《诗经》的《颂》中，也曾把已故的先王当作能给后辈施福的神来祭祀。但在宋明理学家的最重要的著述中，已把祭祀看作今人与先人情感上的一种沟通和感怀。"祭如在""祭先祖于孝"，（《二程全书》）就是那一时代典型的表述。这类理学家一般对生死大事看得很"开"、很"透"："且如草木初生既成，生尽便枯坏也"，"天下之物无有住者……长者自长，灭者自灭，自不相干"。（《二程全书》）宋明理学家大多否认先祖会化作神灵来接受后人的祭祀。朱熹便指出，在祭祀中"既非一物积于空虚之中以待子孙之求也"。对于"文王陟降，在帝左右"这一诗句，朱熹解释说："若道真有个文王上上下下则不可。若道诗人只胡乱恁地说，也不可。"（《朱子语类》）这表明朱熹对于古代人所持有的宗教观念采取了一种不予以评论的态度，而同时表明他本人则是坚持无神论的立场。由于利安当对于中国的"古儒"和"近儒"对"祭祖"含义的不同解释缺乏辩证的理解，因而在围绕中国礼仪问题的论战中，利安当始终强调中国人在"祭祖"中，追忆的不是所谓的"精神实体"，而是祈求

---

① 参见［美］孟德卫《莱布尼兹和儒学》，张学智译，江苏人民出版社 1998 年版，第100 页。

"物质"性的给予，因此他将中国人的"祭祖"仪式判定为是种偶像崇拜活动。①

　　莱布尼兹对此自有他的看法，他指出：首先值得怀疑的是中国人是否承认或者已经承认了精神实体，尽管也许他们不认为精神实体是可以同物质分开并且完全在物质以外的。对于被（上帝）创造的精神来说，这倒没有什么坏处。因为我自己也倾向于相信天使有肉体，古代的许多教父们都有这种看法。有理性的灵魂从来没有从肉体里完全解脱出来，这个看法我也同意。……要判断中国人（是否）承认精神实体，就特别应当考虑他们的理或规范，它是其他事物的第一推动者和理由。我认为它和我们的神的概念是一致的。不可能把这一点理解为一种纯粹是被动的、生硬的、对任何东西都是无所谓的，因而是无规律的，和物质一样。……在经院哲学占统治地位的时期，人们并没有谴责那些按照亚里士多德的看法相信某些神灵管理各天体的人。而中国人之中那些认为他们的祖先和他们的大人物们是在这些神仙中间的人，相当接近于吾主（耶稣）的言辞，吾主暗示真福之人应当与上帝的天使相似。②

　　很显然，原来希望从利安当的《论在华传教的几个重要之点》一文中受到启发，从而加深对中国哲学特点的认识的莱布尼兹，却肩负起对利安当的"中国观"进行批判的重任。

　　对于利安当在研究中国历史与文化中的失误，莱布尼兹显然深感遗憾。由此，莱布尼兹给那些关心中国问题的同人们确定了这样一个前提，即，对中国的历史文化，尤其是中国的哲学的研究者，必须持一种慎重的态度，而不能轻易地妄下结论。这是因为："中国是一个大国，它在版图上不次于文明的欧洲，并在人数上和国家的治理上远

　　①　参见［西］利安当：《论在华传教的几个重要之点》（P. Antoine de Sainte Marie, *Traité sur Quelques Points Important de la Mission de la Chine*），巴黎 L. 盖林出版社 1701 年版，第 61 页。

　　②　参见［德］莱布尼兹《致德雷蒙先生的信：论中国哲学》，庞景仁译，《中国哲学史研究》1984 年第 4 期，第 23 页。

胜于文明的欧洲。在中国，在某种意义上，有一个极其令人赞佩的道德，再加上有一个哲学学说，或者有一个自然神论，因其古老而受到尊敬。这种哲学学说或自然神论是自从约三千年以来建立的，并且富有权威，远在希腊人的哲学很久很久以前……因此，我们这些后来者，刚刚脱离野蛮状态就想谴责一种古老的学说，理由只是因为这种学说似乎首先和我们普通的经院哲学概念不相符合，这真是狂妄之极！"[①]

愿当代从事东西方文化交流史研究的同人们深思莱布尼兹的这段经典性的论述。

第四节　闵明我：西班牙汉学研究的一代宗师

在前文我们论及西班牙多明我会修士黎玉范与方济各会修士利安当的传教活动时，曾多次提到闵明我的名字。实际上他是西班牙来华传教士中最为杰出的代表性人物之一，尤其是在欧洲"中国热"形成的过程中更彰显出他作为一个启蒙学者的影响力。下面是对闵明我的业绩的概述。

一　闵明我投身"礼仪之争"

1664 年 9 月 17 日黎玉范病故后，闵明我被任命为多明我会中国传教团会长一职。由于他年富力强，充满朝气，因而很快获得修会内部的赞誉。

不久，"历狱"爆发。在北京传教的汤若望等被审讯，而在外省的西方传教士则要限期押往北京受审。闵明我作为一名"要犯"，先被押解到兰谿，与其他一些外省传教士如巴道明 (Domenico Sarpet-

---

① 参见［德］莱布尼兹《致德雷蒙先生的信：论中国哲学》，庞景仁译，《中国哲学史研究》总第 4 期，第 23 页。

ri）、费里伯（Felipe Leonardo）和洪度贞（Humbert Augery）等会合后，经杭州来到苏州，再从这里沿运河北上，于 1665 年 6 月 27 日到达北京并与利安当等其他受传召的传教士一起关在"东堂"之中。正是在这里闵明我与利安当两位西班牙人首次聚到一起。

在狱中，利安当与闵明我两人由于志同道合，遂从相识到相知。利安当认为在"礼仪之争"中，闵明我的观点与他最为接近，并深得他的信任。所以利安当临终前，又将其保存多年的龙华民的拉丁文论文《孔子及其教理》托付给闵明我，切盼该论文能传之后世。闵明我则不辱使命，不但使《孔子及其教理》一文果真传之于后世，而他本人也深受该文的影响，以致人们称闵明我为"龙华民伟大而忠诚的学生"①。

1667 年康熙亲政后，又重新启用信奉"适应"策略的那派传教士。在这种政治气候下，广州当局对拘押在这里的传教士们逐渐放松了管制。闵明我则借机于 1669 年 12 月 9 日悄然离开拘留所潜回澳门。

当时在澳门有很多耶稣会士也希望利用康熙亲政后的宽松环境能进入中国内陆传教。葡籍耶稣会士克劳迪奥·格利玛尔迪（Claudio Grimaldi，1639—1712）便机敏地利用闵明我离去的机会，潜入拘留所，冒名顶替，自称"闵明我"。每逢狱卒点名叫"闵明我"时，他便应声喊"到"。久而久之，狱卒以为他真的就是"闵明我"。

在"历狱"平反后，克劳迪奥·格利玛尔迪依旧以"闵明我"这一名字在中国从事传教活动，并以他卓越的科学才能得到康熙皇帝的宠信而追随在皇帝的身旁。于是在天主教中国传教史中，便出现了两个"闵明我"的特殊现象。由于有的学者并不太熟悉上述这段历史的原委，因而也有把两个"闵明我"的事迹相互混淆的情况。在本书中，凡是出现葡籍耶稣会士"闵明我"的名字时，后面附其姓名的原

---

① ［英］卡明斯：《礼仪问题：多明我会修士闵明我与在华耶稣会士》（J. S. Cummins. *A Question of Rites：Friar Domingo Navarrete and Jesuits in China*），伦敦大学出版社 1993 年版，第 159 页。

文，即"闵明我（Claudio Grimaldi）"以示与西班牙那位"真闵明我"的区别。

闵明我逃出广州后，经澳门、果阿等地，于 1672 年 10 月初到达罗马。他向罗马教廷呈递了他关于"礼仪之争"基本观点的 14 款"陈文"并附有龙华民所著《孔子及其教理》一文，其目的在于说服教廷取消 1656 年允许中国教民祭祖和参拜孔子的亚历山大七世颁发的"圣谕"。

罗马教廷十分重视闵明我在"礼仪之争"中的观点，在 1704 年 11 月 20 日克莱孟十一世（Clementus XI）发布的"备忘录"中，当论及"天"时，也曾提及闵明我对此的研究。[①]

由于卫匡国在罗马教廷的申诉与亚历山大七世 1656 年的"圣谕"的颁发两者紧密相关，因此卫匡国的名字常常作为被批判的对象而出现在闵明我的笔端。在下文中，我们便可看到他们之间的无休止的"论战"。

二　闵明我所著《中华帝国历史、政治、伦理及宗教论集》的历史意义

为了进一步阐明"礼仪之争"的实质，闵明我返回欧洲后，便开始撰写《大中华传教团古代以及当代之争论》（*Controversias Antiguas y Modernas de la Mission de la Gran China*）一书。

在写作《大中华传教团古代以及当代之争论》一书的过程中，闵明我开始意识到为了阐释中国礼仪之争的性质，则必须首先要使世人了解中国的历史与文化。于是闵明我将《大中华传教团古代以及当代之争论》的书稿暂时搁置在一旁，又开始了《中华帝国历史、政治、伦理及宗教论集》（*Tratados historicos、politicos，eticos y religiosos del Gran Imperio Chino*）一书的写作，并于 1676 年发表。全书由 7 个部分组成，共约 30 万字，518 页。下面对该书的各组成部分的内容

---

① 参见［美］苏尔、诺尔编《中国礼仪之争西文文献一百篇（1645—1941）》，沈保义、顾卫民、朱静译，上海古籍出版社 2001 年版，第 22 页。

做一简介：

第一部分，介绍了大中华帝国的国家起源、国名的演变、地理方位及其财富和特点（第1—50页）；

第二部分：概述了中国政府的构成和运作方式、社会阶层的划分和历史的主要特征（第51—128页）；

第三部分：孔夫子的一些政治和道德的格言（第129—172页）；

第四部分：中国人的道德，这部分内容实际上是中国启蒙读物《明心宝鉴》的西班牙文译文，显然闵明我那时尚不知道他的前辈高母羡已于1590年将该书译成西班牙文（第173—245页）；

第五部分：对中国知识阶层的分析（第246—289页）；

第六部分：闵明我在中国的行踪（第290—450页）；

第七部分：在中国传教的各修会围绕"礼仪之争"向罗马教廷呈递的阐释各自观点的报告和罗马教宗历次颁发的相关的"圣谕"，以及闵明我对上述诸"圣谕"的看法（第451—518页）。

在上述著作的第七部分，闵明我特别将龙华民所著《孔子及其教理》一文附在他的致罗马教廷的"陈文"中，并由于《中华帝国历史、政治、伦理及宗教论集》的出版发行，龙华民所著《孔子及其教理》一文终于得以广为传播，影响深远。

闵明我这部《中华帝国历史、政治、伦理及宗教论集》在东西方文化交流的历史进程中曾起到过特殊的作用。

首先，"礼仪之争"的本质在于对中国历史与文化的理解和认识。由于闵明我《中华帝国历史、政治、伦理及宗教论集》一书是把"礼仪之争"放到中国历史与文化这个大背景下来论述的，因此不仅宗教界对该著作倍加重视，同时也引起世俗界的广大有识之士对《中华帝国历史、政治、伦理及宗教论集》一书的兴趣和对"礼仪之争"的关注。该书也很快被译成英、法、德、意等多种文字出版。

在闵明我《中华帝国历史、政治、伦理及宗教论集》一书和其他西方来华传教士的有关中国著作的激发下，在欧洲，尤其是在法国、英国和德国，出现了一股规模空前的研究中国哲学、历史和文化的热潮，即所谓的"中国热"。

可以说，闵明我这部《中华帝国历史、政治、伦理及宗教论集》在最终把"礼仪之争"的争论范围从中国外溢到欧洲；从宗教界内部扩大到整个欧洲社会；从宗教问题的探讨变成对中国文明的整体研究的这一进程中，占有不容忽视的历史地位。

其次，闵明我在写《中华帝国历史、政治、伦理与宗教论集》一书时，他还试图把中国当作可供国势日衰的西班牙学习和借鉴的一个榜样，以中华帝国政治上的"清明"，促成西班牙的政治革新；以中国繁荣富强的景象来唤起西班牙民族重振往日辉煌的激情，并最终使西班牙摆脱当时内忧外患的困境。

为了达到上述目的，闵明我凭借他对中国文化的景仰与更深层次的理解，以及对中国人的深情厚谊，在这部"论集"中，闵明我除了用大量篇幅介绍中国的山川形势和经济发展的盛况外，还有意地引用了大量儒家治国的名言和警句（如孟子的名言："民为贵，社稷次之，君为轻。"）来宣扬中国的"仁政王道"。此外，闵明我还列举了许多中国君主惜民、悯民、关心农业生产的事例，以及中国的大臣们如何忠于职守和献身公共事业的故事。上述这部分内容无疑增加了欧洲人对中国的了解，这也是闵明我作为一个跨文化学者在促进东西方文化交流方面的贡献。

进入 18 世纪，当法、英、德等国的启蒙思想家高举理性批判的旗帜向封建主义发起攻势时，闵明我的《中华帝国历史、政治、伦理及宗教论集》，像同一历史时期其他有关中国的著述一样，给启蒙思想家以极大的启示并为他们提供了锐利的思想武器。像法国的狄德罗（Denis Dideret）、卢梭（Jean Jacques Rousseau）、伏尔泰（Voltex Voltaire）、孟德斯鸠（Charles de Secoudat Montesquieu）、魁斯奈（Francisco Quesnay）和布里索（Jacques-Pierre Brissot）等人，以及英国的洛克（John Lock）和德国的莱布尼兹等文化巨人都曾阅读过闵明我的上述著作。所以闵明我的《中华帝国历史、政治、伦理及宗教论集》对一代启蒙大师的启示作用，同样是我们应当予以肯定的。

此外，在当代的学者中，对闵明我的历史奉献也多给予相当高的评价。德国汉学家傅吾康（Wolfgang Franke，1921—2007）认为在闵明我的著述中，也曾为中国的历史研究提供了一些至今仍不为中国史家所知的内容，比如两广总督卢兴祖的归宿，"中国的官方史书没有提供关于他自杀的任何线索"①。而对闵明我做出较为全面评价的则是李约瑟，他指出，闵明我"是17世纪在中国的欧洲人中最引人注意的人物之一，'中国礼仪之争'中关键人物之一，汉学家们不太赞同他和他的同胞们的做法。但从个人方面，他显然是一个迷人的人物，没有一刻缓滞乏味的表现。虽然他和耶稣会'几何学家们'意见不同，但他完全沉迷于中国的人民和他们的文明。他的记述为我们提供了许多1658—1670年有关中国生活的细节。他对中国的良好秩序惊叹不已，认为与欧洲尤其是西班牙的野蛮不化形成鲜明对比"②。而宗教史学者耶稣会士裴化行则从"礼仪之争"发生、发展的全过程来看待闵明我的历史地位和作用，裴化行曾慨叹："若不是多亏了闵明我，欧洲几乎不可能了解东亚的这场礼仪之争。"③

三　闵明我与卫匡国的纠葛——兼论来华传教士的内部之争

闵明我的在华传教实践活动一方面表明了他为天主教救世功业的奋斗精神，但另一方面也反映出闵明我作为一个人文主义者、一个跨文化的杰出知识分子和作为一个带有偏执情绪的传教士的复杂性格。

闵明我写《大中华传教团古代以及当代之争论》及《中华帝国历

---

① 转引自赵殿红《西班牙多明我会士闵明我在华活动述论》，李向玉、李长森主编《明清时期的中国与西班牙国际学术研讨会论文集》，澳门理工学院中西文化研究所2009年版，第216页。

② 转引自赵殿红《西班牙多明我会士闵明我在华活动述论》，李向玉、李长森主编《明清时期的中国与西班牙国际学术研讨会论文集》，澳门理工学院中西文化研究所2009年版，第216页。

③ 陈渊泉：《在中西文化碰撞中未曾受到赞誉的先驱之作》（*Matthew Y Chen，Unsung Trailblazers of China-West Cultural Encounter*），《交流》（*Ex/Change*）2003年第8期，第9页。

史、政治、伦理及宗教论集》这两部互为补充的著作，终究是为了彰显在"礼仪之争"中多明我会一派的立场和观点。所以，在上述两部著作中，一旦涉及从利玛窦到卫匡国这一派的人或事，闵明我便表现出一种强烈的情绪化的偏激倾向，其中对卫匡国更有诸多的批评，像在《中华帝国历史、政治、伦理及宗教论集》一书的第六部分，闵明我专门用一节 5 页的篇幅对卫匡国的《鞑靼战记》进行了批评。此外，在第七部分，闵明我又用两节 16 页的篇幅驳斥卫匡国有关"礼仪之争"的观点。闵明我所以把批判的锋芒直指卫匡国，是因为在华的多明我会修士和方济各会修士大都认定，卫匡国是亚历山大七世"圣谕"的始作俑者，因此对他十分嫉恨，并不约而同地把卫匡国当作他们集中攻击的对象。即使是在卫匡国故去后，对他的抨击也丝毫没有减弱，其中甚至包括对卫匡国的许多人身的攻击。而闵明我始终是他们之中最为突出、最为尖刻的一人。

1. 关于卫匡国在南明隆武朝廷中被委任为"火炮使臣"一事

据说，当明朝政权在满洲军事入侵和农民起义的双重打击下处于风雨飘摇之际，卫匡国为了确保大明江山，也曾向南明隆武帝朝廷提出过制造西洋火炮的建议，并被授以"火炮使臣"（Gunpowder Mandarin）之职。还有人说，他所以取"卫匡国"这一中文名字，并以"济泰"为字，实际上，可能含有"匡扶明室，以济康泰"的意思。[1]

正因为在一些天主教传教史的文献中记述说，卫匡国曾效力于南明隆武王朝并被授予"火炮使臣"的名号，所以遭到多明我会修士的攻讦和嘲弄，因为他们历来是反对传教士在中国朝廷中"做官"的。

闵明我回忆说，他曾听人讲过，耶稣会的"某人"曾以"火炮使臣"的名义，跟随明朝将军刘中藻（Liu Chung-tsao）出征，并在福安的一座多明我会教堂旁安营扎寨。

当时，"那人"受到明军极高规格的礼遇。由于这位耶稣会神甫

---

① 参见徐明德《杰出的意大利历史学家、地理学家卫匡国》，许明龙主编《中西文化交流先驱》，东方出版社 1993 年版，第 136 页。

看上去如此之显贵，而在当地（福安）传教的托钵传教士却显得那么落魄，于是一些当地的皈依者都希望外国传教士能证实，在当地传教的托钵传教士和那位从北京来的"当官"的耶稣会士都是同一类的欧洲人，这样他们就不会再受到地方官吏的欺压了。

于是，托钵传教士苏芳积和那位"当官"的耶稣会士约定，将在预定的时间和在一个公众场合，双方会面，借以消除民众的怀疑。

在预定的日期，苏芳积很早便起床，穿着棉布"会衣"，徒步走了两里格凸凹不平的土路，满身大汗，来到了预定的地点。而等候在那儿的那位耶稣会士却坐在轿上，带着随从，俨然一位"大官"。

当那位耶稣会士从轿上看到身穿一件棉布"会衣"，身后没有一个跟班的苏芳积时，他只说了一句："我看不起你。"然后对那位托钵传教士苏芳积理也不理地坐着轿扬长而去，并把围观的民众晾在了一边，其中就包括一些中国的基督教信徒。他们原本期望通过这次传教士双方的"会晤"能为他们的神圣的（多明我会）神甫们赢得一些威望和荣誉。

事后，一位善心的基督徒问那位做了"官"的耶稣会士，他为什么要当众如此羞辱那个多明我会修士。"那人"回答说："我为什么要下轿去礼待一个身着棉布'会衣'的人呢？"①

另一位多明我会修士施若翰曾这样描述随军行进的"卫匡国"，"在他的周围满是旗帜、长矛、盔甲和其他的仪仗，他穿着丝袍，胸前绣着金色的盘龙"②。

然而卫匡国是否真的曾在南明隆武帝朝廷中任过"火炮使臣"一职，应当说这仍是个尚存疑点的问题。因为被多明我会嘲讽为"好大喜功"的卫匡国本人在《鞑靼战记》中并没有提及他曾荣任"火炮使臣"一事。

---

① 参见［英］卡明斯《托钵传教士闵明我的旅程和辩论》（J. S. Cummins, *The travels and Controversias of Friar Domingo Navarrete*, 1618—1686），剑桥哈克鲁伊特社会出版社 1962 年版，第 166—167 页。

② 同上书，第 167 页。

在论及卫匡国曾在南明隆武帝朝廷中任"火炮使臣"一职的文献中，影响较大的恐怕就是比尔曼所写的《卫匡国是否在华做过官?》一文。据该文说，隆武帝以建筑教堂为条件，要求卫匡国为朝廷提供医疗、天文和火炮等方面的服务。卫匡国接受了隆武帝的要求，不久便随南明大将刘中藻前往福安去抗击清军。

关于卫匡国曾在南明隆武帝朝廷中任"火炮使臣"一事，我们认为，连同闵明我等人在内，很可能把意大利耶稣会士毕方济的事迹与卫匡国的事迹混淆了，并做了过度的解读和描述。下面我们姑且对此试做一梳理。

毕方济1610年来到澳门，三年后，抵京。由于他才华横溢，又精通数理天文诸西方"实学"，所以颇受中国士大夫的欢迎。毕方济来华时，随着满族在东北的崛起和军事力量的日益增强，其对明朝的边境地区也已构成严重的威胁。由于明朝政治腐败，边疆防备松弛，因而在与满族军事力量的对峙中，明廷往往处于下风。毕方济深刻认识到明朝所面临的社会危机，于是在崇祯十二年（1639）曾上疏崇祯皇帝，陈述了他的"救国"方策，并得到崇祯帝的嘉许。

此外，在辽东战事对明廷极为不利的情况下，时任詹事府少詹事兼河南道监察御使的我国明代大思想家、大科学家徐光启在民族危亡的关头，曾受命负责京城守军的训练。徐光启在对东北地区的战争形势作了分析后，他已然认识到，朝鲜的地缘位置十分重要，而且满族的上层也正在暗中离间朝鲜和明廷唇齿相依的关系。如果满族果真实现了与朝鲜的结盟，则"我水陆万里，皆为寇场矣"。所以徐光启认为在反抗日本入侵朝鲜的战争中已经形成了中朝之间的友谊，现在正是利用这一政治资源的时候了："皇上数年宵旰，殚财竭力，争灭国于强倭之手，挈而与之；今者不赖其用，而弃以资敌，失策之甚者也"①。因此他向朝廷建议，由他亲自率使团，前往朝鲜，争取朝鲜与明廷合作，共同抑制满族的军事扩张。徐光启在拟议的朝鲜之行

---

① 王重民辑校：《徐光启集》上册，上海古籍出版社1984年版，第113—114页。

中，原来还打算邀请毕方济与他同行，其原因也正在于，在挽救大明江山危亡的策略思想上，徐光启与毕方济都主张把使用"西铳"，当作克敌制胜的一种重要手段。所以徐光启一方面支持派员到澳门购买西方火炮的计划；另一方面他极力主张利用通晓西方火炮原理的来华传教士参与火器的制作。在《台铳事宜疏》中，徐光启明白写道，"陪臣毕方济、阳玛诺等，尚在内地，且携有图说"，所以他建议，"访取前来，依其图说，酌量制造，此皆人之当议者也"①。其后，徐光启偕毕方济出使朝鲜的计划未能实现，但徐光启在制造或引进"西铳"方面发挥毕方济作用的想法，却被后来的形势发展证明，这是一个颇有先见之明的考虑。凭借上述史实即可推之，由毕方济出任"火炮使臣"，较之卫匡国其可能性更大，也更加合理。直至今日尚未接触到有关卫匡国与"火炮"曾有渊源的资料。

此外，在清军入关并大举南下后，朱由崧在南京称帝，建立起弘光小朝廷。朱由崧与毕方济素来相熟，所以由他向后者发出题为《圣谕欧罗巴陪臣毕方济》的邀请函，将毕方济传召到南京，并正式委托他前往澳门，招募葡萄牙救兵。1645 年 3 月底，毕方济以"使臣"的身份，在卫队的护送下，率文武官员离开南京前往澳门。② 途中，毕方济便得知弘光小朝廷已然土崩瓦解，朱由崧本人也遇害。毕方济无路可退，于是决定仍继续前往澳门。正在这时，唐王朱聿键在福建建立起隆武朝廷的消息也传到了澳门。

在清军大举南下之时，福建一带的地主官僚则纷纷举起"反清复明"的旗帜，明唐王朱聿键在海盗兼大海商并握有军事实权的郑芝龙的拥立下，在福州即帝位，并将当年，即 1645 年，改元隆武元年。朱聿键一方面高呼"痛念祖陵，痛惜百姓"的口号，试图换取民众的支持，以恢复大明的江山；另一方面，他又深知自己实为郑芝龙集团所操控。在这种两难的状况下，唐王朱聿键急切地希望毕方济能立刻

---

① 梁家勉：《徐光启年谱》，上海古籍出版社 1981 年版，第 189 页。

② 参见方豪《中国天主教史人物传》上册，中华书局 1988 年版，第 200 页。

前来福建，共图大业。这是因为朱聿键和毕方济私交甚深。

想当年，即崇祯九年（1636），"唐王聿键起兵勤王，勒还国。寻废为庶人"①。在朱聿键政治上失意的情况下，毕方济曾仗义执言，为朱聿键奔走说项，因而朱聿键对毕方济一直心怀感激。当朱聿键得知毕方济奉弘光朝廷之命已到澳门，于是他便派人送去邀请函，内称："臣民强我监国。汝识我已二十年，我誓恢复祖业而竭力为吾民谋幸福。盼我老友速来以备咨询。我作书召汝已三次，今欲任汝为武职大员，然后任汝为使臣，愿汝有以慰我。隆武元年正月初四日。"②

这样，在唐王朱聿键的盛情邀请下，毕方济从澳门来到福建并受到朱聿键的隆重接待。毕方济在他进献给唐王的《修齐治平颂》中，阐释了他的修身、齐家、治国和平天下的方略并受到朱聿键的称赞，由此毕方济被称为"西域之逸民，中国之高士"③。

朱聿键为了延续隆武朝廷的寿命，遂决定委派毕方济和太监庞天寿出使澳门，以求救兵。然而隆武政权非常短命，到隆武二年（1646）七月，清军突破仙霞岭，拥有军权的郑芝龙向清军投降，朱聿键则只好逃亡，后被清军俘获，遇害。隆武政权仅存在一年多，即寿终正寝。受唐王朱聿键委派出使澳门的毕方济，在得知唐王遇害的噩耗后，则归依桂王朱由榔的永历王朝，据说毕方济被"授以国中最大四种官职之一"④。

综上所述，可以说，比尔曼关于卫匡国在隆武朝廷中任"火炮使臣"一事，恐怕实际上应当是指毕方济奉朱聿键之召，赴福建并被委任为出使澳门"使臣"以招募葡兵的这段历史。而且只有像毕方济那样被唐王朱聿键奉为"国宾"的"西域之逸民，中国之高士"，才能

---

① （清）张廷玉：《明史》卷 23《庄烈帝本纪》"崇祯九年八月"条，中华书局 1974 年版。

② ［法］费赖之：《在华耶稣会士列传及书目》上册，冯承钧译，中华书局 1995 年版，第 146 页。

③ 方豪：《中国天主教史人物传》上册，中华书局 1988 年版，第 201 页。

④ ［法］费赖之：《在华耶稣会士列传及书目》上册，冯承钧译，中华书局 1995 年版，第 146 页。

着盛装、坐大轿，并有卫兵前簇后拥，幡饰仪仗招摇左右。而闵明我听来的有关卫匡国任"火炮使臣"一职那段"奇闻逸事"，也未必能得到史实的支持。

卫匡国本人在华期间，的确曾亲历了明清鼎革之际中国所发生的战乱，并将这场悲剧写入了他的名著《鞑靼战记》之中。该书对福建的战事也曾提及，但相当简略。卫匡国首先描述了从浙江进入福建的道路之险："山中都是崎岖的峭壁和阴暗的峡谷，道路险峻，就是在白天也是一片昏暗。"① 他进一步指出，仅仅穿越山路，就需要三天的时间。这种地势本来易守难攻，但由于"效忠"隆武朝廷的都是些贪生怕死的变节者，结果"这个不幸的皇帝统治不满一年就被这样出卖了"。在行文中，卫匡国对于唐王朱聿键本人非但没有表示出惋惜和同情，反而极尽讽刺挖苦之能事。卫匡国竟把唐王朱聿键喻为贪生怕死的"懦弱的绵羊"，"他带着强大的部队逃跑了。我用强大这个词不过表示这些没有心肝的人数量很多罢了。但他逃跑也不能挽救自己。鞑靼的敏捷骑兵追上了他，用箭把这群愚蠢的绵羊都射死了"②。

卫匡国对福建战事过于简单的概述，说明他本人很可能并没有亲历过发生在福建的那些战事，或只是被卷入福建的战火之中；他对唐王朱聿键的讥讽用语更看不出他们之间曾有过生死之交。尤其是卫匡国在《鞑靼战记》中，解释唐王朱聿键的年号"隆武"二字时，他特别指出"隆武的意思是勇武的龙"③。卫匡国不了解"隆武"年号的实际含义，这更说明他本人根本不可能在隆武朝中任过较高的职务。

此外，比尔曼在《卫匡国是否在华做过官？》一文中说，唐王朱聿键以建筑教堂为条件，要求卫匡国为朝廷提供医疗、天文和火炮等方面的服务。这里恐怕也有一个张冠李戴的问题。只要翻看天主教史中有关毕方济的记载，则可看到，唐王朱聿键为了答谢毕方济对隆武

---

① ［意］卫匡国：《鞑靼战记》，戴寅译，杜文凯编《清代西人见闻录》，中国人民大学出版社 1985 年版，第 38 页。

② 同上书，第 39 页。

③ 同上。

朝廷的报效之心，遂"许其建教堂及居宅一所于广州"①。即，此条史料也似乎在说明比尔曼的资料来源并不可靠。

假如卫匡国本人确实曾在隆武朝廷中任过相当高的职务，那么无论从耶稣会中国传教团的"业绩"的层面上着眼，还是从他个人的生平事迹的角度来看，卫匡国都没有在《鞑靼战记》中回避他任"火炮使臣"一职的这段历史的必要。事实上，卫匡国还是一个极为看重他与中国上层人士私交的传教士。比如，在《鞑靼战记》的"对前段历史的补充"中，卫匡国特别提到在清廷中任大学士的冯铨，"他虽不是基督徒，却是一个非常好的朋友，他维护我的使命，同我是知己好友"②。此外，卫匡国还念念不忘他与曾在桂王永历朝中封临桂世伯，进武英殿大学士、少师兼太子太师的瞿式耜之间的友谊："我很荣幸自己曾是他的至交，他很乐于同我结交。"③ 所以，这又排除了卫匡国出于个人的"谦虚"，而故意隐去自己与唐王关系的可能性。综上所述，可以说，有关卫匡国在隆武朝廷中任"火炮统领"一事恐怕是种讹传。

再有，在闵明我转述的有关卫匡国的那段"故事"中，多明我会修士都把卫匡国形容为一个因在隆武小朝廷中获得一官半职而沾沾自喜的骄狂小人。那么，卫匡国的为人和品性又如何，是否属于那种虚夸骄狂之辈？

据中国的一些士大夫说，卫匡国留给人们的印象是："先生伟仪修体，而神明慈烨，望之犹天神，所谓至人也。"④ 据《辩学》抄本所述："卫慷慨豪迈，往还燕、赵、晋、楚、吴、粤，启海甚多，名公钜卿，咸尊仰之，希一握手为幸。"⑤ 在一般皈依基督教的中国人的眼

---

① ［法］费赖之：《在华耶稣会士列传及书目》上册，冯承钧译，中华书局1995年版，第146页。

② ［意］卫匡国：《鞑靼战记》，戴寅译，杜文凯编《清代西人见闻录》，中国人民大学出版社1985年版，第65页。

③ 同上书，第66页。

④ ［意］卫匡国：《逑友篇·祝子坚叙》。

⑤ 方豪：《中国天主教史人物传》中册，中华书局1988年版，第117页。

中，"匡国为人谨慎、温和、仁慈而博学，教内外人皆重之，病危时官吏时来视疾"[1]。所以从与卫匡国接触过的中国士大夫的叙述来看，他远不是一个颐指气使的小人。

再从耶稣会内部来看，前已有述，1649 年，当北京耶稣会传教团内部，在利类思和安文思二人与汤若望不和之际，卫匡国奉耶稣会上层之召进京，并有意让卫匡国取代汤若望的钦天监监正的位置，以缓和耶稣会内部的矛盾。可见在耶稣会的上层，卫匡国也同样被看成一个具有协调能力的中坚力量。

通过上述两方面的讨论，我们也可看出，闵明我等所描述的卫匡国和真实的卫匡国之间，恐怕有相当的距离。

尽管闵明我曾表示过，他对于耶稣会士，"既不赞赏他们，也不中伤他们"，更不会因某人是耶稣会士而遭到他的攻击。[2] 但对于卫匡国，显然在一些问题上，闵明我还是流露出他的一些偏激情绪。

2. 闵明我对卫匡国的汉语水平及对他的学术著作的负面评价

对于卫匡国的实际汉语水平，多明我会修士也多有微词，他们说，卫匡国自己也承认，尽管他来华已有多年，但他自己仅能读懂一些用中文写成的宣教的小册子。[3] 闵明我更是用教训的口吻说，卫匡国既然在《鞑靼战记》的致读者的前言中，已经承认他的拉丁文不像他自己所期待的那样优雅和完美，那么他的中文程度与他的拉丁文程度可能相差无几吧。卫匡国毕竟在中国还不到 6 年，所以他更应当尊重那些和中文打交道在 12 年以上，并熟悉菲律宾土著方言的那些同

①　[法]费赖之：《在华耶稣会士列传及书目》上册，冯承钧译，中华书局 1995 年版，第 263 页。

②　参见 [英]卡明斯《托钵传教士闵明我的旅程和辩论》（J. S. Cummins, *The travels and Controversias of Friar Domingo Navarrete*，1618—1686），剑桥哈克鲁伊特社出版社 1962 年版，第 LXXIV 页。

③　同上书，第 168 页。

行吧！^①这里所谓的"同行"很可能暗喻包括他自己在内的多明我会的修士。

卫匡国的汉语水平既然是如此的有限，自然他难以运用汉语通读中国汗牛充栋般的典籍，因此闵明我曾怀疑卫匡国的一些有关中国历史和舆地学的著作是否是他真实的劳动成果。

显然，闵明我这里是在评述来华传教士的汉语水平问题。历史上，由于汉语艰深，所以一个西方传教士尽管来华10年甚至20年，在汉语的把握上，也很难说已达到登堂入室的高度。所以在他们从事中文写作时，一般都是由本人口授而请中国的文人代笔，或是请中国的文人为自己的著作进行润色。从利玛窦时代起，这种做法基本已成为一种惯例。

众所周知，耶稣会士历来看不起多明我会和方济各会的托钵传教士的中文水平。由于托钵传教士来华后往往在农村或山区传教，所以耶稣会士认为他们只会说方言口语，而根本读不懂中文典籍，因此他们不可能理解孔夫子的学说。

闵明我对此种议论曾激烈地反驳说，自1631年以来，在入华的21位多明我会的托钵传教士中，除两人以外，他们不但熟悉地方方言而且懂得"官话"。^②闵明我的这一说辞并非妄言。前文我们曾提及像奥古斯丁修会的马丁·德拉达曾写出《中国的语法与词汇》，这是欧洲人研究中国语言文字的第一部著作，因此他也被称作西方第一位汉学家。多明我会修士高母羡将《明心宝鉴》一书译成了西班牙文。据考证，这是第一部从中文译成西班牙文的著述；而另一位多明我会修士万济国写出《华语官话语法》（*Arte de la Lengua Mandarina*）一书，这是西方世界第一部研究汉语语法的著作，至今仍受到业内人士

---

① 参见［西］闵明我《中华帝国历史、政治、伦理及宗教论集》（*Tratados históricos，políticos，ethicos y religiosos de la monarchia de China*），马德里宫廷印制厂1676年版，第446页。

② 参见［英］卡明斯《礼仪问题：多明我会修士闵明我与在华耶稣会士》（J. S. Cummins，*A question of Rites：Friar Domingo Navarrete and Jesuits in China*），伦敦大学出版社1993年版，第94页。

的称赞。至于闵明我的汉语实际水平世人确实也曾给予较高的评价。据说，闵明我"对当地（中国）语言有深刻的研究，并说一口流利的中国话，凡是经过纳瓦来（闵明我）神父所宣讲的地区，教务都有很快的进步"①。我们还知道，闵明我也曾将中国的启蒙读物《明心宝鉴》译成了西班牙文并纳入他的《中华帝国历史、政治、伦理及宗教论集》之中。闵明我还曾编辑过一部包含 33000 个字词的《汉西辞典》，只是后来遇海难遭到损毁。② 而那位批评闵明我"对中文的无知"的耶稣会士陆安然，则被嘲笑说，他根本就算不上是一个汉学家。③

至于说到卫匡国的汉语水平，肯定地讲，他的汉语造诣远未达到尽善尽美的程度。比如在他的名著《鞑靼战记》中，如前所述，他把"隆武"皇帝的年号"隆武"二字解释为"勇武的龙"；有的中国学者还曾指出，在卫匡国的《中国新地图集》中，他将"束鹿"译为"Tunglo"，显然将"束"误认为"东"；此外他还将曲沃的"沃"译成"Yao"音，可能是将"沃"误读为"夭"。④ 我们认为卫匡国可能早已意识到自己在汉语知识上的不足，所以在他从事中文写作时，一般都请中国的文人参与写作或请他们为自己的著作进行润色。像卫匡国著名的《逑友篇》，便是由他口述，而由中国儒生祝子坚笔录。

前面我们还曾提及，卫匡国曾与中国文人朱宗元共同翻译苏亚雷斯的一部著述，历时两年。此外，在卫匡国离开福建重返欧洲时，他曾邀请一位中国学子与他同行（有的著述中说该学子为郑玛诺，而据闵明我所载，这一学子名为多米尼克，Dominick）。在他们返回欧洲的长途中，卫匡国肯定在汉语能力的提高和对他随身携带的汉语典籍

---

① 郑天祥主编：《中国首任主教罗文藻史集》，富进印刷有限公司 1973 年版，第 28 页。

② 参见［英］卡明斯《礼仪问题：多明我会修士闵明我与在华耶稣会士》（J. S. Cummins，*A question of Rites：Friar Domingo Navarrete and Jesuits in China*），伦敦大学出版社 1993 年版，第 171 页。

③ 同上书，第 297 页。

④ 参见马雍《近代欧洲汉学家的先驱马尔蒂尼》，《历史研究》1980 年第 6 期，第 166 页。

的解读方面，从这位中国学子那里获得不少的帮助。卫匡国在欧洲撰写的《中国文法》一书，就应当视作上述时期他的汉语学习的一个成果。而卫匡国所完成的那几部有关中国史地的著述，也应该说，内中包含着那位与他同行的中国学子的劳动。

由于卫匡国的汉语程度被认为很低，因此他的一些学术著作也被认为有"剽窃"之嫌。像卫匡国的《中国历史十卷》被闵明我说成对葡萄牙籍的耶稣会士何大化（Antoine de Gouvea，1592—1677）《中国六阶段分期史——摘自中国与葡萄牙书籍并备有清朝附录》一书的抄袭。[①] 何大化 1636 年来华，他曾将在西安发现的景教碑的碑文翻译成拉丁文。他还花费 20 年的苦工写成《中国六阶段分期史——摘自中国与葡萄牙书籍并备有清朝附录》一书，并于 1654 年脱稿。但那时卫匡国正远在欧洲。卫匡国难道真的敢于在对中国历史缺乏研究的情况下，将"脱稿"不久的何大化的《中国六阶段分期史——摘自中国与葡萄牙书籍并备有清朝附录》一书，改头换面后，用《中国历史十卷》的书名拿到慕尼黑去出版吗？

如果说，卫匡国的《中国历史十卷》与何大化的《中国六阶段分期史——摘自中国与葡萄牙书籍并备有清朝附录》一书在对中国早期历史的记述上，内容有相雷同之处，这丝毫不值得惊异。有人曾指出，如果再翻阅法国耶稣会士冯秉正（Jeseph-Franciscus-Maria-Anna de Moyria de Mailla，1669—1748）出版于 1777 年的《中国通史》，那么就会发现该书与上述两种著述在对中国早期历史的认识上，同样存在着某种相似之处。事实上，在那一时代，卫匡国、何大化，乃至冯秉正等来华传教士尚没有独立研究中国历史的能力和条件，他们一般都是借助中国的历史典籍来认识中国的历史。其中，朱熹的《通鉴纲目》便是他们走进中国历史殿堂的共同阶梯。

终究卫匡国的《中国历史十卷》是欧洲人所看到的第一部有关

---

① 参见［西］闵明我《大中华传教团古代以及当代之争论》（*Controversias Antiguas y Modernas de la Mission de la Gran China*），马德里 1679 年版（只部分印刷），第 107 页。

中国年代学的著作，当时欧洲又正在围绕《圣经》的纪年展开着激烈的辩论。卫匡国通过他的《中国历史十卷》传递给欧洲一个极为重要的信息，即，远在东方的华夏文明，有着和《圣经》同样，甚至是更加久远的起源。这种信息立即引起欧洲学术界对中国历史的关注，并对欧洲人认识人类文明的多元性和多样性曾起到过特殊的启示作用。这也是卫匡国的《中国历史十卷》在那一时代的学术意义之所在。至于闵明我影射卫匡国的《中国历史十卷》是对何大化《中国六阶段分期史——摘自中国与葡萄牙书籍并备有清朝附录》一书的"剽窃"的说辞，似乎反倒无人对此继续进行考证。相反的，在来华传教士中，还有另种更加切合当时实际的观点，即，凡是西方来华传教士有关中国历史与文化的知识积累，均应视作他们可以分享的"共同财富"。这种主张事实上是在劝导来华传教士们应当淡化在学术著作上谁抄袭谁的问题，而应当把精力放在扩大研究领域之上。①

此外，卫匡国的《中国新地图集》同样遭到多明我会和方济各会一些修士的批评。想当年，马可·波罗在他的游记中，曾提到元代北京有城门"12座"。然而到了明清时代，北京城在改建后，只设置城门"9座"。卫匡国在《中国新地图集》第29页，在描绘北京城的景观时，曾记述说（清初）北京共有城门"12座"。由于这一记载与事实不符，因此卫匡国遂被认为他本人并没有对北京进行过实地的考察，而只是抄袭马可·波罗的陈说。② 安文思和一位同会的朋友在饭后聊天时，曾讥讽地说，也不知卫匡国和马可·波罗谁更"富于想象力"。此话被闵明我披露给外界，并以此贬低卫匡国的《中国新地图集》的学术价值。③ 这种把饭后插科打诨的话当

———————————

① 参见［英］卡明斯《托钵传教士闵明我的旅程和辩论》(J. S. Cummins, *The Travels and Controversias of Friar Domingo Navarrete*，1618—1686)，剑桥哈克鲁伊特社会出版社1962年版，第168页。

② 同上。

③ 同上书，第218页。

作评价一部著作学术价值的根据的做法，曾遭到南怀仁的严厉批评。[①]

然而，从安文思对卫匡国沿袭马可·波罗关于北京共有城门"12座"的陈说的批评，以及闵明我披露安文思那句"玩笑"来看，似乎他们都认同马可·波罗关于元代北京有城门"12座"的说法。但元代北京所设置的城门实际上是"11座"（即，正南中部为丽正门，其左为文明门，右为顺承门；北之东为安贞门，北之西为健德门；正东自南而北为齐化门、崇仁门和光熙门；正西自南而北为平则门、和义门和肃清门）而不是"12座"。[②] 可以说卫匡国和批评卫匡国的人对北京的认识都还有不足之处。

此外，卫匡国在谈到北京人的饮食习惯时说，中国人喜欢喝热饮，而不喝"冰水"。闵明我则讥讽卫匡国根本不知道北京人是如何储存"冰块"，以及在夏天是如何大量消费"冰"的。闵明我当然是想用这一例子来说明卫匡国对北京事物的无知。[③]

实际上，闵明我对北京的事物也是知之有限。在"历狱"期间，闵明我是1665年6月27日从金华被押解到北京的，同年9月14日他又被从北京发配到广州。闵明我在北京只停留了三个多月。其间，据闵明我自己说，几乎每天都要被押解着去"过堂"，也只有一两次机会，使他得以浏览了一下北京的市容。当时正值盛夏，他看到北京大街上有很多摊铺都在"卖冰"，而且价格出奇的低，由此他得出中国人大量消费"冰"的结论，并以此当作批评卫匡国对北京无知的根

---

① 参见［英］卡明斯《托钵传教士闵明我的旅程和辩论》（J. S. Cummins, *The Travels and Controversias of Friar Domingo Navarrete*，1618—1686），剑桥哈克鲁伊特社会出版社1962年版，第218页。

② 参见朱祖希编著《北京城演进的轨迹》，光明日报出版社2004年版，第43页。

③ 参见［英］卡明斯《托钵传教士闵明我的旅程和辩论》（J. S. Cummins, *The Travels and Controversias of Friar Domingo Navarrete*，1618—1686），剑桥哈克鲁伊特社会出版社1962年版，第218页。

据。^① 在枝节问题上纠缠不清，来华传教士之间的互相批评、揶揄或嘲弄，相当部分均属于这类性质。

至于卫匡国的《中国新地图集》是如何成书的及其资料的来源等问题，在一段时间内，更是学术界无法答解的难题。如今，经过意大利学者白佐良（Giuliano Bertuccioli）的精深研究，可知，像《广舆考》《广舆图》《图书编》《三才图会》《皇舆考》和《明史》等13部有关中国舆地学的著作，便是《中国新地图集》一书曾经参考和引用过的主要的资料来源。而且白佐良还找出了《中国新地图集》中，每段引文的中文原著的出处。但，《中国新地图集》中的疏漏和错误也同样是十分明显的，终究卫匡国来华时间很短，而且很多省份卫匡国并没有亲自去考察过，何况在那一时代，即使是中国有关本国舆地的著述也远未完善！所以在《中国新地图集》中留下了某些遗憾之处是在所难免的。然而在欧洲渴望了解中国，事实上又并不甚了解中国的年代，卫匡国把较为真实的中国地理概况介绍给欧洲，这就应当说是卫匡国的一个历史性贡献。特别是卫匡国把该书中所附的地图都标上了经纬度，这是那一时代任何其他传教士在绘制中国地图时所从未使用过的科学方法。仅此一点就说明了卫匡国《中国新地图集》的独创性。卫匡国被称作欧洲的"中国地理之父"显然是当之无愧的。^②

对于卫匡国的《鞑靼战记》，更是闵明我批评的重点。在《中华帝国历史、政治、伦理及宗教论集》的第六部分，闵明我专门用了5页的篇幅，罗列了24个值得商榷之处，对卫匡国的《鞑靼战记》进行批评。然而在许多问题上，客观地说，在卫匡国和闵明我二人的见解之间，很难做出谁对或是谁错的结论。比如，卫匡国说当时明廷驻

———————

① 参见［英］卡明斯《礼仪问题：多明我会修士闵明我与在华耶稣会士》（J. S. Cummins, *A question of Rites: Friar Domingo Navarrete and Jesuits in China*），伦敦大学出版社1993年版，第138、139页。

② 该节曾参阅意大利罗马学院［意］马西尼《卫匡国全集第三卷：中国新地图集》（手稿）。在此谨向原著者致谢。

守长城的军队人数在 100 万之众；闵明我则认为应当是 150 万。[1] 历史上，明代朝廷的兵制是按"卫""所"进行编制的。每卫 5600 人，每所 1200 人。明代内外卫所 329 个，另设置守京千户 65 个，共计官兵 180 万人。[2] 如果按闵明我的说法，明廷驻守长城的军队人数即达 150 万，这一数字显然估计偏高。卫匡国说当时明廷驻守长城的军队人数在 100 万，卫匡国很可能把戍守京师的约 90 万人的守军数字当成了驻守整个长城的军队数字。在闵明我对卫匡国《鞑靼战记》的责难中，有的地方则是误解了卫匡国书中的原意。比如，卫匡国在书中指出，明朝开国的君主朱元璋原来是个"微贱的和僧（朱元璋，他曾是一位施主的仆人）"。这里明明写着朱元璋曾经是"一位施主的仆人"，然而闵明我却错认卫匡国说朱元璋是"和僧的仆人"[3]。此类较为细琐纷争不再一一列举。

事实上，《鞑靼战记》中可商榷的地方，远不止闵明我所列举的 24 点。《鞑靼战记》的中文译者何高济，就曾对卫匡国书中的一些显而易见的错误在译文中进行了更正。如，建元"天命"，应在 1616 年，而卫匡国误为 1618 年；努尔哈赤死于 1626 年，卫匡国误为 1627 年；"天聪"与"崇德"都是皇太极的年号，而卫匡国误认为这两者分别是父和子的年号……类似的错误可以说不一而足；另外，像卫匡国把"长江"称作"海洋之子"，显然他沿袭了自利玛窦以来一些西方传教士都曾把"扬子江"误作"洋子江"的错误。然而对于《鞑靼战记》中的诸多遗憾之处，应当进行客观的分析。由于明清鼎革之际，到处硝烟弥漫，战火连绵，时局变幻莫测，很多历史事件都是众说纷纭，莫衷一是。即使在中国的史书中，对同一事件，也往往会做

---

① 参见［西］闵明我《中华帝国历史、政治、伦理及宗教论集》（*Tratados históricos，políticos，ethicos y religiosos de la monarchia de China*），马德里宫廷印制厂 1676 年版，第 446 页。

② 参见《中国史稿》编写组《中国史稿》第 6 册，人民出版社 1987 年版，第 20 页。

③ ［西］闵明我：《中华帝国历史、政治、伦理及宗教论集》（*Tratados históricos，políticos，ethicos y religiosos de la monarchia de China*），马德里宫廷印制厂 1676 年版，第 446 页。

出不同的报道。除上述客观条件外，由于卫匡国本人来华时间尚短，对中国历史知识仍知之有限。因此对卫匡国的这部《鞑靼战记》更不能求全责备。相反的，在卫匡国的这部作品中，由于率直地说出了许多那一时代中国史书中不便深究的史实，而受到当代中国史学工作者的重视。正如方豪所说："拉丁文《鞑靼战记》对于清军进关及南下情形，所记至详，直言不讳，足补我国正史之阙略。"① 尤其是《鞑靼战记》反映了一个外国人对明清王朝鼎革之际的历史巨变的看法，这也是我国学者欢迎这部著作并将《鞑靼战记》翻译成了中文的主要原因。

综上所述，可以说多明我会修士对卫匡国的"人品"，乃至学术著作的批评，在有些方面是言之有据的，然而在有些问题上的指责则明显有失公允。至于闵明我对卫匡国在"礼仪之争"的观点的批评与利安当对卫匡国的批评大同小异，所以不再重复。

就在闵明我集中批评卫匡国的同时，其他修会反击闵明我的浪潮也随之而起。南怀仁在看过闵明我《中华帝国历史、政治、伦理及宗教论集》的部分章节之后，他说他自己是带着"笑容"看完闵明我的部分"大作"的，不过这种笑是种"冷笑"。南怀仁表示他难于理解，（"历狱"期间）闵明我在广州和一些耶稣会士在一起（被关押）那么长的时间，竟用他收集到的资料编制了一个"谎言之网"。② 法国耶稣会士聂仲迁（Adrien Greslon）批评闵明我的一些"论断"是无耻的谎言，是失去理智的结果。如果闵明我说的都是实话，那么耶稣会早该被埋葬了。聂仲迁进而讥讽地说道："闵明我是我们的法官，是我们的仲裁者。我毫不怀疑，这些纠葛很快

---

① 引自徐明德《杰出的意大利历史学家、地理学家卫匡国》，许明龙主编《中西文化交流先驱》，东方出版社 1993 年版，第 145 页。

② 参见［英］卡明斯《托钵传教士闵明我的旅程和辩论》（J. S. Cummins, *The Travels and Controversias of Friar Domingo Navarrete*，1618—1686），剑桥哈克鲁伊特社会出版社 1962 年版，第 C 页。

会解决。"① 陆安然在澳门时便已与闵明我不和,在轰击闵明我的声浪中,他"总结"说,闵明我造成混乱的原因在于他对汉语的无知。② 另一位耶稣会士则公然表示,他读闵明我著作的兴趣,全在于从每一页中挑出闵明我的中文错误,而把闵明我的那些不实之词留给他人来批驳。③

前面我们曾提及,安文思在与汤若望发生矛盾期间,他曾极力鼓动耶稣会上层将卫匡国传召到北京,以取代汤若望钦天监监正一职。看来安文思对卫匡国颇有好感。但时过境迁,当安文思和汤若望调整好个人关系之后,他又在卫匡国的地理知识上,开始嘲弄起卫匡国这位自己往日的"盟友"。这是因为葡萄牙传教士很难与意大利传教士推心置腹地相处,何况,如前所述,卫匡国当年在澳门时由于出言不慎曾得罪过葡萄牙传教士。此外,即使是在耶稣会内部,也有人不喜欢卫匡国较为古板的性格,认为卫匡国像是一个打着神圣旗号而没有任何感情的人,所以戏谑地称卫匡国为"做圣餐面包的模子"(hierro de hazer-hostias)。④

搬弄是非、散布流言、互相攻击、彼此嘲弄,一时间,耶稣会与多明我会、方济各会之间"战火"不停;耶稣会内部对立的两派,同样水火不容;不同国家或民族的传教士之间,更是矛盾重重。原本由于对中国历史与文化的性质的理解不同而引发的"礼仪之争",渐渐演变成来华传教士之间的一场无原则的混战的趋势。

---

① [英]卡明斯:《托钵传教士闵明我的旅程和辩论》(J. S. Cummins, *The Travels and Controversias of Friar Domingo Navarrete*,1618—1686),剑桥哈克鲁伊特社会出版社1962年版,第 XCIX 页。

② 同上。

③ 同上。

④ 参见[西]闵明我《大中华传教团古代以及当代之争论》(*Controversias Antiguas y Modernas de la Mission de la Gran China*),马德里1679年版(只部分印刷),第26、300页。

来华传教士之间在一定程度上带有人身攻击性质的无休止的争吵，极大地冲淡了"礼仪之争"的严肃性，同时也使来华传教士的威信受到极大的损害。尤其是来华传教士之间的相互攻击深深地伤害了中国皈依者的感情。他们终于改变了在"礼仪之争"中作为"旁观者"的一贯态度，奋然拿起笔来，开始表明他们对"礼仪之争"的立场和观点。

四　中国基督教的皈依者投身"礼仪之争"

英诺森十世 1645 年"圣谕"颁发后，在黎玉范的鼓动下，那些主要在民间传教的多明我会和方济各会的托钵传教士们益发变本加厉地禁止中国教民参加"祭祖"和"参拜孔子"等礼仪活动，同时他们还陆续写出一些阐释他们对中国礼仪问题的观点的理论著述，像黎玉范的《圣教孝亲解》和万济国的《辩祭》等。然而无论是多明我会和方济各会的传教方式、方法，或是他们刊刻的"理论性"文章，都遭到中国社会非信教的士大夫阶层的痛斥，也使那些在利玛窦"适应"策略的感召下才信奉了基督教的士大夫在中国社会中的处境略显尴尬。

其后，当中国的信教者通过与他们交往的传教士，得知了卫匡国从罗马教廷带回中国的有关亚历山大七世"圣谕"的内容之后，这无疑给予了他们极大的鼓舞。为了改变他们在现实社会中的两难的境地，也为了他们已信奉的基督教在中国的未来发展，中国信奉利玛窦一派观点的那些信教者终于不再沉默，而根据他们对中国历史和文化的深层次的理解，写出了一系列评述"礼仪之争"的辩论性文章。

在对中国礼仪性质的辩论中，多明我会和方济各会所以把"祭祖"判定为是一种迷信活动，其主要的根据，在于他们认为，中国人在祭祀活动中，向祖先提出免灾降福的要求。这等于把专门属于"天主"的"神能"转给了中国人的"祖先"。这是基督教教规所绝对不允许的。

对此，龙溪县贡生严谟在《祭祖考》中严正地指出："历观礼所言，祭祖宗止为思念死者之意，并无求福也。《礼经》明据可考，后代祝文现在。自唐迄今，上至天子，下至士庶之家，祝文一然，并未尝有一毫涉求福之语。"①关于中国人"祭祖"的性质，另一信教的文人李良爵在其《〈辩祭〉参评》一文中，也做了明确的回答："自天子达于庶人，有尊祖之礼行于庙，而为子者不可不行，莫非教人返始报本，不忘其所由生也。"②

　　此外，对于中国文人"参拜孔子"是否是为了从孔子那里获得成功的保障，中国皈依者更是做出了十分强而有力的答辩。李九功便指出，中国文人所以参拜孔子，其目的就是，"使国子民俊，中外臣庶，显喻贵尚文学之意，未尝以孔子能降祸福，推奉而祷求之也"。夏相公也答辩说，"至于孔子之祭，不过敬服其道高德重而已，非求福也。孔子之德修于己，故其德隆；孔子之德本乎天，故其道尊。惟孔子为人所不及也，故释尊奠以祭之。《礼经·祭义篇》云，'德施于民，则祀之'。不过崇儒重道而因此已。"③

　　中国信教的文人，一般来说，由于他们原来，乃至加入天主教以后，都始终是儒家学说的信奉者，他们对华夏文明有着更深的理解，对于中国礼仪的源流和含义也有更全面的认识，因此有中国教民参加到"礼仪之争"当中来，势必会使西方来华传教士在对中国礼仪问题的认识上能有新的升华。事实上，应当说中国的皈依者投身有关中国礼仪问题的大论战，遂为"礼仪之争"的最终解决创造了条件并成为"礼仪之争"历史进程中的重要组成部分。

　　对于来华传教士之间无休止的争论，中国的信教者在痛心之余，也曾委婉地提出了正告：

　　其一，在辩论中仍要遵循利玛窦的"合儒"的原则，"东海西海

---

①　林金水主编：《福建对外文化交流史》，福建教育出版社1997年版，第259页。

②　同上书，第260页。

③　同上书，第262页。

心理相同，近天教者莫如儒，故其书之相合者多"①。

其二，出言要有根据。"若要对中国读书之人，讲道解经，开口便要博引中国古书为证。……若不详引中国书籍，辩析他心，纵有千言万语，他心不服。"②

其三，也即最为重要之点，"未可以掉三寸之舌，遽欲变中土而为西洋也"③。

这实际上是投身"礼仪之争"辩论的中国信教者给予来华传教士最为严厉的告诫：即，不要试图动摇中国的"国本"。

利玛窦生前曾对那些接近基督教的中国人抱以莫大的希望，认为他们便是潜在的果实，不过现在还潜藏在种子里，但他们会成长为果树并提供赐福休憩的树荫。④ 在"礼仪之争"的关键时刻，中国的奉教者终于站到了辩论的第一线，并提出了他们对"礼仪之争"的明智看法，此点完全证明利玛窦对中国士大夫阶层理解之深。

中国士大夫投身"礼仪之争"的辩论可以说对来华传教士是一个极富威慑力的警告。此前，托钵传教士禁止中国教民参加"祭祖"和"参拜孔子"等礼仪活动已然引起中国社会相当广泛的仇教情绪，并终于引爆了"历狱"之灾。如今那些信教的士大夫也有人站在传教士的对立面上，并对他们的传教策略提出敏锐的批评。上述这双重的压力迫使在华传教团的各个修会都不得不思考他们在华传教策略的调适问题。也即是说，中国信教者对"礼仪之争"的批判态度，在相当程度上推动了来华传教的各修会对传教策略的反思，从而进入了传教策略的调适时期。这种新的因素，在太平洋的两岸都有所体现。请看下文。

---

① 林金水主编：《福建对外文化交流史》，福建教育出版社 1997 年版，第 264 页。
② 同上。
③ 同上。
④ 参见［意］利玛窦、金尼阁《利玛窦中国札记》上册，何高济等译，中华书局1983 年版，第 218 页。

第五节　胡安·德帕拉福克斯—门多萨的汉学研究与"礼仪之争第三个论坛"的开启

前已有述，在阿科斯塔之后，另一位赢得广泛称誉的在拉丁美洲成长起来的西班牙汉学家便是多明我会传教士帕拉福克斯。

一　帕拉福克斯的生平和从政业绩

帕拉福克斯 1600 年 6 月 26 日出生在西班牙纳瓦拉的菲泰罗一地，为世袭贵族出身，曾在阿尔卡拉·德埃纳莱斯和萨拉曼卡大学就读，专攻法学。1626 年被委任为西班牙国王菲利浦四世（Felipe Ⅳ，1605—1665）之姐——奥地利的玛利娅的忏悔神甫，并在她的欧洲之行期间始终跟随其侧。

由于帕拉福克斯的贵族出身及他和王室的私密关系，1639 年帕拉福克斯被菲利浦四世任命为新西班牙（墨西哥）普埃布拉教区的主教，并于 1640 年 6 月 24 日到达新西班牙，开始履行其职。

帕拉福克斯工作勤奋努力，富有献身精神。到任后不久，即创建了多明我会修道院和圣佩德罗—普埃布拉学院以及一所女子学校。他热心文化事业，1646 年在当地建成一座图书馆，他个人捐赠的图书即达 5000 余册。帕拉福克斯还致力于推动音乐事业的发展，使他任主教的地区成为繁荣的文化中心。

由于王室对他的信任，因此除主教一职外，帕拉福克斯还兼任战争委员会检审官、印度事务院总检审官和新西班牙的法官、视察员和总督等世俗职务。当时在任的新西班牙的副王迭戈·罗佩兹·帕切各与葡萄牙人暗中勾结，构成对新西班牙的直接威胁。于是帕拉福克斯对迭戈·罗佩兹·帕切各的罪恶行径予以严厉的谴责，而且当帕拉福克斯接到国王的密令后，遂在首都墨西哥城将迭戈·罗佩兹·帕切各逮捕并遣送回西班牙。

很可能由于帕拉福克斯的上述果断行动得到了国王的赏识,于是他本人在总检审长的职务之外,又在 1642 年 6 月 10 日至 1643 年 11 月 23 日期间,被委任为"副王",统管新西班牙一切行政事务,同时更兼任罗曼天主教堂的主教。

帕拉福克斯在履行副王职务期间,曾致力于行政改革,并为进一步管理好大学、检审庭和法官,制定了一系列的法规。他还组建了一个由 12 个连队构成的兵团,以防备来自葡萄牙和加泰罗尼亚的暴乱所带来的冲击。1643 年他的副王职务被更换,但他仍保留检审庭总检审长一职。

历史上,新西班牙原是印第安人文明最为发达,而且印第安人人口最为密集的地区之一。由于西班牙殖民者的血腥屠杀致使新西班牙印第安人的人口锐减。印第安人生活极端困苦,以致在印第安人和西班牙殖民者之间始终存在着尖锐的矛盾。这也是帕拉福克斯作为普埃布拉教区的主教,以及新西班牙副王所面对的最为棘手的问题。

帕拉福克斯深受"印第安人保护者"拉斯·卡萨斯人文主义思想的影响。作为普埃布拉教区的主教,他尊重印第安人的基本人权,并坚决摒斥一切除说服教育以外的所谓的"训导"方法。然而他又认为,作为一名天主教的主教,他要承担将辖区内的印第安人引导到信仰基督教的道路上来的责任,尤其要禁绝印第安人对偶像的崇拜活动。为此,帕拉福克斯也曾将印第安人顶礼膜拜的偶像加以捣毁,以阻断印第安人偶像崇拜回潮的趋势。

由于帕拉福克斯既是印第安人友善的保护者,在宗教信仰上,又是一个竭力维护基督教教义"纯正性"的卫道士,这两种对立的身份使他在心理上常常处于矛盾与痛苦之中。因此,在用人道主义的精神善待印第安人的同时,如何能保持印第安人对基督教的忠诚信仰,则成为帕拉福克斯经常思考的一个难题。

帕拉福克斯后来对中国和其他东方国家的事物所以抱有浓厚的兴趣并最终成为一名杰出的汉学家,是与他的上述两难境界紧密相关的。尤其是发生在遥远中国的"礼仪之争"更引起了他的关注。他试图从中国人接受基督教信仰的曲折历程中，引申出对印第安人基督教化的一些有益的启示。所以他在广泛收集并深入研究有关"礼仪之争"的文献和资料的同时，对于那些曾经有过在中国传教的经历而今正途经墨西哥返回西班牙的传教士，帕拉福克斯更曾与他们有过密切的交往，并就一些涉及"礼仪之争"的关键性问题彼此展开过热烈的讨论。其中，帕拉福克斯与多明我会传教士黎玉范的相识与相知，使他对发生在中国的"礼仪之争"的缘起，乃至发展的历程，有了较为全面的认识。

在黎玉范一行离去后，帕拉福克斯开始以更加积极的态度投身"礼仪之争"的研究之中。他有关"礼仪之争"的论文后来集中成上下两册出版，并成为研究"礼仪之争"的重要文献。

自此，从阿科斯塔到帕拉福克斯，他们的汉学研究使新西班牙继中国和欧洲之后，成为"礼仪之争"的"第三个论坛"。

"礼仪之争"缘起于中国。因此帕拉福克斯对中国的事物分外关注。他认为他是靠中国最近（教区）的主教，因此对于为其他远离中国的传教士提供更多的相关信息，是他义不容辞的责任。所以他根据诸如黎玉范等身在东方的传教士每半年一次向他所提供的有关中国的信息，再由他写成"简报"，然后向那些在新西班牙的传教士们及时地介绍中国的近况。

当时在新西班牙的托钵传教士对教宗英诺森十世 1645 年"圣谕"中有关中国教民不得祭祖和参拜孔子的裁定持完全赞同的态度，并对该"圣谕"详加研究，期望在未来将这一"圣谕"拿到耶稣会会士的面前宣读时能得到积极回应。此外，帕拉福克斯在 1646 年 8 月 15 日写给西班牙国王菲利浦四世的信中，他就曾表达过，他希望国王出面干预不同修会之间日益严重的分歧。他认为，了解不同修会之间的争论的实质，应当是国王的职责。因为传教士的信念应视为是王室的遗产，传教士又是国王的臣民，如果真理不能得到伸张，那么这对王室也是一种玷污。欧洲那些持异见者（系指耶稣会士）也会指责西班牙教会散布谬论，并会说西班牙王室是在默许如此。而且这种恶果，必将加在西班牙国王的头上。[1] 特别是帕拉福克斯认为西班牙传教士分散在世界各地，他们在传播福音及在创建"世界天主教王国"的过程中，负有历史的重任。因此在宣教的策略上，西班牙传教士应当保持一致，在维护基督教教义的"纯正性"方面，更应立场鲜明而坚定，绝不能放任调和主义盛行一时。要达到上述目的，帕拉福克斯认为，只有由西班牙国王出面进行干预才能奏效。[2]

在"礼仪之争"中，帕拉福克斯一方面对西班牙国王能在统一传教士宣教策略方面发挥作用寄予厚望；另一方面，他对同一历史时期西班牙国势的急剧衰落而感到忧心忡忡，特别是他对于西班牙会不会由于国力的下降而有朝一日成为其他西方列强鱼肉的对象而深感忧虑。他的这种担心并非空穴来风。因为就在同一历史时期，太平洋彼岸的明王朝被鞑靼人所征服就是一个十分令人警醒的前车之鉴。也就是在帕拉福克斯总结明王朝覆灭的经验教训的过程中，他完成了他的研究汉学的重要著述《鞑靼征服中国史（1600—1650）》（*Historia de la Conquista de China por los Tartaros，1600—1650*）的写作。

二　帕拉福克斯及其《鞑靼征服中国史（1600—1650）》

帕拉福克斯所以如此关注中国明王朝覆灭的这段历史，这是与当时正在拉丁美洲所蔓延着的"中国热"密不可分的。

前面我们曾概述了自 16 世纪中叶起，西班牙王室为了缓解经济危机而建立起中国—菲律宾—墨西哥—西班牙之间的多边贸易体制的过程。其间，大量精美的中国丝绸、瓷器和其他手工艺品源源不断地经马尼拉运进墨西哥和秘鲁市场，从而满足了殖民地上层社会对高消

---

　　① 参见［英］卡明斯《礼仪问题：多明我会修士闵明我与在华耶稣会士》（*A Question of Rites：Friar Domingo Navarrete and jesuits in China*），伦敦大学出版社 1993 年版，第 80 页。

　　② 参见［英］卡明斯《西班牙向东方扩张中的耶稣会士和托钵修会的传教士》（*Jesuit and Friar in the Spanish Expansion to the East*），英国瓦里欧如姆·利普林茨出版社 1986 年版，第 395—427 页。

墨西哥博物馆中陈列的中国—菲律宾—墨西哥—西班牙
多边贸易时代的中国瓷器

费物品的需要；而中国廉价物美的棉麻织品更为贫困的印第安人、黑人和混血种人所渴求。由于中国商品对拉丁美洲社会有着广泛的影响，因此，当时载运中国商品横跨太平洋的大帆船被称为"中国之船"或"丝船"；从阿卡普尔科直到新西班牙首府墨西哥城的这段"商道"，也因为运送中国商品而被誉为"中国大道"。至于阿卡普尔科港，由于中国人的络绎到来并对该城的开发贡献卓著，因而当时被称作"唐人城"。一时"中国热"几乎波及整个拉丁美洲。

中国商品在拉丁美洲的影响力折射出中国的繁荣景象。所以帕拉福克斯曾经试图从中华帝国的欣欣向荣的发展之中，总结出可资西班牙借鉴的成功经验，以使西班牙重振"日不落帝国"的雄风。即，帕拉福克斯开始从对中国礼仪问题的关注转向对中华帝国国情的研究上。然而就在这种关键的历史时刻，远在东方的中华帝国却在顷刻间为鞑靼人所征服。帕拉福克斯在震惊之余，急于想了解中华帝国所发生的这一历史巨变的原因和过程，以便从中吸取可供西班牙借鉴的历史教训。于是他加紧和已经返回中国的黎玉范等人进行联系，希望借助他们的帮助，以获得更多的有关鞑靼人征服中国的信息。

中国—菲律宾—墨西哥—西班牙多边贸易时代
输入墨西哥的中国丝绸

那时不但黎玉范早已回到菲岛，而且于 1649 年 7 月 21 日，他和利安当一行奉派再度前往中国。

当黎玉范和利安当一行来到泉州附近的安海时，得知清军已推进至福建，中国的时局已发生了重大的变化。

黎玉范认为，了解中国社会当前的这种巨变，对于天主教制定在华传教运动新的策略十分必要，因此他加紧对中国时局的观察和广泛地收集相关的资料，并在此基础上，每半年一次，将他对中国时局变化的最新判断，写成详尽的报告，然后传递到菲律宾，再经马尼拉转送到新西班牙。而这些资料正是帕拉福克斯所急需的。事实上，帕拉福克斯也主要是根据黎玉范和其他一些亲历中国战乱的传教士的报道，才最终完成了《鞑靼征服中国史（1600—1650）》一书的写作。

《鞑靼征服中国史（1600—1650）》一书所记述的历史时期，以李自成、张献忠起义为开端，着重记载了1644年崇祯之死，以及接续在中国广大国土上所发生的持续的战乱。

书中，对于从清顺治四年（1647）以始，清兵攻占广东、福建和广西这三省的战事，叙述得尤为详尽。这一方面是黎玉范等人一直在中国的南方从事传教活动，因此比较熟悉中国南方的战事；另一方面广州更接近澳门，有关中国战局的消息从那里传到马尼拉，再传到墨西哥，这样可使帕拉福克斯能尽快得知撰写本书所需要的可靠材料。

由于为帕拉福克斯提供有关中国内战资料的黎玉范等传教士，都是这次征服战争的亲历者，因此《鞑靼征服中国史（1600—1650）》一书所引用的史料具有一定程度的真实性。《鞑靼征服中国史（1600—1650）》一书的中文译者何高济曾将该书所引用的一些史料与中国典籍中的相关史料进行了比较与对照，并着重指出，无论是该书的作者或是资料的提供者，其态度都是比较认真负责的。但在帕拉福克斯写作《鞑靼征服中国史（1600—1650）》一书之时，中国的内战仍在持续进行之中，时局变化莫测，因而有些事件其发生的时间、地点、参与其事的人，乃至事件的经过和始末，作为像黎玉范那样的信息提供者，根本没有一一核实的条件和可能性。因此，《鞑靼征服中国史（1600—1650）》一书的部分内容可能带有一定的不确定因素，这种现象的产生对读者来说自然是十分容易理解的。《鞑靼征服中国史（1600—1650）》一书作者本人也深为此种不足而感到遗憾，并坦诚地向读者承认："我认为有必要在这里告诉我的读者，我不得不用'大概如此、看来这样、极其可能，等等'来编写书中的部分内容，因为我据以编写本书的材料，是在动荡时期从中国寄送给我的信札和一些不很确切的记录；无疑地当时全国陷入一片混乱之中，所以传来的信息皆简短而杂乱，常常没有标明日期，往往难以区别人的名字，以及他们的特性。同时在屡次一份又一份校审记录时，我注意到其中有的记载，仅仅是对另一份记录的续撰和解说。因此为了让我的读者更加明白，我用上述的方法将它们汇集，或许，尽管我为此作出了努力和关注，仍然不能达到预期的完整和确切。"① 比如，像李自成在撤出北京后的行踪和他的结局如何，帕拉福克斯遗憾地表示，"至于暴君李（自成），我们再没有机会提到他，往下的报道仅称，他退往中国北部的陕西省，那是他获得的六省之一。他把军队和财宝都带到那里，和他的扈从驻在省城，尽量自保。这就是传给我们的有关暴君的消息，没有更多的情况，也不知道关于他本人、车队及庞大财富的下落。我很遗憾地时时要抱怨材料缺乏。但供给我情报的人在谈这段历史时也不知道更多东西，只告诉我，在他写信时全国一片混乱，他不能清楚得到各种情节"② 。当然，就李自成的最终命运来看，至今在中国的学术界也仍存有歧义。但透过帕拉福克斯在这一问题上对读者所表示的歉意来看，可以说帕拉福克斯写作《鞑靼征服中国史（1600—1650）》一书时的创作态度还是严肃的，也是极为努力的。

　　由于黎玉范等传教士在这场战争中基本上是作为"第三者"在观察和记叙这段历史的，因而为我们研究明清王朝嬗变的历史提供了另一种视角，这恰恰可资中国学者参考。当然，也有一些事件由于观察者的角度不同，或对一些事件的重要性在判断上有所不同，因此在《鞑靼征服中国史（1600—1650）》一书中，既有在中国典籍中予以记载而被帕拉福克斯淡化了的内容；也有部分内容未被中国典籍记载，或只是概略地提及过，而却为帕拉福克斯详加叙述。比如该书中，有相当部分内容涉及那些和西方殖民势力有着长期交往的中国强势集团——如郑芝龙家族在中国王朝战争中的态度和作用。这部分资料，对我们研究西方殖民者的对华策略，以及研究中国王朝战争期间国际环境的演变，都会有所帮助。终究明清王朝的嬗变不仅仅是一场孤立

---

　　① 〔西〕帕莱福：《鞑靼征服中国史（1600—1650）》，何高济、吴翊楣译，中华书局2008年版，第39页。

　　② 同上。

的，其影响仅限于中国国内的王朝战争。事实上，它也是 16—18 世纪整个人类历史发展进程的重要的有机组成部分，尤其是对整个西太平洋区间的地缘政治的演变有着不可忽视的影响。帕拉福克斯在《鞑靼征服中国史（1600—1650）》一书中所引用的此类内容，较之我们通常已知的史实，有些新的补充，这对于扩展我们的研究视野，即从中国历史与世界历史相互渗透与影响的角度来研究明清王朝的嬗变的历史，会有所帮助。因此这部分内容尤其值得我们去关注，并应尽力做到为我所用。下面我们将对这类内容当作帕拉福克斯所著《鞑靼征服中国史（1600—1650）》一书的突出特点来做一评介。

在帕拉福克斯《鞑靼征服中国史（1600—1650）》一书中，对明清之际郑芝龙海上武装走私集团在西太平洋区间内活动的规模及其影响作了相当详尽的记述，从而使我们有可能从多个侧面来评价郑芝龙的生平和历史作用。

根据帕拉福克斯的记载，被称作"一官"（Icoan）的郑芝龙，出生在中国滨海的一个无名的小村庄。由于家庭贫困，年轻时他便来到澳门，想投靠西方人，以求得自身的发展，于是他受了洗，教名为贾斯帕（Jazpar）。值得我们注意的是，据比利时耶稣会士鲁日满和闵明我的报道，郑芝龙的教名却是尼古拉斯（Nicolaus）。[1]

由于郑芝龙发现在澳门和日本之间已经形成了定期的贸易关系，于是他又来到日本，想通过从事日本和澳门之间的走私贸易来改变自己的命运。自此，郑芝龙开始凭借他的无畏精神和狡黠的智慧，以及审时度势的眼光和魄力，在不同的国家之间进行周旋，使自己的实力不断扩充，并逐渐发展成在西太平洋区间独霸一方的海上武装走私集团。

当时荷兰人通常是把他们从中国交换来的大宗商品运到日本去出售，以赢得厚利。于是荷兰人便利用郑芝龙的力量，来保障荷兰人和

---

[1]　参见［西］帕莱福《鞑靼征服中国史（1600—1650）》，何高济、吴翊楣译，中华书局 2008 年版，第 53 页。

日本人之间的贸易的安全；另外，荷兰人又每年向郑芝龙缴纳六七千英镑的"贡金"，希望借助郑芝龙的海上实力使荷兰与中国台湾之间的贸易得到顺利的发展。

郑芝龙还认识到，西方殖民者是他可以利用的一股势力，于是他想把他的儿子郑成功送往荷属东印度公司的所在地雅加达，让他在那里学习欧洲的礼仪和军事技能。[①]

当荷兰人与侵占菲律宾的西班牙人之间，为了争夺在东南亚海域与中国贸易的独占地位时，荷兰人更是与郑芝龙海上走私集团结成了一种同盟关系，相互利用。

在海上，凡持有郑芝龙发放的"通行证"的船只，或者运载郑芝龙货物的船只，荷兰人都允许其自由通行；而对其他船只，哪怕是直接与中国皇室有关的船只，荷兰人也是照样将其劫掠一空。也就是说，在荷兰人的眼中，"一官被荷兰人视为中国之王，胜过皇帝本人"[②]。

荷兰人为了和郑芝龙进行商务谈判，一定会派遣正式使臣前往郑芝龙的驻跸之地，以示对郑芝龙的"尊重"。为了助长郑芝龙的政治野心，荷兰人甚至送给他彰显皇帝权威的"一柄权杖和一顶金冠"。西方殖民者对郑芝龙的这种"尊重"，甚至是阿谀奉承，是有着险恶的政治目的的，即，他们预见到在未来中国的政治演变进程中，尤其是在西太平洋的地缘政治斗争中，郑芝龙很可能成为一个关键性的人物。所以他们想在郑芝龙的身上进行政治投资，由此怂恿他谋求皇位，为了今后可更好地利用他，西方殖民者则竭力先扶持他。

然而郑芝龙却有他自己的政治谋略，即他一方面利用西方殖民势力对他的倚重，趁机扩充自己的实力；另一方面，对中国的明清统治者，他也抱有凭借海上实力，在朝廷面临困难的当口，为自己谋求更高的政治地位的野心。但他在与西方殖民者和中国封建王朝之间左右

① 参见［西］帕莱福《鞑靼征服中国史（1600—1650）》，何高济、吴翊楣译，中华书局 2008 年版，第 63 页。
② 同上。

逢源的同时，他又小心地维护着自己的独立地位。

郑芝龙终究受过中国传统文化的影响，所以难以摆脱所谓的忠君思想和荣宗耀祖的腐见。西方殖民者也最终认识到，"一官仍忠于他的君王，以下（的事例）将做出证明：他从不用这柄权杖和金冠作装饰，只把这类饰物放进衣橱，与其他东西放在一起，作为他珍视的礼物，而非皇家服饰，也非当作他身份和地位的标记"①。

西方殖民者尤其关注郑芝龙在宗教问题上的价值取向。他们认为这是与郑芝龙结盟的前提。虽然郑芝龙在早年已皈依了基督教，但西方殖民者逐渐发现，在宗教信仰上，郑芝龙并没有对西方的"天主"保持着真诚的信仰。反之，郑芝龙并没有放弃中国人的传统宗教观。为了进一步说明此点，帕拉福克斯在《鞑靼征服中国史（1600—1650）》一书中写下了他对中国人宗教观的看法："该民族的人容易认同各种宗教，因为政府并没有规定只许信一个教，他们不加区别地接受许多伪神，也不限定神的数量，人人都随意礼拜众多的神。所以他们对宗教一视同仁，凡是他们认为好的神，他们就毫无忌惮地把神像放进他们的宝塔，即寺庙中，对耶稣基督、圣母玛利亚、诸圣徒的礼拜与对他们自己偶像的礼拜，也没有区别，或者有所不同。总之，他们同样礼拜自己相信的神。"②至于郑芝龙对基督教的信仰，西方殖民者更是颇为失望。他们认为："可以肯定的是，一官虽曾受洗，却无视基督教的戒律；因为葡人从未看见他对耶稣基督的信仰超过他对偶像的礼拜；他们也没有发现他做基督徒应做的事，尽管当时他在基督徒中生活，仍几乎没有迸发丝毫基督信仰的火花。相反地他们不记得他说过有关福音、圣礼的事，或者遵行过上帝和教会的戒律；他生活的方式根本不像基督徒。这个恶徒要么因思想落伍，要么出于无知，向耶稣基督和偶像都上香。"③事实上，此时，西方殖民势力已把郑芝

---

① ［西］帕莱福：《鞑靼征服中国史（1600—1650）》，何高济、吴翊楣译，中华书局2008年版，第67页。

② 同上书，第65页。

③ 同上。

龙判定为一个十足的异教徒，因此在对待与郑芝龙结盟的问题上，西方殖民者始终持一种机会主义的立场，即仅仅是相机利用而已。

西方殖民者还认为，郑芝龙出于自己的政治野心，对待大举南下的清军，他必定会奋起反抗，因为他只有战胜了鞑靼人，他才有望赢得统治中国的资格。

据帕拉福克斯记载，为了达到战胜鞑靼人的目的，郑芝龙曾想利用他与日本的传统联系，争取日本对他抗清斗争的支持。于是他派出专使前往日本，并向日本天皇呈递了请求日本出兵援助中国抗清的信函。

据帕拉福克斯记载，日本天皇给郑芝龙回了信，其答复如下："天皇陛下一向只与地位相等的帝王交往，若中国合法君主崇祯在需要时要求援助，（日方）可派遣大量精兵前往救援；若有其正统继承者提出要求，（日本方面）亦乐于如此做。但私人之请，他不能许。他朝内有负责政事的大臣，有事可通过大臣上奏。"① 这只是西方文献中有关郑芝龙争取日本对其抗清斗争的支持的一则记载，是否属实，还需其他资料来旁证。因为帕拉福克斯在《鞑靼征服中国史（1600—1650）》一书中对郑芝龙的记述并非都符合史实。比如，关于郑芝龙的最终命运，帕拉福克斯有如下的记述："不管怎样，我尽力打听，仍得不到有关的消息；我仅大略得知他参加了所有的大仗，没有在敌人面前逃跑；最后他不幸落入敌手，成为战俘，但我不能说明他是在战场上，或在某处防守时被俘的。可以肯定的是，他没有放弃职守，也没有自行投入敌人的掌心，面对敌人猛烈的进攻，他长时间英勇作战。"② 显然这只是帕拉福克斯对郑芝龙的最终命运的一厢情愿的演绎。所以帕拉福克斯所引用的资料只能作为一种参考。

通过帕拉福克斯提供的有关郑芝龙的信息，我们进一步认识到，西方殖民者一直试图把郑芝龙打造成他们的政治代理人，即期冀郑芝

---

① ［西］帕莱福：《鞑靼征服中国史（1600—1650）》，何高济、吴翊楣译，中华书局2008年版，第70页。

② 同上书，第72页。

龙有朝一日能成为一个代表西方利益的中国的最高统治者。他们不但有这种谋算，而且在一步步地予以实施。因此西方殖民者在中国王朝战争中的策略思想也应当成为我国学术界研究的一个重点。

帕拉福克斯所著《鞑靼征服中国史（1600—1650）》一书除了在论述明清王朝嬗变历史时期中国的外部环境方面独具特色之外，作为一个西方人，他对明王朝被鞑靼人征服的原因也提出了他自己的看法，这也是值得我们参考的重要之点。

三　帕拉福克斯论述鞑靼征服中国的原因

帕拉福克斯在《鞑靼征服中国史（1600—1650）》一书中，也曾从他的角度分析了鞑靼人所以能够成功地征服中国的原因。尽管在这场战争之初，帕拉福克斯对明统治者抱以同情的态度，但他逐渐认识到，即使是在战争伊始，清统治者较之明廷也有着更加清晰的策略思想和长远的谋略。对此，帕拉福克斯在《鞑靼征服中国史（1600—1650）》中写道："鞑靼王不仅留意和观望中国发生的事（指李自成起义），而且准备利用有利的时机。他决定只要抓住看来是冠冕堂皇的理由，那么他就可以光荣、体面地在中国各省大干一番，不背上僭位者的恶名。"①

随着战争进程的进一步发展，帕拉福克斯开始认识到，清军较之明廷的军队显得更加训练有素，也更为勇敢。反之，由于明王朝承平已久，不知居安思危，尤其是朝廷一向"重文轻武"，因此国家武备松弛，严重缺乏具有策略思想的将帅人才。临阵指挥作战的往往是那些不懂韬略的文人，因此这样的军队自然是不堪一击，以致清军"像洪流一样把阻挡潮水的一切东西冲毁"②。

此时的帕拉福克斯已经清楚地意识到，曾被他理想化了的明王朝已经沦落到不可救药的境地。在清军大举进攻面前，在崇祯的后裔

---

① ［西］帕莱福：《鞑靼征服中国史（1600—1650）》，何高济、吴翊楣译，中华书局2008 年版，第 21 页。
② 同上书，第 42 页。

中，除了像桂王"为保护百姓不受奴役已尽其所能"之外，其他明王室的所谓的正统的继承人，只知一味地争权夺利，毫不关心人民的疾苦和国家的命运。帕拉福克斯深信，要不是鞑靼人发现中国人因内讧成为一盘散沙，那么他们很难占领那么多省份。在那些省份，不止一个统治百姓的合法帝王，而是几个君主相互斗争，给全国带来极大混乱，人人都按己意，结党营私。特别是当鞑靼皇帝宣扬他们是秉承"天意"而来征服中国之时，明统治者中竟有人为了掩饰他们怯懦地降服于敌人的奇耻大辱，居然也附和这种"天命论"，这无异于在瓦解抗清队伍的斗志。[①] 至于像所谓的"绍武帝"，由于"不能克制急迫称王的欲望"，毫无作为地爬上"帝位"，而在 44 天之后即被亲信出卖而被清军斩首。帕拉福克斯用辛辣的笔触把"绍武帝"比作那个贪图虚名的摩尔王科迪弗（Cordivi），后者曾大言不惭地说："让我今日为王，哪怕明日死去。"[②]

当帕拉福克斯对明朝的统治者彻底失望的时候，在广州风起云涌的反清人民战争却使他的心灵受到极大的震撼，促使他开始从另一视角来审视中国社会。

下面我们将较为详尽地转述帕拉福克斯有关广州人民的抗清斗争的这段历史，这是因为在现有的一些中文史书中，虽然对于投降清军的原明朝将领佟养甲和李成栋在清占领广州期间的所作所为有些记述，但有关复明力量和"海盗"对广州的围困与争夺的记载，却显得过于简略。如《明季南略》仅简单做如下概述："羊城上下仍不克靖。潮阳界于闽漳，山海蒙箐，盗贼益炽。"这显然不能反映出广州人民反对清军入侵的波澜壮阔的斗争。

据帕拉福克斯的记述，在清军兵临广州城下之际，明朝的守军几乎是不战而降："广州城内有人，有武器，也有供应，拥有长期防守所必需的东西。尽管有这些有利因素，二十个鞑靼人便把它占领。他

---

① ［西］帕莱福：《鞑靼征服中国史（1600—1650）》，何高济、吴翊楣译，中华书局 2008 年版，第 44—45 页。

② 同上书，第 77 页。

们是走在军队前面的轻骑兵。仅几个人占领了偌大的广州城，在历史上这是没有先例的。"① 这段历史并非帕拉福克斯的凭空臆造，而是与中国典籍诸如《明季南略》，以及《国寿录》之中的记载，大体相符。帕拉福克斯在对这段不可思议的历史表示出惊愕之余，他终于认识到，这是人民对他们的统治者已经完全丧失了信任的结果，所以面对清军的攻势，广州人民居然毫无反抗意识和些许的斗志。

但这只是广州人民在感到自己被明统治者出卖后的最初愤怒情绪的极端反应。事实上，广州人民很快便重新振奋起斗志，他们抛弃了对明王朝的一切幻想，走上自救的反抗道路。由此，清军占领下的广州城便陷入了人民战争的汪洋大海之中。以"海盗"为核心的抗清游击队神出鬼没，使清军防不胜防。帕拉福克斯在《鞑靼征服中国史（1600—1650）》一书中记述说，"据信'海盗'有两千艘船，所以估计如一艘船仅载有 100 海员和士兵，那么这两千艘船上就载有 20 万人，这是一支可怕的海军，超过一般的舰队。这支大军的目的就在于从鞑靼统治下解救他们的祖国"②。

降清的将领佟养甲和李成栋调动一切力量想尽速将围困广州城的复明力量和"海盗"镇压下去。然而帕拉福克斯指出，要想制服"海盗"是徒劳的。"海盗"因清军的暴行而再度围攻广州城，他们变得更加强大，人数更多。守城的清军每摧毁一艘"海盗"船，那么会返回 30 艘"海盗"船；每杀死一个"海盗"，会返回 100 个或 200 个"海盗"。帕拉福克斯根据真实的报道指称："海上和江上都布满船只和人，武装人员如雨点自天降落。有些人逃奔海盗以求庇护，不忍再看到他们的同胞遭受酷刑；另一些人为他们父母、子女、近亲之死，为丧失家园，为他们妻女、姊妹遭强暴去报仇雪恨；还有无数人去投奔海盗，因为他们不堪忍受压迫，寻求自我解脱，宁愿去战斗而死，不愿过苦难的日子。他们希望至少在海上得到暂时的自由，喘一口

① ［西］帕莱福：《鞑靼征服中国史（1600—1650）》，何高济、吴翊楣译，中华书局2008 年版，第 78 页。

② 同上书，第 80、111—112 页。

气，他们没有失望，能够干一番事业，最后向鞑靼人复仇"。至此，帕拉福克斯深信："如果中国人受到军事纪律的训练，他们可以是好士兵，跟其他国家的士兵一样。他们一般都强壮灵活，能吃苦耐劳，愿受雇佣，绝不偷懒，与鞑靼接壤诸省的人尤其是这样，他们大多参加过战争，这是几个欧洲人谈到的事。"①

尤其是一位被清军俘获的明朝军官面对清朝官吏的酷刑拷打而仍能保持民族气节的形象，给帕拉福克斯留下了深刻的印象。

当清军逼使他供出"同谋者"时，这位军官"不在乎施加的酷刑，忍受极大的折磨，大胆对他们说：他们的拷问是徒劳的，他决心忍受酷刑，甚至不怕牺牲性命，如果他为他的君主和祖国尽忠，他愿有多少生命就死多少次，不仅死一次"。守城的清军总督把他的妻儿带到他面前，威胁说如果他不交代"共谋者"，就当场杀掉他们。但这位军官却表示，为了不让自己的儿子做一个屈辱的奴隶，他宁愿亲自将自己的儿子杀死。

显然，帕拉福克斯为这位军官的凛然正气所震撼。他把这位被俘的军官与罗马帝国时代的英雄卡图（Cato）进行了比较：卡图有自杀的足够勇气，却没有勇气忍受其子被恺撒所杀。相反的，他把儿子送交给恺撒，向这个独裁者表示说，他本人已选择死，因为自己长期生活在自由联邦之中，不堪生活在暴君统治之下；至于他的儿子年龄尚幼，可以逐渐地习惯被奴役的生活。因此他把儿子送给恺撒，希望接纳他儿子为部下。显然这位中国将官较之卡图有着更高的精神境界和更加无畏的气概。帕拉福克斯在将上述两位英雄对比之后，他不无赞扬地表示，"中国在最后的苦难中涌现出了几个比卡图更了不起的人物"②。

广州的战争使帕拉福克斯对中国人民身上所孕育的巨大潜力再度有了信心。那么，中国人民应当如何将这场王朝战争进行到底，以重

---

① ［西］帕莱福：《鞑靼征服中国史（1600—1650）》，何高济、吴翊楣译，中华书局2008年版，第123—124、131—132页。

② 同上书，第123—124、143—144页。

新求得解放？帕拉福克斯认为，中国人最好是让鞑靼人在享受中国的荣华富贵的过程中，渐渐地消磨掉他们的战斗意志，诱使他们疏于防守，甚至撤走他们的大军。那时鞑靼人将变得不再像从前那样不可战胜。中国人只有暂时容忍，才能避免（像元代那样）遭受长达80年的（异族）统治。反之，中国人的激烈反抗必然会激起鞑靼人再度征战的勇气，会使他们变得更加勇猛凶狠。因此，帕拉福克斯认为这种反抗性的斗争，"这不是复国之道，反而永远不能从压迫与奴役中解放"。帕拉福克斯所以有这种"韬光养晦"的想法，这是因为他总结了西班牙的历史经验：一个民族处于逆境时，应当忍耐，以等待再生的时机。[①]

历史上，摩尔人（来自北非的阿拉伯人）对西班牙曾进行了长达8个世纪的统治，并严重地破坏了这个国家，使它陷于悲惨的境地。但它却再度恢复了元气。因为当摩尔人向哥特人（系指来自欧洲的"蛮族"）发动战争时，西班牙趁机复苏，甚至达到它的历史上辉煌的顶峰。帕拉福克斯总结道："世界上只有一只凤凰，那就是有能力从废墟中重新站立的西班牙，而且它的再生是在毁灭它的力量仍然存在的时候。据说凤凰在火中重生。它在火中死亡，却接受新生命，而且，只能从它自身的灰烬中苏醒，从火葬的薪材中它的羽毛闪耀着祖母绿和红宝石的光彩。西班牙也是这样从自身的灰烬里，从焚毁它的余烬里获得新生和复活。"[②] 这位曾经试图从明王朝的统治经验中汲取可供西班牙借鉴的经验教训的帕拉福克斯，而今却希望把西班牙的"再生"经历介绍给中国，希望中国能走西班牙走过的"复兴之路"，并最终成为像西班牙那样的"凤凰"。

但终究中国不是西班牙。中国最终用自己的方式结束了"鞑靼人"对中国的统治。

[①] ［西］帕莱福：《鞑靼征服中国史（1600—1650）》，何高济、吴翊楣译，中华书局2008年版，第123—124、148—149页。

[②] 同上书，第149页。

四　帕拉福克斯《鞑靼征服中国史（1600—1650）》一书的影响

如前所述，帕拉福克斯写作《鞑靼征服中国史（1600—1650）》一书的目的主要是希望通过明清王朝更迭的历史，来总结明王朝被鞑靼人征服的原因，并从中引申出对西班牙富有启发性的经验教训。显然，他对中国的关注点已从围绕中国礼仪的性质的研究转到了对中国社会的总体认识上，从而构成那一时代拉丁美洲这个"礼仪之争第三个论坛"的新特点。

帕拉福克斯有如欧洲的启蒙学者一样，一直把明代的中华帝国理想化。他认为明朝的末代皇帝崇祯是一位非常温和、善良的人，居民在他的"仁政"的治理下，享受着和平之福。而此次发动叛乱的两个首领李自成和张献忠正是利用了这位君主不能居安思危的重大失误，即：对君主来说，仅凭善良、温和、稳妥的治理是不够的，除非他同时怀有戒备之心，特别是对那些心怀叵测的大臣，他们正是利用了皇帝的轻信，为满足他们的私欲，导致野心的无限膨胀。事实上，崇祯皇帝所以没有全力去平息这次叛乱，很可能是守卫疆土的那些将官所上报的消息和军情，根本没有上达到宫廷之中，以致未为皇帝所耳闻。国家的大臣、朝廷的官员对皇帝封锁了消息，以便利用皇帝温良的性格，准备出卖国家和皇上。由于帕拉福克斯把崇祯皇帝看作一位对人民施以"仁政"的贤君和由于对大臣的轻信而遭到背叛的悲剧性人物，所以在描述崇祯自尽的过程中，帕拉福克斯对崇祯皇帝表示出一种同情和愤恨不平："但现在，可怜的君王，他发现自己被困于皇宫，相信（自己）已被出卖，他既无路可走，所以决定只有庄严勇敢地以死了结生命。"① 显然，帕拉福克斯在这里把崇祯皇帝过于理想化了。又由于他对明末农民大起义爆发的真正的社会原因缺乏深刻的认识，所以把明朝被推翻的原因仅仅归结于皇帝的轻信和大臣们的卑鄙

---

① ［西］帕莱福：《鞑靼征服中国史（1600—1650）》，何高济、吴翊楣译，中华书局2008年版，第25页。

无耻和忘恩负义，这显然是把一场社会大变革做了过于简单化的解释。

帕拉福克斯写作《鞑靼征服中国史（1600—1650）》一书固然是为了记述明清王朝嬗变的这段历史，但更重要的是他一直试图通过《鞑靼征服中国史（1600—1650）》一书来总结明朝覆灭的历史教训并为西班牙提供有益的借鉴。事实上，帕拉福克斯始终坚持他的中国观，即中华帝国是个伟大的国家，它之所以遭到颠覆不是因为它已病入膏肓，而是有病没有及时治愈："中国人有如一个病人，他感觉到生病，但讳疾忌医，所以没有医治。可以说他已濒临死亡，采取任何行动或做任何事都已为时过晚，只有眼见自己不可避免的毁灭。轻微的痛，如果对其忽视，往往证明是致命的。但在这里危险的结果已经显现，应当一开始就给予救治。所以中华帝国不能说是失于不治之症，而是失于没有及时对症下药；令人一直担心的是，这个一贯疏于治理的国家，常常有毁于类似灾难之危。"[①]

那么西班牙如何才能自救，而不重蹈明王朝覆灭的覆辙？帕拉福克斯在对明王朝鼎盛时期政治体制进行叙述时，事实上已把他自己的政治理想倾注在其中了，即只要西班牙国王推行如帕拉福克斯本人所描述的明王朝鼎盛时期所实施过的那种开明的政治体制，西班牙就能重振往日的光辉。从这一点来看，帕拉福克斯可以说是与18世纪欧洲的那些启蒙学者具有同样的时代精神，并一起融入东西方文明交汇的大潮之中。

事实上，在明清王朝更迭的年代，就在帕拉福克斯关注这一历史巨变的同时，在欧洲也许有着更多的学者也同样在关注着明清王朝所经历的这场巨变。在欧洲"中国热"蔓延的年代，也正是法国、英国和德国的启蒙思想家高举理性批判的旗帜向封建主义发起攻势的年代。通过西方来华传教士对中华帝国以"仁"为核心构筑起来的儒家

---

① ［西］帕莱福：《鞑靼征服中国史（1600—1650）》，何高济、吴翊楣译，中华书局2008年版，第30—31页。

人文主义思想体系和伦理道德准则的介绍，以及对于在上述基础上所建立起来的和谐与繁荣昌盛的社会全景的描述，无不给欧洲的启蒙学者以极为有益的启迪和激励。这些启蒙大师在表示出对华夏文明尊重和向往的同时，他们又进一步将中国理想化，再以中国为典范，在理性的高度上，对现实欧洲的专制统治制度进行了无情的批判，从而在一定程度上推动了欧洲启蒙运动的发展。

对于那些推动了"中国热"的启蒙学者来说，被他们视为欧洲学习"典范"的中华帝国竟突然在朝夕之间被鞑靼人所颠覆，这不能不引起他们的震惊和迷惘；同时，这也不能不激起他们对欧洲未来发展方向的思考。所以他们也像帕拉福克斯一样急于了解明清王朝更迭的这段历史。

对于西方传教士来说，到明末，天主教传教运动有了较为平稳的发展，皈依基督教的中国教徒也不断有所增加，那么征服了中国的鞑靼人，对于西方天主教会将会持何种态度，这自然是在华传教士和罗马教廷十分关心的问题。

因此，意大利来华耶稣会士卫匡国讲述明清王朝战争这段历史的《鞑靼战记》（*De Bello Tartarico*）一书从 1654 年问世直至 1674 年，在短短的 20 年间竟然再版了 21 次，足可说明其受关注的程度。

在帕拉福克斯去世后，他的族人在帕拉福克斯的遗稿中发现了这部《鞑靼征服中国史（1600—1650）》的手稿，于是这位族人在马德里将这部手稿交给了一位法国友人，请他将其译为法文发表。这样，《鞑靼征服中国史（1600—1650）》一书的法文译本于 1670 年出版。其后，戈德必（W. Godbid）和皮特（M. Pitt）则根据这个法语译本将《鞑靼征服中国史（1600—1650）》一书译成英文，并于 1671 年在伦敦出版。可见帕拉福克斯的这部《鞑靼征服中国史（1600—1650）》的时代影响力。

我们还想提及一点，与帕拉福克斯的《鞑靼征服中国史（1600—1650）》几乎同时在欧洲刊行的还有一部由耶稣会传教士鲁日满编撰的《鞑靼中国史》（*Historia/Tartaro Sinica*）。

由于"历狱"期间，鲁日满曾被押解到北京并在礼部受审，后又被流放到广州，因此他对鞑靼征服中国的这段历史和"历狱"的整个过程都比较熟悉。所以在"历狱"平反后，南怀仁委托鲁日满撰写一部记述从顺治朝直至康熙初年有关中国战争和"历狱"始末的著述。于是鲁日满遂在广州用拉丁文写成《鞑靼中国史》一书，1668 年脱稿，1672 年由同会教士自拉丁文译为葡文，题为《1659—1666 年中华帝国政治和宗教状况概述》（*Relacam do Estado Politico e Espiritural do Imperio da China*，*pellos annos de* 1659 *ate o de* 1666），并在里斯本出版。这样，三部关于鞑靼征服中国的历史著述先后在西方出版，这足以说明西方人对中国明清嬗变这段历史的重视。

　　帕拉福克斯于 1649 年返回西班牙，并于 1655 年被任命为奥斯马（Osma）教区大主教，直至 1659 年辞世。

　　基于帕拉福克斯在学术上及执政能力上的成就，万济国曾建议罗马教廷任命帕拉福克斯为中国教区的主教，以取代教宗对罗文藻的任命。[①] 但终究罗文藻的地位不容动摇，所以万济国的建议未被教宗所接受。

　　1762 年，他的 15 卷集的《帕拉福克斯著作全集》在马德里面世。

　　至于帕拉福克斯作为一个在新西班牙历史上有所建树的宗教界和政界精英，即使是在当代，也不乏有人对其做出新的历史评价。前任教宗本笃十六世便决定于 2010 年为帕拉福克斯举行"宣抚礼"。

　　但令中国学术界高兴的是，帕拉福克斯的这部汉学名著《鞑靼征服中国史（1600—1650）》一书已由何高济和吴翊楣从英文译成了中文，并于 2008 年由中华书局出版。而且鲁日满所著《鞑靼中国史》一书和卫匡国所著《鞑靼战记》一书也均由何高济译成中文，并附录在《鞑靼征服中国史（1600—1650）》一书中。

　　我们深信，帕拉福克斯汉学研究中的成就及他在"礼仪之争"中

---

　　① ［西］何塞·玛利雅·贡萨莱兹：《首位中国人主教罗文藻》（José María González，*El primer obispo chino*：*Excmo. Sr. D. Fray Gregorio Lo*，*o López*，*O. P.*），西班牙潘普洛纳 OPE 出版社 1966 年版，第 112 页。

的历史地位和作用，必将得到学术界进一步的研究和评价。

第六节　方济各会传教士石铎琭在中西文化交流中的历史贡献

在西班牙汉学家中，石铎琭（Pedro de Piñuela，1650—1704）是唯一一名成长在墨西哥而又亲身到过中国传教，并能用中文从事宣教著述写作的方济各会传教士。石铎琭对汉语语法有着精深的研究，他曾对万济国的《华语官话语法》手稿详加增订并最终使之刊刻问世。由此，《华语官话语法》遂成为西方第一部系统论述汉语语法的著作。石铎琭所著《本草补》一书，向"中邦"介绍了"域外"的诸种药物和药方，由此受到那一时代中国药学家的欢迎，并使石铎琭成为促进东西方医学交流的先行者之一。下面将对石铎琭的生平及其在中西文化交流中的作用和影响做一概述。

一　石铎琭的生平及其在华传教历程

石铎琭（字振铎）1650 年出生在新西班牙（墨西哥）的首府墨西哥城，后加入方济各会并在修道院中攻读神学。

此时，在太平洋彼岸的中国，方济各会的在华传教运动业已取得相当大的进展。

1650 年，西班牙方济各会修士利安当在济南建立起方济各会在华的第一个会院。随着传教事业的不断扩大，利安当深感急需后援力量的支持和足够的资金以扩展传播福音的规模。于是利安当于 1662 年委托同会的文度辣返回西班牙，设法解决上述难题。

文度辣返回西班牙以后，四处奔波，终至获得西班牙王室每年给予济南会院 1500 比索经费的许诺，同时文度辣还招募到 8 名年轻的志愿者随同他前往东方。于是 1672 年文度辣一行从西班牙乘船来到新西班牙。途中，有两名志愿者不幸病故。

在新西班牙，文度辣惊悉深陷"历狱"之灾的利安当已于1669年在广州病逝。所以他急于返回中国，以继续利安当在济南开创的事业。为了扩充与他同行的方济各会传教士的队伍，文度辣又在新西班牙招募到两名有志到东方传教的年轻人与他同行，其中之一，就是石铎琭。

1672年，文度辣带领石铎琭一行抵达菲律宾以后，由于他急于北上山东，便将石铎琭留在当地的修道院中，继续他的神学课程的学习。在其后的4年中，经过严格的神学进修和艰苦的传教实践之后，石铎琭终于被晋升为神甫，从此有了传经布道的资格。

1676年2月，石铎琭和同会的傅劳理（华德美，Michel Flores）获得方济各会上峰的批准，从菲律宾前往中国传教。同年6月20日，石铎琭和傅劳理两人乘船到达厦门，然后潜入泉州，并由罗文藻将他们迎接到顶头。在这里，石铎琭与先期抵达的西班牙方济各会传教士利安定（Augustinus a Paschale，1637—1697）相遇。

利安定（字惟止）是继利安当之后方济各会在华传教团中又一位具有开拓精神的传教士。1637年，他出生于西班牙马拉加省的马拉贝雅镇，1656年加入方济各会，1665年与其他28名传教士一道离开西班牙，途经墨西哥，前往菲律宾传教，并于1666年抵达马尼拉。后出于传教的需要，1670年利安定奉派又来到爪哇岛的巴达维亚传播福音。在这里，他获知中国康熙皇帝当政后，"历狱"已经得到平反，不但汤若望、南怀仁、安文思和类利思等耶稣会士的冤案得到了昭雪，而且包括利安当在内的其他受到"历狱"牵连的传教士也都获准返回各自的本堂继续传教。所以利安定立即决定尽快经澳门北上山东，以协助利安当扩大方济各会的在华传教运动。很显然，当时利安定尚不知道利安当已于1669年在广州病逝的消息。

利安定来到澳门后，他的北上计划却受到耶稣会的阻拦。于是利安定与多明我会的万济国商定，先到福建多明我会的传教区立足，然后再伺机谋求前往山东。

1672 年 9 月 2 日，利安定与万济国来到了福建。当时恰值清军在福建发动平定靖南王耿继茂的战争，致使北上的道路受阻，因此利安定和万济国只得先留在福建传教。在此后的 5 年中，利安定的传教活动收获颇多，并在宁德建立起方济各会在福建的第一个会院。①

1676 年，石铎琭来到利安定的身边。在共同的传教活动中，石铎琭所表现出来的独立工作的能力使利安定有了将石铎琭单独留在福建传教，而他本人抽身前往山东的想法。于是他带领石铎琭在以宁德为中心的传教区内，一方面，让他在民众中传播福音，以熟悉中国社会的民俗和民情；另一方面，利安定鼓励石铎琭尽快掌握中国的语言，因为这是在中国传播福音的最基本的条件。十分幸运的是，石铎琭得到了恰好也在福建的万济国的指教。

万济国是一位天才的语言学家。在从师万济国学习汉语的过程中，石铎琭从万济国编写的《华语官话语法》（手稿）中受益匪浅。再加上石铎琭个人的勤奋努力，他不但很快学会了汉语，而且能用中文写出一些传教之著，并得到很好的评价。

利安定见石铎琭已完全有能力独自承担起福建省的传教工作，便于 1677 年 9 月 9 日开始北上济南，以便将利安当开创的事业能继承下来。

利安定北上后，石铎琭又与身在广州的他的精神导师文度辣建立起联系。

文度辣再次来华后，便设想以广州为方济各会中国传教团的总部，以澳门为依托，以马尼拉为大本营，并使山东、江苏、浙江、江西、福建和广东几省的方济各会会院能连成一片，从而开创出方济各会在华传教事业的新局面。由于文度辣的宣教业绩斐然，他先后被任命为方济各会中国传教团的会长、中国传教省副会长和会长等职务。

<hr />

① 参见［美］安东尼奥·西斯托·罗索《墨西哥来华传教士石铎琭及其著作》（Antonio Sisto Rosso, *Pedro de la Piñnela, Mexican Missionary to China and Author*），《方济各会研究》（*Franciscan Studies*）1948 年第 8 卷第 3 期，第 250—254 页；崔维孝《明清之际西班牙方济会在华传教研究（1579—1732）》，中华书局 2006 年版，第 242—248 页。

由于石铎琭是文度辣亲自从新西班牙带到东方来的传教士，所以他对石铎琭格外器重。当时在福建孤身奋战的石铎琭认为，以宁德为中心的方济各会传教区与以福安为中心的多明我会传教区多有重叠之处，容易引起冲突，于是在征得文度辣的同意后，石铎琭将方济各会福建传教区的中心从宁德转移到将乐，然后再谋求从这里向四周辐射。

石铎琭从 1676 年至 1685 年在福建传教近 9 年，先后在挈口、将乐、泰宁和建宁等地建立起 4 处会院，被他施洗的中国教民达 423 人。专事西班牙方济各会史研究的学者崔维孝对石铎琭在福建的传教业绩曾做过如下的评价："如果说利安定是继利安当之后方济（各）会福建教区的开拓者，那么石铎琭神父则应该被认为是这一教区的巩固者和拓展者。"[①]

1685 年 5 月，石铎琭被教廷传信部指派来华的宗座代牧主教伊大任（Bernardius della Chiesa，1643—1721）遴选为自己的秘书和译员，由此石铎琭陪同伊大任在广东、江西、福建、浙江、江苏和湖广等地做巡回视察。1686 年 2 月，石铎琭跟随伊大任返回广州后，为落实文度辣提出的开创方济各会在华传教新局面的设想，他又立即奔赴潮州去开辟新教区。1687 年，石铎琭又奉派前往江西省的南安。这里尚没有一个基督徒，一切都需从头做起。经过 6 个多月的努力，石铎琭便发展了 160 个男女信徒。在接续的 6 年中，他在江西为千余名中国教徒施洗，可以说在方济各会中国传教团中，石铎琭取得了骄人的成绩。[②]

1694 年，石铎琭曾返回福建，希望在此再度创业。但他被江西教民所挽留，只好仍回到江西宁都继续在那里传教。到 1698 年，他又

---

① 崔维孝：《明清之际西班牙方济会在华传教研究（1579—1732）》，中华书局 2006 年版，第 251 页。

② 参见［美］安东尼奥·西斯托·罗索《墨西哥来华传教士石铎琭及其著作》（Antonio Sisto Rosso，*Pedro de la Piñuela*，*Mexican Missioary to China and Author*），《方济各会研究》（*Franciscan Studies*）1948 年第 8 卷第 3 期，第 250—254 页；崔维孝《明清之际西班牙方济会在华传教研究（1579—1732）》，中华书局 2006 年版，第 256—259 页。

在此地创建了一座新会院。

　　由于石铎琭一向埋头苦干并成绩卓著，1699 年，在马尼拉省教区的代表大会上，他被选举为方济各会中国传教团会长。实际上，石铎琭在方济各会的内部，被普遍认为在他的身上体现了方济各会的理想，他的基本品德也得到了公认：他是一个温和与宽容的人；他是一个谦卑和忠诚的教徒；他是一个热忱和机敏的传教士；他为人总是表里如一；他对自己的信徒永远慈悲为怀；他对他同教的弟兄，从来都是充满爱心；对上级他从不违抗，即使是他受到委屈和伤害。石铎琭对自己事业的执着，使他从不卷入任何的是非和争论。他也因此给人留下一种"形孤势单"①（"Solo como un esparrago"）之感。

　　1700 年，石铎琭奉调来到澳门，负责方济各会南方会院与方济各会北方会院之间的协调工作。此时，方济各会在山东的教务已经有所恢复并取得新的进展，这与利安定开创性的工作是分不开的。随着方济各会在山东的传教活动日趋活跃，因此利安定十分渴望与方济各会在南方的会院加强联系。②

　　石铎琭十分理解利安定的愿望，考虑到山东方济各会所面临的新的发展机遇，于是他从 1700 年起，奔波于江西、福建和广东 3 省之间，希望把方济各会南方各会院连成一片之后，再与方济各会山东会院之间打开一条联络的通道。为达此目的，石铎琭进而选择在中国处于居中位置的江西赣州来开展宣教工作。两年后，石铎琭又北上，来到地理位置更加优越的南京。但这时他不幸患病，只好回到广州的方济各会杨仁里福音堂医院去治病。

　　1703 年，石铎琭自感病体已有所恢复，遂再度返回福建，并于1704 年在厦门附近的漳州建立了一座教堂，这里是与马尼拉进行直接

　　① ［美］安东尼奥·西斯托·罗索：《墨西哥来华传教士石铎琭及其著作》（Antonio Sisto Rosso, *Pedro de la Piññela, Mexican Missiorary to China and Author*），《方济各会研究》（*Franciscan Studies*）1948 年第 8 卷第 3 期，第 250—254 页；崔维孝《明清之际西班牙方济会在华传教研究（1579—1732）》，中华书局 2006 年版，第 260 页。
　　② 参见崔维孝《明清之际西班牙方济会在华传教研究（1579—1732）》，中华书局 2006 年版，第 252—255 页。

联系的最佳地点。而在福建与马尼拉之间建立起直接的联系又正是文
度辣当年为方济会设计的远景规划中的重要一环。

文度辣已于 1691 年 10 月 11 日在广州城外方济各会杨仁里福音
堂中去世。实际上，石铎琭选择漳州建立这座教堂，也是为了纪念他
的导师文度辣。而也就在 1704 年，石铎琭病逝于潮安，时年 54 岁，
在会 28 年。[1]

二 石铎琭来华后所实施的传教策略

"历狱"平反后，在华天主教各修会都认识到在中国这个具有独
特的历史与文明的国家，若想取得宣教事业的成功，必须遵循沙勿略
所倡导的"适应"策略，也即在中西文化的调和中隐步地渗透天主教
的教义。特别是 1645 年英诺森十世颁发的"圣谕"和其后 1656 年亚
历山大七世颁发的"圣谕"，尽管两者的观点相异，但后一"圣谕"
并没有宣布前一"圣谕"为错误，或予以废止。这样就为在"礼仪之
争"中持不同观点的传教士采取折中的立场提供了空间。于是在华的
各个修会之间，开始出现相互宽容相待的氛围。这就是石铎琭来华时
天主教在华传教的时代背景和氛围。

具体到石铎琭，他来自新西班牙这一印第安人的文明摇篮，而且
即使是在被西班牙殖民者征服以后，新西班牙仍是印第安人人口最为
集中的地方。因此，如何调整西班牙人和印第安人之间的矛盾始终是
新西班牙最核心的社会问题。特别是拉斯·卡萨斯与塞普尔维达之间
围绕印第安人人权的大辩论，以及帕拉福克斯在"礼仪之争"中的立
场，尤其是石铎琭的精神导师文度辣对中国国情的深刻认识，所有这
些因素对年轻的石铎琭都有着不小的影响。所以石铎琭来华后，很快
在尊重华夏文明与维护中国人的基本人权方面，找到了切入点，即他

---

① 参见［美］安东尼奥·西斯托·罗索《墨西哥来华传教士石铎琭及其著作》（Antonio Sisto Rosso, *Pedro de la Piñuela, Mexican Missiorary to China and Author*）,《方济各会研究》（*Franciscan Studies*) 1948 年第 8 卷第 3 期，第 250—254 页；崔维孝《明清之际西班牙方济会在华传教研究（1579—1732）》，中华书局 2006 年版，第 261—262 页。

把耶稣会在华传教的成功经验，以及他所属的方济各会的某些优良传统都融入他自己的传教方法当中，从而取得传教事业上的成功。

首先，石铎琭在深入广大农村与山区传播福音的同时，他也曾致力于结交中国上流社会的文人雅士。如刘凝（1620—1725），他是江西南丰人，为地方名流。由于一生未获功名，所以常有不得志之感。1673—1681 年，在康熙平定三藩之乱的过程中，刘凝的家乡已"城郭空虚，弦诵久歇"。在民不聊生的情况下，刘凝遂极力在家乡兴学和倡导移风易俗诸善举。但他心中时感空虚，所以常和在当地传教的石铎琭交往，并在石铎琭的引导下皈依了天主教。其后，石铎琭遂借助刘凝在地方上的声望，使他介绍西方医学的著作《本草补》得以刊刻。由于石铎琭请刘凝为《本草补》作序，从而增加了该书的社会影响力。

其次，石铎琭也仿效耶稣会的传教方法，通过赠送西方珍稀礼品结交中国的地方官员，以争取他们对其传教事业的庇护与支持。在石铎琭初识中文的时候，他已开始携带西方礼品拜会中国的官员了："来到这座教堂之后，我决定前去拜会当地的官员，尽管我的中国话说得不怎么好，但礼节用语却学了很多，而且首要的是必须要使用它们。我拜访了两位政府官员，两位武官，我觉得一切都进行得非常顺利。他们所有的人都接受了我赠送的礼物，最少的那一位也收到 3 件。后来，他们回访了我，尽管回赠的东西少，但我也接受了。现在我可以自由地行使我的职能。"① 正是有了中国官方的庇护与支持，石铎琭的在华传教事业才得以一路顺风发展。

再次，刻苦学习中文，致力于用中文书写宣教之著。来华后，石铎琭由于师从万济国，并能刻苦学习中文，所以他的中文水平进展神速。后又开始致力于用中文从事布道经文的写作。在来华的方济各会传教士当中，石铎琭是用中文从事宣教读物写作最为成功的一位。据统计，他著有《初会问答》《默想神功》《永暂定衡》《大赦解略》《哀

---

　　① 转引自崔维孝《明清之际西班牙方济会在华传教研究（1579—1732）》，中华书局2006 年版，第 413 页。

矜练灵说》《听弥撒凡例》《圣教启蒙指要》《本草补》《圣方济各会第三会会规》《华语官话语法》（增订）和《圣母花冠经》等多种著作。这类著作对基督教教义所做出的通俗性解释对于扩大方济各会在中国社会中的影响起到了重要的作用，因而石铎琭的一些著作被一再刊刻。像《初会问答》一书，其内容是传教士乘中国客人来访之机，向其阐释天主的万能、天主的唯一性、天主创造人并有使他们幸福的神能、天使与魔鬼的属性、人灵魂的永生、人负有尊崇"主"的义务及佛教轮回说的虚妄性等。书中的传教士还着重说明"西儒"（西方传教士）来华的目的、他们的学说的真谛，以及（对天主教感兴趣的中国人）如何才能加入天主教和避免堕入地狱等。石铎琭的这部《初会问答》首刊于1680年，后于1696、1699、1703、1822、1903、1926、1928和1941诸年相继多次刊刻，可见其社会影响之大。①

最后，石铎琭始终把宣教活动与为平民治病相结合。由于方济各会从创立之初起，便致力于在向贫苦大众传播福音的同时，也对那些处在病痛之中的芸芸众生施以医疗救治，因此在方济各会内部逐渐形成了传播福音与救治病人相结合的传统。

在方济各会的传教范围扩大到新旧大陆的广阔地区之后，方济各会传教士在传教之余，不但要立足解除从教者的病痛，而且有时还要为自己的同伴甚至自己治病。因此，方济各会要求其传教士一般都应掌握一定的医学和药物知识。甚至一些来华的方济各会传教士本身就是医生。比如，1637年来华的方济各会传教士马可士（Juan de San Marcos）便是一位外科医生和药剂师，他曾在菲律宾方济各会的医院里接受过医疗和护理的培训。另一位方济各会传教士阿脑伯（Onofre Pelleja de Jesus）则是一位外科医生。他们来华后，经常深入偏僻的农村或山区，一边传播福音，一边为贫苦农民看病，即在华传教的过

---

① 参见［美］安东尼奥·西斯托·罗索《墨西哥来华传教士石铎琭及其著作》（Antonio Sisto Rosso，*Pedro de la Piñuela，Mexican Missionary to China and Author*），《方济各会研究》（*Franciscan Studies*）1948年第8卷第3期，第250—254页；崔维孝《明清之际西班牙方济会在华传教研究（1579—1732）》，中华书局2006年版，第263—273页。

程中，他们继承和发扬了方济各会传播福音与救治病人相结合的传统。他们的这种传教方式很受中国民众的欢迎，一些接受过他们救治的病人在康复后，有的甚至怀着感恩之心而皈依了基督教。正如方济各会传教士艾佳良（Francisco de Jesus Escalona）所说："在上帝的圣堂里，行医治病是最温柔、最有效的吸引众生灵改变宗教信仰的方法，有时它所带来的益处远远胜过神学的说教。"① 可以说，将传播福音与医治疾病相结合的传教方式为方济各会在华传教的成功开辟了一条十分有效的途径。

文度辣出于来华途中他的同行弟兄死于疾病的痛苦体验，所以他格外重视方济各会传教士在医学技能方面的培训。尤其是和来华耶稣会士相比较，在传播天文、数学等西方科学知识方面，方济各会自知稍逊一筹，所以方济各会中国传教团决定发挥自己在医学方面的优势，以扩大其在中国社会中的影响。

1672 年文度辣重返中国后，便率先在澳门开设了一家西药房；继而又于 1678 年在广州杨仁里福音堂内开设了方济各会在中国内陆的第一家西式医院，并集门诊、药房和病房于一体。由于阿脑伯等传教士医术高超，他们不但能诊治一般内科病证，而且将西医外科医术带入了中国，因此他们很快便在中国的民众中赢得了声望，甚至连皇室的成员也前来求医，还有的高官向方济各会的医师索要名贵药品，希图进献给皇帝以求圣宠。②

石铎琭来华后，也遵循着方济各会的上述传统，一边在民众中宣传福音，一边为患者治病，正如刘凝在《本草补》的"序"中所说："泰西石振铎先生，微言眇论，剔人聋瞽。又以其绪余，辩物表用，攻人膏肓。"③

---

① 转引自崔维孝《明清之际西班牙方济会在华传教研究（1579—1732）》，中华书局 2006 年版，第 132 页。

② 同上书，第 204—232 页。

③ 转引自［比］钟鸣旦、杜鼎克编《罗马梵蒂冈档案馆藏明清天主教文献》第 12 册，中国台北利氏学社版，第 107 页。

出于在民间治病的客观需要，石铎琭乃将"见闻所及，汇为一帙"，此即为《本草补》。其目的是将"简易而切要，裨于人而捷于效"的域外药物向"中邦"做一介绍，以扩大方济各会在中国社会中的影响。[①] 因此，《本草补》在药物的选择上首先体现了"民间化与大众化"的特点，即便于在民间普及。其次，《本草补》在药物的选择上还体现了一种"多源性"特点，即石铎琭把方济各会传教士在五湖四海各地收集到的具有普遍适用性的药物写入了《本草补》之中。也正如刘凝在"序"中所示："观此编所录，有中邦所无，今携来种艺，如香草、臭草者；有来自外国，非中邦本土所产，如吕宋（即今日'菲律宾'）之加乞弄果，以西把尼亚国（即今日'西班牙'）之避惊风石，与泰西（泛指西方国家）多国之锻树皮者。"[②] 这也表明，石铎琭希望通过对产于不同地域的药物的介绍，用来彰显方济各会的传教范围之广和其影响之大。出于同样的目的，石铎琭还曾在《本草补》中在论及"吸毒石"一药时，引用了"南敦伯（怀仁）先生"所著《吸毒石原由用法》一书的部分内容。还有一点值得注意，即《本草补》选用的药方一般偏重于"实用性"，甚至用一些唾手可得的污秽之物当作治疗手段。比如，为了治"小儿痘疹不出者"，石铎琭提供的药方竟建议用人的粪便作催吐剂，"取大粪之鲜者，热汤搅烂，布滤去粗（渣），入白糖以掩其气味。服后或毡或絮被裹之，任其呕吐，即出矣。凡在壮年，痘尤难出，急以此方治之"。故刘凝在"序"中也不得不说："至于最污秽，人所见而笑焉者，亦在所录。"[③]

那么，为什么石铎琭要选在 1697 年将他早已完成的《本草补》书稿刊刻问世呢？我们想这很可能与耶稣会士用金鸡纳霜治愈了康熙皇帝的疟疾痼疾有关。

---

① 转引自［比］钟鸣旦、杜鼎克编《罗马梵蒂冈档案馆藏明清天主教文献》第 12 册，中国台北利氏学社版，第 108—109 页。

② 同上书，第 109 页

③ ［比］钟鸣旦、杜鼎克编：《罗马梵蒂冈档案馆藏明清天主教文献》第 12 册，中国台北利氏学社版，第 107 页

1638 年，由于耶稣会士在秘鲁发现金鸡纳霜有治愈疟疾这一顽症的疗效，于是开始用金鸡纳霜治疗疟疾并取得很好的效果，因此金鸡纳霜也被称作"耶稣会士树皮"。在那一时代的欧洲，每一升金鸡纳霜与一升黄金等价。来华耶稣会士将这种贵重的药材引进中国，其目的本来是希望借助金鸡纳霜治疗疟疾的神奇效果来提高耶稣会在中国社会中的声望。但出乎他们意料之外的是，第一位接受金鸡纳霜治疗疟疾的竟是康熙皇帝！据史载："康熙三十二年（1693）五月，圣躬偶感疟疾，张诚、白近（晋）、洪若（翰）进金鸡那（纳霜）。上派四大臣试验，给疟者服之，即愈。四大臣又自服，亦无恙。奏闻，上遂进用，不日即康豫。"①

康熙病愈后不但重赏上述耶稣会士，而且将金鸡纳霜当作"圣药"赏赐给患疟疾的重臣。一时西方医学在中国社会中赢得了极大的声誉。

很可能受到这种社会氛围的影响，为了提升方济各会在中国社会中的地位，于是石铎琭才将《本草补》书稿于 1697 年拿出来刊刻。因此，《本草补》的刊刻面世也可以说是石铎琭实施方济各会在华传教策略的一种手段。

三 石铎琭对东西方文化交流的贡献

石铎琭在华岁月除在民众中传播基督福音外，对东西方文化交流也曾做出过贡献。这主要体现在他对万济国《官话语语法》一书的增订与《本草补》的刊刻方面。

1. 石铎琭对万济国《华语官话语法》一书的增订

石铎琭来到福建后，非常幸运的是他有机会向西班牙多明我会传教士万济国学习中国语言。

万济国 1627 年出生在塞维利亚。他 15 岁即加入多明我会，并受到过完整的神学教育。1646 年，在黎玉范的感召下，他毅然决然地追随黎玉范前来东方传教。

在抵达菲岛后不久，万济国又于 1649 年和黎玉范及利安当等人

---

① （清）黄伯禄：《正教奉褒》第 2 册，上海慈母堂 1904 年版，第 18 页。

一起踏上中华大地。其后，如前所述，他又与利安定一起从广州来到福建传教，这才使石铎琭有机会向万济国学习中文。

万济国是一位天才的语言学家。据说，他来中国后不久，由于勤学苦练，他已能像中国人一样流利地说"官话"了。还有人说，由于他在语言方面才华出众，使他能"出入"中国方块字的"迷宫"而游刃有余。① 万济国在中国的语言研究上最卓越的贡献就是他编写了一部《华语官话语法》（Arte de la Lengua mandarina）。

多明我会修士、《华语官话语法》著者万济国书影

---

① 参见［西］欧启奥《菲律宾圣玫瑰省传教团人物传记简编》（H. Ocio, Reseña biográfica de los religiosos de la provincia del Santísimo Rosario de Filipinas），马尼拉1895年版（原书未注明出版社名称），第183页；［西］菲尔南德斯《菲律宾圣玫瑰省传教团之历史》（P. Fernández, Historia de la Provincia del Santísimo Rosario de Filipinas de la Orden Predicadores），马德里高等科学研究署（CSIC）出版社1958年版，第166页。

万济国来华时，在来华传教士中，已经有了几部汉语和西班牙语相互对照的字典。此外，像马丁·德拉达、高母羡和黎玉范等人在汉语语法的研究上，也都曾有所建树。但在那一时代，终究缺乏一部正式刊行的系统论述汉语语法的著作，从而构成来华传教士掌握汉语的一大障碍。同时，对于汉语在语法上是否有规律可循，在来华传教士中，也存在着激烈的争论。对此，万济国做出了回答：

> 一些传教士过去以至于今天，他们都专断地，自以为是地认为，这个国度使用的汉语既没有语法，也无规律可循，几乎找不出一种类型与它的奇异的结构相适应。这些传教士是用他们自己的语气和一种轻蔑的态度做出上述论断的。当有人说，汉语也有规则时，（对这种见解）他们则大加嘲弄。但另一些人听了这些传教士的上述议论后，则让这类人闭起嘴来，并把他们称作远非明智的人。这类传教士则根据他们谨慎的判断，认为中国人，无论是在口语上或在书面文字上，都是具有很高的语法和修辞的水平。但他们也承认，要把中国人的语法翻译成我们（西班牙人）的语法，的确是很困难的。然而困难的事不一定是不可能的事。①

万济国力排众议，坚持长达20年的努力，终于在1682年2月18日完成了《华语官话语法》（手稿）的写作，而且让万济国感到欣慰的是，"现在许多传教士已经从这本语法书中受益了"②。

石铎琭来华后，由于在师从万济国学习汉语的过程中，深刻认识到一部汉语语法对新来的传教士学习汉语的重要性，所以在万济国于1687年故去后，石铎琭遂将万济国的这部《华语官话语法》（手稿）详加增订，然后请普拉西特·瓦尔克扎克（Placyd Walczak）进行雕版，并于1703年在广州杨仁里福音堂刊印。此外，出于在华传教的

① ［西］万济国：《华语官话语法》（Francisco Varo, *Arte de la Lengua Mandarina*），广州杨仁里福音堂印刷所1703年版，第1页。

② 同上。

实际需要，石铎琭在万济国的这部《华语官话语法》正文之后，还附录了一篇由方济各会修士巴西里奥·布罗里奥（Basilio Brollo）编写的《解罪条问》，即《忏悔问答》。

由于万济国这部《华语官话语法》是西方第一部系统论述中国语法的经典著述，对于东西方文化交流有着重要的贡献，因此可以说石铎琭在增订与刊刻《华语官话语法》一事上也是功不可没的。

事实上，万济国《华语官话语法》一书甚至对于当代的海外汉语教学仍具有一定的参考价值。所以该书于 1999 年由柯蔚南（W. South Coblin）和约瑟夫·列维（Joseph A. Levi）从西班牙文译成了英文。考虑到该书对我国的汉语教学也同样具有启发性，2003 年，即万济国这部《华语官话语法》刊行 300 年后，该名著又由姚小平和马又清从英文译成了中文，并由外语教学与研究出版社出版，而且该书一经出版，立即在我国汉语教学领域受到欢迎。《华语官话语法》所具有的历史和当代意义，这肯定是万济国和石铎琭当年所不敢想象的。

2.《本草补》在东西方文化交流中的历史地位

石铎琭《本草补》一书刊刻后立即为那一时代的中国医家所关注，特别是清代大医学家赵学敏在其《本草纲目拾遗》中，曾选用《本草补》中的多种"药条"，所以使《本草补》在中国医药史上备受重视。

赵学敏（约 1719—1805），字恕轩，号依吉。清代钱塘人。其人博学多才，尤专医药之学。他曾积毕生之力著《本草纲目拾遗》（10 卷），引用经典多达 600 余种；内载药物中，有 716 种为李时珍《本草纲目》所未曾收录的。此外，赵学敏在《本草纲目拾遗》中，还吸收了民间药物 511 种。可见《本草纲目拾遗》内容十分丰富。《本草纲目拾遗》于同治三年（1864）初刊后，被视为继李时珍《本草纲目》之后对中国药学的再一次总结，被视为李时珍《本草纲目》的"续篇"。

由于《本草补》中的外来药物有 15 种被赵学敏在《本草纲目拾遗》中基本照录，这也许就是《本草补》受到中国医药界重视的原因。我们认为我国医药史学者范行准从东西方文化交流史的角度对《本草补》一书的历史意义所做出的评价，是极富启发性的，即："自邓玉函（Jean Terrenz，1567—1630）、罗雅谷（Jacques Rho，1593—1638）诸人所译《（人身）说概》《（人身）图说》为西洋初次传入之两部解剖、生理学书，而《本草补》则为西洋传入药物学之嚆矢，与邓、罗之书可称鼎足而三。"① 因此石铎琭所著《本草补》对促进东西方医学交流的历史贡献应当予以肯定。

---

　　① 范行准：《明季西洋传入之医学》第 5 卷，上海中华医学会 1957 年印，第 1—2 页。

第四章 西班牙汉学研究的衰退与停滞时期（18—19 世纪）

第一节 "历狱"平反后，天主教在华传教策略进入新的调适时期

经过"历狱"这场反教风暴的冲击，不仅在华天主教各个修会开始意识到沙勿略所倡导的"适应"策略对西方传教士创建救世功业的重要意义，连罗马教廷的上层也深受震动。为了避免在华传教的各个修会之间围绕中国礼仪问题陷入更大的混乱，以致给基督教的在华传教事业造成不可挽回的损失，因此传信部于 1659 年在下达给越南、东京和印度支那的三位新宗座代牧的特别训令中提出了如下的告诫：

> 只要中国人不公开反对宗教和善良风俗，不要去尝试说服中国人改变他们的礼仪、习俗方式。有什么事情比把法兰西、西班牙、意大利，或者任何其他的欧洲国家的东西输入中国更傻的呢？不要把这些东西，而是要把信仰输入中国。信仰并不是要反对或者摧毁任何民族的礼仪习俗，只要这些礼仪习俗并不是邪恶的。恰恰相反，信仰要把它们保持下去。

一般来说，人们都珍惜及热爱他们自己的生活方式，尤其认为他们自己的民族比其他民族更好。这是人之常情。没有比去改变一个国家的习俗更能引起对方的敌视，尤其是那些历史悠久的民族。当你取消对方的习俗而用你自己国家的习俗取而代之时，这点尤其千真万确。不要因为中国人和欧洲人的方式不同而藐视中国人的方式，反而还要尽力做他们习惯的事情。

　　赞赏值得赞赏的事情，不值得赞赏的事情不必去吹捧它。小心谨慎要求人们，不轻易下判断，或者至少不要仓促地、急躁地妄加指责。明显的邪恶，最好示意不同意，而不要用语言予以除掉。要抓住思想上具备了接受真理的时机，再逐步消除邪恶。①

　　也就是说，罗马教廷告诫前往东方传教的修士都要尊重异质文化之间的差异，进而在相互的适应中，推动救世功业的发展。

　　在"历狱"平反之后的那一特殊困难时期，在中国传教的各个修会与罗马教廷同时对于传教策略进行了调适，并表示要对文化的多样性予以尊重，这种良性的互动的倡导，实质上为天主教的在华传教事业起到了一种挽救的作用。

　　前已有述，多明我会中国传教团为了应对1656年亚历山大七世颁发的"圣谕"对该修会传教事业所带来的冲击，在黎玉范的召集下，部分多明我会修士于1661年在兰谿召开会议，以统一修会内部的策略思想。在他们之间形成决议后，遂委派胡安·波朗科前往罗马教廷，以申诉他们这一修会的观点。

　　及至波朗科来到罗马后，他要求传信部，就1645年9月12日由教宗英诺森十世同意，并由传信部下达的"圣谕"是否还仍然有效做出明确的回答。

　　对多明我会修士波朗科的上述提问，1669年11月13日圣职部

───────────

　　① 转引自［美］苏尔、诺尔等编《中国礼仪之争西文文献一百篇（1645—1941）》，沈保义、顾卫民、朱静译，上海古籍出版社2001年版，第11—12页。

(Congregation for the Clergy) 经过教宗克莱孟十一世（Clement Ⅺ）的同意，遂做出了如下的回答："有利于多明我会的第一决定（1645年9月12日）和有利于耶稣会的第二个决定（1656年3月23日）都有效，因而，整个事情留给传教士们的良心去自行判断。"① 在圣职部的决议中还要求，"耶稣会会士在内的所有各修会的传教士，不论现在生活在中国或准备去中国的，都应在实践中勤奋地遵守这些指令，直至教宗或教廷另有指令为止"②。

尽管上述圣职部的指令对于缓和中国传教团各修会之间的争论会起到一定的积极作用，但当这一"指令"到达中国之时，由杨光先发起的反教运动已经给在华天主教传教事业造成了几乎是致命的打击。

至1669年，康熙亲政后，"历狱"得到了平反。对于当时被羁押在广州的那25名传教士，康熙皇帝亦做出了从宽处理的决定。其中，通晓天文历法的恩理格（Christian Herdtricht）和闵明我（Claudio Grimaldi）二人被接到京城，在宫廷中效力。其他传教士被送归各自的本堂，康熙帝还为此写下"奉旨归堂"四个字，分谕传教士。③ 实际上这是康熙皇帝留给他们的保持自己信仰的一条生路。

但"教禁令"并未因此而全面解除。事实上通过"历狱"期间对传教士的审判，清廷已经认识到，尽管杨光先对汤若望等的控告多有不实之词，但天主教在中国已经形成一股不可忽视的政治力量。所以康熙八年（1669）下达了如下"谕旨"："其天主教，除南怀仁等照常自行外，恐直隶各省复立堂入教，仍着严行晓谕禁止！"④

上述对西方传教士和天主教修会区别对待的措施，反映了康熙皇帝深谋远虑的策略思维，即天主教作为一种外来的宗教势力一定要严加限制，不能任其扩大影响，以致危害社会；但对于信仰天主教的个

---

① 转引自［美］苏尔、诺尔等编《中国礼仪之争西文文献一百篇（1645—1941）》，沈保义、顾卫民、朱静译，上海古籍出版社2001年版，第11—12页。
② 同上书，第12—13页。
③ 参见吴相湘《天主教东传文献》，台北学生书局1980年版，第143页。
④ 《圣祖仁皇帝实录》卷31，中华书局1985年版，第4—5页。

人，则给予信教的自由。在上述传教士中，凡掌握西方科学技术之长的，则予以重用。康熙对于天主教这种限制与利用相结合的策略被其后的历史发展进程所证明，是积极而且富有远见性的。

在其后的岁月中，南怀仁等耶稣会士为了证明他们的存在价值，皆殚精竭虑地为清王朝服务。在钦天监中，他们精研历法，并最终完成了《时宪历》的编制工作。他们为清廷铸造的火炮在康熙平定三藩之乱和讨伐噶尔丹的战事中，都曾发挥了重要的作用。1689年，在促成清政府与俄罗斯签订尼布楚条约的过程中，张诚、徐日升等的外交才能得到发挥，并受到朝廷的赞许；1699年黄河泛滥和1700年白河决堤，耶稣会士所绘制的地形图在治水中发挥了积极作用，由此1708年他们又奉旨承担了以西法绘制《皇舆全览图》的重任……所有这些建树，使在宫廷中效力的传教士逐渐赢得了康熙皇帝对他们的信任和重视。像南怀仁，康熙皇帝即明确向群臣指出，"历法天文，即系南怀仁料理"[1]，同时授予南怀仁钦天监监副，职衔正二品；后又进一步被委任为钦天监监正、工部右侍郎。

康熙皇帝给予这些耶稣会士的荣誉迅即在社会上发酵，并造成广泛的影响，其后，"当白晋神甫外出时，他享有与钦差大臣同样高的礼遇，众人陪同，前边是乐队，接着是抬着'布道台'的呐喊者和马鞭队。其中有人举着红色木牌，上写'钦差'两个大字，'钦差'就是宫廷特使的意思。其他人执着龙杖，在两根粗方棍头上盘绕着两只金色的神龙。抬轿子的人们紧随其后，轿子两边几个人步行伴随，其他人则骑马步后，一个人打着一把大黄罗伞，伞高高地撑着，在空中飘荡。另一个人则持着一把类似大方扇的东西，上部向下弯着，每逢官员们乘露天轿子外出时，它总是为他遮着太阳……"[2]

1671年（康熙十年）在康熙亲临北京天主堂时，为之题词"敬

---

① （清）黄伯禄：《正教奉褒》，上海慈母堂1904年版，第50页。

② 阎宗临：《中西交通史》，广西师范大学出版社2007年版，第303页。

天"二字。皇上说："敬天，即敬'天主'也。"①

康熙皇帝还允诺受"历狱"牵连的那些传教士"回归本堂"，实际上这是用一种委婉的方式表明了他并非禁止传教士个人信仰自由的态度。而这些传教士对康熙皇帝的宽容也是心领神会，并用实际行动表示了感恩："他们返回原处后，没有引起任何麻烦，并且赖有南怀仁神父在宫中的影响，能继续传教事业，无人干涉。"②

葡萄牙来华传教士李守谦（Simon Rodrigues）在天文历法上有很深的造诣，并颇受康熙皇帝的赏识。但他立志潜修教理。康熙尊重了他的个人志向，并赠予"奉旨传教"四字。③

在中国的专制社会中，清廷百官都是唯皇帝马首是瞻。他们见皇上如此看重西洋传教士，于是"各省官吏亦听任传教士自由传教，招收教友，视若无睹"④。

服务于宫廷的传教士已用自己的忘我精神博得了康熙皇帝的好感和赏识。郭弼恩神甫（Charles Le Gobien，1653—1708）甚至认为："深谙基督教的康熙皇帝对传教士们会有求必应。"⑤南怀仁也可能有着同样的感觉，即他很可能认为，传教士的这种奉献足以改变圣上对天主教的原来看法。所以1687年，他恳请康熙皇帝能弛"禁教"之令。然而尽管康熙皇帝的确对南怀仁等关爱有加，但在他其后颁发的谕旨中仍坚持"禁教"的立场："天主教应行禁止，部议极当。但见地方官禁止条约内'将天主教同于白莲教谋叛'字样，此言太过，着删去。"⑥

尽管禁教令仍未解除，但康熙皇帝已把天主教与"谋反"的白莲

---

① 《钦命传教约述》，韩琦、吴旻校注《熙朝崇正集　熙朝定案（外三种）》，中华书局2006年版，第5页。

② 燕鼎思：《天主教中国教理讲授史》，田永正译，河北信德室1998年版，第77页。

③ 参见曹增友《康熙时期耶稣会传教士所为及政府政策的演变》，张西平主编《莱布尼兹思想中的中国元素》，大象出版社2010年版，第372页。

④ 方豪：《方豪六十自定稿》，台湾学生书局1969年版，第147页。

⑤ 阎宗临：《中西交通史》，广西师范大学出版社2007年版，第300页。

⑥ 《康熙起居注》第2册，中华书局1984年版，第1617页。

教做出了区分，这无疑可以视作圣上朝着解禁天主教的方向又迈出了一步。

　　总之，来华各修会通过对"历狱"的反思，调整了他们在华的传教策略，彼此皆能宽容相待，由此避免了他们在中国社会中可能造成的负面影响；回归本堂的传教士的自我约束，在一定程度上弱化了中国民间对天主教的敌对情绪；罗马教廷对中国礼仪问题所采取的折中立场，缓和了在华各修会之间围绕中国礼仪问题所产生的对立状态；南怀仁等的科学实践活动所取得的成功，以及康熙皇帝对他们的嘉许，提高了西方传教士在中国社会中的地位。可以说，康熙皇帝所实施的既限制天主教在中国社会中的传播活动，又利用传教士在西方科学知识方面的一技之长的策略，取得了极大的成功。其结果，也为基督教的在华传播活动创造了一种比较宽松的环境。实际上，康熙皇帝所实行的这种统一性和多向性共存于一体的策略，等于为天主教的在华传播活动打开了一扇通向解禁之门，然而这扇门的"开"与"关"，仍牢牢地在中国皇帝的操控之中。

　　在上述这种较为宽松的历史背景下，西班牙来华方济各会士的传教活动又逐渐重新活跃了起来。在前文论及方济各会修士石铎琭生平一节时，对于西班牙方济各会在中国南方的传教活动已有概述。下面将着重回顾该修会在山东的发展情形。

第二节　在新形势下西班牙来华方济各会在山东的传教活动趋于活跃

一　西班牙方济各会山东教区的复兴

　　前已有述，西班牙方济各修会山东教区是由方济各会修士利安当所开创。"历狱"触发后，利安当被官府押解到北京受审，后来又被押解至广州，并在那里病故。及至"历狱"平反之时，方济各修会山东教区已处于没有传教士照管的状况。

另一位与利安当共同开创山东教区的方济各会修士文度辣于1662年受利安当的委托已返回西班牙，试图获取传教经费的赞助，并希望能招募到一些志愿者前来中国。

当文度辣艰难地完成了上述两项委托后，在重返中国的途中，当他来到墨西哥时，惊悉深陷"历狱"之灾的利安当已于1669年在广州病逝。所以他急于返回中国，以接续利安当在济南开创的事业。为此，他带领新招募到的方济各会修士石铎琭等人迅即离开墨西哥，并于1672年抵达菲律宾。文度辣旋即又从菲岛返回中国，以期北上山东。

石铎琭则被留在菲岛继续他的神学课程的学习。到1676年2月，石铎琭终于获准前往中国传教，于是来到福建，并在顶头一地与先期抵达这里的西班牙方济各会修士利安定相会合。

在共同的传教活动中，石铎琭所表现出来的独立的工作能力得到利安定的赞许，并使他有了将石铎琭单独留在福建传教，而他本人抽身前往山东的设想。

1677年9月9日获上级批准后，利安定和傅劳理二人离开宁德，并于同年11月5日到达距济南25里格的泰安。此时，距利安当1665年被押解至北京，已过去12个春秋。

利安定从当地教民那里获知，"历狱"后已经返回本堂的法国耶稣会士、利安当的友人汪儒望此时正在离泰安9天路程的正定府，为那里近万名教民主持弥撒仪式，要到圣诞节以后他才能回到济南。教民还奉告利安定说，他最好不要在汪儒望回来之前单独前往济南，因为那儿的官员对基督教甚为反感，此前该地的官员曾与汪儒望因利安当原来的教堂产权归属问题发生过争执。但利安定是个意志力十分坚定的传教士，他把傅劳理留在泰安后，遂独自前往济南。

利安定于1677年12月6日到达济南，并住进了当年由利安当始建的"东堂"。但时下该教堂已经破败不堪。利安定花费了60两银子雇工来整修教堂，但仍四处漏风。若要完全修好这座教堂，利安定估计还需要 225 两白银，这是他根本无力支付的。

由于济南气候寒冷，当傅劳理来到济南后，利安定又为傅劳理和他自己添置了些过冬的衣物。但整个冬天他们二人都是守着炭火盆取暖来抵挡严寒。

可以说利安定和傅劳理当时所面临的主要困难，一是经费匮乏；二是气候严寒，使他们这两个来自南方地区的传教士很难适应。由于济南距菲岛路途遥远，后续经费迟迟不能得到，这更增加了他们对困难的预期。

然而，当时利安定所面临的最大难题则在于如何将其创建的"东堂"的产权继承下来。

这时耶稣会士汪儒望已经返回济南并十分关心利安定收回"东堂"产权问题。当汪儒望得知，利安定来华之初，曾援用其他在华传教士的先例，起了一个中文名字，叫"顾安定"时，汪儒望则机敏地建议利安定把他的"顾"字姓改为"利"字姓，即由"顾安定"改名为"利安定"。这样可以给地方官吏造成一种错觉，以为"利安定"与"利安当"实为"兄弟"。利安定接受了汪儒望的建议。这样，后来当利安定面对当地的官府时，他声称自己是"利安当"的胞弟"利安定"，并最终以这一名义从官府处继承了方济各会原来在济南的教产："东堂"。从此"顾安定"遂以"利安定"这一新名字在山东传教。由此也可知，在本节我们此前所提到的那位"利安定"，实际上均应当是"顾安定"。

从此之后，由于利安定得到了同在济南传教的汪儒望及在北京的南怀仁的鼎力相助，方济各会在山东的传教活动日趋活跃起来。因此，可以说方济各会山东教区的复兴与发展则主要应归功于利安定的艰苦努力。

一旦山东教区开始得到恢复，利安定十分渴望与方济各会在南方的各个修会加强联系。

此时的石铎琭已成为方济各会南方修会的骨干。他十分理解利安定的愿望，考虑到山东方济各会所面临的新的发展机遇，于是他奔波于江西、福建和广东3省之间，希望把方济各会南方各个修会连成一片，之后再打通与方济各会山东修会之间的联络。为达此目的，石铎琭进而选择在中国处于居中位置的江西赣州来开展宣教工作。①

利安定虽具有开拓精神，但性格暴躁，被同会的文度辣比之为"好斗的公鸡"②。

这也使傅劳理很难与他相处。到1678年秋天，根据傅劳理的愿望，傅劳理被调往广东。

此后利安定独自一人坚持在济南一带传教，而且成绩不菲。据载，仅在1681年的1月1日到7月23日这段时间，利安定就为900名教徒施洗。③

这时恰好方济各会修士郭纳璧（Bernardusab Incarnatione，或Bemardode la Encamcion，1630—1719）奉调来到济南。

郭纳璧出生在西班牙雷翁（Leon）大区的阿尔曼萨（Almanza）。他在圣保罗教区加入了方济各会，后于1663年到达菲律宾。他在那里从事宣教工作达16年之久。1678年，他奉命来中国传教，并于6月24日在厦门登陆。先期到达这里的石铎琭在穆洋迎接了他，并一起前往宁德。郭纳璧在这一地区一边传教，一边学习汉语，到1680年7月，郭纳璧奉调前往济南。

由于郭纳璧和利安定曾在马尼拉有过愉快合作的经历，因此他的到来使利安定既减少了孤独感，又使他的传教工作得到很大的助力。但不久后，利安定于1681年却奉调离开济南前往南京传教。此后，郭纳璧一个人负责山东18所教堂的教务活动，致使他感到十分劳累。尽管如此，郭纳璧还是在济南坚持了长达29年的传教生涯。

---

① 参见崔维孝《明清之际西班牙方济会在华传教研究（1579—1732）》，中华书局2006年版，第252—255页。

② ［美］孟德卫：《灵与肉：山东的天主教（1650—1785）》，潘琳译，大象出版社2009年版，第74页。

③ 同上书，第76页。

1685 年 5 月，方济各会修士利安宁（Emmanuel de la Baneza，
1656—1711）来到济宁后，曾前往济南探望郭纳璧，并留驻那里一
段时间，以学习汉语。之后，利安宁回到济宁，去照料那里的基
督徒。

不久，方济各会修士柯若瑟（字亦临，Joseph de Osca，1659—
1735）也来到济南。他出生于西班牙瓦伦西亚教区一个叫作阿拉库阿
斯（Alacuas）的贫穷小镇。他早年加入方济各会，1676 年前后升任
为神甫。1682 年至 1684 年他在菲律宾传教。1686 年 4 月 20 日前往
澳门，后被派往惠州方济各修会的会院去学习汉语及中国习俗。教会
上方最后决定派他到济南传教，于是柯若瑟于 1687 年年底到达济南，
并在郭纳璧那里继续接受培训。

这期间，另一位来到山东传教的便是才华横溢的西班牙方济各
会修士南怀德（Michael Fernandez Oliver，1665—1726）。他出生于
阿利坎特（Alicante）大区的维列那（Villena），1681 年加入了方济
各会中国传教团。1691 年到达马尼拉，后在 1692 年 10 月到达广州
并被派往伊大任主教的驻地南京去学习汉语。1695 年年初到达
济南。

还有一位来自西班牙的方济各会修士，即卞述济（Francisco Nie-
to-Diaz de la Concepcion，1662/1663—1739），他出生于托莱多（To-
ledo）的康苏维格拉（Consuegra），1685 年加入方济各修会。1695
年，卞述济到达马尼拉，随后就被派往中国传教，并几经辗转来到山
东的济宁开教。

1702 年，巴琏仁（Franciscode San Jose Palencia，1666—1733）
也来到山东传教，并在济南建立起传教基地。

在利安定调往南方后，随着郭壁纳、利安宁、柯若瑟、南怀德、
卞述济和巴琏仁的相继到来，他们形成了方济各修会山东教区的主力
军。由于他们年轻，充满献身救世功业的热情，于是使山东教区在中
国各教区中脱颖而出。特别是康熙皇帝在"南巡"途中对他们的接
见，给他们以莫大的荣誉和终生难忘的记忆，而且康熙皇帝对他们的

接见使地方官吏开始对他们不得不有所高看,此点直接影响方济各会
山东教区的发展趋势。

二 至高无上的荣誉:西班牙方济各会修士觐见康熙皇帝

康熙皇帝在位期间,曾6次"南巡"(1684、1689、1699、1703、
1705、1707),其目的主要是在统一中国之后,为了发展生产以保障
民生,治理泛滥成灾多年的黄河。同时,康熙帝南下也是为了了解各
地的民情和吏治状况,并借机抚慰江南士人,以缓和民族矛盾,并最
终达到巩固统治地位的目的。

其实,康熙二十三年(1684)的首次"南巡"原本为"东巡",
起因于清朝基本完成国家统一后,适逢甲子年,康熙遂仿照《尚
书》所云"岁二月,东巡守,至于岱宗"的先例,于是他率众巡守
泰山。

在"东巡"之后,康熙帝临时决定南下,主要是为了视察黄河的
治理状况,由此才形成了第一次"南巡"。

在其后历次"南巡"的途中,康熙皇帝也曾接见在沿途各地传教
的西方传教士。

康熙二十八年(1689)正月十五日,恰逢"圣驾"第二次"南
巡"至山东济南府,遂使西班牙方济各会修士柯若瑟有幸见到康熙皇
帝的"龙颜"。据史载:

> 清晨,柯若瑟乘马出城十里,跪迎道左。上在马上,远见西
> 洋人貌,天颜喜悦,即传谕就近驾前,驻跸垂问:"你姓甚么?"
> 奏云:"臣姓柯,名若瑟。"问:"你几时到中国?"奏云:"有两
> 年。"问:"可曾到京么?"奏云:"臣未曾进京。臣不晓得天文,
> 才在这里学话。"随蒙谕云:"你回堂。"赵侍卫向若瑟云:"先生
> 回堂,我随后来。"若瑟遵旨回堂。晌午,侍卫赵、伍(《熙朝定
> 案》作"哈伍")捧赍银二十两到堂,先拜天主,随传谕云:"万
> 岁命我们来叩拜天主,颁赐银两。"宣讫,若瑟谢恩,邀两大臣

进内厅，叙话待茶，有顷，辞去。①

据柯若瑟本人回忆，吃完午饭后，他离开教堂前往住处去取准备献给皇帝的礼物，内中包括两瓶葡萄酒、一只玻璃瓶或是玻璃杯、一副带斑点蕾丝的亚麻手绢、两支白蜡烛，以及一些燃香。尽管这些东西看起来是如此的微不足道，但由于是从欧洲带来的，因此在中国人看来有一种异国"珍品"的感觉。

康熙皇帝第二次南巡路过济南时图景

当柯若瑟到达教堂时，皇帝的两个侍卫——赵昌和伍大人——已经在那儿等候了。两个侍卫在天主祭坛前磕了九个头。另外，他们还捐献了20两白银，银子用黄色布包着，上面有皇家的封印。

然而，两个侍卫这次拜访的目的显然是收集信息。他们问了柯若瑟何时到达中国，通过什么方式来的。柯若瑟回答，他两年前到达中国，那时闵明我（Claudio Grimaldi）神甫离开北京，于1686年9月或是11月回到暹罗和欧洲。关于有没有拜访过中国其他传教士的问题，柯若瑟回答说，他还没有拜访过北京的传教士，但去见过住在南

---

① 韩琦、吴旻校注：《熙朝崇正集　熙朝定案（外三种）》，中华书局2006年版，第346页。

京的耶稣会士毕嘉神甫（字圣学，Ioannes Dominicus Gabiani，1623—1694）。两个侍卫还问了许多关于奥斯曼土耳其帝国与奥地利王国之间的冲突之类的问题。他们还问柯若瑟是哪国人，神甫回答说是西班牙人，与北京名声卓著的葡萄牙耶稣会传教士徐日升（Tomas Pereira，1645—1708）可以算是同乡，都来自伊比利亚半岛。①

在此后不久，当康熙回銮时，途经济宁，于是使另一西班牙方济各会修士利安宁终于有了"面圣"的荣幸。据史载：

> 康熙二十八年三月十一日，上南巡回銮，经山东济宁，至石佛闸，利安宁迎接圣驾。内大臣启奏，奉谕云："到驻船处来见。"复奉旨，令骑马随行。及到大井闸，上驻船，随蒙召见。问："姓什么？"回奏："臣姓利。"问："名叫什么？"回奏："臣名安宁。"问："号叫什么？"回奏："臣号惟吉。"问："哪一国人？"回奏："臣是意西巴尼亚国（即西班牙国）人。"问："西洋的名叫什么。"回奏："臣叫玛诺额尔。"问："来中国几年？"回奏："臣来已四年。"问："多少年纪？"回奏："臣三十三岁。"问："会天文么？"回奏："历理深奥，臣略知一二。"问："会说满洲话么？"回奏："臣在济宁，无人传授，不曾学得。"温谕云："汉话说的明白。"问："格物穷理晓得么？"回奏："格物穷理及超性等学，臣自幼学习，略知大概。"问医学造器等事，安宁逐一奏对。蒙赐御果四盘，谢恩退出。随有内大臣吴、赵来至天主堂圣台前敬礼，旋传谕接旨，安宁向北跪听，内大臣云："皇上赐白金二十两，命你随便使用。"安宁谢恩讫，即赍西洋土物四种，趋往献呈。上收取水晶瓶一对，奉温谕："收一件犹如全收了。"②

---

① 参见［美］孟德卫《灵与肉：山东的天主教（1650—1785）》，潘琳译，大象出版社 2009 年版，第 84—85 页。

② 韩琦、吴旻校注：《熙朝崇正集 熙朝定案（外三种）》，中华书局 2006 年版，第 350—351 页。

再一位有幸觐见康熙皇帝的西班牙方济各会修士就是南怀德。

康熙皇帝的第四次"南巡"是在康熙四十二年（1702）。3月17日皇帝巡视了济南。据南怀德回忆，他和他的同行，耶稣会来自法国的法安东神甫（字圣学，Antonio Faglia，1663—1706）被要求和其他济南居民一起去城外迎接皇帝。法安东对南怀德说，他要去看望一位生病的教徒，并让南怀德在约定的地点等他。

南怀德觉得这个约定的地方不在皇帝巡视的路线上，因此他去了柯若瑟神父在1689年遇到皇帝的地方等候。南怀德对法安东的"约定"行为流露出恼怒情绪，他怀疑法安东可能出于其他动机而不愿跟他一起去面圣。事实也是如此，康熙皇帝先遇到了法安东，并赏给了他30两白银。

南怀德接着回忆，后来皇帝看到他时，让轿夫停下来，并问了南怀德一些程式化的问题，诸如：从哪个国家来，多大年纪，在中国待了多长时间，为什么没有去北京朝廷，以及是谁阻止他前往北京，等等。

南怀德意识到了皇帝话中藏有玄机，回答的时候言辞谨慎。他说没有人阻止他去北京，只是他自己在数学及其他方面的才能有欠缺，不能为朝廷效力，因此才没有去。皇帝问他是否跟南怀仁神父有亲戚关系（因为他们二人的中文名字相近，即都有"南怀"二字——笔者注）。南怀德回答说，除了来自同一个国家，他们并没有其他关系。然后皇帝问他为什么没有和法安东一起去迎接他。当南怀德回答说，他们分属不同的教堂，法安东与他自己的教众有些事情需要处理时，皇帝大笑起来，对随从夸赞他："伶俐，伶俐！"

正在这时，法安东和耶稣会的两位随侍在皇帝身边的副主教一起过来了。于是皇帝命他们都骑马随他到巡抚的官邸去。

在这时，南怀德被著名文臣、康熙皇帝的母舅佟国维留下来，问他一些关于洪水泛滥造成山东灾情的问题。由于南怀德被单独盘问，因此在康熙皇帝召见法安东时，南怀德遗憾地错失了这一聆听康熙皇帝发表宏论的机会。

在接受了佟国维的盘问后，南怀德又陪同佟国维参观了耶稣会的"西堂"；然后，又陪同佟国维来到南怀德所主持的方济各会的"东堂"。佟国维赞美了祭坛四周卷轴上的人物。

南怀德借机把一些从欧洲带来的礼物送给佟国维，而对于佟国维代皇帝赏赐的 30 两白银，南怀德以中国的方式表达了自己的感激。

然而康熙皇帝从与南怀德的对话中，已经悟出南怀德与法安东之间存在着矛盾，而且很可能是在"礼仪之争"中二人持有不同的观点，而这正是康熙皇帝当时所关注的问题。所以南怀德又受到康熙皇帝的"特别召见"，并向他问了许多问题，特别是关于当时喧嚣一时的中国礼仪问题。南怀德的从容回答，显示出他对中国风俗民情的了解和认知程度，因此博得康熙皇帝的欢心和赞许。①

通过上述康熙皇帝多次召见西班牙方济各会修士的事例，可知，作为具有雄才大略的一代帝王，康熙皇帝不仅勤问国内政事，而且他也十分关心国际形势的变化。他之所以接见西方传教士，其目的之一，固然是对西洋人示以"怀柔"之意，以尽显大国帝王的风范，但更重要的是为了了解天主教在华传教的一般情况，以便作为他制定有关天主教政策的依据。比如，在他第二次（1689）巡游南方诸省之际，他曾询问过洪若翰神甫，在他的"南巡"途中是否能看到几座天主教会的教堂。② 这显然是康熙皇帝希望对天主教在华的传教活动的规模和范围能做出自己的评估。

其目的之二是，康熙接见这些"外人"，也有通过"他者"了解地方上，以及国内外一些情况之意图。有时，他用直接和传教士交谈的方式，来了解地方上的情形。比如，康熙二十九年（1690）四月十五日，在接见毕嘉时：

先上问："一路来，可辛苦么？"奏："臣沿路乘船来，仰赖

---

① 参见崔维孝《明清之际西班牙方济会在华传教研究（1579—1732）》，中华书局 2006 年版，第 267 页。

② 参见阎宗临《中西交通史》，广西师范大学出版社 2007 年版，第 300 页。

万岁洪福，毫无辛苦"。问："江宁等处地方官何如？"奏："蒙皇
上倦念小民，两次南巡，励精图治，地方官皆仰体皇仁，抚字子
民，俱清廉勤慎"。问："百姓今岁收成何如？"奏："臣沿路观
看，田亩多半荒芜，大约秋收有限"。

　　有时，康熙也会通过自己下属与传教士的接触，来了解一些情
况。如康熙二十八年（1689），柯若瑟在被皇帝召见后，皇帝身边的
侍卫又单独"拜访"了他。柯若瑟立即明白了他们的来意，即他们这
次拜访的目的显然是收集信息。他们问了柯若瑟许多事情，其中还包
括许多关于奥托（斯）曼土耳其帝国与奥地利王国之间的冲突问题。

　　众所周知，为了维护我国西部的领土主权，康熙皇帝曾于 1690
年、1696 年和 1697 年先后三次发动了对以噶尔丹为首的分裂势力的
讨伐战争。奥托（斯）曼土耳其帝国与我国西部边陲为近邻。显然，
皇帝身边的侍卫是在通过西班牙方济各会修士柯若瑟来了解奥托
（斯）曼帝国的国情，这与康熙制定征伐噶尔丹分裂势力的战略直接
相关。

　　目的之三是，康熙皇帝不仅意欲了解世界变化的大势，同时对于
宫廷中那些向他"争宠"的代表着不同国家或民族利益的不同修会的
传教士，他也是极力要把他们掌控在自己的手中。比如，在南怀德与
法安东相约去觐见康熙皇帝时，后者为了单独见到康熙皇帝，而故意
让南怀德走一条错路。结果法安东利用这一计谋达到了抢先与皇帝见
面的目的。后来当南怀德受到康熙皇帝的"特别召见"时，皇帝问南
怀德为什么没有和法安东一起去迎接他。当南怀德回答说，他们分属
不同的教堂，法安东跟他的教众有些事情需要处理时，皇帝大笑起
来，并对随从夸赞南怀德"伶俐，伶俐"。这段对话生动地表明，康
熙皇帝对于来华传教士彼此之间的恩恩怨怨早已了如指掌。正因为如
此，才使他在与罗马教廷的抗衡中，能够把握整体局面，维护了国家
的主权和荣誉。

　　但不久，西方传教士在中国的传教活动却出现了逆转之势。在山

东传教的西班牙方济各会修士的处境更是变得困难重重。其根本原因即罗马教廷所推行的"宗座代牧"制，造成了严重的恶果。对此我们将予以详述。

三 从"保教权"到"宗座代牧"制：兼论巴黎外方传教会的成立及其进入中国传教的开端

在上述历史时期，天主教在华传教运动基本上是由葡萄牙和西班牙这两个享有"保教权"的民族国家所控制。然而在17—18世纪之交，随着葡萄牙和西班牙这两个殖民帝国的衰落，罗马教廷认为削弱，甚至收回"保教权"的时机已经成熟。因而，罗马教廷试图用"宗座代牧"制来取代葡萄牙和西班牙所享有的"保教权"。

上述两大宗教—政治力量的博弈必然会影响天主教的在华传教运动，而最终又酿成罗马教廷与康熙王朝之间的高端对决。而历史上罗马教廷与康熙王朝之间的对决又势必直接影响西班牙的在华传教形势，乃至西班牙的汉学研究。因此，这是我们需要详加论述的课题。

1. 葡萄牙与西班牙享有"保教权"的时代背景及其影响

自15世纪末叶起，葡萄牙与西班牙在向东方扩张的过程中，不断发生矛盾、冲突，甚至在两国之间有演变成激烈对抗的可能性。

为了避免在葡、西两国之间爆发全面的殖民地争夺战，罗马教宗亚历山大六世（Alejandro Ⅵ）遂出面进行调停，并于1493年5月4日做出如下仲裁：在亚速尔群岛和佛得角群岛以西100里格的地方，从北极到南极划一分界线，该线以东为葡萄牙的势力范围；该线以西为西班牙的势力范围。这条分界线在历史上一般被称作"教宗子午线"。

但葡萄牙认为这一分界线的划分损害了它的国家利益，因此要求重新界定两国的势力范围。经教宗的再度协调，葡萄牙与西班牙两国则于1494年6月7日签署了《托德西利亚斯条约》，据此，将上述"教宗子午线"向西推移了270里格。至此，葡萄牙主要在"东印度"扩展自己的殖民势力；西班牙则集中在"西印度"从事殖民活动。

除领土划界外，葡、西两国的利害关系还反映在双方之间宗教势力的矛盾与冲突上。

为了维护东方传教运动中自己一方的权力，葡萄牙曾由国王出面向教宗申请到在东方传教的特许权，这就是众所周知的"保教权"（Padroado Real）。从 1452 年教宗尼古拉斯五世（Nicholas Ⅴ）至 1514 年莱昂十世（Leon Ⅹ），通过一系列"圣谕"和"布告"给予葡萄牙王室在非洲、亚洲和巴西等地设置教区和任命圣职人员的权力和特许权。实际上葡萄牙国王已成为罗马天主教教宗在上述地区的总代理人。所以"保教权"应正确译为"王室代理权"。

根据教宗的授权，葡萄牙国王拥有如下权限：在他的管辖范围内，敕令建造大教堂、教堂、修道院和会院；任命各级主教和神甫，授予各种荣誉和官职；划定教区并征收教区内的各类赋税；仲裁各教区之间及教区与行政辖区之间的争端；对舆论有着广泛影响的布道讲坛应由国王直接控制；传教士不得对国王的行为举止提出公开的批评，但他们有权保持沉默或向国王进行简短的陈言。至于教会的活动经费，则由葡萄牙王室全部负担。

从上面的"保教权"的基本内容来看，事实上除了宣讲教义以外，殖民地的教会事务全部由葡萄牙国王直接控制着。换句话说，在从好望角到日本及从印度到巴西的广阔空间内，教宗的权力是由葡萄牙国王在行使着，即：在上述地区不经葡萄牙国王的认可，任何人不得任命任何教职；不经葡萄牙国王的同意，任何传教士不得前往东方传教。葡萄牙人以外的其他欧洲国家的传教士要想得到葡萄牙国王对于他前往东方传教的批准，则必须放弃自己的原国籍并成为葡萄牙国王的臣民。而且，葡萄牙对于其后教宗所颁发的任何与"保教权"实质内容相悖的"圣谕"，均可宣布为无效。在获取"保教权"的同时，葡萄牙承担了为东方传教事业提供方便和赞助的义务。

在东方传教的耶稣会士当他们意识到只有借道葡萄牙占领下的澳门，才有进入中国的可能性时，他们不得不接受"保教权"的先决条件，把耶稣会士在东方的宣教活动视作葡萄牙在东方传教事业的组成部分之一。

除葡萄牙王室外，另一享有"保教权"的国家即是西班牙。西班牙在入侵拉丁美洲以后，西班牙国王要求把原来享有的在从阿拉伯人手中收复的"失地"上任命各级主教和赐予宗教名份的权力在内的"保教权"，① 扩大到整个"西印度"。罗马教宗不但同意了西班牙国王的上述要求，还在 1493 年所颁发的"圣谕"中，给予西班牙国王在新发现地区对那些"异教徒"进行基督教化的特许权。此外，西班牙国王还享有教宗给予葡萄牙国王"保教权"时所规定的同样的权力。1501 年，教宗又将新发现地区土著居民和西班牙移民应缴纳的"什一税"划归西班牙王室的名下，而西班牙国王则应负责上述地区教堂的兴建与修缮。到 1508 年 7 月 28 日，教宗胡利奥二世（Julio Ⅱ）又颁布"圣谕"，给予西班牙国王在整个美洲享有普遍的"保教权"。至此，西班牙国王已在西班牙本土和它所征服的广大美洲殖民地均享有了"保教权"（Patronato 或 Patronazgo）。

　　"保教权"实际上是欧洲特殊历史时期的产物：一方面，在宗教改革运动的冲击下，罗马天主教最高决策层的威信与控制能力已经明显下降；另一方面，在地理大发现以后，葡萄牙和西班牙是西方迅速崛起的两大殖民势力。在广袤的被发现和被征服的地域内，如果罗马教宗不依靠葡萄牙和西班牙两国王权的支持，那么它根本无法实现使上述地区基督教化的目的。所以，罗马教宗不得不忍痛将原来属于自己的权力让渡给葡萄牙和西班牙两国的国王。

　　历史上，在地理大发现以后天主教的在华传教运动，主要是由葡萄牙和西班牙来推动和操控的。在欧洲民族矛盾甚嚣尘上的年代，"保教权"既埋下葡、西两国教会势力之间的冲突与矛盾的火种，同时也为葡、西两国的教会势力与罗马教廷之间的对抗埋下了伏笔。

---

　　① 从 7 世纪起，阿拉伯人在北非开始了大规模的军事扩张活动。711 年，阿拉伯大军越过直布罗陀海峡，入侵伊比利亚半岛，由此开始了阿拉伯人在西班牙大部分领土上的统治。西班牙人为了收复阿拉伯人占领的土地，开始了长达 7 个世纪的艰苦战斗。罗马教廷曾给予西班牙王室在其收复的"失地"上任命各级主教和赐予宗教名份的权力，即"保教权"。

2. "宗座代牧"制的设置

到了 17—18 世纪之交，葡萄牙和西班牙国势的衰微，就为罗马教廷重振往昔的权威创造了条件。

早在 1608 年，教宗保禄五世（Paul Ⅴ）即已声明，"托钵修会"（方济各会、多明我会和奥古斯丁会）的修士前往远东传教，不必再经过里斯本。

1622 年 1 月 6 日，教宗格利高里十五世（Gregory ⅩⅤ）成立了传信部（the Sacra Congregatio de Propaganda Fide），专理世界各地的传教事宜。内中已暗含着从葡萄牙和西班牙手中收回处理宗教事务权力的意图。

1633 年，教宗乌尔班八世（Urban Ⅷ）又申明，一切修会的传教士前往远东，都不必遵守葡萄牙国王所做出的必须在里斯本上船的规定。这样就基本上突破了葡萄牙对于东方航线的垄断。

历史上，在罗马教廷为收复"保教权"而与葡萄牙和西班牙所进行的博弈中，为了避免双方发生直接的冲突，教宗不是采取直接委派主教的传统方式来操控中国等地区的传教事务，而是通过"宗座代牧"体制的设置来达到由教宗直接管理各地宗教事务的目的。

所谓的"宗座代牧"体制，是罗马教廷在尚构不成教区规模的地区所设置的一种临时性机构。一旦在那里培养出足够数量的天主教徒，然后再在那里设立一个正式的教区。

宗座代牧区由宗座代牧（主教）（Vicario Apostolico）管辖，并由他来代行宗座管理教务的权力。宗座即可委托相邻教区的主教来兼任宗座代牧区的宗座代牧，也有宗座直接委任宗座代牧的情形。显然，由于在宗座代牧区，已直接由宗座通过宗座代牧来行使教务的管理权，从而削弱了葡萄牙和西班牙所享有的"保教权"，因而必然引起罗马教廷与葡萄牙和西班牙之间的矛盾与斗争。

正在此时，与罗马教廷站在一起的巴黎外方传教会应时而生，并积极向中国扩张自己的势力，于是与葡萄牙和西班牙教会势力形成对抗之势。天主教在华传教运动自此形成十分复杂的局面，进而使一度平息下来的"礼仪之争"的战火重燃，并最终引发了康熙王朝与罗马教廷之间的高端对决。

3. 巴黎外方传教会的成立及其来华传教的开端

17—18世纪之交，欧洲的经济发展重心已经从地中海区域转移到大西洋沿岸国家和地区。在葡萄牙与西班牙走向衰落之际，法国、荷兰与英国等国家和地区却进入了快速发展的时期，进而谋求在东方广大沃土上也能占有一席之地。

法国向外扩张的心情更为迫切。就在这一历史时期，曾在中国和东京湾地带传教的法国耶稣会士罗历山（Alexadre de Rhodes，1593—1660）于1649年返回罗马，试图寻求教廷的支持，以扩充法国在东方的传教势力。而此时，罗马教廷的传信部又正谋划在日本、中国、东京（安南）、暹罗等地建立起宗座代牧体制，以提升罗马教廷的权威和对世界各地教区的掌控能力。为落实这一决策，罗历山遂被传信部所看重，并应传信部的委派前往法国，希望能物色到适合作为宗座代牧主教的人选。

罗历山在巴黎大学一群狂热的神职人员当中发现了他认为合意的人选，即陆方济（又作"方济各"，Frangois Pallu，1616—1684）。

陆方济是个心怀大志的政治家，向东方扩张正合乎他的政治理想。于是1663年在陆方济等的建议下，法国国王路易十四批准在巴黎市郊成立了一所修道院，用以培养和训练前往东方的传教士。巴黎外方传教会就是在这一修道院的基础上成立的。

同样，出于海外扩张的目的，1664年在法国国王路易十四的重臣柯尔伯（Jean—Baptist Colbert，1619—1683）重商主义思想的鼓动下，法属东印度公司应运而生，并亟欲把触角伸向中国。

然而要扩大法国在中国的商业利益则必须由法国传教士作为先导。此时南怀仁等传教士在中国宫廷中所取得的成功对法国来说既是榜样，也是一种推动力。特别是南怀仁1678年8月15日给西方教会中的友人写信，吁请他们鼓动各自的政府和教会派出更多有学识的传教士前来中国。他的号召在欧洲引起很大的反响。此后，南怀仁还委派柏应理（Philippe Couplet，1622—1693）返回法国，劝募有识之士来华传教。

柏应理返回法国后在各地演说，他盛赞中国悠久的历史和文化以及中华帝国的繁荣和富强，尤其是他极力宣扬耶稣会在中国所取得的成就。他的演说在法国引起了极大的轰动，以致法国国王路易十四也在宫廷中接见了他。因此一时在法国出现了一股"中国热"。

1680 年，为了实施宗座代牧这个新体制，罗马教廷遂派巴黎外方传教会的创始人陆方济前往中国，并被委任为拥有总理中国各个修会的全权的宗座代牧主教，同时任命意大利方济各会修士伊大任为其助手。

1684 年 10 月 29 日，宗座代牧陆方济主教到达福建省后，便向在华的各个修会发出一道训令，要求所有在华传教士都要按照宗座 1678 年颁布的命令，向他这个宗座代牧主教"宣誓"效忠，并绝对服从罗马教廷所颁布的任何命令，拒绝履行"宣誓"的传教士将受到严厉的惩罚。随后他又派遣法国传教士卜于善（Philippe le Blanc）从福建前往广州，向那里的耶稣会、多明我会、方济各会和奥古斯丁会的传教士们传达教宗要求各修会的传教士均须服从宗座代牧陆方济的命令。此外，卜于善还宣读了一份陆方济的布告，声明他作为宗座代牧主教，他的管辖权不仅包括福建、广东和广西三省，而且包括与它们毗邻的另外三个省，因为其他省份的宗座代牧主教暂未到位，他将代为管理这些地区。

为了能够使中国传教团的神甫们尽快宣誓服从陆方济宗座代牧的领导，罗马教廷还通过耶稣会总会长向该会在中国的会士施加压力，让他们尽快完成"宣誓"程序。

在华耶稣会士接到他们总会长的命令之后，在这一巨大的压力之下，他们不得不向陆方济主教宣誓服从他的领导。但是 6 名在华的多明我会修士中只有 4 人宣誓，另 2 人予以拒绝。西班牙方济会传教士则以需等候马尼拉方面的指示为由，拒绝宣誓。于是这部分传教士被卜于善处以中止行圣事和传教的权力的重罚。

可见，随着陆方济和其他由传信部直接委派来华的以巴黎外方传教会成员为主的传教士的相继到来，遂在他们这一类传教士与那些原来由享有"保教权"的葡萄牙和西班牙派遣来华的传教士之间出现了矛盾。

1684 年 10 月 29 日，即陆方济来华后不久，他便在福建省穆洋病逝。巴黎外方传教会成员，在罗马教廷中被公认为"权威"神学家的闫当（Carolus Maigrot，1652—1730）原为陆方济所宠信的幕僚，他试图以陆方济继承人的身份，来掌控整个中国教区的管辖大权。为此，他强硬地要求各修会的传教士都要向他"宣誓"，以表示对他的服从和效忠。然而他的专断作风和他试图掌控整个中国教区管辖权的合法性，都受到教会内部一些人的质疑和挑战。在反对者之中，为首的就包括由罗马宗座直接任命为"巴希利衔"（Basilianensis）主教的中国籍多明我会修士罗文藻。

那么，罗文藻作为一个中国人为何能在西方天主教的传教运动中脱颖而出竟成为受到罗马宗座直接任命的"宗座代牧主教"？他又为何有勇气向怀有政治图谋的闫当提出挑战，结果又如何？下面我们将从罗文藻的生平和他在天主教传教运动中的传奇经历的回顾做出回答。

四　天主教中国籍主教罗文藻的生平及其在"礼仪之争"中的历史地位与作用

1. 罗文藻加入多明我会以后对天主教救世功业的奉献

只要回顾西班牙多明我会的在华传教历程，尤其是在"礼仪之争"揭开序幕之后，几乎在所有重要的历史节点上，都会看到中国籍多明我会修士罗文藻的身影。

罗文藻（1616—1691）①，字汝鼎，号我存，西文名字为 Gregorio Lopez，1616 年出生在福建省福宁府福安县南福安河西岸罗家巷，顶头村。罗文藻自幼父母双亡，与兄嫂相依为命，8 岁即为人放鸭谋生。但他苦志读书，尤嗜读天人性命之学的典籍。

由于福安地区临近大海，从历史上来看，该地区是由其他县的边缘地带割划而定制成县的。因此，该地区缺少历史上的渐进的整合过程，以致民众对这一区域的认同感不强。这种内聚力的不足，无形中给外来宗教势力提供了渗透的空间和机遇。从地缘位置上来看，福建与菲律宾群岛隔海相望。菲岛的西班牙殖民者一直想入侵中国，而宗教势力更是想把中国纳入他们梦想中的"东方天主教王国"的范围之内。所以菲岛的宗教势力总是窥伺入侵中国的时机。当罗马教廷意欲在中国设置宗座代牧区之时，福建即被视作一个重点。

基于上述原因，1633 年利安当便来到福安罗文藻的家乡传播基督福音。他见罗文藻衣食不足，遂雇他为教堂的佣工。罗文藻天资聪慧，利安当讲述"天国"的美景对他很有吸引力，于是劳作之余罗文藻常愿倾听教义的宣讲。见此状，利安当遂为 16 岁的罗文藻施洗，这也是利安当所施洗的第一个中国人信徒。

自此，罗文藻深信天主教是为人类造福的，所以他热心教会事务，20 岁左右已成为"传道员"。

1634 年，他曾陪同利安当至南京，前去拜会著名的耶稣会士毕方济。但耶稣会内部的极端分子担心利安当和罗文藻的来访会打乱毕方济在南京的传教计划，于是设计将利安当和罗文藻绑架，并押送回福建。

1635 年，利安当偕多明我会苏芳积（Francisco Diez）前往马尼

---

① 关于罗文藻的出生年月日，学术界一直众说纷纭。近年我国旅意学者宋黎明根据罗马耶稣会档案馆资料以及罗文藻家族史和地方史资料，经考证得出如下结论：罗文藻实际名为"罗文炤"，出生于 1617 年。请参见宋黎明《天主教第一位中国籍主教罗主教之名、字与生日的新发现——罗马耶稣会档案馆所藏罗文炤主教墓志铭之初步研究》，朱庆葆、孙江主编《新学衡》第一辑，南京大学出版社 2016 年版，第 199—218 页。

拉报告中国礼仪之争的近况。罗文藻又陪同他们前往，不幸中途为荷兰人俘获，又是九死一生……

1637年，在福建传教的雅连达等方济各会修士要前往北京，想在中国皇帝面前和反教的文人"打官司"。罗文藻作为他们的向导和翻译一同来到北京，但立即被官府捉拿，并驱逐回福建。不久后，罗文藻带着三个被官方追缉的方济各会士前往澳门避难，结果途中被捕，入狱23日，罗文藻遭到官府残忍的棍击。其后，他们一行人被驱逐到澳门。

罗文藻被驱逐到澳门后，又与利安当相遇。1644年，罗文藻又专程护送利安当和几位修女返回马尼拉。但途中遭遇暴风雨，该船漂流到了安南顺化，罗文藻又几乎为当地土著人所杀害……当罗文藻最终将利安当一行护送回马尼拉之后，他又借在马尼拉停留之机刻苦学习拉丁文、西班牙文以及神学。

1649年，当黎玉范和利安当再次来到中国传教之时，正逢明清王朝嬗变，福建战事频频，又是罗文藻冒着生命危险前往安海去迎接他们。及至利安当立志要到朝鲜去开辟新的教区之时，罗文藻又陪同利安当来到北京……

可以说，罗文藻自加入多明我会以来，为了献身救世功业，他历尽风风雨雨的考验，并为此耗去了他的主要精力和时间。但罗文藻心怀大志，他深知自己的神学学养亟须提高，而他更缺乏与教内人士沟通及行圣事时所必备的语言能力，所以在上述时期，他也曾3次借助到菲岛承办教务的机会，在马尼拉进修学业，其中包括在圣托马斯大学攻读西班牙文、拉丁文、哲学和神学等课程，并由此具备了作为神职人员所应有的基本条件。因此，1654年5月29日马尼拉省教区为罗文藻举行了"剪发礼"；7月4日又晋升他为司铎（神甫）。马尼拉的华人曾为他举行盛大的喜庆活动。①

---

① 罗文藻的早期从教活动请参见〔西〕何塞·玛利亚·贡萨雷兹《首位中国人主教罗文藻》（Fray José María González，O. P.，*El primer obispo chino：Excmo. Sr. D. Fray Gregorio Lo，o López，O. P.*），西班牙潘普洛纳 OPE 出版社 1966 年版，第 21—33 页。

尽管罗文藻热心救世功业，但他时时不忘自己是一个中国人，中国是自己的祖国。在他向罗马教廷呈送的文函中，每每出现"我祖国的人们""我是出身中国的中国人"之类的表述。① 所以罗文藻作为一个中国籍的神甫，他十分关心教友的精神生活和现时的困难，因而得到广大教友对他的信任和热爱。

罗文藻对中国国情的深刻认识和对天主教在华传教策略的睿智看法，以及他的独立思考的性格和无畏的奉献精神，使他得到同会会友和上级的敬重。出于在中国特定环境下传教的需要，他也曾和教宗、传信部，甚至西班牙王室都保持了良好的关系。

1664 年，"历狱"触发后，由于清廷对来华传教士的迫害，以及清政府又实施"海禁"政策，境外的西方传教士已难于在中国入境。而在中国内地的传教士又不得不隐藏在民间，以避免被官方捕获。可以说在上述最艰难的时期，罗文藻是唯一一位能在中国各个传教区之间进行联络与沟通的神职人员。

康熙四年（1665）5 月 12 日，罗文藻冒生命之险第 4 次前往菲律宾，向多明我会省会长报告了在"历狱"事件中天主教传教运动所遭遇的厄运，并商讨在当时的困境下如何保全教会的力量和照顾孤立无援的信教的群体。

多明我省教会的上方对罗文藻寄予厚望，并委托他回国后要照顾好分散在各地的教徒，同时托付他带回一笔资金，以便对那些隐蔽在民间的传教士给予经济上的资助。

当时在马尼拉的方济各会和耶稣会对罗文藻也有类似的厚望。尽管罗文藻属于多明我会，而且这三个修会之间又矛盾重重，但罗文藻以中国传统文化中"和为贵"的理念为出发点，他同样应承了其他修会对他的重托。

当罗文藻回到中国后，他首先前往山东看望万济国等 5 位潜藏在教民家中的传教士，并给他们以经济上的接济。万济国告诉他，还有 25

① 参见郑天祥编《罗文藻史集》，高雄总主教公署 1962 年版，第 101、119 页。

名传教士关押在广州。于是罗文藻又前往广州去探视那些被羁押的传教士。当刘迪我（Jacobus Le Favre）请求罗文藻去探视并安慰他属下的教徒时，罗文藻不但应许，而且为此奔走了 400 里格的路程前去探看。①

康熙六年（1667）前后，罗文藻之足迹曾遍及闽、浙、赣、粤、晋、鲁、湘、川、江南（包括苏、皖），以及直隶省（河北），共走访了 178 所教堂。在这一反教的浪潮中，经罗文藻受洗的成年人各省共约 2000 人，仅福建沿海一岛屿，即有 556 人入教。上述两者的人数较之当时全体传教士在此前 30 年中所付洗者尤多。② 这不能不说是罗文藻对天主教救世功业的贡献。

2. 罗文藻荣获宗座代牧主教的任命

在整个"历狱"的蒙难时期，各个教区的教民都尊称罗文藻为唯一的"甘霖"、慈父、导师和明灯。教会内部也认为，如果没有罗文藻这根柱石的支撑，天主教在华的信德将毁于一旦。③

"历狱"平反后，禁教令并未解除。一些传教士只有冒生命之险潜入中国内地。萧若瑟在《天主教传行中国考》中曾如此描绘西方传教士潜入中国内地的艰难情形："其初至中国海口也，则深藏舱内，不敢露面。夜深人静，则改入教友之小船。黎明，开船入河，仍深藏舱内往往数月不敢出。夏日溽暑，蒸热难堪。及过关卡，则扮作病夫，蒙头盖脑，僵卧不起。昼则隐伏，夜则巡行。所遇艰险，多为后人所不知，无从记载。"④

在如此困难的形势下，为了增强在华的传教力量，罗马教廷曾酝酿任命熟悉中国教务的西班牙多明我会修士闵明我为中国宗座代牧教区的主教，但被闵明我婉拒。因为他认为有比他更加胜任此职的人，

---

① 参见［西］闵明我《上帝许给的土地——闵明我行记和礼仪之争》，何高济、吴翊楣译，大象出版社 2009 版，第 151 页。

② 参见郑天祥编《罗文藻史集》，高雄总主教公署 1962 年版，第 70 页；方豪《中国天主教史人物传》，宗教文化出版社 2007 年版，第 330 页。

③ 参见郑天祥编《罗文藻史集》，高雄总主教公署 1962 年版，第 70 页。

④ 萧若瑟：《天主教传行中国考》，上海书店 1990 年版，第 272—273 页。

那就是罗文藻。1673 年 8 月 29 日，闵明我在罗马上书传信部，力陈罗文藻已具备升任宗座代牧主教的资格，并先后两次向传信部上书对罗文藻极力加以推荐。①

此外，当时在罗马的多明我会副总会长亦向传信部盛赞罗文藻的品德，认为"过去和现在，其生活一直可为人表率，迄无微词"②。

另一位向教廷推举罗文藻为主教的，即是教宗新任命的安南宗座代牧主教陆方济。在他前往东方上任的途中，当他来到马达加斯加时，恰遇从中国返回欧洲的闵明我。在他们二人的互动中，闵明我不但介绍了东方传教运动发展的现实状况，而且谈到罗文藻在中国基督教化过程中所起到的独特作用。因此使陆方济意识到，在他未来在中国开展传教活动之时，罗文藻是他必须依靠的力量。及至他到了交趾支那（即今日越南），罗文藻在"历狱"期间的贡献已为那里的宗教界人士所熟知。这类传闻更加深了陆方济对罗文藻的印象。又由于中国的"海禁"政策使传教士无法进入中国内陆，所以陆方济联手另一位法国籍主教郎伯特（Pedro Cotolendi de la Motte Lambert）共同上书教宗，请求他任命罗文藻为中国主教。

尽管罗文藻是多明我会的修士，但与该修会一直对立的耶稣会的成员也对罗文藻抱有好感，并向传信部表示对罗文藻的赞许。时任耶稣会中国传教团会长的安文思即向传信部表示，他为耶稣会中很少有像罗文藻这样的传教士而抱憾。他更认为在"历狱"过程中，罗文藻对传教事业所做出的贡献较之两个或三个主教所做的事还多。③

在这种情势下，康熙十二年（1673）七月三十一日传信部举行部务会议，讨论罗文藻可否升任主教一案。10 月 2 日，传信部再度举行枢机会议，并决定请求教宗委任罗文藻为"教外地区"（Partibusinfidelibus）主教。

1674 年 1 月 4 日（康熙十二年十一月二十八日）教宗克莱孟十世

① 参见郑天祥编《罗文藻史集》，高雄总主教公署 1962 年版，第 76—77 页。
② 方豪：《中国天主教史人物传》，宗教文化出版社 2007 年版，第 331 页。
③ 参见郑天祥编《罗文藻史集》，高雄总主教公署 1962 年版，第 77—78 页。

(Clementus X) 颁布《宗座至上》（Super Gathedram） "通谕"，内陈："现在我们接受可敬的弟兄，在中国、越南各地宗座代牧主教的建议。他们切愿你惟一的中国司铎，因着你（罗文藻）出众而又正统的信德，以及对基督敬爱的热诚……为此我们以宗座的权力任命你——多明我会菲律宾玫瑰省会（修）士，为巴希利衔（Basilianensis）主教。"并授命罗文藻兼管（直）隶、晋、豫、陕、鲁五省及高丽（朝鲜）的教务。[①]

3. 罗文藻被"祝圣"的坎坷之途

出于那一时代通信的艰难，罗文藻直到 3 年以后，即 1677 年，方才获知教宗对他的上述任命。然而出乎人们意料的是，罗文藻通过陆方济主教上书教廷，表示他坚辞该项圣职的任命。从传信部的记录中可知，罗文藻请辞的具体原因："他（罗文藻）无论如何不能负担这个责任而祝圣为主教。他谦辞自己资格不够，并且葡萄牙人会讲话，说他们是全远东保教权的主人。在那里，没有他们（萄人）的参与和同意，不能派遣任何主教等职务。"[②]

罗文藻坚辞主教一职，这是他深思熟虑后的一个明智的决断。他深知，尽管他为天主教的救世功业奉献了全身心之力，但他是中国人，在东方传教运动中民族主义甚嚣尘上的年代，他获得"主教"的这份荣誉必然要遭到同会的"弟兄"的嫉恨，至于认为他缺少神学素养及拉丁文水平低下等，更会使他遭到反对之声。特别是在"礼仪之争"中罗文藻维护中国传统文化价值的立场，在多明我会内部，更将他视为一个"异类"。此外，罗文藻从属于菲律宾多明我会玫瑰省管辖。菲律宾多明我会玫瑰省又在西班牙"保教权"范围之内。罗马教廷对他"主教"名分的认定并没有得到西班牙王室下属的"西印度事务院"的批准。因此，这一主教职务的认定并不具有"法律"的效力。

---

① 参见顾卫民《中国与罗马教廷关系史略》，东方出版社 2000 年版，第 47 页。
② 转引自郑天祥编《罗文藻史集》，高雄总主教公署 1962 年版，第 82 页。

事实也证明罗文藻的考虑是有根据的。就在罗马教廷任命他为宗座代牧主教一职之后，立即遭到罗文藻所属的多明我会的反对和攻击。当时菲律宾多明我会省会长嘉德朗（Antonius Calderon）持反对立场最为坚决，他认为罗文藻在涉及中国的礼仪问题上，其观点往往与耶稣会士相合，而与多明我会相对立。所以嘉德朗把罗文藻视作敌人，并明确表示，罗文藻如若接受这一任命，他将给罗文藻以开除会籍之惩处，并召回所有在华的西班牙传教士，同时断绝一切对多明我会中国传教团的接济。又由于在华的多明我会修士普遍认为罗文藻拉丁文水平不高，又缺乏神学素养，所以他们也反对罗文藻出任主教一职。①

　　为了缓和多明我会内部的对立情绪，陆方济曾提出一个折中的方案，即罗文藻"很需要一位助理人"，而被陆方济认可的"助理人"即是万济国，他被认为在传教士中是最杰出的一位。②

　　然而万济国本人即对罗文藻充满着敌对的情绪，他认为罗文藻缺乏作为至尊的主教应有的资质和应当具备的神学修养，因此不可能受到尊重，而且罗文藻的任命并没有得到拥有"保教权"的葡萄牙国王的授权，因此他不具有一个主教所应有的实质性的权力。因此，万济国反对罗文藻被任命为"主教"，而他提出的合格的人选则为时任墨西哥普埃布拉主教的帕拉福克斯。③

　　在此情形下，多明我会总会长遂决定为罗文藻委派一位神学顾问，以协助罗文藻管理教务。但省会长嘉德朗则断然拒绝了这一建议。可见罗文藻通向主教的道路布满荆棘与险阻。④

　　罗文藻是个为了达到既定的目标而奋斗不已的人。多明我会对他

---

　　①　参见郑天祥编《罗文藻史集》，高雄总主教公署 1962 年版，第 44—48 页。

　　②　同上书，第 45 页。

　　③　参见［西］何塞·玛利亚·贡萨雷兹《首位中国人主教》（Fray José Maria González，O.P.，*El primer obispo chino*：*Excmo. Sr. D. Fray Gregorio Lo，o López*，*O. P.*），西班牙潘普洛纳 OPE 出版社 1966 年版，第 112—114 页。

　　④　参见方豪《中国天主教史人物传》，宗教文化出版社 2007 年版，第 331 页；郑天祥编《罗文藻史集》，高雄总主教公署 1962 年版，第 106—107 页。

群起而攻之的局面反而激励他下定决心去争取这一主教职位。罗文藻在对"历狱"爆发原因的反思过程中，以及在传教的实践过程中，通过他的亲身体验，他对"礼仪之争"的性质不断有新的认识，并促使他从一个中国人的立场来看待天主教传教运动中的民族问题。他所以最终又决定争取作为一名主教，这其中也包含了他已经进一步认识到，西方传教士并非平等地看待中国的信教者。所以他感觉到，唯有他成为一名主教，他才有可能为中国的教友仗义执言，并在教会内部为中国的教友争取到平等的权利。因此，罗文藻为了成为一名中国籍的主教，而立即开始运用灵活多变的策略，展开了公关活动。

首先，罗文藻连续给西班牙国王卡洛斯二世（Carlos Ⅱ，1665—1700）写信，阐明他之所以要接受主教的任命，其真实的目的是，在巴黎外方传教会企图渗透到西班牙已经建立起来的中国传教区并妄图管辖西班牙传教士的情形下，只有他接受了主教一职的任命，才有望巩固西班牙业已开辟出来的中国教区，并能避免西班牙与法国之间的"大乱"。为此，他建议西班牙国王宣布自己是"中国传教区的保护人"，而罗文藻本人则将宣称他归属在西班牙国王的治下，将来他的业绩即西班牙传教士的成就。[①] 在这里，罗文藻巧妙地把他接受主教任命的原因放到西班牙与法国之间对中国教区管辖权之争的范畴来阐释，因而使西班牙王室不再对他被任命为宗座代牧主教一事持反对的意见。

其次，罗文藻在给罗马教廷的信中则从"礼仪之争"的角度出发，明确指出，为了东方传教事业的成功，罗马教廷则必须采取灵活的策略。罗文藻在上书中回顾到，在1644—1645年，当他陪同利安当从澳门返回马尼拉的途中，在乘船遭遇暴风雨，漂流到安南顺化之时，利安当通过对那一地区土著人生活状态的观察，就已经认识到不同民族之文明的差异性。所以利安当随即指出，在那类地方传教一定

---

① 参见郑天祥编《罗文藻史集》，高雄总主教公署1962年版，第46—47页。

要把握住因地制宜的"灵活性"，在中国尤应如此。[①]

利安当与黎玉范是罗马教廷首批任命的"宗座代牧主教"，虽然当时教廷并没有为他们划定统辖区域，而且这种任命又带有一种"临时的性质"，但终归他们二人在罗马教廷中具有极高的权威性。罗文藻据此表示，如果教廷不赋予他管理宗座代牧区教务的一定"灵活性"，那么他的宗座代牧主教的工作势必失败。这就是他坚辞宗座代牧主教一职的原因。罗文藻的这一观点使罗马教廷不得不予以考虑，并最终表示同意赋予罗文藻在处理中国教区事务时的一定"灵活性"。

罗文藻通过致西班牙国王的信函，表露出他维护西班牙"保教权"的立场，因而得到西班牙王室对他接受宗座代牧主教一职的认可。

罗文藻通过致罗马教廷的信函阐释了利安当对东方传教运动应坚持策略上的灵活性的观点，使教廷上峰更加认识到天主教的在华传教活动要想取得实质性的进展则必须依靠像罗文藻这样的经历"历狱"的考验，而又熟知中国国情的中国人来作为宗座代牧主教，而且传信部进一步感到像罗文藻这样的人才是多么的难得。因此，尽管罗文藻对于任命他为宗座代牧主教一事提出请辞，但罗马教廷传信部一方面，请多明我会总会长命令罗文藻接受这一任命；另一方面恳请教宗，亲自鼓励罗文藻接受这一任命。于是，教宗英诺森十一世于1679年10月12日颁发"最近与尔"(Cum te nuper)"通令"，重申对罗文藻宗座代牧主教的任命。

在这种情形下，罗文藻则上书教宗，表示他接受教廷对他宗座代牧主教一职的任命，并将按传信部的意见，前往泰国参加"祝圣"的仪式。

但当时正值明清王朝变革之际，通往泰国的路途战事连连，交通受阻。于是罗文藻只得改变前往泰国的行程，按照教廷的建议前往马尼拉接受"祝圣"。为此，他先到澳门，并在多明我会中国传教团区

---

① 参见郑天祥编《罗文藻史集》，高雄总主教公署1962年版，第101页。

长艾伯多禄（Petrus de Alarecon）的陪同下，躲过了葡萄牙当局的监视，而后于1683年来到菲律宾，准备在此接受多明我会为他行"祝圣"的仪式。

罗文藻来到马尼拉以后，便很快发现，他已落入阴谋陷阱之中。当时菲律宾多明我会省会长嘉德朗非但不给他"祝圣"，反而密谋加害于他。在名义上让他到华人集聚的"涧内"去传教，实际上这是一种变相的"软禁"，并准备将他流放到偏远的加加扬（Cagayang）一地，让他终老在那里，永远回不到中国。

罗文藻在1684年6月11日致传信部枢机团的书信中揭露到，陪同他从澳门来到马尼拉的那个玫瑰省中国传教团区长艾伯多禄原来怀有陷害他的险恶的用心。艾伯多禄一到菲岛便妖言惑众，大肆中伤罗文藻，使多明我会的同事都成了罗文藻的死对头。艾伯多禄报告省会长嘉德朗说，罗文藻对在中国的耶稣会士抱有好感，并曾同意耶稣会神甫在有关礼仪、政治、宗教和偶像崇拜中的观点。他还蛊惑地宣扬，罗文藻为了自己的荣誉而不惜损害多明我会的声望，罗文藻自视他更通晓中文，在中国典籍的理解上，他超过了全欧洲。罗文藻还自认，他更透彻地了解有如汪洋大海的象形文字的原义，在很多问题上罗文藻都附和耶稣会的见解。①

罗文藻痛苦地指出，在玫瑰省中国传教团区长艾伯多禄的煽动下，"使反对我的人，变成了仇恨的火苗，使我修会的会士神父们轻视我，也讨厌我像教外人以及税吏一般。他们动用计谋反对我，考虑推翻我"②。

在罗文藻处于险境之时，在菲岛由于"王权"和"教权"之间的争斗，社会动乱。而煽动暴乱的正是那个急于迫害罗文藻的省会长嘉德朗。但在暴乱中，他已被支持王室的军方所逮捕。罗文藻在王室委派的首席法官的护送下，遁入奥古斯丁修道院避难。其后，又于1684

---

① 参见郑天祥编《罗文藻史集》，高雄总主教公署1962年版，第114—115页。
② 郑天祥编：《罗文藻史集》，高雄总主教公署1962年版，第114—115页。

年 7 月同样在王室首席法官的帮助下，罗文藻终于逃出菲岛，并于 9 月返回福建。①

那位西班牙王室首席法官之所以给予罗文藻帮助和庇护，无疑是在遵照来自王室的旨意。西班牙王室所以关照罗文藻，不能不说与罗文藻当年给西班牙王室写信，阐释自己反对巴黎外方传教会的立场直接相关。

前已有述，时任福建宗座代牧主教的陆方济非常器重罗文藻。当他得知罗文藻已经返回福建，遂于 1684 年 11 月去函，希望罗文藻能到穆洋去接受"祝圣"。不料在罗文藻抵达穆洋的前两日（又一说为前三日），陆方济已经去世。罗文藻感到"祝圣"之事将会变得遥遥无期。

然而此时罗文藻却迎来了峰回路转的机遇。早在 1680 年，传信部已任命意大利人方济各会伊大任为陆方济主教之副主教。但二人并未同船前来中国。在伊大任来华的途中，他在暹罗滞留了一年。到 1684 年 8 月 27 日伊大任才经过澳门抵达广州城，这里有方济各会的住院——杨仁里福音堂。

在伊大任离开罗马前，传信部曾委托他将罗文藻的"主教任命书"的"验证本"带往中国，而且传信部还授权伊大任，无论在何时何地均可为罗文藻"祝圣"。伊大任在暹罗时已将这份罗文藻的"主教任命书"的"验证本"亲自寄往马尼拉。所以伊大任一获知罗文藻就在福建，便立即给罗文藻发函，邀他到广州来完成"祝圣"仪式。

在接到伊大任来函后，罗文藻便在前文已经提到的那位以陆方济继承人自许的闫当的陪伴下前往广州，路上历时 48 天，至 1685 年 4 月 8 日，罗文藻与闫当终于来到广州，并在伊大任主教的亲自主持下，在杨仁里方济各会教堂举行了隆重的"祝圣"仪式。

自罗文藻被任命为宗座代牧主教到正式接受"祝圣"，其间整整延误了 11 年零 3 个月之久。

---

① 郑天祥编：《罗文藻史集》，高雄总主教公署 1962 年版，第 47—48 页。

4. 在"礼仪之争"中罗文藻与闫当的高端对决

自 1660 年，传信部设立南京宗座代牧区以来，中国天主教会内部便形成兼有"圣统制"（系指原来享有"保教权"的主教体制）和"宗座代牧制"这两种宗教势力并存并相互矛盾与倾轧的局面。这两种宗教势力的争斗又集中反映在"礼仪之争"复燃的过程中。

罗文藻被"祝圣"为南京宗座代牧教区主教后，首先他是在不自觉间被卷入上述这两种宗教势力的角斗之中。而后，等到他认识到这种角斗的真正性质之所在，他则开始以华夏文明为基点，坚决、积极地投身"礼仪之争"当中，并成为华夏文明的体现者。而罗文藻在"礼仪之争"中所面对的第一个强劲的对手，则是重新挑起"礼仪之争"的一时无论在中国，乃至在欧洲，堪称叱咤风云的巴黎外方传教会的"权威神学家"闫当。

（1）罗文藻对闫当意欲掌控在华各修会的图谋的抵制

前已有述，1685 年 3 月罗文藻曾在闫当的陪同下前往广州去接受伊大任主教为他举行的"祝圣"。罗文藻那时并没有收到教宗颁发给他的"主教任命书"的"验证本"。所以对于伊大任是否会给他"祝圣"，罗文藻心中毫无把握。

闫当早已知道罗文藻没有收到"主教任命书"的"验证本"，所以他劝慰罗文藻说，假如伊大任真的以罗文藻不能出示"主教任命书"的"验证本"为由，而拒绝为罗文藻"祝圣"，那么他——闫当——将会援引法律条文迫使伊大任为罗文藻"祝圣"。

在当时的困境下，闫当赢得了罗文藻的好感。但罗文藻那时尚不知，闫当对他的上述"示好"，实则包含着拉拢罗文藻，进而在罗文藻与伊大任之间制造矛盾的意图。

至广州后，尽管罗文藻不能出示"主教任命书"的"验证本"，但伊大任仍然为罗文藻举行了"祝圣"仪式。如前文所述，因为伊大任不仅知道教宗任命罗文藻为主教一事，而且他曾亲自将装有"主教任命书"的"验证本"的信函寄往马尼拉。只是他不了解，既然罗文藻到过马尼拉，为什么会没有接到"主教任命书"的"验证本"。

然而，闫当见自己在罗文藻与伊大任之间制造矛盾的盘算没能奏效，所以他很郁闷，以致接到伊大任邀请他参加罗文藻"祝圣"典礼时，他竟没有出席。

闫当担心罗文藻会因为他的失礼而对他怀恨在心，于是他向罗文藻解释说，他没有出席罗文藻的"祝圣"仪式是担心罗文藻的此次"祝圣"日后不为宗座所承认。他准备那时再出面为罗文藻辩护。

闫当所以想修复与罗文藻之间的关系，实则是因为他还心怀另一计谋，那时将需要罗文藻能为他提供帮助。那么闫当究竟是何种类型的"政治家"？

1652 年，闫当生于法国；1676 年或 1677 年被晋升为司铎。1678年以降，他相继获得索邦神学院硕士、博士学位。1680 年，闫当加入巴黎外方传教会的神学院，以成绩优异而备受称赞。但他的政治态度却既保守又偏激。

由于闫当不甘心过平庸的生活，遂于 1682 年追随陆方济赴东方传教，希望在那里能大展宏图。

在前往东方的路上，闫当赢得了陆方济的好感。1684 年，他们一行到达福建。

闫当是一个多谋善变的人。在教会的内部，由于他有极高的学识，因而被视作权威的神学家；又由于他富有才华和超群的能力，故被视为非常有前途的教长。

陆方济由于体弱多病，很多教务工作都是委托闫当来承办，所以闫当被陆方济视作最受他信任的幕僚。而闫当实则是一个雄心勃勃的政治野心家。

1685 年，陆方济在福建去世之后，闫当所以不畏长途跋涉之苦陪同罗文藻前往广州去接受"祝圣"，实则是希望借助为罗文藻"祝圣"的机会，诱使陆方济主教的副手伊大任主教能承认他总揽中国教区大权的合法性。

为此，在为罗文藻"祝圣"后，闫当便向伊大任申明，在陆方济去世前，曾任命他为浙、赣、闽、湘的署理代牧，并授予他监管全中国教务的全权。为证实这一授权的合法性，闫当当着伊大任和罗文藻的面，出示了一张"手抄"的"授权书"。闫当说这是从陆方济的那份"授权书"的"验证本"上，由书记员抄录下来的。而且闫当还指证说，罗文藻当时就在现场。

于是伊大任问罗文藻，对于"手抄本"上的文字与原"验证本"上的文字，他是否核对过。罗文藻回答说，他对西方文字缺乏辨认的能力。也即是说，对于"授权书"的"验证本"上的文字与"手抄本"上的文字是否相同，他不能确证。

由于这份"手抄"的"授权书"上在应当盖印章的地方只有一"火漆"的痕迹。伊大任又问罗文藻，他是否看到在"授权书"的"验证本"上盖有印章。罗文藻又回答说，他不敢发誓证明"验证本"上面是否盖有印章。这等于对是否存在"授权书"的"验证本"表示了质疑的态度。

由于罗文藻的回答没有能消除伊大任主教对"手抄"的"授权书"的疑虑，所以他坚持见不到"授权书"的"验证本"，他对闫当所说的一切是绝对不会认可的。①

鉴于伊大任及罗文藻两位主教均对闫当提供的陆方济的"授权书"的"手抄"件抱着质疑的态度，闫当试图掌控中国教会管辖大权的目的没有达到。这是一个极为重要的历史事件。事实上，当时闫当已经对于中国礼仪持系统的否定观点。如果他果真掌控了中国教区的管辖权，那么他就会利用这一权力来推行他的在华传教的方针和策略，其后果可以说是不堪设想。

而且历史也证明，罗文藻和伊大任共同抵制闫当"夺权"的图谋是完全正确的。因为直到 1687 年 2 月 5 日，教宗英诺森十一世（Innocent XI）才任命闫当为福建省的宗座代牧主教。而且直到 1700 年 3

---

① 参见崔维孝《明清之际西班牙方济会在华传教研究（1579—1732）》，中华书局 2006 年版，第 301—302 页。

月 14 日才由伊大任主教在浙江嘉兴一座耶稣会教堂为闫当"祝圣"。由此可推知，陆方济去世前，曾任命闫当为浙、赣、闽、湘的署理代牧，并授予他监管全中国的教务的全权，这完全是一派谎言。

（2）罗文藻在所谓"宣誓"问题上的立场

宗座代牧制的一项重要内容是，所有被置于宗座代牧管辖之下的赴远东的传教士，无论属于什么修会都应该向宗座代牧发誓，表示承认教宗的绝对和全面的权力。这意味着这些传教士若无宗座代牧们的允许就不能在自己的宗教辖区内履行任何宗教职责，不能以特权保护自己，并要遵从教宗和教廷传信部的谕令。[①] 这一宣誓的规定实质上是对享有"保教权"国家的直接打击。因此，引起罗马教廷与享有"保教权"国家之间的矛盾和冲突。

在执行罗马教廷要求各修会传教士必须宣誓效忠宗座代牧主教的问题上，伊大任、罗文藻与闫当之间同样又产生了重大的分歧。

自 1687 年 2 月 5 日，教宗英诺森十一世（Innocent XI）任命闫当为福建省的宗座代牧主教之后，闫当继承陆方济的衣钵，强制要求各个修会的传教士必须发誓服从他这个宗座代牧的领导。否则，那些拒绝宣誓的传教士将被剥夺做圣事的权力。他还写信给罗马教廷状告伊大任主教，因为后者公开允许拒不宣誓的方济各会和奥古斯丁会传教士仍可继续在教堂带领基督徒做圣事。

早在 1683 年年底，当卜于善神甫遵从陆方济之命来到广州，并向各修会的传教士宣读必须宣誓服从宗代牧领导的教宗"通谕"时，作为西班牙方济各会的领导者，利安定当即认为这种强制"宣誓"的做法，可能会给天主教在中国的传教事业带来难以想象的严重后果。他指出，不"宣誓"就不许传教，"这很危险，可能会导致发生教难。因为中国人不了解我们的事情，倘若他们知道在他们的帝国里，有人在没有皇帝的命令和准许的情况下，对我们和基督徒们实行这样的管

---

① 参见张国刚等《明清传教士与欧洲汉学》，中国社会科学出版社 2001 年版，第 149 页。

辖权，倘若这消息传到我们天主教的任何一个敌人那里，官员们马上就会被告知，他们就会把这一事件看成是过去的教难中所出现的作乱"①。

利安定的这种忧虑很快被证实是完全有根据的。因为闫当的这种强硬措施已经在一些省份给传教事业造成了很大的损失。正如利安定1689 年 12 月 8 日在给伊大任的信中所示，闫当的强制措施，"带来的损失是很清楚的……在所有这些我的传教团所管理的教堂中，基督徒们没有司铎带领他们做圣事，那里的异教徒也没有人为他们宣讲福音，亦无人带领他们摆脱死亡之路。我们修会也失去目前在传教团的这座葡萄园劳作的 11 位传教士，多明我会和奥古斯丁会也同样失去了他们的司铎"②。

对于闫当给传教事业所造成的重创，利安定感到十分痛心，他在 1685 年 12 月写给省会长的信中，曾愤愤不平地发问："我不明白这个人，也不知道他有什么目的，因为他既不会语言（系指汉语）也不去学习，他反对主教，反对所有我们这些在这里买下房舍的人。"③

利安定在信中所指的这位不会中国话也不去主动学习的人就是闫当。其中所提到的主教即指伊大任神甫。所谓"在这里买下房舍的人"即指长期在福建传播基督福音并已建立起自己教堂的传教士。闫当是由传信部直接派来的传教士，所以他对那些已有建树的原来由葡萄牙和西班牙派来的传教士十分忌恨。

事实上，伊大任和罗文藻在 1685 年 5 月与闫当分手后，出于维护天主教传教事业这一目的，他们在自己的教区里已经允许传教士可以不发誓而传教，并不断上书传信部要求罗马教廷取消"宣誓"的规定。与此同时，他们还和其他宗座代牧主教联系，希望共同对罗马教

---

① 转引自崔维孝《明清之际西班牙方济会在华传教研究（1579—1732）》，中华书局 2006 年版，第 310 页。

② 崔维孝：《明清之际西班牙方济会在华传教研究（1579—1732）》，中华书局 2006 年版，第 308 页。

③ 同上书，第 310 页。

廷施加影响力。

他们的上述立场和具体措施对利安定也是一种鼓舞，使他对于教宗取消"宣誓"一事充满期待："我们充满信心，宣誓将在一年或两年之内被取消，因为宣誓已被4位宗座代牧豁免了，毫无疑问这将会在罗马产生反响。去年来的5位耶稣会传教士不愿意发誓，罗文藻以缺少传教士为由批准他们不用宣誓即可传教。"①

利安定在信中所提及的4位宗座代牧即是伊大任、罗文藻、罗历山②，还有一位可能是胡安·宾（Iohannes Pin）主教。上面所提到的5位法国耶稣会传教士即是我们前面已经提及过的白晋、张诚、刘应、李明和洪若翰。由于他们每人都有高深的学识，所以被法国国王路易十四任命为"王家数学家"。派他们前往中国的目的，诚如该国王所指出，即是"为了使我们的海运事业日趋安全和我们的科学技术日益发展，并为了稳定取得成果，我们已作出了我们的充分准备，并认为有必要从欧洲派出一些富于实地考察能力的学者前往印度和中国"③。

为了摆脱享有"保教权"的葡萄牙的控制，这5名传教士于1685年离开法国后，选取绕过葡萄牙前往东方的航道，并于1687年在宁波登陆。

南怀仁得知他们到达的信息后，便立即上报给康熙皇帝。不意南怀仁在此不久后因病辞世。这5位法国"王家数学家"直待南怀仁葬礼结束之后，他们才进宫接受考核，当时徐日升为考官。

在其后的一道由康熙皇帝颁发的"圣旨"中，白晋和张诚被留京备用。其余三人未及亲见皇帝即于3月29日离开北京。但康熙皇帝给予他们可以自行选择居所的恩准。于是刘应、李明和洪若翰来到山

<hr />

① 崔维孝：《明清之际西班牙方济会在华传教研究（1579—1732）》，中华书局2006年版，第307页。

② 此处的罗历山（Alessangdero Cicer，1679—1703）为南京主教与前文所提及的法国耶稣会士罗历山（Alexadre de Rhodes，1593—1660）实为两人。为避免混淆，凡文中涉及前者，中文名字之后皆注原文（Alessangdero Cicer，1679—1703）以示区别。

③ 转引自张西平《欧洲早期汉学史：中西文化交流与西方汉学的兴起》，中华书局2009年版，第462页。

西，那里已有十万信众。而后，洪若翰又于 4 月 14 日前往南京，在这里他见到了时任南京宗座代牧主教的罗文藻。

不久前留守在杭州的现任耶稣会副省会长的殷铎泽曾派属下接待过这 5 名法国"王家数学家"。当下，殷铎泽却又面临一个重大的难题，即这 5 名"王家数学家"来华后，应当按照教宗的"通谕"，立即向宗座代牧主教宣誓，否则不得行圣事，即等于他们被剥夺了传教士的资格。但这 5 人不仅带来了法国国王不准许他们"宣誓"的命令，而且内中还命令巴黎外方传教会的主教批准他们不发誓亦可行使神权。若他们不服从，将关闭他们在法国的神学院。

殷铎泽就是否应强制这 5 名法国传教士"宣誓"这一难题，求助罗文藻来解决。尤其是这 5 人当中已有 2 人，即白晋和张诚已经奉旨留在宫中为皇帝效力。

就在这种困难的关头，在澳门驻跸的在耶稣会中负有最高权力的视察员西芒·马丁（Simao Martins，1619—1688）自澳门来信，要求这 5 名法国人必须无条件"宣誓"。马丁还强调，这些法国人不许进入北京；如果违抗他的命令，将被遣送回广州。他还指出，法国人由于违背耶稣会总会长的旨意擅自来华，葡萄牙国王已被这次远航激怒，以致该国王已经拒绝签发法王路易十四要求的通行证。

显然事态已十分严重。徐日升在葡萄牙与法国的争执中，一向站在葡萄牙一方。所以他迫不及待地执行马丁信中的指示，剥夺了法国这 5 位"王家数学家"作为神甫的全部职能和作为传教士的一切特权。理由是他们尚未"宣誓"。大约同一时间，被教宗封为"科农衔主教"（Bishop of Conon）的闫当摆出一副更为严厉的姿态，他坚决要求那些即使是打算离开传教区返回欧洲的传教士也要照样"宣誓"。

就是在上述这种极端困难的情况下，罗文藻却断然允许上述 5 位法国"王家数学家"即使是没有"宣誓"也可以行使神权，即可以照例行"圣事"。

罗文藻在要求传教士"宣誓"的问题上，始终坚持自己的立场，即一方面承认传信部部令的"神圣性"，但同时他也坚持在处理"宣誓"问题上的"灵活性"。他认为，如果传信部的部令经过若干神职界人士（如闫当等人）的强制推行，那么必有半数以上的传教士因不愿"宣誓"而离开中国，教会也将失去大部分教友。因为宣誓效忠宗座代牧主教的传教士必须要求教友不敬孔子、不祭祖，这样中国教会将触发新的教难，教会完全有毁灭的可能。因此，罗文藻请求传信部各枢机不要再按着传信部部令的字面意思来执行命令。因为中国教友尚处在幼苗时代，经不起如此严厉的考验。至于没有"宣誓"的传教士，也应准许他们施行"圣事"。特别是在处理那 5 位法国来华传教士的"宣誓"问题上，罗文藻表现出他特有的灵活性和坚定性。那时，他已得知，白晋和张诚经考核已被留在宫中，即他们得到了圣宠。这无形中增进了传教士和康熙皇帝之间的亲近感，也由此使整个的在华传教环境变得更加宽松。如果此时此刻一定要逼迫白晋和张诚进行"宣誓"，而且他们果真"宣誓"，那么作为传教士他们必须履行传播福音的职责，而无暇再顾及科学实践活动，这必将惹怒康熙皇帝。同样，如果白晋和张诚拒绝"宣誓"，则将被取消传教士的资格。如果因为被剥夺了传教的权利，白晋和张诚执意要返回法国，那么康熙皇帝会做出什么样的反应，这自然是不说自明的。此外，洪若翰来到南京后，曾有幸觐见康熙皇帝。圣上极为高兴，并让他留在南京，学好中文后再到朝廷任职。难道能因为"宣誓"的问题迫使洪若翰离开中国吗？因此，罗文藻曾庄重地敬请罗马教廷，一定要"注意这时代，是教外中国的皇帝这样厚待天主教教士的时代"[①]。罗文藻能有上述这样的见解，可以说他在对在华传教形势的判断上，远远高于他同时代的西方传教士，乃至罗马教廷之上。

罗文藻从天主教在华传教运动的全局出发，他把上述 5 位法国传教士以"数学家"而非传教士来看待，因而准许他们虽不"宣誓"，亦可施行圣事。[②]

---

① 郑天祥编：《罗文藻史集》，高雄总主教公署 1962 年版，第 143 页。

② 参见［美］魏若望《耶稣会士傅圣泽神甫传：索隐派思想在中国及欧洲》，吴莉苇译，大象出版社 2006 年版，第 39—49 页。

此时，前文提到的在澳门驻跸的耶稣会视察员西芒·马丁病故，继而由方济各主教接任他的视察员职务。方济各对待法国"王家数学家"的态度更加极端，他明令禁止法国人从事任何天文观测，他们所有的信件须用拉丁文或葡萄牙文而非法文书写，以确保他对信件的检查；法国人的所有著述和报告必经澳门投送；在北京的法国人不经领导层批准不得擅自公开露面；所有在北京的耶稣会士都要避免在康熙皇帝或其臣僚面前谈起本国的特点、实力、成功与恢宏。任何人不经视察员许可，不得任职钦天监。方济各进一步指出，所有寄往法国的信函首先要送交他过目。

事实上，如果遵从方济各的上述各项"禁令"等于中断法国"王家数学家"的一切科学活动，这势必会遭到康熙皇帝的愤怒反击，以致来华传教士必遭驱逐。

在这种关键的时刻，又是罗文藻站出来，明确表示他作为宗座代牧主教，按照教廷的意思，所有来往欧洲的文献，应由他来接交。这才迫使方济各有所妥协，使法国的"王家数学家"的科学实践活动终于能够继续下去。[①] 试想，如果当时没有罗文藻所采取的断然措施，事态会如何发展？我们认为这是评定罗文藻在"礼仪之争"中的历史贡献时，必须思考的问题。

实际上，罗文藻对于法国的"王家数学家"有关"宣誓"等问题当机立断的处理，完全与教廷的指示相违背，而且他这样的灵活措施也并未事先得到教廷上峰的批准，即这肯定会被认为是一种违抗教廷的行为。对此，罗文藻以中国历史上对法律条文的灵活运用为先例，来为自己的做法辩解："中国各地有义仓，但未奉皇帝圣旨准许，擅自开仓者将受死刑的惩处。但某年某偏远省份大饥，若待求得朝廷钦准后而始开仓，则必有众多的饥民毙命。该地的巡抚一方面将灾情上报朝廷，一方面自行开仓发粮。事后该地的巡抚大受褒扬，并载入史籍。"[②]

---

① 参见［美］魏若望《鲧会士傅圣泽神甫传：索隐派思想在中国及欧洲》，吴莉苇译，大象出版社 2006 年版，第 45—54 页。
② 转引自方豪《中国天主教史人物传》，宗教文化出版社 2007 年版，第 333 页。

罗文藻的上述决断措施最终使白晋和张诚留在了宫廷之中,并成为最受康熙皇帝宠信的传教士。其后康熙皇帝所以颁发"宽容诏书",内中也与白晋和张诚留给康熙皇帝良好的印象有关。又据史载,"康熙三十二年(1693)五月,圣躬偶感疟疾",由于洪若翰敬献的金鸡纳霜及时治愈了康熙皇帝的疟疾,因此受到嘉奖,并为西方医学在中国社会中赢得极大的声誉。试想,如若不是罗文藻力排众议将洪若翰留在了中国并在宫中效力,康熙皇帝会给予耶稣会士如此大的荣誉吗?

当代的西方学者对于罗文藻为了中国的传教事业而不顾个人荣辱与安危的做法,也开始有了新的认识,即"罗(文藻)主教立足于中国人的需要看问题,而不是西方的合乎教规的先例"①。

同样,在上述时期,宗座代牧主教伊大任也深感"宣誓"问题的争执将有损于传教事业,于是他也曾上书传信部,主张传教士是否要"宣誓"可以便宜行事,采取灵活的态度。在他的斡旋下,西班牙在马尼拉的教会上层遂决定暂缓撤回传教士,并派出奥古斯丁会修士白万乐(Alvarus de Benavente)到罗马教廷去申诉西班牙一方的观点。最后传信部决定各修会不必再向宗座代牧"宣誓",但要接受宗座代牧的管辖。

当传教士必须向宗座代牧"宣誓"这一问题似乎是得到解决之际,"礼仪之争"的烽火却再度被点燃,其始作俑者即是闫当。

(3)罗文藻投身"礼仪之争"

在有关天主教宗教史的研究中,一般认为罗文藻虽投身"礼仪之争",但并无理论上的建树。这样论断显然并不全面。事实上,从罗文藻致罗马教廷和致西班牙王室的书信中可以看到他对"礼仪之争"所持观点的系统阐释和对天主教在华传教策略的睿智分析。正如罗文藻的自述所言:"我做了有关礼仪之争的刊发的意见书。……这意见

---

① [美]魏若望:《耶稣会士傅圣泽神甫传:索隐派思想在中国及欧洲》,吴莉苇译,大象出版社2006年版,第47—48页。

书是因为我的上司一再催促而刊印问世的。我研究了我修会（即多明我会）传教士们，在许多地方以字义曲解中国哲智的含义，改变原来的意思，空空地挑拨自己和他人，使自己陷于疑虑的深渊中。但同样有许多点，我不同意耶稣会的见解。我费心研究务使两个修会双方神甫的意见能协调起来，而建立起明朗的共鸣。使在主的羊群中除去不断发生的恶表，渐渐大家臻于一心一意之道。在教外人前表现出像天主的使臣，和天主各项圣宠神恩的施与者来。"①

罗文藻尤其不赞成某些罗马教廷的所谓"高层有资格的神长"（Patres Qualificatores）仅凭借一些下层不完整、不全面的肤浅报告，就武断地、匆忙地（对中国礼仪问题）妄下结论。罗文藻所谓的某些罗马的"高层有资格的神长"，实际上指的就是闫当之流。

罗文藻于 1686 年 8 月在南京向传信部写了一份很长的报告，详细地介绍了中国祭祖、祭孔诸礼仪的源流和意义，以及中国古代儒家经典对此的记载和历代先王的具体做法等。罗文藻指出，在中国的传统中，敬拜孔子时，从来没有固定的祷词，即使皇帝向孔子表敬意时，也是这样。他断然否定那种认为祭孔有所谓宗教意义的妄论："至于有关祭孔部分，不只是古人，即使是现代人也从没有承认自己向孔子祈祷，有指望他赏恩赐惠的意思。我曾听说年前在福州城，有道教某派信徒，要强推孔子为神，编印祈祷小册子，后经发现遭到取缔。"②

上面提到的罗文藻的部分历史文献的遗存才是他的精神遗产中最为宝贵的财富，而且应当承认罗文藻这部分对华夏文明特质的阐释也应当看作西班牙汉学研究中独树一帜的部分。

（4）罗文藻坚持在传教活动中推进"本土化"进程

1685 年 5 月 14 日，罗文藻获得"祝圣"后，自广州动身，于 6 月 30 日抵达南京，并受到了信友们的热烈欢迎。7 月 1 日，他在南京举行

---

① 转引自郑天祥编《罗文藻史集》，高雄总主教公署 1962 年版，第 114—115 页。
② 转引自顾卫民《中国与罗马教廷关系史略》，东方出版社 2000 年版，第 50 页。

了第一次圣祭及就职典礼。之后，他便开始巡视自己的宗座代牧区。

罗文藻作为中国天主教会历史上第一位华籍主教，尽管他热心救世功业，但他时时不忘自己是一个中国人，中国是自己的祖国。如前所述，在他向罗马教廷呈送的文函中，每每出现"我祖国的人们""我是出身中国的中国人"之类的表述。从而显现出他深沉的民族感。① 基于此点，在他作为宗座代牧主教主持教区教务的过程中，他坚定地主张在传教过程中要实现"本土化"。为了维护华籍神职人员在教会中的平等地位和应有的权利，为此他反对以拉丁文的水平作为衡量中国修士"晋铎"标准的惯例，并上书传信部要求允许中国的圣职人员用中文主持弥撒仪式。

尤其是罗文藻要求教宗豁免中国教士们必须"宣誓"遵从罗马教廷的那道"通谕"，因为那里面包含着禁止尊孔和祭祖的内容。在祭祖敬孔的问题上，罗文藻尽力按照中国的民情，予以灵活的掌握。他的这一立场在前文已有论述。

罗文藻还主张选拔年长的中国教友来晋升神甫。他认为一些上了年纪、经过训练的优秀教友，知道重视神品圣事，他们较之年轻人更适合做神甫。②

罗文藻所以建议任命年长的传教士晋升为神甫，并非如一些人所认为的，这是轻视和压制年轻人。事实上罗文藻所以持上述观点是有其特殊原因的。从中国社会的现实状况来看，一个传教士若能胜任神职工作，至少要经历 10—13 年的磨炼。如要成为一个称职的神甫，则要假以更长的时日。实际上，罗文藻是在暗指那些由传信部直接派到中国来的西方"初学道者"不宜过快地"晋铎"。由于他们不了解中国的国情，却仅凭借着一知半解就妄论中国事务，结果造成教内无休止的争论。所以罗文藻引用"真理比柏拉图更是朋友"这一西方的成语来进一步阐明自己的观点："我是近 70 岁的中国老传教士，跟那些初学道

---

① 参见郑天祥编《罗文藻史集》，高雄总主教公署 1962 年版，第 101、119 页。
② 同上书，第 52 页。

者捕风捉影地闹了近40年的争执，而不以传教救灵为前提。"①

但要想提升上了年纪的合格的教友为神甫，在当时的历史条件下，只能在中国的信教者中选择。因此罗文藻主张选取上了年纪的教友晋升为神甫，这也是罗文藻坚持传教过程中"本土化"的一个变通的做法，或者说这是罗文藻的策略思想的体现。而且在实践中，他就是根据上述的标准为吴历（时年57岁）、刘蕴德（时年69岁）和万其渊（时年53岁）这三位既年长又有着高度儒学学养的中国修士晋升为神甫。②

罗文藻主张传教过程中的"本土化"并非出于狭隘的民族主义偏见。罗文藻一旦从宗座处争取到他有任命副主教的权限之后，他所选择的副手即是意大利方济各会修士余宜阁，在宗教史的著述中常称他为"余主教"或是音译为良尼沙或廖霓赛（Cianfrancesco de Nicolais da Leonessa）。因为这位"余主教"与罗文藻有着长期合作的经历，他了解中国的国情，还会中文，而且对中国人非常有感情。由于罗文藻所选取的副主教未经葡萄牙国王的同意，因此以"保教权"为依据，葡萄牙国王断绝了对罗文藻的一切接济，以致罗文藻有时因缺乏经费，而无法巡视教区。但他仍坚持自己正确的选择。

此外，罗文藻本人也不曾因为他加入了多明我会而弃绝了中国的文化传统。即使是从罗文藻的着装来看，他手握权杖和念珠，但他却穿着中国传统的衣装。

1690年4月10日，南京宗座代牧区被罗马教廷升格为正式的主教区，罗文藻则被任命为首任南京教区的主教。

同年10月，罗文藻在巡视教务的途中，突患重病，被迫返回南京。

在病重期间，罗文藻得知自己已无康复的希望，他立即停止服

---

① 参见郑天祥编《罗文藻史集》，高雄总主教公署1962年版，第101、119页。

② 同上书，第52—53页。其中，吴历，字渔山，为著名学者、画家，被称为"清初六大家"之一。万其渊为江西建昌的著名学者，而且曾进修神学与伦理学，并热心传教事业。刘蕴德曾为钦天监右监副。由于官场不得志，在南怀仁的影响下，加入了天主教。

药，而把省下来的药费用于救济贫困的教友。

1691 年 2 月 27 日罗文藻病逝，葬于南京雨花台。即使是在罗文藻的葬礼上，由罗文藻晋铎的吴历等曾为罗文藻设灵堂，并供奉遗像。可见他们皆不认为此种中国礼仪是种迷信之举。

（5）站在中西文化碰撞的高端：罗文藻在"礼仪之争"中的历史作用

罗文藻在具有国际性的、跨文化的"礼仪之争"中，坚定地站在国际论坛上，顶着种族歧视和修会内部的强大压力，甚至冒着被迫害的风险，他既敢于发声并且善于发声。罗文藻以超时代的眼光与魄力在"礼仪之争"中不仅勇于坚持自己的立场，而且他以中国传统文化为基点，对于那些歪曲和诽谤中国文明实质的谬论给予了尖锐的回击。尤其是他对那种远离中国社会的现实，仅凭对中国经典的一知半解或是对中国习俗的曲解而妄下结论的轻率态度和不实的学风，予以鞭挞和讥讽。

罗文藻对天主教在华传教的各个修会之间的冲突和矛盾深有感触。他在致罗马教廷的报告中曾直言不讳地指出："我看到了每个国家都为自己争利。"[1]但为了维护天主教在华传教运动中的"声誉"，罗文藻还是从中国"和为贵"的传统文化的立场出发，真诚地呼吁各修会之间停止无意义的相互攻讦，他认为只有如此，天主教才能给中国人民留下一个美好的印象。罗文藻的这种良苦用心与那些以狭隘民族主义和国家私利为出发点的西方传教士相比较，在精神层面上，真有天壤之别。

在上述时代，罗文藻是在"礼仪之争"的高端对决中，独领风骚并赢得广泛赞誉的唯一的入教的中国人。在当今研究"礼仪之争"日盛的情势下，发掘与整理罗文藻的遗存文献，进而对罗文藻在"礼仪之争"中的作用和影响进行系统的研究，应当是我国学者一项义不容辞的责任。

---

① 转引自方豪《中国天主教史人物传》中册，中华书局 1988 年版，第 158 页。

第三节　从 1692 年"宽容诏书"的颁发到"印票"制的推行——兼论罗马教廷与康熙王朝围绕"礼仪之争"的博弈

一　"历狱"后，山东教区各修会之间的和谐发展趋势

在"历狱"平反后，那些"回归本堂"的传教士和未被牵连到"历狱"之中的传教士都从这次反教的风潮中汲取了教训，原来在"礼仪之争"中持相反立场的各个不同修会之间，已变无休止的相互攻击为相互理解与和平共处。在传教策略上，更出现了相向而行的趋势。这就为西班牙方济各会在山东的传教活动创造了发展的机遇。于是西班牙方济各会山东教区在新形势下出现了新的景象。

其一，在宫廷中服务于康熙皇帝的那些耶稣会士与山东教区的方济各会修士之间，建立了良好的互动关系。每逢山东教区遇到困难，像南怀仁、徐日升、闵明我（Claudio Grimaldi）等都曾伸出援手，化解了方济各会修士与地方官府之间的矛盾。

像郭纳璧想在蒲台县建立一所教堂，并得到县令的许可。但在郭纳璧外出巡视时，这个县令又否决了这一计划。这次争端后来由于北京的南怀仁神甫的出面调停而得到了平息。[①]

又比如，郭纳璧的一个男仆被官方逮捕并押送衙门。尽管郭纳璧一再向地方官吏求情，但毫无效果。在这种情形下郭纳璧只好向在京的耶稣会副主教徐日升神甫求助，从而得到当地官员的宽大处理。[②]

---

① 参见［美］孟德卫《灵与肉：山东的天主教（1650—1785）》，潘琳译，大象出版社2009 年版，第 77 页。

② 同上书，第 78 页。

1709年年初，当山东出现反教风潮时，卞述济在东平府附近被一些非基教徒向官府告发，他和仆人及其他一些基督徒随即被关在牢中。这时，由任钦天监监正的葡萄牙籍著名耶稣会士闵明我（Claudio Crimaldi）出面拜会了山东巡抚，于是已经被关押了15天的卞述济等得以释放。[1]

其二，同在山东传教的耶稣会和方济各会之间，在一段时期内，也曾保持了良好的互动关系。像耶稣会士汪儒望就曾帮助方济各会的利安定解决了"东堂"教产的继承问题。反之，方济各会的南怀德也曾为在山东传教的耶稣会士方记金（Franchi Girolamo）按照耶稣会的会规和耶稣会在"礼仪之争"中对中国丧葬仪式的理解，而安排了一场在当地颇为有声势的葬礼。

方记金1705年来到济南，直到1718年在济南过世，他始终以"西堂"为传教的据点，并悉心地管理着9个教堂以及济南以外山东各县镇中的难以胜数的祷告所，并对它们轮流进行视察。由于他在山东的传教活动中劳苦而功高，所以他的辞世引起教内的怀念。按照方济各会伊大任的副手康和子（Carlo diOrazio da Castorano，1673—1755）主教的授意，属于传信部的意大利耶稣会士马国贤（Matteo Ripa，1682—1746）为方记金的灵堂绘制了一张示意图，并委托南怀德按照这一示意图为方记金安排历时4天的葬礼。

从马国贤绘制的灵堂示意图中，可清晰地看到，在大门的右下方，附有如下"提示语"："谨遵天主圣教，不用纸锞等祭，凡上台赐光者以香烛为感。"

在方记金棺木两侧的立柱上，贴着上下联："事亡如事存"和"事死如事生"。这两句名言皆出自《礼记》。

在方记金的棺木的上方悬有"如在"两字。人们自然知道，这是《论语》中"祭如在"的简略表示。

① 参见［美］孟德卫《灵与肉：山东的天主教（1650—1785）》，潘琳译，大象出版社2009年版，第77页。

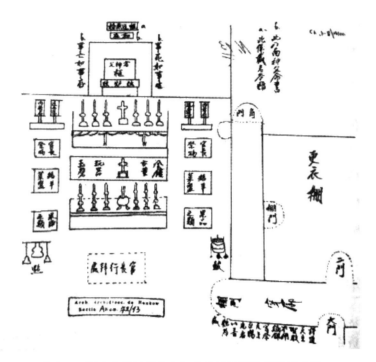

意大利耶稣会士马国贤为方记金的灵堂所绘制的示意图

从示意图上，还可以见到在方记金的棺木两旁摆着献给死者供品的三对桌子：第一对桌子上，摆放的是官员们赠送的礼品；第二对桌子上放的是"猪肉、羊肉以及其他食物"；第三对桌子上放的是果品。实际上，方记金的葬礼在很多方面都符合当时中国北方的丧葬习俗。因此使应邀参加方记金葬礼的中国官吏和文人能够接受；同时方记金的葬礼也反映了耶稣会利玛窦一派尊重中国祭祖习俗的历来做法。

耶稣会士方记金的葬礼由方济各会的修士南怀德来主持，也可以看作"礼仪之争"中原来对立双方的相互理解与协作。

事实上，各修会合力为方记金举行葬礼，这不仅仅是为了向方记金神甫个人表示致敬，也是想利用举行葬礼的机会使天主教在济南获得更好的名声。①

----

① 参见［美］孟德卫《灵与肉：山东的天主教（1650—1785）》，潘琳译，大象出版社2009年版，第117—118页。

综上所述,在山东教区出现的新景象表明天主教在华传播活动已逐渐适应了中国的国情。事实上,发生在山东教区的上述情形在当时中国各地的天主教传教运动中可以说是一种普遍呈现的新现象,这也表明康熙皇帝颁布解除对天主教禁令的条件和时机已逐渐成熟了。但随着罗马教廷"宗座代牧制"的设置,以及巴黎外方传教会来到中国扩张势力,遂使"礼仪之争"的烽火再度点燃,最终导致天主教在中国传播运动的失败。这一历史进程是这一章论述的重点。

二 1692年"宽容诏书"的颁发

康熙大帝登上皇位后,立即铲除了怀有政治野心的鳌拜集团,随后又迅速地平定了"三藩之乱"和收复了台湾,由此完成了大一统的伟业,继而胜利地平定了噶尔丹分裂势力,保障了西部边陲地带的稳定。与此同时,康熙帝又以开放的心态重开"海禁",使中国物美价廉的商品大量进入世界市场,中华帝国成为那一时代推动全球一体化进程的重要力量。

康熙皇帝对文明多样性的认识,使不同国家的来使和不同教派的代表性人物都齐聚紫禁城,北京一时成为东西方文化交流的中心。即,康熙皇帝在完成统一大业的基础上,已使中华帝国成为那一时代世界上最强大的国家,并朝着建立理性、和谐世界的方向迈出了坚定的步伐。

由于清王朝拥有这样强大的国力,康熙帝对天主教的态度已变得更加开放和自信。通过对宫廷中来华传教士效忠态度的体察,以及在"南巡"过程中对各地传教士的传教活动的巡视,康熙帝感到天主教对中国社会已不足为患。即使是在意识形态上,在华传教士也已承认了儒家思想体系的价值,即使是在敬天、参拜孔子以及祭祖等关键问题上也已有向利玛窦一派的观点趋同的表示,即在传教的过程中,来华传教士大多都已遵从利玛窦的在华传教方针。可以说此时康熙皇帝已在酝酿着解除对于天主教传教活动的禁令。

但在地方上,对天主教的认识却极为复杂:"历狱"爆发前,多明我会修士严厉禁止教民祭祖和参拜孔子等礼仪活动，已经在民间激起了对天主教的仇视，即使是地方官吏和文人阶层也大多抱着同样的反教心理。至于高级官吏更对那些服务于宫廷的传教士所享有的荣誉与特权感到嫉妒和愤愤不平。只是看到康熙皇帝本人对"洋人"的厚爱，而不敢表露出自己内心的不满。上述几股力量实质上已构成相当强大的反教潜流。

此时，在西班牙多明我会的在华传教中心兰谿，一个叫阿尔卡拉（Alcala）的西班牙神甫买下一座房舍，以便在此"定居"。他的仆人大概不慎说出了很可能是劝人入教之类的话，结果引起地方官员的警觉。因为根据1669年朝廷颁发的"禁教令"，天主教已被禁止传教活动。所以该地方官对阿尔卡拉进行了训斥。其他一些地方的官吏也借口类似的情况当街贴出告示，严禁天主教的宣传活动。

负责杭州教务的殷铎泽神甫在耶稣会内部德高望重，并且还受到过康熙皇帝的召见。于是他有恃无恐地面见浙江省总督，试图化解这一反教风波。但他为天主教所做的辩护反而激起了该总督的愤怒。在该总督的指使下，一些暴民占据了好几座教堂，有的暴民毁掉了教堂中的纪念雕像和十字架，有的烧毁了宗教书籍。一些基督徒遭受了残酷的惩罚，甚至被投入监狱。连殷铎泽本人也受到被驱逐的威胁。

在此情况下，殷铎泽与身在宫廷中的耶稣会士张诚取得了联系，希望后者利用他在签订尼布楚条约过程中与索额图亲王所建立起来的友好关系，能为平息兰谿教案提供帮助。

其后，张诚经索额图亲王将此反教事件上奏给康熙皇帝。

原本对解除天主教禁令已有所考虑的康熙皇帝，这时对礼部有所示意，于是礼部在康熙三十一年（1692）二月初三日向康熙皇帝上呈一要求解除"教禁"的"诉状"，主要内容如下：

> ……我们认真审查了有关欧洲人的事情，他们从世界的另一端被您特殊的贤明和其他的伟大品质所吸引，远渡重洋从欧洲来到天朝。自从生活在我们中间，他们就由于为我们在对内和对外

战争中做出的重大功绩，由于撰写虽然无用却颇为新奇的书籍的持续专注，由于正直和对公共利益的真心热爱，获得了我们的尊敬和感激。

除此之外，欧洲人非常安静：他们没有在我们的省份引起任何动荡，他们不对人作恶，不做一件坏事。此外，他们的教义与帝国中错误和危险的教派没有丝毫共同之处，因此他们的箴言并不带有煽动性的思想。

既然我们不阻止鞑靼的喇嘛和汉人的和尚拥有庙宇，不阻止他们为他们的佛像烧香，我们就更不能禁止这些不做也不教授任何反对正确法律的事情的欧洲人也拥有他们自己的教堂和在那里公开地宣扬他们的宗教。当然这两件事是完全对立的，我们明显地表现得自相矛盾。

我们判定所有奉献给天主的庙宇，不论它们处在什么地方，都应该得到保留，我们可以允许所有想敬仰这个神的人进入他的庙宇，为他进香，对他致以基督徒至今根据他们古老的习俗进行的崇拜。并且从今以后任何人不能对此提出任何异议。

但我们就上面的内容等待陛下的旨意，以便我们可以通知北京和各府州及其他城市的知府、知州和总督、巡抚。①

康熙皇帝收到礼部的这份"诉状"后，予以批准，并下令在"副本"上加盖了"帝国大印"，然后分发给在宫廷中的传教士。

这一具有历史意义的文献在当时的欧洲被称为 1692 年《宽容诏书》。

在礼部将该《诏书》发布全国之时，还附加了如下的命令：

你们，各省的总督，带着深深的敬意接收这道诏书，见诏书后，要仔细阅读并重视，不要忘记按照我们亲自给你们做出的榜

---

① ［法］李明：《中国近事报道（1687—1692）》，郭强、龙云、李伟译，大象出版社2004 年版，第 362 页。

样认真地执行。另外，命人做出抄本，以便散发到你们辖区的所有地方。并将你们执行情况告知。①

远在杭州的殷铎泽神甫一得知北京传来的喜讯，便立即进京去晋见康熙皇帝，并跪在圣上的脚下，以他和所有在中国的传教士的名义向圣上表示感激。

当殷铎泽返回杭州时，他受到当地教民的热烈欢呼，几乎等于为他举行了一个凯旋仪式。

当时在华的法国耶稣会士李明在他的《中国近事报道（1687—1692）》一书中记述了《宽容诏书》下达后，在华传教士欢呼雀跃的情景：

> 基督教不仅在杭州取得了胜利。新法令通过给予人民信仰自由，这把帝国中的所有教徒从某种监禁状态中释放出来，他们在各处举行隆重的庆祝活动；而以前作为这个新生基督教国家摇篮的澳门则特别用一个盛大节日来表现它的喜悦之情，公众以各种形式表示兴高采烈的情绪，人民的虔诚使节日显得更加隆重。②

事实上，在李明内心中，认为康熙皇帝颁发的这一《宽容诏书》不仅是当时在华传教运动所取得的一个成功，而且预示着整个世界范围内的基督教传播运动的最终胜利。在《致让松红衣主教大人》的信中，他充满激情地写道：

> 主啊，您刚刚打碎了这条名字是如此地受人尊敬的巨龙的脑袋。于是，就在现在，白天和黑夜，也就说，东方和西方，都属于您，因为两个世界最终都承认了您的帝国。③

---

① ［法］李明：《中国近事报道（1687—1692）》，郭强、龙云、李伟译，大象出版社2004年版，第363页。
② 同上书，第363页。
③ 同上书，第364页。

尽管欧洲的宗教界将此"诏书"称为《宽容诏书》，但在天主教传教运动的实践中，对中国人的传统信仰非但不宽容，反而借助《宽容诏书》的颁布，立即祭起天主教"唯一性"和"排他性"的大旗，要为建立统一的基督教世界奋战了。

然而一旦罗马教宗违背了康熙皇帝建立和谐世界的善良愿望，狂妄地决意要用基督教文明取代华夏文明，罗马教廷和在华传教士势必要遭到康熙皇帝，乃至整个中国社会的回击，从而使天主教的在华传教运动一步步走向绝境。"机会之窗"终于被罗马教廷关上。①

三 闽当再燃"礼仪之争"的烽火

福建是"礼仪之争"的策源地。在"历狱"平反后，康熙皇帝对传教士善待有加，所以当地的反教情绪渐渐有所缓和。

康熙二十年（1681），在福州传教的耶稣会士李西满（Simao Rordrigues，1645—1704）发现西班牙多明我会修士万济国于数年之前针对中国礼仪所写的《辩祭》这本小册子中，轻率地把中国天主教徒"祀孔祭祖"斥为"异端"。李西满认为，这种不尊重中国文化传统的思想将严重危害天主教在中国的传播，于是他鼓励福州信教的士大夫批判该书。福清教徒李良爵率先作《〈辩祭〉参评》，对《辩祭》曲解"祀孔祭祖"的观点提出质疑。《〈辩祭〉参评》一文在福建天主教内部传开之后，带动省内各地教徒中的有识之士积极参与了这场辩论。

李西满等传教士尊重中国文化传统的明智态度受到省城士大夫的欢迎，普通民众与天主教会之间的矛盾进一步得到缓解。

然而到 1687 年 2 月 5 日，教宗英诺森十一世任命闽当为福建省的宗座代牧之后，福建的传教形势却发生了急剧与实质性的逆转。

闽当来到福建后，为了了解中国的国情，曾聘请李义芬（音译）和江为标（音译）这两位很有造诣的中国学者作为他的中文老师。但

---

① 张西平主编：《莱布尼兹思想中的中国元素》，大象出版社 2010 年版，第 14 页。

闫当并不热心于对"官话"的学习，即使出于传教的需要，他也仅会说一些闽南话。在对中国经典的理解上，闫当只愿听取一位"西洋人"的观点，而对那两位中国老师的诠释闫当则置若罔闻。[①]

据研究，那位"西洋人"实际上就是万济国。前文已经述及，万济国是多明我会修士，对汉语深有研究，并写出《华语官话语法》一书。在当时，该书影响十分广泛。但在"礼仪之争"中，万济国却坚定地站在否定中国礼仪的立场上，并因写出《辩祭》，曾遭到中国信教文人的严厉批评。

然而闫当却对万济国十分敬佩，并自认其对中国礼仪的认识之"灵感"即来源于万济国的《论多明我会禁止信徒为先师孔子和过世的祖先举行礼仪的根据》，其实该文即《辩祭》。[②]由此可知闫当的中国礼仪观的来龙去脉。

此外，闫当还令他的秘书梁弘仁（Artus de Lyonne）等为他广泛地收集各个修会的传教士有关"礼仪之争"的著作和资料，甚至他们在华的言行。闫当一方面以此作为他认识中国社会的依据，另一方面则准备将这类资料汇总上报到传信部。这套做法正是承袭了罗马天主教廷"异端裁判所"的衣钵。

1692年，在康熙皇帝颁布《宽容诏书》之后，西方世界普遍认为，这将为天主教在华传教事业带来一个难得的发展机遇。

然而就在此时，在中国国内，当各修会的传教士必须向宗座代牧"宣誓"的这一难题似乎已经得到解决之际，不料，"礼仪之争"的烽火却被再度点燃，其始作俑者，即后来被康熙皇帝斥为"制造麻烦的人"的闫当。[③]

此时的闫当已自认由于师承万济国，以及梁弘仁等为他提供的大量相关资料，他对中国社会，尤其是对"礼仪之争"的实质，已有了

---

① ［德］柯兰霓：《颜珰在中国礼仪之争的角色》，王潇楠译，《国际汉学》第19辑，大象出版社2010年版，第137—138页。

② 同上。

③ 罗光：《教廷与中国使节史》下册，台北光启出版社1961年版，第116—117页。

"深刻"的认识，并以此为据写出了大量的理论文章。据柯兰霓
(Claudia von Collani) 的推断，在上述时期，"没有任何一个（中国礼
仪）的反对者能比阎当写的和收集的关系中国哲学和宗教的论文
多"①。从数量上来看，或许如此。至于这些论文的学术价值，柯兰霓
并没有深论。不过不久之后康熙皇帝却对阎当的"学识"做出了历史
性的评价，下面我们将会看到。

　　阎当自视极高。为了维护在华传教事业的持续性和正统性，他继
承了陆方济主教的独断作风，于1693年3月26日发布了他那著名的
《福建省宗座代牧，现为科农（衔）主教的最著名和可尊敬的阎当先
生的临时布告和训令》（在下文中，循通常说法，简称其为"牧函"）。

　　在这一"牧函"中，包含有涉及"礼仪之争"的七项禁令，其核
心内容可概括为三点，即：第一，只许称真神为天主（天上的主人），
另外两个汉词——天和上帝（最高的皇帝）——应该完全取消。第
二，严禁在任何教堂里置放刻有"敬天"二字的匾。第三，严禁祭孔
和祭祖。②

　　阎当这一"牧函"不仅严重侵犯了中国教民遵从自己民族传统礼
仪的权利和尊严，同时也违背了前面引用过的罗马教廷传信部于1659
年下达给越南、东京和印度支那的三位新宗座代牧的特别"训令"中
的精神。因为在上述"训令"中曾提出了如下的告诫："只要中国人
不公开反对宗教和善良风俗，不要去尝试说服中国人改变他们的礼
仪、习俗方式。有什么事情比把法兰西、西班牙、意大利，或者任何
其他的欧洲国家的东西输入中国更傻的呢？不要把这些东西，而是要
把信仰输入中国。信仰并不是要反对或者摧毁任何民族的礼仪习俗，
只要这些礼仪习俗并不是邪恶的。恰恰相反，信仰要把它们保持下
去。"历史上，正是这一"训令"使天主教在华各修会之间围绕中国

---

　　①　［德］柯兰霓：《颜珰在中国礼仪之争中的角色》，王潇楠译，《国际汉学》第19辑，
大象出版社2010年版，第137页。
　　②　［美］苏尔、诺尔等编：《中国礼仪之争西文文献一百篇（1645—1941）》，沈保义、
顾卫民、朱静译，上海古籍出版社2001年版，第15—42页。

礼仪所引起的旷日持久的争论逐渐趋于和缓，并使各修会都朝着利玛窦的传教方针靠拢，由此使天主教在华传教事业呈现出和谐发展的前景。事实上，这也是康熙皇帝 1692 年颁发《宽容诏书》的前提。

因此，闫当所颁布的"牧函"势必引起原来在华传教的各修会的反对。

然而闫当自恃是罗马教廷的理论"权威"，对于他颁发的那道"牧函"会给天主教在华传教运动造成何种危害根本不在他的考虑之中。实际上，这一"牧函"能否在欧洲引起轰动效应，才是他所关注的。为此，闫当于 1693 年底派夏尔莫（Nicolas Charmmor，1655—1714）携带"牧函"和有关"礼仪之争"的 6 篇"诉状"返回欧洲，以争取教宗的支持。而闫当最大的期许就是他的"牧函"能作为罗马教宗正式"诏书"的内容而予以颁布。这对闫当本人来说，自然是个极大的荣誉。

在夏尔莫前往欧洲后，由于闫当不仅颁布上述禁止教民敬孔和祭祖的"牧函"，而且强制推行凡是不发誓遵从"牧函"的传教士均被禁止行使"圣事"的政策，结果迫使许多传教士放弃了行"圣事"的职能和对教友们精神上的照顾。闫当还拒绝为那些参加祭祖和参拜孔子礼仪的中国教民行"告解"。这使中国教民十分痛心并曾吐露他们对闫当的不满："颜（闫）主教之命未有能改之，不肯与人作告解，坚执如故。"[1] 在此种情形下，很多中国教民退出了天主教会。这对天主教的传教事业无疑是种极大的损害。

闫当不仅强制传教士执行"牧函"的规定，而且他还张狂到在中国的市镇中张贴印有"牧函"的布告。[2] 这实际上是在强制教外的中国人也必须按照"牧函"的规范来从事礼仪活动，即，这是要迫使中国人改行天主教的礼仪，因此闫当的上述做法引起了中国社会的愤怒和抗议。

---

① 严谟：《草稿》，Jap. Sin. 141/2，第 1 页；林金水、谢必震编：《福建对外文化交流史》，福建教育出版社 1997 年版，第 268 页。

② 林金水、谢必震编：《福建对外文化交流史》，福建教育出版社 1997 年版，第 265 页。

时任福建巡抚的张伯行，居官清正，曾受到康熙皇帝的赏识。他已预见到闫当的传教活动所带来的恶果，因此写下《拟请废天主教堂疏》：

> ……臣莅任以来，细查确访，见其徒日广，诚有未安者，敢竭其愚为皇上陈之。凡人之生由乎父母，本乎祖宗，其原皆出于天，未闻舍父母祖宗而别求所为天者，亦未闻天之别有所谓主者。今一入其教，则一切父母祖宗概置不祀，且驾其说于天之上曰天主，是悖天而灭伦也。舜禹汤文武列圣，相承至孔子，而其道大著，自京师以至于郡县，立庙奉祀，数千年来备极尊荣之典。今一入其教则灭亲，视孔子而不拜，是悖天而慢圣也。且皇上以孝治天下，而天主教不祀父母祖宗，皇上行释奠之礼，而天主教不敬先圣先师，恃其金钱之多，煽惑招诱，每入其教者绅士平民分银若干，各以次降，臣愚以为渐不可长。且入教之人，男女无别，混然杂处，有伤风化。闽省地方，如福州、泉州、兴化、漳州、福宁州等沿海各郡县布置尤多。每教堂俱系西洋人分主，焚香开讲，收徒聚众，日增月益，不可禁止，诚恐其意有不可测。臣以菲才谬膺，皇上特达之知，授以严疆重任，夙夜只慎，惟恐无以上报，主知此事，尤臣在闽所目睹而不得不言者。故敢竭尽愚诚，伏望皇上，特降明诏，各省西洋人氏，俱令回归本籍，其余教徒，尽行逐散，将天主堂改作义学，为诸生肄业之所，以厚风俗，以防意外。傥其不时朝贡往来，则令沿途地方官设馆供亿足矣。臣不胜惶悚，陨越之至。①

可见闫当的"牧函"已经在中国社会中引起愤怒的反弹！一场反教运动已然在孕育之中。

从闫当在教内的地位来看，虽然早在 1687 年闫当就已被教宗任命为宗座代牧主教，但直到 1700 年 3 月 14 日才由伊大任主教在浙江

---

① 林金水、谢必震编：《福建对外文化交流史》，福建教育出版社 1997 年版，第 265、264—265 页。

嘉兴的一座耶稣会教堂中为他"祝圣",由此闫当才正式成为被冠以"科农衔"的主教。具有讽刺意味的是,这座教堂的上方恰好悬挂着闫当所极力反对的刻有"敬天"二字的匾额。①

此时此刻的闫当已是踌躇满志。但当他回到他的主教驻地福州时,却受到果阿总主教的副主教骆保罗(Ciampaolo Gozani,1639—1732)的训斥,认为他的"牧函"给传教事业造成了极大的损害。

1700年复活节前夕,在福州的耶稣会士鲁保禄和杨若望至闫当居住的怀德堂拜望他,希望能获准施行圣事。但闫当以必须禁止教徒祭祖祀孔,且禁悬康熙皇帝所御赐的"敬天"牌匾为条件,双方因此僵持不下。

鲁保禄于是在复活节当天向教民宣布,因未获得闫当主教的认可,故他和杨若望两人将不再能为教徒行告解,甚至不能主持弥撒。教徒们群情激愤,立即求见闫当要求解释。

次日,又有群众至闫当的教堂进行抗议,甚至对他拳打脚踢(另一说,是欲拉闫当向教众所捧的耶稣像下跪),或拔刀相向(另一说,则称是拿起念珠掷向闫当的脚下)。②

闫当颁发"牧函"在民间所引起的对抗情绪不断扩散,以致蔓延至北京。台湾学者黄一农在法国国家图书馆查找到《北京教中公同誓状》一文,内中述及,1702年在京的50余位奉教者联名上书罗马教宗,由于地方上的神甫"议论敬天、敬孔子、供祖先牌位,与教规不合"。尤其是"颜(闫)主教禁止教中称天、称上帝,以为异端"。其结果在中国社会当中造成恶劣影响并引起奉教者的严重不安,甚至是恐惧:

> 自禁止后,以致奉教之众,五内如裂,悲痛号泣。外教者裹足不至,倍加讥讪,若以此数条,倘或告至有司、申详督抚、咨

① [德]柯兰霓:《颜珰在中国礼仪之争的角色》,王潇楠译,《国际汉学》第19辑,大象出版社2010年版,第139页。

② 黄一农:《两头蛇:明末清初的第一代天主教徒》,上海古籍出版社2006年版,第422页。

部题参，则中国之圣教何得复存？然究其来历，因福建一位神父（实指闫当）问几个不名正理之人，说敬孔子、供祖先牌位，亦不合正理。这位神父即将此为凭，发往罗玛，呈与教皇及管圣教衙门，致令西国亦疑惑中邦进教行邪。

在这种无奈的情形下，为了避免传教事业遭到毁灭性的打击，北京的教友们为了使教宗能了解中国礼仪的本意，并进而督导在华的传教士勿偏听偏信，以致造成难以挽回的后果。于是北京的教友用最庄严的"发誓"的形式来阐释中国礼仪的实质：

> 一、誓孔子在中国不是佛、菩萨、邪神之类。二、誓孔子实敬他是师傅。三、誓敬孔子之礼节、规矩，俱是历代所定，不过感谢其教诲，推尊其仪表，即朝廷亦行跪拜之礼，凡读书之人无不沾其恩惠，并无有所求望之处。至于定例今人敬孔子为师，如各方所行之礼，稍与定例不符，多等断不敢发誓。

上文中之"多等"系指鲍未多等 50 位发誓之人。

对于"祭祖"，"多等"也在天主台前发誓：

> 一、誓中国供奉祖先之礼，上自天子、下及庶民，一体尊行，原是为子孙者表爱亲报本之意，感谢生身养育之恩，不过事死如事生，亦并无有所求望之处。二、誓设祖先牌位、书写名号，为父母已死，音容不见，见些牌位则动敬之清［情］，又恐年代久远，孝思泯灭，见此牌位，不致遗忘祖先、父母之恩。斯礼，中邦经书上载有真实凭据，即凡有亲丧行供祭之礼，亦是此意，所以多等敢誓。

在《北京教中公同誓状》一文的结尾处，联名上疏的这些北京奉教者为了证明自己在"誓状"中的表述的真诚，他们向教宗表示宁愿接受末日的审判："多等呈禀誓状，一画自己良心，求恳不宜禁止与教无碍之礼，免闭中国进教之门……多等更敢发誓，当吾主耶稣审判生死者之时，一定公同诉告不谙中国经书正义、妄指礼典为邪道……圣彰……圣教安危在此一举，以此不得不及哀哀泣呈上奏。康熙四十一年七月十七日。"①

《北京教中公同誓状》收录在黄一农《"中国礼仪之争"被忽略的声音》一文中。"被忽略的声音"这一提法，表明该文作者对于学术界加强对"被忽略的声音"研究的鼓励与期待。

闫当发布"牧函"后，更是受到西班牙方济各会修士的抵制。方济各修会的领导人利安定认为，任何一个修会都无权强迫其他修会来执行自己的传教方针。他公开申明，如果他来到耶稣会的教区，就应该遵从耶稣会在那一地区的做法。但是若到了一个新的没有任何传教士去过的地区传教，利安定则如是认为："我的意见是，到某个地方宣讲福音，即是说，到没有引入耶稣会做法的地方，出于更加稳妥起见，应该听取多明我会神父们的意见。"② 这自然是为了避免在方济各会与多明我会之间导致"礼仪之争"的重演，而他明智地表示，为了避免内争，方济各修会宁愿持一种妥协的态度。显然，利安定的上述观点其批判的锋芒是直指在传教中极力主张"排他性"的福建宗座代牧主教闫当的。

利安定透过闫当发布"牧函"这一举动已经察觉到，尽管作为索波那大学的博士，闫当素来被誉为最有权威性的神学家，但他对华夏文明却一无所知。而且闫当和巴黎外方传教会的领导层进入中国以后，他们并不积极地参与传播福音的实践活动，而是高高在上，只是忙于调查所有传教士在中国的言行和他们的著作。这种类似于"宗教裁判所"的监视行为，早已激起利安定的反感，甚至是愤怒。所以当闫当的秘书梁弘仁写信质问利安定，西班牙方济各会现在为什么偏离

① 黄一农：《两头蛇：明末清初的第一代天主教徒》，上海古籍出版社 2006 年版，第 387—435 页。

② 崔维孝：《明清之际西班牙方济会在华传教研究（1579—1732）》，中华书局 2006 年版。

了当年利安当在"中国礼仪"问题上的立场时,利安定毫不客气地回答说:

> 在中国的传教士们努力推进上帝的事业,拯救灵魂。你虽在中国已有7年,但至今尚未着手从事这一事业,因为你在这期间非常忙于调查传教士们现在和过去的言论,以及他们的著作。由于你忙于这种操练,你根本没有时间传播福音。你想怎么说怎么写,你就去说,去写吧!在你忙于这类事情的同时,我们将迎着冲我们而来的种种邪恶,从事教化中国的事业,不在乎你的说法。①

利安定那时已经风闻闫当要派梁弘仁前往罗马教廷,去争取教宗对"牧函"的支持。所以利安定还用讥讽的语调告诉梁弘仁:"请记住我的建议,如果你去罗马,请你要求教廷派一位有权威的、能将每个教派众多的传教士聚合起来的教长,要同传教士们和解,要考虑这些人和另一些人的意见。要根据这些意见作出决定,或将它们寄给罗马让那里来决定这个问题。我看不到其他结束这一争论的办法。"②

这段话实际上是在抨击闫当一味妄自尊大,挑拨是非,造成修会之间的矛盾的行径。事实上,闫当这种完全脱离中国社会实际的做法,根本解决不了当前的任何争议问题。

闫当越发觉得形势不妙,遂于1701年与梁宏仁和卜于善聚会,商讨对策,并最终决定由梁宏仁赴欧洲就福建的传教形势向教廷做汇报,以寻求支持。③ 于是梁弘仁择期前往欧洲。

康熙皇帝于1692年刚刚颁发《宽容诏书》,允诺天主教可以在中国传教,时隔仅一年,到1693年,闫当便针锋相对地发布了他反对

---

① 崔维孝:《明清之际西班牙方济会在华传教研究（1579—1732）》,中华书局2006年版,第318—319页。

② 同上书,第319页。

③ ［德］柯兰霓:《颜珰在中国礼仪之争的角色》,王潇楠译,《国际汉学》第19辑,大象出版社2010年版,第143页。

中国礼仪的"牧函"。这不但是希图用天主教的礼仪取代中国的传统礼仪，而且是要动摇中国的国本。这种明目张胆的挑衅行为不能不激起中国社会的愤怒和激烈回击。福建巡抚张伯行的那篇《拟请废天主教堂疏》实际上已是直指在华天主教的檄文。全国性的反对天主教的运动已在酝酿之中。

四　闫当的"牧函"在欧洲引发围绕中国礼仪的大辩论：康熙皇帝的"御批"为"礼仪之争"最终定调

据载，闫当委派夏尔莫带往欧洲的上述"牧函"和相关文件约在1694年被送到了罗马教廷，并在欧洲社会传播、扩散，造成不小的影响。

当时恰逢法国来华耶稣会士李明重返欧洲。他此行的目的就是阐释"礼仪之争"中利玛窦一派的观点并希望能争取到宗教界和学术界对他们一派的支持。为此他奔波西欧各地进行宣传，并出版了他介绍中国历史和文化的著作《中国近事报道》。在该书中，李明高度赞扬了中华帝国经济的繁荣和文化的昌盛。他更指出，如果能将中华帝国纳入基督教世界之中，那将是主的无上荣耀。但要达到这样的目的，只有实施利玛窦的传教方略。

然而当李明看到闫当的那份"牧函"的文本之后，他敏锐地感觉到，这将对伸张利玛窦一派的观点十分不利。于是李明敦促远在北京朝廷中的耶稣会士要尽快写一"诉状"，阐明他们对中国礼仪问题的观点，并力争康熙皇帝能对他们呈递的"诉状"做出"御批"。如此这般，即可对闫当的"牧函"做出强而有力的回击，同时也有助于罗马教廷加深对利玛窦一派在"礼仪之争"中的观点的认同。①

北京宫廷中的耶稣会士得知李明的建议后，心领神会，便立即将他们对中国的祭祖祭孔等问题的观点写成一份"诉状"，并恭请圣上

---

① ［德］柯兰霓：《颜珰在中国礼仪之争的角色》，王潇楠译，《国际汉学》第19辑，大象出版社2009年版，第31页。

做出"御批"。

其实对于天主教在华各修会之间围绕中国礼仪的争论,如前所述,康熙皇帝早有所闻并十分关注。他已深刻感知到,"礼仪之争"绝不仅仅是天主教内部的一般性争论,其实质是如何看待中国历史文化的本质特征,而且,这些问题已经涉及中国的立国之本。

所以在1700年11月30日,康熙皇帝应耶稣会士的请求,对他们上奏的那份"诉状",十分郑重地做出了祭祖祭孔是爱敬先人和先师而不是宗教迷信的"御批"。这表明了康熙皇帝维护中华民族文明独立存在的鲜明立场,这也即是为"礼仪之争"分出了一条不可逾越的"红线",只是在这一"御批"中,尚未用"利玛窦的规矩"来表述。

清圣祖康熙皇帝朝服像

下面即是在京耶稣会士所写的"诉状"和康熙皇帝所做"御批"的原文：

> 康熙三十九年十月二十日（阳历 1700 年 11 月 30 日）治理历法远臣闵明我（Claudio Crimaldi）、徐日升、安多、张诚等谨奏，为恭请睿鉴，以求训诲事。窃远臣看得西洋学者，闻中国有拜孔子，及祭天地祖先之礼，必有其故，愿闻其详等语。臣等管见，以为拜孔子，敬其为人师范，并非祈福佑、聪明、爵禄而拜也。祭祀祖先，出于爱亲之义，依儒礼亦无求佑之义，惟尽忠孝之念而已。虽立祖先之牌，非谓祖先之魂，在木牌之上，不过抒子孙报本追远，如在之意耳。至于效天之典礼，非祭苍苍有形之天，乃祭天地万物根源主宰，即孔子所云："效社之礼，所以事上帝也。"有时不称上帝而称天者，犹主上不曰主上，而曰陛下，曰朝廷之类，虽名称不同，其实一也。前蒙皇上所赐匾额，御书敬天二字，正是此意。远臣等鄙见，以此答之。但缘关系中国风俗，不敢私寄，恭请睿智训诲。远臣不胜惺悚待命之至。本日奉御批："这所写甚好，有合大道。敬天及事君亲、敬师长者，系天下通义，这就是无可改处，钦此！"①

北京宫廷中的耶稣会士接到康熙皇帝的"御批"后，大喜过望，立即用中文、满文和拉丁文写成正式文函，派人分别从四条不同的路线驰送罗马。康熙皇帝的上述"御批"其后在欧洲被称为《简单的报告》，并以拉丁文文本的形式广为流传。②

1703 年北京耶稣会士的上述"诉状"及康熙皇帝的"御批"由卫方济（Frangois Noël，1651—1729）与庞嘉宾（Gaspard Kastner，1665—1709）这一路人马率先送到罗马。大约在同一时期，由闫当委

---

① 方豪：《中国天主教史人物传》（中），宗教文化出版社 2007 年版，第 317 页。
② ［德］柯兰霓：《耶稣会士白晋的生平与著作》，李岩译，大象出版社 2009 年版，第 32 页

派的梁弘仁也携带闫当准备的文件来到罗马。显然双方的文函内容形成了鲜明的对照！于是围绕中国礼仪问题在欧洲顿时形成了一场大辩论。一时间，不但持不同观点的宗教界人士，甚至像在欧洲享有极高声誉的大哲学家莱布尼兹也投身这场辩论之中。他说，"我一直认为：对中国的习俗和学说该作仔细的诠释，就像圣保罗在雅典看到为陌生的神所设祭坛时做的那样。否则会损害这项我认为对基督教、对全人类利益都至关重要的事业"。[①]

这场辩论更是引起罗马教廷的震惊。教宗克莱孟十一世立即把双方提供的论辩文函交给圣职部，令其请权威神学家进行严肃深入的研究和审议。与此同时，李明的著作《中国近事报道》却遭到宗教界的保守派和一些信奉"冉森主义"[②]的政客的围攻，最终被教廷宣布为"禁书"。

五　多罗出使中国及其败局

但教宗克莱孟十一世有鉴于闫当颁发的"牧函"在中国各修会中所造成的混乱，于是于1702年7月2日宣布委任多罗（Msgr. Carlo Tommaso Maillard de Tourmon，1668—1710）为教廷出使中国、印度及附近各国的"巡阅使"，并拥有指挥和解决上述各地教务问题的全权。

1702年7月4日，使团从罗马出发，途经果阿、马尼拉，于1705年4月5日抵达广州。多罗遂以教宗特使的身份请求在北京的葡萄牙耶稣会士安多（Antoine Thomas，1644—1709）代奏，请朝廷确定觐见的日期。

1705年7月20日，康熙批示，准多罗入京觐见，并命沿途官员，

---

① 张西平主编，《莱布尼兹思想中的中国元素》，大象出版社2010年版，第241页。
② "冉森主义"，"Jansenism"为17世纪天主教反正统派神学家冉森（Comelius Otto Jansen）创立的学说，主要根据他的著作《奥古斯丁书》发展而成，主张极端虔诚而严守教会法规，反对耶稣会主张的或然论；或者说对抗正在兴起的、被耶稣会士所拥护的现代性的努力。它还主张教会的最高权力不属于教宗而属于公会议。后被教宗英诺森十世（Inocent X）斥为异端，遭到禁绝。当时在法国、荷兰等地拥有一批信徒。

如礼迎接。

1705 年 12 月 31 日，康熙皇帝第一次召见多罗。在谈及来华使命时，多罗言辞闪烁，康熙已心中存疑。所以康熙帝下达一道"御批"，率先表明了朝廷对来华传教士的严正立场：

> 所欲言者，近日西洋所来者甚杂，亦有行道者，亦有白人借名为行道者，难以分辨是非。如今尔来之际，若不定一规矩，惟恐后来惹出是非，也觉教化王处有关系。只得将定例，先明白晓谕，命后来之人谨守法度，不能稍违方好。以后凡自西洋来者，再不回去的人，许他内地居住。若今年来明年去的人，不可叫他居住。此等人譬如立于大门之前，论人屋内之事，众人何以服之，况且多事。更有做生意，做买卖，此等人亦不可以留住。凡各国各会皆以敬天主者，何得论彼此，一概同居同住，则永无争竞矣。为此晓谕。①

康熙这里所说的要给"西洋所来者""立规矩"，这"规矩"，不久后人们终于明白了，这就是所谓的"利玛窦的规矩"！

多罗对于中国礼仪问题毫无所知，面对康熙皇帝的深度发问，他感到十分尴尬。有鉴于闫当已被罗马教廷任命为福建宗座代牧主教，而且在罗马教廷中闫当又被尊奉为中国礼仪问题的"权威"，所以多罗向清廷表露出希望能请闫当来京之意，以期解答圣上的发问。

据此，康熙帝遂将闫当从福建召到北京，想就中国礼仪问题看他有何"高见"。

1706 年 8 月 2 日，康熙帝将多罗与闫当召到热河行宫，并与他们进行了具有历史意义的对话。

当时在现场的还有安多、徐日升、龙安国（Antoine de Barros，1664—1708）、巴多明（Dominique Parrenin，1665—1741）等耶稣会士。

---

① 陈垣：《康熙与罗马使节关系文书》（影印本），文海出版有限公司 1974 年版，第 45—47 页。

在这次对话中，由于闫当不会说"官话"，只能讲一些闽南方言，所以康熙皇帝与闫当的对话遂由巴多明来翻译。对此康熙已心有不悦。

当圣上问闫当是否读过《四书》时，闫当回答说，读过。康熙又问，他记得哪些名言。闫当回答说，他不记得，因为西方不主张背诵。

康熙对闫当的回答已有不满。于是康熙帝问闫当识不识御座后匾额上"敬天法祖"四字为何。闫当只认得一个"天"字。但根据柯兰霓（Claudia von Collani）引述的另一资料，闫当当时回答说只认识其中两个字。①

康熙又问闫当，儒家思想和天主教教义有何不同之处，闫当也无法对答。康熙皇帝又问道，在中国有多少人信（天主）教，闫当回答说，有5000人。康熙皇帝愤怒地表示，"那不是我的中国臣民"。②

康熙皇帝又出示一本中国典籍，问闫当如何解释经书上的文句。然而闫当竟不认识书中的文字。

待觐见后，圣上的随从询问陪同闫当一起来京的那两位中国教师李玉芬和江为标，为何闫当对中国文化竟如此地无知无识。那两位中国老师回答说，闫当根本不理会他们的授课，只是对一位"西洋人"言听计从。前文已述及，那位"西洋人"就是西班牙多明我会修士万济国。

圣上的随从又令闫当写出他对儒家学说和天主教教义异同的观点。

其后，当圣上的随从将闫当的"大作"敬呈御览。康熙帝看罢，怒批："教下阎当不通文理，妄诞议论。若本人略通中国文章道理，

---

① 在罗光的著述中记载闫当只认识御座后面四字中的一字，而据柯兰霓所载，闫当能认出两个字。［德］柯兰霓：《颜当在中国礼仪之争的角色》，王潇楠译，《国际汉学》第19辑，大象出版社2010版，第143页。

② ［德］柯兰霓：《颜珰在中国礼仪之争的角色》，王潇楠译，《国际汉学》第19辑，大象出版社2010年版，第145页。

亦为可恕。伊不但不知文理，即目不识丁，如何轻论中国理义之是非。"①

次日又下谕曰："阎当既不识字，又不善中国语言，对话须用翻译。这等人敢谈中国经书之道，像站在门外，从未进屋的人，讨论屋中之事，说话没有一点根据。"②

前文曾引述柯兰霓对阎当有关"学识"的评价，即她认为"没有任何一个（中国礼仪）的反对者能比阎当写的和收集的关系中国哲学和宗教的论文多"。③ 从数量上来看，或许如此。至于这些"论文"的学术价值，康熙皇帝已于 310 年前就做出了评价。

8 月 3 日，康熙向多罗发出了一道"谕示"，称阎当为"制造麻烦的人"，要将其驱逐出境。④

当时在朝廷中，接待多罗的氛围也突变。1706 年 8 月 13 日（康熙四十五年七月初十日），康熙帝做了一个重要的"御批"，指责多罗掩盖来华的真相，在中国教会中间搬弄是非，制造混乱，并申明中国皇帝对于居住在中国的西洋人拥有管辖之权，并完全可以对其加以掌控，其具体措施即是朝廷对来华传教士将实行"印票"制。据史载：

> 康熙四十五年冬，驻京西士齐趋内殿。上面谕云："朕念你们，欲给尔等敕文，尔等得有凭据。地方官晓得你们来历，百姓自然喜欢进教"。遂谕内务府："凡不回去的西洋人等，写票用内务府印给发。票上写西洋某国人，年若干，在某会，来中国若干年，永不复回西洋。已经来京朝觐陛见，为此给票。兼满汉字。将千字文编成号数，挨次存记。将票书成款式进呈。"钦此！⑤

---

① 第一历史档案馆编：《清中前期西洋天主教在华活动档案史料》第 1 册，中华书局 2003 年版，第 34—35 页。

② 罗光：《教廷与中国使节史》下册，传记文学出版社 1983 年版，第 126 页。

③ ［德］柯兰霓：《颜珰在中国礼仪之争的角色》，王潇楠译，《国际汉学》第 19 辑，大象出版社 2010 年版，第 137 页。

④ 罗光：《教廷与中国使节史》下册，传记文学出版社 1983 年版，第 116—117 页。

⑤ 方豪：《中国天主教史人物传》（中），宗教文化出版社 2007 年版，第 324 页。

到 1706 年 8 月 13 日，即在康熙皇帝颁发谕旨严厉训斥多罗之后，多罗已经认识到，他的使命已没有完成的可能，遂请求离京。康熙立即照准。于是多罗离开北京南下，至 12 月 17 日抵南京。

其实，早在 1706 年 3 月中旬，多罗已从马尼拉方面获知教宗克莱孟十一世已经在 1704 年 11 月 20 日颁发"谕旨"（《自登基之日》，Ex illa die）。其内容则是全面肯定了闫当"牧函"中禁止中国礼仪的规定，只是在这道"谕旨"中，加大了对违反"谕旨"规定的传教士的惩罚力度，即凡是在东方传教的传教士，"不管属于哪个修会、机构，甚至是耶稣会，都必须无条件地遵守这些答复（即罗马教廷关于中国礼仪的观点）。他们应该注意在这些地区内的所有基督徒们都应认真遵守这些答复。不遵守这些答复的应该按教会法受到处罚"。①

多罗考虑到当时他在北京的处境，所以一直不敢贸然透露这一"谕旨"的内容。到 1707 年 1 月 25 日，多罗既然已经到达南京，并准备南下广州，他认为这是他履行教宗委托给他的统一在华各修会传教方针的最后时机，于是他向在华的传教士颁布了一道"公函"，全文公布了教宗克莱孟十一世 1704 年 11 月 20 日有关禁止中国礼仪的"谕旨"。然后他启程南下，于 5 月 24 日到达广州。

康熙皇帝对于多罗颁发的载有教宗克莱孟十一世禁止中国礼仪的"谕旨"的"公函"十分愤怒，遂令宗座代牧康和子立即南下，追缴多罗所散发的载有禁止中国礼仪的"谕旨"的"公函"的全部"副本"，然后令臣属将其退还给罗马教宗，从而显示出康熙皇帝拒绝异类文明试图取代华夏文明的严正立场。

与此同时康熙帝还派员到广州，追令多罗交出教宗颁发给他的出使中国的正式"委任状"。实际上多罗来华时，教宗仅授予他协调在华各修会事务的全权，而并未委任他为罗马教廷出使中国的正式使节。所以多罗自然交不出教宗颁发给他的出使中国的正式"委任状"。

① ［美］苏尔、诺尔等编：《中国礼仪之争西文文献一百篇（1645—1941）》，沈保义、顾卫民、朱静译，上海古籍出版社 2001 年版，第 11—12 页。

于是多罗被驱赶至澳门，其后客死此地。

闫当也遭到驱逐。1706 年 2 月 14 日，闫当等人被移交给澳门政府。20 天后，闫当搭乘一艘英国船离开澳门，返回欧洲。①

至此，多罗这次出使中国的使命已经以失败而告终。

1692 年当康熙颁布《宽容诏书》之时，以他的政治洞察力，已然担心来华传教士会利用他的宽容大度而乘机扩大天主教在华的宣教活动，以致再度激起中国社会中的反教风潮。所以当康熙皇帝在颁发《宽容诏书》的同时，即责令臣属："须写给各省传教士，善用此种特许，毋使各地官吏有所控告。反之，朕即立刻撤销。"②

因此，西方来华传教士是否能领悟到康熙皇帝颁发《宽容诏书》的真实含义，对天主教会来说，是个严峻的考验。从当时大多数传教士的认识程度来看，他们错误地从《宽容诏书》中看到了另一种希望，那就是："在一个世纪后出现一个全盘基督教化的中国"。③

但他们完全忽略了康熙皇帝 1700 年 11 月 30 日对在京耶稣会士所呈"诉状"上，写有如下的"御批"："这所写甚好，有合大道，敬天及事君亲敬师长者，系天下通义，这就是无可改处"。然而传信部的来华传教士处心积虑要改变的，恰恰是康熙皇帝在"御批"中所强调指出的"无可改处"。传教士这种对《宽容诏书》充满机会主义的解读可以说为天主教在华传教事业埋下了灾难性的祸根。

六　不可逾越的"利玛窦的规矩"——康熙皇帝对来华传教士所施行的"印票"制

在与罗马教廷的博弈中，康熙皇帝再度颁发了对天主教的"禁令"。但也有例外，即那些承认并遵从"利玛窦的规矩"的传教士，则可从皇帝处领取"印票"，从而获得在华传教的合法地位。

---

① 罗光：《教廷与中国使节史》下册，传记文学出版社 1983 年版，第 116—117 页。
② 阎宗临：《中西交通史》，广西师范大学出版社 2007 年版，第 301 页。
③ 同上。

1707 年 2 月，康熙皇帝离开北京开始了他的第 6 次，也是最后一次"南巡"。他沿运河南下首先到达临清。当时西班牙方济各会修士卞述济、郭纳璧、景明亮（Martin Aleman）、南怀德和巴琏仁等人于 6 月 12 日集中在临清，等待接受皇帝的复核，以决定他们是否能领取到"印票"。

由于当日康熙皇帝另有要务在身，改由皇长子胤禔（1672—1734）对这几位西班牙传教士进行审核。由于这 5 位西班牙方济各会修士都申明将遵从"利玛窦的规矩"，因而最终获得皇长子的核准，他们终于领到了"印票"，从此他们可以继续留在中国进行合法的传教。

在他们获得"印票"的鼓舞下，当时在广州传教的西班牙方济各会修士林养默（Jaime Tarin）、恩若瑟（Jose Navarro）、利安宁、罗铭恩（Miguel Roca）、孟国老（Nicolas de S. Jose）和安多尼（Antonio de la Concepcion）6 人于 1708 年 4 月 29 日，经当地名人作保，拿到了"路票"，于是他们前往北京去申请"印票"。

清廷向西方传教士颁发的"印票"及西班牙方济各会修士为入京而向官府申请的"路票"

来到北京后，林养默等6人急忙向常驻宫廷的耶稣会士请教，如何才能顺利地领到"印票"。常驻宫廷的耶稣会士告诉这6人，关键在于他们是否申明遵从"利玛窦的规矩"。

　　在这之后，至1709年5月2日，这6名西班牙方济各修士怀着忐忑不安的心情被带到宫廷之中，首先由当值的大臣对他们进行盘查。最关键的审核问题果然即在于他们是否遵从"利玛窦的规矩"。这些西班牙人当即都明确地表示，他们将始终不渝地遵循"利玛窦的规矩"。于是，据这6位西班牙传教士记载：

> ……大约过了两个时辰，我们被带到了皇帝的面前，在一间豪华的大厅里，皇帝双腿交叉坐在中央，离大厅的门口处有十几步远。我们来到他的面前屈膝叩头，叩头之后，我们跪在那里。皇帝一个一个询问我们的年龄，问完后便让我们离去。3天之后，有人给我们送来了"印票"。5月13日我们离开京城返回广州。①

　　在林养默6人之后，西班牙另两位方济各会修士王雄善（Juan-Fernandez Serrano）和华夏宁（Diego de Santa Rosa）也前往北京并领到了"印票"。

　　当林养默等领到"印票"后，在返回广州的途中，他们又顺路探望了在山东和江西传教的方济各会的弟兄。他们都庆幸总共有13名西班牙方济各会修士领到了"印票"，从而取得留在中国传教的许可。这对西班牙方济各修会中国传教团是一件了不起的大事，正如王雄善神甫在写给上方的书信中所表露："现在如果把我从中国驱逐出去，我会聊以自慰地离去，因为有人留下来照看我们的会院了"②。

　　但天主教在华传教形势绝不像他们想象的那么乐观。因为在华传教士终究只有极少数人领到了"印票"，其他没有领到"印票"的传

---

　　① 崔维孝：《明清之际西班牙方济会在华传教研究（1579—1732）》，中华书局2006年版，第327—340页。

　　② 同上书，第331页。

教士只得离开中国，或者在秘密的状态下从事非法的地下传教活动，因此随时有被官府抓捕的危险。而且各地的反教风潮一浪接一浪，在华传教士惶惶不可终日。

此外，那些中国教民并非都遵循罗马教廷有关禁止教民尊孔和祭祖的"谕旨"。不少信教的士大夫因被禁止祭孔而无法参加科举考试，于是他们主动地离开了教会；有些教徒因被禁止去祠堂敬拜祖宗，因而不愿意再进教堂了。

面对这种严峻的形势，北京宗座代牧主教伊大任在致传信部的信中指出：

> 这边的传教情形很衰败，一切的事，都悬于一条线上（看将来教廷特使是否可准敬孔敬祖），同时又常受各方打击，也因为许多人是自己的教友，希望圣座允许中国礼节。将来真真告诉他们一切都禁止了，他们必定不愿放弃这礼节。因此，许多地方的教友已像裂教人了。本教区的耶稣会士至今仍旧不执行圣事。①

多罗的行动使在华传教士的处境越来越艰难，很多传教士渐渐放弃了希望。1707 年 11 月 5 日，白晋也曾心灰意懒地写道："整个教会都处在极度的绝望之中，多罗主教喜欢这样做，他要求一切传教士遵守某些规则，这为教会带来了毁灭。"②

天主教在华传教的困境使罗马教廷不得不决定再次派使前往中国，以便找到一种两全的出路。于是教宗克莱孟十一世在 1719 年 9 月 18 日的秘密御前会议中，决定派嘉乐（Carlo Mezzabarba，1682—1741）为出使中国及附近国家的特使。

七　嘉乐出使清廷无果而终

1720 年 3 月 25 日，嘉乐率使团从里斯本出发，至 12 月 5 日抵达

---

① 罗光：《教廷与中国使节史》下册，传记文学出版社 1983 年版，第 141 页。
② ［德］柯兰霓：《耶稣会士白晋的生平与著作》，李岩译，大象出版社 2009 年版，第 60—61 页。

北京。当清廷大臣询问其此次出使清廷的使命时，嘉乐表示，他来华目的，一是向中国大皇帝请安；二是希望大皇帝能允诺由西方人自己来管理传教事宜，并能允诺传教士能按照教宗所定之条约（系指教宗克莱孟十一世 1704 年 11 月 20 日有关禁止中国礼仪的"谕旨"）的规范来传教。

12 月 26 日康熙皇帝向嘉乐传旨："尔教王条约与中国道理，大相悖戾。尔天主教在中国行不得，务必禁止。教既不行，在中国传教之西洋人，亦属无用。除会技艺之人留用，再年老有病不能回去之人，仍准存留；其余在中国传教之人，尔俱带回西洋去。且尔教王条约，自行修道，不许传教。此即准尔教王所求二事。此旨既传，尔亦不可再行乞恩续奏。尔若无事，明日即着尔陛见。因有此更端，故着尔在拱极城且住。再严珰（闫当）原系起事端之人，尔怎不带他同来？钦此。"①

12 月 27 日，康熙再传谕旨："朕之旨意，前后无二。尔教王条约与中国道理大相悖谬。教王表章，朕亦不览。西洋人在中国行不得教，朕必严行禁止。本应命尔入京陛见，因道理不合，又生事端，尔于此即回去。明日着在京众西洋人于拱极城送尔。"② 从这道谕旨可知，康熙已准备下逐客令了。

嘉乐为了挽回危局，只是提出希望皇帝降恩准许将教宗的文件翻译出来进呈御览，看是否合于中国道理。此外，嘉乐又拟定了八项有关礼仪问题的妥协办法，史称"八项准许"或"八项特准"。尽管从嘉乐的角度来看，他似乎已做出了最大的妥协，但由于这"八项准许"与教宗克莱孟十一世 1704 年 11 月 20 日有关禁止中国礼仪的"谕旨"相对照，并未有实质性的改变。因此，1 月 17 日，在康熙阅览了教宗禁约的译本和"八项准许"后十分愤懑，朱批曰："览此告示，只可说得西洋人等小人，如何言得中国之大理？况西洋人等，无

---

① 陈垣：《康熙与罗马使节关系文书》（影印本），文海出版有限公司 1974 年版，第 45—47 页。

② 同上。

一人通读汉书，说言议论，令人可笑者多。今见来臣告示，竟是和尚道士、异端小教相同，彼此乱言者莫可如何。以后不必西洋人在中国行教，禁止可也，免得多事。"① 1 月 19 日，康熙帝再做批示："朕理事最久，事之是非真假，可以明白。此数条都是严挡（闫当）当日在御前，数次讲过使不得的话。他本人不识中国五十个字，轻重不晓、辞穷理屈，敢怒而不敢言，恐在中国致于死罪，不别而逃回西洋。搬弄是非，惑乱众心，乃天主教之大罪，中国之反叛。览此几句，全是严挡（闫当）当日奏的事，并无一字有差。"②

3 月 1 日，康熙帝盛仪接见嘉乐，准他返回罗马。3 月 3 日，嘉乐离京南下，12 月 9 日自澳门返回欧洲。

自此，罗马教廷与清廷的正式接触遂告中断。

1742 年 7 月 5 日教宗本笃十四世（Benedict XIV）发布了著名的《自从上主圣意》（Ex quo Singulari）宪章，重申禁止祭祖祭孔的一切活动，并令所有在华及欲来华传教的各修会教士，都要宣誓遵守教宗的禁令，并严格禁止教内人士再讨论中国礼仪问题。该宪章的最后部分武断而又严厉地指出：

> 天主禁止任何修会、组织、机构甚至是耶稣会的传教士拒绝服从本教宗在宪章中准确地、完整地、绝对地、无可回避地和严格地规定的内容。如果有任何人拒绝，本教宗将以服从神圣的名义命令他的省会长和总会长，毫不迟疑地将这些顽固、罪恶和反叛的人们逐出传教区。他们的神长应该立即将他们召回欧洲，并向我们作出报告，以便我们根据他所犯罪恶的严重性加以惩罚。③

自此，旷日持久的"礼仪之争"终于告一段落。

---

① 陈垣：《康熙与罗马使节关系文书"嘉乐来朝日记"》（影印本）。
② 顾卫民：《中国与罗马教廷关系史略》，东方出版社 2000 年版，第 79—80 页。
③ ［美］苏尔、诺尔等编：《中国礼仪之争西文文献一百篇（1645—1941）》，沈保义顾卫民 朱静译，上海古籍出版社 2001 年版，第 113—114 页。

第四节 "禁教令"之后,西班牙方济各会山东 教区的传教形势趋于恶化

自从伊大任将宗座代牧区的主教驻地安置在临清,传信部派来的传教士其数量逐渐有所增加。特别是康和子作为伊大任的副手,他把传信部鼓动传教士以大量增加施洗教民数量为荣的传教方针带到了山东教区,结果使那些企图以天主教会为避风港的会道门中的不法分子比较轻易地混进了基督徒的队伍,这致使西班牙方济各会遭到破坏性的影响。

那些地方上的官吏一直对天主教的传教活动怀着仇视的心理。康熙皇帝至高无上的威信使各级官吏不能不对传教士给予一定的礼遇,尤其是一旦地方上出现了官方与传教士之间的冲突,那些在宫廷中享有极高声望的耶稣会士往往会出面为传教士张目,而地方官则不得不委曲求全,做出让步。如今,既然罗马教廷已然惹恼了圣上,于是地方官吏遂把心中的积怨和怒火都发泄在被皇帝冷落了的传教士的身上,迫害天主教的风潮不时涌现。一时间信教者遭到鞭打、罚款和拘押,教堂被破坏,圣像被焚毁,信教的文人被剥夺了功名……巴琏仁在 1709 年致马尼拉方济各会主教的信中描述了当时的悲惨情景:"如今传教事业受到的毁灭性打击是能够想象到的最严重的情况。传教者被抛弃,教堂被摧毁,基督徒见不到一名神父,而是落到了豺狼们手中。每一天,皇帝和权贵加诸我们的苦难、迫害和仇恨都在增长。"[①]巴琏仁哀叹,官员们丝毫不把"上谕"、礼部的"通告"以及"印票"放在眼中。

---

① [美] 孟德卫:《灵与肉:山东的天主教,1650—1785》,潘琳译,大象出版社 2009 年版,第 89 页。

通过这些反教事例，巴琏仁开始认识到，中国老百姓对于传教士的"尊敬"，部分是基于官方对于传教士的"认可"。如果这种"认可"被收回的话，普通人原来对传教士的"尊敬"也可能转化为"对上帝和他的仆人的仇恨"。[1]

在迫害活动甚嚣尘上的时期，尽管南怀德领有"印票"，但他在传教活动中也变得格外小心谨慎。这期间，他最重要的建树就是组织中国基督徒建立了一种非教会的社团，例如"苦会"。其成员由坚信"宗徒信经"的基督徒所组成。他们在特定的时间，一般为周五下午，举行弥撒之后，聚集在一起，在一种幽暗的、较为封闭的环境中，在重压和被围困的精神状态下，默想耶稣钉在十字架上所遭受的苦难，并通过绝食、在手和膝盖上戴上镣铐，以及自我鞭笞等自虐手段来进行忏悔和修行，并借助模仿耶稣的受难来获得"神性"的荣耀。[2] 这种建立"苦会"的时机，正是选在 1709 年以来的大迫害的年代。事实上，南怀德很可能试图通过这种自我救赎的形式来坚定教友对基督教的信仰。

除"苦会"以外，南怀德还在山东发起建立"方济各会第三会"。这是一个由教友们施行自我管理的修道会，其成员都是为了最终能成为一个基督徒而努力。他们遵从教规，接受修会的引导。"方济各会第三会"在民间普及很快，并也吸收了相当一部分教民。这很可能是南怀德在大迫害的环境下，由于无法进行公开的传教活动，而采取的一种变通的做法。即，一方面通过"方济各会第三会"这种民间社团的形式来规避官方的追查；另一方面在这种民间社团名义的掩护下，便于向会员传播基督福音的内容。事实上，这如同建立"苦会"一样，也是在特殊的历史时期南怀德所采取的不得已的一种举措。

然而在山东教区面临困难的境况下，方济各会的领导层却把有经验的骨干相继从山东调到其他教区传教。像 1694 年底，柯若瑟奉调

---

① ［美］孟德卫：《灵与肉：山东的天主教，1650—1785》，潘琳译，大象出版社 2009 年版，第 90 页。

② 同上书，第 97 页。

至广东省潮州去主持教务。1709 年，郭纳璧与其他一些神甫被指定前往江西传教。当然，有的方济各会修士像下述济则是被官府驱逐到广州。凡此种种，极大地削弱了山东教区的传教力量。

此外，在反教的高潮中，各修会的传教士往往容易情绪失控，以致造成彼此之间的不和。像当年一直与利安当友好相处的汪儒望，却与南怀德不和。究其原因，首先是汪儒望与利安当在"礼仪之争"中始终坚定地持龙华民的立场，而南怀德则趋向利玛窦的观点。这恐怕是他们不能精诚合作的根本原因。其次，南怀德热心在民间开展传教活动，并和普通民众保持一种平等的往还，甚至不拘礼节地在教民家中吃饭。这种随意的行为被一贯谨小慎微的汪儒望看到，并认为此举既违反了教会的内部规定，并有可能被反教势力所利用，因而他对南怀德提出了批评。南怀德则拒绝这种批评，并回应说，"上帝报答美德，而不是年纪"。① 这无疑伤害了汪儒望的感情，也使南怀德失去了汪儒望的友谊，更使南怀德再也听不到像汪儒望这样忠厚长者对他的告诫。实际上如果南怀德能虚心听取汪儒望的一些经验之谈，就会减少其后他所犯的过错。

我们特别要指出的是，罗马教廷在中国设置宗座代牧区以后，由于传信部派来的传教士与原来由西班牙派来的传教士之间在"礼仪之争"中观点不同，因此造成重重矛盾。

前面我们曾回顾了耶稣会士方记金的葬礼过程。当时由于耶稣会和方济各修会的相互合作，使方记金的葬礼在当地造成了相当大的社会影响。据说出席这一葬礼的文人即达 50 余人。然而这一葬礼却遭到宗座代牧主教伊大任的批评。他从临清致信南怀德在广州的上司赛拉诺（J. Femandez Serrano）神甫，责备南怀德在方记金的葬礼中触犯了教会关于丧葬礼仪的规定，并要求赛拉诺对此事进行调查。

赛拉诺在回函中承认，为方记金举行的葬礼的确是经过精心的策

---

① ［美］孟德卫：《灵与肉：山东的天主教，1650—1785》，潘琳译，大象出版社 2009年版，第 93 页。

划，并有铺张之嫌。但这也是为了反击许多中国人指责基督教的葬礼过分草率，"好像埋一条狗一样"。①

伊大任和赛拉诺之间的书信往还，将传信部委派的传教士和由享有"保教权"的西班牙派来的传教士之间的矛盾暴露无遗。

原来在"礼仪之争"中尖锐对立的耶稣会和方济各会，经过对"历狱"的反思，相互已逐渐化解了矛盾并向着利玛窦的规矩靠拢。但由于传信部传教士的到来和处处坚持所谓基督教教义的"纯正性"，结果造成了不同修会之间新的矛盾和纷争。

尤其是在山东反教风潮来袭之时，有的原来由西班牙委派来的方济各会修士，像卞述济，在传教的方针上便受到传信部传教士康和子的影响，对发展教民的数量有一种狂热的追求。比如由康和子亲自施洗的基督徒已超过了 3000 人，这已然是一个令人惊讶的数字。但卞述济在 1709 年到 1714 年，在济宁和东平等地区所施洗的教民总人数竟高达 1 万人之众！②

南怀德曾批评卞述济说，他被蒙骗了，因为一些中国地下秘密结社分子通过受洗成为基督徒并以此来躲避官方的迫害。事实也是如此，1709 年初，当卞述济来往于东平府周边地区传教时，一些民众向官府告发了他，结果卞述济和他的仆人，以及其他由他施洗的基督徒随即被关进监牢之中。其后，终因他在宣教中的过激行为遭到地方官吏的惩罚，并将他和其他一些当事的传教士放逐到广州。③

此外，在反教风潮蔓延的情势下，从属于传信部的方济各会修士巴琏仁不是考虑信教群众生命的安危，反而鼓动教民为了上帝的事业而应随时准备献身，做一名"殉教者"。④ 这与当年在"福建教案"中的方济各会修士为了显示自己的殉教气概，结果造成天主教传教事业

---

① ［美］孟德卫：《灵与肉：山东的天主教，1650—1785》，潘琳译，大象出版社 2009 年版，第 118 页。

② 同上书，第 134 页。

③ 同上。

④ 同上书，第 145—146 页。

几乎全盘覆灭的往事如出一辙。

特别是，由传信部派遣来华的传教士没有任何人领到过"印票"，所以他们只能进行秘密的传教。在山东西部和直隶南部，传信部传教士陆续建立了几座地下教堂。然而他们一旦被官府发现，则要遭到驱逐。

这期间，有的传教士在反教风潮的重压之下精神上出现了变态。有两名来自意大利的传信部传教士贝维拉瓜（Bernardino Maria Bevilacqua）和兰达尼尼（Alessio Randanini）自1736年至1741年在山东从事传教工作。但由于他们对女性教徒的性侵行为造成了恶劣影响，教会不得不将他们召回澳门，在修道院中进行反省，以便他日遣送回欧洲。①

在这种困难的形势下，康和子在华任期届满，于是他选择了由传信部派来的方济各会修士布彻（Giovanni Antonio Buocher）作为他的后继者。但由于布彻没有领取到"印票"，所以他只能在直隶和山东两省暗中建立地下教堂。随着传教形势越来越恶化，尽管布彻小心地准备了几个藏身之地，但他的传教活动终被告发，1755年年底他被逮捕，随即被遣送到澳门。② 此后，山东方济各会的传教运动几乎陷于停滞的状态。③

据载，最后一位来自西班牙的方济各修士是李神甫（Buenaventura de Astorga del Sagrado Corazon de Jesus，1721—1801）。1745年他在圣巴勃罗（San Pablo）教区发愿加入方济各会。1762年取道澳门前往山东。他在山东辗转多地传教，前后达两年。根据记载，1778年他曾在临清秘密传教。1801年辞世，被埋葬在谷家坟天主教墓地。他是最后一位在山东传教的西班牙方济各会修士。自此结束了西班牙方济各会在山东的传教历史。④

---

① ［美］孟德卫：《灵与肉：山东的天主教，1650—1785》，潘琳译，大象出版社2009年版，第145—146页。

② 同上书，第148—150页。

③ 同上。

④ 同上书，第173页。

第五节　在华多明我会的传教活动由盛而衰

一　"历狱"后多明我会在华传教方针的调整出现新趋向

当1645年黎玉范在罗马教廷前的申诉赢得了教宗英诺森十世的支持，并在"圣谕"中肯定了多明我修会在"礼仪之争"中的观点时，整个多明我会中国传教团为之一片欢腾。

为了扩大多明我会的传教范围，于是在黎玉范的带领下该会的修士于1655年又前往浙江，并在兰谿开辟出一个新的传教基地。

但不久传来亚历山大七世于1656年颁布了一个新的"圣谕"，内中肯定了利玛窦一派的传教方针。对此多明我会感到极大的不安，于是派出胡安·波朗科修士前往罗马，要求传信部做出澄清。

在此关键时刻，多明我会中国传教团会长黎玉范于1664年病逝，此后遂由闵明我继任会长一职。在他的带领下，多明我会的传教事业又获新的进展。然而不久后，"历狱"爆发，闵明我被押解至北京接受审查，其后又被驱逐到广州并继续遭到羁押。

在康熙当政后，天主教在华的传教形势出现了转机，广州的关押所放松了管制，闵明我则伺机潜离关押所，暗渡澳门，然后返回欧洲。

当闵明我前往罗马向教廷申述多明我会关于"礼仪之争"的观点时，在中国国内，"历狱"得到了平反，多明我会中国传教团出现了新的发展动向：一是，多明我会的传教士再度向福建省集中，尤其是在福安地区；二是，在对"历狱"反思的过程中，多明我会对于文明的多样性又有了新的认识，尤其是对中国的祭祖和敬孔等礼仪问题，那些具有权威性的多明我会传教士已经出现了向耶稣会利玛窦一派的观点靠近的新趋向：

曾撰写过《辩祭》等大量文章攻击耶稣会"适应"策略的多明我会修士万济国本人以及修会中的其他一些有影响的修士，已不再反对祭祖等礼仪，并"也曾在上面写有已故名人（很可能指孔子等）名字的牌位前多次以前额触地！尤有甚者，诸如罗文藻神父那样的最佳多明我会修士，（巴希利的主教）也在这个问题上赞同耶稣会的观点。这是由于罗文藻这位高级神圣者是中国血统的人，因而理解我们所讲的一切"。①

即使多明我会会长闵明我历来都是反对耶稣会传教方针的中坚人物。但在广州会议期间，他已表明了在对中国礼仪的认识上，已赞同了利玛窦一派的观点。在 1669 年他致函耶稣会中国副省会长何大化（Antoine de Govea，1592—1677）时，更具体写道："对于孔夫子，我们认同你们的神父们允许实施的内容……为了使一切都根据慈悲的思想举行并让大家看到我们也具有同样的观点，我们觉得也许很适宜根据我们（在广州）已达成的协议来具体解释这一切。"②

由于西班牙来华方济各会与多明我会都出现了向耶稣会利玛窦一派观点接近的趋向，因此使这三个修会之间出现了和谐相处的局面。特别是在祭祖和敬孔等涉及中国传统礼仪的问题上，所有这些修会都在一定程度上改变了对中国礼仪的"排他性"的批判态度，因而也缓和了中国社会中的仇教情绪。

这实际上就是康熙皇帝 1692 年颁布《宽容诏书》的根本性前提。但罗马教廷强行介入中国的内政，却打断了中国传教团各修会传教方略的调适进程，而且带来无穷的后患。

二 雍正登基后全面禁教政策的实施

1715 年 3 月 15 日，罗马教宗克莱孟十一世重申 1704 年他所颁布

---

① ［法］安田朴：《中国文化西传欧洲史》，耿昇译，商务印书馆 2000 年版，第 306—307 页。

② ［法］安田朴：《中国文化西传欧洲史》，耿昇译，商务印书馆 2000 年版，第 307 页。

的《自登基之日》"谕旨"。为了统一在华各修会的传教方针,该"谕旨"于 1716 年 8 月被暗地里送至广州,并由驻广州传信部账房庞克修(Joseph Ceru)秘密分发给各省的传教士。时任宗座代牧主教的伊大任在接到这一"谕旨"后,遂派遣他的副手康和子从临清前往北京,并于 11 月 6 日正式在北京的传教士中间公布了这一"谕旨"。

但在第二天康和子即被捕入狱。据马国贤称,康和子是由宫廷耶稣会士将消息透露给了内务府的赵昌而被捕的;而耶稣会士辩解称,是康和子身边的仆役向外界泄露了这一消息。

清廷随即派三位官员分别对伊大任、康和子和德理格进行了讯问。方济各会的南怀德担任翻译,时间大约是在 1716 年 11 月底。[①] 由此可见,在罗马教廷试图干涉中国内政之后,清廷已经对在华的传教士加强了防范。

罗马教宗把反对中国传统礼仪的"谕旨"在中国公布,并明令来华传教士必须遵照执行,这实际上意味着罗马教廷对康熙王朝的又一挑战。这自然要遭到中国朝廷的回击!前已有述,康熙此前已于 1707 年颁发谕旨:"谕众西洋人,自今以后,若不遵利玛窦的规矩,断不准在中国住,必逐回去",同时他又下令开始在全境实施"印票"制。通过这次《自登基之日》"谕旨"的秘密传送和分发事件,清廷进一步认识到西方传教士在中国的传教活动非但没有收敛,反而用非法的形式相互仍在勾结和串联。于是各地方官吏对无"印票"的传教士开始进行了大肆查拿。而福建省的多明我会修士则成为官方追踪和打击的重点。

因为,在上述时期,西班牙来华的多明我会传教士主要集中藏匿在福建省。由于他们大多曾被迫向福建宗座代牧主教闫当宣誓,要在"礼仪之争"中遵从教宗的旨意,也即他们已经明确表态要拒不遵从"利玛窦的规矩"。这完全违背了康熙帝的旨意。因此在多明我修会中

———————————

① 汤开建:《明清天主教史论稿二编——圣教在中土》(下),澳门大学 2014 年版,第 44 页。

无有一人领取到"印票"。在这种情况下,在福建传教的多明我会修士只有秘密地进行传教活动。

此外,福建与菲律宾群岛隔海相望,正是罗马教廷传信部向中国内陆进行宗教渗透的首选之地。那些由传信部直接派遣来华的多明我会修士便陆续潜入福建地区。又由于他们都遵从传信部的传教方针,以扩大教民的数目为追求的最大荣耀,因此他们的到来使天主教在福建地区的发展十分迅速,教友人数出现了倍增现象,其中尤以福安地区的传教活动最为活跃。

福安地区顶头(左)与双峰的天主教堂(右)书影

康熙五十四年(1715)六月多明我会传教士白多禄(Pierre Martyr Sanz)奉传信部派遣来到中国,辗转潜入福安地区。在他的鼓动下,福安地区天主教的传教活动不断扩大,因此引起了福建地方官员的警惕。

1722年12月20日,康熙晏驾,官方宣告胤禛继位,是为雍正帝。

这正是需要举国呈现一片国泰民安景象之时,但1723年8月29日朝廷却接到闽浙总督满保的入奏:"福宁州所属福安县乃山中小县,靠近大海。据闻有西洋二人在彼居留传教,当即稽查得入天主教之监生、生员有十余人,城乡男女入此教者有数百人,城内、大乡建有天主堂十五处。西洋二人隐居生员家中,不为人见,不惧知县禁令。每逢诵经礼拜之日,便聚数百之众传教,男女混杂一处,习俗极恶。奴才是以饬令文武官员，查出西洋二人，照例送往广东澳门。"①

出现在福安的社会乱局引起雍正皇帝的严重关切，于是在 1724 年 7 月 11 日，雍正帝在满保的奏折上朱批："尔此奏甚是，极为可嘉，着照此办理。如此缮本具奏。"一经雍正帝批准，礼部遂发布禁教令，各省着国人信教者应弃教，否则处刑罚。各省传教士除供奉北京宫廷以外，限半年内离境，前往澳门。②

当时各省西方传教士共有 50 余名。根据禁教令，除其中 20 人被允许留居北京外，其余 30 人均被驱赶到广州，内中又有 16 人逃亡至澳门。从福安被驱逐出境的西班牙多明我会修士白多禄即在其中。此外，当时全国共有天主教堂 300 座。在反教的形势下，这些教堂或被没收，或被改为谷仓、关帝庙、天后宫、公廨以及书院。③ 天主教在华传教运动一时变得十分惨淡。

雍正在一次召见巴多明、冯秉正等西方传教士时曾直言："……既然你们有办法欺骗我的父亲，你们休想欺骗我。你们想把中国人变成教徒，这是你们道理所要求的。但我们会变成什么样子，我们岂不很快成为你们君王的顺民吗？教友只认识你们，一旦边境有事，百姓惟尔等之命是从。现在虽然不必顾虑及此，但等到万千战舰来我海岸之时，则祸患就大了。"④

这表明，雍正的禁教态度并非完全出自他怀疑皇族内部有人与西方传教士暗中勾结而会危及他的皇位。他对西方来华传教士自有更深层次的考虑，即"等到万千战舰来我海岸之时，则祸患就大了"。

然而尽管雍正帝对天主教传教运动采取了坚决打击的态度，但并没能使天主教在华的传教运动消弭，以致在乾隆王朝，"禁教"仍成为乾隆执政时期的关注之点。

————————

①　中国第一历史档案馆、澳门基金会、暨南大学古籍研究所合编：《明清时期澳门问题档案文献汇编》，人民出版社 1999 年版，第 1 册，第 90 号，第 134—135 页。

②　同上。

③　顾卫民：《中国与罗马教廷关系史略》，东方出版社 2000 年版，第 87—88 页。

④　阿兰：《北京宫廷中的耶稣会士》(J. W. Allen, *Jeauits at the Court of Peking*)，上海辰卫出版社（Kelly and Walsh CO. Ltd）1935 年版，第 262—265 页。

三 乾隆王朝的"福安教案"

乾隆四十三年（1769），福建兴化府根据当地传教士所引起的社会动乱，遂颁发布告："为此示仰府属军民人等知悉：凡误从无极教、罗教、天主、白莲、无违（为）、回回等教，俱着即速自行出首，将所传经典，作速缴官，以凭汇集销毁，本亦免治罪。倘尚不悛改……为首者绞，为从者各仗一百，流三千里。"①

尽管官府有如此严厉的禁令，但官方依然对天主教的传教活动感到极度的不安：

> 民人陷溺蛊惑于天主一教，既深且久，自查拿以后，稍知敬惧，然革面未能革心，节次密访各村从教之家，不祀祖先，不拜神佛，仍复如故。民间坚心信奉天主教之锢习，始终不能尽除。②

当时福安地区天主教引发的社会动乱其为首者，即是前面提及的西班牙多明我会修士白多禄。

雍正二年（1724）白多禄遭到驱逐后，先潜藏在漳州。雍正八年（1730）白多禄暗入广州，由教宗简授代理福建主教。雍正十年（1732）又被驱逐至澳门。白多禄在澳门蛰居达 6 年之久，其间他用中文写成了一本《要理问答》。

乾隆三年（1738），白多禄与施黄正国（又译德方济各）（Franciscus Diaz）及另一位多明我会修士从澳门秘密乘船潜回福建福安。当时匿居在福安的多明我会修士还有华敬（又译华若亚敬、华雅敬）（Joaquin Royo）、德黄正国（Franciscus Serrano）和费若用（又译费若望）（Juan Alcober），他们都是奉白多禄之召而来到福安的。

当时福安地区的基督教传教活动本来已渐呈衰微之势。雍正元年以前，该地的基督徒大概有 5000 人；而到乾隆初年则已缩减至 2500

---

① 方豪：《中西交通史》（下），岳麓书社 1987 年版，第 986—987 页。
② 同上。

人。由于白多禄一行的到来，到乾隆六年（1741），福安的教友竟高达7557人之众。①教会势力有了极大的发展。

乾隆十一年（1746）初，白多禄与同会的费若用、德黄正国、华敬、施黄正国4位神甫于穆洋村聚会。此事被一村民告发。四月三十日，福建巡抚周学健得知这一信息后，立即令福宁镇臣李有用暗中访察实情。后，李有用将查访到的结果紧急上报：

> 访查该县信奉西洋天主教之人甚多，惟穆洋、溪东、溪前、桑洋、罗家港、鼎（顶）头村为最盛，穆洋村民人刘荣水、王鸮荐、生员陈抽等家与溪东监生陈球家、县城大北门外民人陈从辉家，皆轮流藏匿西洋夷人于暗室、地窖、重墙、复壁之中。从教男妇甚众，且多充当胥役之人。一闻缉拿，齐心协力，群奉避匿，莫可踪迹。现在密商知府董启祚访实查拿。②

五月初七日，在周学健的周密策划下，抓捕行动历时7天，先后擒获费若用、德黄正国、施黄正国、白多禄和华敬等5名传教士；生员陈抽、监生陈廷柱、民人郭惠人、陈从辉、刘荣水、王鸮荐等6名；女教长郭全使、缪喜使二口，并从教男犯陈榧等11名，从教女犯及守童贞女15口。③

在搜查过程中，发现了番衣、番经、番像、番书、番字、书信、邪像、番牌、番龛、白多禄等之传教经典、历年造报入教人姓名册、番器和银两等多项。

经初审和会审，福建巡抚周学健五月二十八日在第二次上奏时，严厉指出：

---

① ［西］何塞·玛利亚·贡萨雷兹：《多明我会传教团在华历史》（José Maria González, *Historia de las misiones dominicanas de China*），马德里拉伊加尔出版社1952年版，第2卷，第281、361页。

② 中国第一历史档案馆编：《清中前期西洋天主教在华活动档案史料》，中华书局2003年版，第1册《福建巡抚周学健奏报拿获天主教夷人办理缘由折》，第7页。

③ 同上书，第85页。

臣今协理此案，细察其存心之叵测，踪迹之诡秘，与夫从教男妇倾心归教百折不回之情形，始灼见伊等邪教，更有蛊惑悖逆之显迹，其罪不可容于世者……臣窃谓履霜必防其渐，拔薤必去其本，似当秉此严定科条，治其诬世惑民之大罪，渐行驱逐。绝其固结人心之本根；使山陬海澨晓然知天主教为圣世所必诛，士民不敢复犯，岛夷不敢潜藏，方可廓请奸宄。[①]

由于此次福安教案非比寻常，所以福建巡抚周学健在九月十二日的上疏中提出了要求重判的理由：

……历来白莲弥勒等教聚众不法，皆无知奸民借此煽惑乌合之众，立即扑灭。天主教则不动声色，潜移默诱。使人心自然乐趋，以至固结不解，其意之所图，不屑近利，不务速成，包藏祸心而秘密不露，令人堕其术中而不觉，较之奸民所造邪教为毒更深。即如福安一县，不过西洋五人潜匿其地也，为时未几，遂能使大小男妇数千人坚意信从，矢死不回。假令准此以推，省六十余州县，不过二三百西洋人，即可使无不从其夷教矣。又况一入彼教，虽君父尊亲亦秘不知，性命死生亦所不顾，专一听信，甘蹈汤火，且衿士缙绅兵弁吏役，率往归附，官员耳目多所蔽塞，手足爪牙皆为外用，万一不加剪灭，致蔓延日久，党类日滋，其患不忍言者。倘臣书有当，容臣将白多禄等按律定拟，题请明正典刑。[②]

以往，乾隆皇帝在对地方上查办的洋教士大多皆是从轻处理："其西洋人俱递解广东，勒限搭船回国，勿得容留滋事。"[③] 然而对于此次福安教案情节如此之重大，乾隆皇帝也极为震惊，于是批准了周

---

① 中国第一历史档案馆、澳门基金会、暨南大学古籍研究所合编：《明清时期澳门问题档案文献汇编》，人民出版社1999年版，第1册，第152号，第215页。
② 同上书，第222—223页。
③ 同上书，第156号，第93页。

学健的题请："然照律定拟，自所应当。"①

这样，福建地方官府于乾隆十一年（1746）十一月对"福安教案"进行了正式的宣判：

> 白多禄应照妄布邪言，书写张贴，煽惑人心，拟斩立决。华敬、施黄正国、德黄正国、费若用均照为违例，皆拟斩监候，照例刺字。郭惠人照例应照左道惑众为首律，拟绞监候，秋绞处决，照例刺字。郭近人、陈从辉、王鹦荐与已革生员陈绌（抽），俱照为从例，发边外为民，俟部覆到日分别刺字。……得雇工银两照追入官，起获番衣、经像、器物烧毁，大番钱二百七十员、中番钱二十九员、碎银四两四钱照数入官。教堂拆毁，枷杖各犯。陈榧等先饬，分别枷责，收赎发落。②

福安教案审结后，经刑部复议，于乾隆十二年三月二日（1747年4月21日）下旨："白多禄着即处斩，华敬、施黄正国、德黄正国、费若用依拟应斩，郭惠人依拟应绞，俱着监候秋后处决，余依拟。"③

被判刑之白多禄、华敬、费若用、德黄正国、施黄正国图像

福建官员所以判定传教士来华是图谋不轨，也是有实物为依据的。因为从教长陈从辉家中搜出了青缎绣金天主帘一架，上绣"主我

---

① 中国第一历史档案馆、澳门基金会、暨南大学古籍研究所合编：《明清时期澳门问题档案文献汇编》人民出版社1999年版，第1册，第156号，第223页。

② 吴昊、韩琦校注：《欧洲所藏雍正乾隆朝天主教文献汇编》第36号，《刑部议覆福建巡抚周学健疏称福安天主教事》，上海人民出版社2008年版，第146—147页。

③ 吴昊、韩琦：《欧洲所藏雍正乾隆朝天主教文献汇编》第36号，《刑部议覆福建巡抚周学健疏称福安天主教事》，上海人民出版社2008年版，第147页。

中邦"四字！① 福建官员认为，"主我中邦"这四字，内中含有更深一层的寓意，即中华大地"若再是几个西洋人，历年久义远，可不成了你西洋世界"②。

从清廷来看，天主教虽久经严禁，但在福建仍如此猖獗，或有潜散各省，亦未可知。所以乾隆皇帝在"福安教案"判决后仅一个月，则再度下谕旨：

> 传谕各省督抚等，密饬地方官，严加访缉，如有天主教引诱男妇，聚众诵经者，立即查拿，分别首从，按法惩治。其西洋人俱递解广东，勒限搭船回国，勿得容留滋事。倘地方官有不实心查拿，容留不报者，该督抚即行参处。③

有鉴于"福安教案"，不仅福建的多明我会传教力量遭到沉重打击，而且反教风潮迅速波及全国各省，甚至殃及澳门，当时一位来中国不久的法国传教士宋君荣（Antoine Gaubi，1698—1759）曾经这样写道：

> 我来中国只有几个月，当我看到传教工作不久前还充满希望，（现在）竟然落到如此可悲的地步。教堂已成废墟，传教士被驱逐并集中到广州——中国唯一开放的口岸，不许进入内地，天主教本身几乎遭到禁绝。④

在禁教后，也仍有个别多明我会修士潜藏在福安或边远山区，继续在民间秘密传教。但再也恢复不到当年的水平。

从 1724 年雍正帝下令禁教，直至 1844 年清廷被迫签订中法《黄

---

① 中国第一历史档案馆编：《清中前期西洋天主教在华活动档案史料》，中华书局 2003 年版，第 1 册《福建巡抚周学健奏报严禁天主教折》，第 88 页。
② 《高宗纯皇帝实录》卷 269，"乾隆十一年六月庚寅"条，中华书局 1985 年影印版。
③ 同上。
④ 顾卫民：《中国与罗马教廷关系史略》，东方出版社 2000 年版，第 86 页。

埔条约》，天主教在华传教活动得以解禁，历时长达 120 年。这就是
罗马教廷的"业绩"。

第六节　衰退与停滞：18—19 世纪西班牙的汉学研究

前已有述，从 16 世纪中叶起直至 18 世纪以前的一个半世纪，是
西班牙汉学研究的"黄金时代"，同时，西班牙的汉学研究在整个西
方的汉学研究中，也曾起到重要的先驱作用，并使西班牙成为那一时
代欧洲重要的汉学研究中心之一。

其后，在 18—19 世纪，西班牙的汉学研究却陷入了衰退与停滞
的状态。究其原因大致有如下几个方面。

其一，西班牙社会内部的封建因素严重地制约了西班牙的经济发
展和国力的增强。因此，在西方国家争夺海外殖民地的酷烈竞争中，
西班牙渐渐陷于劣势，致使西班牙在国外的教会势力也不断处于萎缩
之中，在中国尤其如此。上述因素不能不影响到西班牙的汉学研究。

其二，在"礼仪之争"中，尤其是在"礼仪之争"的初期，西班
牙的多明我修会和方济各修会皆以西方文明为基点，以基督教的启示
真理为准绳，来批判他们根本不甚了解的儒家学说，因而遭到中国社
会的抵制和拒斥。特别是西班牙的多明我会修士和方济各会修士把他
们和利玛窦一派围绕中国礼仪问题的争论，上交到罗马教廷以寻求裁
决，由此导致了中国最高统治当局与罗马教廷之间的严重冲突。其
间，罗马教廷不仅一味支持反对利玛窦一派的那些传教士的立场和观
点，并执意派出教宗的特使来华，插手中国的内部事务，因而引起康
熙皇帝的反感和愤怒，并终于下达了"禁教令"，而只对那些遵循
"利玛窦的规矩"的传教士颁发可以公开传教的"印票"。在这种形势
下，绝大部分的西班牙多明我会修士和方济各会修士由于不承认"利

玛窦的规矩",因此不可能从皇帝那里领到"印票",致使他们失去了在中国合法传教的权利。

为了躲避官方的追捕,西班牙来华托钵传教士只能把传教的重心转移到福建和山东的边远乡村或是山区。由于这类传教士失去了接触中国主流社会的机会和深入研究汉学的条件,因此西班牙的汉学研究在进入18世纪以后,终于陷入了衰退和停滞的状态。

尽管如此,在上述历史时期,西班牙汉学研究也并非毫无成就可言,其重要成果主要体现在如下三个方面。

一 西班牙多明我会修士和方济各会修士用中文写下相当部分的宣教之著

在18—19世纪,西班牙来华的托钵传教士用中文写下了相当一部分宣教之著,比较有影响的,如《圣体要理》《圣经直解》《圣母行实》《圣母行实目录》,这四种出自耶稣会士的手笔;再如《默想神功》是方济各会的宣教之作;其他,如《圣教明征》《形神实义》《人类道安》《圣教切要》《天主教入门问答》《罗洒(刹)行实》这6种著述都是多明我会的传教经典。

所有这些中文著作都是以在民间宣教为目的,所以文字平实,口语化较强,易于为普通民众所接受,并为地区性的方言研究奠定了基础。

二 西班牙托钵传教士在中国语言学研究上的贡献

在18—19世纪这200年间,西班牙来华传教士的汉学研究主要体现在汉语语言学的研究上。像方济各会修士曼努埃尔·德尔萨克拉门托(Manuel del Sacramento)曾在1781年在广州刊刻过一部《汉语语法》(Arte de lengua China)。如上所言,在上述历史时期,西班牙传教士大都是在福建一带的乡村或山区传教,因此他们比较熟悉当地的方言。像圣托·米格尔·卡尔德隆(Santo Miguel Carderon)、克里斯托瓦尔·普拉(Cristobal Pla)、胡安·克罗木(Juan Colom)、多明格·巴劳（Domingo Palau）和圣地亚哥·加西亚（Santiago Garcia）等都曾编撰过福建方言字典。[①] 到 20 世纪之初，在中国的语言从文言文向白话文的过渡时期，由于这些传教士比较熟悉来自民间的语言，因此他们写出了几部用白话文注音的中西双语字典。对此下面将详述。

但从整体上来看，在 18—19 世纪，西班牙的汉语语言学研究没有任何一部著述可以和万济国的《华语官话语法》相比。

三　西班牙多明我会和方济各会在"礼仪之争"中对当时的中国社会现实较之耶稣会有着更加深入的研究，这可以视作西班牙汉学研究的新进展

为了回答"礼仪之争"中所涉及的理论问题，上述时期一些西班牙托钵传教士也曾刻苦学习中文，攻读中国的典籍，像利安定和南怀德等都是他们之中的佼佼者，并都已能用中文阐释他们在"礼仪之争"中的新观点，并使他们在"礼仪之争"中不断向利玛窦一派的观点靠近。

因此，当罗马教廷任命的福建宗座代牧主教闫当于 1693 年 3 月 26 日发布了全面禁止祭祖和敬孔的"牧函"之后，利安定和南怀德等不畏被停止做"圣事"的威胁，勇敢地站出来，对闫当颁布的"牧函"进行了批驳。

又由于他们常年在中国的社会基层进行宣教活动，因此他们对中国的民间文化以及中国大江南北不同地域的民风和民俗有着较深的认识，这又使他们对中国文化的多元性和多样性有了新的领悟，因此他们在"礼仪之争"中拥有了更大的发言权。

而这种对中国社会的不断增进的认识过程，其实在他们的先驱者利安当的时代便已开始了。像在《天儒印》和《正学谬石》等著作

---

① 　[西] 沈起元：《中国与西班牙辞典编撰史札记》（Fernando Mateos, *Apuntes para la Historia de Lexicografía Chino—España*），载《第一届西班牙语言史国际会议论文集》，西班牙卡塞雷斯出版社 1987 年版，第 937—938 页。

中，利安当对儒教学说和基督教教义之间的某种近似性的探讨，便为其后的方济各会修士所继承。

1702年，南怀德负责监督济南"东堂"在新址的重建工程。在拆除房屋时，意外发现了《正学谬石》一书的雕版。该书是当年利安当与中国文人尚祜卿合作撰写的一部中文著述。从内容来看，表现出一种"合儒"的倾向。

当《正学谬石》一书的雕版被发现后，南怀德遂将该书重印。在新版的《正学谬石》的著作者页上，利安当被标明是作者；南怀德、文度辣、郭纳璧和卞述济并列为"同订"；恩若瑟（Jose Navarro）为代表教会的授权人，并提供了出版的许可证。

在著作者页上，出现了6名方济各会修士的名字，这表明一些方济各会修士在"礼仪之争"中已有朝着"合儒"方向靠近的新趋向。①

利安定是继利安当之后又一位杰出的方济各会传教士。由于他曾经在福建传教5年，在山东传教6年，因而积累了相当丰富的传教经验。而且他的中文表述能力极强，这为他写下辩论性著作奠定了基础。②

1683年利安定为方济各会起草了一份《方济（各）会传教团牧灵指南》。这是方济各会传教士在新形势下，就中国礼仪问题表述他们观点的一部指导性著作。该书不仅对中国的礼仪有着原则性的阐释，而且对每一项有关祭祀的礼仪应如何操作，提出了具体的要求。

这本《方济（各）会传教团牧灵指南》基本上坚持了利安当当年在祭祖祭孔问题上所表述的观点。但在新形势下，利安定在中国教民祭祖和敬孔的礼仪实施过程中，却已尽量保留了中国人的传统习俗，并力求在中国礼仪问题上逐渐向耶稣会利玛窦一派的观点靠近。

若仔细分析这一《方济（各）会传教团牧灵指南》，就可看到，

---

① ［美］孟德卫：《灵与肉：山东的天主教，1650—1785》，潘琳译，大象出版社2009年版，第105—106页。

② 崔维孝：《明清之际西班牙方济会在华传教研究（1579—1732）》，中华书局2006年版，第312页。

对于祭祖和敬孔，在理论的认识上，似乎并没有离开利安当当年所提出的原则，但在具体的实践中，则留下了一定的灵活操作的空间。比如，关于一年两次祭祀孔夫子的礼仪，《方济（各）会传教团牧灵指南》中有如下规定：

> 我们绝对不允许身为基督徒的"知县"（Chi-Hien）或"县官"（Hio-Kuon），或者其他任何（信仰）基督（教的）官员进行这种祭祀，即使他们可能会因此而丢掉官位。

但在现实生活中，正是上述这种严厉的规定，结果使很多有功名的信教的士大夫已经退出教门。实际上《方济（各）会传教团牧灵指南》中的上述规定在中国知识分子的皈依者中间是根本行不通的。所以在《方济（各）会传教团牧灵指南》中，又有下面一条相关的规定来与上述原则性要求相"平衡"：

> 当官员就职以及农历每月初一、十五向孔夫子牌位礼拜时，只要不献祭任何东西，我们不持异议，但应当向所有在场的人声明，他们这样做仅为敬其为人之师表楷模。①

历史上，中国的读书人从来都是把孔子当作"万世师表"来尊重，而并不用祭祀的方式来祈求孔子恩赐给他们以功名。因此《方济（各）会传教团牧灵指南》中的前一严厉规范，被后面操作的"灵活性"所"对冲"。其结果，即是承认了文人士大夫祭孔的合法性。

关于是否允许中国教民在祖先的"牌位"前燃香，这是最容易激起中国民众感情反应的一个问题。对此，在《方济（各）会传教团牧灵指南》中，新一代领导人利安定则做出允许教民在祖先牌位前燃香的规定。利安定对于为什么允许教民在牌位前燃香，做出这样的

---

① 崔维孝：《明清之际西班牙方济会在华传教研究（1579—1732）》，中华书局 2006 年版，第 314 页。

解释：

> 在中国，烧香对所有人都是一件非常平常的事情。我去过许多人家，如果我必须在那里过夜，他们马上就会为我在桌子上放一个香炉。有一次，我受邀到一位官员家中住了5天。在此期间，我下住的房间里每天都烧香。这是一非常平常的事情。当一位官员到达某一城市，那里的居民一般都出来迎接，许多人都会手持点燃的香。同样，当他们前往朝拜偶像时，也会有双手持香的行为。因此，我们不应该特别从外表来看待这种烧香的行为，而是应该注意们这样做的动机以及他们所注意的对象。①

由于利安定在福建和山东两地传教多年，因此他观察到在中国南方和北方的民众之间，同样存在着一定的文化上的差异：

> 在北方的省份里，人们对牌位和祭祀祖先的问题比较淡漠。平民百姓的家中很少摆放牌位这类东西。只有在一些大户人家才供奉牌位。更不像南方的省份有那么多的供奉祖先的祠堂……。在济宁州，该州人口是省城的3倍，但只有两个权势非常大的家族在城里建有祠堂。在兖州城传播福音时，那里一座祠堂也没有。在我到过的其他许多乡镇，也没有见过祠堂，亦无人和我讲过祠堂这类事。②

在这里，利安定实际上指出，北方人对待祭祖的热情远远低于南方人。这种地域间的文化差异是传教中必须予以考虑的问题。这足以说明方济各会在山东和福建一些贫困地区所以能取得某种程度的成功是与客观环境和人文条件的影响有着紧密的联系。

可以说，利安定关于中国地域文化多样性的论述也是对闫当之流

---

① 崔维孝：《明清之际西班牙方济会在华传教研究（1579—1732）》，中华书局2006年版，第315页。

② 同上。

妄图强制不同文化区域的人们必须遵从"牧函"的同一规定的荒谬性的批判。

事实上，闫当插手"礼仪之争"只会使问题复杂化。比如，在山东教区，原来在"礼仪之争"中反对利玛窦观点的西班牙方济各会修士，通过对"历狱"的反思，已逐步向利玛窦一派的观点有所趋近。因此当闫当在"牧函"中明令禁止将写有"敬天"字样的牌匾悬挂在教堂里，认为这是对于"上帝"的异教徒式的理解时，南怀德立即站出来对闫当的"高论"进行了严厉的批驳。他指出应当允许在教堂中悬挂写有"敬天"字样的牌匾，因为这只是强调"上帝"的存在。

闫当在"牧函"中，禁止使用"天"或"上帝"这样的表述，因为它们所指的是前基督教时期的异教神。南怀德则表示反对，他认为依照耶稣会，特别是利玛窦和艾儒略神甫的解释，这两个词是可以使用的。

针对闫当反对中国的"祭祖"仪式，认为这是一种迷信。南怀德则认为教民可以行"祭祖"之礼，包括"神位"和"灵位"的摆放。如果"祭祀"中出现迷信的现象，他认为中国的基督徒就此事应该向非信徒解释为什么迷信的因素应该被避免。

关于参拜孔子，闫当认为这是把孔子作为一个神或是偶像来崇拜。南怀德则认为祭祀孔子这是中国文人中的一种习俗，一般是因为文人取得了功名或是文人为了要向孔子表示敬意时才祭祀孔子。文人更多的是把孔子当作老师而不是神，祭祀孔子和其他儒家先师只是表达感激之情。所以祭孔以及举行一些相关的典礼应当被允许。

尽管闫当在上述"牧函"中提出，古代中国"天"和"上帝"的概念并不能让中国人加强对犹太—基督教传统中唯一的神的认同。但南怀德回应道，如果中国人不知道古代中国"天"和"上帝"原本就是天主教的那个"上帝"，那么会使基督教和中国人更加疏远，而中国人在智能上的傲慢会阻止他们靠近基督教的荣光。

南怀德所以对禁止中国的传统礼仪持强烈的反对态度，这是因为他通过在华的传教实践，已经认识到，这种"禁令"会极大地增加福音传播的阻力并会激起许多中国人的反感情绪。事实上，中国的反对者嘲笑基督教甚至不让家属在亲人的坟前烧纸钱。他们还攻击基督教不能培养一个人对于自己祖先的爱戴。南怀德认为这种"禁令"会使新的教徒迫于亲属的压力而放弃对基督的信仰。①

通过南怀德对"牧函"基本观点的批判，明显地看到，闫当对中国的礼仪问题基本上处于一种无知无识的状态。事实上，他不仅对中国的历史文化缺少一般的常识，对于中国的社会现实更是缺乏了解。他根本不知道在中国这样具有独特国情的社会中，传播基督教教义的艰难程度和中国教民皈依天主教之后精神上所承受的重压。因此曾任方济各会中国教区会长的利安定用十分沉痛的语句向闫当之流指明中国教民的精神负担，这实际上也是在训斥闫当之流，他们有关中国礼仪的"高见"实则是在加重中国教民的痛苦：

> 中国的基督徒对耶稣会的传教士、对你和对我有什么办法呢？他们为什么需要我们？是我们需要他们。从人道主义方面来说，成为基督徒，他们能获得什么好处？相反，他们每天都要面对异教徒的亲戚和朋友，每走一步都会被他们咒骂为信仰的是洋教，因为他们停止了对其祖先的供奉……②

利安定和南怀德在批判闫当之流对中国礼仪的曲解和污蔑的过程中，通过对中国典籍的研究，逐步提高了自己的理论水平，再加上对中国社会的观察，使他们在对中国历史文化特征的认识上，达到了一个新的高度，并预示西班牙来华传教士的汉学研究完全有可能经过进一步的升华，而进入一个新的阶段。

然而就在此时，罗马教廷悍然派出多罗出使清廷，并执意插手中

---

① [美]孟德卫：《灵与肉：山东的天主教，1650—1785》，潘琳译，大象出版社2009年版，第102—103页。

② 崔维孝：《明清之际西班牙方济会在华传教研究（1579—1732）》，中华书局2006年版，第319页。

国的内政，结果引发了罗马教廷与清王朝之间的空前对立。

前已有述，当多罗出使中国的意图被康熙皇帝识破后，他感到由于自己对中国文化缺乏认知因而处境极其尴尬。为了挽回在意识形态辩论中的败局，多罗特意将他心目中的"权威"理论家闫当从福建请到了北京。

但在觐见康熙帝时，闫当对华夏文明如此的无知，既使康熙帝感到震惊，也更感到愤怒，于是当面斥责闫当："愚不识字，妄论中国之道。"次日又下谕曰："这等人敢谈中国经书之道，像站在门外，从未进屋的人，讨论屋中之事，说话没有一点根据。"①

闫当对中国的历史文化既无知而又妄自尊大的真实面目在康熙皇帝的逼问下暴露无遗。因此当罗马教廷特使多罗被驱逐出中国之后，闫当自知处境不妙，于是暗中潜回澳门，并伺机返回了欧洲。

但多罗和闫当在觐见康熙帝时的拙劣表演却暴露出罗马教廷执意借助礼仪问题干涉中国内政的真实企图，并最终导致康熙皇帝颁布了新的"禁教令"，内中规定除领取到"印票"的传教士以外，其他传教士将一律被驱逐出境。

在上述禁教的大环境下，重新起步的西班牙汉学研究已难于深入开展。所以从整体上来看，18—19 世纪的西班牙汉学研究若是和"黄金时代"的西班牙汉学研究相比较，可以说是处于一种衰退和停滞的状态。但在 19 世纪末叶，西班牙汉学研究却又出现了具有现代因素的新景象。

四　19 世纪末叶西班牙汉学研究中的现代新因素

进入 19 世纪，中国与西班牙都深陷内忧外患之中。自 1840 年鸦片战争起，在西方列强的侵略下，中国一步步沦为半封建半殖民地国家。西班牙殖民帝国则在拉丁美洲独立战争的冲击下已经分崩离析，仅剩下古巴与菲律宾为其殖民地。

---

① 方豪：《中国天主教史人物传》（中），宗教文化出版社 2007 年版，第 323—324 页。

在上述时代，西班牙的经济已危机四伏，实际上西班牙在很大程度上是依靠古巴的种植园经济为其生存的支柱。古巴的种植园经济以种植甘蔗为主。因此需要大量的劳动力投入生产。在废除奴隶制以后，古巴的种植园劳动力极端缺乏。为了解决这一难题，西班牙殖民者遂加入国际性的"苦力贸易"之中，大肆掠卖中国人口。仅1853年至1873年被卖往古巴的华工即达132435人之众。①

随着大批华工在古巴的入境，清政府与西班牙之间围绕古巴华工的招募、华工在古巴的境遇等问题，曾进行过反复的交涉，并于1864年签订了中西之间《和好贸易条约》，继而又于1878年中西双方签订了《中国人民前往古巴如何优待条约》。在这种情势下，不断有西班牙的外交人员来到中国。

西班牙首任来华使节玛斯肖像

---

① 方豪：《中国天主教史人物传》（中），宗教文化出版社2007年版，第31页

在他们之中，1847年派驻中国的第一任西班牙的外交使臣、中西《和好贸易条约》的西方签字人玛斯（Sinibald de Masi Sans，1809—1868）不仅是一位外交家，而且勤于笔耕，并于1857年在巴黎出版了《英国、中国和印度》（*L'Angleterre，la Chine et l'Inde*）一书，继而于1861年同样是在巴黎又出版了2卷集的《中国和基督教势力》（*La Chine et les Puissances Chrétiennes*）一书。玛斯以广阔的国际背景来分析中华帝国的现实困境。他的著述给人一种现代的感觉。

在玛斯之后，一批年轻的外交家相继来到中国。他们或是出于西班牙国家利益的需要，或者是源于个人学术上的兴趣，开始以新的视角来重新审视和了解中国的国情，由此开始了西班牙在新时期的汉学研究，并在他们之中涌现出一批具有19世纪意识的西班牙汉学家。

其中，较有代表性的是爱德华·托达（Eduard Toda）。他是加泰罗尼亚人，1875年涉足外交界。一年后，当他21岁时，被委任为西班牙驻澳门副领事。后他途经苏伊士运河来到香港，继而于1876年4月前往澳门，1880年旋即调往上海，直至1882年任期届满才返回西班牙。

托达对于19世纪末叶的中国社会深有感触，并在马尼拉、里斯本和巴塞罗那等地的报刊上发表了许多文章，介绍和评论了当时中国积弱积贫的状况。此外，托达还是位文物收藏家。当他返回西班牙时，还随身带回15000"件"他在中国收集到的钱币和证章之类的纪念品。后来托达将这些珍品捐赠给了马德里考古博物馆（Museo Arqueologico Nacional de Madrid）。

1883年托达回到加泰罗尼亚以后，他曾应加泰罗尼亚科学旅游协会（Associacion Catalanista d'Excursiones cientifiques）之邀，举行过有关中国问题的系列讲座。他的演讲内容陆续刊登在当地的报刊上，对于西班牙人认识19世纪末叶的中国，起到了有益的作用。

另一位西班牙在华外交官为恩里克·加斯帕尔（Enrique Gaspar），他是瓦伦西亚人，28岁跻身外交界，36岁来华。先后曾在澳门、广东和香港等地任职，直至 1885 年返回西班牙。

加斯帕尔是位职业外交家，同时又是一位多产的剧作家。仅在华期间他就有四部剧作问世，即《公共管理》（*Administracion Publica*，1880）；《语言》（*La Lengua*，1883）《问题》（*Problema*，1882）和《大戏剧》（*La Gran Comedia*，1884）。

由于他身在中国，因此他也十分关注中国社会的变化。在华期间他对中国的印象主要记录在《中国信札》（*Cartas de China*）和专著《中国之旅》（*Viaje a China*）等著作中。通过他有关中国的报道等于为西班牙人提供了一幅 19 世纪末叶沉沦中的中华帝国寻求新生的画面。

然而无论是托达或是加斯帕尔，他们有关中国的报道都没能在当时的西班牙社会中引起较大的反响。这是因为，中国在 19 世纪末叶正处于被西方列强瓜分的危难时期。在上述二位作者的笔下，气息奄奄的中国与马丁·德拉达、门多萨、庞迪我和闵明我等著作中所盛赞的那个经济发达、文化昌盛的中华大帝国的形象，根本不能同日而语。因此，中国已不可能成为西班牙社会的关注之点。或者说，对于同样处于内忧外患之中的西班牙人来说，中国已不再对西班牙有任何激励或借鉴的作用。

在上述时代的困境下，西班牙也曾涌现出一些具有启蒙思想的政治精英，他们仍希望借助历史上的那个"中国形象"来阐释他们自己的政治理想。比如费尔南多·加里多（Fernando Garrido，1812—1883）即其中的一例。他是一位著名的共和派政治家，法国空想社会主义者傅立叶学说的坚定信奉者。他经常通过创办刊物来宣传他的政治理念，但也曾因此而遭到政治迫害。

为了阐述他的政治诉求，他曾仿照 18 世纪启蒙学者的先例，在他的著述中塑造了一个叫作"达加尔·李考"（Dagar Li-Kao）的中国人的形象。这位"中国的先知"游历了包括西班牙在内的许多欧洲"野蛮"国家。加里多试图通过"达加尔·李考"之口，对欧洲事务进行批判，以此来表达加里多自己的政治主张。

但"人微言轻"。既然中国已衰落到弱肉屡被强食的悲惨境地，这位"达加尔·李考"的"高见"还有什么可供他人借鉴的价值！所以加里多塑造的"达加尔·李考"这一形象并没有到达他预期的目的。

加里多塑造"欧洲批判者""达加尔·李考"这一形象的失败，也解释了托达和加斯帕尔有关中国的报道在那一时代的西班牙所以没能引起广泛反响的原因。

尽管上述西班牙新一代的汉学家由于时代的原因，他们的汉学研究没能引起社会上的广泛关注，但终究他们为西班牙汉学研究注入了新的因素：一是，19 世纪的视野；二是，历史上西班牙的汉学研究一直都是由传教士来推进，并主要围绕"适应"策略和"礼仪之争"来展开。至 19 世纪末，世俗的汉学家开始登上汉学研究的舞台，并把欧洲启蒙思想的批判精神注入汉学研究之中。这不能不说是西班牙汉学研究的现代新因素。

随着西班牙的国势日衰，在 1898 年的美国与西班牙的战争中，西班牙遭到惨败，并丧失了它的最后两个殖民地：古巴和菲律宾。往昔在西班牙殖民帝国的极盛时期，太平洋曾被誉为"西班牙内海"或"西班牙湖"。但美西战争之后，西班牙的海外势力已经从太平洋区间消失。在内外交困之下，西班牙一些先知先觉的年轻人开始发出改变西班牙现状的呼声，在历史上他们被称作"98 年代"群体。

在"98 年代"群体的作家中，仍不时有人间或地在其笔端响起早年"中国热"的时代回音。像佩雷斯·加尔多斯（Perez Galdos，1843—1920）在其名著《福尔图娜和哈辛塔》中，曾描绘了在广东生产的"马尼拉大披肩"，这体现了西班牙作家对往昔中国文化在西班牙的影响的回忆。又如西班牙著名作家布拉斯克·伊巴涅兹（Blasco-Ibanez，1867—1928），他也是属于"98 年代"群体的作家。他的作品如《芦苇和泥淖》《不速之客》《橙园春梦》《血与沙》《五月花》《春尽梦残》《鲟鱼》《酒坊》等都已被译成中文，并颇受中国读者的欢迎。20世纪初他曾访问过上海，对中国当时贫困落后的社会现实有着深刻的揭示，但他也表示出对中国未来的信心。

可以说，至19世纪末叶，中国与西班牙两国人民都处在沉重的宿命重压之下，二者都在为了国家和民族的明天而进行深刻的历史反思。这一时期，虽然西班牙的汉学研究处于低谷之中，但随着中国和西班牙两国人民揭开历史运动的新篇章，西班牙的汉学研究终于迎来了辉煌的新时期。

第五章　20世纪至当代：西班牙汉学研究的复苏与"中国学"研究的兴起

第一节　20世纪：西班牙汉学研究的复苏之势

　　20世纪伊始，西班牙的汉学研究又出现了复苏之势。那一时期的汉学家们首先是逐步完成了从汉语"文言文"到"白话文"的适应和转型过程，并写出一些新的汉语研究著作，像拉蒙·克搂美尔（Ramon Colomer）的《汉西注音辞典》（*Diccionario tonico Sinico-español*）和刘易斯·玛利亚·尼埃托（Luis Maria Nieto）按照"国语拼音字母"的排序编写的《中西实用辞典》（*Diccionari Manual Chino Castellano*）等均在20世纪之初问世。

　　由于20世纪之始，一些西班牙来华传教士仍主要集中在福建一带传教，所以他们格外重视对当地方言的研究。如孟塞尔·特奥多罗·拉布拉多尔（Monseñor Teodoro Labrador）与拉伊蒙多·吉哈诺（Raimundo Quijano）合作出版了一部《西中福州方言辞典》（*Diccionario español-chino del dialecto de Fuchou*）；皮袅尔-安德来武（Piñol y Andreu）于1937年发表了他的755页的巨著《华班辞典》，亦称《中西厦门方言辞典》（*Diccionario chino-español del Dialecto de Amoy*）。此外他还编写了一部有关厦门方言语法的实用手册。

另一部颇有影响的研究福建方言的名著，即是布拉斯·克尔内霍 (Blas Cornejo) 编写的 1039 页的《西中福安方言辞典》(*Diccionario español-chino，dialecto Fogan*)。该辞典于 1941—1943 年在上海 出版。①

如前所述，西班牙历来有着研究汉学的传统。虽然在 18—19 世 纪这 200 年间西班牙的汉学研究一度消沉，但进入 20 世纪，尤其是 到了 20 世纪中叶，西班牙的汉学研究又出现了复苏的新迹象。在中 国典籍研究与翻译方面，西班牙汉学家又开始有了新的跨步。其中尤 以卡梅洛·埃洛杜伊 (Carmelo Erolduy) 的汉学研究成就最受学术界 的推崇。他 1926 年来华，曾在芜湖等地传教。在华岁月，使他逐渐 熟悉了汉语和中国的典籍，于是他开始致力于汉学研究，其中他对中 国古代思想史的研究尤为精深。1961 年他完成了《道德经》的艰难翻 译工作；1967 年他发表了《庄子：道家的文学家、哲学家和神秘主 义》(*Chuang tzu：Literato，Filosofo y Mistico Taoista*)；1968 年又 出版了《东方政治中的人道主义》(*Humannismo Politico Oriental*) 一书。1972 年他的《道家思想中的六十四个概念》(*Sesenta y Cuatro Conceptos de la Ideologia Taoista*) 付梓。1974 年他的译著《中国浪 漫诗歌中颂歌选萃》(*Odas Selectas Romancero Chino*) 问世，这是中 国《诗经》的选译本。此外，埃洛杜伊对《易经》和《墨子》这两部 中国博大精深的典籍进行了多年的研究。1983 年和 1987 年他先后将 《变化之书》(*El libro de los Cambios*) 和《墨翟：具有普遍之爱的政 治家》(*Mo Zi：Politica del Amor Universal*) 两本专著奉献给社会， 这是他对上述两本中国典籍的翻译、注释和评述，在西班牙学术界很 有影响。埃洛杜伊由于在汉学研究方面成绩卓著，所以被誉为当代西

---

① ［西］沈起元：《中国与西班牙辞典编撰史札记》(Fernando Mateos, Apuntes para la Historia de Lexicografia Chino - espana)，《第一届西班牙语言史国际会议论文集》，1987 年卡塞雷斯版，第 938—939 页。

班牙第一流的汉学家。① 此外,他还领衔编撰了一部著名的《汉西综合辞典》(*Diccionario Español de la Lengua China*)。②

除埃洛杜伊以外,另一位西班牙汉学家沈起元(Fernando Mateos)曾参与前述《汉西综合辞典》的编撰工作,并还出版过《中国谚语一千句》(*Florilegio de Refranes Chinos*)一书。这是目前唯一一部用西文介绍中国谚语的著作。作者除对书中的词条加以翻译和解释之外,还列出了与之相对应的西班牙谚语,因此使该书具有了比较语言学的性质。③

另一位颇有声望的西班牙汉学家安东尼奥·多明格斯(Antonio Dominguez)也是作为一名传教士来华的,其后致力于汉学研究。他最主要的贡献是将西班牙汉学研究先驱者高母羡1593年用中文撰写的《辩正教真传实录》又回译成了西班牙文,并于1953年出版(1986年再版)。由于该书是第一部由欧洲人向中国人介绍西方科学知识的著作,因此对于探讨东西方文化交流的历史进程十分有帮助,所以该书译成西班牙文以后引起了西方学术界的极大兴趣。④

由于西班牙来华传教士在中西文化交流史上曾起到重要的中介作用,事实上,西班牙的汉学研究就是由他们开启和推进的。因此当代西班牙人对西班牙来华传教士的研究也越来越重视,并有新的建树。像何塞·马利亚·贡萨雷兹(Jose Maria Gonsalez)曾著《首位中国人主教罗文藻》(*El Primero obispo Chino；Padere Lo*)一书,并于1966年在马德里出版。同一作家的另一巨著即《在中国之多明我修会》(*Misiones Dominicanas en China*,1700—1750),该多卷集的著作已陆续在马德里出版。

————————

①　[西]鲍晓鸥:《西班牙与中国(1927—1967)》(José Eugenio Borao Mateo, *España y China, 1927—1967*),台北中央图书出版社1994年版,第207—210页。

②　[西]雷孟笃:《西班牙汉学研究现况与展望》,载《大航海时代的台湾与东亚国际学术研讨会会议资料》,第11页。

③　同上书,第12页。

④　[西]鲍晓鸥:《西班牙与中国(1927—1967)》(José Eugenio Borao Mateo, *España y China, 1927—1967*),台北中央图书出版社1994年版,第207—210页。

第二节　中西建交后西班牙汉学研究的新发展

1973 年中国与西班牙正式建立了外交关系。在这种新形势下，西班牙的汉学研究又日趋活跃，而且从事汉学研究的主力已从传教士汉学家过渡到世俗汉学家，这在西班牙的汉学研究中是一个具有根本性意义的转折。

当代的西班牙汉学家一般来说或是出于对中国古代文明的辉煌成果的推崇，或是为中国现代社会的巨大变化所吸引，由此才走上研究汉学的道路。

他们当前汉学研究的成就主要体现在对中国典籍和古典文学的翻译上，其中，劳雷亚诺·拉米莱斯（Laurenao Ramirez）的《儒林外史》的西班牙文译本荣获了西班牙国家翻译奖。[①] 此外，《红楼梦》三卷本的西班牙文译本从 1988 年起由格拉纳达大学逐册出版。由于该校聘请北京大学赵振江参与了全书的翻译工作，遂使该书的译文更加贴近原文，因此受到学术界的好评。旅西华人学者萧继鎏于 1990 年将《孙子兵法》译成了西班牙文，自此，西班牙人终于能够通过西班牙文的《孙子兵法》来研究中国古代的军事思想了。刘勰的经典传世之著《文心雕龙》已由格拉纳达大学中国语言与文学系的阿利西亚·雷林克（Alicia Relinque Eleta）译成了西班牙文并加以注释。她对该书的杰出翻译与研究标志着西班牙新生代汉学家的汉学研究水平已达到了一个新的高度。2002 年阿利西亚·雷林克又翻译出版了《中国戏曲三种》（*Tres Dramas Chinos*），这里所说的"戏曲三种"即是指《窦娥冤》《赵氏孤儿》和《西厢记》。

---

① 易玛主编：《西班牙》（Inma González Puy, *España*），西班牙驻华使馆文化处编印，1993 年第 6 期，第 36 页。

来自中国台湾的旅西学者刘莉美在西班牙留学期间曾攻读西班牙"黄金时代"的文学和历史文献，因此她在从事西班牙来华传教士文献的解读、注释和研究方面，已做出不菲的成绩。继《当西方遇见东方——从〈明心宝鉴〉两本西班牙黄金时期译本看宗教理解下的偏见与对话》一文发表之后，由她注释的《明心宝鉴》一书已经于2005年出版。

　　长期在台湾既从事西语教学且致力于中国思想史研究的雷孟笃（Jose Ramon Alvarez）现在是辅仁大学西语系兼职教授暨台湾西班牙之家主席。他的代表性译作有《道德经》（1985）和《老子》（1988）。雷孟笃最近又发表了《西班牙汉学研究的现况与展望》一文，对西班牙汉学研究的发展历程进行了整体的回顾，可以说这是一篇极具学术价值的长篇论文。

　　此外，从事中国诗词翻译的西班牙汉学家主要有艾莲（Anne Helene Suarez），其代表性的译著有《李白——五十首诗选》（1988）、《苏东坡——赤壁怀古及其他诗作》（1992）、《王维99首绝句及同时期风格相仿的诗人》（2000）、《白居易111首绝句》（2003）等。

　　由于中国唐代诗作极具魅力，因此有相当一些西班牙汉学家倾其心血致力于唐诗的翻译，如卡洛斯·德尔散兹-欧罗斯克（Carlosdel-Sanz - Orozco）出版了一部《唐朝诗人》（1983）；戈麦兹·吉尔（A. Gomez Gil）和陈光孚合译了《中国诗的第一黄金时期——唐朝诗选》（1999）等，这些译作对西班牙人了解与欣赏中国古代经典诗词做出了贡献。

　　近年，西班牙汉学界还扩大了对中国近现代文学的研究和介绍。像鲁迅的《呐喊》和《狂人日记》，巴金的《家》，其他诸如《芙蓉镇》《男人的一半是女人》《向西朝圣》等也都相继被介绍给西班牙人民。其中，马德里自治大学东方研究中心的塔西亚娜·菲撒克（Taciana Fisac）专攻中国现代文学的翻译，诸如巴金的《家》（1985）、铁凝的《没有纽扣的红衬衫》（1989）和钱锺书的《围城》（1992）等均已被译成西班牙文并先后出版。

在 20 世纪的汉学家中，还有一位偏重跨文化研究和翻译的女性，即黄玛赛（Marcela de Juan，1905—1981）。她是一位中国驻西班牙外交官的女儿，后随其父回到中国。正是在母国这一阶段，为她打下了对华夏文化理解的坚实基础和深厚的乡情。其后，她随着父亲任职的变化，也曾周游多国，由此增加了她对文化多样性和多元性的体验，并使她成长为一位跨文化的作家。

她一生最主要的学术成就，则是把中国文化的精华介绍到西班牙，并成为加强中西文化交流的一位使者。她主要的作品有：《中国古代的传统故事》（Cuentos Chinos de Tradicion Antigua）、《东方幽默故事》（Cuentos Humoristicos Orientales）、《中国说书人选集》（Antologia de Cuentistas Chinos）和《昨日经历的中国与今日依稀看见的中国》（La China que ayer vivi y la China que hoy Entrevi）。这最后一部实际上是她的"自传"。1975 年黄玛赛再次回到阔别多年的故国。对幼年时代北京生活的回忆，以及对巨变后的中国的感慨，这些因素使这部作品带有淡淡的乡愁。此外，黄玛赛还出版了三部中国古典诗词的译作，而且是西班牙最早出版的中国诗集。[①]

在当代西班牙还有一位跨文化学者，她就是易玛（Inma Gonzalez Puy），现为北京塞万提斯学院院长和中国西班牙文化中心主任。

易玛是中西建交后，最早来华的留学生。那正是中国改革开放之初，各种思潮极为活跃的时期。易玛曾积极投身中国正在兴起的"前卫文化"运动，并写有论文《中国的前卫文化》（La Cultura Chino de Vanguardia）。

其后，易玛在西班牙驻华使馆任文化专员期间，曾创办过"学术论坛"性质的期刊《西班牙》（España），前后共出版六期，该刊物为增进中国与西班牙之间的文化交流曾起到积极的促进作用。

易玛的译作《红灯记》（La Linterna Roja）在中国是传播最为广

---

① ［西］雷孟笃：《西班牙汉学研究现况与展望》，《大航海时代的台湾与东亚国际学术研讨会会议资料》，第 1—20 页。本书有关当代西班牙汉学研究现状的论述主要参考雷孟笃的这篇大作，特致感谢。

泛的文学作品之一。故事取材于电影《自有后来人》，讲述的是抗日战争时期，中国共产党地下工作者李玉和一家三代，为向游击队转送密电码而前仆后继，与日寇展开不屈不挠斗争的故事。

易玛译作《红灯记》书影

在"文化大革命"当中，该作品被改编为京剧，并成为八个革命样板戏之一，后又拍成电影，在中国几乎成为家喻户晓的文艺作品。由于《红灯记》与中国特殊年代的政治形势紧密联系在一起，所以在中国人的心目中，《红灯记》已不仅仅是一个动人的故事，而且代表着一个过往的时代。

第三节　西班牙当代"中国学"研究的兴起与新跨步

自从中国与西班牙建交进入第四个十年，双边全面战略伙伴关系不断得到充实，目前正处于"历史上最好的时期"。中西两国人民相互尊重，为了加强双边友谊，都在充满热情地关注着对方的发展。

在中国一方，自改革开放以来，中国社会发生了历史性的巨变，仅从 GDP 总量来看，中国目前已跃居世界第二位。在这种新形势下，西班牙已有越来越多的学者关注中国的崛起与现实发展状况，"中国学"也由此得到长足的发展。

尤其是在涉及中国与西班牙关系史的专题研究上，近年已涌现出许多佼佼者。像旁佩乌—法布拉大学的欧阳平写出了《想象中国》（*La Invencion de China*，2000）一书，这是对西班牙人认识中国的历程的一部综述，内中引用了许多鲜为人知的资料。欧阳平的另一专著《中国事业：从无敌舰队到马尼拉大帆船》（*LA Empresa de China：De la Armada Invencible al Galeon de Manila*，2002）以广阔的国际视野论了从西班牙征服菲律宾为起点，直至开辟出从马尼拉通达墨西哥的航线的这一历史时期的中西关系。同样，由于该作者挖掘出许多新的档案资料，使上述时期太平洋区间的地缘政治形势的发展趋势得到进一步的廓清。胡安·吉尔（Juan Gil）所著《马尼拉华人（16—17 世纪）》（*Los Chinos en Manila，Siglos 16—17*，2011）一书，以 779 页的篇幅详尽地叙述了中国移民在 16—17 世纪逐步融入西班牙殖民统治下的菲律宾社会的历史。尽管该书著者谦虚地表示他并非想就中西关系写出一部鸿篇巨作，但纵观全书，却使读者感到这部用详尽的资料和细腻的分析而编织出来的历史画卷，不能不让人赞叹。科尔多瓦大学的安东尼奥·加西亚-阿巴索罗（Antonio Garcia-Abasolo）所著《砖石城墙与丝绸大炮：在西班牙帝国的中国人

（16—18 世纪）》（*Murallas de Piedra y Canones de Seda*：*Chinos en El Imperio español*，*Siglos xvi -xviii*，2012）讲述了 16—18 世纪中国商品经济与中国人在建构横跨太平洋的海上丝绸之路中的历史贡献，和西班牙殖民统治者对旅菲华人的政策，以及这一政策所带来的消极影响。这是一部极富反思精神的作品。上述四部著作几乎回顾的都是同一历史时期中西之间的早期关系。西班牙学者通过回顾中西早期的历史联系，表达了加强与发展当代中西友好关系的热望。

现在在台湾大学任教的鲍晓鸥（Z. E. Borao）曾于 1994 年写出《西班牙与中国（1927—1967）》（*España y China*，*1927 - 1967*）一书，可以说该书为系统研究中国与西班牙关系史奠定了坚实的基础。目前鲍晓鸥正致力于西班牙占领台湾时期史（1626—1642）的研究，尤其是台湾早期原住民的历史，这无疑是非常有价值的课题。

萨拉戈萨大学的何塞·安东尼奥·塞维拉（Jose Antonio Cervera）曾对高母羡的《辩正教真传实录》进行过深入的研究，并于 2001 年完成了《东方的传教士科学》（*Ciencia Misionera en Oriente*）一书的写作。从中可以看到在大航海时代西方传教士对于促进东西方文化交流的贡献。

西班牙著名耶稣会士庞迪我（Diego de Pantoja，1571—1618）是世界一级的历史文化名人。然而长期被埋没在历史的尘埃之中。1997 年为纪念庞迪我来华 400 周年，中国社会科学院历史研究所张铠写出《庞迪我与中国：耶稣会"适应"策略研究》一书，并在西班牙外交部国际合作署（AECI）的赞助下由北京图书馆出版社用中文与西班牙文同时出版。自此，庞迪我作为东西方文化交流先驱者的历史地位得到学术界的高度评价。目前在中国，以庞迪我为主题发表的学术论文已多达 50 余篇。在西班牙国内，学术界对庞迪我的研究也渐入佳境。由马德里南部历史研究所（Instituto de Estudios Historicos del Sur de Maderid）贝亚特里斯·蒙科（Beatriz Monco）整理的庞迪我致托雷多大主教古斯曼（Luys de Guzman）的长信《关于几位耶稣会神父进入中国后在该国所见所闻纪要》（*Relación de la entrada de al-*

gunos padres de la compañia de Jesús en la China y particulares sucesos que tuvieron y de cosas muy notables que vieron en el mismo reino）已经于 2011 年出版。有关庞迪我的专题研究也有新进展，加泰罗尼亚欧佩塔大学（Universitat Oberta de Catalunya）的萨尔瓦多·梅迪纳·拜纳（Salvador Medina Baena）所著《十七世纪的文化融合与有关中国的记述——以庞迪我为例》（*Hibridacion cultural y discurso sobre China en el siglo XVII：A case de Diego de Pantoja*），是一篇通过对 16—17 世纪东西方文化交流史的回顾来评述庞迪我在上述历史进程中的地位和影响的长篇论文。该文必将对西班牙有关庞迪我的研究起到推动作用。

　　2018 年是庞迪我辞世 400 周年。中国学者已开始筹划系列的纪念活动。由暨南大学港澳历史文化研究中心叶农点校的《耶稣会士庞迪我文集》内中包括庞迪我的五本中文著作，即《庞子遗诠》《七克》《天主实义续编》《辩揭》和《日晷图法》等。这些著作既是庞迪我个人有关天主教在华宣教的理论成果，也是他为推行"适应"策略而提出的具有指导性的传教方针。此外，由马德里康普顿斯大学的罗慧玲、英国伦敦大学国王学院的蒋薇翻译，由葡萄牙历史科学院院士金国平审校的庞迪我的上述致古斯曼主教的长信，也将被纳入《耶稣会士庞迪我文集》之中。这样，当前已经发现的庞迪我的中文和西班牙文的著作就全部囊括在该文集之中了。由此为深入研究庞迪我这位世界历史文化名人奠定了坚实的资料基础。该书将于近期由广东人民出版社出版。

　　在围绕中国经济发展这一重大课题的研究方面，恩利克·范胡尔·马丁与约兰达·菲尔南德斯·罗敏（Enrique Fanjul Martin y Yolanda Fernandez Lommen）于 1997 合写的《中国经济改革中的西班牙》（*España en la Reforma Economica China*）是一部研究中国当代经济改革趋势与中西经贸关系发展前景的专著。当前在实现"一带一路"这一宏伟目标的新形势下，对于如何在中西两国之间建立命运共同体，该书也是具有参考价值的。

在对当代中国的社会学研究方面，前文提到的塔西亚娜·斐撒克也曾致力于中国社会问题的研究，像《中国妇女》（1995）、《龙女：女性、文学及中国社会》（1997）和《中国知识分子与权力》（1997）等都是她的力著。

在有关中国历史文化的综合性研究方面，极具代表性的著作当属胡安·卡洛斯国王大学（Universidad Rey Juan Carlos）的劳尔·拉米雷斯·鲁伊斯（Raúl Ramírez Ruiz）与路易斯·帕拉西奥斯（Luis Palacios）合写的《中国：历史、思想、艺术与文化》（*China：Historia，Pensamiento，Arte y Cultura*，Córdoba，2011）一书。

该著作的宗旨即在于向西班牙语世界介绍中国 4000 多年不曾间断的恢宏的历史和文明，以及儒家文化对华夏民族长远的影响。这一著作实际上也是认识当代中国崛起原因的一个阶梯。

《中国：历史、思想、艺术与文化》之封面

毫无疑问，在当代西班牙"中国学"研究中，最有影响力的著作即是西班牙前驻华大使欧亨尼奥·布雷戈拉特（Eugenio Bregolat i

Obiols）所著的《中国的第二次革命》（*La segunda revolucion china*）。

布雷戈拉特在国际外交界享有盛誉，特别是他曾先后三次出任西班牙驻华大使（1987 年 2 月至 1991 年 8 月；1999 年 4 月至 2003 年 10 月；2011 年至 2013 年），被国际外交界视为一个传奇。

在布雷戈拉特出任驻华大使期间，中西关系进入了历史上最好的时期。因此可以说布雷戈拉特为加强中西之间的友好关系做出了独有的奉献。

由于他目睹了中国的改革开放给国家带来的历史性巨变，所以他在多个国际场合，皆阐释了这样的观点，即中国是一个在 25 年内造就了其他国家须用一个世纪才能取得的业绩的巨人。

然而在西方，许多政治家对中国的历史性变化缺少真正的了解，至于各种偏见和误解，更比比皆是。为了对中国的改革开放进程做出全面的阐释，欧亨尼奥·布雷戈拉特完成了他的学术专著《中国的第二次革命》，正如该书副标题所示："这是对 21 世纪最重要的国家所做的解读"。

欧亨尼奥·布雷戈拉特《中国的第二次革命》之书影

由于《中国的第二次革命》一书详尽地记述和分析了中国改革开放 30 年来所取得的伟大成就，并深刻阐释了中国所以取得如此辉煌的成就的原因，因而该书引起了国际上亟欲解读中国崛起之"谜"的政治家和学术界的广泛关注。《中国的第二次革命》一书不但已经再版，而且在世界各地，布雷戈拉特围绕中国第二次革命这一主题所做的报告已不下百余场，可见布雷戈拉特的"中国观"影响之深刻与广泛。

2012 年是中国改革开放总设计师邓小平 1992 年南方谈话 20 周年。布雷戈拉特为此于 2012 年 4 月 16 日又撰写了《20 年之后：回顾"南巡"》（*Una Reflexion Sobre el Nanxun，Veinte Años Despues*）一文。

在该文中，布雷戈拉特指出，1992 年邓小平第二次南行所发表的重要谈话，推动中国掀起了新一轮的改革开放的热潮。因此，在中国改革开放的历史上，邓小平南行的重要意义，怎么估计都不为过。

布雷戈拉特认为邓小平是个有远见卓识的政治人物。很可能是 20 世纪最伟大的政治家之一。在未来倘若邓小平获得如此之高的历史定位，布雷戈拉特觉得这也是理所当然的。

此外，布列戈拉特于 2014 年又出版了一本论文集《中国的复兴》（*En torno al renaciminento de China*），这是对中国人民为实现中国梦而奋斗的历程的系统回顾，以及对中国未来发展前景的乐观展望。该论文集表达了布列戈拉特对中国人民的深情厚谊。

在我们期待有如布雷戈拉特《中国的第二次革命》这样的"中国学"研究著作不断问世的同时，我们欣喜地看到，西班牙当代的汉学研究业已紧随世界潮流的变化，像其他西方国家一样，已逐步完成了从传统意义上的汉学研究向当代"中国学"研究的方向的转化。

第四节　西班牙"中国学"研究学术体系的建立

　　出于加强对中国了解的需要，西班牙的汉语教学也在快速发展之中。目前，西班牙约有 14 所大学开设了汉语专业，它们是阿利坎特大学（Universidad de Alicante）、巴塞罗那自治大学（Universidad Autónoma de Barcelona）、巴塞罗那大学（Universidad de Barcelona）、马德里自治大学（Universidad Autónoma de Madrid）、格拉纳达大学（Universidad de Granada）、马拉加大学（Universidad de Málaga）、塞维利亚大学（Universidad de Sevilla）、庞培乌·法布拉大学（Universidad de Pompeu Fabra）、加泰罗尼亚欧佩塔大学（Universitat Oberta de Catalunya）、布尔戈斯大学（Universidad de Burgos）、马德里康普顿斯大学（Universidad Complutense de Madrid）、巴亚多利德大学（Universidad de Valladolid）、胡安·卡洛斯国王大学（Universidad Rey Juan Carlos）和拉里奥哈大学（Universidad de la Rioja）等。

　　自从 2007 年 11 月 26 日设在马德里的西班牙第一所孔子学院成立以来，瓦伦西亚大学孔子学院、格拉纳达孔子学院、巴塞罗那孔子学院、拉斯帕尔马斯孔子学院以及莱昂大学孔子学院等皆相继建成。

　　上述孔子学院一般都是由中国具有一定资质的大学与西班牙开设过汉语专业的大学合办。建立孔子学院的西班牙大学一般都拥有许多杰出的汉学家；而参与孔子学院合建的中国大学，又往往拥有一批优秀的"西班牙学学者"。这是一种强强联合。可以说，西班牙孔子学院的建立对于西班牙的汉语教学已经起到了一定的推动作用。

　　早在 21 世纪伊始，西班牙政府为了促进与亚太国家的联系，就于 2000 年制订了"2000 年至 2002 年亚太战略计划"（Plan Marco Asia Pacífico，2000—2002）。而中国是这一战略计划的重点。为了实施上述计划，会址设在巴塞罗那的"亚洲之家"（La Casa Asia）遂应运而生，并对中国的研究起到了积极的推动作用。

西班牙另一从事太平洋问题研究的学术机构便是西班牙太平洋研究会（Asociacion Española de Estudios del Pacifico）。在 2002 年 6 月 6 日至 8 日举行的该研究会第 6 次代表大会上，围绕 37 个重点课题进行了讨论。其中与中国相关的课题有：由恩里克·范胡尔负责的《中国经济展望》（"Perspectivas de la Economía china" con Enrique Fanjul, como coordinador）；由庞佩乌—法布拉大学多罗斯·福尔奇负责的《16 至 17 世纪中国形象的塑造》（"La construcción de la imagen de China durante los siglos ⅩⅥ y ⅩⅦ" con Dolors Folch, Universidad Pompeu y Fabra, como coordinadora）；由西班牙驻华使馆文化专员易玛负责的《中国的前卫文化》（"La cultura china de vanguardia" con Inma Gonzalez Puy, Embajada de España en China, como coordinadora）；由庞佩乌—法布拉大学欧阳平和西班牙太平洋研究会塞昂·雷塔纳共同负责的《有关东亚的伊比利亚规划（16 至 17 世纪)》（"Los Proyectos Ibéricos en Asia Oriental, siglos ⅩⅥ y ⅩⅦ" con Pedro Lage, Centro de Historia de Allém-Mar, Universidad Nova de Lisboa, y Manel Ollé, Universidad Pompeu y Fabra, como coordinadores）；由加利西亚国际分析与文献研究所胡利奥·利奥斯负责的《中国的政治形势》（"La situación política en China" con Julio Ríos, Instituto Gallego de Análisis y Documentación Internacional, como coordinador）；由布尔戈斯大学塞肯利负责的《东亚的中国人》（"Los chinos en Asia oriental" con Sai Kin Lee, Universidad de Burgos, como coordinador）；等等。由此可见西班牙学者研究中国问题的规模之大和研究范围之广。

除上述机构外，西班牙其他一些国家性的科研机构，如西班牙科学研究中心（CSIC）下辖的历史研究所、西班牙人文社会科学研究中心（CHSS）、巴塞罗那国际事务研究中心（CIDOB）基金会和西班牙高等研究院（IAS）等，也在推动"中国学"的研究。

　　为了加强"中国学"学者之间的互动与交流，以大学为核心萌生出一些"学术论坛"，如格拉纳达大学发起成立的"西班牙亚太研究论坛"（Spanish Forum of Asia Pacific Research），它在协同整个西班牙语和葡萄牙语地区的学术研究工作方面起到了非常积极的作用。

　　此外，像由格拉纳达大学和巴塞罗那自治大学发起成立的每两年召开一次的"亚洲－太平洋研究论坛"（Foro Investigacion Asia-Pacifico, FEIAP）以及由巴塞罗那、瓦伦西亚和阿根廷拉普拉塔三所孔子学院共同发起成立的"伊比利亚美洲汉学研讨会"（Congreso Iberoamericano de Estudios Chinos）都起着推动"中国学"研究的重任。①

　　随着信息时代的到来，2007 年，在西班牙政府的支持下，拉丁美洲东亚研究网络中心（REDIAO）成立，目前已经有 30 余所来自西班牙、葡萄牙和拉丁美洲国家的研究机构与之合作。

　　由拉里奥哈大学（Universidad de la Rioja）开发的网络统计引擎 Dialnet 是当今世界最强大的书目门户网站之一。目前，Dialnet 可提供的有效文献数量已逾 440 万之众，其中 15％可进行全文访问。

　　西班牙在网络化与数字化方面的跨步，为"中国学"的研究注入了新的动力，"大数据"的应用，又使学者在相对为短的时间内能对一些极为复杂的历史长期发展趋势得出关键性的结论。

　　在利用 Dialnet 所提供的书目信息从事"中国学"的研究方面，胡安·卡洛斯国王大学的劳尔·拉米雷斯·路易斯（Raúl Ramírez Ruiz）可视之为业已取得丰硕成果的新锐之一。

　　2011 年，劳尔作为访问学者曾到中国的华东师范大学进行学术交流活动；2015 年 3 月，劳尔又到访中国人民大学历史学院，并在那里发表了题为《西班牙的中国印象：中国崛起后的西班牙新汉学研究》的演讲。他还曾阶段性地参与了孔子学院主持的"新汉学—理解中国"项目的研究工作。

　　中国之行增加了劳尔对中国历史文化理解的深度，尤其是他对崛

---

　　①　上述信息由巴塞罗那开放大学马诺（Manuel Pavon）提供，特致感谢。

起的中国有了亲身的观察与体验。因此当他结合西班牙 Dialnet 网络数据对西班牙"中国学"的长期发展趋势进行研究时，得出了许多引人注目的结论。

在劳尔有关西班牙"中国学"发展趋势的分析中，他通过 Dialnet 提供的 2000 年至 2014 年西班牙每年出版的涉及"中国主题"的读物的数字资料，绘制出一个图表，借此一目了然地显示出直至 2008 年全球性金融危机爆发之前，西班牙学术界有关中国的研究已近于一个高峰，其后上升趋势略有减缓，但仍维持着较为平稳的发展态势。

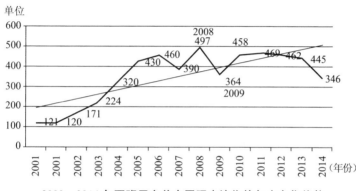

2000—2014 年西班牙有关中国研究读物的年度变化趋势

再从西班牙人文学科研究主题的分布情况来看，在下面图表中，红色部分表示历史学研究占 43%；黄色部分表示当代中国国情研究占 25%。这两部分已占据 68%。可以说历史问题和当代中国国情的研究占据西班牙"中国学"研究的主体地位。

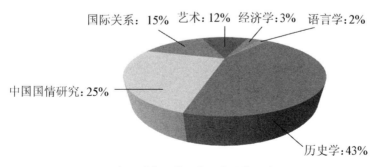

西班牙"中国学"人文字科的分布

在历史学的研究中，中国明清史的研究占全部历史研究的 51%。在明清史的研究中，学者的关注点依次为：来华传教士研究；马尼拉大帆船及旅菲华商研究；中华帝国与西属美洲关系研究。

在人文学科领域，近四分之一的论文都集中于当代中国国情研究，其中又以"中国崛起"为研究的核心。

上述的数字分析与现实研究状况基本一致。

劳尔利用网络技术的研究成果集中体现在他所著《2010 至 2015 年西班牙"中国学"研究现状与趋势》（Chinese Studies in Spain 2010—2015：Status and Trends）一文中，该文已由北京对外经济贸易大学魏京翔译成中文，并发表在《国际汉学》2016 年第 6 期上。

总之，西班牙当代的"中国学"研究显然是建立在大学的汉语教学、研究机构和学术论坛的设置以及互联网引擎的开发和利用这三根柱石之上，并在此基础上逐步形成了一个确保"中国学"的研究能不断发展、壮大的稳固的学术体系。而且在这一学术体系的支撑下，西班牙的"中国学"学者不仅加强着本国的"中国学"研究，而且还把目光投向世界范围内的"中国学"研究。当他们认识到西方媒体对中国的介绍已经愈加"肤浅化"，于是他们还立志要在"中国学"的研究中，担负起加深西方理解中国的重任。①

我们钦佩西班牙"中国学"学者的这种抱负，这也是我们所期待的。而且我们认为，从长远的视野来看，西班牙"中国学"研究完全可以胜任加深西方理解中国的重任。

从历史的角度来看，西班牙不仅开启了西方汉学研究的先河，而且西班牙以外的西方国家的汉学研究莫不是循着西班牙早期的"中国观"的轨迹一路走来。也即是说，西班牙的早期汉学研究的历史基因深深根植于整个西方汉学研究体系当中。

在当代的"中国学"研究中，最根本的问题是对"中国的崛起"

---

① 请参见［西］拉米雷斯·路易斯《2010 至 2015 年西班牙"中国学"研究现状与趋势》（Raúl Ramírez Ruiz, *Chinese Studies in Spain 2010—2015：Status and Trends*），该文已由北京对外经济贸易大学魏京翔译成中文，并发表在《国际汉学》2016 年第 6 期上。

的研究。要想对这一问题得出答案,则研究者必然要把马丁·德拉达和贡萨雷斯·德门多萨时代的中国与当代崛起的中国有机地链接在一起,唯其如此,才有可能得出科学的结论。从这一意义来说,在世界范围的"中国学"的研究中,西班牙的学者站在"中国学"研究的历史制高点上。通过西班牙的汉学研究来认识中国这是一条必经之途。

"中国学"既然研究的是中国问题,中国学者在与国外学者加强合作方面就有着义不容辞的责任。所以笔者一直希望中西两国的学者能携起手来,共同为"中国学"的研究做出世界性的贡献。

结　语

其一，海外汉学研究的终极目的或者说它的本质要求，就是从"他者"的视角来研究和阐释中华民族作为一个命运共同体的文明基因的特征，这种基因如何融入华夏民族的血脉之中，从而形成独具特质的历史文化面貌以及决定这一历史文化面貌的长期发展趋势的内生动力。

作为一个西方国家，西班牙较早地有机会以"他者"的视角来观察、体认中国的国情并形成了西方最早的"中国观"——"中国观的西班牙传统"，并把它的对中华帝国的认知传布到世界各地，从而使西班牙的"中国观"在一定的历史时期可以说成了世界范围的一种共识或研究范式。即西班牙的汉学研究成果具有一种普遍的意义。

其二，综观从 1552—2016 年大约 450 年的西班牙汉学研究的发展进程，可以看到，它大致经历了起始时期—汉学研究的"黄金时代"—衰退与停滞阶段—复苏时期—新的发展阶段—从汉学研究到"中国学"研究的转型，这样一个漫长而曲折的历程。

其三，西班牙的汉学研究是随着地理大发现以后所出现的东西方文化交流的大潮和全球一体化进程的发展而兴起的。反之，西班牙的汉学研究又促进了东西方之间的文化交流和全球一体化进程。因此我们认为，我们应当从东西方文化交流和全球一体化进程这样的大视野来评价西班牙汉学研究的历史意义和当代启示。

其四，通过西班牙汉学研究的发展历程，可以看到海外汉学研究的兴衰与起伏，一直受到世界范围内的地缘政治发展趋势的深刻影响和制约。其中，尤其是中国的国势和国运，更决定着海外汉学研究中的核心问题，即"中国观"的内涵，当然也决定着海外汉学的研究方向、研究的重心和研究的规模与研究的水平。从某种意义上来说，海外汉学发展的趋势也可以视作是中华民族历史命运的晴雨表。

其五，在海外的汉学研究中，国外的汉学家总是以本民族的文化和价值观为基点来观察、审视、评论和研究中国问题。因此在海外汉学的研究中，含有明显的比较研究的因素。尤其是海外汉学研究始终体现出一种自然科学与社会科学综合研究的特点，这对于其他学科的研究应当说带有一种方向性的启示。

其六，海外汉学的研究成果使东西方两个世界都不得不承认，在人类历史发展的长河中，始终存在着不同民族的发展道路和发展模式的差异性。通过海外汉学的研究，还向世人揭示出文明的本质特征就在于它的多元性和多样性，从而使世人能够乐观而坚定地展望人类文明的未来走向，即人类未来的文明将在异质文明的相互交流、融合与互鉴中，不断变得更加丰富多彩，更加灿烂夺目，而且必将出现一种"你中有我，我中有你"的局面，而绝不会像某些学者所论断的那样，人类将深陷于"文明的冲突"之中。

海外汉学研究的成果也必然会使世人深思，世界上是否真的存在着那样一种文明，只有它才含蕴着无所不包的"天启真理"，而且只有这种文明才能在 21 世纪赋予其他系统的文明以"示范"和提供发展的"方向"。即人类文明的未来走向，是更加趋于一元化抑或是变得更加多样性。在不同的文明之间，相互应遵循什么样的原则才能互补互利，以取得共同的发展和进步，从而实现建立和谐世界的目标。

"和而不同"，这就是西班牙汉学研究，乃至广泛意义上的海外汉学研究给世界人民的宝贵启示。

主要参考书目之中外文对照表

（按照本著作中引用顺序排列）

外文书名	中文书名	作者	备注
La Embajada al Tamer-lan	《克拉维约东使记》	克拉维约	
	《职方外纪》	艾儒略	
Historia de las Cosas mas Notables，Ritos y Cost-umbres del Gran Reino de la China	《中华大帝国史》	胡安·冈萨雷斯·德门多萨	
	《教义问答》	巴托洛梅·德拉斯·卡萨斯	
Brevísima relación de la destrucción de las Indias	《西印度毁灭史略》	沙勿略	
	《古今形胜之图》	马丁·德拉达参与翻译	
Arte y Vocabulario de la Lengua China	《汉语语法与词汇》	马丁·德拉达	

续　表

外文书名	中文书名	作者	备注
Las cosas que los padres Fr. Martín de Rada, provincial Orden de S. Agustín en las islas Filipinas，sus compañeros Fr. Jerónimo Marín y otros soldados que fueron con ellos vieron y entendieron en aquel reino	《中国纪行》	马丁·德拉达	
Relacion de la Entrada de Algunos Padres de la Compañia de Jesús en la China y particulares sucesores que tuvieron y de cosas notables que vieron en el mismo reino	《关于几位耶稣会神父进入中国后在该国所见所闻纪要》	庞迪我	
	《庞子遗诠》	庞迪我	
	《七克》	庞迪我	
	《天主实义续篇》	庞迪我	
	《具揭》	庞迪我	
	《日晷图法》	庞迪我、孙元化	
Historia Evangélica de China	《中国传教史》	黎玉范	
Estudios sobre los Ritos Chinos	《中国礼仪研究》	黎玉范	
	《圣教孝亲解》	黎玉范	
	汉西字典	黎玉范	

续　表

外文书名	中文书名	作者	备注
Gramática Española-Mandarina	《西班牙—汉语官话语法》	黎玉范	
	《天儒印》	利安当	
	《正学謬言》	利安当	
	《万物本末约言》	利安当	
Traité sur quelques points importants de la mission de la Chine	《论在华传教的几个重要之点》	利安当	
Arte de la lengua mandarina	《华语官话语法》	万济国、石铎琭	
Vocabulario de lengua mandarina	《汉语官话辞典》	万济国	
Gramática Española-Mandarina	《西班牙语与汉语官话双解语法》	万济国	
	《辩祭》	万济国	
Vocabulario de la lengua Mandarina con el estilo y vocablos con que se habla sin elegancia	《通俗汉语官话辞典》	万济国	
Chu—kiao ming ching	《主教明证》	万济国	
	《中国礼仪研究》	万济国、黎玉范	
Controversias antiguas y modernas de la Misión de la Gran China	《大中华传教团古代以及当代之争论》	闵明我	

续　表

外文书名	中文书名	作者	备注
Tratados historicos，politicos，ethicos y religiosos de la monarchia de China	《中华帝国历史、政治、伦理及宗教论集》	闵明我	
Historia Natural y Moral de las Indias	《西印度地区的自然与道德史》	阿科斯塔	
Historia de la Conquista de China por los Tártaros，1600—1650	《鞑靼征服中国史（1600—1650）》	帕拉福克斯	
	《本草补》	石铎琭	
Arte de Lengua China	《汉语语法》	曼努埃尔·德尔萨克拉门托	
Diccionario Tónico Cinico-Español	《汉西注音辞典》	拉蒙·克搂美尔	
Diccionario Manual Chino-Castellano	《中西实用辞典》	路易斯·玛利亚·尼埃托	
Diccionario Español-Chino del Dialecto de Fuchou	《西中福州方言辞典》	孟塞诺尔·特奥多罗·拉布拉多尔与拉伊蒙多·吉哈诺	
Diccionario Chino—Español，del dialecto de Amoy	《华班辞典》（《中西厦门方言辞典》）	皮袅尔—安德来武	
Diccionario Español—Chino，dialecto Fogan	《西中福安方言辞典》	布拉斯·克尔内霍	

续　表

外文书名	中文书名	作者	备注
Chuang － tzu. Literato, filósofo y místico taoísta	《庄子：道家的文学家、哲学家和神秘主义者》	卡梅洛·埃洛杜伊	
Humanismo político oriental	《东方政治中的人道主义》	卡梅洛·埃洛杜伊	
Sesenta y cuatro concepto de la ideología taoísta	《道家思想中的六十四个概念》	卡梅洛·埃洛杜伊	
Odas selectas del romancero chino	中国浪漫诗歌中颂歌选萃》	卡梅洛·埃洛杜伊	
El libro de los cambios	《易经》	卡梅洛·埃洛杜伊	
Mozi, Política del amor universal	《墨翟：具有普遍之爱的政治家》	卡梅洛·埃洛杜伊	
Padre Lo：el primer obispo chino	《第一位中国主教罗文藻》	何塞·玛利亚·贡萨雷斯	
Misiones Dominicanas en China，1700－1750	《在中国之多明我修会（1700—1750）》	何塞·玛利亚·贡萨雷斯	
La cultura china de vanguardia	《中国的前卫文化》	易玛	
La China que ayer viví y la China que hoy entreví	《昨日经历的中国与今日依稀看见的中国》	黄玛赛	

续　表

外文书名	中文书名	作者	备注
La invención de China	《想象中国》	欧阳安	
La empresa de China．De la Armada Invencible al Galeón de Manila	《中国事业：从无敌舰队到中国大帆船》	欧阳安	
Los chinos en Manila，siglos XVI y XVII	《马尼拉华人（16—17世纪）》	胡安·吉尔	
Murallas de piedra y cañones de seda：chinos en el imperio español，siglos XVI－XVIII	《砖石城墙与丝绸大炮：在西班牙帝国的中国人（16—18世纪）》	安东尼奥·加西亚—阿巴索罗	
España y China	《西班牙与中国》	鲍晓鸥	
Ciencia Misionera en Oriente	《东方的传教士科学》	何塞·安东尼奥·塞维拉	
Diego de Pantoja and China：a study on the Society of Jesus' "Policy of Adaptation"	《庞迪我与中国：耶稣会"适应"策略研究》	张铠	
Relación de la entrada de algunos padres de la compañía de Jesús en la China y particulares sucesos que tuvieron y de cosas muy notables quevieron en el mismo reino	《关于几位耶稣会神父进入中国后在该国所见所闻纪要》	贝亚特里斯·蒙科编辑	
Hibridación cultural y discurso sobre China en el siglo XVII．El caso de Diego de Pantoja	《十七世纪的文化融合与有关中国的记述——以庞迪我为例》	萨尔瓦多·梅迪纳·拜纳	

续　表

外文书名	中文书名	作者	备注
España en la reforma económica china	《中国经济改革中的西班牙》	恩利克·范胡尔·马丁与约兰达·菲尔南德斯·罗敏	
China：Historia，Pensamiento，Arte y Cultura，Córdoba	《中国：历史、思想、艺术与文化》	劳尔·拉米雷斯·鲁伊斯与路易斯·帕拉西奥斯	
La segunda revolución china	《中国的第二次革命》	欧亨尼奥·布雷戈拉特	
Una reflexión sobre el Nanxun，veinte años después	《20 年之后：回顾"南巡"》	欧亨尼奥·布雷戈拉特	
En torno al renacimiento de china	《中国之复兴》	欧亨尼奥·布雷戈拉特	
Chinese Studies in Spain 2010－2015：Status and Trends	《2010 至 2015 年西班牙"中国学"研究现状与趋势》	劳尔·拉米雷斯·路易斯	

主要人物姓名之中外文对照表

（按照拼音字母顺序）

A	
A. Gómez Gil	戈麦兹·吉尔
Alexander Valignani	范礼安
Alicia Relinque Eleta	阿利西亚·雷林克
Alonso Sánchez	阿隆索·桑切斯
Alphonso Naronia	阿尔丰索·纳罗尼亚
Agustín de San Pascual	利安定
Anne—Hélène Suárez	艾莲
Antonio Caballero de Santa María	利安当
Antonio de la Concepción	安多尼
António de Gouveia	何大化
Antonio García—Abásolo	安东尼奥·加西亚—阿巴索罗
Antonio Domínguez	安东尼奥·多明格斯

B	
Bartolomé de las Casas	巴托洛梅·德拉斯·卡萨斯
Beatriz Moncó	贝亚特里斯·蒙科
Benedict XIV	教宗本笃十四世
Bernardo de la Encarnación	郭纳璧
Blas Cornejo	布拉斯·克尔内霍
C	
Carlo Ambrogio Mezzabarba	嘉乐
Carlos I	西班牙国王卡洛斯一世
Carlos del Saz－Orozco	卡洛斯·德尔散兹－欧罗斯克
Msgr. Carlo Tommaso Maillard de Tournon	铎罗
Carmelo Elorduy	卡梅洛·埃洛杜伊
Carolus Maigrot	闫当
Claudio Acquaviva	克劳迪奥·阿瓜委瓦
Clementus X	罗马教宗克莱孟十世
Clementus XI	罗马教宗克莱孟十一世
Cristóbal Pla	克里斯托瓦尔·普拉
D	
Edward Mercurian	艾佛拉尔·迈居瑞安
Diego de Pantoja	庞迪我
Diego de Santa Rosa	华夏宁
Diego Pereira	迭戈·佩雷拉

续　表

Diego Vaz de Aragón	迭戈·瓦兹·德阿拉贡
Domingo Fernández Navarrete	闵明我
Domingo Palau	多明格·巴劳
E	
Emmanuel de la Bañeza	利安宁
Enirque III	亨利三世
Enrique Fanjul Martín	恩利克·范胡尔·马丁
Eugenie	欧仁妮
Eugenio Bregolat Obiols	欧亨尼奥·布雷戈拉特
F	
Felipe II	菲利浦二世
Fernando II	费尔南德二世
Francisco Chacim	沙钦
Francisco de San José Palencia	巴琏仁
San Francisco Javier	沙勿略
Francisco Nieto—Díaz de la Concepción	卞述济
François Pallu	方济各
Francisco Varo	万济国
G	
Giovanni Alburquerque	吉阿瓦尼·阿尔布魁儿克
Giulio Aleni	艾儒略
Gregorio López	罗文藻
Gregory XV	教宗格里高里十五世

续　表

Guillemin	吉尔曼
Gundisalvo de Transturna	迪萨尔沃·德·特朗斯都尔纳

I

Ignacio de Loyola	罗耀拉
Inma Gonzalez Puy	易玛
Innocent X	教宗英诺森十世
Isabel I	伊莎贝尔女王一世

J

Jaime Tarín	林养默
Joachim Bouvet	白晋
Johann Adam Schall von Bell	汤若望
John III	葡萄牙国王约翰三世
José Antonio Cervera	何塞·安东尼奥·塞维拉
José de Acosta	何塞·德阿科斯塔
José Eugenio Boroa Mateo	鲍晓鸥
José María González	何塞·玛利亚·贡萨雷斯
José Navarro	恩若瑟
Joseph de Osca	柯若瑟
Joseph－Henri de Prémare	马若瑟
José Ramón Álvarez	雷孟笃
Juan Bautista de Morales	黎玉范
Juan Cobo	高母羡
Juan Colom	胡安·克罗木

续　表

Juan de Palafox y Mendoza	胡安·德帕拉福克斯—门多萨
Juan Fernández Serrano	王雄善
Juan Gil	胡安·吉尔
Juan Ginés de Sepúlveda	胡安·吉湟斯·塞普尔维达
Juan González de Mendoza	胡安·冈萨雷斯·德门多萨
L	
de Lallemand	拉勒芒
Laureano Ramírez	劳雷亚诺·拉米莱斯
Luis de Guzmán	路易斯·德古斯曼
Luis María Nieto	路易斯·玛利亚·尼埃托
Luis Palacios	路易斯·帕拉西奥斯
M	
Manuel del Sacramento	曼努埃尔·德尔萨克拉门托
Marcela de Juan	黄玛赛
Martin Aleman	景明亮
Martín de Rada	马丁·德拉达
Matteo Ricci	利玛窦
Santo Miguel Calderón	圣托·米格尔·卡尔德隆
Michael Fernández—Oliver	南怀德
Miguel López de Legazpi	米格尔洛·佩斯·德莱古斯比，也作黎牙实比
Miguel Roca	罗铭恩
Monseñor Teodoro Labrador	孟塞诺尔·特奥多罗·拉布拉多尔

续　表

N	
Nicolás de S. José	孟国老

P	
Fray Pascual de Victoria	帕斯夸尔·德·维克托里亚
Pedro de la Piñuela	石铎琭
Philippe Caraccio	卡拉西奥
Pierre de Alcazova	阿尔卡佐瓦
Piñol y Andreu	皮袅尔一安德来武

R	
Rabbi Benjamin de Tudela	拉比·本哈明·德图德拉
Raimundo Quijano	拉伊蒙多·吉哈诺
Ramón Colomer	拉蒙·克搂美尔
Raúl Ramírez Ruiz	劳尔·拉米雷斯·鲁伊斯
Rondina	隆迪纳
Ruy González de Clavijo	克拉维约

S	
Salvador Medina Baena	萨尔瓦多·梅迪纳·拜纳
Santiago García	圣地亚哥·加西亚

T	
Taciana Fisac	塔西亚娜·菲撒克
Tamerlán，Timur	帖木儿大帝

Y	
Yolanda Fernández Lommen	约兰达·菲尔南德斯·罗敏

（上述表格系由北京第二外国语大学郭旭编制）

后记：感恩的心

《西班牙的汉学研究（1552—2016）》一书是在中国社会科学院离退休干部工作局的支持和赞助下出版的，在此表示我的衷心感谢。

在《西班牙的汉学研究（1552—2016）》一书即将出版之际，西班牙驻华大使曼努埃尔·瓦伦西亚·阿隆索先生和北京塞万提斯学院院长易玛女士均为该书写了"序言"。他们以全球化历史进程的视野，对西班牙汉学家在450余年的漫长岁月中对推动东西方文化交流，以及促进中西两国友好关系的发展所做出的历史性的贡献，进行了系统的回顾，并对中国与西班牙友好关系的未来发展前景做出了乐观的展望。瓦伦西亚大使更是高瞻远瞩地指出，当前中国与西班牙两国已进入"友谊的黄金期"。尤其是他们对塞万提斯学院和孔子学院培养出来的新一代建设中西友好桥梁的年轻新锐寄予无限的希望。作为《西班牙的汉学研究（1552—2016）》一书的作者，对于瓦伦西亚大使和易玛院长在"序言"中对我的研究工作的关注和肯定，表示衷心的谢意。

作为《西班牙的汉学研究（1552—2016）》一书的作者，对于支持我们研究工作的中国和西班牙的各个政府机构和学术部门，我们均表示由衷的谢意。

《西班牙的汉学研究（1552—2016）》一书的出版方，中国社会科学出版社的责任编辑张林对笔者提出的新的写作计划不但表示充分的理解，而且在长达两年的时间段内，承受着内定的出版计划不得不一再调整的不便，耐心地等待《西班牙的汉学研究（1552—2016）》一书写作的完成。

现在国内外唯一的一部以开拓的精神系统研究西班牙汉学发展史的著作《西班牙的汉学研究（1552—2016）》终于完稿。对于中国社会科学出版社所有参与该书编辑工作的同人以及赵剑英、席建海和戴宽等表示衷心的谢意。本书外文部分的烦琐校对工作系由我的友人罗慧玲和郭旭悉心完成，在此格外向她们表示谢意。

在《西班牙的汉学研究（1552—2016）》一书面世之际，笔者用感恩的心对那些多年来曾经给予笔者宝贵支持和帮助的亲人、友人和学术界的同人们表示浓浓的感激之情，他们是：

> 我的挚友周静和她的团队：铁铁、跃跃、泉泉、汪汪、托托和拉拉；
>
> 北京第二外国语学院孙家堃、郭旭；
>
> 中央编译局黄才珍；
>
> 《今日中国》贾宁一；
>
> 中国传媒大学贝德拉·德亚诺斯；
>
> 首都经济贸易大学魏京翔；
>
> 萨拉戈萨大学何塞·安东尼奥·塞白拉·西门尼斯；
>
> 中国社会科学院离退休干部工作局刘红、石蕾、曾军、黄淑琴、崔文科；
>
> 中国社会科学院历史研究所陈高华、陈祖武、卜宪群、闫坤、耿昇；
>
> 中国社会科学院世界历史研究所张顺洪、许明龙、宋岘；
>
> 中国社会科学院世界宗教研究所卓新平、辛岩；
>
> 中国科学院自然科学史研究所韩琦；
>
> 北京外国语大学张西平、李雪涛、柳若梅、刘建、谢明光；
>
> 北京大学赵振江；
>
> 中国电影资料馆傅郁辰；

暨南大学叶农；

香港城市大学张隆溪；

澳门理工学院李向玉、宋柏年、崔维孝；
澳门大学郝雨凡、汤开建、林广志、李智能；
澳门基金会金国平、吴志良；

台湾清华大学黄一农、李毓锺、张正谚；
台湾大学鲍晓鸥；
淡江大学熊建成；
台湾辅仁大学雷孟笃；

中华人民共和国外交部原焘、汤柏生；
国家汉办/孔子学院总部许琳、马箭飞、夏建辉、袁丽；
中国驻西班牙大使馆朱邦造、吕凡、庄丽肖、纪彩玲、王志伟、佟亚维、陈一帆、罗君；

西班牙驻华使馆胡安·莱尼亚、欧亨尼奥·布雷戈拉特、曼努埃尔·皮内罗、曼努埃尔·瓦伦西亚·阿隆索、歌华麓、格罗丽亚·明格斯、伊格纳西奥·莫罗、司嘉伟、罗萨·墨菲、维克多·贝尼托、桑德拉、白兰、詹玲；
北京塞万提斯学院易玛、辛丹；
旁佩乌·法布拉大学多罗斯·福尔奇、欧阳平；
格拉纳达大学雷林克、胡安·何塞；
加泰罗尼亚开放大学马诺；
加泰罗尼亚历史博物馆索莱-萨巴代、何塞·路易斯·英菲埃斯塔、玛利奥娜·科莫巴尼斯；
西班牙学者路易斯·阿尔比略斯、刘莉美、阿莱杭德罗·

王、林毅、许玲玲、罗慧玲；

伦敦大学国王学院蒋薇；

结束《西班牙的汉学研究（1552—2016》一书写作之时，我深刻感悟到"山"的本质：它需要你用一生来攀登。

而且"山"外还有"山"……

张　铠

2016 年 6 月